발해사 자료총서

－한국사료 편 권2

• 이 책은 2020년도 동북아역사재단 기획연구 수행 결과물임(NAHF-2020-기획연구-27).

동북아역사 자료총서 62

발해사 자료총서
한국사료 편 / 권 2

동북아역사재단
한국고중세사연구소 편

동북아역사재단

발해사 자료총서 – 한국사료 편 권2

서문

이 책은 국내 사료 가운데 발해사 관련 사료를 번역하고 주석한 자료집이다. 동북아역사재단의 전신인 고구려연구재단은 2004년 서울대학교 규장각에 소장되어 있던 발해사 관련 한국사료를 중심으로 『발해사 자료집(상)』[1]을 간행하였고, 중국과 일본 사료를 모아 『발해사 자료집(하)』를 간행하였다. 이를 2007년 동북아역사재단에서 재간행하였다. 그간 발해사 연구는 사료가 매우 부족하여 양적·질적 성장이 제한되어 있었다. 그나마 단편적으로 흩어져 있어 신진 연구자와 발해사에 관심이 있는 일반 시민들이 사료를 찾아보는 데 어려움이 컸다. 『발해사 자료집』은 부족한 사료지만 한국과 중국, 일본에 흩어져 있는 사료를 한자리에 모아 좀 더 쉽게 접근할 수 있도록 했다는 점에서 의미가 있다.

그럼에도 원문 사료만을 제시하여, 한문을 독해하는 데 어려움이 있었다. 이에 좀 더 가독성을 높이고 활용도가 있는 자료집의 제작이 요구되었다. 또한 그간의 연구 성과를 반영한 주석 역시 필요하다고 판단되었다. 따라서 재단은 보다 효율적이고 실용적이며 학술적이면서도 대중적인 발해사 자료집을 만들기 위해 중장기 계획을 수립하여 단계적으로 발해사 관련 자료를 총망라한 『발해사 자료총서』를 제작하기로 하였다. 그 첫 번째 작업으로 『발해사 자료집(상)』에 수록되었던 한국사료를 역주하여 〈한국사료 편〉 총 2권을 출판하게 되었다. 후속 작업으로는 『발해사 자료집(하)』에 수록된 중국·일본 사료를 역주한 〈중국사료 편〉, 〈일본사료 편〉이 있으며, 새롭게 문자자료(묘지명, 금석문 등)와 고고학 자료를 엮은 〈문자자료 편〉,

---

[1] 이 자료집은 서울대학교 국사학과 송기호 교수가 작업한 『규장각소장 발해사자료』(2004, 서울대학교 규장각: 한국의 지식콘텐츠 서비스)를 근간으로 하여 『발해고』 1종을 추가하여 만들었다.

〈고고자료 편〉 등을 준비 중이다.

이 책에 수록된 한국사료는 모두 42종이다. 사료는 크게 고려시기 사료(총 10종)와 조선시기 사료(총 32종)로 나뉜다. 사료의 종류는 정식 사서류 외에도 논설집, 야담집, 시문집 등 발해사를 이해하고 선인들의 발해사 인식을 엿볼 수 있는 자료를 포함하였다. 『발해사 자료집(상)』에 수록된 원문과 원본(저본) 및 비교본을 대조하여, 기존 자료집에 잘못 수록된 사료는 삭제하고 오기는 수정하였으며, 누락된 사료는 다시 수록하였다. 그리고 원문은 저본을 원전(『삼국사기』, 『고려사』, 『구당서』, 『신당서』 등) 및 비교본과 대조하여 교감 주석을 달았고, 번역문에서는 사건과 용어를 설명하는 주석을 달았다. 해제는 기존 자료집에 수록된 것을 참조하여 수정하였다. 이 책에 사용한 저본과 비교본 등의 정보는 각 해제 아랫부분에 제시하였다. 저본은 대체로 규장각 소장 자료를 사용하였지만, 일부 사료의 경우 집필 담당자의 판단에 따라 별도의 자료를 사용하였다.

연번	자료명	저자(편찬자)	저술(출판)시기	성격	집필담당
1	삼국사기	김부식	1145년	관찬사서, 기전체	권은주
2	보한집	최자	13세기 중엽	시화집	권은주
3	삼국유사	일연	13세기 말	유사, 편년체	권은주
4	제왕운기	이승휴	1287년	역사시	권은주
5	익재난고	이제현	1363년	시문집	권은주
6	역옹패설	이제현	1342년	시화·잡록집	권은주
7	졸고천백	최해	1354년	문집	권은주
8	가정집	이곡	1364년	문집	권은주
9	목은시고	이색	1404년	문집	권은주
10	포은집	정몽주	1439년	문집	권은주
11	고려사	정인지·김종서 등	1451년	관찬사서, 기전체	김진광
12	고려사절요	김종서 등	1452년	관찬사서, 편년체	강성봉
13	삼국사절요	노사신·서거정 등	1476년	관찬사서, 편년체	강성봉
14	동문선	서거정 등	1478년	관찬시문집	강성봉
15	동국통감	서거정 등	1485년	관찬사서, 편년체	권은주
16	신증동국여지승람	노사신 등	1530년	관찬지리서	권은주
17	동국사략	박상	16세기 초	역사서, 편년체	권은주

연번	자료명	저자(편찬자)	저술(출판)시기	성격	집필담당
18	동사찬요	오운	17세기 초	역사서, 기전체	권은주
19	동국지리지	한백겸	1615년경	역사지리서	임상선
20	동사보유	조정	1630년경	역사사서, 편년체	임상선
21	기언(동사)	허목	1667년	문집(기전체)	임상선
22	동국통감제강	홍여하	1672년	역사서, 강목체	강성봉
23	동국역대총목	홍만종	1705년경	역사서, 강목체	강성봉
24	동사회강	임상덕	18세기 초	역사서, 강목체	강성봉
25	성호사설	이익	18세기 중반	논설집	김진광
26	풍암집화	유광익	18세기 후반	야담집	김진광
27	동사강목	안정복	1778년	역사서, 강목체	강성봉
28	동문광고	이돈중	18세기 후반	세계역사지리서	김진광
29	증보문헌비고	김교헌 등	18~19세기	백과사전류	김진광
30	기년아람	이만운	18세기 후반	역사서	김진광
31	청장관전서	이덕무	1795년	총서류	김진광
32	수산집(동사)	이종휘	1803년	시문집(기전체)	임상선
33	연려실기술	이긍익	1776년 이전	야사류, 기사본말	임상선
34	여유당전서	정약용	18세기 후반	문집	임상선
35	아방강역고	정약용	1811/1833년	역사지리서	권은주
36	해동역사	한치윤	1823년	역사서, 기전체	김진광
37	해동역사속	한진서	순조 연간	역사지리서	강성봉
38	대동장고	홍경모	19세기	역사총람	강성봉
39	총사	홍경모	19세기	총서류	강성봉
40	대동지지	김정호	19세기 중반	역사지리서	강성봉
41	발해고	유득공	1784/1817년	역사서	임상선
42	조선왕조실록 (세종·세조·고종)	황보인 등/신숙주 등/이왕직 등	1454/1471/1935년	실록	강성봉

　발해사에 관한 정보를 실은 가장 오래된 사료는 『삼국사기』이다. 『삼국사기』는 삼국(고구려·백제·신라)의 역사에 중점을 두었기 때문에 발해는 자연히 주요 서술 대상이 아니었다. 따라서 발해사에 대한 구체적인 서술은 없고, 신라사와 관련하여 단편적인 내용만 실려 있다.

그렇지만 중국·일본 사료에는 확인되지 않는 정보도 있어 의미가 있다. 예로 732년(성덕왕 31) 발해가 당의 등주를 공격하면서 734년경 당나라와 신라가 연합하여 발해의 남쪽을 공격하려다가 실패한 사실과 그 대가로 당이 735년 신라에게 패강 이남의 영유권을 공식적으로 인정해준 사건, 신라가 발해의 남진에 대비하여 축성한 기록을 통해 발해의 대외 활동을 역으로 추정할 수 있는 내용들, 발해와 신라 사이에 공식 외교 통로인 신라도(新羅道)가 있었던 신라 천정군에서 발해 동경 책성부까지 39개의 역이 설치되어 있었던 사실 등이다. 특히 신라가 발해와 교류하며 발해를 북국(北國)이라 불렀는데, 이러한 표현은 이후 유득공이 『발해고』에서 발해와 신라를 '남북국'으로 함께 부르는 근거가 되었다.

『삼국사기』와 함께 한국고대사 연구에 쌍벽을 이루는 사서인 『삼국유사』는 전자와는 달리, 발해사를 우리 역사의 범주에 넣고 있다는 점이 주목된다. 『신라고기』를 인용하여 "대조영이 고구려의 장수였다."라는 중요한 사실을 전하고 있다. 이것은 『제왕운기』에도 동일하게 나타나는 것으로서 고려시기 지식인들이 대조영의 출자(出自)를 기본적으로 고구려인으로 인식하고 있었음을 보여준다. 한편 『통전』을 인용하여 발해의 계통을 본래 속말말갈이라고 했지만, 말갈을 우리와 특별히 구별하여 이민족시하지 않았다. 그리고 처음으로 발해의 초기 국명인 진국(振國 또는 震國)을 진단(震旦)이라고 기록하였다. 이것은 불교 경전에서 동방의 나라를 의미하던 '진(震)'을 진단이라고 썼던 데서 비롯된 것으로 보인다. 『삼국사절요』, 『동사찬요』, 『동국지리지』, 『동사보유』 등 일부 조선시대 유학자들이 쓴 사서에도 진단이라는 표현이 확인된다.

『제왕운기』는 특이하게도 7언(言)과 5언 시로 이뤄진 서사시이다. 우리의 역사를 다룬 하권에서 발해의 역사를 언급하고 있어, 발해사를 한국사의 범주에 넣고 있음을 알 수 있다. 이 책에서 주목할 점은 발해의 건국 연도를 684년으로 기록하고 있는 것이다. 발해의 실제 건국 연도는 698년이기 때문에 대조영의 건국 이전에 그 부친 걸걸중상의 건국 여부 등 논쟁을 야기하였다. 그리고 대조영의 건국지를 태백산 남성이라고 하였는데, 『삼국유사』에도 『신라고기』를 인용하여 태백산 남쪽이라고 하였다. 대조영의 건국지는 태백산 즉 백두산의 동북쪽에 위치한 중국 지린성 둔화시로 보는 것이 통설이다. 그런데 고려시기에는 태백산 남쪽이 건국지라는 인식이 통용되고 있었던 듯하다. 반면 조선시대에는 대체로 태백산 동쪽으로 이해하고 있었고, 실학 계통 사서에서는 태백산 동북으로 정확히 기술되었다.

고려시대의 발해사 인식에서 김부식과 일연 외에 자주 거론되는 인물이 이제현이다. 이 책에는 이제현이 지은 『익재난고』와 『역옹패설』이 수록되어 있다. 두 책에서 그가 발해사를 한국사로 이해했는지는 알 수 없다. 『익재난고』의 성종에 대한 사찬(史贊)에서 최승로의 상서문을 인용하여, 발해를 멸망시킨 거란과 외교를 단절하고 선물로 받은 낙타를 굶겨 죽인 사건과 발해 유민을 받아들여 우대한 것을 언급하고 있지만, 이것은 고려 태조의 인자한 성품과 우환을 방비하기 위한 정책을 긍정적으로 평가하고 있을 뿐이다. 더욱이 『역옹패설』에서는 '발해와 고려가 혼인한 사이'라고 기록한 『자치통감』의 내용을 소개하고 있지만, 고려가 발해와 혼인을 맺었다는 사실이 고려의 역사책에 나오지 않는다고 함으로서 발해에 대해 거리를 두고 있음을 알 수 있다.

최해의 문집인 『졸고천백』에는 「봉사 이중보를 환송하는 조서(送奉使李中父還朝序)」가 수록되어 있다. 『가정집』에도 같은 글이 실려 있다. 이 글에는 발해인의 빈공과(賓貢科) 급제와 관련된 정보가 담겨 있는데, 당과 후량·후당 시기에 빈공과에 급제한 90명 가운데 신라인이 대부분을 차지하고 발해인 10여 명이 포함되어 있다고 하였다. 그런데 여기서 동쪽의 선비[東士]인 신라인과 발해인을 구별하고 있는 점이 중요한데, 최해가 발해를 우리 역사로 인식하지 않았을 가능성을 보여준다. 이러한 인식은 그가 최치원의 후손이어서 신라 중심의 역사관을 가지고 있었기 때문으로 보기도 한다.

한편 『목은시고』와 『포은집』에는 이색과 정몽주가 각기 사신으로 원나라와 명나라에 다녀오던 길에 요동을 지나며 발해를 언급한 시가 수록되어 있다. 이색은 「해주(海州)」라는 시에서 "발해의 유풍(遺風)이 사라져 아득하다."라고 하며, 발해의 자취가 사라진 것을 아쉬워하였다. 정몽주는 개주 인근에 머물며 「발해고성」과 「발해회고」라는 시를 남겼다. 전자에서는 발해 멸망을 슬퍼하면서 발해가 거란에 멸망당한 뒤에 그 유민들이 고려에 들어와 아직까지도 그 자손들이 살고 있음을 언급하였다. 후자에서는 당나라 군대가 해동(海東: 고구려)을 정벌하였으나 대랑(大郞, 즉 대조영)이 다시 나라를 일으켰음을 상기시키고 있다. 이러한 내용들을 통하여 막연하나마 이색과 정몽주가 발해를 친근하게 여겼음을 엿볼 수가 있다.

『고려사』는 비록 조선 초 여러 차례 개수를 거쳐 사료의 원형이 상당 부분 훼손되었을 가능성이 높지만, 발해 유민 및 후예 관련 연구에 가장 기본이 되는 사료이다. 크게 발해 멸망 직전인 925~1117년까지 100여 년에 걸쳐 고려로 망명한 발해 유민 관련 내용과 발해 유민이 세운 후발해국, 정안국, 흥료국, 대발해국 등과 관련한 내용, 그리고 고려에서 활동한 태수정·태집성·대금취·대수장 등 발해 후예들과 관련한 내용 등이 실려 있다.

『동문선』에서는 통일신라시대 인물인 최치원의 글과 고려시대 인물인 윤언이의 글이 주목된다. 최치원의 「북국에 윗자리를 허락하지 않은 것을 감사하는 표(謝不許北國居上表)」는 발해와 신라의 유명한 '쟁장(爭長) 사건'을 보여주는 대표적인 사료이다. 그런데 여기서 주목되는 점은 발해가 당나라에서 신라의 윗자리에 앉도록 요청했는데, 당에서 국명의 선후와 등위(等位)는 나라의 강약이나 성세로 고칠 수 없다고 한 것이다. 이것은 실제 발해의 국력이 신라를 압도할 정도로 강성했음을 보여준다. 또한 이 글에서는 발해 초기 국명을 '진국(振國)'으로 썼으며, 발해가 초기에 거란과 돌궐 등 북방 민족과 연대하여 당에 대항하였던 사실과 신라의 대아찬을 받았던 사실 등을 언급하고 있다. 그리고 고구려와 발해의 관계를 엿볼 수 있는 대목이 주목되는데, 최치원의 또 다른 글에서 "고구려가 지금 발해가 되었다.", "고구려의 미친 듯 날뛰던 기세가 이미 사라졌으나, 간신히 불에 탄 나머지를 거두어 따로 고을을 이루고 모일 것을 도모하고 갑자기 국명을 훔쳤다. 바로 예전의 고구려이며 바로 지금의 발해인 것을 알 수 있다."라고 한 것 등을 통해 발해가 곧 고구려를 계승한 국가로 인식하고 있었음을 알 수 있다. 다음으로 윤언이의 글인 「광주에서 감사를 올리는 표(廣州謝上表)」는 그가 칭제건원을 주청했다가 금나라를 화나게 하고 붕당을 만들어 반역을 도모했다는 죄목으로 광주목사로 좌천당하며 올린 글이다. 여기서 윤언이는 "연호를 세우자는 청은 임금을 높이 받들려는 정성으로 태조와 광종의 고사가 있고 신라와 발해가 그리했지만, 대국이 병사를 더하지 않았고 소국이 감히 따지지 못했다."라고 언급하고 있다. 칭제건원의 사례로 신라와 발해를 함께 언급하고 있는 점으로 보아 발해를 우리 역사의 범주로 이해했을 가능성을 보여준다.

고려시대부터 조선 초까지는 일부 발해사를 인식하는 데 거리를 두기도 하였으나, 대체로 친근하게 여기는 경향이 있었다. 그런데 이러한 인식은 『동국통감』 단계에 이르면 정통론에 입각해서 발해사를 우리 역사와 분리시키는 경향이 강해진다. 『동국통감』의 발해관을 잘 보여주는 것은 만부교(萬夫橋) 사건에 대한 편찬자의 사론(史論)이다. 이 사론에서 '거란이 발해에게 신의를 잃은 것이 우리와 무슨 관계가 있기에 발해를 위해 보복한다면서 거란 사신을 거절하였는가.'라고 의문을 제기하고, 태조의 잘못된 판단으로 고려가 대대로 화를 당하였다고 비판하였다. 또한 이 책에서는 신라만을 '아국(我國)'으로 표현하며, 발해말갈(渤海靺鞨)과 대비시키고 있다. 이러한 인식은 『동국사략』, 『동사찬요』, 『동사보유』, 『동국통감제강』 등으로 이어진다.

발해의 지리 고증이 본격화되는 것은 『동사강목』부터라고 할 수 있다. 「범례」에서 "발해를 우리 역사에 넣는 것은 옳지 않지만, 본래 고구려 땅에 있던 나라로 우리와 이웃하며 순치의 관계를 맺고 있었기 때문에 『동국통감』에서 이를 언급하였고, 자신도 이 방식을 따른다."라고 밝히고 있어, 안정복 역시 발해를 한국사 범주로 인식하지 않았다. 그러나 「고구려전세지도」의 부록으로 부여국과 함께 발해의 왕계도를 실었고, '신라통일도'에 발해의 영역을 함께 표시하고 있다. 또한 부권 「고이」의 '대조영이 처음 신라에 붙음', 「잡설」의 '정안국', 「지리고」의 '말갈고 붙임 정안국', '발해국 군현고' 등에서 발해를 다루고 있다. 신라가 사신을 보낸 북국이 발해임을 밝힌 것과 신라와 발해의 국경선이었던 니하를 덕원 근처의 강으로 비정하는 등 지리 고증에서도 주목되는 내용들을 담고 있다. 다만 오류가 많았던 『요사』 지리지를 근거로 한 것이 많아 한계를 보인다.

발해의 지리 고증에서 또 주목되는 사료는 정약용의 『강역고』(『아방강역고』로도 불림)이다. 「발해고」, 「발해속고」를 비롯하여 「말갈고」, 「북로연혁속」, 「서북로연혁속」 등에서도 관련 내용을 다루고 있다. 그는 『요사』 지리지에 오류가 많은데 이를 『일통지』와 『성경지』가 그대로 따라서 발해에 대한 정보가 잘못되었음을 논증하였다. 다만 발해의 지방행정구역이 요동 지역에 집중되어 있는 것으로 잘못 알려진 것은 밝혔으나, 그 결론으로 발해가 요동을 차지하지 못했다고 한 것은 잘못이다. 정약용이 발해가 요동을 차지하지 않았다고 본 견해는 지금까지도 발해의 요동 영유에 관한 논쟁에 영향을 주고 있다.

실학 시기에는 『동국통감』 이래로 발해를 우리 역사와 별개로 이해하는 인식이 계속되기도 했으나, 이를 극복하고 한국사의 범주에 포함하여 적극적으로 이해하려는 경향이 공존하였다. 그 사례로 『증보문헌비고』에서는 「여지고」, 「제계고 부씨족」, 「예고」, 「악고」, 「병고」, 「호구고」, 「교빙고」, 「직관고」, 「예문고」에 발해에 관한 내용을 고루 실었고, "대씨는 고구려의 옛 장수로, 건국 후 11년 동안 전왕(前王, 즉 고구려왕)의 땅을 다 되찾았다."라고 하였다. 『기년아람』에서는 발해국과 정안국을 「고구려속국」 편에 기록하였고, 『청장관전서』에서는 「고구려소속」 편에 기록하였다.

발해사를 한국사 범주에서 이해한 책 가운데에는 근대 사학에서 단군계통론이 정립되는 단초를 보여주는 사료들도 있다. 이종휘의 『수산집』에 실린 『동사』는 단군조선으로부터 고려까지를 기술한 역사책인데, 「동사세가(東史世家)」에 「발해세가」를 수록하고 있는 점이 주목된다. 본문 후반의 찬(贊)에서 대조영에 의해 발해가 소중화의 나라가 되었으며, 단군과 동명,

조선의 목조(穆祖)도 발해의 땅에서 터전을 잡았고, 발해가 단군, 고구려, 그리고 조선과도 연결된다고 서술하였다. 그리고 단군과 기자의 영역이 고구려에 이어 발해 시대에 이르러 완전히 회복되었고, 발해의 땅을 회복해야 할 고토로 인식하고 있었음을 엿볼 수 있다. 홍경모의 『총사』 역시 발해를 단군의 후예로 다루고 있음이 주목된다.

그리고 발해사 인식의 대미를 장식하는 유득공의 『발해고』가 있다. 『발해고』는 초간본(9고본: 君考, 臣考, 地理考, 職官考, 儀章考, 物產考, 國語考, 國書考, 屬國考)과 수정본(5고본: 君考, 臣考, 地理考, 職官考, 國書考)이 있다. 대체로 잘 알려진 것은 수정본으로, 초간본에 비해 더욱 정제되어 있다. 이 책에서는 『발해고』를 담당한 임상선 선생님이 사학사적 중요도 및 수정본과의 비교 연구를 위해 초간본을 선택하여 역주 작업을 하였다. 『발해고』의 중요성과 의의는 거듭 강조하여도 부족하다. 유득공은 『발해고』에서 고려가 발해사를 짓지 않아 발전하지 못했으며, 신라와 발해가 남북국이므로 마땅히 남북국사가 있어야 하는데 고려가 이를 쓰지 않았으니 잘못이라고 하였다. 그리고 발해 대씨가 고구려 사람이며, 그들이 가졌던 땅은 고구려의 땅으로 동쪽, 서쪽, 북쪽을 크게 넓힌 것일 뿐이라고 하였다. 고려가 발해사를 지었더라면 이를 근거로 여진과 거란이 차지한 발해 땅을 돌려받을 수 있었을 텐데 그렇지 못해 고려가 약소국이 되었다고 보았다. 초간본의 경우 9개의 주제로 발해사 전반을 체계적으로 정리하여, 발해사 이해에 큰 진전을 가져왔다고 평가된다.

이상에서 이 책에 수록된 사료 가운데 발해사 연구에 중요한 정보와 인식을 살펴볼 수 있는 내용을 간단히 소개하였다. 상세한 분석과 연구는 향후 과제로 남겨두도록 하겠다.

마지막으로 이 책이 나오기까지 어렵고 힘든 시간을 함께 해주신 공동 집필자 임상선 선생님, 김진광 선생님, 강성봉 선생님께 감사드린다. 그리고 사정상 이 책에는 수록하지 못했지만, 한국사료 원본 이미지를 수집하고 정리해준 국립문화재연구소 김하늘 연구원께도 감사를 드린다. 지금까지 함께 해주신 선생님들과 새로운 연구진들에 의해 『발해사 자료총서』는 계속 진행될 것이며, 이를 활용한 다양한 연구가 이루어지기를 기대한다.

동북아역사재단 연구위원
권은주 씀

발해사 자료총서 – 한국사료 편 권2

일러두기

1. 이 자료의 구성은 해제, 원문, 번역문 순으로 구성하였다. 참고문헌의 경우, 각주에 간략한 서지정보만 소개하고 참고문헌에 구체적인 내용을 수록하였다.
2. 범례는 한국고전번역원의 것을 준용하였다. 한글 사용을 지향하고, 정확한 의미 전달을 위해 필요한 경우 한자를 병기하였다.
3. 원문은 원칙적으로 서울대학교 규장각 소장의 사료(송기호, 2004)를 저본으로 하였으며, 일부 규장각 소장 외의 자료를 사용하였다. 교감이 필요한 경우 부분적으로 다른 판본 및 원전과 비교하여 각주로 제시하였다. 저본과 비교본의 정보는 각 사료별 해제에 수록하였다. 원전과 비교하여 교감하는 경우, '某' → '某'로 표시하였다. 원전은 『삼국사기(三國史記)』, 『고려사(高麗史)』, 『구당서(舊唐書)』, 『신당서(新唐書)』를 기본으로 하며, 필요시 설명을 부기하였다.
4. 세주는 원문과 번역문 모두 【 】로 표시하였다. 원문에서 괄호 기호 안에 표제어를 표시한 경우, 세주와 별도로 설명문을 덧붙이는 경우 등은 〖 〗로 표시하였다.
5. 번역은 가능한 원문의 내용을 그대로 옮기는 것을 원칙으로 하였지만, 원래의 의미를 벗어나지 않는 범위 내에서 보충하였다. 보충 내용은 [ ]로 표시하였다.
6. 번역문에서 역주자의 견해를 보충하거나 참고문헌을 제시할 경우 각주 달기를 원칙으로 하였다. 간단한 설명은 번역문에 ( )를 표시하여 달았다.
7. 번역문에서 지명·인명 등 고유명사와 동음이형자 등 필요한 경우에 한자를 병기하였다. 병기할 경우 한글과 한자의 음이 같으면 ( )를 사용하고, 음이 다르면 [ ]를 사용하였다.
8. 기사의 제목은 한글(한자)를 사용하였다. 참고문헌은 필자, 발행연도, 논문 제목, 발행자 순으로 적었다.
9. 서기 연도 표시는 기원전은 연도에 각각 표기하였고, 기원후는 생략하였다. 왕력을 먼저 사용하는 경우에는 서기 연도를 ( ) 안에 표기하였다.
10. 맞춤법과 띄어쓰기, 외래어 표기법은 국립국어원 규정에 따랐다.
11. 근대 이전 중국 지명·인명 등은 현지음으로 표기하지 않고, 우리식 한자음으로 표기하였다. 중국의 간자체는 정자체로 표기하였다.

발해사 자료총서 – 한국사료 편 권2

차례

• 서문 ··· 5
• 일러두기 ··· 13

34. 『여유당전서(與猶堂全書)』 / 17
35. 『아방강역고(我邦疆域考)』 / 20
36. 『해동역사(海東繹史)』 / 134
37. 『해동역사속(海東繹史續)』 / 254
38. 『대동장고(大東掌攷)』 / 331
39. 『총사(叢史)』 / 339
40. 『대동지지(大東地志)』 / 343
41. 『발해고(渤海考)』 / 375
42. 『조선왕조실록(朝鮮王朝實錄)』 / 462

• 참고문헌 ································· 468
• 찾아보기 ································· 475

• 한국사료 편 권1 차례

1.『삼국사기(三國史記)』/ 2.『보한집(補閑集)』/ 3.『삼국유사(三國遺事)』/ 4.『제왕운기(帝王韻紀)』/ 5.『익재난고(益齊亂藁)』/ 6.『역옹패설(櫟翁稗說)』/ 7.『졸고천백(拙藁千百)』/ 8.『가정집(稼亭集)』/ 9.『목은시고(牧隱詩藁)』/ 10.『포은집(圃隱集)』/ 11.『고려사(高麗史)』/ 12.『고려사절요(高麗史節要)』/ 13.『삼국사절요(三國史節要)』/ 14.『동문선(東文選)』/ 15.『동국통감(東國通鑑)』/ 16.『신증동국여지승람(新增東國輿地勝覽)』/ 17.『동국사략(東國史略)』/ 18.『동사찬요(東史纂要)』/ 19.『동국지리지(東國地理志)』/ 20.『동사보유(東史補遺)』/ 21.『동사(東事)』/ 22.『동국통감제강(東國通鑑提綱)』/ 23.『동

국역대총목(東國歷代總目)』/ 24.『동사회강(東史會綱)』/ 25.『성호사설(星湖僿說)』/ 26.『풍암집화(楓巖輯話)』/ 27.『동사강목(東史綱目)』/ 28.『동문광고(同文廣考)』/ 29.『증보문헌비고(增補文獻備考)』/ 30.『기년아람(紀年兒覽)』/ 31.『청장관전서(靑莊館全書)』/ 32.『수산집(修山集)』/ 33.『연려실기술(燃藜室記述)』

발해사 자료총서 – 한국사료 편 권2

34. 『여유당전서(與猶堂全書)』

　　조선후기 실학자 정약용(丁若鏞, 1762~1836)의 저술을 정리한 문집이다. 1934~1938년에 걸쳐 신조선사(新朝鮮社)에서 7집(154권 76책)으로 발행하였고[제1집은 시문집(詩文集), 제2집은 경집(經集), 제3집은 예집(禮集), 제4집은 악집(樂集), 제5집은 정법집(政法集), 제6집은 지리집(地理集), 제7집은 의학집(醫學集)], 최근 다산학술문화재단이 신조선사 간행본을 저본으로 하여 표점 및 교감을 더하고 여기에 『여유당전서』에 수록되지 않은 『보유(補遺)』 3책을 편입하여 2012년 총 37책의 『정본 여유당전서』를 출간하였다. 지리집에 『아방강역고(我邦疆域考)』와 『대동수경(大東水經)』이 실려 있다.

　　『여유당전서』 문집 권8, 대책(對策), 지리책(地理策)에는 1789년 윤 5월에 정조(正祖)가 내각(內閣)에서 직접 시험을 하여 정약용이 어비(御批: 임금의 비준을 받음)의 수위(首位)를 차지한 대책이 제시되어 있다. 시험은 "곤도(坤道: 땅의 도리)가 땅의 모양을 형성함에 높고 낮은 것이 자연의 이치가 있으므로, 광륜(廣輪: 땅의 넓이)을 알고 오물(五物: 땅의 성질)을 분간하여야 한다. 이 때문에 지리학(地理學)이 생기게 된 것이다."라고 하여 지리학에 대한 것이었다. 정약용의 대책에는 동방의 지리와 연혁에 대해 설명하며 발해를 포함하고 있어 『아방강역고』에 보이는 역사인식을 드러내고 있다.

　　아래 원문은 다산학술문화재단의 『정본 여유당전서』(한국고전번역원 DB 고전원문)를 저본으로 하였다.

○ 문집(文集) 권8, 대책(對策), 지리책(地理策)

> 以東方言之, 一隅連陸, 三面阻海. 朝鮮之號, 遠自檀君, 肅愼之名, 載在周乘, 漢帝分置四郡, 唐宗仍設九府. 其地其蹟, 皆可援古而證今歟. 三韓分屬, 當主何說. 三國定界, 的是何境. 黏蟬今隷何道. 蓋馬果爲何山歟. 馬韓·穢貊·高句麗有二, 沃沮·安市·浿水有三, 扶餘有四, 帶方有五, 伽倻有六, 國號地名, 何其混淆無別, 而可悉擧其所在歟. 羅封五嶽·九州, 麗置四京·十道, 眞興之巡北境, 功著闢土, 景德之改邑名, 意出變夷, 亦可指其處而論其事歟. 渤海舊疆, 半入契丹, 則麗祖統一, 能無餘恨. 耽羅孤島, 初有星主, 則九韓居四, 得不已僭歟.
> 臣伏惟我東方負山環海, 地利有險阻之固, 用夏變夷, 文物致煥爛之美, 小華之號, 洵其宜矣. …
> 渤海之半入契丹者, 臣按麗·濟旣亡, 渤海繼興, 至唐玄宗時, 渤海王大祚榮, 盡得夫餘·沃沮·朝鮮之地, 地方數千里. 賈耽郡國志云: "渤海之地, 東自泉井【今德原】, 西至柵城, 凡三十九驛", 鴨河以北, 疆土遠斥. 而遼滅渤海之後, 鴨河以北, 盡入經理, 惟鴨江南保·定二州, 尙隷新羅, 麗祖之不能復拓, 誠可恨也.

동방으로 말하면, 한쪽이 육지와 연결되고 3면은 바다로 막혀 있습니다. 조선(朝鮮)이라는 칭호는 멀리 단군으로부터 시작되고, 숙신(肅愼)의 이름은 주(周)나라 역사에 실려 있으며, 한(漢) 무제(武帝)가 4군(郡)을 나누어 설치하고, 당(唐) 고종(高宗)은 9부(府)를 그대로 설치하였는데,[1] 그 땅이나 자취 모두를 옛것을 참고하여 지금을 증명할 수 있겠습니까. 삼한(三韓)의 분속(分屬)은 어느 설을 마땅히 따라야 하고, 삼국의 경계는 어느 지역이 확실할까요. 점제(黏蟬)는 지금 어느 도(道)에 속합니까. 개마(蓋馬)는 과연 어느 산일까요. 마한(馬韓)·예맥(濊貊)·고구려가 각각 2개가 있고, 옥저(沃沮)·안시(安市)·패수(浿水)가 각각 3개이며, 부여(夫餘)가 4개, 대방(帶方)이 5개, 가야(伽倻)가 6개씩 있으니, 국호와 지명이 어찌

---

1) 四郡은 元封 3년(기원전 108)에 한나라가 고조선을 평정하고 설치한 것이므로(『史記』 권115, 朝鮮列傳), '漢帝'는 '漢 武帝(재위 기원전 141~기원전 87년)'이고, 九府는 總章 원년(668) 9월에 당나라가 고구려를 평정하고 설치한 9도독부이므로(『舊唐書』 권39, 志제19, 地理2, 十道郡國2, 河北道, 安東都護府 참조) '唐宗'은 '唐 高宗(재위 650~683년)'이 된다.

이리 뒤섞여 구별이 없을까요. 그러니 그 소재를 다 들 수 있겠습니까.

신라가 5악(嶽) 9주(州)를 봉(封)하고, 고려는 4경(京) 10도(道)를 설치했습니다. 진흥왕이 북쪽 경계를 순수한 것은 국토 개척에 공이 두드러진 것이고, 경덕왕이 읍(邑)의 명칭을 고친 것은 뜻이 오랑캐를 바꾸려는 데서 나온 것이니, 또한 그 있는 곳을 가리켜 그 일을 논할 수 있을까요. 발해의 옛 땅은 반이 거란에 들어갔는데, 고려 태조의 통일이 여한이 없을 수 있겠습니까. 탐라(耽羅)는 외로운 섬으로 처음 성주(星主)가 있었는데, 즉 9한(韓)의 4번째[2]이니 참람하지 않을 수 있을까요.

신이 엎드려 생각건대, 우리 동방이 산을 등지고 바다에 에워싸여서, 땅의 이로움으로 험고(險固)한 면이 있으나, 하(夏, 즉 중국)를 이용해 오랑캐에서 바뀌어 문물이 찬란한 아름다움에 이르렀으니, 소중화라는 칭호가 참으로 마땅합니다. …

발해의 반이 거란에 들어갔다는 것은 신이 생각건대, 고구려와 백제가 멸망하고, 발해가 이어서 일어났습니다. 당나라 현종(玄宗) 때에 이르러 발해왕 대조영(大祚榮)이 부여·옥저·조선(朝鮮)의 땅을 모두 차지하여 땅이 사방 수천 리였습니다. 가탐(賈耽)[3]이 『군국지(郡國志)』에서 말하기를 "발해의 땅은 동쪽은 천정(泉井)[지금의 덕원(德原)]으로부터 서쪽으로는 책성(柵城)에 이르기까지 모두 39개 역(驛)이 있다."[4]라고 하였으니, [발해가] 압록강 이북까지 강토를 멀리 개척한 것입니다. 그런데 요(遼)나라가 발해를 멸망시킨 뒤, 압록강 이북 지방은 모조리 [요의] 관리에 들어가 버렸습니다. 오직 압록강 남쪽의 보주(保州)와 정주(定州) 2개 주만이 아직 신라에 예속되어 있었는데, 고려 태조가 회복하여 개척하지 못한 것은 참으로 한스럽습니다. …

---

2) 『삼국유사』에 인용된 『해동안홍기』는 9한 중에서 네 번째를 托羅라 했는데, 탁라는 바로 耽羅이다. "海東安弘記云 九韓者 一日本 二中華 三吳越 四托羅 五鷹遊 六靺鞨 七丹國 八女眞 九穢貊."(『三國遺事』 권제1, 紀異 제1, 馬韓).

3) 가탐(730~805)은 당나라 중기 宰相을 13년간이나 역임하였고, 地理에 정통하였다. 夷狄의 땅에 사신으로 갔다 온 자가 있으면 반드시 찾아가 그들의 풍속을 묻는 등, 천하의 물산, 산천의 형세를 알고자 하였다. 隴右山南九州河所經受圖, 洮湟甘涼屯鎭道里山水別錄 6篇, 河西戎之錄 4篇, 海內華夷圖, 古今郡國縣道四夷述, 貞元十道錄 등을 저술하였다(『新唐書』 권166, 列傳제91, 賈耽).

4) 『삼국사기』에는 "賈耽古今郡國志云, 渤海國南海·鴨淥·扶餘·柵城四府, 並是高句麗舊地也. 自新羅泉井郡, 至柵城府, 凡三十九驛."(『三國史記』 권제37, 雜志 제6, 地理4, 百濟)이라 하였다.

발해사 자료총서 – 한국사료 편 권2

35. 『아방강역고(我邦疆域考)』

『아방강역고』는 정약용(丁若鏞, 1762~1836)이 우리나라의 역사지리를 고증한 책으로, 『강역고(疆域考)』로도 불린다. 1811년 정약용이 강진에 유배되어 있을 때 처음 집필하였으며, 유배에서 돌아온 뒤인 1833년에 「발해속고(渤海續考)」 등을 추가하여 완성하였다. 처음 10권의 원고본이 전해지다가 1903년 장지연(張志淵)이 9권 2책의 활자본 『대한강역고(大韓疆域考)』를 황성신문사에서 간행하였는데, 오기와 누락이 많아 정약용의 글과는 차이가 있다. 이후 1934년 신조선사에서 『여유당전서』를 간행하며, 『아방강역고』를 함께 수록하였다.

『아방강역고』의 내용은 크게 세 부분으로 나뉘어 있다. 첫째는 고조선부터 삼국 이전 우리나라[我邦] 고대국가와 종족 및 발해의 강역을 고증한 것이고, 두번째는 고구려와 백제의 수도 및 패수(浿水), 백산(白山)의 위치를 논한 것이며, 세번째는 조선시대 행정구역의 연혁을 고증한 것이다. 발해와 관련한 부분은 「발해고」, 「발해속고」에 집중되어 있다. 이 밖에 「말갈고(靺鞨考)」, 「북로연혁속(北路沿革續)」, 「서북로연혁속(西北路沿革續)」 등에 관련 내용이 보인다. 본인의 고증과 생각을 강조할 때에는 '용안(鏞案)'으로 저자인 정약용의 생각을 표시하고 있는 것이 특징이다.

「발해고」에서는 먼저 4조목에 걸쳐 발해 영역과 함께 무왕(武王) · 선왕(宣王) 시대의 영토확장과 지방제도 정비 문제를 다루었고, 이어 13조목에 걸쳐 5경(京) 15부(府)의 위치를 고증하였다. 그 다음에 9조목에 걸쳐 『요사(遼史)』 지리지(地理志)를 중심으로 『일통지(一統志)』와 『성경지(盛京志)』 등의 잘못된 지리 고증을 논박하였다. 이 글을 쓸 당시 유배 중이어서 『요사』 지리지 전문을 직접 보지 못하는 등 열악한 여건이었지만 여러 면에서 탁월한 지리 고증을 한 것으로 평가된다. 그는 특히 15부의 위치와 관련하여 『요사』 지리지에서 마치 발해가 요동에 있었던 국가인 것처럼 서술함으로써 그 뒤의 지리 고증에서 혼란을 야기하였음을 규명해냈다. 마지막으로 발해 강역이 처음과 마지막에는 작았지만 중간에는 광대하였다고 하면서 발해가 멸망한 뒤에는 핵심 지역들이 여진과 거란 땅으로 들어가 버렸음을 지적하였다. 그러나 발해가 요동을 차지하지 못했다고 봄으로써, 지금까지 발해의 요동 영유에 관한 논쟁에 영향을 주고 있다.

1833년에 저술한 「발해속고」에서는 32조목에 걸쳐 발해의 역사와 유민의 활동을 자세히 고찰하여 「발해고」를 보완하였다. 마지막에는 홍석주(洪奭周, 1775~1811)의 『발해세가(渤海世家)』(1820년대)를 부록으로 달며, 일부 오류를 바로잡았다. 그 밖에 「말갈고」에서는 말갈 기록을 검토하여 진말갈(眞靺鞨)과 위말갈(僞靺鞨)로 분리하여 이해하는 모습을 보였다. 이는 북방과 한반도에서 활동하던 말갈의 성격 논쟁에 중요한 사학사적 의미를 지닌다. 발해에 대한 언급은 말갈 기록 검토 과정에서 단편적으로 보이며, 「북로연혁속」과 「서북로연혁속」에서도 그 연혁을 다루며 발해의 영역을 논하고 있다.

아래 원문은 규장각 소장 『여유당전서(與猶堂全書)』〈819.55-J466yfs〉에 포함되어 있는 『아방강역고』와 필사본 『아방강역고』〈一蓑古915.1-J466a〉의 『발해고(渤海考)』를 저본으로 하였으며, 중앙도서관에 소장된 필사본 『아방강역고』〈한古朝60-78〉을 비교본으로 하였다.

○ 권제2, 옥저고(沃沮考)

新羅旣亡, 南北沃沮之地, 盡爲渤海之所據.
唐書渤海傳云, 大祚榮盡得扶餘沃沮朝鮮海北諸國. ○又云, 大氏保挹婁之東牟山, 南接新羅, 以泥河爲境.【泥河, 在江陵之北.】○又云, 渤海有五京, 沃沮故地爲南京, 曰南海府, 領沃晴椒三州. 濊貊故地爲東京, 曰龍原府, 領慶鹽穆賀四州. ○鏞案, 謂之南海府者, 以在挹婁之南也. 沃州者, 咸興也, 以其嘗爲沃沮之古縣也. 晴州者, 北青也. 渤海之得我咸鏡之地, 明確無疑, 而遼史以來, 忽以今遼東之海城縣爲沃沮故地. 於是渤海疆域, 左喎右庋, 全局都換, 而東西南北茫乎, 其不可問矣. 竝詳渤海考, 玆不疊述.【渤海之興, 在唐武后時, 至宋眞宗時, 爲契丹所滅.】…

신라가 망하고 나서 남북의 옥저 땅은 모두 발해에 점거되었다.

『[신]당서([新]唐書)』 발해전(渤海傳)에 이르기를, 대조영(大祚榮)이 부여·옥저·조선·해북(海北) 여러 나라를 모두 얻었다고 하였다. ○ 또 이르기를 대씨는 읍루의 동모산(東牟山)을 차지하고, 남쪽으로는 신라와 접하여 니하(泥河)[1]를 경계로 삼았다.【니하는 강릉의 북쪽에 있다.】 ○ 또 이르기를 발해는 5경(京)이 있는데, 옥저의 옛 땅으로 남경(南京)을 삼아 남해부(南海府)[2]라고 하였고, 옥주(沃州)[3]·정주(睛州)[4]·초주(椒州)[5] 세 주를 거느렸다. 예맥의 옛 땅을 동경(東京)으로 삼고 용원부(龍原府)[6]라고 하였으며, 경주(慶州)[7]·염주(鹽

---

1) 니하와 관련해서는 『三國史記』에 몇 차례 관련 기사가 보이는데, 이들 기록을 통해 동해에 인접한 悉直(三陟), 何瑟羅(江陵)와 비교적 가까이에 있는 강으로 추정된다. 丁若鏞은 『我邦疆域考』「渤海考」에서 강릉 북쪽의 泥川水라고 하였고, 松井等은 泉井郡을 德源으로 단정하고 니하를 부근의 하천으로 보아 德源과 그 북쪽인 永興傍의 龍興江으로 추정한 바 있다(松井等, 1913). 津田左右吉은 聖德王 20년의 長城 축조 기사를 통해 동해안에서 安邊 부근의 南大川으로 보았다(津田左右吉, 1913). 그 밖에 連谷川설(徐炳國, 1981b, 237~257쪽; 張彰恩, 2004, 1~45쪽; 趙二玉, 1999, 715쪽), 강릉 城南川설(이병도 역주, 1983, 34쪽), 남한강 상류설(李康來, 1985, 48~53쪽; 鄭雲龍, 1989, 209쪽), 울진 일대설(리지린·강인숙, 1976, 68~69쪽), 낙동강 상류설(김진한, 2007, 127쪽; 홍영호, 2010, 73~75쪽) 등이 있다.

2) 남경 남해부의 위치에 대해서는 韓鎭書의 『海東繹史續』「渤海」에서 北靑설을, 丁若鏞의 『我邦疆域考』「渤海考」에서 咸興설을 내세운 이래로, 鏡城설(內藤虎次郎, 1907; 松井等, 1913), 북청설(鳥山喜一, 1935; 채태형, 1998), 함흥설(池內宏, 1937; 白鳥庫吉, 1935; 和田淸, 1955), 鍾城설 등의 견해가 있다. 남경과 남해부의 치소는 동일 지역에 있었던 것으로 보이나, 관청이 하나였는지 분리되어 있었는지는 불분명하다. 남해부의 위치 비정에는, 776년 남해부 '吐號浦'에서 발해 사신단이 일본으로 출발했다는 기록(『續日本紀』)에 부합하는 항구와 남해부의 특산물인 곤포, 즉 다시마가 생산되는 지역이라는 조건이 붙는다. 정약용이 곤포의 주요 산지인 함흥을 남해부로 본 이후로 함흥설은 많은 지지를 받았고, '토호포'를 함흥 서남쪽으로 약 15km 떨어진 '連浦(고려·조선시대 都連浦)'로 추정하였다. 그러나 북한에서 발굴 성과를 토대로 북청군의 청해토성(북청토성)을 남해부로 비정한 이후 북청설이 유력시되고 있다.

3) 『遼史』「地理志」에 沃沮·鷲巖·龍山·濱海·昇平·靈泉의 6현을 거느렸다.

4) 『遼史』「地理志」에 天晴·神陽·蓮池·狼山·仙巖의 5현을 거느렸다. 和田淸(1955)은 위치를 城津으로 추정하였다.

5) 『遼史』「地理志」에 椒山·貊嶺·澌泉·尖山·巖淵의 5현을 거느렸다. 和田淸(1955)은 鏡城으로 비정하였다.

6) 발해 5경 가운데 하나이다. 동경은 제3대 文王 大欽茂가 785년 무렵 이곳으로 천도한 이후 제5대 成王 大華璵가 다시 상경으로 천도하는 794년까지 약 10년간 발해의 수도였다. 일명 '柵城府'라고도 하며, 屬州로는 慶州·鹽州·穆州·賀州의 4주가 있다. 위치에 대해서는 琿春설, 함경북도 穩城·鍾城설, 연해주 블라디보스토크설, 니콜리스크(Nikolisk)설 등이 있었다. 1942년에 이르러 琿春의 牛拉城(현재 八連城)이 발굴된 이후, 이곳이 동경성이며 혼춘이 동경 용원부 지역임에 이견이 없다(김은국, 2006).

州)⁸⁾·목주(穆州)⁹⁾·하주(賀州)¹⁰⁾ 네 주를 거느렸다. ○ [정약]용이 생각하기에¹¹⁾ 남해부라고 한 것은 읍루의 남쪽에 있기 때문이다. 옥주는 함흥으로 일찍이 옥저의 옛 현(縣)이었다. 정주는 북청이다. 발해가 우리 함경(咸鏡) 땅을 얻었음은 명확하여 의심할 바 없는데, 『요사(遼史)』 이래로 갑자기 지금 요동의 해성현(海城縣)을 옥저의 옛 땅이라고 한다. 그리하여 발해 강역의 좌우가 어그러지고 전체 국면이 모두 바뀌면서 동서남북이 아득해지니 물어볼 수가 없다. 모두 『발해고(渤海考)』에 상세하니, 여기서는 거듭 서술하지 않는다.【발해가 흥기한 것은 당(唐) [측천]무후 때(주 황제 재위 690~705)이며, 송 진종 시기¹²⁾에 이르러 거란에게 멸망되었다.】…

> 渤海旣亡, 南北沃沮之地, 遂爲女眞所據.
> 鄭麟趾地理志云, 按舊史, 九城之地, 久爲女眞所據. 睿宗二年, 命元帥尹瓘·副元帥 吳延寵, 率兵十七萬, 擊逐女眞, 分兵略地.

발해가 망하자 남북 옥저의 땅이 마침내 여진(女眞)에게 점거되었다. 정인지(鄭麟趾)의 [『고려사』] 지리지에서 이르기를, 구사(舊史)를 살펴보면 9성의 땅은 오랫동안 여진이 점거하였다. 예종 2년(1107)에 원수(元帥) 윤관(尹瓘)과 부원수(副元帥) 오연총(吳延寵)에게 명하여 병사 17만을 이끌고 여진을 공격하여 쫓아내고 병사를 나누어 땅을 다스렸다.¹³⁾

---

7) 『遼史』「地理志」에 "壘石爲城周圍二十里"라고 하였고, 屬縣으로 龍原·永安·烏山·壁谷·熊山·白楊의 6현을 거느렸다.
8) 『遼史』「地理志」에 "一名 龍河郡"으로, 海陽·接海·格川·龍河의 4현을 거느린다. 和田淸은 Possjet灣 北岸에 顏楚(Yen-Chu) 또는 眼春(Yen-Chun)이라는 지명이 있었던 것이 이 鹽州(Yen-Chou)의 轉訛일지도 모른다는 억측을 하였던 바 있다(1955,「渤海國地理考」, 76쪽). 현재는 연해주 크라스키노성으로 보는 것이 통설이다.
9) 『遼史』「地理志」에 "一名 會農郡"으로, 會農·水岐·順化·美縣의 4현을 거느렸다.
10) 『遼史』「地理志」에 "一名 吉理郡"으로, 洪賀·送誠·吉理·石山의 4현을 거느렸다.
11) '鏞案'에서 '용'은 가독성을 고려하여 이하 '정약용'으로 해석한다.
12) 발해가 거란에게 멸망한 것은 926년으로 後唐 莊宗(885~926) 때에 해당한다. 정약용이 宋 眞宗(968~1022) 때로 멸망 시기를 본 것은 발해 유민의 활동과 조공 기록이 송 진종 때까지 확인되며 그 이후 보이지 않기 때문이다.

○ 권제2, 말갈고(靺鞨考)

○ 鏞案, 作史之虛荒鹵莽, 莫此若也. 靺鞨之名, 始出於元魏之末, 而前漢之時, 靺鞨已橫行我邦, 有是理乎. … 中國之史, 皆當時史臣, 耳聞目見而記之, 故事實無舛. 金富軾之史, 生於千載之後, 追錄千載之前, 無怪其荒舛也. 金富軾, 南宋高宗時人也.【高麗毅宗時.】譬如李綱追作漢書, 而班固范曄之書, 皆無所傳, 則以匈奴爲蒙古之部, 以遼東爲夫餘之地, 其亦無足怪矣. 今詳其文, 所謂靺鞨, 卽東沃沮之濊人, 漢史所謂不耐濊, 是也. 其謂之靺鞨者, 唐宋之際, 渤海大氏據我北道三百餘年,【竝詳渤海考.】渤海者, 靺鞨也. 新羅之人, 久以北道, 指爲靺鞨, 口慣耳熟, 以爲本然. 凡其古記, 有北寇來侵者, 悉名之曰靺鞨, 而富軾不覈其實, 編錄如是也. 在前漢時爲不耐濊人, 漢魏以降爲沃沮, 陳隋之際, 專屬句麗, 唐睿宗以後, 始爲靺鞨【卽渤海】, 安得混稱如是.

○ 정약용이 생각하기에, 역사를 짓는 것이 허황하고 거칠기가 이와 같은 것이 없다. 말갈의 이름은 원위(元魏) 말년에 비로소 나왔는데, 전한(前漢) 때에 말갈이 이미 우리 땅을 횡행하였다고 하니 이치가 있단 말인가? … 중국의 역사는 모두 당시의 사신(史臣)이 귀로 듣고 눈으로 본 것을 기록한 것인 까닭에 사실이 틀린 것이 없다. 김부식(金富軾)의 역사는 천년 뒤에 태어나 천년 앞을 쫓아 기록한 것이니, 거칠고 틀린 것은 괴이할 것이 없다.

김부식은 남송(南宋) 고종(高宗, 재위 1127~1162) 때【고려 의종(毅宗, 재위 1146~1170) 시기】의 사람이다. 비유컨대 이강(李綱)이 『한서(漢書)』를 뒤에 쓴 것과 같다. 그리고 반고(班固)와 범엽(范曄)의 책에서 만일 전하는 것이 없었다면, 곧 흉노를 몽고의 부(部)라고 하고 요동(遼東)을 부여의 땅이라고 했더라도 그 역시 괴이하지 않을 것이다. 지금 그 글을 자세히 보면, 이른바 말갈은 곧 동옥저의 예인(濊人)이다. 한나라 역사에서 소위 불내예(不耐濊)라고 한 것이다.

그 말갈이라고 하는 것은 당(唐)과 송(宋)나라 무렵에 발해 대씨(大氏)가 우리 북도(北道)를 300여 년 동안 점거했는데,【모두 「발해고」에 자세하다.】발해가 말갈이다. 신라 사람이

---

13) 『高麗史』 권58, 志권제12, 地理3, 東界, 沿革에 "睿宗二年, 以平章事尹瓘, 爲元帥, 知樞密院事吳延寵, 副之, 率兵擊逐女眞, 置九城, 立碑于公嶮鎭之先春嶺, 以爲界."라고 나온다.

오랫동안 북도를 가리켜 말갈이라 하였는데, 입버릇과 귀에 익숙한 것을 본래 그런 것으로 삼은 것이다. 무릇 옛 기록에 북쪽의 도적이 와서 침입하면 모두 이름을 말갈이라고 했던 것인데, 김부식은 그 사실을 살피지 못하고 기록을 엮기를 이와 같이 하였다. 전한(前漢) 때에는 불내예인(不耐濊人)으로, 한나라와 위나라 이후에는 옥저라고 하였다. 진(陳)나라와 수(隋)나라 무렵에는 오로지 고구려에 복속되었으며, 당(唐)나라 예종(睿宗) 이후에 비로소 말갈【즉 발해】이 되었는데, 어찌 이렇게 혼동해서 부르겠는가?

○ 권제6, 발해고(渤海考)

渤海立國, 本據句麗之地, 我邦西北之邊, 皆入疆理.
唐書云, 渤海本粟末靺鞨, 附高麗者, 姓大氏. ○又云, 武后時, 乞乞仲象東走渡遼水, 保太白山之東北. 仲象死, 其子祚榮乃建國, 盡得夫餘·沃沮·弁韓·朝鮮·海北諸國.【萬歲通天中, 契丹盡忠殺營州都督趙翽反, 有舍利乞乞仲象者, 與靺鞨酋乞四比羽 及高麗餘種, 東走渡遼水, 保太白山之東北, 阻奧婁河 樹壁自固. 武后封乞四比羽爲許國公, 乞乞仲象爲震國公, 赦其罪. 比羽不受命, 后詔玉鈐衛大將軍李楷固中郎將索仇, 擊斬之. 是時仲象已死, 其子祚榮引殘痍遁去. 楷固窮涉, 度天門嶺, 祚榮因高麗靺鞨兵拒楷固, 固[14]敗還. 於是契丹附突厥, 王師道絶, 不克討. 祚榮卽幷比羽之衆, 恃荒遠, 乃建國, 自號震國王, 遣使交突厥, 地方五千里, 戶十餘萬.】 ○又云, 睿宗先天中, 遣使拜祚榮 爲渤海郡王, 自是始去靺鞨號, 專稱渤海. ○鏞案, 太白山者, 我邦之白頭山也.【長白山】奧婁河者, 今之額敦山, 出二河, 西入混同江, 查其緯度, 正在營州東二千里也. 仲象立國之初, 本據白山之東, 其子祚榮暫遁旋還, 不離白山之東, 其後嗣王拓地廣土, 西極夫餘【今開原】, 以至瀋州【今盛京】, 而今太子河以南【今遼陽】, 靉河以西【今鳳皇[15]城地】, 渤海之跡, 槩未及焉. 凡論渤海疆域者, 宜先知此.【弁韓者, 今金海也. 渤海何以得之, 已見前文.[16]】 唐書百濟傳云, 百濟

---

14) '固' → '楷固'. 국립중앙도서관 소장 『아방강역고』〈한고조60-78〉에는 '楷固'.
15) '皇' → '凰'.
16) 국립중앙도서관 소장 『아방강역고』〈한고조60-78〉에는 '已見前文'에서 '文'이 누락됨.

> 旣亡, 其地爲新羅渤海所分.【百濟史亦云.】 ○崔致遠上太師侍中狀云, 句麗殘孼類聚, 北依太白山下, 國號爲渤海. ○金富軾地志云, 句麗之地, 多入渤海, 新羅亦得其南境, 以置漢朔溟三州.【卽漢陽·春川·江陵.】 ○鏞案, 唐書謂渤海得百濟之地, 大非也. 溫祚王初年, 畫定疆域, 雖北至浿河【大同江】, 東極走壤【今春川】, 及其衰也, 漢水以北, 失之已久. 況渤海所得, 東不過嶺東之地, 上自穩城, 下至襄陽,【詳見下.】西則薩水以北, 至于鴨江, 入于疆理,【詳見下.】百濟故地, 何以得之.

발해(渤海)는 나라를 세우고, [고]구려의 땅을 본거지로 하였다. 우리나라[我邦]의 서북쪽 변경이 모두 그 강역에 들어갔다.

『당서(唐書)』에 이르기를 발해는 본래 속말말갈(粟末靺鞨)이며 고[구]려에 붙은 자로 성은 대씨(大氏)이다.[17] ○ 또 이르기를 [측천]무후([則天]武后) 때에 걸걸중상(乞乞仲象)이 동쪽

---

17) 발해의 계통에 대해서는 『舊唐書』 발해말갈전에서는 '본래 고려의 별종(本高麗別種)'이라고 하였고, 『新唐書』 渤海傳에서는 '본래 속말말갈로 고[구]려에 붙은 자(本粟末靺鞨附高麗者)'라고 기록하였다. 그런데 이 大祚榮의 출신이나 발해의 구성원에 대해서는 같은 사료를 놓고 다양한 해석이 있었다. 고려와 조선에서는 대조영의 출신을 高句麗 계통으로 보는 경향이 있었는데, 李承休의 『帝王韻記』와 柳得恭의 『渤海考』가 대표적이다. 일본에서는 대체로 속말말갈이나 여진 계통으로 보았다. 발해국의 주체는 靺鞨族이지만, 대조영은 고구려 別部 출신으로 보는 경우(鳥山喜一, 1915), 새로운 종족으로 발해말갈을 이해하는 경우(池內宏, 1916), 지배층은 고구려인, 피지배층은 말갈인으로 보는 경우(白鳥庫吉, 1933)도 있다. 현대에 들어와서 발해사 연구를 촉발한 대표적인 연구자는 북한의 박시형이다. 그는 발해국의 성립에 중심 역할을 한 것은 고구려 멸망 후 요서 지방으로 이주된 고구려인 집단이었고, 이들을 조직하여 지휘한 것이 고구려 장수인 대조영이라고 하였다. 고구려 왕실의 일족 또는 고구려 계통의 귀족 출신들이 거의 권력을 독점하였고, 문화 방면에서도 고구려의 문화가 주도적 역할을 하였다고 보았다(박시형, 1979; 송기호, 1989). 한국의 李龍範도 발해의 주체가 고구려 유민이었음을 주장하였다(李龍範, 1972·1973). 이후 한국 학계에서는 기본적으로 대조영을 고구려 계통으로 보았으나, 종족은 속말말갈로 고구려에 옮겨와 정착하여 동화된 인물, 즉 말갈계 고구려인으로 보기도 한다(송기호, 1995). 말갈의 명칭 자체를 고구려 변방 주민이나 중국 동북 지역민에 대한 비칭·범칭으로 보고, 발해의 구성원이 된 말갈은 흑수말갈과 구분되는 예맥계인 고구려말갈이며 대조영은 고구려인으로 속말강(송화강) 지역민이라고 보는 견해도 있다(한규철, 1988; 2007). 중국 학계에서는 근대 초기에 양면적 인식이 보였다. 대표적인 학자는 金毓黻이다(『渤海國志長編』, 1934). 그러나 중화인민공화국이 수립된 이후에는 발해사를 중국의 소수민족사로 보고 고구려계승성을 부정하며 말갈을 강조하는 입장이다. 한편 19세기 중반 연해주 지역을 차지하였던 러시아에서는 자국의 極東 지역 소수

으로 달아나 요수(遼水)를 건너 태백산(太白山)의 동북을 차지하였다. 중상이 죽고 그 아들 [대]조영이 이내 나라를 세워, 부여(扶餘)·옥저(沃沮)·변한(弁韓)·조선(朝鮮)·해북(海北)의 여러 나라를 모두 얻었다.【만세통천(萬歲通天) 중에 거란 이진충(李盡忠)[18]이 영주도독(營州都督) 조홰(趙翽)를 죽이고 반란하였다. 사리(舍利) 걸걸중상이라는 자가 있어 말갈 추장 걸사비우(乞四比羽)와 고구려의 남은 종족과 함께 동쪽으로 달아나 요수를 건너고, 태백산의 동북을 차지하여 오루하(奧婁河)로 막고 벽을 세워 스스로를 지켰다. 무후가 걸사비우를 허국공(許國公)에 봉하고 걸걸중상을 진국공(震國公)에 봉해 그 죄를 용서하였다. [그러나] 비우가 명령을 받지 않자, 무후는 조서를 내려 옥검위대장군(玉鈐衛大將軍) 이해고(李楷固)[19]와 중랑장(中郞將) 색구(索仇)에게 그를 공격하여 베어 죽였다. 이때 중상은 이미 죽어서 그 아들 조영이 패잔한 무리를 이끌고 달아났다. 해고가 바짝 뒤쫓아서 천문령(天門嶺)을 넘자 조영이 고구려와 말갈 병사로 해고를 막으니 해고가 패하여 돌아갔다. 그리하여 거란이 돌궐(突厥)에 붙으므로 당나라 군대[王師][20]의 길이 끊어져 [대조영을] 토벌할 수 없었다. 조영은 곧 비우의 무리를 아울러서 아득히 먼 땅을 믿고 이내 나라를 세우고 스스로 진국왕(震國王)이라 불렀다. 사신을 보내 돌궐과 교류하였다. 땅은 사방 5천 리요, 호수는 10여만이었다.】 ○ 또 이르기를 예종(睿宗) 선천(先天) 연간(712~713)에 사신을 보내 조영을 배수하여 발해군왕으로 삼았다. 이로부터 비로소 말갈이라는 이름을 버리고 발해로만 불렀다.

○ 정약용이 생각하기에 태백산(太白山)은 우리나라의 백두산(白頭山)【장백산(長白山)】이다. 오루하는 지금의 액돈산(額敦山)에서 흘러나오는 이하(二河)다. 서쪽으로 흘러 혼동강(混同江)으로 들어간다. 그 위도(緯度)를 조사해 보면 바로 영주(營州) 동쪽 2천 리에 있다. 중상이 나라를 세운 초기에 백산(白山)의 동쪽을 본거지로 하였는데, 그 아들 조영이 잠시 도망했다가 이내 돌아와서 백산 동쪽을 떠나지 않았다. 그 뒤를 이어받은 왕들이 땅을 크게

민족사의 일부로서 관심을 갖고 발해를 말갈족의 역사로 규정하며 대조영 역시 말갈인으로 보고 있다. 이 밖에 소수설로 말갈 중 대조영을 백산말갈 출신으로 보는 경우도 있다(津田左右吉, 1915; 李健才, 2000).

18) 거란의 추장으로, 696년 5월에 기근이 들었음에도 영주도독 조문홰(趙文翽)가 진휼하지 않은 데 불만을 품고 처남 손만영과 거병하여 하북 지역까지 진격하였으나, 9월에 전사하였다(유득공 지음, 김종복 옮김, 2018, 71쪽).

19) 거란 출신의 장군으로 손만영이 전사한 후 당에 투항하였다.

20) 王師는 임금의 군대로, 여기서는 당 황제의 군대를 의미한다. 즉 당나라 군대이다.

넓혀서, 서쪽으로는 부여【지금의 개원(開原)】에 닿았고 심주(瀋州)【지금의 성경(盛京)】에 이르렀다. 그리고 지금의 태자하(太子河) 이남【지금의 요양(遼陽)】과 애하(靉河) 이서【지금의 봉황성(鳳凰城) 땅】에는 발해의 발자취가 대부분 미치지 못하였다. 무릇 발해의 강역을 논하려면 마땅히 이것을 먼저 알아야 할 것이다.【변한은 지금의 김해이다. 발해가 어찌 그것을 얻을 수 있었겠는가는 이미 앞 글에서 살펴보았다.】

『당서(唐書)』백제전(百濟傳)에 이르기를 백제가 망하자 그 땅을 신라와 발해가 나누어 가졌다.【백제사에서 역시 말하였다.】 ○ 최치원이 태사시중(太師侍中)에게 올린 장(狀)[21]에서 이르기를 고구려의 남은 무리들이 모여 북쪽으로 태백산의 아래를 의지하여 나라 이름을 발해라고 하였다. ○ 김부식의 [『삼국사기』] 지리지에 이르기를 고구려 땅은 발해로 많이 들어갔고, 신라 또한 그 남쪽 경계를 얻어서 한주(漢州)·삭주(朔州)·명주(溟州)【즉 한양·춘천·강릉】세 주를 두었다. ○ 정약용이 생각하기에 『당서』에서 발해가 백제의 땅을 얻었다고 한 것은 큰 잘못이다. 온조왕(溫祚王) 초년에 강역을 구분하여 정하면서, 북쪽으로 패하(浿河)[22]【대동강】에 이르렀고, 동쪽으로 주양(走壤)【지금의 춘천】에 닿았다. 쇠약해지면서는 한수(漢水)의 이북을 잃었는데 그것이 이미 오래되었다. 하물며 발해가 얻은 것은 동쪽으로 영동(嶺東) 땅을 넘지 않았고, 위로는 온성(穩城)에서부터 아래로 양양(襄陽)에 이르렀으며,【자세한 것은 아래에 보인다.】서쪽은 즉 살수(薩水)의 북쪽에서 압록강(鴨綠江)에 이르기까지가 강역에 들어갔는데,【자세한 것은 아래에 보인다.】백제의 옛 땅을 어찌 얻었겠는가?

考其疆域, 唯我邦嶺東之地, 得其全體, 南北彌三千里.
唐書云, 高麗滅, 大氏率衆, 保挹婁之東牟山, 地直營州東二千里, 南接新羅, 以泥河爲境, 東窮海, 西契丹, 築城郭以居, 高麗逋殘, 稍歸之. ○ 鏞案通典, 營州治在柳城縣, 東至遼河四百八十里,【南至海二百六十里.】殷時爲孤竹國, 周時爲山戎地.【在今寧遠州北二百四十里.】東牟山旣是營州東二千里, 則正是我白頭山之東北. 今之額敦山, 或其變名也. ○ 又按, 泥河者, 我江陵之北泥川水也. 新羅慈悲王時, 徵何瑟羅

---

21)「謝不許北國居上表」를 이른다. 발해의 사신이 신라의 윗자리에 앉도록 요청한 것을 당이 거절한 것에 대해 감사를 올리는 표문이다.
22) 浿水.

人【今江陵】, 築泥河城, 又炤知王時, 追擊句麗靺鞨兵于泥河之西.【又祇摩王時, 靺鞨入北境, 過泥河.】卽此地也. 渤海新羅, 旣以泥河爲界, 則襄陽以北, 皆渤海之所得也. 我邦之襄陽以北, 皆自武后末年, 入于渤海, 至玄宗天寶以後, 鐵關以南, 復爲新羅所有, 故景德王十六年【天寶十六年】, 朔庭郡【今安邊】, 泉井郡【今德源】, 竝其屬縣【㭆谷等】, 改其名號. 至宋太宗之時, 渤海衰微, 咸興以北, 沒于女眞.【詳見沃沮考.】其間三百餘年, 皆渤海之地也. 然而東國輿地之書, 都無渤海之說, 但云咸州久爲女眞所據,【見鄭志.】不亦疏乎. 女眞據此, 不過百餘年【自宋太宗時, 至徽宗時.】, 高麗睿宗使尹瓘攻取之, 乃築九城, 旋復失之耳.【詳見沃沮考.】

　그 강역을 살펴보면 우리나라의 영동(嶺東) 땅은 그 전체를 얻으면 남북으로 3천 리에 뻗쳐 있었다. 『당서』에서 이르기를 고구려가 멸망하자 대씨가 무리를 거느리고 읍루(挹婁)의 동모산(東牟山)을 지키니, 영주(營州)에서 곧바로 동쪽 2천 리 되는 곳이었다. 남쪽은 신라에 인접하여 니하(泥河)로 경계를 삼았고, 동쪽은 바다에 닿았으며, 서쪽은 거란이다. 성곽을 쌓고 거하자 고구려의 도망쳤던 나머지가 점차 그에게 돌아왔다. ○ 정약용이 『통전(通典)』을 보니, 영주의 치소는 유성현(柳城縣)에 있었다. 동쪽으로 요하(遼河)까지가 480리이다.【남쪽으로 바다까지는 260리이다.】은(殷)나라 때는 고죽국(孤竹國)이었고, 주(周)나라 때는 산융(山戎)의 땅이었다.【지금의 영원주(寧遠州) 북쪽 240리에 있었다.】동모산은 영주 동쪽 2천 리라고 했으니, 바로 우리 백두산의 동북쪽이다. 지금의 액돈산(額敦山)은 혹시 그것이 변한 이름이 아닌가 한다.

　○ 또 살펴보건대 니하는 우리 강릉 북쪽의 이천수(泥川水)다. 신라 자비왕(慈悲王) 때 하슬라(何瑟羅)[23]【지금의 강릉】사람들을 징발하여 니하성을 쌓았다. 또 소지왕(炤智王) 때에 고구려와 말갈 군사를 니하 서쪽【또 지마왕(祇摩王) 때에 말갈이 북쪽 경계로 들어와 니하를 넘었다.】에 쫓아가서 쳤다고 한 것도 바로 이 땅이다. 발해와 신라가 니하를 경계로 삼았으니,

---

23) 강원도 강릉의 옛 이름. 원래 고구려의 땅으로, 4세기 말에 신라에 편입되었다. '河西良', '阿瑟羅'라고도 하였다. 신라는 지증왕 13년(512)에 州로 삼고 군주를 파견하였다. 법흥왕 10년(523)에는 河西停을 두어 군사 기능을 강화하였다. 선덕여왕 8년(639)에는 북소경으로 고쳤다가, 658년(무열왕 5)에 말갈 땅과 인접해 있어 소경을 폐지하고 다시 주로 고친 뒤 도독을 두어 방비하게 하였다. 경덕왕 16년(757)에 '溟州'로 이름을 고쳤다(『三國史記』 35, 「雜志」 4, 地理 2).

양양(襄陽) 북쪽은 모두 발해가 차지하였다. 우리나라의 양양 북쪽은 모두 무후(武后) 말년부터 발해로 들어갔는데, 현종(玄宗) 천보(天寶) 이후에 철관(鐵關) 남쪽이 다시 신라의 소유가 되었다. 경덕왕(景德王) 16년(757)【천보(天寶) 16년】에 삭정군(朔庭郡)【지금의 안변(安邊)】· 천정군(泉井郡)【지금의 덕원(德源)】과 거기에 소속된 현(縣)【경곡(慶谷) 등】을 합해 그 이름을 고쳤다.

송(宋)나라 태종(太宗, 재위 976~997) 때에 이르러 발해가 쇠미해지자 함흥(咸興) 북쪽은 여진으로 들어갔다.【상세한 것은 「옥저고(沃沮考)」에 보인다.】 그 사이 300여 년 동안은 모두 발해 땅이었다. 그러나 동국(東國)의 지리책에는 발해라는 말은 전혀 없고 다만 함주(咸州)가 오랫동안 여진에게 점거되었다고 했으니,【정지(鄭志, 『고려사』 지리지)에 보인다.】 또한 허술한 것이 아니겠는가? 여진이 이곳을 점거한 것은 불과 100여 년【송 태종 때부터 휘종(徽宗, 재위 1100~1125) 때까지】이다. 고려 예종이 윤관(尹瓘)으로 하여금 공격해 빼앗도록 하고, 9성을 쌓았으나 이내 잃고 말았다.【상세한 것은 「옥저고」에 보인다.】

高王旣卒【大祚榮】, 武王繼位【名武藝】, 寔犯登州. 而新羅承詔, 擊其南鄙, 以其壤地相接也.

唐書云, 開元中, 黑水靺鞨使者入朝, 帝以其地建黑水州. 武藝曰: 是必與唐, 腹背攻我也. 乃遣弟門藝擊黑水, 門藝懼歸唐. 武藝暴門藝罪惡, 請誅之. 後十年, 武藝遣大將張文休, 率海賊攻登州, 帝馳遣門藝, 發幽州兵擊之. 使太僕卿金思蘭使新羅, 督兵攻其南, 會大寒雪丈, 士卒凍死過半, 無功而還.【新羅史亦云.】 ○ 新羅史云, 開元二十一年【聖德王三十二年】, 唐遣使敎諭曰, 渤海靺鞨, 外稱蕃翰, 內懷狡猾. 今欲出兵問罪, 卿亦發兵, 相爲掎角.【出金庾信傳.】 ○ 崔致遠上太師侍中狀云, 開元二十年, 渤海怨恨天朝, 掩襲登州, 殺刺史韋俊. 於是明皇大怒, 命內史高品何行成, 大僕卿金思蘭發兵【思蘭新羅人】, 過海攻討, 以冬深雪厚, 蕃漢苦寒, 勅命廻軍.【新羅史云, 將軍金庾信[24]上表曰: 臣所奉進止, 令臣執節, 本國發兵馬, 討除靺鞨者. 蠢爾夷俘, 計已悔禍,[25] 伏望陛下因臣還國, 再宣殊裔, 必傾其巢穴, 靜此荒隅.】 ○ 鏞案, 此

---

24) '金庾信' → '金忠信'.
25) 국립중앙도서관 소장 『아방강역고』〈한고조60-78〉에는 '過'.

> 時遼薊之地, 契丹梗路,【詳見下.】故渤海之入寇也, 必越海而犯登州. 大唐之討罪也, 亦越海而借新羅, 此易知之理也. 若使渤海部落, 本據遼東, 則渤海宜直寇營平. 大唐亦直討遼東, 何必越海取路, 迂曲如是乎. 渤海之不據遼東, 明矣. 當時新羅渤海, 以泥河爲界, 密比爲隣, 故必使之擊其南鄙也.

고왕(高王)【대조영】이 죽자 무왕(武王)【이름이 무예】이 왕위를 잇고는 정말로 등주(登州)를 침범하였다.[26] 그리고 신라가 조서(詔書)를 받들어 그 남쪽 변경을 쳤는데, 그 땅이 서로 접해 있어서이다.

『당서』에서 이르기를 개원(開元) 중에 흑수말갈(黑水靺鞨)의 사신이 조정에 들어오자, 황제가 그 땅에 흑수주(黑水州)를 세웠다. 무예(武藝)가 말하길 "이는 반드시 당나라와 함께 앞뒤에서 우리를 공격하려는 것이다."라고 하였다. 이내 아우 문예(門藝)를 보내 흑수를 치도록 했는데, 문예는 두려워하며 당나라에 귀순하였다. 무예는 [당나라에] 문예의 죄악을 폭로하고 그를 죽이기를 청하였다. 10년 뒤에 무예가 대장 장문휴(張文休)를 보내 해적을 거느리고 [당의] 등주(登州)를 공격하였다. 황제가 급히 문예를 보내 유주(幽州)의 군사를 내어 그를 치게 하였다. 태복경(太僕卿) 김사란(金思蘭)[27]에게는 신라로 하여금 군사를 감독하여 그 남쪽을 공격하게 하였다. 큰 추위와 한 길이나 되는 눈을 만나 얼어 죽은 군사가 절반이 넘었고 아무런 공도 없이 돌아왔다.[28]【『삼국사기』】신라사 역시 이와 같다.】 ○ 신라사에

---

[26] 『구당서』발해말갈전에는 개원 20년(732)에 무왕 대무예가 장군 張文休를 보내 해적을 거느리고 등주자사 위준을 공격하게 하였다고 전한다(『구당서』 199하, 열전 149하, 발해말갈). 발해의 등주 공격 원인은 726년 발해의 黑水 토벌과 대문예의 당 망명으로 빚어진 발해와 당의 갈등 및 730년대 초 당과 전쟁을 치르고 있는 契丹을 돕기 위한 목적이었다(김종복, 2009, 127쪽; 권은주, 2013).

[27] 신라의 왕족으로 일찍이 당나라에 건너가 太僕員外卿을 받고, 宿衛로 있었다. 732년(성덕왕 31) 발해가 당나라의 登州를 공격하자, 당 현종이 이듬해 7월 김사란을 귀국시켜 신라에게 발해의 남쪽을 공격하게 하였다. 『冊府元龜』에는 개원 21년(733) 정월에 신라에 사신으로 간 것으로 나온다(『冊府元龜』 권975, 外臣部20 褒異2).

[28] 신라군이 당군과 함께 실제 발해의 남쪽을 공격하여 전투가 벌어졌는지에 대해서는 논란이 있다. 대체로 신라군이 당군과 합류해 발해를 공격한 것으로 보며(末松保和, 1975), 동북 방면으로 올라가서 함경남도 지역이나 동해안 쪽을 공격했던 것으로 보는 설(이병도, 1977; 김종복, 1997; 전덕재, 2013)과 서북 방면으로 압록강 하류 유역(조이옥, 2000)과 서경 압록부의 요지(임상선, 2019)를 공격하려 했다

이르기를 개원(開元) 21년(733)【성덕왕(聖德王) 32년】에 당나라가 사신을 보내 타일러 말하길, "발해말갈이 밖으로는 번한(蕃翰)이라 일컫고 안으로 교활한 마음을 품으니, 이제 군사를 내어 그 죄를 묻고자 한다. 경(卿)도 군사를 내어 함께 공격하도록 하라."라고 하였다.【「김유신전」에 나온다.】

○ 최치원(崔致遠)의 「상태사시중장(上太師侍中狀)」에서, "개원(開元) 20년(732)에 발해가 천조(天朝, 당 조정)에 원한을 품고, 등주를 습격하여 자사(刺史) 위준(韋俊)을 죽였습니다. 이에 명황(明皇, 당 현종)이 크게 노하여 내사(內史) 고품(高品)과 하행성(何行成), 태복경(太僕卿) 김사란(金思蘭)【사란은 신라인이다.】에게 군사를 내어 바다를 건너 공격하여 토벌하도록 명령하셨습니다. [그러나] 한겨울에 눈이 많이 내려 번한(蕃漢)[29]이 추위에 괴로워하므로 칙명(勅命)으로 회군하게 하셨습니다."라고 하였다.【신라사에서 이르기를, 장군 김유신[30]이 표문(表文)을 올려 "신이 받은 명령은 신으로 하여금 부절(符節)을 가지고 본국에서 병마를 내어 말갈을 토벌하라는 것입니다. 꿈틀거리는 오랑캐들은 이미 잘못을 뉘우쳤겠지만, 엎드려 바라옵건대 폐하께서 신의 귀국에 맞추어 거듭 변방의 작은 나라에 선포하시면 반드시 그 소굴을 기울여 이 거칠고 먼 땅이 정결해질 것입니다."라고 하였다.】

○ 정약용이 볼 때 이때 요양(遼陽)과 계주(薊州) 땅은 거란에게 막혔기 때문에【자세한 것은 아래에서 보인다.】 발해가 들어와 노략질할 때 필시 바다를 건너 등주를 침범하였고, 당나라가 그 죄를 물을 때 역시 바다를 건너 신라에게 [길을] 빌린 것도 이런 이치임을 쉽게 알 수 있다. 만약 발해의 부락이 본래 요동을 본거지로 했다면 발해는 곧바로 영주(營州)와 평주(平州)를 노략질했을 것이다. 당나라도 역시 곧바로 요동을 쳤을 것인데, 어찌 반드시 바다를 건너 길을 얻고 이렇게 돌았겠는가? 발해가 요동에 근거를 두지 않았음이 분명하다. 당시에 신라와 발해는 니하(泥河)로 국경을 삼아 가까이 이웃한 까닭에 필시 신라를 시켜 그 남쪽 변경을 공격하게 한 것이다.

고 보는 설로 나뉜다. 큰 눈과 추위, 험로 등으로 인해 돌아온 것으로 기록되어 있으나, 발해에 패하여 돌아온 것으로 보기도 하며(한규철, 1994, 194쪽), 김사란의 귀국길에 동행한 客使 604명(『삼국유사』 권제2, 紀異 제2, 孝成王)을 당의 원정군으로 보기도 한다(이영호, 2010).

29) 신라와 당나라 군사를 이른다.
30) 김유신은 김충신을 잘못 적은 것이다.

武王之後, 又歷六王, 厥有宣王, 開大境宇, 五京十五府, 於是乎備設.
唐書云, 武藝諡武王, 欽茂諡文王【武藝子】, 華璵³¹⁾諡成王【欽茂孫】, 嵩隣諡康王【欽茂子】, 元瑜諡定王【嵩隣子】, 言義諡僖王【元瑜弟】, 明忠諡簡王【言義弟】, 言義死. 從父仁秀立, 其四世祖野勃, 祚榮弟也. 能討伐海北諸部, 開大境宇, 死諡宣王. 初其王數遣諸生, 詣京師太學, 習識古今制度, 至是遂爲海東盛國. 地有五京十五府六十二州. ○鏞案, 唐書靺鞨傳, 越喜虞婁之等, 至貞元中【德宗時】朝唐. 其後服屬渤海, 不與王會. 以此推之, 仁秀之所開拓, 卽越喜鐵利之等, 至於我邦西北之邊, 沃沮句麗之故地. 已於高王時得之, 故南接新羅也.

무왕의 뒤에 다시 여섯 왕을 지나고 비로소 선왕(宣王) 때에 영토를 크게 넓히게 되면서 5경(京) 15부(府)를 이제야 갖추게 되었다.

『당서』에서 이르기를 무예(武藝)의 시호는 무왕이요, 흠무(欽茂)의 시호는 문왕(文王)【무예의 아들】이다. 화여(華璵)의 시호는 성왕(成王)【흠무(欽茂)의 손자】이고, 숭린(嵩隣)의 시호는 강왕(康王)【흠무의 아들】이며, 원유(元瑜)의 시호는 정왕(定王)【숭린의 아들】이다. 또 언의(言義)의 시호는 희왕(僖王)【원유의 동생】이고, 명충(明忠)의 시호는 간왕(簡王)【언의의 동생】이다. 언의가 죽자 종부(從父)인 인수(仁秀)가 왕위에 올랐다. 그 4세(世) 조부인 야발(野勃)은 조영(祚榮)의 아우이다. [인수는] 능히 바다 북쪽의 여러 부(部)를 토벌하여 영토를 크게 넓혔다. 그가 죽자 시호를 선왕(宣王)이라고 하였다. 처음에 그 왕이 여러 차례 학생들을 경사(京師)³²⁾의 태학(太學)에 보내 고금(古今)의 제도를 익히게 하였고, 마침내 해동성국(海東盛國)³³⁾이 되었다. 땅은 5경 15부 62주(州)가 있다.

○ 정약용이 생각하건대 『당서』 말갈전(靺鞨傳)에 월희(越喜)·우루(虞婁) 등이 정원(貞元)【덕종(德宗) 때】 연간에 당나라에 조회하였다. 그 뒤에는 발해에 복속해 왕³⁴⁾과 회동하지

---

31) '華嶼'→'華璵'.
32) 당나라 수도인 장안. 지금은 시안.
33) 海東盛國이라고 불린 시기에 대해서는 제2대 大武藝 때, 제10대 大仁秀 때, 제11대 大彛震 때, 제13대 大玄錫 때 등으로 의견이 분분하다. 이 가운데 영토 확장과 중앙집권화 등에 근거하여 대인수 시기에 '해동성국'으로 불렸을 것으로 보는 견해가 유력하다(朱國忱·魏國忠 共著, 濱田耕策 譯, 1996, 60~61쪽; 金恩國, 1999, 125쪽 주 28; 김진광, 2012, 117쪽).

못하였다. 이것으로 미루어 보건대 인수가 개척한 곳은 바로 월희(越喜)·철리(鐵利) 등과 우리나라의 서북쪽 변방인 옥저와 고구려의 옛 땅이다. 이미 고왕(高王) 때에 그것을 얻었기 때문에 남쪽으로 신라와 접한 것이다.

肅愼故地爲上京, 曰龍井府,[35] 領龍湖渤三州.【唐書】
唐書云, 天寶末 欽茂徙上京, 直舊國三百里, 忽汗河之東. 貞元時, 東南徙東京. 欽茂死, 華嶼爲王【卽成王】, 復還上京. ○又云, 俗謂貴者曰, 龍州之䌷, 湄沱湖之鯽. ○鏞案, 舊國者, 卽挹婁之東牟山【在白頭山東北.】, 所謂中京也. 自此北上三百里, 卽今寧古塔之比隣也. 忽汗河者, 今之虎兒河也.【一統志, 謂之胡里改江.】此河北滙爲鏡泊, 又北流八百里, 入於混同江. 今之寧古塔, 在此河之西岸. 渤海上京 旣在忽汗河之東, 則與寧古塔隔水之地也. 湄沱湖者, 今之鏡泊, 湖州之以湖名, 亦以此湖也. 後漢書云, 挹婁 古肅愼國也. 在扶餘東北千餘里, 東濱大海, 南與北沃沮接. ○晉書云, 肅愼一名挹婁, 在不咸山北, 去夫餘可六十日行, 東濱大海.【郭璞云, 今肅愼國, 去遼東三千餘里.】○括地志云, 肅愼亦曰挹婁, 南去夫餘千五百里, 其南有白山. ○鏞案, 今我豆滿江以北, 無非肅愼故地. 其必以上京爲肅愼故地者, 彼乃肅愼君長之所居也.
一統志云, 女眞在混同江之東, 至阿骨打始大, 建國曰金. 滅遼設都於渤海上京, 至海陵, 改爲會寧府.【又云, 元以其地設萬戶府, 曰桃溫, 曰胡里改.】○盛京志云, 古大城在寧古塔西南六十里, 虎兒哈河之南, 週三十里, 四面七門, 內城週五里, 東西南各一門, 內有宮殿基.【按, 金上京會寧府在長白山北, 按出虎水傍. 今按出虎水之名者, 古今互異, 無可考. 朝鮮北界又有會寧府, 異同亦無可辨.】○鏞案, 元時設府於此地, 其名曰胡里改, 則忽汗河之爲胡里改, 明矣. 一統志錄爲二水, 誤矣. ○又按, 虎兒河本是東北流之水, 而古大城在其南岸, 則與寧古塔隔水之地也.
盛京志云, 烏喇寧古塔, 漢挹婁地, 唐初置燕州, 後置黑水府, 大氏於混同江之西, 置

---

34) 여기서는 당나라 황제를 의미한다.
35) '龍井府' → '龍泉府'.

> 上京龍泉府, 金於長白山之北, 建上京會寧府, 東爲胡里改路, 西爲恤品路, 南近高麗爲合蘭路, 清設寧古塔.【又云, 湖州渤州, 故址無考.】○鏞案, 金之會寧府, 卽渤海之龍泉府, 本無二城, 前所云古大城, 是也. ○又按, 燕州黑水府, 卽挹婁之北邊, 距今寧古塔絶遠.【混同江西岸, 皆太山巨嶽, 必無置上京之地.】

　　숙신(肅愼)의 옛 땅[36]을 상경(上京)[37]으로 삼고, 용정부(龍井府)[38]라고 하였다. 용주(龍州)[39]·호주(湖州)[40]·발주(渤州)[41] 세 주를 거느렸다.『당서(唐書)』

　　『당서』에서 이르기를 천보(天寶, 742~756) 말년에 흠무가 [도읍을] 상경으로 옮겼는데, 곧바로 구국(舊國)에서 300리인 홀한하(忽汗河)의 동쪽이다. 정원(貞元, 785~805) 때에 동남쪽의 동경(東京)으로 옮겼다. 흠무가 죽고 화서(華嶼)[42]【즉 성왕(成王)】가 왕이 되어 다시 상경으로 돌아갔다. ○ 또 이르기를 세속에 귀한 것으로 용주(龍州)의 명주[紬]와 미타호(湄沱湖)의 붕어라고 말한다. ○ 정약용이 생각하기에 구국이란 즉 읍루(挹婁)의 동모산(東牟山)【백두산의 동북쪽에 있다.】으로 이른바 중경(中京)이다. 여기서 북쪽으로 300리를 올라가면 곧 지금의 영고탑(寧古塔)과 가깝다. 홀한하는 지금의 호아하(虎兒河)【『일통지(一統志)』에는 호리개강(胡里改江)이라고 부른다.】이다. 이 강이 북쪽으로 돌아 경박호(鏡泊湖)가 되고, 또 800리를 북쪽으로 흘러 혼동강(混同江)으로 들어간다. 지금의 영고탑은 이 강의 서쪽 기슭에 있다. 발해의 상경은 홀한하 동쪽에 있는데, 즉 영고탑과 강을 사이에 둔 땅이다. 미타호(湄沱湖)는 지금의 경박호이며, 호주(湖州)를 호(湖)로 이름한 것도 이 호수 때문이다.

---

36)『신당서』발해 열전에는 '挹婁의 옛 땅'으로 되어 있다.
37) 중국 黑龍江省 牡丹江市 寧安市 渤海鎭에 위치한다. 전체 둘레가 16,300m이며, 宮城·內城·外城으로 이루어져 있다. 755년경 顯州에서 이곳으로 천도하였고, 785년 東京으로 천도했다가 794년에 上京으로 재천도한 이후 발해가 멸망할 때까지 수도였다.
38) 용천부가 맞다.
39) 上京의 首州로서 상경성이 위치하는 곳으로 추정된다(金毓黻, 1934; 和田淸, 1955). 遼代에는 扶餘府 故地에 黃龍府를 두어 龍州라고 칭하였다.
40) 그 名稱으로 보아 지금의 鏡泊湖 방면에 있었던 것으로 보는 것이 일반적이다.
41) 지금의 寧安 부근으로 추정된다.
42) 화여가 맞다.

『후한서』에 이르기를 읍루는 옛 숙신국(肅愼國)이다. 부여에서 동북쪽으로 1천여 리에 있다. 동쪽은 큰 바다에 닿으며, 남쪽으로는 북옥저(北沃沮)와 접해 있다. ○『진서(晉書)』에 이르기를 숙신은 일명 읍루라고 한다. 불함산(不咸山)의 북쪽에 있고, 부여와 60일 거리에 있다. 동쪽은 큰 바다에 닿아 있다.【곽박(郭璞)이 이르기를, 지금 숙신국은 요동에서 1천여 리를 간다.】○『괄지지(括地志)』에 이르기를 숙신은 읍루라고도 한다. 남쪽으로 부여와 1,500리 거리이며, 그 남쪽에 백산(白山)이 있다. ○ 정약용이 생각하기에, 지금 우리 두만강(豆滿江) 이북은 숙신의 옛 땅이 아닌 곳이 없다. 필시 상경(上京)을 숙신의 옛 땅이라 한 것은 그곳이 숙신의 군장(君長)이 살던 곳이기 때문이다.

『일통지』에 이르기를 여진은 혼동강 동쪽에 있다. [완안]아골타([完顏]阿骨打) 때에 이르러 비로소 커져, 나라를 세우고 금(金)이라고 하였다. 요(遼)를 멸망시키고 발해 상경에 도읍을 세웠는데, 해릉(海陵) 때에 이르러 회령부(會寧府)로 고쳤다.【또 이르기를 원(元)이 그 땅에 만호부(萬戶府)를 설치하고, 도온(桃溫)이라 부르고 호리개(胡里改)라 불렀다.】○『성경지(盛京志)』에 이르기를 고대성(古大城)은 영고탑(寧古塔) 서남쪽 60리에 호아합하(虎兒哈河)의 남쪽에 있다. 둘레가 30리이며 사면(四面)에 7개의 문이 있다. 내성(內城)의 둘레는 5리인데, 동쪽·서쪽·남쪽에 각기 하나의 문이 있고 안에는 궁전의 기초가 남아 있다.【생각하건대, 금나라의 상경 회령부(會寧府)는 장백산(長白山) 북쪽의 안출호수(按出虎水)의 옆에 있다. 지금 안출호수의 이름은 예전과 지금이 서로 달라 고증할 수 없다. 조선의 북계에 또 회령부가 있으나 다른지 같은지 분별할 수 없다.】○ 정약용이 생각하기에 원나라 때에 이 땅에 부(府)를 설치하고 이름을 호리개라고 했으니, 홀한하가 호리개가 된 것이 분명하다. 『일통지』에 2개의 물로 적은 것은 잘못이다. ○ 또 살펴보건대 호아하(虎兒河)는 본래 동북쪽으로 흐르는 물로서 고대성은 그 남쪽 기슭에 있으니, 곧 영고탑과 물을 사이에 두고 떨어진 땅이다.

『성경지』에 이르기를 오라(烏喇) 영고탑은 한나라 때의 읍루 땅이다. 당나라가 처음 연주(燕州)를 설치했다가 뒤에 흑수부(黑水府)를 두었다. 대씨(大氏)는 혼동강 서쪽에 상경 용천부(龍泉府)를 두었다. 금나라는 장백산 북쪽에 상경 회령부를 세우고, 동쪽은 호리개로(呼里改路), 서쪽은 훌품로(恤品路)로, 남쪽의 고려와 가까운 곳은 합란로(合蘭路)로 삼았다. 청나라는 영고탑을 두었다.【또 이르기를 호주(湖州)와 발주(渤州)는 옛터를 고증할 수 없다.】○ 정약용이 생각하기에, 금나라의 회령부는 곧 발해의 용천부이다. 본래 두 성이 아니며, 앞에 말한 이른바 고대성이 이것이다. ○ 또 살펴보건대 연주와 흑수부는 즉 읍루의 북쪽 변방으로 지금의 영고탑과는 거리가 매우 멀다.【혼동강 서쪽 기슭은 모두 큰 산악이어서 분명 상경을 설치할 만한 땅이 없다.】

其南爲中京, 曰顯德府, 領盧顯鐵湯榮興六州.
唐書云, 俗謂貴者曰, 顯州之布, 盧城之稻. ○鏞案, 中京者, 所謂舊國也. 在上京之南三百里, 東牟山之下, 卽大祚榮樹壁之處也. 其地在忽汗河之西, 故及徙上京, 謂之忽汗河之東也. 今鏡泊之南二百里, 有額敦山, 其高六十里, 正在虎兒河之西北, 或是東牟山也. 其山出二河,【東曰福爾虎河, 西曰飛虎河.】此或是奧婁河樹壁處也. 中京在此地, 然後東西南北四京之位方, 得其正也.
唐書地理志云, 自鴨淥江口, 舟行百餘里, 乃小舫泝流, 東北三十里至泊汋口, 得渤海之境. 又泝流五百里, 至丸都縣城, 故高麗王都. 又東北泝流二百里, 至神州.[43] 又陸行四百里, 至顯州, 天寶中王所都【卽中京】. 又正北如東六百里, 至渤海王城【卽上京】. ○鏞案渤海傳, 中京距上京, 不過三百里, 此云六百里者, 文誤也. 其間不能爲六百里, 當從本傳.

그 남쪽을 중경(中京)[44]으로 삼아 현덕부(顯德府)라고 하고, 노주(盧州)[45]·현주(縣州)[46]·철주(鐵州)[47]·탕주(湯州)[48]·영주(榮州)[49]·흥주(興州)[50] 여섯 주를 거느렸다.

---

43) 국립중앙도서관 소장 『아방강역고』〈한고朝60-78〉에는 '主'로 되어 있는데, 잘못이다.
44) 제3대 文王 때 上京으로 천도하기 전의 수도였다. 위치 비정에 대해서는 蘇密城說, 那丹佛勒城說, 敦化縣說, 西古城子說 등이 있었다. 지금은 和龍 인근의 용두산고분군에서 文王의 넷째 딸 貞孝公主의 무덤이 발굴되고 주변에서 발해 유적들이 함께 발견되면서 서고성을 발해 중경으로 보는 것이 통설이 되었다.
45) 『遼史』「地理志」에 "在京東一百三十里"로 되어 있으나, 여기에 보이는 '京'이 무엇인지 확실하지 않아 위치를 알 수 없다. 게다가 요대의 주명은 거란이 발해 유민을 요동 방면으로 강제로 이주시킨 후에 옛 지명을 사용한 경우가 많아 『遼史』「地理志」로 위치를 비정하기가 힘들다. '龍井村'으로 보기도 한다.
46) 중경 현덕부의 부명인 '顯'과 동일하여 顯德府의 부치가 있었던 것으로 보고, 그 위치를 西古城으로 보는 경우가 많다.
47) 『遼史』「地理志」에는 위치가 "在京西南六十里"로 되어 있고, 位城·河端·蒼山·龍珍 4현을 거느리며

『당서』에 이르기를 세속에서 귀한 것으로 현주(顯州)의 베, 노성(盧城)의 벼라고 말한다. ○ 정약용이 생각하기에, 중경은 이른바 구국(舊國)이다. 상경의 남쪽 300리의 동모산(東牟山) 아래에 있는데, 바로 대조영이 벽을 세워 머물던 곳이다. 그 땅이 홀한하 서쪽에 있기 때문에 상경으로 옮기면서 홀한하 동쪽이라고 하였다. 지금 경박호(鏡泊湖)의 남쪽 200리에는 액돈산(額敦山)이 있다. 그 높이가 60리로 바로 호아하(虎兒河)의 서북쪽에 있으니, 아마 동모산일 것이다. 그 산에서 두 강이 흘러나오니,【동쪽은 복이호하(福爾虎河)요, 서쪽은 비호하(飛虎河)라고 한다.】 여기가 아마도 오루하(奧婁河)에서 벽을 세운 곳일 것이다. 중경이 이 땅에 있어야지만 동·서·남·북 4경(京)의 위치와 방위가 맞아 떨어진다.

『당서』「지리지」에 이르기를, 압록강 입구로부터 배로 1백여 리를 가서 또 작은 배를 타고 물길을 거슬러 올라가면 동북쪽 30리에 박작구(泊汋口)[51]에 닿는데 발해의 경계이다. 또 5백 리를 거슬러 오르면 환도현성(丸都縣城)에 이르는데, 옛 고구려의 왕도(王都)이다. 다시 동북으로 2백 리를 거슬러 가면 신주(神州)[52]에 이른다. 다시 육로로 4백 리를 가면 현주(顯州)[53]

遼代에 屬縣을 廢한 것으로 되어 있다. 和田淸은 '鐵州'라는 이름이 '位城의 鐵'에서 비롯된 것으로 보고, 西古城子의 서남, 咸鏡北道 茂山 서북에 철이 많이 생산되기 때문에 이곳을 鐵州로 비정하고 있다.

48) 『遼史』「地理志」에 위치가 "在京西北一百里"로 되어 있고, 屬縣은 靈峯·常豊·白石·均谷·嘉利 5현이 있다. 遼代에 속현을 廢하였고, 湯州治는 北鎭縣과 黑山縣 2현의 부근인 乾州로 되어 있다.

49) 『遼史』「地理志」에 "在京東北一百五十里"로 나오며, 崇山·潙水·綠成의 3현을 거느렸다. 『遼史』에는 '崇州'로 되어 있어 '崇州'로 보는 견해가 있다. 延吉 부근으로 비정하기도 한다.

50) 『遼史』「地理志」에 "在京西南三百里"이며, 盛吉·蒜山·鐵山의 3현을 거느렸다. 西古城子에서 서남으로 分水嶺을 넘어 豆滿江 하류 일대일 것으로 추정하기도 한다.

51) 泊汋口의 위치에 대해서는 大蒲石河口설과 靉河口설이 대표적이다. 松井等은 박작구와 대포석하를 동일 지역으로 보았고, 箭內亘은 賈耽의 『古今郡國縣道四夷述』의 기록과 함께 '포석'과 '박작'의 발음이 비슷하다는 점에서, 대포석하구라고 하였다. 한편 袁輝는 당시 수륙분계선을 근거로 현재의 애하구 沿江平原 구간이라고 보고, 박작성을 大河口 부근으로 비정하였다(袁輝, 1993, 70~71쪽). 新妻利久, 王綿厚·李建才, 魏存成 등도 애하구로 보았다(新妻利久, 1969, 155쪽 지도; 王綿厚·李建才, 1990; 魏存成, 2008, 141쪽). 이 밖에 박작구를 臨江市 일대의 神州로 보는 견해도 있다(강성산, 2018, 125쪽). 박작성의 경우 애하첨고성(曹汛, 1980, 556~557쪽)과 호산산성 등이 거론되고 있다.

52) 『遼史』「地理志」에 神鹿·神化·劍門의 3현을 거느렸다.

53) 중경 현덕부의 부명인 '顯'과 동일하여 顯德府의 부치가 있었던 것으로 보고, 그 위치를 西古城으로 보는 경우가 많다.

에 닿는데 천보(天寶) 중에 왕이 도읍한 곳【바로 중경(中京)⁵⁴】이다. 또 정북에서 약간 동쪽으로 600리에서 발해의 왕성【즉 상경(上京)】에 닿는다. ○ 정약용이 생각하기에 「발해전(渤海傳)」에서 중경과 상경의 거리가 불과 3백 리인데, 여기서 6백 리라고 한 것은 글이 잘못된 것이다. 그 사이가 6백 리가 될 수 없다는 것은 마땅히 본전(本傳)을 좇아야 한다.

> 獩⁵⁵⁾貊故地爲東京, 曰龍原府, 亦曰栅城府, 領慶鹽穆賀四州.
> 唐書云, 欽茂, 貞元時, 東南徙東京. 又云, 龍原東南濱海, 日本道也.【欽茂時, 以日本舞女十一, 獻于唐.】又云, 俗謂貴者曰, 栅城之豉. ○ 賈耽郡國志云, 渤海國南海鴨綠扶餘栅城四府, 幷是高句麗舊地也. 自新羅泉井郡【今德源】, 至栅城府, 凡三十九驛【一千一百七十里】. ○ 鏞案, 泉井郡者, 今之德源也. 今自德源, 遵海而北一千二百里, 則其地爲會寧鍾城, 正在肅愼之東南, 今之鍾城, 或其地也, 乃古北沃沮之地, 乃謂之濊貊故地者. 晉太康六年, 北扶餘王爲慕容廆所殺, 其子弟走保北沃沮,【見晉書.】夫餘者, 濊貊也, 名之曰濊貊故地, 無不可也. 其謂之日本道者, 自此乘船, 直自蝦夷之西溟, 得達日本之北界也. 慶鹽穆賀, 今雖未詳, 今慶興穩城之等, 卽其地也. ○ 又按輿地勝覽, 鍾城府北潼關鎭江外, 有古城, 號南京. 此或是龍原府遺址也. 其稱南京, 雖若錯謬, 其爲古都則明矣.

예맥의 옛 땅으로 동경(東京)을 삼아 용원부(龍原府)라고 하고, 또 책성부(栅城府)⁵⁶⁾라고

---

54) 제3대 文王 때 上京으로 천도하기 전의 수도였다. 위치 비정에 대해서는 蘇密城說, 那丹佛勒城說, 敦化縣說, 西古城子說 등이 있었다. 지금은 和龍 인근의 용두산고분군에서 文王의 넷째 딸 貞孝公主의 무덤이 발굴되고 주변에서 발해 유적들이 함께 발견되면서 서고성을 발해 중경으로 보는 것이 통설이 되었다.
55) '獩' → '濊'. 국립중앙도서관 소장 『아방강역고』〈한고朝60-78〉에는 '獩'.
56) 발해 5경 가운데 하나인 東京龍原府의 異稱이다. 책성은 목책을 두른 성이라는 뜻으로, 이미 고구려 때부터 사용된 지명이다. 府治의 위치에 대해서는 발해의 東京城인 八連城과 별도로 부근의 溫特赫部城이나 薩其城으로 보는 설과 延吉의 城子山山城, 興安古城 등으로 보는 설이 있다(구난희, 2017, 134~139쪽). 고구려의 책성은 치소성을 중심으로 광역의 행정단위를 가리키는 '栅城圈'으로 이해하는 연구도 있다(김현숙, 2000, 140·156~157쪽; 김강훈, 2017, 244쪽).

도 하였다. 경주(慶州)·염주(鹽州)·목주(穆州)·하주(賀州) 네 주를 거느렸다.

『당서』에 이르기를 흠무(欽茂)가 정원(貞元) 때에 동남쪽의 동경으로 옮겼다. 또 용원의 동남쪽은 바다에 닿는데 일본도(日本道)이다.【흠무 때에 일본의 무녀(舞女) 11명을 당나라에 바쳤다.】 또 이르기를 세속에서 귀한 것을 책성의 된장이라고 하였다. ○ 가탐[57]의 『군국지(郡國志)』[58]에 이르기를 발해국의 남해·압록·부여·책성의 4부는 모두 고구려 옛 땅이다. 신라의 천정군(泉井郡)[59]【지금의 덕원(德原)】에서부터 책성부에 이르기까지 모두 39역(驛)【1,170리】이다.[60]

○ 정약용이 생각하기에 천정군은 지금의 덕원이다. 지금 덕원에서부터 바다를 따라 북쪽으로 1,200리의 바로 그 땅이 회령(會寧)·종성(鍾城)이다. 곧 숙신의 동남쪽에 지금의 종성(鍾城)이 있는데 아마 그 땅일 것이다. 즉 옛 북옥저(北沃沮)의 땅이며, 바로 예맥의 옛 땅이라고 한 것이다. 진(晉)나라 태강(太康) 6년(285)에 북부여 왕이 모용외(慕容廆)에게 죽고 그 아들과 아우 들이 도망쳐 북옥저를 지켰다.【『진서(晉書)』에 보인다.】 부여가 예맥이기 때문에 이름하여 예맥의 옛 땅이라고 한 것은 불가능하지 않다. 일본도라고 한 것은 여기에서 배를 타서 곧바로 하이(蝦夷)의 서명(西溟)에서부터 일본의 북쪽 경계에 도달하기 때문이다. 경주·염주·목주·하주는 지금 비록 상세하지 않으나, 지금의 경흥(慶興)·온성(穩城) 등이 그 땅일 것이다.

○ 또 생각하기에 『여지승람』에서 종성부(鍾城府) 북쪽 동관진(潼關鎭)의 강 밖에 옛 성이 있어 이름을 남경(南京)이라 하니, 이것이 아마 용원부의 남은 터가 아닐까. 그것을 남경이라

---

57) 賈耽(730~805)은 唐나라의 정치가이자 인문학자. 751년 과거에 급제하고, 여러 관직을 거친 뒤 貞元 9년(793)부터 사망할 때까지 13년간 재상 직을 맡았다. 지리학에 조예가 깊어, 『海內華夷圖』, 『古今郡國道縣四夷述』, 『皇華四達記』, 『關中隴右山南九州別錄』, 『吐蕃黃河錄』 등 많은 책을 편찬하였다.

58) 원명은 『古今郡國縣道四夷述』로 총 40권이다(『신당서』, 「예문지」). 唐 貞元 연간의 재상으로 유명한 賈耽이 편찬한 지리서로, 『사이술』 또는 『고금군국지』로 약칭되었다.

59) 함경남도 德源(현재 문천)에 위치한다. 본래 고구려의 땅(泉井郡, 또는 於乙買)으로, 문무왕 21년(681)에 신라가 차지하였고, 경덕왕 때 정천군으로 이름을 바꿔 炭項 關門을 쌓았다. 고려 태조 23년(940)에 湧州로 고쳤다(『삼국사기』 권제35, 「雜志」 4, 地理 2, 井泉郡).

60) 『三國史記』 「地理志」에 인용되어 있는 『古今郡國志』에 新羅의 泉井郡에서 柵城府(발해 동경용원부)까지 39역이었다고 하는데, 당나라 시기의 역참 사이는 일반적으로 30리이다. 역산해보면 琿春에서 1,170리를 남하하면 대체로 德源 지역에 이른다. 따라서 덕원 부근이 신라의 천정군(또는 井泉郡)으로 비정되며, 신라도는 문왕 때 개통된 것으로 본다.

고 한 것은 잘못인 듯하지만, 옛 도읍인 것은 분명하다.

> 沃沮故地爲南京, 曰南海府, 領沃晴61)椒三州.
> 唐書云, 南海, 新羅道也.【又云, 南接新羅, 以泥河爲界.】又云, 俗謂貴者曰, 南海之昆布, 沃州之綿. ○鏞案, 沃沮故地, 在單單大嶺之東, 今之咸興也.【詳見沃沮考.】自咸興遵海而南, 遂自江陵, 達于慶州, 故謂之新羅道也. 沃晴62)椒三州, 今雖未詳, 今磨天嶺以南鐵關以北, 卽其地也.

옥저의 옛 땅으로 남경(南京)을 삼아 남해부(南海府)라 하고, 옥주(沃州)·정주(晴州)·초주(椒州) 세 주를 거느렸다.

『당서』에 이르기를 남해는 신라도(新羅道)이다.【또 이르기를 남쪽으로 신라와 접하여 니하(泥河)를 경계로 하였다.】또 이르기를 세속에서 귀한 것으로 남해의 다시마, 옥주의 솜이라고 한다. ○ 정약용이 생각하기에 옥저의 옛 땅은 단단대령(單單大嶺) 동쪽에 있으니, 지금의 함흥(咸興)이다.【상세한 것은 「옥저고」에 보인다.】함흥에서부터 바다를 따라 남쪽으로 강릉을 거쳐 경주(慶州)에 다다랐기 때문에 '신라도'라고 한 것이다. 옥주·정주·초주의 세 주는 지금 비록 자세히 알 수 없으나, 지금의 마천령(磨天嶺) 남쪽, 철관(鐵關) 북쪽이 그 땅인 듯하다.

> 高麗故地爲西京, 曰鴨淥府, 領神豐桓正四州, 曰長嶺府, 領瑕河二州.
> 唐書云, 鴨淥63)朝貢道也. 長嶺 營州道也.【又云, 果有九64)都之李, 樂游之梨.】○遼史地理志云, 淥州 本高句麗故國, 渤海號西京鴨淥府. 桓州在淥州西南二百里, 正州在淥州西北三百八十里. ○鏞案, 遼之淥州, 卽渤海之鴨淥府, 蓋以神州爲治也. 唐

---

61) '晴' → '睛'.
62) '晴' → '睛'.
63) 국립중앙도서관 소장 『아방강역고』〈한古朝60-78〉에는 '綠'.
64) 국립중앙도서관 소장 『아방강역고』〈한古朝60-78〉에는 '丸'.

書地理志稱, 自丸都城, 泝流東北二百里, 至神州. 又陸行四百里, 至顯州中京,【文見上.】則所謂神州西京, 當在今虞芮慈城之北隔水之地也. 其疆域所轄, 或至水南, 或限水北, 今不可詳也. 其謂之朝貢道者, 當時遼薊之地, 契丹梗路, 故其朝唐之路, 蓋於今龍川前洋乘舟, 至登州下陸也. 據唐書云, 李楷固敗還, 而契丹附突厥, 王師道絶, 不克討祚榮.【已見上.】契丹之梗路, 可知也. 又其入寇, 必寇登州, 其朝貢之路, 亦必由是也.

唐書地理志云, 安東都護府 故漢襄平城也【今之遼陽州】. 東南至平壤城八百里, 自都護府, 東北經古蓋牟新城, 又經渤海長嶺府, 千五百里至渤海王城【渤海之上京】, 城臨忽汗海【卽虎兒哈河】, 其西南三十里有古肅愼城. ○鏞案, 長嶺者 長白山之來脈也. 新羅史云, 文武王十年【唐高宗咸亨元年】, 句麗水臨城人牟岑⁶⁵⁾大兄, 收合殘民, 自窮牟城, 至浿江南, 殺唐官人【句麗亡後三年.】. 聖德王三十五年【唐開元二十四年】, 帝勅賜浿江以南. 宣德王二年, 發使安撫浿江南州郡.【三年春, 王巡幸漢山, 移民戶於浿江鎭.】憲德王十八年【唐敬宗末年】, 命牛岑太守, 徵漢北諸州人, 築浿江長城三百里.【以備浿西賊.】孝恭王二年【唐昭宗元和元年】, 弓裔取浿江道.【八年, 浿西道十餘州, 降於弓裔.】 ○弓裔元年【年號曰聖冊.】, 分定浿西十三鎭, 平壤城主黔用降【卽土酋】, 甑城賊明貴等【赤衣黃衣等】歸服.【弓裔嘗云, 平壤舊都, 鞠爲草, 我必報其讎.】 ○鄭志云, 高麗太祖元年, 以平壤荒廢, 徙鹽白黃海諸州民, 以實之. ○鏞案, 唐書云, 李勣滅高麗, 收五部百七十六城, 以其地爲九部四十二州百縣, 置安東都護府. 然摠章二年, 徙高麗民三萬于江淮, 由是觀之, 平壤安州, 其有孑遺乎. 自此以後, 浿江以北, 淪爲賊巢, 直至弓裔之時, 始漸剗平, 惟鴨綠一帶沿江之地, 爲渤海州縣, 猶是有主之物也. 又通典云, 李勣平高麗, 爲九府, 用其酋渠爲都督刺史縣令, 置安東都護於平壤, 以統之. 上元二年, 徙遼東故城. 儀鳳二年, 又徙新城【在今遼陽西.】. 開元二年, 又徙平州【在今廣寧北.】. 天寶二年, 又徙於遼西故郡, 至德後廢. 領羈縻州十四.【平壤遼東等】由是觀之, 句麗亡後, 先棄平壤, 任使土酋分據, 次棄遼東, 遂令契丹雜居, 其官長黜陟, 不聞於朝廷, 其寇賊侵奪, 不關於邊門, 故唐書通典, 一自句

---

65) '年岑'→'牟岑'.

麗亡後, 竝無遼東之跡, 軾史鄭志, 一自句麗亡後, 竝無平壤之迹. 自唐高宗摠章二年【元年高麗亡.】, 至高麗太祖元年【五季後唐時】, 二百五十年, 平安一道, 盖無主之地也. 契丹酋李盡忠, 已於武后時叛唐,【見上文.】至玄宗開元二十四年, 又命安祿山, 討契丹而敗績,【見唐書.】其後中國多事, 不復東顧, 契丹得以其間, 盡有遼東之地也. 渤海旣以鴨綠府爲巢穴, 則平壤以北, 似皆管轄, 但薩水以南, 殘滅尤甚【爲賊巢.】, 其所經理, 只是鴨綠沿邊, 近北之地, 故所置唯神豐桓正四州也. ○又按, 長嶺者 白頭山之來龍也. 虎坤堆一脈, 西自黑兒蘇邊門入來, 南馳爲吉林峰【船廠西南四百里】, 又東爲庫魯訥窩集【船廠南二百餘里】, 又南爲歌爾民朱敦【譯言, 歌爾民者, 此云長也. 朱敦者, 此云嶺也.】, 又南爲納綠窩集【興京東三百里】, 又東南走四百餘里, 爲白頭山, 其長數千里, 皆泰山巨嶽, 如我邦單單大嶺之大幹龍, 肅愼之人, 通謂之長嶺. 自嶺以東, 爲靺鞨七部, 自嶺以西, 卽高麗舊地, 其設府之處, 雖不可詳, 句麗始祖, 本於卒本川開國, 故卒本有始祖廟, 亦一大都會也【卽紇升骨城】. 當時句麗新亡, 其建府必於此地. 其謂之營州道者, 此時契丹梗路, 雖不以陸路朝唐, 然營州當時實爲東夷之所應屬. 而自渤海中京, 欲赴營州, 必由長嶺, 故名曰營州道.【渤海傳云, 幽州節度府與相聘問, 自營平距京師, 盖八千里而遠.】

고구려의 옛 땅을 서경(西京)[66]으로 삼아 압록부(鴨淥府)라 하고, 신주(神州)·풍주(豐州)[67]·환주(桓州)[68]·정주(正州)[69] 네 주를 거느렸다. 장령부(長嶺府)[70]는 하주(瑕州)[71]·

---

[66] 『遼史』「地理志」東京道條에 "淥州 鴨淥軍 節度 本高麗故國 渤海號西京鴨淥府 城高三丈 廣輪二十里"로 나온다. 丁若鏞은 平安北道 慈城 北에서 鴨綠江 對岸으로(『我邦疆域考』「渤海考」), 韓鎭書는 江界府의 滿浦鎭 對岸으로(『海東繹史續』「渤海」), 松井 等(1913)은 奉天省 臨江縣 帽兒山으로, 鳥山喜一(1915)은 通溝로 비정하였고, 현재 臨江 지역으로 보는 것이 일반적이다.

[67] 『遼史』「地理志」東京道에는 "渤海置盤安郡 … 隸淥州 在東北二百一十里"로, 安豐·渤恪·隰壤·硤石의 4현을 거느렸다. 和田淸은 鴨綠江 上源의 厚昌古邑 방면 또는 長白·惠山鎭으로 비정하였다(1955,「渤海國地理考」, 78쪽).

[68] 『遼史』「地理志」東京道條에 "高麗中都城 故縣三 桓都·神鄉·淇水(淇水) 皆廢 高麗王於此創立宮闕 國人謂之新國 五世孫釗 晉康帝建元初爲慕容皝所敗 宮室焚蕩 … 隸淥州 在西南二百里"로 나와 고구려의 丸都, 즉 지금의 輯安에 위치한 것으로 보인다.

[69] 『遼史』「地理志」東京道條에 "本沸流王故地 國爲公孫康所併 渤海置沸流郡 有沸流水 … 隸淥州 在西

하주(河州)[72] 두 주를 거느렸다.

『당서』에 이르기를 압록은 조공도(朝貢道)이다. 장령은 영주도(營州道)이다.【또 이르기를 과실로는 환도(丸都)의 오얏과 낙유(樂游)의 배가 있다.】 ○ 『요사』「지리지」에 이르기를 녹주(淥州)는 본래 고구려 고국(故國)으로, 발해가 서경 압록부라고 불렀다. 환주는 녹주의 서남쪽 200리에 있고, 정주는 녹주의 서북쪽 380리에 있다. ○ 정약용이 생각하기에 요(遼)의 녹주는 곧 발해의 압록부인데, 대략 신주(神州)를 치소로 하였다. 『당서』「지리지」에서 말하길 환도성(丸都城)에서 동북쪽으로 200리를 거슬러 올라가면 신주에 이르고, 다시 육로로 400리를 가면 현주(顯州) 중경(中京)에 이른다.【위 글에 보인다.】 곧 신주 서경(西京)이라는 것은 당연히 지금의 우예자성(虞芮慈城) 북쪽 물 건너 땅에 있었을 것이다. 그 강역을 나눔이 혹은 물의 남쪽에 이르기도 하고 혹은 물의 북쪽을 한계로 두기도 했으나, 지금은 자세히 알 수 없다. 이를 조공도라고 하는 것은 당시 요주와 계주 땅이 거란으로 인해 길이 막힌 까닭에, 당나라에 조공하는 길은 대개 지금의 용천(龍川) 앞바다에서 배를 타고 등주에 도착하여 육지에 올랐기 때문이다. 『당서』에 의거하면, 이해고(李楷固)가 패하여 돌아가고 거란이 돌궐(突厥)에 붙어 왕사(王師)의 길이 끊어져 조영을 토벌할 수 없었다고 했으니【이미 위에 보인다.】, 거란이 길을 막았음을 알 수가 있다. 또 들어와 노략질할 때에도 오로지 등주를 노략질하였으니, 조공의 길도 역시 필경 이 때문이다.

『당서』「지리지」에 이르기를 안동도호부[73]는 옛 한(漢)나라의 양평성(襄平城)【지금의 요양

北三百八十里"라고 되어 있다. 和田淸(1955)은 위치를 通化나 桓仁으로 비정하였다.
70) 위치에 대하여 『滿洲源流考』에서는 "今吉林西南五百里 有長嶺子 滿洲語稱果勒敏珠敦(Golmin Judun, 長嶺의 뜻)"이라고 하고, 지금의 英額門 부근으로 비정하였다. 韓鎭書는 '永吉州 等地'로 비정하였는데(『海東繹史續』「渤海」), 지금의 吉林이다. 津田左右吉(1915)은 輝發河 상류에 있는 北山城子로 보았다.
71) 『滿洲源流考』「疆域」 嶺府條에 "按瑕州無考 常爲附郭之州 遼廢"라고 되어 있다.
72) 『遼史』「地理志」 東京道條에 "河州 德化軍 置軍器坊"이라고 되어 있다.
73) 668년 당나라가 고구려를 멸망시킨 뒤 평양에 안동도호부를 설치하고, 薛仁貴를 도호부사로 삼아 고구려 땅을 통치하도록 하였다. 고구려부흥운동이 일어나고 신라가 고구려·백제 유민과 함께 당에 항쟁을 펼치자, 당은 한반도에서 물러나 676년 도호부를 遼東의 遼陽 지역으로 옮겼고, 677년에 다시 新城으로 옮겼다. 696년에는 요서 지역인 營州에서 거란 李盡忠의 난이 일어나며, 요동 지역 역시 전란에 휩싸였다. 대조영이 이끄는 고구려 유민과 말갈인들이 天門嶺전투에서 승리하며 발해 건국에 성공한 이후 요동에서 당의 세력은 크게 약화되었고, 당은 699년에 안동도호부를 안동도독부로 낮추고 幽州(지금의 北京)에 移屬시켰다. 이후 다시 도호부로 복귀되었으나 714년 平州로, 743년 遼西故郡城으로 府治를

주(遼陽州)】이다. 동남쪽으로 평양성(平壤城)까지 800리이다. 도호부로부터 동북으로 옛 개모(蓋牟)와 신성(新城)[74]을 거치고 또 발해의 장령부(長嶺府)를 거쳐서 1,500리를 가면 발해의 왕성【발해의 상경(上京)】에 이른다. 성은 홀한해【즉 호아합하(虎兒哈河)】에 임해 있고, 그 서남쪽 30리에 옛 숙신성이 있다. ○ 정약용이 생각하기에 장령은 장백산(長白山)에서 내려온 줄기이다.

「신라사」에 이르기를 문무왕 10년(670)【당 고종(高宗) 함형(咸亨) 원년】에 고구려의 수림성(水臨城) 사람인 연잠(年岑)[75] 대형(大兄)이 남은 백성을 거두어 모아 궁모성(窮牟城)에서부터 패강(浿江) 남쪽에 이르러 당나라 관리를 죽였다.【고구려가 멸망한 뒤 3년이다.】 성덕왕 35년(736)【당 개원(開元) 24년】에 황제가 칙서를 내려 패강 이남을 하사하였다. 선덕왕 2년(781)에 사신을 보내 패강 남쪽의 주와 군을 안무(按撫)하였다.【3년 봄에 왕이 한산(漢山)에 순행하고 민호(民戶)를 패강진[76]으로 옮겼다.】 헌덕왕 18년(826)【당 경종(敬宗) 말년】에 우잠(牛岑) 태수에게 명하여 한북(漢北)[77] 여러 주의 사람들을 징발해서 패강에 장성(長城)[78]

옮겼다가, 安祿山의 난을 계기로 758년에 완전히 폐지되었다(日野開三郎, 1984, 26~36쪽; 권은주, 2010).

74) 현재 요령성 撫順市 渾河 북쪽에 있는 高爾山城을 가리킨다. 北關山城으로도 불렸다(王綿厚·李健才, 1990; 余昊奎, 1999). 신성과 관련하여 『삼국사기』에 276년(서천왕 7) 왕이 이곳을 순시하였고, 봉상왕 때 慕容廆가 변경을 침입하자 國相인 倉助利의 건의를 받아들여 高奴子를 신성의 태수로 삼아 이를 방어하게 하였고, 고국원왕 때 신성의 북쪽을 수축하였다는 기록 등이 있다. 667년(보장왕 26) 9월 당나라 장수 李勣에게 함락되었다. 677년에는 안동도호부가 요양에서 이곳으로 移置되었다. 발해 건국 이후 발해의 땅이 되었다.
75) 검모잠의 잘못.
76) 패강진은 현재 황해도 평산 지역에 설치한 군사 행정 구역이다. 당은 발해를 견제하기 위해 735년(성덕왕 34) 패강 이남을 신라의 땅으로 정식 인정하였다(『三國史記』 권제8, 신라본기 제8, 성덕왕 34년조). 신라는 748년(경덕왕 7)에 예성강 이북 지역에 대곡성 등의 郡縣을 설치하였고, 762년(경덕왕 21)에 6성을 설치하였으며(『삼국사기』 9, 「신라본기」 9, 경덕왕 7년·21년), 782년(선덕왕 3)에 浿江鎭을 두었다(『삼국사기』 40, 잡지 9, 직관 하, 외관, 패강진전).
77) 한산주의 북쪽.
78) 패강 장성은 대동강 인근에 쌓은 장성으로 발해를 방비하기 위해 쌓은 것으로 본다. 일반적으로 장성을 자비령 장책에서 패강진 서북의 정방산성 일대로 추정하고 있으나(藤田亮策, 1963; 김장겸, 1986; 장상렬, 1987), 牛岑郡에서 멀지 않은 패강의 동북 지류인 남강 일대(능성강)와 漢山州 동북 일대 경계선에 축조되었다는 설도 있다(津田左右吉, 1964; 조이옥, 2019).

300리를 쌓게 하였다.【패강 서쪽의 적을 막기 위한 것이다.】 효공왕 2년(898)【당 소종(昭宗) 원화(元和) 원년】에 궁예(弓裔)가 패강도(浿江道)를 차지하였다.【8년에 패서도(浿西道) 10여 주가 궁예에게 항복하였다.】

○ 궁예 원년(905)【연호는 성책(聖冊)이라 한다.】에 패서 13진(鎭)을 나누어 정하니, 평양성주 검용(黔用)【즉 토추(土酋)】이 항복하고 증성(甑城)의 도적 명귀(明貴) 등【적의(赤衣)·황의(黃衣) 등】도 귀속하였다.【궁예가 일찍이 이르기를 평양은 옛 도읍인데 국화가 풀이 되었으니, 내 반드시 그 원수를 갚으리라 하였다.】 ○『정지(鄭志)』[79]에 이르기를 고려 태조 원년에 평양이 황폐해지므로 염백(鹽白)과 황해(黃海) 여러 주의 백성을 옮겨 채웠다.

○ 정약용이 생각하건대『당서』에서 이르기를 이적(李勣)[80]이 고구려를 멸망시키고 5부 176성을 거두어서, 그 땅을 9부 42주 100현으로 만들고 안동도호부를 설치하였다. 그러나 총장(摠章) 2년(669)에 고구려 백성 3만 명을 강회(江淮)로 옮겼다는 것을 보면 평양과 안주(安州)에 남은 사람이 없었을 것이다. 이 이후부터 패강 북쪽은 쓸쓸해져서 도적의 소굴이 되었다가 궁예 때에 이르러 비로소 점차 평정되었다. 오직 압록강 일대의 연안 땅은 발해의 주와 현이 되어 여전히 주인이 있는 땅이었다.

또『통전』에 이르기를 이적이 고구려를 평정하여 9부를 두고 그 추장을 이용하여 도독(都督)·자사(刺史)·현령(縣令)으로 삼았으며, 안동도호를 평양에 두어 통솔케 하였다. 상원(上元) 2년(675)에 요동고성(遼東故城)으로 옮기고,[81] 의봉(儀鳳) 2년(677)에 다시 신성(新城)【지금의 요양(遼陽) 서쪽에 있다.】으로 옮겼다. 개원(開元) 2년(714)에 다시 평주(平州)【지금의 광녕(廣寧) 북쪽에 있다.】로 옮겼다. 천보(天寶) 2년(743)에 또 요서고군(遼西故郡)으로 옮겼으며, 지덕(至德) 이후에 폐지하였다. 기미주(羈縻州) 14주【평양, 요동 등】를 거느렸다.

---

79) 『鄭志』는『고려사』지리지를 이른다.

80) 중국 唐나라 때의 무장. 본래 성과 이름은 徐世勣(594~669)이다. 수나라 말년에 李密의 밑에 있었으나, 무덕 3년(620)에 당나라에 귀순하였다. 당 高祖가 李氏로 賜姓하였고, 太宗 李世民의 '世' 자를 피휘하여 '李勣'이라 하였다. 정관 3년(629)에 돌궐을 정복하고 정관 19년(645)에는 태종과 함께 고구려를 침공하였으나 안시성전투에서 실패하고 회군하였다. 이후 총장 원년(668)에 신라군과 연합하여 평양성을 함락하여 고구려를 멸망시켰다. 이듬해 12월에 76세로 죽었다(『구당서』권67, 이적열전;『신당서』권93 이적열전).

81) 『舊唐書』권39 地理志 河北道 安東都護府條에는 상원 3년(676)에 안동도호부를 요동고성에 옮긴 것으로 나온다.

이로써 본다면 고구려가 멸망한 뒤에 먼저 평양을 버리고 토착 추장에게 맡겨 나누어 점거하게 하였고, 다음으로 요동을 버리고는 마침내 거란과 섞여 살게 하였다. 그 관장(官長)에 오르고 물러남을 조정에서 듣지 못했고, 도적의 침탈을 변방의 관문(關門)에서 관여하지 않았다. 이 때문에 『당서』와 『통전』에는 고구려가 망한 뒤부터 모두 요동의 흔적이 없고, 김부식의 『삼국사기』와 정인지의 『고려사』 지리지에는 고구려가 망한 이후부터 모두 평양의 흔적이 없다. 당나라 고종(高宗) 총장 2년(669)【원년에 고구려가 망했다.】에서 고려 태조 [천수] 원년(918)【오대(五代) 후당(後唐, 923~936) 때】까지 250년 동안 평안도(平安道)는 대개 주인이 없는 땅이었다. 거란의 추장 이진충(李盡忠)이 이미 무후 때에 당나라를 배반하였고,【위의 글에 보인다.】 현종(玄宗) 개원 24년(736)에 이르러 다시 안녹산(安祿山)에게 명하여 거란을 쳤으나 패배를 거듭하였다.【『당서』에 보인다.】 그 뒤에 중국에 일이 많아서 다시는 동쪽을 돌아보지 못하였고, 거란은 그 사이에 요동 땅을 모두 차지하였다.

발해가 이미 압록부로 노략질하여 평양 이북을 모두 관할한 것과 같았다. 다만 살수(薩水) 이남은 심하게 부서져【도적의 소굴이 되었다.】 그 다스리는 바가 단지 압록강 연변에 가까운 북쪽 땅에만 미쳤다. 그래서 오직 신주(神州)·풍주(豐州)·환주(桓州)·정주(正州)의 네 주만을 두었을 뿐이다. ○ 또 생각하건대, 장령(長嶺)은 백두산의 본줄기[來龍]다. 호곤퇴(虎坤堆)의 한 줄기가 서쪽 흑아소변문(黑兒蘇邊門)으로부터 들어오다가 남쪽으로 치뻗어 길림봉(吉林峯)【선창(船廠) 서남쪽 400리】이 되고, 다시 동쪽으로 고로눌와집(庫魯訥窩集)【선창 남쪽 200여 리】이 되었다. 다시 남쪽에서 가이민주돈(歌爾民朱敦)【번역하면 가이민은 긴 것을 이른다. 주돈은 산봉우리를 이른다.】이 되었다. 더 남쪽에서 납록와집(納綠窩集)【흥경(興京) 동쪽 300리】이 되고, 또 동남쪽으로 400여 리를 달려 백두산이 되었다. 그 길이가 수천 리에 이르는데, 모두 태산 거악이다. 우리나라의 단단대령(單單大嶺)의 큰 본줄기와 같은 것을 숙신 사람들은 통역하여 장령(長嶺)이라고 한다. 봉우리 동쪽은 말갈의 일곱 부(部)가 되고 고개 서쪽은 바로 고구려의 옛 땅이다. 그 부(府)를 설치했던 곳은 자세히 알 수 없다. 고구려의 시조가 본래 졸본천(卒本川)에서 나라를 연 까닭에 졸본에는 시조묘(始祖廟)가 있었고, 역시 하나의 큰 도시【즉 흘승골성(紇升骨城)】였다. 당시 고구려가 새로 망하고, 그 부(府)를 세운 곳이 틀림없이 이 땅일 것이다.

영주도(營州道)라고 하는 것은 거란이 길을 막았을 때에는 비록 육로(陸路)로는 당나라에 조회 갈 수 없었다. 그렇지만 영주는 당시에 실제 동이(東夷)에 속한 곳으로, 발해의 중경에서부터 영주로 가려면 반드시 장령을 거쳤기 때문에 이름을 영주도라고 한 것이다.【「발해전」에 이르기를 유주절도부(幽州節度府)와 서로 안부를 물었는데 영주와 평주(平州)에서 경사(京師: 당나라 장안)까지의 거리가 거의 8,000리로 멀었다.】

> 扶餘故地爲扶餘府, 常屯勁兵扞契丹, 領扶仙二州, 鄚頡府領鄚高二州.
> 唐書云, 扶餘 契丹道也. 又云, 俗謂貴者曰, 扶餘之鹿, 鄚頡之豕. ○通考云, 契丹阿保機, 以渤海土地相接, 常有呑倂之志. 天成元年, 率諸蕃部, 攻渤海國夫餘城下之. 改夫餘城爲東丹府, 命其子突欲, 留兵鎭之. 未幾, 阿保機死, 命其弟率兵, 攻夫餘城, 不克而還. ○遼史太祖紀云, 天顯元年, 改渤海國爲東丹, 忽汗城爲天福, 冊皇太子突欲爲人皇王, 以主之. ○鏞案, 北扶餘之地, 遼曰東丹府, 金曰黃龍府, 明曰三萬衛, 今曰開原縣.
> 後漢書云, 夫餘國, 在玄菟北千里, 南與高句驪, 東與挹婁, 西與鮮卑接, 地方二千里, 本濊地也.【魏志云, 在長城之北.】 ○盛京志云, 大氏夫餘府, 在開原縣城西.【又云, 古永平縣, 大氏置, 金廢. 又云, 古通州, 本扶餘國王城也.】 ○又云, 開原縣, 周秦肅愼, 漢扶餘國, 唐大氏扶餘府, 遼屬黃龍府. ○鏞案, 扶餘本濊貊之地, 元魏時, 謂之豆莫婁, 一統志乃謂之肅愼故地, 可乎. 一統志之不愨類, 皆如此.
> 盛京志云, 古韓州, 本高麗鄚頡府地, 領鄚頡二州, 渤海因之, 遼改韓州東平郡, 領柳河一縣, 明置站在開原縣城之西北.

부여의 옛 땅으로 부여부(扶餘府)[82]를 삼고 항상 강한 군사를 주둔시켜 거란을 막았다. 부주(扶州)[83]·선주(仙州)[84] 두 주를 거느렸다. 막힐부(鄚頡府)[85]는 막주(鄚州)[86]·고주(高

---

82) 부여부의 위치에 대해서는 開原縣설, 農安설, 阿城설, 昌圖 북쪽 四面城설 등이 있는데, 현재 농안설이 유력하다. 속주로는 扶州·仙州의 2주를 거느렸다. 이곳은 발해의 수도인 上京龍泉府로부터 거란으로 통하는 거란도의 길목이어서, 발해는 부여부에 항상 날랜 병사를 거주시켜 契丹을 방비하게 하였다.

83) 『遼史』「地理志」東京道 通州條에 속현 扶餘·布多·顯義·鵲川 중에 보인다.『滿洲源流考』「疆域」에는 開原 부근으로, 金毓黻은 昌圖 부근으로 比定하였다(『渤海國志長編』「地理志」).

84) 『遼史』「地理志」東京道 通州條에 渤海 시기 强師·新安·漁谷의 3현을 거느린 것으로 나온다. 和田淸은

州)87) 두 주를 거느렸다.

『당서』에 이르기를 부여는 거란도(契丹道)이다. 또 이르기를 세속에서 귀한 것을 부여의 사슴, 막힐의 돼지라고 하였다. ○『문헌통고』에 이르기를 거란의 [야율]아보기([耶律]阿保機)가 발해 땅이 서로 접해 있어서 항상 집어삼켜 합칠 뜻을 가지고 있었다. 천성(天成) 원년에 여러 번부(蕃部)를 거느리고 발해국 부여성을 쳐 함락시켰다. 부여성을 동단부(東丹府)으로 고치고, 그 아들 돌욕(突欲)에게 명하여 군대를 주둔시켜 지키게 하였다. 얼마 지나지 않아 아보기가 죽자, [발해왕이] 그 아우에게 명하여 군사를 거느리고 부여성을 치게 하였으나 이기지 못하고 돌아갔다. ○『요사』「태조기(太祖紀)」에 이르기를 천현(天顯) 원년에 발해국을 동단(東丹)으로 고치고, 홀한성(忽汗城)88)을 천복(天福)이라 하였다. 황태자 돌욕을 책봉하여 인황왕(人皇王)으로 삼고, 이를 다스리게 하였다. ○ 정약용이 생각하기에, 북부여 땅은 요나라에서 동단부라고 하였고, 금(金)나라에서는 황룡부(黃龍府)라고 하였으며, 명(明)나라에서는 삼만위(三萬衛)라고 하였고, 지금은 개원현(開原縣)이라고 한다.

『후한서』에 이르기를 부여국은 현도(玄菟)의 북쪽 1천 리에 있다. 남쪽은 고구려, 동쪽은 읍루(挹婁), 서쪽은 선비(鮮卑)와 인접해 있다. 땅은 사방 2천 리이며 본래 예(濊)의 땅이었다.【『위지』에 이르기를 장성의 북쪽에 있다.】○『성경지』에 이르기를 대씨의 부여부는 개원현성의 서쪽에 있다.【또 이르기를 옛 영평현(永平縣)은 대씨가 두었으나 금에서 폐지하였다. 또 이르기를 옛 통주(通州)는 본래 부여국의 왕성(王城)이다.】○ 또 이르기를 개원현은 주(周)나라와 진(晉)나라 때 숙신이고, 한나라 때 부여국이었으며, 당나라 때 대씨의 부여부였고, 요나라 때에는 황룡부에 속하였다. ○ 정약용이 생각하기에, 부여는 본래 예맥의 땅으로 원위(元魏) 때에는 두막루(豆莫婁)라고 불렀다. 『일통지』에서는 이내 숙신의 옛 땅이라고 했으니 이것이 옳겠는가? 『일통지』가 사실에 밝지 못함이 대개 이와 같았다.

　　　　北流 松花江 부근으로 비정하였다(1955, 82쪽).
85) 『遼史』「地理志」東京道 韓州條에 "… 本槀離國舊治柳河縣 高麗置鄚頡府 都督鄚·頡二州 渤海因之 …"라고 하여 고구려 때부터 있었던 것으로 나온다. 金毓黻은 農安 북쪽으로 比定하였고(『渤海國志長編』「地理考」), 和田淸(1955)은 阿城 부근으로 비정하였다.
86) 屬縣에 奧喜·萬安의 2현이 있었다.
87) 『遼史』「地理志」에는 '頡州'로 되어 있다.
88) 발해의 수도인 上京城이다.

『성경지』에 이르기를 옛 한주(韓州)는 본래 막힐부(鄚頡府) 땅이다. 막주(鄚州)·힐주(頡州) 두 주를 거느렸다. 발해는 그대로 두었으나 요나라에서는 한주(韓州) 동평군(東平郡)으로 고쳐 유하현(柳河縣) 하나를 거느리게 했고, 명(明)나라는 개원현성의 서북쪽에 참(站)을 두었다.

挹婁故地爲定理府, 領定潘二州, 安邊府領安慶[89]二州.
一統志云, 瀋陽衛, 本挹婁國地. 渤海置潘州, 遼改曰昭德, 金改曰顯德, 元改曰瀋陽路. ○盛京志云, 古挹婁縣, 本遼興州地, 金改挹婁縣, 屬潘州, 謂挹婁故地也. 今鐵嶺縣南懿路城也. ○又云, 興京 本唐燕州, 後爲大氏所據, 改屬定理府. 遼金屬潘州, 明建州衛地.【又云, 定理府, 故地無可[90]考.】 ○鏞案, 此云挹婁者, 懿路之聲轉也. 肅慎挹婁, 本無二地, 渤海旣以肅慎故地爲上京, 又安得以挹婁故地爲潘州乎. 挹婁者, 懿路之聲轉. 且考挹婁之地, 本在混同江之東, 而混同江之西, 皆泰[91]山巨嶽,[92] 峻嶺危壑, 北自黑兒蘇邊門, 南至白頭山北脊, 大幹不斷, 氣勢雄險, 此天設之大限也. 大幹以東之水, 皆會于混同江, 大幹以西之水, 皆會于三汊河【遼水之下流】, 此地紀之大綱也. 大幹以東爲挹婁靺鞨, 其南爲我邦之北沃沮, 大幹以西爲夫餘句麗, 其南爲我邦之鴨綠江, 此考之漢魏諸史及山經水志圖繪之藏, 皆確然不差者也. 凡在大幹之西者, 雖開原【古夫餘】興京【古句麗之地】, 尙非挹婁之古地. 況盛京在開原西南二百里, 直當遼陽之北, 密接遼西之界, 以此而謂之挹婁故地, 可乎不可乎. 挹婁之地, 尙隔千里, 猶冒其名, 天下有此事乎. 晉書云, 挹婁在不咸山北, 去夫餘可六十日行. 今盛京開原, 不過二日之程, 又何解也. 夷貊之人, 遷徙無常, 隨其所居, 錫以部落之名例也. 濊[93]貊 本北夫餘之名, 而其人徙於江陵, 則江陵冒濊[94]貊之名. 玄菟 本東

---

89) '慶' → '瓊'.
90) 국립중앙도서관 소장 『아방강역고』〈한古朝60-78〉에는 '可' 생략.
91) 국립중앙도서관 소장 『아방강역고』〈한古朝60-78〉에는 '太'.
92) 국립중앙도서관 소장 『아방강역고』〈한古朝60-78〉에는 '岳'.
93) 국립중앙도서관 소장 『아방강역고』〈한古朝60-78〉에는 '穢'.
94) 국립중앙도서관 소장 『아방강역고』〈한古朝60-78〉에는 '穢'.

> 沃沮之地, 而其軍徙於句麗【漢縣名】, 則句麗冒玄菟之名. 瀋陽之有挹婁之名, 或亦如此. 當時或有挹婁之人, 徙居瀋陽, 遂使瀋陽有此名也. 名稱一混, 疆域都晦, 遼史以降, 其州縣沿革之名, 皆荒亂無理, 東西不辨, 不可以不察也.【詳見下.】

읍루(挹婁)의 옛 땅으로 정리부(定理府)[95]를 삼고, 정주(定州)[96]·심주(瀋州)[97] 두 주를 거느렸다. 안변부(安邊府)[98]는 안주(安州)·경주(瓊州) 두 주를 거느렸다.

『일통지』에 이르기를 심양위(瀋陽衛)는 본래 읍루국의 땅이다. 발해가 심주를 설치하였고, 요나라가 고쳐 소덕(昭德)이라 하였으며, 금나라는 현덕(顯德)으로, 원나라는 심양로(瀋陽路)로 고쳤다. ○『성경지』에 이르기를 옛 읍루현은 본래 요나라의 홍주(興州) 땅이다. 금나라가 읍루현으로 고쳐 심주에 소속시키고, 읍루의 옛 땅이라고 하였다. 지금의 철령현(鐵嶺縣) 남쪽 의로성(懿路城)이다. ○ 또 이르기를 흥경(興京)은 본래 당나라의 연주(燕州)다. 뒤에 발해가 점거하여 정리부(定理府)에 고쳐 소속시켰고, 요나라와 금나라에서는 심주에 소속시켰으며, 명나라 때는 건주위(建州衛)의 땅이었다.【또 이르기를 정리부의 옛 땅은 고증할 수 없다.】

○ 정약용이 생각하기에 여기서 말하는 읍루란 의로(懿路)에서 소리가 변한 것이며, 숙신과 읍루는 본래 두 곳이 아니다. 발해가 이미 숙신의 옛 땅으로 상경(上京)을 삼았는데, 또 어떻게 읍루의 옛 땅을 심주(瀋州)라 했겠는가? 읍루라는 것은 의로에서 소리가 변한 것이다. 읍루 땅은 본래 혼동강(混同江) 동쪽에 있었고, 혼동강 서쪽은 모두 큰 산들과 높고 험준한 골짜기들이다. 북쪽 흑아소변문(黑兒蘇邊門)에서부터 남쪽으로 백두산의 북쪽 등마루에 이르기까

---

95) 위치에 대하여 『盛京通志』와 『大淸一統志』에서 熱河의 承德城으로 比定하였고, 韓鎭書는 寧古塔 부근으로(『海東繹史續』「渤海」), 松井等(1913)과 金毓黻은 烏蘇里江 부근으로, 和田淸(1955)은 沿海州의 Olga 부근으로 비정하였다.
96) 一名 安定郡이라고 하며, 定理·平邱·巖城·慕美·安夷의 5현을 거느렸다. 和田淸(1955)은 沿海州 南部인 蘇城(Suchan) 부근으로 비정하였다.
97) 『遼史』「地理志」東京道條에 '瀋州'로 되어 있고 9현을 거느렸다.
98) 위치에 대해 金毓黻은 烏蘇里江 유역으로 비정하였다(『渤海國志長編』卷14「地理考」). 和田淸(1955)은 定理·安邊 2부가 挹婁의 故地로 서로 근접하다고 보고 金代의 錫林路로서 Olga 지방인 것으로 비정하였다.

지 큰 줄기가 끊어지지 않고 기세가 웅장하고 험하니, 이는 하늘이 만든 큰 경계인 것이다. 큰 줄기의 동쪽 물은 모두 혼동강으로 모이고, 큰 줄기의 서쪽 물은 모두 삼차하(三汊河)【요수(遼水)의 하류】로 모이니, 이 땅 벼리의 대강이다. 큰 줄기의 동쪽은 읍루와 말갈이며, 그 남쪽은 우리나라의 북옥저다. 큰 줄기 서쪽은 부여와 고구려이며, 그 남쪽은 우리나라의 압록강이다. 이것은 한·위의 여러 역사책과 『산경(山經)』·『수지(水志)』·『도회(圖繪)』[99]에 담긴 것을 살펴보아도 모두 뚜렷하여 어긋남이 없다.

무릇 큰 줄기 서쪽의 개원(開原)【옛 부여】·흥경【옛 고구려 땅】조차도 읍루의 옛 땅이 아니다. 하물며 성경(盛京)은 개원 서남쪽 200리에 있어 곧바로 요양 북쪽에 해당하고 요서(遼西)의 경계와 아주 가까운데, 이곳을 읍루의 옛 땅이라고 하는 것이 옳은가, 옳지 않은가? 읍루 땅이 1천 리나 떨어져 있는데도 함부로 그 이름을 덮어쓰는데 하늘 아래에 이러한 일이 있겠는가? 『진서』에 이르기를 읍루는 불함산(不咸山) 북쪽에 있고, 부여에서 60일을 간다고 하였다. 지금 성경과 개원은 불과 이틀의 길인데, 또 어떻게 이해할 것인가? 이맥(夷貊) 사람들은 옮겨 다니는 것이 무상하여 살던 곳에 따라서 부락의 이름을 정하는 것이 상례다. 예맥(濊貊)이 본래 북부여의 이름이지만 그 사람들이 강릉(江陵)으로 옮겨 예맥의 이름을 덮어 썼다. 현도(玄菟)는 본래 동옥저(東沃沮)의 땅이지만 그 군사가 구려[현]【한나라 현의 이름】으로 옮기자 구려에 현도의 이름을 덮어 쓴 것이다.

심양(瀋陽)에 읍루의 이름이 있는 것도 혹시 또 이와 같은 것이 아닐까 한다. 당시에 혹 읍루 사람이 심양으로 옮겨 살아서 마침내 심양에 이 이름이 있게 되었을 것이다. 명칭이 혼동되자, 강역을 도무지 알 수 없게 된 것이다. 『요사』 이래로 그 주·현의 연혁의 이름이 모두 거칠고 어지러워져 이치에 닿지 않고 동서를 분별할 수 없게 되었으니, 자세히 살피지 않을 수 없다.【상세한 것은 아래에 보인다.】

率賓故地爲率賓府, 領華益建三州.
唐書云, 俗謂貴者曰, 率賓之馬. ○盛京志云, 古率賓府, 渤海置領華益建三州, 遼廢州存府, 金元州府皆廢. 今按, 建州在興京界內, 而率賓府及華益二州, 皆近鳳凰城

---

99) 특정 책명이 아닌, 산과 강 등 지리에 관한 책과 그림책.

> 界. ○又云, 華州建州, 舊址無考, 今鳳凰城東南百二十餘里朝鮮界, 有益州城, 俗誤號恩州.【又云, 古恤品路, 金置節度使, 本遼率賓府地. 今在興京東南邊外, 入烏喇界內.】 ○鏞案, 鴨淥之北, 皆句麗故地, 則率賓亦句麗部落也. 興京西南靇河之東, 當時或謂之率賓, 大抵渤海極西之界, 最北曰鄚頡府【在夫餘西北.】. 次南曰夫餘府【今開原】, 次南曰定理府【今瀋陽之地】, 次南曰率賓府【興京之西南】, 率賓之東南曰鴨淥府【虞芮江外地】, 鴨淥之北白山來龍之西曰長嶺府【興京之東界】. 唯安邊府, 無文可知, 以理推之, 當在今興京之北也【西與瀋陽接.】.

솔빈(率賓)의 옛 땅을 솔빈부100)로 삼고 화주(華州)101)·익주(益州)·건주(建州)102) 세 주를 거느렸다.

『당서』에 이르기를 세속에서 귀한 것은 솔빈(率賓)의 말이라고 한다.

○『성경지』에 이르기를 옛 솔빈부는 발해가 설치하여 화주·익주·건주 세 주를 거느리게 하였다. 요나라가 주를 없애고 부(府)를 남겨두었으며, 금나라와 원나라는 주와 부를 모두 없앴다. 지금 생각해보면 건주는 홍경(興京) 경계 안에 있었고, 솔빈부와 화주·익주 두 주는 모두 봉황성(鳳凰城)의 경계 가까이에 있었다. ○ 또 이르기를 화주와 건주의 옛터는 살필 수가 없다. 지금 봉황성의 동남쪽 120여 리 되는 조선(朝鮮)의 경계에 익주성(益州城)이 있는데, 세속에서 은주(恩州)라고 잘못 부르고 있다.【또 이르기를 옛 휼품로(恤品路)는 금나라에서 절도사를 두었는데, 본래 요의 솔빈부 땅이다. 지금 홍경(興京) 동남쪽 변두리 밖에 있어, 오라(烏喇)의 경계 안에 들어간다.】

○ 정약용이 생각하기에 압록의 북쪽은 모두 고구려의 옛 땅이니, 솔빈 역시 고구려의 부락

---

100) 그 이름이 綏芬河와 발음이 유사하여 현재 수분하 지역으로 보는 것이 통설이다. 率賓府의 이름은 遼代에도 그대로 쓰였으나, 金·元代에는 '恤品'·'速頻'·'蘇濱'의 이름으로 史書에 보이며, 淸代에는 綏芬路로 알려져 있었다.

101) 위치는 미상이다. 金毓黻은 華州를 率賓府의 首州로 보았고, 요나라가 폐지한 뒤 발해민을 康州로 옮겼던 것으로 추정하였다(『渤海國志長編』「地理考」).『遼史』「地理志」 康州조에 "발해 솔빈부의 인호를 옮겨 설치하였다."라는 기록에 근거한다.

102) 和田淸(1955)은, 三岔口로 불리던 東寧의 서북에 大城子·小城子 등의 遺址가 있는데 建州·益州 2주 중 하나는 이곳일 것으로 보았다.

이다. 홍경의 서남쪽, 애하(靉河)의 동쪽을 당시에 솔빈이라고 한 것이 아닌가 한다. 대체로 발해의 가장 서쪽의 경계에서 가장 북쪽은 막힐부(鄚頡府)【부여 서북쪽에 있다.】라고 하고, 그 다음 남쪽은 부여부(夫餘府)【지금의 개원】, 그 다음 남쪽은 정리부(定理府)【지금의 심양(瀋陽) 땅】, 그 다음 남쪽은 솔빈부(率賓府)【흥경의 서남쪽】라고 한다. 솔빈의 동남쪽은 압록부(鴨淥府)【우예강(虞芮江) 바깥 땅】, 압록의 북쪽 백산(白山)에서 내려온 본줄기의 서쪽은 장령부(長嶺府)【흥경 동쪽 경계】라고 한다. 오직 안변부(安邊府)만은 알아볼 만한 글이 없는데, 이치로 따져보면 당연히 지금의 흥경 북쪽에 있었을 것이다.【서쪽으로 심양과 접한다.】

拂涅故地爲東平府, 領伊蒙沱黑比五州.
北史云, 靺鞨凡有七種, 其一粟末部, 與高麗接, 每寇高麗. 其二伯咄部, 在粟末北. 其三安車骨部, 在伯咄東北. 其四曰拂涅部, 在伯咄東. 其五號室部, 在拂涅東. 其六黑水部, 在安車西北. 其七白山部, 在粟末東南. 自拂涅以東, 皆石鏃, 卽古肅愼氏也. ○隋書云, 靺鞨國, 與隋懸隔, 唯粟末白山爲近. ○唐書云, 黑水靺鞨, 貞觀二年, 臣附, 以其地爲燕州. 又有拂涅·虞婁·越喜·鐵利等部, 其地南距渤海, 西抵室韋. ○又云, 拂涅亦稱大拂涅, 開元天寶間八來, 獻鯨睛貂鼠白兎皮. 鐵利, 開元中六來, 越喜, 七來, 貞元中一來. 虞婁, 貞觀間再來, 貞元一來. 後渤海盛, 靺鞨皆役屬之, 不復與王會矣. ○鏞案, 拂涅之地, 當在今烏喇之東寧古塔之西. 今按, 寧古塔西北二百里, 有必兒漢山, 卽必兒漢河之所出也. 河之西岸, 有必兒漢站, 拂涅必兒, 其聲相近, 或是其地也.

불열(拂涅)의 옛 땅으로 동평부(東平府)103)를 삼아, 이주(伊州)·몽주(蒙州)·타주(沱州)·흑주(黑州)·비주(比州) 다섯 주를 거느렸다.

『북사(北史)』에 이르기를 말갈(靺鞨)은 모두 일곱 종이 있다. 첫째는 속말부(粟末部)로 고구려에 인접하여 매양 고구려를 노략질하였다. 둘째는 백돌부(伯咄部)로 속말의 북쪽에 있다.

---

103) 拂涅部의 위치에 대해 논란이 있는 것과 마찬가지로, 동평부의 위치에 대해서도 여러 설이 있다. 이 중 黑州는 흑수말갈과 관련지어서 보기도 한다. 흑수말갈의 일부가 발해 후기에 복속된 것으로 보지만, 행정구역 설치가 확인되지 않는데, '黑州'와 '黑水'의 '黑'이 같은 글자이기 때문이다.

셋째는 안거골부(安車骨部)로 백돌의 동북쪽에 있다. 넷째는 불열부(拂涅部)로 백돌의 동쪽에 있다. 다섯째는 호실부(號室部)로 불열의 동쪽에 있다. 여섯째는 흑수부(黑水部)로 안거골의 서북쪽에 있다. 일곱째는 백산부(白山部)로 속말의 동남쪽에 있다. 불열 동쪽은 모두 석촉(石鏃)을 쓰며 바로 옛 숙신씨(肅愼氏)이다.

○ 『수서』에 이르기를 말갈국은 수(隋)나라와 멀리 떨어져 있으나, 오직 속말과 백산만이 가깝다. ○ 『당서』에 이르기를 흑수말갈이 정관(貞觀) 2년(628)에 신하로 귀부하자 그 땅을 연주(燕州)로 삼았다. 또 불열·우루(虞婁)·월희(越喜)·철리(鐵利) 등의 부락이 있는데, 남쪽으로 발해와 떨어져 있고 서쪽으로 실위(室韋)에 닿았다. ○ 또 이르기를 불열은 대불열(大拂涅)이라고도 한다. 개원(開元, 713~741)과 천보(天寶, 742~756) 사이에 여덟 번 와서 고래 눈알과 담비가죽과 흰 토끼 가죽을 바쳤다. 철리는 개원 연간에 여섯 번 왔고, 월희는 일곱 번 왔으며 정원(貞元, 785~805) 연간에는 한 번 왔다. 우루는 정관(627~649) 연간에 두 번 왔고, 정원 연간에 한 번 왔다. 뒤에 발해가 강성해지자 말갈이 모두 발해에 역속(役屬)되어 다시는 왕회(王會)[104]에 참여하지 못하였다.

○ 정약용이 생각하건대 불열 땅은 당연히 지금의 오라(烏喇) 동쪽, 영고탑(寧古塔) 서쪽에 있었다. 지금 살펴보건대 영고탑 서북쪽 200리에 필아한산(必兒漢山)이 있으니, 이것은 필아한하(必兒漢河)가 흘러나온 곳이다. 강의 서쪽 언덕에 필아한참(必兒漢站)이 있는데, 불열과 필아는 그 음이 서로 비슷하니 혹시 그 땅이 아닌가 한다.

> 鐵利故城[105]爲鐵利府, 領廣汾蒲海義歸六州.
> 唐書見上. ○通考云, 宋開寶五年, 鐵利王子貢馬布腽肭臍. ○鏞案, 鐵利六州, 旣有海州, 則其地近海, 今我豆滿江之北與彼興開湖【週千里】之南, 或其地也. 其獻腽肭臍, 亦一證也.【高麗史云, 顯宗五年, 鐵利國獻方物. ○案, 此宋眞宗祥符八年事.】

철리(鐵利)의 옛 성으로 철리부(鐵利府)[106]를 삼아, 광주(廣州)·분주(汾州)·포주(蒲州)·

---

104) 제후나 오랑캐 군장이 중국 천자(황제)에게 조공하며 모이는 모임.
105) '故城' → '故地'.
106) 鐵利는 말갈 7부 중에는 그 명칭이 없으나, 발해 건국 초기부터 고구려와 관계가 깊었던 불열, 월희말

해주(海州)·의주(義州)·귀주(歸州) 여섯 주를 거느리게 하였다.

『당서』에 보인다. ○『문헌통고』에 이르기를 송(宋)나라 개보(開寶) 5년(972)에 철리 왕자가 말과 베, 올눌제(膃肭臍: 해구신)를 바쳤다. ○ 정약용이 생각하기에 철리의 6주 가운데 해주(海州)가 있으니, 그 땅은 바다에 가까울 것이다. 지금 우리 두만강(豆滿江) 북쪽과 저 홍개호(興開湖)【둘레가 1천 리】남쪽이 혹 그 땅이 아닌가 한다. 올눌제를 바친 것 또한 하나의 증거이다.【『고려사』에 이르기를 현종 5년(1014)에 철리국(鐵利國)이 방물(方物)을 바쳤다. ○ 생각건대 송(宋) 진종(眞宗) 상부(祥符) 8년[107]의 일이다.】

越喜故地爲懷遠府, 領達越懷紀富美福邪芝九州, 安元府[108]領寧郿慕常四州. 唐書見上. ○通典云, 安東府, 東至越喜部落二千五百里.【案, 此時安東府, 在營州東南二百餘里.】○盛京志云,【烏喇寧古塔】古信州, 本渤海懷遠府地. 遼改州, 領武昌定武二縣, 隸東京, 金隸會寧府. 又云, 武昌, 本渤海懷福縣, 定武, 本渤海豹山縣, 故址皆無考. ○鏞案, 金之會寧府, 卽渤海之上京也. 以此推之, 越喜故地, 卽今寧古塔左右迤北之地, 又無疑也. 其地廣遠, 故設十三州而恢恢也.

월희(越喜) 옛 땅을 회원부(懷遠府)[109]로 삼고, 달주(達州)·월주(越州)·회주(懷州)·기주(紀州)·부주(富州)·미주(美州)·복주(福州)·사주(邪州)·지주(芝州) 아홉 주를 거느렸다. 안원부(安元府)[110]는 영주(寧州)·미주(郿州)·모주(慕州)·상주(常州) 네 주를 거느렸다.

갈과 함께 활동한 것으로 보아, 고구려 당시부터 있었고 고구려와 밀접한 관련이 있었던 것으로 보인다. 위치에 대해서는 圖們江의 北·與凱湖의 南說(丁若鏞,「渤海考」), 黑龍·烏蘇里江下流地域說(松井等, 1913; 鳥山喜一, 1915), 木丹江流域說(津田左右吉, 1916), 阿什河流域說(池內宏, 1916), 松花江下流域의 依蘭地域說(小川裕人, 1937) 등이 있다.

107) 송 진종 상부 8년은 1014년으로, 고려 현종 6년에 해당한다.
108) '安元府'→'安遠府'.
109) 위치에 대해서는 발해 중심부에서 매우 먼 지역일 것으로 추정되며, 중국 黑龍江省 依蘭縣의 烏蘇里江과 松花江이 만나는 지역설, 연해주 동해가설, 흑룡강성 同江縣설 등이 있다.
110) 『遼史』「地理志」東京道 慕州條에 "本渤海安遠府地 故縣二 慕化·崇平 … 隸淥州 在西二百里"라고 하여 屬縣으로 慕化·崇平의 2현을 거느렸다. 西京 鴨淥府의 府治인 淥州 서북으로 200리에 있다고 하여 鴨綠江과 輝發河의 중간인 柳河縣으로 비정하기도 하며, 韓鎭書는 黑龍江 유역으로 비정한 바

『당서』에 보인다. ○『통전』에 이르기를 안동부(安東府) 동쪽으로 월희의 부락까지가 2,500리다.【생각건대 이때 안동부는 영주(營州)의 동남쪽 200여 리에 있었다.】○『성경지』에 이르기를【오라(烏喇) 영고탑(寧古塔)】옛 신주(信州)는 본래 발해의 회원부 땅이다. 요(遼)나라가 주로 고쳐서 무창(武昌)·정무(定武) 두 현을 거느리게 하고, 동경(東京)에 예속시켰다. 금(金)나라는 회령부(會寧府)에 예속시켰다. 또 이르기를 무창은 본래 발해의 회복현(懷福縣)이고, 정무는 본래 발해의 표산현(豹山縣)으로, 옛터는 모두 상고할 수 없다. ○ 정약용이 생각하기에 금나라의 회령부가 곧 발해의 상경(上京)이다. 이로 추측하건대 월희의 옛 땅은 바로 지금 영고탑 좌우의 북쪽에 연한 땅임이 또한 의심할 바가 없다. 그 땅이 광활하여 13주를 설치하고도 여유가 있었다.

> 又郢銅涑三州, 爲獨奏州.
> 唐書云, 涑州以其近涑沫江, 蓋所謂粟末水也. ○盛京志云, 涑州以近粟末故名, 應在混同江左右之地. ○鏞案, 獨奏謂直達也, 不置都督府, 凡有邊機, 自州直達.【如我邦濟州.】其孤遠可知. 若在混同江之左右, 此是畿甸之內, 豈有獨奏之理. 此三州, 當在北邊混同江東折之處也.

또 영주(郢州)[111]·동주(銅州)[112]·속주(涑州)[113] 세 주를 독주주(獨奏州)[114]로 삼았다. 『당서』에 이르기를 속주는 속말강(涑沫江)과 가까워서인데, 대개 속말수(粟末水)라고 하는

있다(『海東繹史續』「渤海」). 松井等과 和田淸은 松花江 하류로(「渤海國の疆域」, 419쪽; 「渤海國地理考」, 106~107쪽), 金毓黻은 興凱湖 東岸인 것으로 비정하였다(『渤海國志長編』「地理考」).

111) 和田淸(1955)은 鐵利·越喜와 上京龍泉府를 연결하는 大道 上의 요충으로 寧古塔 북쪽 어딘가로 비정하였다.

112) 『遼史』「地理志」 咸州條에 "渤海置銅山郡 地在漢候城縣北 渤海龍泉府南 地多山險 寇盜以爲淵藪 …"라고 하여 지금의 開原인 遼金時代의 咸州로 비정되기도 하였으나, 이 지역은 평지로 산이 많고 험하다는 동주의 지세와 맞지 않다. 동주의 이름은 銅 산지와 관련 있을 것으로 추정된다.

113) 『吉林通志』「沿革志」 涑州條에 吉林에서 북으로 약 65리인 打牲烏拉으로 비정한 이후 대체로 이를 따라 길림 인근으로 본다.

114) 『滿洲源流考』「疆域」에 "獨奏之義, 猶今直隸州, 不轄於府, 而事得專達也."라고 하여 중간 보고자(즉 府)를 거치지 않고 곧바로 중앙에 보고하는 직할주를 가리킨다고 보았다.

것이다. ○『성경지』에 이르기를 속주는 속말(粟末)에 가까운 까닭에 이름한 것이니, 응당 혼동강(混同江) 좌우의 땅에 있다고 하였다. ○ 정약용이 생각하기에 독주(獨奏)란 직달(直達: 중앙에 직접 보고하는 것)을 말하는 것이다. 도독부를 두지 않고 변방에 무슨 일이 있으면 주(州)에서 직달했으니,【우리나라의 제주(濟州)와 같다.】 그 외롭고 먼 것을 알 만하다. 만일 혼동강 양편에 있었다면 이것은 기전(畿甸)115)의 안이니, 어찌 독주할 까닭이 있겠는가? 이 세 주는 마땅히 북쪽 변방 혼동강이 동쪽으로 꺾인 곳에 있었을 것이다.

其十五府, 疆域所分, 歷然不亂, 皆有確證. 乃自遼史地志, 惑亂顚倒, 忽以大荒諸府, 悉移遼東. 一統志盛京志, 又從而增益之, 於是渤海大氏, 儼作遼東之霸主. 一統志遼東都司云, 唐征句麗, 置蓋遼二州, 尋爲渤海大氏所據, 五代時, 地入契丹. ○盛京志云, 渤海置五京十五府, 而遼地始盛, 遼金皆襲渤海, 各置五京, 其三皆今盛京所屬之地. ○鏞案, 謫中苦無書籍, 卽遼史地志, 不見全文, 其源頭誤處, 無由劈析. 然渤海大氏, 原不得遼東一片之地, 今謂唐征句麗, 而大氏據遼, 可乎. 仲象東走之初, 本保太白之東北, 祚榮遠遁之後, 只得海北之諸國, 此時未敢窺遼東一步也. 七王之後, 宣王仁秀開大境宇, 始乃西極扶餘, 遂至建瀋, 遼東一縣, 何嘗爲大氏物乎. 楷固敗還之後, 唐人憤欲雪恥, 直緣契丹梗路, 遂致王師道絶, 若使祚榮早得遼東, 豈患長鞭之不及哉. 契丹旣滅渤海, 虜其部落, 多徙遼東, 遂取渤海州縣之名, 冒之於遼東諸邑. 如玄菟華麗不而之等, 本我咸興之名, 而徙之句麗, 徙之遼東,【本見玄菟考.】 以存舊觀. 遼之旣亡, 撰遼史者, 不察荒遠之跡, 任加冒昧之筆, 遂至頊洞如此. 一統志以來, 篤信遼志, 不考古籍, 一書之內, 自相矛盾者, 不可勝數, 豈不惜哉. 今取其不誤者, 錄之在上, 其與古籍不合者, 列之下方, 以便疏理.

그 15부(府)의 강역이 나뉜 바가 뚜렷하여 논란이 없고 모두 증거가 확실하다. 다만 『요사(遼史)』의 「지지(地志)」에서부터 의혹이 난무하고 돌아봄이 뒤바뀌어, 머나먼 곳의 여러 부(府)를 모두 요동으로 바꾼 것이다. 『일통지』와 『성경지』도 이를 따르고 더욱 보태서 마침내 발해 대씨(大氏)를 요동의 패주(霸主)로 엄연하게 만들었다.

---

115) 京畿 지역. 왕도와 그 인근 지역.

『일통지』「요동도사(遼東都司)」에 이르기를 당나라가 고구려를 정벌하여 개주(蓋州)·요주(遼州) 두 주를 두었는데, 얼마 안 되어 발해 대씨에게 점거되었다. 오대(五代) 때에는 그 땅이 거란에 들어갔다. ○『성경지(盛京志)』에 이르기를 발해가 5경 15부를 설치하고, 요지(遼地)가 비로소 융성해졌다. 요나라와 금나라가 모두 발해를 답습하여 각각 5경을 설치하였는데, 그 셋은 지금의 성경(盛京)에 속한 땅이다.

○ 정약용이 생각건대 귀양살이 몸이라 서적이 없어『요사』「지지」의 전문(全文)을 보지 못했기 때문에 그 근원의 잘못된 곳을 밝히지는 못하였다. 그렇지만 발해 대씨는 원래 요동의 땅 한 조각도 얻지 못하였다. 지금 당나라가 고구려를 정벌하자 대씨가 요를 점거했다고 하는 것이 가능한가? 중상(仲象)이 동쪽으로 달아난 처음에 태백산(太白山) 동북쪽을 지켰고, 조영(祚榮)이 멀리 달아난 뒤에도 바다 북쪽의 여러 나라를 얻었을 뿐, 이때에는 감히 요동은 한 발짝도 엿보지 못하였다. 일곱 왕의 뒤에 선왕(宣王) 인수(仁秀)가 크게 영토를 넓혀 비로소 서쪽으로 부여(夫餘)에 닿아 마침내 심주(瀋州)를 세웠는데, 요동의 한 현(縣)이 어찌 일찍이 대씨의 땅이 되었겠는가? 해고(楷固)가 패하고 돌아간 뒤에 당나라 사람들이 분해서 그 부끄러움을 씻고자 했으나 거란이 길을 막아 왕사(王師)의 길이 끊어졌다. 만일 조영이 일찍이 요동을 얻었다면 어찌 긴 채찍이 미치지 못함을 근심했겠는가? 거란이 발해를 멸망시키고 나서 그 부락을 사로잡아 요동으로 많이 옮기면서, 마침내 발해의 주·현 이름을 따서 요동의 여러 고을에 덮어 썼다. 현도(玄菟)·화려(華麗)·불이(不而) 등은 본래 우리 함흥(咸興)의 이름이었는데, 고구려로 옮기고 요동으로 옮겨【본래「현도고(玄菟考)」에 보인다.】옛 모습을 보존케 한 것과 마찬가지다. 요나라가 망하고 나서『요사』를 지은 사람이 거칠고 먼 자취를 살피지 않고 멋대로 우매한 붓을 놀려 마침내 이처럼 희미하게 되었다.『일통지』이래로『요사』「지지」를 맹신하고 옛 책을 살피지 않아 같은 책 안에도 서로 모순되는 것이 헤아릴 수 없을 정도니, 어찌 애석한 일이 아니겠는가? 이제 그 잘못되지 않은 것을 추려 위에 적고 옛 책과 맞지 않은 것을 아래에 열거하여, 정리하는 데 편리하게 하려 한다.

其上京龍井府,[116] 則謬指北扶餘之地.

---

116) '龍井府' → '龍泉府'.

一統志云, 三萬衛, 古肅愼氏地, 後¹¹⁷⁾曰挹婁, 元魏曰勿吉, 隋曰黑水靺鞨, 唐以其地爲燕州, 置黑水府. 元和以後服屬渤海, 爲上京龍泉府, 至金遷都於燕, 改此爲會寧府, 號上京.【又云, 開原城西北曰上京, 卽金之會寧府, 上京之南曰建州, 西曰濱州, 又西曰黃龍府.】○盛京志云, 渤海上京, 在烏喇界內, 開原在渤海時爲扶餘府, 金會寧府, 在今烏喇東, 明時衛治, 以牙克薩山爲界, 一統志誤. ○鏞案, 黑水府者, 渤海北界之外, 黑水靺鞨之地也. 以扶餘而爲渤海, 旣是大夢, 而又以黑水爲龍井,¹¹⁸⁾ 則夢之中又夢也.

그 상경(上京) 용천부(龍泉府)를 곧 북부여(北夫餘) 땅으로 잘못 가리켰다.

『일통지』에 이르기를 삼만위(三萬衛)는 옛 숙신씨의 땅이다. 후한(後漢)은 읍루(挹婁)라고 하였고, 원위(元魏)는 물길(勿吉)로 불렀으며, 수나라는 흑수말갈(黑水靺鞨)이라고 하였다. 당나라에서 그 땅으로 연주(燕州)를 삼아 흑수부(黑水府)를 설치하였다. 원화(元和) 이후에는 발해에 복속되어 상경 용천부를 삼았다. 금나라에 이르러서는 연(燕)으로 도읍을 옮기고 이곳을 고쳐 회령부(會寧府)라고 하고 상경이라 이름하였다.【또 이르기를 개원성(開元城) 서북쪽을 상경이라 하는데, 곧 금나라의 회령부다. 상경 남쪽은 건주(建州)이고, 서쪽은 빈주(濱州)이며, 또 그 서쪽은 황룡부(黃龍府)라고 한다.】

○『성경지』에 이르기를 발해 상경은 오라(烏喇)의 경계 안에 있다. 개원(開元)은 발해 때에 부여부가 되었고 금나라에서는 회령부라 했는데, 지금 오라의 동쪽에 있다. 명나라 때에는 위(衛)의 치소로서 아극살산(牙克薩山)으로 경계를 삼았으니, 『일통지』가 잘못된 것이다.

○ 정약용이 생각하기에 흑수부는 발해의 북쪽 경계 밖에 있는 흑수말갈의 땅이다. 부여를 발해라 한 것이 이미 큰 꿈인데, 다시 흑수를 용천이라 한 것은 바로 꿈속의 꿈인 것이다.

其東京龍原府, 則謬指今鳳凰城.

盛京志云, 鳳凰城, 本濊地, 漢屬元菟郡,¹¹⁹⁾ 隋屬高麗慶州地. 大氏據之, 爲東京龍

---

117) '後'→'後漢'.
118) '龍井'→'龍泉'.
119) '元菟郡'→'玄菟郡'.

原府, 遼改開州, 設鹽·穆·賀三州, 屬東京.【又云, 鹽穆賀三州, 遼置, 故址無考.】明爲鳳凰城. ○又云, 遼史, 渤海置東京龍原府, 領龍原永安烏山壁谷熊山白楊六縣. 遼廢, 屬開州, 遺址無考, 皆在鳳凰城界內地. ○又云, 古開州, 領鹽穆賀三州, 開遠一縣. 遼志稱, 疊石爲城, 今鳳凰山上, 古城猶存.【又云, 開遠縣, 本渤海龍原縣, 故址無考.】 ○鏞案, 鳳凰城, 非濊[120]地也. 濊貊有三, 其一北扶餘, 此濊[121]貊之本也. 其二我江陵, 此穢貊之徙者也. 其三北沃沮, 晉時北扶餘王自殺, 其子弟走保沃沮【我六鎭】, 遂得是名也. 此外無濊, 安得鳳凰城爲濊地乎. ○又按, 鳳凰城若爲東京, 其中京當在今牛庄海城之間, 其西京鴨綠府當在今遼西錦州之界, 其南京南海府當在金州旅順之口, 如是然後 東西南北名實相允. 今也不然, 所謂西京鴨綠府在東京之東數百里之外, 所謂南京南海府在東京之北數百里之外【今海城】, 粟末書生, 雖云寡學, 不應指東爲西, 命北爲南, 若是其乖反也. ○又按, 鹽穆賀三州, 本是渤海之所建置, 則地志當曰遼因之, 不當曰遼設之. 今詳其文, 鹽穆賀三州, 始云遼設, 復云遼置, 此必遼志本文也, 遼人之移彼名而冒此州, 不旣明甚乎. 若然, 所謂烏山熊山等六縣, 皆是此類, 不足疑也.

盛京志【遼陽州】云, 古白巖縣, 渤海置, 遼因之, 舊址無考.【釣魚臺, 在遼陽城南三十里, 大氏所游云.】 ○鏞案, 此皆傳聞野談, 非有實驗也.

그 동경(東京) 용원부(龍原府)를 지금의 봉황성(鳳凰城)으로 잘못 가리켰다.

『성경지』에 이르기를 봉황성은 본래 예(濊)의 땅이다. 한(漢)나라 때에는 현도군에 속하였고, 수(隋)나라 때에는 고구려의 경주(慶州) 땅에 속하였다. 대씨(大氏)가 점거하여 동경 용원부로 삼았고, 요나라가 개주(開州)로 고치고 염주(鹽州)·목주(穆州)·하주(賀州) 세 주를 두고 동경에 소속시켰다.【또 이르기를 염주·목주·하주 세 주는 요가 설치하였는데 옛터를 고찰할 수 없다.】 명나라에서는 봉황성으로 삼았다. ○또 이르기를 『요사』에 발해가 동경 용원부를 두고 용원(龍原)·영안(永安)·오산(烏山)·벽곡(壁谷)·웅산(熊山)·백양(白楊)

---

120) 국립중앙도서관 소장 『아방강역고』〈한古朝60-78〉에는 '穢'.
121) 국립중앙도서관 소장 『아방강역고』〈한古朝60-78〉에는 '穢'.

의 여섯 현을 거느렸는데, 요나라가 없애고 개주(開州)에 속하게 하였다. 그 남은 터는 고찰할 수 없으나, 모두 봉황성 경계 안의 땅에 있었다. ○ 또 이르기를 옛 개주는 염주·목주·하주 세 주와 개원현(開元縣) 하나를 거느렸다. 『요사』「지지(地志)」에서 돌을 쌓아 성을 만들었다고 했는데, 지금의 봉황성 산 위에 옛 성이 남아 있다.【또 이르기를 개원현은 본래 발해 용원현(龍原縣)인데, 옛터를 밝힐 수 없다.】

○ 정약용이 생각하기에 봉황성은 예의 땅이 아니다. 예맥(濊貊)에는 셋이 있다. 첫째는 북부여로, 이것이 예맥의 근본이다. 둘째는 우리 강릉(江陵)으로, 이 예맥은 옮겨온 것이다. 셋째는 북옥저로 진(晉)나라 때에 북부여 왕이 스스로 목숨을 끊고 그 자제들이 달아나 옥저【우리 육진(六鎭)】를 지키며 이로써 얻은 이름이다. 이 밖에는 예(濊)가 없는데, 어찌 봉황성이 예의 땅이 될 수 있겠는가? ○ 또 살펴보건대 봉황성이 만약 동경(東京)이라면, 그 중경(中京)은 당연히 지금의 우장(牛庄)과 해성(海城) 사이에 있었을 것이며, 서경(西京) 압록부(鴨綠府)는 당연히 지금의 요서(遼西) 금주(錦州) 경계에 있었을 것이고, 남경(南京) 남해부(南海府)는 마땅히 금주(金州) 여순(旅順)의 어귀에 있었을 것이다. 이와 같아야 동서남북이 명실상부할 것인데, 오늘날 그렇지가 않다. 이른바 서경 압록부는 동경의 동쪽 몇백 리 밖에 있고, 이른바 남경 남해부는 동경 북쪽 몇백 리 밖【지금의 해성】에 있었다. 속말(粟末)의 서생(書生)이 아무리 배운 것이 적더라도 동쪽을 가리켜 서쪽이라 하고 북쪽을 남쪽이라 하여 이처럼 어긋나게 하지는 않았을 것이다. ○ 또 살펴보건대 염주·목주·하주의 세 주는 본래 발해에서 세운 것이니, 「지지」는 마땅히 요나라가 이어받았다고 해야지, 요나라가 설치했다고 하면 안 된다. 지금 그 글을 자세히 살펴보면, 염주·목주·하주 세 주를 처음 요나라가 설치했다고 하고, 다시 요나라가 두었다고 하였다. 이것이 『요지』의 본문임이 분명함에야, 요나라 사람들이 그 이름을 옮겨 이 주에 덮어 쓴 것이 이미 자명하지 않은가? 만일 그렇다면 이른바 오산(烏山)·웅산(熊山) 등의 여섯 현도 모두 이런 부류임을 의심할 것이 없다.

『성경지』【요양주(遼陽州)】에 이르기를 옛 백암현(白岩縣)은 발해가 두었고, 요나라가 이어받았는데, 옛터는 고찰할 수가 없다.【조어대(釣魚臺)는 요양성(遼陽城) 남쪽 30리에 있는데, 대씨가 놀던 곳이라 한다.】 ○ 정약용이 생각하기에 이는 모두 전해 들은 야담이요, 실제 경험한 것은 아니다.

其南京南海府, 謬指今海城縣.
一統志云, 海州衛, 本蓋牟地, 句麗爲沙卑城, 渤海爲南海府, 遼爲海州, 治臨溟縣. ○又云, 廢耀州 在衛西南二百里, 本渤海椒州地, 遼置耀州, 領巖淵一縣.【盛京志云, 古耀州, 在今海城縣西南六十里, 巖淵舊址無考.】遼隧廢縣, 在衛西六十里, 渤海爲永豐縣.【遼改曰仙鄕.】析木廢縣, 在衛東南四十里, 渤海置花山縣.【盛京志云, 有土堡, 曰析木城.】臨溟廢縣, 在衛東一百八十里.【又云, 鶴野廢縣, 在都司城西八十里, 渤海爲雞山縣, 遼改曰鶴野.】○又云, 蓋州衛, 句麗爲蓋牟城, 唐置蓋州, 渤海因之, 遼以路通辰韓, 改爲辰州. 又安市廢縣, 在衛東北七十里, 渤海置鐵州.【金改爲湯池.】熊岳廢縣, 在衛南六十里, 本渤海杉盧郡, 遼爲盧州.【盛京志云, 舊址無考.】○盛京志云, 金州 本辰韓地, 漢屬元菟郡,[122] 唐置金州, 渤海屬杉盧郡.【又云, 蓋平縣 本辰韓地, 唐爲蓋州, 大氏改爲辰州, 遼爲辰州奉國軍.】○鏞案, 海州 在鳳凰西北四百餘里, 彼爲東京, 此爲南京, 有是理乎. 遼隧者, 班固地志所載遼隊縣也. 此縣正在遼河之東岸, 豈大氏足跡之所及哉. 辰韓者, 我邦之慶州也. 自金州, 繞海而南轉而東走水路五六千里, 謂之辰韓, 可乎. 辰韓之名, 猶冒金州, 則渤海三京之冒於遼東, 又何譏焉.

盛京志云, 海城縣, 古南沃沮國, 漢屬玄菟, 後屬樂浪都尉, 東漢仍封沃沮爲侯, 句麗爲沙卑城, 大氏以爲南京南海府, 統沃睛[123]椒三州六縣, 遼置海州. ○又云, 遼史, 海州 在沃沮國地, 高麗爲沙卑城, 案後漢書, 東沃沮, 北與挹婁, 南與濊接, 在蓋馬大山東. 今據一統志, 以蓋馬大山在朝鮮, 則其國都在今縣界外, 海州其外邑也, 今舊址無考. ○又云, 海州, 渤海南京, 疊石爲城, 幅員九里, 都督沃睛[124]椒三州, 沃沮鷲巖龍山濱海昇平靈泉六縣. 遼改爲海州南海軍, 諸州縣皆廢, 舊址無考. ○又云, 右孀州, 本渤海睛[125]州, 領天睛[126]神陽蓮池狼山仙巖五縣. 遼盡廢, 置嬪州柔遠軍,屬海州. 金廢, 應在廣寧交界, 而故址無考. ○鏞案, 蓋馬大山者, 長白山之大幹也.
【已見前.】西自海城, 東至單單大嶺, 已二千餘里, 其在嶺東之南沃沮, 乃以海城爲外
邑, 管轄之法, 何其闊也. 度遼野, 踰鴨水穿香山, 越大嶺, 遙相統領, 有是法乎. 旣
知沃沮在蓋馬大山之東, 庶知渤海南京亦在蓋馬大山之東, 又何必辛苦粧點, 以堂堂
遼東之海州, 爲遙遙沃沮之外邑乎. 然且渤海南京, 本産昆布.【見唐書.】未知遼東之
海亦産此物乎. 我邦三面環海, 而惟咸興之海乃産昆布【如海藻.】, 此乃南京之確證
也. 不通西蜀, 難得蒟醬, 俾出童羖, 彼將奈何. ○又按, 若如上說, 沃晴椒三州, 都
只六縣. 所謂沃沮鷲巖龍山等六縣, 宜分屬三州, 若如下說, 則只晴州一州, 領天晴
等五縣, 二說必有一誤.【上說似渤海本制.】且廣寧者, 遼西也, 渤海之地, 至入廣寧,
則未幾當犯中國, 不亦妄乎.

남경(南京) 남해부(南海府)를 지금의 해성현(海城縣)으로 잘못 가리키고 있다.

『일통지』에 이르기를 해주위(海州衛)는 본래 개모(蓋牟)의 땅이다. 고구려는 사비성(沙卑城)으로 삼았고, 발해는 남해부라 했으며, 요나라는 해주(海州)로 삼고 임명현(臨溟縣)을 다스렸다. ○ 또 이르기를 폐지된 요주(耀州)는 위(衛)의 서남쪽 200리에 있었다. 본래 발해의 초주(椒州) 땅으로, 요나라가 요주를 두어 암연현(巖淵縣) 하나를 거느리게 하였다.【『성경지』에 이르기를 옛 요주는 지금의 해성현 서남쪽 60리에 있으나 암연의 옛터는 고찰할 수 없다.】 폐지된 요수현(遼隧縣)은 위의 서쪽 60리에 있다. 발해는 영풍현(永豐縣)으로 삼았다.【요나라가 고쳐 선향(仙鄕)이라고 하였다.】 폐지된 석목현(析木縣)은 위의 동남쪽 40리에 있으니, 발해에서는 화산현(花山縣)을 두었다.【『성경지』에는 흙으로 쌓은 보루가 있는데 석목성(析木城)이라고 하였다.】 폐지된 임명현은 위의 동쪽 180리에 있다.【또 이르기를 폐지된 학야현(鶴野縣)은 도사성(都司城)의 서쪽 80리에 있으며, 발해에서 계산현(鷄山縣)으로 삼고 요나라가 학야로 고쳤다.】 ○ 또 이르기를 개주위(蓋州衛)는 고구려에서 개모성(蓋牟城)으로 삼았고, 당나라가 개주(蓋州)를 두었으며, 발해가 이를 이었다. 요나라는 길이 진한(辰韓)과 통하기 때문에 진주(辰州)로 고쳤다. 또 폐지된 안시현(安市縣)은 위의 동북쪽 70리에 있는데, 발해에서는 철주(鐵州)를 두었다.【금나라가 탕지(湯池)로 고쳤다.】 폐지된 웅악현(熊岳縣)은 위(衛)의 남쪽 60리에 있으니, 본래 발해의 삼로군(杉盧郡)으로 요나라가 노주(盧州)로 삼았다.

【『성경지』에 이르기를 옛터를 찾을 수 없다.】

○ 『성경지』에 이르기를 금주(金州)는 본래 진한(辰韓) 땅이다. 한(漢)나라 때에는 현도군에 속하였고, 당나라가 금주를 두었으며, 발해는 삼로군에 속하게 하였다.【또 이르기를 개평현(蓋平縣)은 본래 진한 땅이다. 당나라가 개주로 삼고, 대씨가 진주로 고쳤으며, 요나라에서는 진주 봉국군(奉國軍)으로 하였다.】 ○ 정약용이 생각하기에 해주는 봉황성 서북쪽 400여 리에 있는데, 저쪽은 동경이고 이쪽은 남경이라고 하니 무슨 이치가 있겠는가? 요수(遼隧)는 반고(班固)의 「지지(地志)」에 실려 있는 요수현이다. 이 현은 바로 요하(遼河) 동쪽 언덕에 있으니, 어찌 대씨의 발자취가 미친 곳이겠는가? 진한은 우리나라의 경주(慶州)이다. 금주에서부터 바다를 둘러 남쪽으로 돌아 동쪽으로 달려 물길로 5, 6천 리에 있으니, [금주를] 진한이라고 하는 것이 옳겠는가? 진한의 이름을 오히려 금주에 덮어 썼으니, 발해의 3경(京)에 요동을 덮어 쓴 것을 다시 어찌 비난할 것인가?

『성경지』에 이르기를 해성현은 옛 남옥저국(南沃沮國)이다. 한나라 때에는 현도에 속했고 뒤에 낙랑도위(樂浪都尉)에 소속되었다. 동한(東漢)에서는 그대로 옥저를 책봉하여 후(侯)로 삼았고, 고구려는 사비성(沙卑城)으로 삼았다. 대씨는 남경 남해부로 삼아 옥주(沃州)·정주(睛州)·초주(椒州)의 세 주와 여섯 현을 거느리게 했고, 요나라는 해주를 두었다. ○ 또 이르기를 『요사』에는 해주가 옥지국 땅에 있으며 고구려가 사비성(沙卑城)으로 삼았다고 하였다. 『후한서』를 살펴보면 동옥저는 북쪽으로는 읍루(挹婁)와 남쪽으로 예(濊)와 접해 있으며 개마대산(蓋馬大山) 동쪽에 있다고 하였다. 지금 『일통지』에 따르면 개마대산은 조선에 있다고 했으니, 그 나라 수도는 지금 현(縣)의 경계 밖에 있고 해주는 그 외읍(外邑)이었다. 지금은 옛터를 찾을 수가 없다.

○ 또 이르기를 해주는 발해의 남경이다. 돌을 쌓아 성을 만들었는데, 둘레가 9리이다. 옥주·정주·초주의 세 주와 옥저(沃沮)·취암(鷲岩)·용산(龍山)·빈해(濱海)·승평(昇平)·영천(靈泉)의 여섯 현을 거느렸다. 요나라는 해주 남해군(南海軍)으로 고치고, 주·현들을 모두 없앴다. 옛터는 찾을 수가 없다. ○ 또 이르기를 옛 빈주(嬪州)는 본래 발해의 정주로, 천청(天晴)·신양(神陽)·연지(蓮池)·낭산(狼山)·선암(仙岩)의 다섯 현을 거느렸다. 요나라가 모두 없애고 빈주 유원군(柔遠軍)을 두어 해주에 소속시켰으나 금나라가 폐지하였다. 응당 광녕(廣寧)과 맞닿는 경계에 있었겠지만, 옛터는 찾을 수가 없다.

○ 정약용이 생각하기에 개마대산은 장백산(長白山)의 큰 줄기로,【이미 앞에 보인다.】 서쪽

해성으로부터 동쪽 단단대령(單單大領)에 이르기까지 2천여 리나 된다. 그 고개 동쪽에 있는 남옥저가 해성을 외읍으로 삼았다면, 그 관할이 어찌 그렇게 넓을 수 있겠는가? 요의 벌판을 지나고 압록강을 건너 향산(香山)을 통과하여 대령(大領)을 넘어서 먼 곳을 모두 거느렸으니, 이런 법이 있겠는가? 이미 옥저가 개마대산의 동쪽에 있음을 알았으니 발해 남경 역시 개마대산 동쪽에 있음을 알 터인데, 또 하필 고생스럽게 단장하여 당당한 요동의 해주를 멀고 먼 옥저의 외읍이라고 하는지? 그리고 또 발해의 남경은 곤포(昆布)의 본산지인데,【『당서』에 보인다.】 요동의 바다에서도 역시 이것이 나는지 알 수가 없다. 우리나라는 삼면이 바다로 둘러싸여 있으나 오직 함흥의 바다에서만 곤포가 나니,【해조(海藻)와 같다.】 이것이 곧 남경이라는 확실한 증거이다. 서촉(西蜀)과 통교하지 못하니 구장(蒟醬)을 얻기가 어려운데 동고(童羖)를 나오게 시키니 그것을 장차 어찌하겠는가? ○ 또 살펴보건대 만일 위의 말과 같다면 옥주·정주·초주의 세 주에는 모두 여섯 현뿐이어서 이른바 옥저·취암·용산 등 여섯 현은 마땅히 세 주에 나뉘어 소속될 것이다. 만일 아래의 말이 옳다면 단지 정주 하나가 천청 등 다섯 현을 거느린 것이니, 이 두 가지 가운데 하나는 반드시 잘못이다.【위의 설이 발해의 본래 제도와 비슷하다.】 또 광녕(廣寧)은 요서인데 발해 땅이 광녕까지 이르렀다는 것은, 즉 얼마 안 되어 중국을 침범했다는 것이니, 이 또한 망녕된 말이 아니겠는가?

其瀋州定理府, 又誤援東牟山, 謂在今盛京城東.
一統志云, 東牟山, 在瀋陽衛東二十里, 渤海保挹婁之東牟山, 卽此.【又云, 長白山, 在三萬衛東北.】○盛京志云, 今奉天府治, 爲挹婁國, 北爲扶餘, 南近海爲沃沮國. 渤海保東牟山, 卽今府治之東山也. 卽今府治, 建定瀋二州, 屬定理府, 遼置瀋州.【天柱山, 在承德縣東二十里, 卽昔東牟山也.】○鏞案, 唐書明云, 東牟山直營州東二千里, 今盛京之天柱山, 西距古營州之柳城縣, 不過五百餘里, 何得以此爲東牟山乎. 徒執挹婁二字, 遂以遼瀋之地, 都作鞨鞠之鄕, 不亦惑乎. 挹婁者, 懿路之聲轉也.

그 심주(瀋州) 정리부(定理府)를 또 동모산(東牟山)으로 잘못 이끌어 말하여 지금의 성경성(盛京城) 동쪽에 있다고 한다.
『일통지』에 이르기를 동모산은 심양위(瀋陽衛) 동쪽 20리에 있다. 발해가 읍루(挹婁)의 동모산으로 지켰다고 한 곳이 바로 여기다.【또 이르기를 장백산은 삼만위(三萬衛)의 동북쪽에 있다.】○『성경지』에 이르기를 지금 봉천부(奉天府)의 치소는 읍루국이 된다. 북쪽은 부여요, 남쪽은 바다에 가까운데 옥저국이다. 발해가 지킨 동모산은 바로 지금 부(府)의 치소의 동쪽 산이다. 곧 지금 부의 치소로 정주(定州)·심주(瀋州)의 두 주를 세우고 정리부에 소속시켰다. 요나라는 심주를 두었다.【천주산(天柱山)은 승덕현(承德縣) 동쪽 20리에 있으니, 바로 옛날의 동모산이다.】

○ 정약용이 생각하기에 『당서』에는 분명히 이르기를 동모산은 영주(營州) 동쪽 2000리에 있다고 하였다. 지금 성경의 천주산에서 서쪽으로 옛 영주의 유성현(柳城縣)까지는 불과 500여 리인데, 어찌 이곳이 동모산일 수 있겠는가? 읍루라는 두 글자만으로 요동 심양 땅을 모두 말갈의 마을로 만들었으니, 또한 의혹스럽지 않겠는가? 읍루는 의로(懿路)에서 소리가 변한 것이다.

> 其拂涅故地東平府, 謬指今遼濱縣.
> 一統志云, 遼濱廢縣, 在瀋陽衛西北一百八十里, 本拂涅國地, 渤海置東平府, 遼爲遼濱縣. ○ 又云, 奉集廢縣, 在撫順南八十里, 漢爲險瀆縣, 高麗爲霜巖縣, 渤海改爲奉集縣.【盛京志云, 奉集縣地, 在盛京城東南四十五里, 名奉集堡.】○ 鏞案, 拂涅之爲靺鞨部落, 北史唐書, 不啻丁寧, 今忽以遼濱廢縣當之, 可乎. 遼東險瀆縣, 明載班志, 今盛京東南, 在漢不屬遼東, 何得險瀆乃在其地乎, 此夢之中又夢也.
> 盛京志云, 古率賓府, 渤海爲東平府, 領伊蒙陀黑比五州, 縣十八. 遼皆廢, 改爲州, 有遼河羊腸河錐子河蛇山狼山黑山巾子山, 皆今廣寧界內地, 故址無考. ○ 鏞案, 羊腸河錐子河蛇山黑山, 皆在遼西, 環繞廣寧之城, 若於此地設拂涅五州, 則山海關以東, 皆拂涅也. 唐書云, 拂涅以東, 皆石鏃, 今遼西亦石鏃乎.

불열(拂涅)의 옛 땅인 동평부(東平府)를 지금의 요빈현(遼濱縣)으로 잘못 가리켰다.

『일통지』에 이르기를 폐지된 요빈현은 심양위(瀋陽衛)의 서북쪽 180리에 있다. 본래 불열국 땅으로, 발해는 동평부를 두었고, 요나라는 요빈현으로 삼았다. ○ 또 이르기를 폐지된 봉집현(奉集縣)은 무순(撫順) 남쪽 80리에 있다. 한나라에서 험독현(險瀆縣)이라 하였고, 고구려에서는 상암현(霜岩縣)이라 하였으며, 발해가 봉집현으로 고쳤다.【『성경지』에 이르기를 봉집현은 성경성(盛京城) 동남쪽 45리에 있는데, 이름은 봉집보(奉集堡)이다.】

○ 정약용이 생각하기에 불열이 말갈의 부락인 것은 『북사(北史)』와 『당서』에만 나오는 것이 아닌데, 이제 갑자기 폐지된 요빈현이 그것이라는 것이 옳겠는가? 요동 험독현은 반고(班固)의 책에 분명히 기록되어 있다. 지금 성경의 동남쪽으로 한나라 때에는 요동에 속하지 않았는데, 어찌 험독이 그 땅에 있었겠는가? 이는 꿈속의 꿈이다.

『성경지』에 이르기를 옛 솔빈부(率賓府)는 발해가 동평부로 삼아 이주(伊州)·몽주(蒙州)·타주(沱州)·흑주(黑州)·비주(比州)의 5주와 18현을 거느리게 하였다. 요나라가 모두 폐지하였고 고쳐 주를 삼았다. 요하(遼河)·양장하(羊腸河)·추자하(錐子河)·사하(蛇河)·낭산(狼山)·흑산(黑山)·건자산(巾子山)이 모두 지금의 광녕(廣寧) 경계 안의 땅이다. 옛터는 찾을 수가 없다.

○ 정약용이 생각하기에 양장하·추자하·사하·흑산이 모두 요서에 있어 광녕성을 둘러싸고 있으니, 만일 이 땅에 불열의 5주를 설치했다면 산해관(山海關) 동쪽은 모두 불열인 것이다. 『당서』에 불열 동쪽은 모두 석촉(石鏃)이라 했으니, 지금의 요서 역시 석촉이겠는가?

> 其鐵利故地鐵利府, 謬指今章義站.
> 盛京志云, 古廣州, 遼開泰七年, 分渤海鐵利郡地, 置廣州, 領昌義一縣.【古章義郡, 渤海爲鐵利郡, 遼建鐵利州, 今盛京城西南七十里, 有章義站, 卽其地也.】○ 鏞案, 鐵利者, 靺鞨之名也. 今盛京西南七十里, 乃遼東之地, 何謂鐵利.

철리의 옛 땅인 철리부(鐵利府)를 지금의 장의참(章義站)으로 잘못 가리켰다.

『성경지』에 이르기를 옛 광주(廣州)는 요나라 개태(開泰) 7년에 발해의 철리군(鐵利郡) 땅을 나누어, 광주를 두고 창의현(昌義縣) 하나를 거느리게 하였다.【옛 장의군(章義郡)은 발해 때 철리군이 되었고, 요나라에서 철리주(鐵利州)를 세웠다. 지금 성경성(盛京城) 서남쪽 70리에 있는 장의참이 바로 그 땅이다.】○ 정약용이 생각하기에 철리는 말갈의 이름이다. 지금 성경의 서남쪽 70리는 요동 땅이니, 어찌 철리라고 할 수 있겠는가?

> 其越喜故地懷遠府, 謬指今鐵嶺縣.
>
> 盛京志云, 鐵嶺縣, 漢挹婁地, 隋越喜國地, 唐大氏改富州, 屬懷遠府, 遼改銀州, 明改鐵嶺衛. ○又云, 古銀州, 本渤海富州, 遼置銀冶, 更名其地, 卽今鐵嶺縣城.【又云, 延津縣, 本渤海富壽縣, 屬富州, 遼改延津.】 ○又云, 古柳河縣, 金史云, 本越喜縣地, 遼有枸河柳河, 今考其河, 卽內遼河外遼河也.【在鐵嶺縣界內.】 ○鏞案, 越喜之爲靺鞨諸部, 明載唐書, 今以鐵嶺當之, 可乎.【鐵嶺, 在今盛京北百三十里.】
>
> 遼志云, 咸州, 在渤海龍泉府南, 多山險, 盜寇淵藪.【遼制, 咸州, 領咸平一縣, 金改爲府.】 盛京志云, 其地應在鐵嶺縣東諸山中. ○鏞案, 龍泉府者, 渤海之上京, 卽今寧古塔隔水之地也, 安得在鐵嶺縣東乎. 咸州者, 黃頭女眞之所起也,【事詳通考女眞條, 宜入女眞考, 今略之.】與鐵嶺何干.

월희(越喜)의 옛 땅인 회원부(懷遠府)를 지금의 철령현(鐵嶺縣)으로 잘못 가리켰다.

『성경지』에 이르기를 철령현은 한(漢)나라 때 읍루 땅이다. 수나라 때는 월희국 땅이며, 당나라 때에는 대씨가 부주(富州)로 고쳐 회원부에 소속시켰다. 요(遼)나라가 은주(銀州)로 고쳤고, 명나라는 철령위(鐵嶺衛)로 고쳤다.

○ 또 이르기를 옛 은주는 본래 발해의 부주이다. 요나라에서 은야(銀冶: 은 제련소)를 두어 그 땅의 이름을 고쳤다. 바로 지금의 철령현성이다.【또 이르기를 연진현(延津縣)은 본래 발해의 부수현(富壽縣)이며 부주에 속하였는데 요나라에서 연진으로 고쳤다.】 ○ 또 이르기를 옛 유하현(柳河縣)은 『금사』에 본래 월희현 땅이라고 하였다. 요에는 구하(枸河)와 유하(柳河)가 있는데, 지금 그 강을 찾아보면 바로 내요하(內遼河)와 외요하(外遼河)이다.【철령현 경계 안쪽에 있다.】

○ 정약용이 생각하기에 월희가 말갈의 여러 부(部)임이 『당서』에 명확히 기록되어 있는데, 지금 철령을 그곳이라 하니 옳겠는가?【철령은 지금 성경의 북쪽 130리에 있다.】

『요사』「지지」에 이르기를 함주(咸州)는 발해의 용천부(龍泉府) 남쪽에 있다. 험한 산이 많아서 도적의 소굴을 이루고 있다.【요나라 제도에는 함주가 함평(咸平) 1현을 거느렸는데 금이 고쳐 부(府)로 삼았다.】 『성경지』에 이르기를 그 땅은 철령현 동쪽의 여러 산 중에 있어야 한다. ○ 정약용이 생각하기에 용천부는 발해의 상경(上京)이다. 바로 지금 영고탑(寧古塔)의 강 건너 땅이니, 어찌 철령현의 동쪽에 있을 수 있겠는가? 함주는 황두여진(黃頭女眞)이 일어난 곳이니,『통고』여진조(女眞條)를 상세히 살펴,「여진고(女眞考)」에 넣었으니, 지금은 생략한다.】 철령과 무슨 상관이 있겠는가?

總之, 渤海疆域, 中間張大, 始末纖小, 及其衰也, 其所謂東京南京, 皆爲女眞所據, 長嶺以西鴨水以北, 皆爲契丹所奪.
新羅史云, 景明王五年【朱梁末帝時】二月, 靺鞨別部達姑衆來寇北邊, 時堅權【高麗太祖王建臣】鎭朔州【今春川】, 率騎擊大破之. ○高麗史云, 太祖二十五年【石敬瑭末年】, 契丹遣使, 遺橐駝五十匹. 王以契丹與渤海, 敗盟殄絶, 不可遠結爲鄰, 流其使三十人于海島, 繫橐駝於萬夫橋下, 皆餓死.【五代史云, 高麗王建, 因胡僧襪囉, 言於晉高祖曰: 勃海我婚姻也, 其王爲契丹所虜, 請與朝廷, 共擊取之, 高祖不報. 開運二年, 遣郭仁遇, 使高麗, 擊契丹, 仁遇見其兵極弱, 疑者之言, 特建爲誇誕耳.】○定宗三年【漢隱帝元年】, 東女眞獻方物. ○鏞案, 此時渤海未亡, 而東女眞已與相通, 咸興以北之依舊爲渤海京邑, 未可知也.
通考云, 宋太宗淳化二年, 以渤海不通朝貢, 詔女眞攻之. ○高麗史云, 成宗十年【宋淳化二年】, 遣兵逐女眞.【初新羅之末, 三國分爭, 北界丘墟, 女眞乘間, 據有鴨綠江, 內外出沒, 搶掠 邊民苦之, 至是遣兵逐出, 白頭山外居之. ○案, 此云鴨綠江, 謂三水郡鴨水之源.】○鏞案, 此時, 渤海之不通朝貢 弱也非頑也. 南阻女眞, 西阻契丹, 作一窮囚, 安得越海朝貢, 宋詔蓋不諒也.【又案高麗史, 太祖以後顯宗以前, 渤海國人來投者, 無慮累萬戶.】
通考云, 遼天慶五年, 高永昌以渤海叛契丹, 阿骨打【金太祖】初援之已, 而復相攻斬.【一統志云, 夏行美渤海人, 遼太平中, 大延琳叛時, 行美總渤海軍於保州, 延琳使人來誘, 行美執之, 嬰城自守.】○鏞案, 此時, 瀋州久爲契丹之物, 故骨打援永昌而奪之, 長領以西之不爲渤海, 久矣. 此時, 保州【今我邦義州】久爲契丹之物, 故行美拒延琳而守之, 鴨水以北之不爲渤海, 久矣.【渤海亡年, 考諸遼金史 始可得之, 今無書籍, 不可詳也, 要在宋太宗之末年.】

종합하면 발해의 강역은 중간에는 넓고 컸지만, 시작과 끝은 가늘고 작았다. 쇠약해진 다음에는 이른바 동경(東京)과 남경(南京)이 모두 여진(女眞)에 점거되었고, 장령(長嶺) 서쪽과 압수(鴨水) 북쪽은 모두 거란에게 빼앗겼다.

「신라사」에 이르기를 경명왕(景明王) 5년(925)【주량(朱梁) 말제(末帝) 때】 2월에 말갈 별부(別部) 달고(達姑)의 무리가 북쪽 변방에 와서 노략질하였다. 이때 견권(堅權)【고려 태조 왕건의 신하】이 삭주【지금의 춘천(春川)】를 지키다가 기병을 거느리고 이를 쳐서 크게 깨뜨렸다.

○ 『고려사』에 이르기를 태조(太祖) 25년(942)【석경당(石敬瑭) 말년】에 거란이 사신을 보내 낙타 50필을 전했다. 왕은 거란이 발해와 맹약을 깨고 멸망시켰으니 멀리 관계를 맺어 이웃으로 삼을 수 없다고 여겼다. 그 사신 30명을 섬으로 유배시키고 낙타는 만부교(萬夫橋) 밑에 매어두었더니 모두 굶어 죽었다.[127]【『오대사(五代史)』에 이르기를 고려의 왕건(王建)이 호승(胡僧) 말라(襪羅)를 통해 [후]진([後]晉)나라 고조(高祖)에게 말하기를 "발해는 우리와 혼인을 하였는데, 그 왕이 거란의 포로가 되었으니 조정과 함께 그를 쳐서 빼앗기를 청합니다."라고 했으나, 고조가 회답을 하지 않았다. [후진] 개운(開運) 2년(945)에 곽인우(郭仁遇)를 보내 고려로 하여금 거란을 치도록 하였는데, 인우가 그 군사가 몹시 약한 것을 보고 저번에 [말라가] 한 말이 매우 과장된 것임을 알았다.】

○ 정종(定宗) 3년(948)【한(漢) 은제(隱帝) 원년】에 동여진(東女眞)이 방물(方物)을 바쳤다.

○ 정약용이 생각하기에, 이때에는 발해가 망하지 않았는데도 동여진과 이미 서로 통했으니, 함흥(咸興) 이북이 옛날과 같이 발해의 경(京)과 읍(邑)이었는지는 알 수가 없다.

『문헌통고』에 이르기를 송(宋) 태종(太宗) 순화(淳化) 2년(991)에 발해의 조공이 통하지 않은 것으로서 여진에 조서를 내려 공격하게 하였다.

『고려사』에 이르기를 성종(成宗) 10년(991)【송 순화 2년】에 군사를 보내 여진을 내쫓았다.【처음 신라 말년에 삼국이 나뉘어 다투니 북쪽 경계 폐허에서 여진이 틈을 타고 압록강을

---

[127] 한규철은 고려의 거란에 대한 강력한 적대 사건인 萬夫橋事件의 이유를 일차적으로 거란이 후삼국 통일과정에서 후백제와 교섭하였던 것에 대한 보복으로 이해하였다. 당시 고려는 후당·후진과, 거란은 후백제와 교섭을 적극화하는 遠交近攻정책을 추구하였는데, 발해 멸망과 그 유민의 고려 내투에 따라 불안감을 느낀 거란이 후백제로 경도되는 것에 대한 강한 보복적·적대적 태도에 의해 촉발된 사건으로 인식하였다(한규철, 1985, 37~43쪽; 한규철, 1997, 27쪽).

점거해 안팎으로 출몰하여 변방 백성을 약탈하고 괴롭혔다. 이때에 이르러 군사를 내어 쫓자, 백두산 밖에서 살았다. ○ 생각하기에 여기서 말한 압록강은 삼수군(三水郡)의 압록강 근원을 말한 것이다.]

○ 정약용이 생각하기에 이때에 발해의 조공이 통하지 않은 것은 힘이 약해져서이지, 미련해서가 아니다. 남쪽은 여진에 막히고, 서쪽은 거란에 막혀 궁벽한 곳에 갇히게 되었으니, 어떻게 바다를 건너 조공할 수 있었겠는가? 송의 조서는 이를 헤아리지 못한 것이다.[또 『고려사』를 살펴보면 태조 이후에서 현종(顯宗) 이전에 발해 사람으로 투항해 온 자가 무려 몇만 가구나 되었다.]

『문헌통고』에 이르기를 요 천경(天慶) 5년(1115)에 고영창(高永昌)[128]이 발해[인]으로 거란에 반란을 일으키자, 아골타(阿骨打)【금(金) 태조(太祖)】가 처음에는 돕다가 이윽고 다시 서로 공격하고 죽였다.[『일통지』에 이르기를 하행미(夏行美)는 발해 사람이다. 요 태평(太平, 1021~1030) 연간에 대연림(大延琳)이 반란을 일으켰을 때에, 행미는 보주(保州)에서 발해군을 거느렸다. 연림의 사신이 와서 꾀었으나 행미가 그를 붙잡고는 스스로 성을 굳게 지켰다.]

○ 정약용이 생각하기에 이때 심주(瀋州)는 거란의 땅이 된 지 오래였기 때문에 골타가 영창을 돕다가 빼앗은 것이다. 장령 서쪽은 발해가 아닌 지가 오래되었다. 이때에 보주【지금 우리나라의 의주(義州)】는 오랫동안 거란의 땅이었기 때문에, 행미가 연림을 막아 지킨 것이다. 압수의 북쪽도 발해가 아닌 지가 오래였다.[발해가 망한 해는 『요사』와 『금사』를 살펴보면 비로소 얻을 수 있겠지만, 지금은 서적이 없어 상세히 알 수 없다. 요컨대 송 태종의 말년이다.]

○ 권3, 팔도연혁총서 상(八道沿革總敍上)

> 平安道, … 至開元二十四年, 玄宗以浿江以南, 勑賜新羅, 其實浿江以北, 亦羈縻而已, 其治亂黜陟, 唐人未嘗問也. 先是睿宗末年, 封大祥榮[129]爲渤海王, 大氏設府於

---

128) 고영창은 요나라 供奉官으로, 1115년 阿骨打가 요동으로 남하하자 이를 저지하기 위해 渤海武勇馬軍 2천 명을 모집하여 요양부 인근의 白草谷을 지켰다. 그 이듬해 정월 東京留守 蕭保先의 혹독한 학정에 시달리던 발해 유민과 함께 요양부를 점령하고, 국호를 '大渤海國'이라 하였다. 金과 교섭하여 요에 대항하려 했으나 도리어 요와 금 양쪽으로부터 공격을 받았고, 고영창이 금에 붙잡혀 참살되며 대발해국은 불과 5개월 만에 멸망하였다.

129) '大祥榮' → '大祚榮'/국립중앙도서관 소장본은 '大祚榮'.

鴨水之原, 謂之西京鴨綠府, 領神豐桓正四州, 所謂神豐桓正者, 今鴨江內外, 東自虞芮慈城, 西至義州, 卽其地也. 薩水以南, 渤海亦所不管, 以故淪爲賊藪, 亂無紀. 統新羅於浿水之南, 爲築長城三百里, 以備浿西之賊, 其雜亂可知也. 至唐昭宗光和[130]元年, 弓裔取浿西諸城, 其後分定浿西十三鎭, 而平壤城主黔用甑城賊酋明貴等, 降於弓裔, 卒歸高麗, 終新羅之世, 未嘗得浿西之寸土也.
臣謹按, 金富軾地志, 浿水以北, 一縣一城, 不少槩見, 蓋以句麗旣亡, 浿北淪爲賊藪, 不隸唐家, 不屬新羅者, 數百餘年, 文籍蕩然, 憑驗無梯, 故城之名, 一無所著. 乃鄭志總敍猶云, 句麗旣滅, 其地遂入新羅, 不亦謬乎. 天寶以後, 中國多事, 平壤遼東, 悉棄不顧, 唐遂以亡, 故通典唐書, 亦無明文, 遼東蓋入於契丹, 鴨水沿河之地, 入於渤海, 薩南浿北之地, 淪爲賊藪, 不可諱也. ○又按, 成川非卒本, 龍岡無安市, 竝有論著, 今略之.

평안도 … 개원(開元) 24년(736, 성덕왕 35년)에 이르러 현종(玄宗)이 패강(浿江) 이남을 칙서로 신라에 주었다. [그러나] 실제 패강 이북은 역시 기미(羈縻)일 뿐으로 치란(治亂)과 출척(黜陟)을 당나라 사람들이 일찍이 묻지 않았다. 앞서서 예종(睿宗) 말년에 대조영(大祚榮)을 책봉하여 발해왕(渤海王)으로 삼았다. 대씨는 압수의 평원에 부(府)를 설치하여 서경(西京) 압록부(鴨綠府)라 하고, 신주(神州)·풍주(豐州)·환주(桓州)·정주(正州)의 4주를 거느리게 하였다. 이른바 신주·풍주·환주·정주는 지금 압[록]강의 안팎인데, 동쪽으로 우예자성(虞芮慈城)에서부터 서쪽으로 의주(義州)까지가 곧 그 땅이다. 살수(薩水) 이남도 역시 발해가 관리하지 못하였다. 이 때문에 도적의 소굴이 되었고 기강이 없이 혼란하였다. 신라가 패수(浿水) 이남을 통할하고 장성 3백 리를 쌓아서 패서(浿西)의 도적들을 방비하였으니, 그 난잡함을 알 만하다. 당 소종(昭宗) 광화(光化) 원년(898)에 이르러 궁예가 패서의 여러 성을 취하였고, 그 뒤에 나누어 패서 13진(鎭)을 정하자 평양 성주 검용(黔用)과 증성(甑城) 도적의 우두머리 명귀(明貴) 등이 궁예에게 투항하여 마침내 고려에 귀속되었다. 신라의 세계가 끝날 때까지는 일찍이 패서의 작은 땅이라도 얻은 적이 없었다.

---

130) '光和' → '光化'.

신이 삼가 살피건대 김부식의 「지리지」에 패수 이북에 1현 1성이 있다고 했는데 대략 살펴본 것이 적지 않다. 대개 고구려가 망한 뒤에 패수 북쪽은 도적의 소굴이 되었다. 당나라에 예속되지 않고 신라에도 속하지 않은 것은 수백여 년 동안 문적(文籍)이 없어지고 기댈 증거도 실마리도 없어서 옛 성의 이름에 하나라도 덧붙인 것이 없었다. 이에 『정지』의 총서[131]에 오히려 이르기를 고구려가 멸망한 뒤 그 땅이 결국 신라로 들어갔다고 하였으니 또한 잘못된 것이 아닌가? 천보(天寶, 742~756) 이후 중국에 많은 일이 있어서 평양과 요동을 모두 버려두고 돌아보지 못했고, 당나라도 결국 망하게 되면서 『통전(通典)』과 『당서(唐書)』에서도 역시 밝혀주는 글이 없게 되었다. 요동은 대개 거란에 들어갔고, 압수의 가장자리 강의 땅은 발해에 들어갔으며, 살수 남쪽과 패수 북쪽의 땅이 도적의 소굴이 된 것은 숨길 수가 없다. ○ 또 살피건대 성천(成川)은 졸본(卒本)이 아니고 용강(龍岡)에는 안시(安市)가 없었는데, 아울러 논하여 저술하는 것은 지금 생략한다.

○ 권4, 발해속고(渤海續考)

原編所論渤海疆域之辨, 旣已詳著, 兹於遼宋高麗之史, 更摭事實, 錄爲一篇, 其于疆域之辨, 亦有助矣.
渤海太祖高王大祚榮元年【唐武后聖曆二年】, 自立爲震國王.
舊唐書云, 渤海靺鞨大祚榮者, 本高麗別種也. 高麗旣滅【高宗時】, 祚榮率家屬, 徙居營州. 萬歲通天年【武后十三年】, 契丹李盡榮[132]叛,【句】祚榮與靺鞨乞四比羽, 各領亡命東奔, 保阻以自固, 盡榮[133]旣死, 武后命右玉鈐衛[134]大將軍李楷固率兵, 討其餘黨, 先破斬乞四比羽, 又度天門嶺,【嶺東卽古肅愼地.】以迫祚榮. 祚榮合高麗靺鞨之衆, 以拒楷固, 王師大敗, 楷固脫身而還.【句】屬契丹及奚, 盡降突厥,【東夷合北虜.】道路阻絶, 武后不能討. 祚榮遂率其衆, 東保挹婁之故地, 據東牟山, 築城以居之.【後以爲中京.】祚榮驍勇善用兵, 靺鞨之衆及高麗餘燼, 稍稍歸之. ○武后聖曆中,

---

131) 정인지의 『고려사』 지리지 서론 부분.
132) '李盡榮' → '李盡忠'.
133) '盡榮' → '盡忠'.
134) '玉鈐衛' → '玉鈐衛'.

> 祚榮自立爲震國王, 遣使通于突厥, 其地在營州之東二千里, 南與新羅相接,【界咸興.】 西越憙靺鞨,【越喜者, 今寧古塔西北.】 東北至黑水靺鞨,【黑龍江】 地方二千里, 編戶十餘萬, 勝兵數萬人, 風俗與高麗及契丹同, 頗有文字及書記.
> 新唐書云, 渤海本粟末靺鞨附高麗者, 姓大氏. 萬歲通天中, 契丹盡忠, 殺營州都督趙翽反, 有舍利乞乞仲象者,【胡三省云, 舍利, 契丹管軍頭目之稱.】 與靺鞨酋乞四比羽及高麗餘種, 東走渡遼水, 保太白山之東北, 阻奧婁河, 樹壁自固.【白頭山東北】 武后封乞四比羽爲許國公, 乞乞仲象爲震國公, 赦其罪, 比羽不受命, 后詔玉鈐衛135) 大將軍李楷固中郞將索仇, 擊斬之. 是時仲象已死,【其間四年】 其子祚榮引殘痍遁去, 楷固窮躡, 度天門嶺, 祚榮因高麗靺鞨兵, 拒楷固, 楷固敗還. 於是契丹附突厥, 王師道絶, 不克討.【遼瀋多梗也.】 祚榮卽幷比羽之衆, 盡得扶餘【今開原】沃沮【我北道】弁韓朝鮮海北諸國.【弁韓云者, 傳聞之誤.】 ○案, 大氏樹壁, 本在天門嶺之東, 此云追奔而度嶺, 似誤.【大氏本都其中京, 今之艾丹城, 似是也.】

원편(原編)에서 발해(渤海)의 강역에 대한 변론을 이미 자세히 저술하였다. 여기에서는 요(遼)·송(宋)·고려(高麗)의 역사에서 다시 사실을 추려 글 한 편을 만들었다. 그 강역을 살피는 데에 또한 도움이 될 것이다.

발해 태조 고왕(高王) 대조영(大祚榮) 원년(699)【당 무후(武后) 성력(聖曆) 2년】에 스스로 왕위에 올라 진국왕(震國王)이 되었다.

『구당서』에 이르기를 발해말갈(渤海靺鞨) 대조영은 본래 고구려의 별종이다. 고구려가 망하자【고종(高宗) 때】 조영은 가속(家屬)을 거느리고 영주(營州)에 옮겨 살았다. 만세통천(萬歲通天) 연간【무후 13년(696)】에 거란의 이진충(李盡忠)이 반란을 일으켰다.【구(句)】 조영은 말갈 걸사비우(乞四比羽)와 함께 각기 이끌고 망명하여 동쪽으로 달아나 막힌 곳을 차지하여 스스로 굳게 지켰다. 진충이 죽자 무후가 우옥검위대장군(右玉鈐衛大將軍) 이해고(李楷固)에게 군사를 거느리고 그 남은 무리를 치도록 하였다. 먼저 걸사비우를 격파하여 베고 천문령을 지나【영의 동쪽이 바로 옛 숙신 땅이다.】 조영을 바짝 쫓았다. 조영이 고구려와 말갈의

---

135) '玉鈴衛' → '玉鈐衛'.

무리를 합치고 해고를 막으니 왕사(王師)가 크게 패하고 해고는 몸만 빼어 돌아갔다.【구(舊)】 마침 거란과 해(奚)가 모두 돌궐(突厥)에 투항하여【동이(東夷)가 북로(北虜)와 합하였다.】 길이 막히자, 무후는 토벌할 수 없었다. 조영이 마침내 그 무리를 이끌고 동쪽으로 읍루(挹婁)의 옛 땅[136]을 차지하고 동모산(東牟山)을 근거로 성을 쌓고 살았다.【뒤에 중경으로 삼았다.】 조영은 날래고 용맹하며 군사를 잘 썼으므로 말갈의 무리와 고구려의 남은 사람들이 점점 그에게 돌아왔다. ○ 무후 성력(聖曆) 연간에 조영이 스스로 왕위에 올라 진국왕이 되었다. 사신을 보내 돌궐과 통하였다. 그 땅은 영주의 동쪽 2천 리에 있으며, 남쪽으로 신라와 서로 접하였다.【경계는 함흥(咸興)이다.】 서쪽으로 월희말갈(越憙靺鞨)【월희는 지금의 영고탑 서북쪽이다.】에, 동북쪽은 흑수말갈(黑水靺鞨)【흑룡강(黑龍江)】에 이른다. 땅은 사방 2천 리요, 편호(編戶)는 10여 만, 강한 군사는 수만 명이다. 풍속은 고구려나 거란과 같고, 문자와 책과 기록이 상당하다.

『신당서』에 이르기를 발해는 본래 속말말갈(粟末靺鞨)로서 고구려에 붙은 자이다. 성은 대씨(大氏)다. 만세통천 연간에 거란의 진충이 영주도독(營州都督) 조홰(趙翽)를 죽이고 반란을 일으켰다. 사리(舍利) 걸걸중상(乞乞仲象)이라는 자가 있어,【호삼성(胡三省)이 이르기를 사리는 거란의 관군(管軍) 두목의 호칭이다.】 말갈 추장 걸사비우와 고구려의 남은 종족과 함께 동쪽으로 달아나 요수(遼水)를 건넜다. 태백산(太白山) 동북쪽【백두산의 동북쪽】을 차지하고 오루하(奧婁河)를 막아 벽을 세우고 스스로 굳게 지켰다.

무후(武后)는 걸사비우를 허국공(許國公)에, 걸걸중상을 진국공(震國公)에 봉해 그 죄를 용서하였다. 비우가 명령을 받아들이지 않자, 무후는 옥검위대장군 이해고와 중랑장(中郎將) 색구(索仇)에게 조서를 내려 그를 공격하여 베도록 하였다. 이때에 중상은 이미 죽었고,【그 사이가 4년[137]】 그 아들 조영이 나머지 상처 입은 무리를 이끌고 도망쳤다. 해고가 바짝 쫓아 천문령(天門嶺)[138]을 넘었는데, 조영이 고구려와 말갈 군사로 해고를 막자, 해고가 패해 돌아갔다. 이때 거란이 돌궐(突厥)에 붙었기 때문에 왕사(王師)의 길이 끊어져 토벌할 수 없었다.【요양과 심양에는 재난이 많았다.】 조영이 바로 비우의 무리를 아우르고 부여(夫餘)【지금의

---

136) 『구당서』에는 桂樓의 옛 땅으로 나온다.
137) 정약용은 발해 건국 시기를 699년으로 본다. '그 사이 4년'이란 696년 이진충의 난을 계기로 대조영 집단이 동쪽으로 달아나 걸걸중상이 죽고 건국하기까지의 시간을 의미한다.
138) 渾河와 揮發河의 분수령인 현재의 吉林 哈達嶺으로 추정된다(유득공 지음, 김종복 옮김, 2018, 73쪽).

개원(開原)·옥저(沃沮)【우리의 북도(北道)】·변한(弁韓)·조선(朝鮮)·해북(海北)의 여러 나라를 모두 얻었다.【변한이라고 한 것은 잘못 전해 들은 것이다.】

○ 생각하기에 대씨가 벽을 세운 곳이 본래 천문령(天門嶺)의 동쪽이니, 쫓아 달려가서 고개를 넘었다고 한 것은 잘못인 듯하다.【대씨의 본래 도읍은 중경(中京)인데, 지금의 애단성(艾丹城)이 이곳인 듯하다.】

高王之十五年【唐玄宗開元元年】, 唐冊王爲渤海郡王.
舊唐書云, 中宗卽位【高王七年】, 遣侍御史張行岌, 往招慰之. 祚榮遣子入侍, 將加冊立, 會契丹與突厥連歲寇邊, 使命不達. 睿宗先天二年【卽開元元年】, 遣郎將崔訢, 往冊拜祚榮爲左驍衛員外大將軍渤海郡王, 仍以其所統爲忽汗州,【天子錫其地名, 名曰忽汗州.】加授忽汗州都督, 自是每歲遣使朝貢. ○案, 徙都上京, 雖在武王之時, 上京作都, 已在高王之初, 故名其所統曰忽汗州. 蓋其上京在忽汗河之東【今稱呼兒哈河】, 與今寧古塔隔水之地也,【忽汗河發源於朱魯多渾, 至寧古塔南, 衆水匯合爲太湖, 乃北流爲河.】形勝甲於東荒.
新唐書云, 自是始去靺鞨號, 專稱渤海. ○案, 渤海是唐錫之美名, 其前稱震國公, 亦唐錫, 自稱則靺鞨而已. ○又按東史, 稱大祚榮本句麗舊將, 唐滅句麗, 祚榮東保太白山, 後又附新羅, 受五品大阿飡之秩, 而金富軾史無此文也.

고왕(高王) 15년(713)【당(唐) 현종(玄宗) 개원(開元) 원년】에 당이 왕을 책봉하여 발해군왕(渤海郡王)으로 삼았다.

『구당서』에 이르기를 중종(中宗)이 즉위【고왕 7년(705)】하여 시어사(侍御史) 장행급(張行岌)을 보내어 불러 위로하였다. 조영이 아들을 보내 입시(入侍)하게 하자, 책봉을 더해 주고자 하였다. 마침 거란과 돌궐이 해마다 변경을 노략질해서 사신의 명령이 전달되지 못하였다. 예종(睿宗) 선천(先天) 2년(713)【즉 개원 원년】에 낭장(郞將) 최흔(崔訢)을 보내 조영을 좌효위원외대장군(左驍衛員外大將軍) 발해군왕(渤海郡王)으로 책봉하고, 그 다스리는 곳을 홀한주(忽汗州)【천자(天子)가 그 땅의 이름을 하사하여, 이름을 홀한주라고 하였다.】로 삼고, 홀한주도독(忽汗州都督)을 더해 주었다. 이로부터 해마다 사신을 보내 조공하였다.

○ 생각하기에 상경(上京)으로 도읍을 옮긴 것은 무왕(武王) 때의 일[139]이지만, 상경이라는 도읍을 건설한 것은 이미 고왕 초년의 일이기 때문에, 그 거느린 땅을 홀한주라고 이름하였다. 대체로 그 상경은 홀한하(忽汗河)【지금의 호아합하(呼兒哈河)】의 동쪽과 지금의 영고탑(寧古塔)에서 강 건너 땅에 있었다.【홀한하는 주로다혼(朱魯多渾)에서 발원하여 영고탑 남쪽에 이르고, 여러 물줄기와 합쳐져 태호(太湖)를 이루고 북쪽으로 흐르는 강이 된다.】 경치가 동쪽 변방에서 으뜸이다.

『신당서』에 이르기를 이로부터 비로소 '말갈'이라는 이름을 버리고 '발해'라고만 불렀다. ○ 생각하건대 발해는 당나라에서 준 아름다운 이름이다. 이전의 이름인 '진국공(震國公)'도 또한 당에서 준 것이요, 스스로 일컬은 것은 '말갈'뿐이다. ○ 또 『동사(東史)』를 살펴보면 대조영은 본래 고구려의 옛 장수로 불린다. 당나라가 고구려를 멸망시키자 조영이 동쪽으로 태백산(太白山)을 차지했다가 뒤에 또 신라에 붙어 5품 대아찬(大阿飡)의 질(秩)을 받았다고 하는데, 김부식(金富軾)의 역사책에는 이런 글이 없다.[140]

高王在位廿一年而卒, 子武藝立, 是爲武王.【以其年爲元年.】
舊唐書云, 玄宗開元七年三月, 祚榮死, 六月丁卯, 遣左監門率吳思謙, 攝鴻臚卿, 充使弔祭, 冊立其適子桂婁郡王大武藝, 襲父爲左驍衛大將軍渤海郡王忽汗州都督.【冊府元龜云, 兼九姓燕然都督.】 ○ 新唐書云, 祚榮死, 其國私諡爲高王, 武藝立, 斥大土宇, 東北諸夷畏臣之, 私改年曰仁安. ○ 案, 新主改元, 則先主建元, 明矣, 史失之. 冊府元龜云, 開元八年八月, 冊武藝適男大都利行爲桂婁郡王. ○ 案, 父子俱封郡王, 非禮也. 或疑本國之內, 父王或僭帝號, 故得自建元, 其子封王也.
新唐書云, 開元十年【武王四年】, 黑水靺鞨酋倪屬利稽來朝, 玄宗卽拜勃利州刺史. 於是安東都護薛泰請置黑水部, 以部長爲都督刺史, 朝廷爲置長史監之. 賜府都督姓李氏, 名曰獻誠, 以雲麾將軍, 領黑水經略使, 隷幽州都督.【舊唐書, 開元十四年, 置黑水府.】 武藝召其下謀曰, 黑水始假道於我, 與唐通. 異時請吐屯於突厥, 皆先告我. 今請唐官, 不吾告, 是必與唐, 腹背攻我也. 乃遣弟門藝及舅任雅相, 發兵擊黑水.

---

139) 발해의 상경 천도는 제3대 문왕 때의 일이다.
140) 최치원의 글 「사불허북국거상표」에 나온다.

【案, 黑龍江混同江兩水, 東流平行千餘里, 乃合流. 兩水之間, 不過數百里, 其地卽黑水部落, 今置三城於此.】門藝嘗質京師, 知利害, 謂武藝曰, 黑水請吏而我擊之, 是背唐也. 唐大國, 兵萬倍我, 與之産怨, 我且亡. 違之不可. 武藝不從. 兵至境, 又以書固諫. 武藝怒, 遣從兄壹夏代將, 召門藝將誅之, 門藝懼, 儳路自歸.【歸于唐.】○案, 是役也, 黑水必敗, 而渤海京府, 卒無黑水之名, 則黑水未嘗爲渤海所呑也.【唐書云, 門藝歸唐, 武藝暴門藝罪惡, 請誅之.】或曰, 其東平府, 有黑州, 或是黑水之地. 開元十五年【武王九年】四月, 勅曰, 渤海宿衛王子大昌勃價及首領等, 久留宿衛, 宜放還蕃, 大昌勃價賜帛五十匹, 首領以下, 各有差. 先是, 武藝遣男利行來朝, 幷獻貂鼠, 至是乃降書與武藝, 慰勞之, 賜綵練一百匹.【冊府元龜】○案, 前年文藝入懇, 而恩賚此厚, 未可知也.

고왕(高王)이 재위 21년(719)에 죽자, 아들 무예(武藝)가 왕위에 오르니, 이가 무왕이다.【그 해를 원년으로 삼았다.】

『구당서』에 이르기를 현종(玄宗) 개원(開元) 7년(719) 3월에 조영이 죽었다. 6월 정묘(丁卯)에 좌감문솔(左監門率) 오사겸(吳思謙)에게 홍려경(鴻臚卿)을 겸하게 하여 사절로 보내 조문하도록 하였다. 그 적자(嫡子) 계루군왕(桂婁郡王) 대무예를 책립하여 그 아버지를 이어 좌효위대장군 발해군왕 홀한주도독으로 삼았다.【『책부원귀(冊府元龜)』에는 구성연연도독(九姓燕然都督)을 겸했다고 하였다.】○『신당서』에 이르기를 조영이 죽자 그 나라에서 사사로이 시호를 고왕이라 하였다. 무예가 왕위에 올라 영토를 크게 넓히니, 동북의 여러 오랑캐가 두려워하여 신하가 되었다. 사사로이 연호를 고쳐 인안(仁安)이라 하였다. ○ 생각하건대, 새 임금이 연호를 고쳤으니 앞의 임금이 연호를 세웠음이 명백한데, 이것이 역사에는 빠졌다.

『책부원귀』에 이르기를, 개원 8년(720) 8월에 무예의 적자인 대도리행(大都利行)을 계루군왕으로 책봉하였다. ○ 생각건대 아버지와 아들이 함께 군왕에 봉해지는 것은 예(禮)가 아니다. 혹시 본국 내에서 부왕(父王)이 황제를 참칭한 까닭에 스스로 연호를 세우고 그 아들을 왕으로 봉했던 것이 아닌지 의심된다.

『신당서』에 이르기를 개원 10년(722)【무왕 4년】에 흑수말갈의 추장 예속리계(倪屬利稽)가 와서 조공하자 현종이 곧 발리주자사(勃利州刺史)를 배수하였다. 이에 안동도호(安東都護) 설태(薛泰)가 흑수부(黑水部)를 두고 그 부의 우두머리를 도독과 자사로 삼기를 청하니, 조정에서 장사(長史)를 두어 감독하게 하였다. 부(府)의 도독에게는 이씨(李氏) 성을 하사하고 이름을 헌성(獻誠)이라 하였다. 운휘장군(雲麾將軍)으로 흑수경략사(黑水經略使)를 지니고 유주도독(幽州都督)에게 속하게 하였다.【『구당서』에는 개원 14년(726)에 흑수부(黑水府)를 두었다고 한다.】 무예가 그 아랫사람을 불러서 모의하여 말하기를 "흑수가 처음에는 우리에게 길을 빌려 당나라와 통하였고, 다른 때 돌궐(突厥)에 토둔(吐屯)을 요청할 적에도 모두 먼저 우리에게 고하였다. 지금 당나라의 벼슬을 청하면서 나에게 알리지 않은 것은 필시 당과 함께 앞뒤에서 우리를 공격하려 함이다." 하였다. 이내 아우 [대]문예([大]門藝)와 장인 임아상(任雅相)을 보내 군사를 내어 흑수를 치도록 하였다.【생각하기에 흑룡강(黑龍江)과 혼동강(混同江) 두 물은 동쪽으로 1천여 리를 나란히 흐르다가 합쳐져 흐른다. 두 강 사이가 불과 몇백 리인데, 그 땅이 바로 흑수부락이다. 지금 이곳에 삼성(三城)을 두었다.】

문예는 일찍이 경사(京師)에 인질로 있었기 때문에 이롭고 해로움을 알았다. 무예에게 말하길 "흑수가 관리를 청하는데 우리가 이를 공격하면, 이것은 당나라를 배반하는 것입니다. 당나라는 큰 나라요 군사가 우리의 만 배나 되는데, 그와 더불어 원한이 생긴다면 우리가 망하게 될 것이니 어기는 것이 옳지 않습니다."라고 하였다.

무예가 따르지 않았다. 군사가 국경에 이르자 [문예가] 다시 서신으로 굳게 간언하니, 무예가 노하여 종형 [대]일하([大]壹夏)를 보내어 장수를 대신하게 하고, 문예를 불러들여 죽이려 하였다. 문예는 두려워하며 샛길로 귀부하였다.【당나라에 귀부하였다.】

○ 생각하기에 전쟁에서 흑수가 틀림없이 패하였다. 그러나 발해의 경(京)과 부(府)에 흑수의 이름이 없으니, 흑수가 아직 발해에게 병탄되지 않은 것이다.【『당서』에는 문예가 당나라에 귀부하자, 무예가 문예의 죄상을 밝혀 죽이기를 청했다고 하였다.】 혹은 동평부(東平府)에 흑주(黑州)가 있는데, 혹시 흑수 땅이 아닌가 말한다.

개원 15년(727)【무왕 9년】 4월에 칙서로 말하길 "발해 숙위(宿衛) 왕자 대창발가(大昌勃價)와 수령(首領) 등이 오래도록 숙위로 머물렀으니 마땅히 번(蕃)으로 방환(放還)하라." 하고 대창발가에게는 비단 50필을 하사하고, 수령 이하는 각각 차등이 있게 하였다. 앞서서 무예가 아들 [대도]리행을 보내 조공하고 아울러 담비를 바쳤다. 이때에 이르러 글을 내려 무예를 위로하고 무늬 비단[綵練] 100필을 하사하였다.【책부원귀】

○ 생각하기에 전년(前年)에 문예가 들어가 하소연했는데, 은혜롭게 내린 물건이 이처럼 후했으니 알 수 없는 일이다.

> 武王之世內, 侵登州, 而大唐不能討罪.
> 舊唐書云, 開元二十年【武王十四年】, 武藝遣其將張文休, 率海賊, 攻登州, 殺刺史韋俊. 命左領軍將軍蓋福順, 發兵討之. ○十一年正月, 詔遣門藝, 往幽州, 徵兵以討. 仍令太僕員外卿金思蘭, 往新羅, 發兵以攻其南境, 屬山阻寒凍, 雪深丈餘, 兵士死者過半, 竟無功而還.【新羅史所紀, 見原編. 又勅新羅名將金庾信孫允中爲將, 賜金帛. 王遣允中等四將, 率兵會唐師, 共擊渤海, 會天寒士卒凍死, 皆罷歸.】○案, 登州者, 渤海朝貢之所由也. 西京鴨淥府爲朝貢道, 蓋自龍川前洋乘舟, 至登州下陸也. 新羅弱國也, 遠順皇勅, 近忤强鄰, 我[141]無是理, 勅命皆誤算也.

무왕 때에 등주(登州)를 침략했으나, 당나라는 토벌하여 죄를 물을 수 없었다.

『구당서』에 이르기를, 개원(開元) 20년(732)【무왕 14년】에 무예가 그 장수 장문휴(張文休)를 보내 해적을 거느리고 등주를 공격하여 자사(刺史) 위준(偉俊)을 죽였다. [당나라가] 좌령군장군(左領軍將軍) 개복순(蓋福順)에게 명하여 군사를 내어 이를 쳤다.

○ 21년(733) 정월에 조서로 문예를 보내 유주(幽州)에 가서 군사를 징발하여 토벌케 하였다. 계속해서 태복원외경(太僕員外卿) 김사란(金思蘭)에게 명하여 신라에 가서 군사를 내어 그 남쪽 경계를 공격하게 하였다. 산이 막히고 추위에 언 데다 눈이 한 길이 넘게 쌓여 병사가 절반 이상이나 죽었고, 마침내 아무런 전공도 없이 돌아왔다.【「신라사」에 기록된 것은 원편(原編)에서 보았다. 또 칙서로 신라 명장 김유신(金庾信)의 손자 윤중(允中)을 장군으로 삼고, 금과 비단을 내렸다. 왕이 윤중 등 네 장수를 보내 군사를 이끌고 당나라 군사와 회동하여 함께 발해를 쳤는데, 마침 날씨가 추워 군사가 얼어 죽자 모두 그만두고 돌아왔다.】

○ 생각하기에 등주는 발해가 조공할 때 거치는 곳이다. 서경(西京) 압록부(鴨淥府)를 조공도로 삼았는데, 대개 용천(龍川) 앞바다에서 배를 타고 등주에 이르러 육지에 내린다. 신라는

---

141) '我' → '必'.

약한 나라인데, 멀리서 황제의 조칙에는 순종하면서 가까이서 강한 이웃을 거스르니, 이치에 맞지 않으며 칙명이 모두 계산을 잘못한 것이다.

> 武王在位十九年而卒, 子欽茂立, 是爲文王.【以其年爲元年.】
> 舊唐書云, 武藝病卒, 其國私諡武王, 子欽茂嗣立, 改元大興, 詔遣內侍段守簡, 往冊爲渤海郡王, 仍嗣其父, 爲左驍衛大將軍忽汗州都督. 欽茂承詔, 赦其境內, 遣使隨守簡入朝貢獻, 求寫唐禮及三國志晉書三十六國春秋, 帝皆許之.【新唐書同.】

무왕(武王)이 재위 19년(737) 만에 죽었다. 아들 흠무(欽茂)가 왕위에 오르니, 이가 문왕(文王)이다.【그 해로 원년을 삼았다.】

『구당서』에 이르기를 무예가 병으로 죽자, 그 나라에서 사사로이 시호를 무왕이라 하였다. 아들 흠무가 대를 이어 즉위하고 연호를 대흥(大興)으로 고쳤다. 조서로 내시 단수간(段守簡)을 보내어 가서 발해군왕으로 책봉하고 그대로 그 아버지를 이어 좌효위대장군 홀한주도독으로 삼았다. 흠무는 조서를 받고 경내에 사면령을 내리고 사신을 보내 수간을 따라 들어가 조공을 바쳤다. 『당례(唐禮)』·『삼국지(三國志)』·『진서(晉書)』·『삼십육국춘추(三十六國春秋)』를 베낄 수 있도록 청하니, 황제가 이를 모두 허락하였다.【『신당서』와 같다.】

> 文王之十九年, 徙都上京, 卽上京龍泉府也.
> 新唐書云, 天寶之末, 欽茂徙上京, 直舊國三百里,【舊國者, 中京也, 今之艾丹城, 或其舊地.】忽汗河之東.【與今寧古塔隔水.】訖帝世, 朝獻者二十九. ○舊唐書云, 肅宗至德元載【文王二十年】, 平盧留後徐歸道, 遣果毅都尉柳城縣四府經略判官張元簡, 使告渤海曰, 今載十月, 當擊安祿山, 王須發騎四萬來助. 欽茂疑其有他變, 留之. 十二月丙午, 歸道果殺平盧節度使劉正臣于北平, 潛與祿山幽州節度使史思明通謀, 安東都護王玄志知其謀, 率兵六千人, 攻破柳城, 斬歸道, 自稱平盧節度使, 進屯北平, 遣將軍王進義, 告渤海曰, 天子已歸西京, 迎太上皇于蜀, 居別宮, 剿滅賊徒, 故遣下臣來告. 欽茂以其難信, 留進義, 別遣使入朝. 肅宗賜勅, 勞之.【新唐書同.】

> 寶應元年.【文王十六年】詔以渤海爲國, 欽茂王之, 進檢校太尉.【新唐書】 ○代宗大曆八年【文王三十七年】閏十一月, 渤海賀子盜修袞龍, 擒之. 辭云, 慕中華文物, 帝矜而捨之.【冊府元龜】 ○十二月, 渤海遣使來朝. 大曆二年至十年, 頻遣使來朝, 或間歲而至, 或歲內二三至者.【舊唐書】 ○十二年【文王四十一年】春正月, 渤海遣使, 獻日本國舞女十一人及方物. 十四年五月, 德宗即位, 詔停渤海歲貢鷹鶻.【舊唐書】

문왕(文王) 19년(755)에 상경(上京)으로 도읍을 옮겼다. 바로 상경 용천부(龍泉府)이다. 『신당서』에 이르기를 천보(天寶) 말년에 흠무가 상경으로 옮기니, 바로 구국(舊國)에서 3백 리【구국은 중경(中京)이다. 지금의 애단성(艾丹城) 또는 그 옛 땅이다.】의 홀한하(忽汗河) 동쪽이다.【지금의 영고탑과 물을 사이에 둔다.】 황제(당 현종)의 시대가 끝날 때까지 조공을 바친 것이 29번이었다.

○『구당서』에 이르기를 숙종(肅宗) 지덕(至德) 원년(756)【문왕 20년】에 평로유후(平盧留後) 서귀도(徐歸道)가 과의도위(果毅都尉) 유성현(柳城縣) 사부경략판관(四府經略判官) 장원간(張元簡)을 보내 발해에 고하여 말하길 "금년 10월에 안녹산(安祿山)을 칠 것이니 왕은 기병 4만 명을 내어 와서 도우라."라고 하였다.

흠무가 다른 변고가 있을 것을 의심하여, 그를 머무르게 하였다. 12월 병오(丙午)에 귀도가 평로절도사(平盧節度使) 유정신(劉正臣)을 북평(北平)에서 죽이고 몰래 녹산과 유주절도사(幽州節度使) 사사명(史思明)과 내통하여 모의하였다. 안동도호(安東都護) 왕현지(王玄志)가 그 모의를 알고서 군사 6천 명을 거느려 유성(柳城)을 쳐 깨뜨리고, 귀도를 베었다. 스스로 평로절도사라 일컬으며 북평에 나아가 주둔하였다. 장군 왕진의(王進義)를 보내 발해에 고하여 말하길 "천자께서 이미 서경(西京)에 돌아가 태상황(太上皇)을 촉(蜀)에서 맞아 별궁(別宮)에 모셨고, 도적의 무리를 쳐서 멸한 까닭에 하신(下臣)을 보내 알립니다."라고 하였다. 흠무가 그것을 믿기 어려워 진의를 머물게 하고 따로 사신을 보내 입조하니, 숙종(肅宗)이 칙서를 내려 노고를 치하하였다.【『신당서』와 같다.】

보응(寶應) 원년(762)【문왕 26년】에 조서로 발해를 나라로 하였고, 흠무를 그 왕으로 삼고, 검교태위(檢校太尉)로 올렸다.【신당서】 ○ 대종(代宗) 대력(大曆) 8년(773)【문왕 37년】 윤11월에 발해 질자(質子)가 곤룡포(袞龍袍)를 도둑질하다가 잡혔다. 변명하기를 중화(中華)의 문물을 사모해서라고 하였다. 황제가 불쌍히 여겨 풀어 주었다.【『책부원귀』】 ○ 12월에 발해가 사신을 보내 조공하였다. 대력 2년(767)에서 10년(775)까지 자주 사신을 보내 조공하였다. 혹은 해를 걸러 오기도 하고, 혹은 한 해에 두세 차례 오기도 하였다.【『구당서』】 ○ 12년(777)【문왕 41년】 봄 정월에 발해가 사신을 보내 일본국 무녀(舞女) 11명과 방물을 바쳤다. 14년(779) 5월에 덕종(德宗)이 즉위하면서 조서로 발해의 세공(歲貢)인 매와 새매[鷹鷂]를 중지시켰다.【『구당서』】

文王都上京三十餘年, 又徙東京, 卽東京龍原府也.【今鍾城】
新唐書云, 德宗貞元時,【貞元初, 卽文王四十九年】欽茂東南徙東京, 建中貞元間, 使凡四來. ○按, 東京似今之鍾城府, 詳見原編.【或云今鏡城.】

문왕(文王)이 상경에 도읍한 지 30여 년 만에 다시 동경(東京)으로 옮겼다. 바로 동경 용원부(龍原府)이다.【지금의 종성(鍾城)】
『신당서』에 이르기를 덕종(德宗) 정원(貞元, 785~805) 때【정원 초, 즉 문왕 49년(785)】에 흠무가 동남쪽 동경으로 옮겼다. 건중(建中, 780~783)과 정원 연간에 사신이 모두 4번 왔다.
○ 생각건대 동경은 지금의 종성부(鍾城府)인 듯하다. 원편(原編)에서 상세히 보았다.【혹은 지금의 경성(鏡城)이라고 한다.】

文王在位五十八年而卒, 族弟元義立, 尋死. 王孫華璵立, 是爲成王, 還都上京, 尋卒. 王子嵩璘立, 是爲康王.【以明年爲元年.】
新唐書云, 德宗貞元十年三月, 欽茂卒, 私諡文王. 子宏臨早死, 族弟元義立, 一歲猜虐, 國人殺之, 推宏臨子華璵爲王. 復還上京, 改年中興, 華璵卒, 諡曰成王. 欽茂少子嵩璘立, 改元正曆. ○貞元十一年【康王嵩璘元年】二月, 遣內常侍殷志瞻, 冊嵩璘爲右驍衛大將軍忽汗州都督渤海郡王.【舊唐書】 ○十四年,【康王四年】加嵩璘銀靑光祿大夫檢校司空, 進封渤海國王. 初嵩璘父欽茂襲父爲郡王左金吾大將軍, 天寶中, 累加特進太子詹事賓客, 寶應元年, 進封國王, 大曆中, 累加拜司空太尉. 及嵩璘襲位,

> 但授其郡王將軍而己. 嵩璘遣使叙理, 故再加冊命.【舊唐書】 ○順宗卽位之年【康王十一年】五月, 以檢校司空忽汗州都督渤海國王大嵩璘, 加金紫光祿大夫檢校司徒.【舊唐書】 ○憲宗元和元年【康王十三年】九月, 加嵩璘檢校太尉.【舊唐書】

문왕(文王)이 재위 58년(794)[142]에 죽자, 족제(族弟)인 원의(元義)가 왕위에 올랐다가 얼마 안 되어 죽었다. 왕손인 화여(華璵)가 왕위에 올랐는데, 이가 성왕(成王)이다. 상경으로 환도하고 얼마 안 되어 죽었다. 왕자 숭린(嵩璘)이 왕위에 오르니, 이가 강왕(康王)이다.【다음 해를 원년으로 삼았다.】

『신당서』에 이르기를 덕종(德宗) 정원(貞元) 10년(794) 3월에 흠무가 죽었다. 사사로이 시호를 문왕이라 하였다. 아들 굉림(宏臨)이 일찍 죽었으므로 족제인 원의가 왕위에 올랐다. 한 해 만에 성정이 포학하여 나라 사람들이 그를 죽이고, 굉림의 아들 화여를 왕으로 추대하였다. 다시 상경으로 돌아와 연호를 중흥(中興)으로 고쳤다. 화여가 죽으니 시호를 성왕이라 하였다. 흠무의 작은 아들 숭린이 왕위에 올라 연호를 정력(正曆)으로 고쳤다. ○ 정원 11년(795)【강왕 숭린 원년】 2월에 내상시(內常侍) 은지첨(殷志瞻)을 보내 숭린을 책봉하여 우효위대장군(右驍衛大將軍) 홀한주도독 발해군왕으로 삼았다.【『구당서』】 ○ 14년(798)【강왕 4년】에 숭린에게 은청광록대부(銀靑光祿大夫) 검교사공(檢校司空)을 더하고, 발해국왕(渤海國王)으로 올려 책봉하였다. 처음에 숭린의 아버지 흠무는 그 아버지를 세습하여 군왕 좌금오대장군(左金吾大將軍)이 되었다가, 천보(天寶, 742~756) 연간에 여러 차례 특진되어 태자첨사빈객(太子詹事賓客)이 되었고, 보응(寶應) 원년(762)에 국왕으로 진봉(進封)되었다. 대력(大曆, 766~779) 연간에 여러 차례 더해져 사공태위(司空太尉)로 책봉되었다. 숭린이 왕위를 이어받으며 단지 군왕과 장군만을 받았는데, 숭린이 사신을 보내 이치를 설명하자 다시 책명(冊命)을 더한 것이다.【『구당서』】

○ 순종(順宗)이 즉위한 해(805)【강왕 11년】 5월, 검교사공 홀한주도독 발해국왕 대숭린에게 금자광록대부(金紫光祿大夫) 검교사도(檢校司徒)를 더해 주었다.【『구당서』】

○ 헌종(憲宗) 원화(元和) 원년(806)【강왕 13년】 9월, 숭린에게 검교태위(檢校太尉)를 더하

---

142) 문왕이 793년에 사망한 것으로 나온다. 재위 57년에 해당한다.

였다.【『구당서』】

> 康王在位十六年而卒, 子元瑜立, 是爲定王.【以其年爲元年.】
> 新唐書云, 元和四年【康王十六年】, 嵩璘死, 諡康王, 子元瑜立, 改元永德. ○以元瑜爲銀靑光祿大夫檢校祕書監忽汗州都督, 依前渤海國王.【舊唐書】

강왕(康王)이 재위 16년(809)[143]에 죽었다. 아들 원유(元瑜)가 왕위에 올랐다. 이가 정왕(定王)이다.【그 해를 원년으로 삼았다.】

『신당서』에 이르기를 원화(元和) 4년(809)【강왕 16년】에 숭린(嵩璘)이 죽었다. 시호를 강왕이라고 하였다. 아들 원유가 왕위에 올라 연호를 영덕(永德)으로 고쳤다. ○ 원유를 은청광록대부 검교비서감(檢校祕書監) 홀한주도독으로 삼고, 이전과 같이 발해국왕에 봉하였다.【『구당서』】

> 定王在位五年而卒, 弟言義立, 是爲僖王.【以其年爲元年.】
> 新唐書云, 元和八年正月, 元瑜死, 諡定王, 弟言義立, 改元朱雀. ○授權知渤海國務言義, 銀靑光祿大夫檢校祕書監忽汗州都督渤海國王, 遣內侍李重旻使焉.【舊唐書. ○私立於國中, 請命于天子, 故自稱權知國務.】

정왕(定王)이 재위 5년(813) 만에 죽고 아우 언의(言義)가 왕위에 올랐다. 이가 희왕(僖王)이다.【그 해를 원년으로 삼았다.】

『신당서』에 이르기를 원화(元和) 8년(813) 정월에 원유가 죽었다. 시호를 정왕이라 하였다. 아우 언의가 왕위에 올라 연호를 주작(朱雀)으로 고쳤다.

○ 권지발해국무(權知渤海國務) 언의에게 은청광록대부 검교비서감 홀한주도독 발해국왕을 제수하고, 내시 이중민(李重旻)을 사신으로 보냈다.『구당서』. ○ 사사로이 나라 안에서

---

143) 강왕은 794년에 즉위하여 다음해(795)를 원년으로 삼았기 때문에, 원년을 기준으로 할 때 재위 15년에 해당한다.

왕위에 올라 천자에게 임명을 청했기 때문에, 자신을 권지국무라고 부른 것이다.]

僖王在位五年而卒, 弟明忠立, 是爲簡王, 一歲而卒, 從父仁秀立, 是爲宣王.【以明年爲元年, 乃元和十三年.】
新唐書云, 元和十三年, 言義死, 諡僖王, 弟明忠立, 改年太始, 立一歲死, 諡簡王, 從父仁秀立, 改年建興, 其四世祖野勃, 高王祚榮弟也. ○正月, 渤海遣使來朝, 且告哀. 五月, 以知國務大仁秀爲銀靑光祿大夫檢校祕書監忽汗州都督渤海國王.【舊唐書】 ○十五年【宣王三年】閏正月, 渤海遣使來朝, 仁秀頗能討伐海北諸部, 開大境宇, 有功, 詔加金紫光祿大夫檢校司空. 元和中, 凡十六朝獻, 長慶四, 寶曆凡再.【舊唐書】

희왕(僖王)이 재위 5년(817) 만에 죽고, 아우 명충(明忠)이 왕위에 올랐다. 이가 간왕(簡王)이다. 왕위에 오른 지 1년 만에 죽자, 종부(從父) 인수(仁秀)가 왕위에 올랐다. 이가 선왕(宣王)이다.【다음해를 원년으로 하였다. 원화(元和) 13년이다.】

『신당서』에 이르기를 원화 13년(818)에 언의가 죽자, 시호를 희왕이라 하였다. 아우 명충이 왕위에 올라 연호를 태시(太始)로 고쳤다. 왕위에 오른 지 1년 만에 죽었다. 시호를 간왕이라 하였다. 종부 인수가 왕위에 올라 연호를 건흥(建興, 818~829)으로 고쳤다. 그 4세조인 야발(野勃)은 고왕(高王) 조영의 아우이다. ○ 정월에 발해가 사신을 보내 내조하고, 또 상을 알렸다. 5월 지국무(知國務) 대인수를 은청광록대부 검교비서감 홀한주도독 발해국왕으로 삼았다.『구당서』 ○ [원화] 15년(820)【선왕 3년】 윤정월에 발해가 사신을 보내 내조하였다. 인수가 능히 해북(海北)의 여러 부(部)를 토벌하여 땅을 크게 넓힌 공이 있어서, 조서로 금자광록대부 검교사공을 더해 주었다. 원화 연간에 모두 16번 조공하였고, 장경(長慶, 821~824) 연간에 4번, 보력(寶曆, 825~827) 연간에 모두 2번이었다.『구당서』

宣王在位十三年而卒, 孫彝震立, 史失其諡.【以明年爲正月.】
新唐書云, 文宗太和四年,【宣王十三年】仁秀死, 諡宣王, 子新德蚤死, 孫彝震立, 改年咸和. ○五年【王彝震元年】正月, 以權知國務大彝震爲銀靑光祿大夫檢校祕書監忽汗州都督渤海國王.【舊唐書】○六年十二月, 內養王宗禹渤海使回, 言渤海置左右三軍一百二十司, 畫圖以進.【舊唐書】○按, 渤海之官, 有政堂省, 大內相居之, 左右司政左右允副之, 左六司忠義仁部各一鄕,[144] 其支司曰爵部曰倉部曰膳部, 右六司智禮信部各一鄕,[145] 其支司曰戎部曰計部曰水部, 支司之部, 皆有郞中員外, 此所謂六官也. 有宣詔省, 左相左平章事侍中左常侍諫議居之, 有中臺省, 右相右平章事內史詔誥舍人居之, 有中正臺, 大中正一人少正一人, 以擬御史. 其他如殿中宗屬太常司賓大農司藏司膳寺文籍院冑子監巷伯局. 武職則左右猛賁熊衛羆衛南北左右衛大將軍, 皆倣中華之制, 而略變其名. 以品爲秩, 三秩以上, 服紫牙笏金魚, 五秩以上, 服緋牙笏銀魚, 六秩七秩, 淺緋衣, 八秩九秩綠衣木笏, 此蓋王宗禹圖畫所詳也. 嗟乎, 外國之制作文物, 不藉中國之紀載者, 後世悉湮不傳, 猶復秘諱而不宣, 何哉.【案, 此官制, 皆宣王所定.】

太和七年,【王彝震三年】 渤海遣同中書右平章事高寶英, 來謝冊命, 仍遣學生三人, 隨寶英, 請赴上都學問, 先遣學生三人, 事業稍成, 請歸本國, 許之.【舊唐書】終文宗世, 渤海來朝凡十二, 會昌凡四.【新唐書】

선왕(宣王)이 재위 13년(830) 만에 죽고 손자 이진(彝震)이 즉위하였으나, 역사에서 그 시호를 잃었다.【다음해를 정월[146]로 삼았다.】

『신당서』에 이르기를 문종(文宗) 태화(太和) 4년(830)【선왕 13년】에 인수가 죽으니, 시호를 선왕이라 하였다. 아들 신덕(新德)이 일찍 죽어 손자 이진이 왕위에 올랐다. 연호를 함화(咸和)로 고쳤다. ○ [태화] 5년(831)【왕 이진 원년】 정월에 권지국무(權知國務) 대이진을 은청광록대부 검교비서감 홀한주도독 발해국왕으로 삼았다.【『구당서』】 ○ [태화] 6년(832) 12월에 내양(內養) 왕종우(王宗禹)가 발해에 사신으로 갔다가 돌아와 발해는 좌우 3군(軍) 120사(司)를 두었다고 말하고 그림을 바쳤다.【『구당서』】

○ 살펴보건대, 발해의 관청에는 정당성(政堂省)이 있는데, 대내상(大內相)이 거기에 머문

---

144) '鄕' → '卿'.
145) '鄕' → '卿'.
146) 원년을 정월로 잘못 쓴 듯하다.

다. 좌사정(左司政)·우사정(右司政)과 좌윤(左允)·우윤(右允)이 보좌한다. 좌육사(左六司) 인 충부(忠部)·의부(義部)·인부(仁部)에 각각 1명의 경(卿)이 있고, 지사(支司)는 작부(爵部)·창부(倉部)·선부(膳部)라고 한다. 우육사(右六司)인 지부(智部)·예부(禮部)·신부(信部)에 각각 1명의 경(卿)이 있고, 지사는 융부(戎部)·계부(計部)·수부(水部)라고 한다. 지사의 부(部)에는 모두 낭중(郎中)·원외(員外)가 있으니, 이것이 이른바 6관(官)이다. 또 선조성(宣詔省)[147]이 있는데, 좌상(左相)·좌평장사(左平章事)·시중(侍中)·좌상시(左常侍)·간의(諫議)가 있다. 중대성(中臺省)에는 우상(右相)·우평장사(右平章事)·내사(內史)·조고사인(詔誥舍人)이 있다. 중정대(中正臺)에는 대중정(大中正) 1명과 소정(小正) 1명이 있는데, 어사(御史)와 비슷하다. 그 밖에 전중(殿中)·종속(宗屬)·태상(太常)·사빈(司賓)·대농(大農)·사장(司藏)·사선시(司膳寺)·문적원(文籍院)·주자감(冑子監)·항백국(巷伯局)이 있다.

무직(武職)으로는 좌우 맹분(猛賁)·웅위(熊衛)·비위(羆衛)와 남북 좌우위(左右衛) 대장군이 있는데, 모두 중화(中華)의 제도를 모방하고 대략 그 이름을 바꾼 것이다. 품(品)은 질(秩)이라고 하였다. 3질 이상은 자줏빛 옷을 입고 아홀(牙笏)과 금어(金魚)를 하였다. 5질 이상은 붉은 옷을 입고 아홀과 은어(銀魚)를 하였다. 6질과 7질은 엷은 붉은 옷을, 8질과 9질은 녹색 옷에 목홀(木笏)을 하였다. 이것은 왕종우(王宗禹)의 그림에 자세히 나온다. 아아! 외국에서 만든 문물로서 중국의 기록에 실리지 않은 것은 후세에 모두 없어져 전해지지 않았는데, 오히려 다시 숨기고 알리지 않는 것은 무슨 까닭인가?【살펴보면 이 관제는 모두 선왕이 정한 것이다.】

태화 7년(833)【왕 이진 3년】에 발해에서 동중서(同中書) 우평장사 고보영(高寶英)을 보내와서 책명(冊命)에 대해 감사하였다. 거듭 학생 3명을 보영에게 딸려 보내며, 상도(上都, 당나라 수도 장안)에 나가서 학문을 배우기를 청하였다. 먼저 보낸 학생 3명은 학업이 어느 정도 이루어졌으므로, 본국에 돌아가기를 청하자 허락하였다.『구당서』

문종(文宗)의 시대가 끝나기까지 발해는 12번 조공하였고, 회창(會昌, 841~846) 연간에는 4번이었다.『신당서』

---

147) 왕의 명령을 선포하는 관청으로, 당나라의 문하성에 해당한다. 당의 문하성은 중서성에서 초안을 작성하여 올린 詔令을 심의하여 결정한다(유득공 지음, 김종복 옮김, 2018, 233쪽).

王彝震在位二十八年而卒, 弟虔晃立, 史失其諡.【以其年爲元年.】
資治通鑑云, 唐宣宗大中十二年【王彝震二十八年】二月, 彝震卒, 立其弟虔晃爲渤海國王. ○按, 唐文宗武宗之時, 渤海入貢凡十六.【王彝震時】懿宗咸通之年,【共十四年.】渤海三入貢.【虔晃玄錫之時】唯宣宗大中之年, 史無所書,【共十三年.】史之闕也, 並其私諡年號, 無文可知.

왕 이진(彝震)이 재위 28년(858) 만에 죽고, 아우 건황(虔晃)이 왕위에 올랐는데, 역사에는 그 시호가 전해지지 않는다.【이 해를 원년으로 삼았다.】

『자치통감』에 이르기를 당(唐)나라 선종(宣宗) 대중(大中) 12년(858)【왕 이진 28년】 2월에 이진이 죽고, 그 아우 건황이 즉위하여 발해국왕이 되었다.

○ 살펴보건대 당나라 문종(文宗, 재위 827~840)과 무종(武宗, 재위 841~846) 때에 발해가 조공하여 들어 온 것이 모두 16번이다.【왕 이진 때】의종(毅宗) 함통(咸通, 860~873) 연간【모두 14년이다.】에는 발해가 3번 들어와 조공하였다.【건황과 현석(玄錫)의 때】오직 선종 대중(847~860) 연간에 대해서는 역사에 기록된 것이 없다.【모두 13년이다.】역사가 어그러져서 아울러 그 시호와 연호를 알 수 있는 글이 없다.

王虔晃在位未久而卒, 玄錫立, 年月世系, 史無所紀.
新唐書云, 虔晃死, 玄錫立. 咸通時, 遂爲海東盛國, 地有五京十五府六十二州. ○俗謂王曰可毒夫, 曰聖主,[148] 曰基下, 其命爲敎, 王之父曰老王, 母太妃, 妻貴妃, 長子曰副王, 諸子曰王子. 其官名大抵憲象中國制度. ○又云, 幽州節度府與相聘問, 自營平距京師, 八千里而遠, 後朝貢至否, 史家失傳, 故叛附無考馬.[149] ○渤海國去燕京女直所都, 皆千五百里.【其上京忽汗城, 在今寧古塔水東.】以石累城足, 東并海. 其王舊以大爲姓, 右姓曰高張楊竇烏李, 不過數種, 部曲奴婢無姓者, 皆從其王.[150]

---

148) '主' → '王'.
149) '馬' → '焉'.
150) '王' → '主'.

【婦人皆妒悍, 大氏與它姓, 相結爲十姉妹, 迭幾察其夫, 不容側室, 及它游聞, 則必謀置毒, 死其所愛, 一夫有所犯, 而妻不之覺者, 九人則羣聚而詬之, 爭以嫉忌相夸. 故契丹女眞諸國皆有女娼, 而其良人皆有小婦侍婢, 唯渤海無之.】男子多智謀驍勇, 出他國右, 至有三人渤海當一虎之語.【松漠紀聞】○按, 五京十二府, 蓋自宣王仁秀之時, 拓大境宇, 制度漸備, 非於虔晃玄錫之世, 猝致富盛也. 懿宗咸通之年, 僅有三朝者, 蓋有多故, 一唐室衰微, 不足畏慕也. 二本國强盛, 漸有驕志也. 三契丹梗路, 路由登萊也.【渤海之通中國, 本由營平, 至是自我龍川前洋, 越海由登萊, 故西京鴨淥府, 謂之朝貢道, 蓋虔晃之制.】朝貢稀闊, 唯與幽州節度府, 聘問通意而已, 久而朝貢遂廢矣.

왕 건황(虔晃)이 왕위에 오른 지 얼마 되지 않아서 죽었다. 현석(玄錫)이 왕위에 올랐으나 그 연월(年月)과 세계(世系)는 역사에 기록된 것이 없다.

『신당서』에 이르기를 건황이 죽고 현석이 왕위에 올랐다. 함통(咸通, 860~873) 때에는 마침내 해동성국(海東盛國)이 되었다. 땅에는 5경(京) 15부(府) 62주(州)가 있었다. ○ 세속에서 왕을 '가독부(可毒夫)', '성주(聖主)', '기하(基下)'라고 불렀다. 그 명령을 '교(敎)'라고 하였다. 왕의 아버지를 노왕(老王), 어머니를 태비(太妃), 아내를 귀비(貴妃)라고 하였다. 큰아들은 부왕(副王)이라고 하고, 나머지 아들은 왕자(王子)라고 하였다. 그 벼슬 이름은 대체로 중국 제도를 본받았다. ○ 또 이르기를 유주절도부(幽州節度府)와 서로 방문하여 안부를 물었다. 영주(營州)와 평주(平州)에서 경사(京師)까지는 8천 리나 되는 먼 거리이다. 뒤에 조공을 했는지의 여부는 사가(史家)가 실전한 까닭에 반란했는지 붙좇았는지 알 수가 없다.

○ 발해국에서 여진(女眞)이 도읍한 연경(燕京)까지는 모두 1,500리다.【그 상경 홀한성(忽汗城)은 지금의 영고탑 강 동쪽에 있다.】 돌로 성 바닥을 쌓았다. 동쪽으로 바다를 아울렀다. 그 임금은 옛적에 대씨(大氏)로 성을 삼았고, 우성(右姓)은 고(高)·장(張)·양(楊)·두(竇)·오(烏)·이(李)라고 하며, 불과 몇 종이 되지 않았다. 부곡(部曲)의 노비로 성이 없는 사람들은 모두 그 주인의 성을 따랐다.【부인(婦人)들은 질투가 심하고 사나웠다. 대씨는 다른 성(姓)과 함께 서로 결연하여 열 자매(姉妹)가 되었는데, 서로 그 남편을 살펴서 측실(側室)을 용납하지 않았다. 딴짓을 한다는 말을 들으면 반드시 독을 써서 그 사랑[하는 사람]을 죽일 것을 모의하

였다. 한 남편이 잘못을 저지르는데도 아내가 깨닫지 못하면 아홉 사람이 무리지어 그를 꾸짖고, 시기하는 것을 서로 뽐내며 다투었다. 이 때문에 거란과 여진의 여러 나라에는 모두 여창(女娼)이 있고, 양인(良人)들은 모두 작은 아내(첩)와 시비(侍婢)를 두었으나, 오직 발해에만 없었다.】 남자는 지혜와 꾀가 많으며 날래고 용맹스러워 다른 나라 사람보다 뛰어나서, 발해인 셋이 호랑이 한 마리를 대적한다는 말이 있다.【『송막기문(松漠記聞)』】

○ 살펴보건대, 5경 15부는 대략 선왕(宣王) 인수(仁秀) 때로부터 땅을 크게 넓히고 제도를 점차 갖춘 것이지, 건황이나 현석의 때에 갑자기 부성(富盛)한 것이 아니다. 의종(毅宗) 함통(咸通) 연간에 겨우 세 번 조회한 데에는 많은 이유가 있다. 첫째로 당나라 왕실이 쇠약해져서 두려워하고 우러러보기에 부족하였다. 둘째로 본국이 강성해져 점점 교만한 마음을 가지게 되었다. 셋째로는 거란이 길을 막아 등주(登州)와 내주(萊州)를 거쳐가야 했다.【발해가 중국과 통하기 위해서는 본래 영평(營平)을 거쳤었는데, 이때에 이르러서는 우리의 용천(龍川) 앞바다에서 바다를 건너 등주·내주를 거쳤다. 따라서 서경 압록부를 조공도리고 불렀는데, 대개 건황 때의 제도였다.】 [그래서] 조공이 드물었고 오직 유주절도부와 방문하여 안부를 묻고 뜻을 통할 뿐이더니 한참 뒤에는 결국 조공을 그만두었다.

虔晃以後, 幾年而玄錫立, 下至梁初, 垂五十年, 未必玄錫在位至此. 或其數王傳世, 而唐史不載焉.
按, 外國鹵莽, 常患文獻不足. 其朝貢絡繹者, 聲跡傳於後世, 其自强自外者, 如陰崖草木, 自榮自落, 名字都泯. 渤海數王之史, 失其名, 亦以是矣. 悲夫.

건황(虔晃) 이후 몇 해가 지나 현석(玄錫)이 왕위에 올랐다. 양(梁)나라 초년에 이르기까지 50년이 흘렀는데, 오로지 현석만이 재위에 있으면서 이때까지 이른 것은 아니었다. 혹 몇 명의 왕이 세대를 이은 듯하나 당사(唐史)에 실리지 않았다.

살펴보건대, 외국에 관해서는 거칠고 소홀해서 항상 문헌이 부족하여 근심이다. 그 조공과 끊이지 않던 왕래의 소리와 발자취가 후세에 전해지지만, 스스로 강해졌다가 스스로 멀어져, 마치 응달진 낭떠러지의 초목이 저절로 번성하다가 저절로 떨어지는 것과 같이 이름조차 모두 없어져 버렸다. 발해의 몇몇 왕의 역사가 그 이름을 잃은 것도 또한 이런 까닭이니,

슬픈 일이다.

> 至梁太祖朱全忠開平元年, 渤海王大諲譔遣王子朝梁.【是歲, 唐亡, 厥明年戊辰, 遼太祖阿保機始建國元年.】
> 五代史云, 開平元年【丁卯】五月, 渤海王大諲譔遣王子來朝. 渤海本號靺鞨, 高麗之別種也. 渤海, 其貴族姓大氏, 訖五代常來朝貢. 其國土物産與高麗同, 諲譔世次立卒, 史失其紀. ○按, 此後十餘年, 而渤海爲契丹所滅, 然此史明記云, 訖五代常來朝貢, 則滅而復存, 常有君長, 可知也. 故下至宋太宗淳化二年冬, 以渤海不通朝貢, 詔女眞改[151]之.【在契丹滅遼後七十六年.】

양(梁) 태조(太祖) 주전충(朱全忠) 개평(開平) 원년(907)에 이르러, 발해왕 대인선(大諲譔)이 왕자를 보내 양나라에 조회하였다.【이해에 당나라가 망하고, 그 이듬해 무진(戊辰, 908)은 요(遼) 태조 아보기(阿保機)가 건국한 원년이다.】

『오대사』에 이르기를 개평 원년【정묘(丁卯)】 5월에 발해왕 대인선이 왕자를 보내 내조하였다. 발해는 본래 말갈이라 부르는데, 고구려의 별종(別種)이다. 발해는 그 귀족의 성이 대씨(大氏)이다. 오대(五代)가 끝날 때까지 항상 조공하였다. 그 나라의 토산물은 고구려와 같다. 인선의 세차(世次)와 왕위에 오르고 죽은 기록은 역사에 빠져 있다.

○ 살펴보건대 이후 10여 년이 지나서 발해는 거란에 멸망당했다. 그러나 이 사서에서 분명히 오대가 끝날 때까지 항상 조공하였다고 하니, 즉 멸망했다가 다시 나라를 보존하여 항상 군장(君長)이 있었음을 알 수가 있다. 그런 까닭에 송(宋) 태종(太宗) 순화(淳化) 2년(991) 겨울에 이르러서 발해가 조공을 하지 않은 것으로서, 여진에 조서로 그를 공격하게 한 것이다.【거란이 요[152]를 멸망시킨 후 76년 만에 있었다.】

> 後十一年【梁末帝貞明四年, 高麗太祖天授元年】, 王諲譔遣使朝契丹.

---

151) '改' → '攻'.
152) 발해를 요로 잘못 적었다.

> 遼史云, 太祖神冊三年二月, 渤海遣使來貢. 四年【戊寅】二月, 修遼陽故城, 改爲東平
> 郡, 置防禦使, 掠渤海戶, 以實之. ○按, 渤海本不得遼陽, 此云掠戶, 掠他邑之戶也.

11년 뒤(918)【양(梁) 말제(末帝) 정명(貞明) 4년, 고려 태조 천수(天授) 원년】, 왕 인선이 사신을 보내 거란에 조회하였다.

『요사』에 이르기를 태조 신책(神冊) 3년(918) 2월에 발해가 사신을 보내 공물을 바쳤다. 4년(919)【무인(戊寅)】 2월에 요양고성(遼陽故城)을 수리하여 동평군(東平郡)으로 고치고 방어사(防禦使)를 두었다. 발해의 호(戶)를 잡아다가 그곳을 채웠다.

○ 살펴보건대 발해는 본래 요양(遼陽)을 얻지 못했으므로, 여기서 호(戶)를 잡아갔다고 한 것은 다른 읍의 호(戶)를 잡아간 것이다.

> 後六年【唐莊宗同光二年, 麗太祖天授七年】, 王諲譔遣將, 攻契丹之遼州, 殺其刺史,
> 掠其民戶. ○是年秋, 契丹攻渤海, 不克.
> 遼史云, 太祖天贊三年【甲申】夏五月, 徙薊州民, 實遼州地, 渤海殺其刺史張秀實, 而
> 掠其民. ○按, 契丹修其遼陽故城爲遼州, 全掠渤海民戶, 以實之. 是役也, 不過自討
> 還其被掠之民, 而遼史書掠也.
> 資治通鑑云,【唐莊宗同光二年秋七月】時東北諸夷, 皆役屬契丹, 唯渤海未服. 契丹
> 主謀入寇, 恐渤海挴其後, 乃先擧兵, 擊渤海之遼東, 遣其將秀餞及盧文進, 據營平
> 等州, 以擾燕地.【謂契丹東攻渤海, 西侵中國.】八月, 契丹攻渤海, 無功而還.【冊府元
> 龜云, 同光二年七月, 幽州奏, 偵得阿保機東攻渤海.】○按, 渤海未嘗得遼東, 唯其
> 所謂定理府領定瀋二州, 則今之瀋陽, 在其疆理之內, 直壓遼州之北, 此云擊遼東者,
> 擊瀋州也.

그 후 6년(924)이 지나서【당 장종(莊宗) 동광(同光) 2년, 고려 태조 천수 7년】 왕 인선이 장군을 보내 거란의 요주(遼州)를 공격하여, 그 자사(刺史)를 죽이고 민호(民戶)를 약탈하였다. ○ 이해 가을에 거란이 발해를 공격했으나 이기지 못했다.

『요사』에 이르기를 태조(太祖) 천찬(天贊) 3년(924)【갑신(甲申)】 여름 5월에 계주(薊州)

백성을 옮겨 요주의 땅을 채웠다. 발해가 그 자사 장수실(張秀實)을 죽이고 그 백성을 잡아갔다. ○ 살펴보건대 거란이 그 요양고성을 수리하여 요주로 삼고, 전부 발해의 민호를 약탈하여 채웠다. 이 전투는 그 약탈당한 백성을 스스로 되찾아온 것에 지나지 않는데, 『요사』에서는 약탈이라고 썼다.

『자치통감』에 이르기를【당 장종 동광 2년 가을 7월】이때에 동북의 여러 오랑캐가 모두 거란에 역속(役屬)되었으나 오직 발해만이 아직 복속하지 않았다. 거란의 임금(야율아보기)이 [중국에] 들어와 노략질하길 꾀했으나 발해가 그 뒤를 칠까 두려워하여, 이내 먼저 군사를 일으켜 발해의 요동(遼東)을 쳤다. 그 장수 수뇌(秀餒)와 노문진(盧文進)을 보내 영평(營平) 등의 주(州)를 점거하고 연(燕) 지역을 소란스럽게 하였다.【거란이 동쪽으로 발해를 공격하고 서쪽으로 중국을 침입했다고 말한다.】 8월에 거란이 발해를 쳤으나 전공이 없이 돌아갔다. 【『책부원귀』에 이르기를, 동광 2년 7월에 유주(幽州)에서 아보기(阿保機)가 동쪽으로 발해를 공격한다는 것을 정탐하여 아뢰었다.】

○ 살펴보건대, 발해는 일찍이 요동을 얻지 못했다. 오직 이른바 정리부(定理府)가 거느렸던 정주(定州)와 심주(瀋州) 두 주가 바로 오늘날 심양(瀋陽)의 강역 내에 있어서 곧바로 요주의 북쪽을 압박하였다. 여기에서 요동을 쳤다고 한 것은 심주를 친 것을 이른다.

厥明年, 王諲譔遣使朝後唐.【乙酉歲】
冊府元龜云, 同光三年五月, 以渤海國入朝使政堂省守和部少卿賜紫金魚袋裴璆, 可贊善大夫.
是年冬, 遼太祖大擧伐渤海, 圍扶餘府.
遼史云, 天贊四年【乙酉】十二月乙亥, 詔曰, 所謂兩事, 一事已畢, 唯渤海世讎未雪, 豈宜安住. 乃擧兵親征渤海, 時皇后皇太子大元帥堯骨皆從. 閏月壬辰, 祠木葉山, 壬寅, 以青牛白馬, 祭天地于烏山, 丁巳, 次商嶺, 夜圍扶餘府. ○按, 扶餘府者, 漢時北扶餘之地, 遼曰東丹府, 金曰黃龍府, 明曰三萬衛, 今曰開原縣.【大氏古城, 在開原縣西.】

그 이듬해(925)에 왕 인선이 사신을 보내 후당(後唐)에 조회하였다.【을유(乙酉)년】

『책부원귀』에 이르기를 동광 3년(925) 5월 발해국에서 입조(入朝)한 사신 정당성 수화부 소경(政堂省守和部少卿) 사자금어대(賜紫金魚袋) 배구(裴璆)에게 찬선대부(贊善大夫)를 주었다.

이해 겨울에 요나라 태조가 군사를 크게 일으켜 발해를 쳐서 부여부(夫餘府)를 포위하였다. 『요사』에 이르기를 천찬(天贊) 4년(925)【을유】 12월 을해(乙亥)에 조서를 내려 "이른바 두 가지 일에서 한 가지 일은 이미 끝냈으나 발해에 대대로 원수진 것을 갚지 못했으니 어찌 평안히 있을 수 있으랴?"하고, 이내 군사를 일으켜 발해를 친정(親征)하였다. 이때 황후와 황태자 대원수(大元帥) 요골(堯骨)이 모두 따라갔다. 윤월 임진(壬辰)에 목엽산(木葉山)에서 제사를 지냈다. 임인(壬寅)에 푸른 소와 흰 말로 오산(烏山)에서 천지에 제사를 지냈다. 정사(丁巳)에 상령(商嶺)을 지나 밤에 부여부를 포위하였다.

○ 살펴보건대 부여부는 한(漢)나라 때 북부여(北夫餘)의 땅이었다. 요에서는 동단부(東丹府)라 하였고, 금에서는 황룡부(黃龍府)라 하였으며, 명나라에서는 삼만위(三萬衛)라고 하였다. 지금은 개원현(開元縣)이라고 한다.【대씨의 옛 성은 개원현 서쪽에 있다.】

厥明年春【唐莊宗同光四年, 麗太祖天授九年】, 契丹兵拔扶餘城, 又圍上京忽汗城, 王諲譔率僚屬出降.【丙戌歲】
遼史云, 天顯元年正月己未, 白氣貫日, 庚申, 拔扶餘府, 誅其守將.【冊府元龜云, 後唐同光四年正月, 北面招詩使[153]李紹眞奏, 北來奚首領云, 契丹阿保機寇渤海.】 丙寅, 命惕隱【官名】安端前北府宰相蕭阿古只等, 將萬騎爲先鋒, 遇諲譔老相兵, 破之.【國語解云, 惕隱者, 典族屬官, 卽其宗正職也.】 皇太子大元帥堯骨南府宰相蘇【一字名】北院夷离董【官名】斜涅赤南院夷离董迭里,【夷离董, 總軍馬大官.】 是夜圍忽汗城.【卽上京龍井府,[154] 在今寧古塔水東.】 己巳, 諲譔請降,【被圍之四日】 庚午, 駐軍于忽汗城南. ○辛未, 諲譔素服, 藁索牽羊, 率僚屬三百餘人出降, 太祖優禮而釋之. ○甲戌, 詔諭渤海郡縣. ○丙子, 遣近侍康末怛等十三人, 入城索兵器, 爲邏卒所害. ○丁丑, 諲譔復叛,【旣降之七日】 攻其城破之, 駕幸城中, 諲譔請罪馬前, 詔以兵衛諲譔及

---

153) '招詩使'→'招討使'.
154) '龍井府'→'龍泉府'.

族屬以出, 祭告天地, 復還【還于營.】. ○二月庚寅, 安邊【今興京近地】鄭頡【遼之韓州, 在開原西北.】南海【今咸興也, 適其官在上京.】定理【今盛京北】等洎諸道節度刺史來朝, 慰勞遣之, 以所獲器幣諸物, 賜將士. ○壬辰,[155] 以青牛白馬, 祭天地, 大赦, 改元天顯, 以平渤海, 遣使報唐. ○甲午, 復幸忽汗城, 閱府庫物, 賜從臣有差, 以奚部長勃魯恩王郁自回鶻新羅吐蕃黨項室韋沙陀烏古等從征有功, 優加賞賚. ○按, 王諲譔不交一兵, 乍降乍叛, 而契丹之待之也, 將七縱七禽, 亡國之主也.

그 이듬해(926) 봄【당 장종 동광 4년, 고려 태조 천수 9년】에 거란의 군사가 부여성을 함락시키고 다시 상경 홀한성을 포위하니, 왕 인선이 신료들을 거느리고 나와 항복하였다.【병술(丙戌)년】

『요사』에 이르기를 천현(天顯) 원년(926) 정월 기미(己未)에 흰 기운이 해를 뚫고 뻗쳤다. 경신(庚申)에 부여부를 함락시키고 지키던 장수를 죽였다.【『책부원귀』에 이르기를, 후당 동광 4년(926) 정월에 북면초토사(北面招討使) 이소진(李紹眞)이 아뢰길 북쪽에서 온 해(奚)의 수령이 거란의 아보기(阿保機)가 발해를 노략질했다고 말했다고 하였다.】

병인(丙寅)에 척은(惕隱)【관명】 안단(安端)과 전 북부재상(北府宰相) 소아고지(蕭阿古只) 등에게 명하여 기병 1만 명을 이끌고 선봉에 서게 하였다. 인선의 노상병(老相兵)을 우연히 만나 격파하였다.【『국어해(國語解)』에 이르기를, 척은은 족(族)의 규정을 맡은 벼슬로서, 곧 종정(宗正)의 직(職)이라 하였다.[156]】

황태자, 대원수 요골(堯骨)과 남부재상(南府宰相) 소(蘇)【한 글자의 이름】와 북원이리근(北院夷离堇)【관명】 사녈적(斜涅赤)과 남원이리근(南院夷离堇) 질리(迭里)【이리근(夷离堇)은 군마를 총괄하는 대관(大官)】가 이 밤에 홀한성(忽汗城)【상경 용천부로, 지금의 영고탑 강 동쪽에 있다.】을 포위하였다. 기사(己巳)에 인선이 항복을 청하였다.【포위당한 지 4일】 경오(庚午)에 홀한성 남쪽에 군사를 주둔시켰다. ○ 신미(辛未)에 인선이 흰 옷에 새끼줄로 몸을 묶고 양을 끌고서 신료 300여 명을 거느리고 나와 항복하니, 태조가 도타운 예로 맞아 풀어주었다. ○ 갑술(甲戌)에 발해의 군현에 조서를 내려 타일렀다. ○ 병자(丙子)에 근시(近

---

155) '壬辰'→'壬寅'.
156) 황족, 종실과 관련된 서무를 담당하였다.

侍) 강말달(康末怛) 등 13명을 보내 성에 들어가 병기(兵器)를 수색하다가 나졸(邏卒)에게 해를 입었다. ○ 정축(丁丑)에 인선이 다시 배반하니,【항복한 지 7일】그 성을 쳐서 깨뜨렸다. 어가가 성안으로 행차하자, 인선이 말 앞에서 죄를 청하였다. 조서로 인선과 그 족속들을 병사로 호위하여 나가게 하고, 천지에 제사로 고하게 한 뒤에 다시 돌아왔다.【군영에 돌아왔다.】 ○ 2월 경인(庚寅)에 안변(安邊)【지금의 흥경(興京) 근처 땅】·막힐(鄚頡)【요의 한주(韓州)로, 개원(開原) 서북쪽에 있다.】·남해(南海)【지금의 함흥이다. 마침 그 관리는 상경에 있었다.】·정리(定理)【지금 성경(盛京)의 북쪽】등 여러 도의 절도사(節度使)와 자사(刺史)가 내조(來朝)하자, 이들을 위로하여 돌려보냈다. 획득한 물건과 재물은 장수와 병사들에게 하사하였다. ○ 임인(壬寅)에 푸른 소와 흰 말로 천지에 제사지내고, 대사령(大赦令)을 내렸다. 연호를 천현(天顯)으로 고쳤다. 또 발해를 평정한 것으로 사신을 보내 당(唐)나라에 알렸다. ○ 갑오(甲午)에 홀한성(忽汗城)에 다시 행차하여 부(府)의 창고의 물건을 검열한 뒤 따르는 신하들에게 차등 있게 내려주었다. 해(奚)의 부장 발로은(勃魯恩)과 왕욱(王郁) 및 회골(回鶻)·신라·토번(吐蕃)·당항(黨項)·실위(室韋)·사타(沙陀)·오고(烏古) 등이 정벌을 따른 공이 있어, 상을 도탑게 주었다.

○ 살펴보건대 왕 인선은 한 명의 군사로도 교전하지 않고 갑자기 항복했다가 갑자기 반란하였는데, 거란이 이를 대하면서 일곱 번 놓아 주었다가 일곱 번 사로잡은 것이니, 나라를 망친 임금이었다.

契丹主, 遂滅渤海, 虜王諲譔及王妃而西.
丙午, 改渤海國爲東丹, 忽汗城爲天福, 冊皇太子倍爲人皇王, 以主之. 以皇弟迭剌爲左大相, 渤海老相爲右大相【前敗軍之將】, 渤海司徒大素賢爲左次相, 耶律羽之爲右次相, 赦其國內殊死以下. ○ 三月戊午, 遣夷离菫康默記左僕射韓延徽, 攻長嶺府.【按, 北府[157]自初城守不下, 故攻之也. 長嶺疑卽卒本古城.】己巳, 安邊鄚頡定理三府叛, 遣安端討之, 丁丑, 三府平, 壬午, 安端獻俘, 誅安邊府叛帥二人.
甲申, 幸天福城, 乙酉, 班師, 以大諲譔擧族行. ○ 五月辛酉, 南海定理二府復叛, 大

---

157) '北府'는 '此府'의 오기로 보인다.

> 元帥堯骨討之. 六月丁酉, 二府平.【案, 南海府卽新羅道, 明是今咸興, 其叛其討, 動費數月, 安得三十六日之內, 已報平定, 或是帥臣領兵赴上京者復叛.】○秋七月丙辰, 鐵州刺史衛均叛, 乙丑, 堯骨攻拔鐵州.【案, 鐵州爲中京所領, 中京疑是今艾丹城, 距上京三百里.】辛未, 衛送大諲譔于皇都西,【皇都卽遼之上京臨潢府.】築城以居之, 賜諲譔名曰烏魯古, 妻曰阿里只.【國語解云, 烏魯古阿里只, 太祖及述律后受諲譔降時, 所乘二馬名也. 因賜諲譔夫婦, 以爲名.】○繹史云, 契丹阿保機滅其王大諲譔, 徙其名帳千餘戶于燕, 給以田疇, 捐其賦入, 往來貿易關市皆不征, 有戰則用爲前驅.【松漠紀聞】

 거란 임금이 드디어 발해를 멸망시키고, 왕 인선과 왕비를 사로잡아 서쪽으로 옮겨갔다. 병오(丙午)에 발해국을 고쳐 동단(東丹)으로 삼고 홀한성은 천복(天福)으로 하였다. 황태자 배(倍)를 인황왕(人皇王)으로 책봉해 이곳을 다스리게 했다. 황제의 아우 질자(迭剌)[158]를 좌대상(左大相)으로 삼고, 발해 노상(老相)[앞에서 패했던 군대의 장수]을 우대상(右大相)으로 삼았으며, 발해 사도(司徒) 대소현(大素賢)을 좌차상(左次相)으로, 야율우지(耶律羽之)를 우차상(右次相)으로 삼았다. 그 나라 안에 사형(死刑) 이하의 죄인을 사면하였다.

 ○ 3월 무오(戊午)에 이리근 강묵기(康默記)와 좌복야(左僕射) 한연휘(韓延徽)를 보내 장령부(長嶺府)를 공격하였다.【살펴보건대 이 부(府)가 처음부터 성을 지켜 함락시키지 못하자 공격한 것이다. 장령은 졸본의 옛 성이 아닐까 의심된다.】

 기사(己巳)에 안변(安邊)·막힐(鄭頡)·정리(定理)의 세 부(府)가 반란하자 안단(安端)을 보내 토벌하였다. 정축(丁丑)에 세 부를 평정하였다. 임오(壬午)에 안단이 포로를 바치자, 안변부의 반란 장수 두 사람을 죽였다. 갑신(甲申)에 천복성(天福城)에 행차하였다. 을유(乙酉)에 군대를 돌렸는데, 대인선의 온 족속(族屬)을 가게 하였다. ○ 5월 신유(辛酉)에 남해(南海)와 정리(定理) 2부가 다시 반란하자, 대원수 요골(堯骨)이 토벌하였다. 6월 정유(丁酉)에 2부를 평정하였다.【생각하기에, 남해부(南海府)는 곧 신라도(新羅道)이니, 분명히 지금의 함흥이다. 그 반란을 일으키고 토벌하는 데 몇 달이 걸렸을 것인데, 어찌 36일 만에 이미 평정했

---

158) '질자(迭剌)'는 '질라'로 발음하기도 한다.

다는 보고를 할 수 있겠는가? 혹시 군사를 거느리고 상경(上京)에 갔던 장수가 다시 반란한 것은 아닐까?】

○ 가을 7월 병진(丙辰)에 철주자사(鐵州刺史) 위균(衛均)이 반란하였다. 을축(乙丑)에 요골이 철주를 쳐서 함락시켰다.【생각건대 철주는 중경이 거느린 곳이다. 중경은 아마도 지금의 애단성(艾丹城)인데, 상경에서 300리의 거리이다.】

신미(辛未)에 대인선을 호위하여 황도(皇都) 서쪽【황도는 즉 요의 상경(上京) 임황부(臨潢府)159)이다.】으로 보내 성을 쌓고 살게 하였다. 인선에게 이름을 내리고 오로고(烏魯古)라고 하였으며, 아내는 아리지(阿里只)라고 하였다.【『국어해』에 이르기를, 오로고와 아리지는 태조와 술률후(述律后)가 인선의 항복을 받을 때에 탔던 두 말의 이름이다. 이것으로 인선 부부에게 하사하여 이름으로 삼았다.】

○ 『역사(繹史)』에 이르기를 거란 아보기(阿保機)가 그 왕 대인선을 멸망시키고 그 명장(名帳) 1천여 호(戶)를 연(燕)으로 옮겨 전답을 주고 세금을 줄여 주었다. [이들에게는] 무역과 관시(關市)에 왕래하는 것에 모두 세금을 걷지 않았고, 전투가 있으면 앞서 달리게 하여 이용하였다.【『송막기문』】

是月, 契丹主殂于行在, 渤海人復立王弟爲王, 攻圍扶餘城, 不克.
遼史云, 七月辛巳, 太祖崩于扶餘府, 皇后權決軍國事. ○八月辛卯, 康默記等攻下長嶺府, 壬寅, 堯骨討平諸州, 奔赴行在, 乙巳, 人皇王倍繼至.【人皇卽太子突欲, 未得嗣立, 次子堯骨立, 是爲太宗. 太宗殂, 人皇之子兀欲立, 是爲世宗.】
冊府元龜云, 唐明宗天成元年十一月【卽同光四年冬】, 青州霍彦威奏, 得登州狀申,【時渤海通後唐, 由登萊水路.】契丹先發諸部, 攻逼渤海國, 自阿保機身死, 雖已抽退, 尚留兵馬在渤海夫餘城, 今渤海王弟部領兵士, 攻圍夫餘城契丹. ○宋史云, 渤海自唐梁後唐, 朝貢不絶, 後唐天成初, 爲契丹阿保機攻夫餘城下之. 阿保機死, 渤海王復攻夫餘, 不能克, 歷長興【唐明宗】淸泰【唐末主珂】, 遣使朝貢, 周顯德後, 隔絶不能通中國. ○按此二史之文, 渤海王弟權立爲王, 以攻夫餘城, 明矣. 是年下距淸

---

159) 요나라 수도인 上京 臨潢府. 중국 內蒙古自治區 赤峯市 巴林左旗 林東鎭 남쪽에 위치한다.

> 泰之年, 恰滿十年, 猶能遣使朝貢, 則諲譔之後, 更有嗣王, 明矣. ○又按諸書, 皆以渤海滅於是年, 而其不絶不亡之證, 班班可見. 第自高王大祚榮建國之元年,【唐武后聖曆二年己亥】下至是年,【後唐同光四年丙戌】爲二百二十八年, 厥享國不爲不久矣.

이달에 거란의 임금이 행재소에서 죽었다. 발해인들이 다시 왕의 아우를 왕위에 올리고 부여성(夫餘城)을 포위해 공격했으나 이기지 못하였다.

『요사』에 이르기를 7월 신사(辛巳)에 태조가 부여부(夫餘府)에서 죽자, 황후가 군국(軍國)의 일을 처리하였다. ○8월 신묘(辛卯)에 강묵기(康默記) 등이 장령부(長嶺府)를 공격하여 함락시켰다. 임인(壬寅)에 요골(堯骨)이 여러 주(州)를 토벌하여 평정하고, 행재소로 나아갔다. 을사(乙巳)에 인황왕(人皇王) 배(倍)가 잇달아 도착하였다.【인황(人皇)은 곧 태자 돌욕(突欲)인데, 제위를 잇지 못하였다. 둘째 아들 요골이 제위에 올랐다. 이가 태종(太宗)이다. 태종이 죽자 인황의 아들 올욕(兀欲)이 제위에 올랐다. 이가 세종(世宗)이다.】

『책부원귀』에 이르기를 당(唐) 명종(明宗) 천성(天成) 원년(926) 11월【즉 동광 4년 겨울】에 청주(靑州)의 곽언위(霍彥威)가 아뢰길 등주(登州)의 장신(狀申)을 얻었는데,【이때 발해에서 후당과 통할 때에는 등주와 내주(萊州)의 물길을 거쳤다.】 거란이 먼저 여러 부(部)를 보내어 발해국을 공격하여 위협하다가 아보기(阿保機)가 죽으며 비록 물러갔으나, 여전히 병마(兵馬)는 발해 부여성에 남겨 두었다. 지금 발해왕의 아우가 군사를 거느리고 부여성을 포위해서 공격했다고 하였다.

○『송사(宋史)』에 이르기를 발해는 당(唐)·양(梁)·후당에서부터 조공이 끊이지 않았다. 후당 천성(天成, 926~929) 초에 거란의 아보기가 부여성을 쳐 함락시켰다. 아보기가 죽자, 발해왕이 부여를 다시 공격했으나 이기지 못하였다. 장흥(長興, 930~933)【당 명종(明宗)】[160]과 청태(淸泰, 934~936)【당 말주(末主) 가(珂)】[161]를 거치며, 사신을 보내어 조공하였으나 주(周) 현덕(顯德, 954~959) 이후에는 단절되어 중국과 통할 수 없었다.

○ 이 두 역사책의 글을 살펴보면, 발해왕의 아우가 권력으로 왕위에 올라 부여성을 친

---

160) 장흥은 중국 오대십국시대 후당의 제2대 황제인 명종의 두 번째 연호.
161) 청태는 중국 오대십국시대 후당의 마지막 황제의 연호. 황제의 이름은 李從珂이며, 폐제, 말제, 말주 등으로 불린다.

것이 분명하다. 이해로부터 청태 연간까지는 거의 10년이 되는데도 여전히 사신을 보내 조공할 수 있었던 것은 인선의 뒤에 다시 후사를 이은 왕이 있었음이 분명하다.

○ 또 여러 책을 살펴보니 모두 발해가 이해에 멸망했다고 했으나, 대가 끊어지지 않고 망하지 않았다는 증거를 분명히 볼 수 있다. 고왕(高王) 대조영(大祚榮)이 건국한 원년【당 무후 성력 2년(699) 기해】부터 이해【후당 동광 4년(926) 병술】에 이르기까지 228년이 되니, 그 나라를 누린 것이 짧다고 할 수는 없다.

> 是年以後, 渤海之卿士軍民, 南投高麗者, 有如流水.
> 高麗史太祖八年【九年秋事誤, 載於八年秋.】, 渤海將軍申德等五百人來投. 又渤海禮部卿大和鈞老司政大元鈞工部卿大福謨左右衛將軍大審理等【四人皆宗室】, 率民一百戶來附.【冬, 渤海小將朴漁等率民一千戶來附.】渤海幷有扶餘肅愼等十餘國, 與契丹世讎, 至是契丹主大擧攻渤海, 圍忽汗城, 大諲譔戰敗乞降, 遂滅渤海. 於是其國人來奔者相繼.
> 十年, 渤海工部卿吳興等五十人僧載雄等六十人來投. ○ 十一年, 渤海人金神等六十戶來投. 秋, 渤海人大儒範率民來附. 渤海人隱繼宗等來附.【見於天德殿三拜, 人謂失禮, 大相舍弘曰, 失土人三拜, 古之禮也.】十二年, 渤海人洪見等, 以船二十艘, 載人物來附. 秋, 渤海正近等三百餘人來投. ○ 案, 此渤海人來投, 其宗室卿大夫朝官來者, 皆自其上京忽汗城【今寧古塔東隔水之地】來, 則從北道來也. 其餘, 或自鴨水來也. 然此時, 高麗疆土, 北不過咸興, 西不過隆水, 其外猶是渤海故疆, 其來附之後, 安插之地, 不可詳也. 渤海之跡, 旣亡旣沈, 而後東女眞西女眞東藩西藩之名興焉.

이해 이후로 발해의 경사(卿士)와 군민(軍民) 들이 남쪽으로 고려에 투항해 오는 것이 마치 흐르는 물과 같았다.

『고려사』에 태조(太祖) 8년(925)【9년 가을의 일을 잘못하여 8년 가을에 기록하였다.】에 발해 장군 신덕(申德) 등 500인이 와서 투항하였다. 또 발해 예부경(禮部卿) 대화균(大和鈞)과 노사정(老司政) 대원균(大元鈞), 공부경(工部卿) 대복모(大福謨), 좌우위장군(左右衛將軍) 대심리(大審理) 등【4명 모두 종실(宗室)】이 백성 100호를 거느리고 내부하였다.【겨울에

는 발해 소장(小將) 박어(朴漁) 등이 백성 1천 호를 거느리고 내부하였다.]

발해는 부여(扶餘)·숙신(肅愼) 등 10여 나라를 아울렀고 거란과는 오래도록 원수를 졌는데, 이때에 이르러 거란의 임금이 대거 발해를 공격해서 홀한성을 포위하였다. 대인선이 전쟁에서 패하고 항복을 빌면서, 마침내 발해가 멸망하였다. 그리하여 그 나라사람들이 도망하여 오는 것이 줄을 이었다.

[태조] 10년(927)에 발해 공부경(工部卿) 오흥(吳興) 등 50명과 승려 재웅(載雄) 등 60명이 와서 투항하였다. ○ 11년(928)에 발해인 김신(金神) 등 60호가 투항해 왔다. 가을에 발해인 대유범(大儒範)이 백성을 거느리고 내부하였고, 은계종(隱繼宗) 등도 내부하였다.[천덕전(天德殿)에서 알현하며 세 번 절했는데, 사람들이 예에 어긋난 것이라고 하였다. 대상(大相) 함홍(含弘)이 "땅을 잃은 사람이 세 번 절을 올리는 것은 오래된 예이다."라고 하였다.]

12년(929)에 발해 사람 홍견(洪見) 등이 배 20척에 사람과 물건을 싣고 내부하였다. 가을에는 발해 정근(正近) 등 300여 명이 투항해 왔다.

○ 생각하건대, 여기에 투항해 온 발해인 가운데 종실과 경대부(卿大夫) 및 조관(朝官)들은 모두 그 상경(上京) 홀한성(忽汗城)[지금 영고탑의 동쪽 강 건너 땅]에서 왔으니 북도(北道)를 따라 온 것이다. 그 나머지는 혹은 압수(鴨水)에서부터 왔다. 그러나 이때 고려의 영토는 북쪽으로 힘흥(咸興)을 넘지 않았고, 서쪽으로 살수(薩水)를 넘지 않았다. 그 밖은 분명 발해의 옛 땅이었는데, 그들이 내부한 뒤에 누가 끼어들었는지는 자세히 알 수 없다. 발해의 흔적이 이미 사라져 없어졌고, 뒤에는 동여진(東女眞)·서여진(西女眞)·동번(東蕃)·서번(西蕃)의 이름이 흥하였다.

諲譔被滅之後越八年, 其世子大光顯始奔高麗.[甲午歲]
高麗史云, 太祖十七年, 渤海國世子大光顯, 率衆數萬來投. 賜姓名王繼, 附之宗籍, 特授元甫, 守白州[今白川], 以奉其祀.[元甫, 或其子姪名.] 冬, 渤海陳林等一百六十人來附. ○案, 此云世子, 未必是諲譔之子, 或是諲譔之弟, 權立爲王, 至是又敗, 而其子來奔也, 今不可詳.
高麗史云, 太祖四年[渤海破亡之前六年], 黑水阿於間率二百人來投. 十九年, 王率三軍與甄萱觀兵,[萱助王, 討其子神劍.] 大相廋黔弼等, 領黑水達姑鐵勒諸蕃勁騎九

> 千五百. 卄一年, 渤海人朴昇以三千餘戶來投. ○按, 此時渤海雖亡, 其部落聚居, 猶有酋長, 遠相和附, 故以兵來助也.

인선(諲譔)이 멸망당한 지 8년이 지나서 그 세자 대광현(大光顯)이 비로소 고려로 도망쳤다.【갑오년】

『고려사』에 이르기를 태조 17년(934)에 발해국 세자 대광현이 무리 수만 명을 이끌고 투항해 왔다. 왕계(王繼)라는 성명을 하사하여 종적(宗籍)에 붙였다. 특별히 원보(元甫)를 제수하여 백주(白州)【지금의 배천(白川)】를 지키게 하고, 그 제사를 받들게 하였다.【원보는 혹시 그 아들이나 조카의 이름이 아닐까.】 겨울에 발해 진림(陳林) 등 160명이 내부하였다.

○ 생각건대 여기에 세자라고 한 것은 꼭 인선의 아들인 것은 아니다. 혹은 인선의 아우가 권력으로 왕위에 올랐다가, 이에 이르러 또 패하고는 그 아들이 도망 온 것인지 지금은 자세히 알 수가 없다.

『고려사』에 이르기를 태조 4년(921)【발해가 멸망하기 전 6년】에 흑수(黑水)의 아어간(阿於間)이 200명을 거느리고 투항해 왔다. 19년에 왕이 삼군(三軍)을 거느리고 견훤(甄萱)과 함께 군대를 사열했는데,【견훤이 왕을 도와서 그 아들 신검(神劍)을 토벌하였다.】 대상(大相) 유금필(庾黔弼) 등이 흑수(黑水)·달고(達姑)·철륵(鐵勒)[162] 등 여러 번(蕃)의 강한 기병 9,500명을 거느렸다. 21년에 발해인 박승(朴昇)이 3,000여 호를 이끌고 투항해 왔다.

○ 살펴보건대 이때에는 발해가 비록 망했으나, 그 부락이 모여 살았고 분명 추장이 있어 멀리서도 서로 화합하고 따랐기 때문에 군사를 이끌고 와서 도운 것이다.

> 被滅之後卄九年, 渤海酋長有內投柴周者.
> 宋史云, 周世宗顯德初, 渤海酋豪崔烏斯等三十三人來歸.【節】顯德後絶, 不能通中國.

[발해가] 멸망을 당한 후 29년에 발해 추장 중에 시주(柴周)[163]에 투항한 자가 있었다.

---

162) 黑水·達姑·鐵勒은 일반적으로 발해에 복속되어 있었던 세력으로 이해하며, 발해 멸망 전후 발해 유민과 함께 고려로 투항한 세력으로 본다.

『송사』에 이르기를 주(周)나라 세종(世宗) 현덕(顯德, 954~959) 초에 발해의 추호(酋豪) 최오사(崔烏斯) 등 33명이 귀속해 왔다.【절(節)】 현덕 이후에는 끊어져 중국과 왕래하지 못하였다.

> 被滅之後五十六年, 渤海琰府王承宋太宗詔諭.
> 宋史云, 太宗太平興國四年【己卯歲】, 上自將伐契丹, 以渤海降酋大鸞[164]河爲渤海都指揮使. 六年【辛巳歲】, 太宗欲大擧征遼【遼景宗十三年】, 七月丙午, 賜烏舍城淸渝府[165]渤海琰府王, 詔略曰, 蠢玆北戎, 歷世逋誅, 非理搆怨, 輒肆荐食, 日昨出師, 斬獲甚衆. 今欲鼓衆深入, 席卷長驅, 焚其龍庭, 大殲醜類. 素聞爾國密邇寇讎, 迫於呑幷, 力不能制, 因而服屬, 困於率割. 所宜盡出族帳, 佐予兵鋒, 俟其剪滅, 沛然封賞, 朔漠之外, 悉以相與, 勖乃協力, 朕不食言. ○按, 所謂烏舍城淸渝府,[166] 雖非其上京中京, 儼有國王, 統領諸府, 故太宗有是詔也. 帝遠而讎近, 琰王其不應之矣.

[발해가] 멸망당한 후 56년 지나서 발해 염부왕(琰府王)이 송(宋)나라 태종(太宗)의 조유(詔諭)를 받았다.

『송사』에 이르기를 태종 태평흥국(太平興國) 4년(979)【기묘년】에 황제가 스스로 거란을 벌하려고, 발해의 투항 추장 대난하(大鸞河)를 발해도지휘사(渤海都指揮使)로 삼았다. 6년(981)【신사년】 태종이 크게 군사를 일으켜 요나라를 치길 원하였다.【요 경종(景宗) 13년[167]】 7월 병오(丙午)에 오사성(烏舍城) 부유부(浮渝府) 발해 염부왕(琰府王)에게 조서를 내려 대략 말하길 "어리석은 북쪽 오랑캐가 여러 세대에 걸쳐 토벌을 피하였는데, 도리에 맞지 않게 책망하고, 항상 방자하게 굴며 계속 잠식하였다. 일전에 군사를 보내어 베고 사로잡은 무리가 많았다. 지금 무리를 북돋아 깊이 들어가서 자리를 말듯이 멀리 쫓아, 그 궁궐을 불태우고

---

163) 중국 오대십국시대 後周의 별칭.
164) '鵞' → '鸞'.
165) '淸渝府' → '浮渝府'.
166) '淸渝府' → '浮渝府'.
167) 요 경종 3년이 맞다.

못된 무리를 크게 섬멸하고자 한다. 일찍이 듣길 너희 나라가 매우 가까워 노략질하는 원수가 되었고, 집어 삼키려고 압박하는데도 힘으로 제어할 수 없으므로 복속되어 찢김에 시달린다 하였다. 마땅히 모든 족장(族帳)이 나와서 병사의 선봉이 되어 나를 도와야 할 것이다. 그들이 멸망하길 기다려서 당연히 책봉과 상을 줄 것인데, 북방의 사막 밖은 모두 함께하여 힘써 협력하라. 짐(朕)은 식언하지 않는다."라고 하였다.

○ 살펴보건대 이른바 오사성 부유부는 비록 상경·중경은 아니지만, 엄연히 국왕이 거느리는 여러 부(府)가 있기 때문에 태종의 이런 조서가 있었던 것이다. 황제는 멀고 원수는 가까워 염왕(琰王)이 응하지는 않았을 것이다.

> 後十年, 宋太宗以渤海不通朝貢, 詔女眞攻之.【辛卯歲】
> 宋史云, 太宗淳化二年冬, 以渤海不通朝貢, 詔女眞攻之. ○按, 女眞者, 渤海之變名也, 女眞旣盛, 則勃海之衰, 可知. 然有國有王, 有足責勵, 故太宗有是詔也.

그 후 10년 송나라 태종은 발해의 조공이 통하지 않으므로, 여진(女眞)에게 조서를 내려 그를 공격하게 하였다.【신묘년】

『송사』에 이르기를 태종 순화(淳化) 2년(980) 겨울에 발해의 조공이 통하지 않으므로 여진에 조서를 내려 그를 공격하게 하였다. ○ 살펴보건대 여진은 발해의 바뀐 이름이다. 여진이 이미 강성해지고 발해가 쇠약해졌음을 알 수가 있다. 그러나 나라가 있고 임금이 있어 질책하기도 격려하기도 할 만하였기 때문에, 태종이 이런 조서를 내린 것이다.

> 後卄八年, 渤海又遘契丹之兵禍.【戊午歲】
> 遼史云, 聖宗開泰七年,【宋眞宗祥符十一年, 高麗顯宗之九年.】 親征渤海. ○按, 渤海此時有國有王, 故契丹之兵, 得稱親征.

그 후 28년 발해가 다시 거란에게 병화(兵禍)를 당하였다.【무오년】

『요사』에 이르기를 성종(聖宗) 개태(開泰) 7년(1018)【송 진종(眞宗) 상부(祥符) 11년, 고려 현종 9년】에 친히 발해를 정벌하였다. ○ 살펴보건대 발해가 이때에 나라가 있고 임금이 있었기 때문에 거란의 군사가 친히 정벌했다고 말할 수 있었다.

後十二年【己巳歲】, 渤海被滅之後百有四年, 渤海宗室大延琳殺契丹東京留守, 自立爲王, 尋亦敗死.

遼史云, 聖宗太平九年【宗[168)]仁宗天聖七年, 麗顯宗二十年】秋八月, 東京【今遼陽城】舍利軍詳穩大延琳【卽渤海高王七歲孫】, 囚留守駙馬都尉蕭孝先, 遂僭位號, 其國爲興遼, 年爲天慶.【高麗史作天興】時南北女眞皆從延琳, 高麗亦稽其貢. 冬十月, 以蕭孝穆爲都統以討之. ○十年八月, 擒大延琳, 渤海平. ○按, 大延琳不自立爲渤海國王, 或者渤海自有王, 故別建國號歟, 不然, 遼聖宗親征之年【宋祥符十一年】, 渤海再亡也. 高麗史顯宗二十年【遼太平九年】九月, 契丹東京將軍大延琳, 遣大府丞高吉德, 告建國兼求援, 延琳渤海始祖大祚榮七代孫, 叛契丹, 國號興遼, 建元天興.【續綱目云, 延琳因民怨思亂, 遂囚留守.】 十二月, 興遼國太師大延定引東北女眞, 與契丹相攻, 遣使乞援, 王不許.【自此路梗, 與契丹不通.】命西北面兵馬判事柳韶, 赴鎭以備興遼. ○卄一年, 興遼遣使, 賫表來乞援. 九月, 興遼使來告急, 尋聞國亡, 留不歸.【是月, 遣使如契丹, 賀收復東京.】契丹遣使來詔曰, 近不差人往還, 應爲路梗, 今渤海僞主, 俱遭圍閉, 並已歸降, 宜遺陪臣, 速來赴國, 必無虞慮.

繹史云, 忽汗城旣破, 渤海遂殘然, 而遼史稱太祖有英雄之度, 以其滅渤海, 而存其族帳, 亞于逍遙輦也.【遼史儀衛志, 常用逍遙輦, 屋塗金, 輦官十二人.】遼制, 管押司有東北渤海部西北渤海部. 太宗時, 治渤海人, 一依漢法, 餘無所改其俗焉. 宋史宋琪傳, 琪論邊事曰, 渤海兵馬土地, 盛於奚帳, 雖勉事契丹, 俱懷殺主破國之怨. 延琳之亂, 卽其明驗也. ○又云, 耶律氏旣徙渤海名帳于內地, 置渤海軍詳穩及渤海軍都指揮使司, 屬遼陽路, 以控制高麗女眞, 有事則徵發.【如天慶四年, 女眞攻江寧州, 遣海州刺史高仙壽, 統渤海軍應援之類.】凡徵諸道兵, 唯渤海兵馬, 雖奉詔, 未敢發, 必以聞, 上遣大將持金魚符, 合然後行. 凡行師對敵, 渤海軍常居前最強. 又置渤海帳司, 其官屬, 有渤海宰相【如太平八年, 以渤海宰相羅漢, 權東京統軍使之類也.】渤海

---

168) '宗' → '宋'.

太保【太平九年, 渤海太保夏行美之類】渤海檛馬【見統和十二年.】及渤海近侍詳穩司.
【統和九年, 高清明居之.】聖宗開泰八年, 又置東京渤海承奉官,【官有都知押班等.】以
統之.【奚王回离保僭号, 又置渤海樞密院.】由是觀之, 渤海王諲譔以後, 其近於遼瀋
者, 服屬契丹, 唯僻遠舊部, 私立君長, 如琰府王之類, 時有時無也.

그 후 12년【기사년】 발해가 멸망한 지 104년이다. 발해의 종실(宗室) 대연림(大延琳)이 거란의 동경유수(東京留守)를 죽이고 스스로 왕이 되었으나 얼마 안 되어 다시 패해 죽었다. 『요사』에 이르기를 성종(聖宗) 태평(太平) 9년(1029)【송 인종(仁宗) 천성(天聖) 7년, 고려 현종 20년】 가을 8월에 동경【지금의 요양성(遼陽城)】의 사리군상온(舍利軍詳穩) 대연림(大延琳)【곧 발해 고왕의 7세손】이 유수인 부마도위(駙馬都尉) 소효선(蕭孝先)을 가두고는 참람하게 위호(位號)를 쓰고, 그 나라를 흥료(興遼)라고 하고 연호를 천경(天慶)【『고려사』에는 천흥(天興)】이라고 하였다. 이때에 남·북 여진이 모두 연림을 따랐고, 고려 역시 그 공물을 헤아렸다. 겨울 10월에 소효목(蕭孝穆)을 도통(都統)으로 삼아 그를 치게 하였다. ○ 10년(1030) 8월에 대연림을 사로잡고 발해를 평정하였다.

○ 살펴보건대 대연림이 스스로 왕위에 올라 발해국왕이라고 하지 않은 것은, 혹여 발해 스스로 왕이 있기 때문에 따로 나라 이름을 정한 것인지도 모르겠다. 그렇지 않다면 요나라 성종(聖宗)이 친히 정벌하던 해【송 상부(祥符) 11년(1018)】에 발해가 다시 망했다는 것이다. 『고려사』에 현종 20년(1029)【요 태평 9년】 9월에 거란의 동경장군(東京將軍) 대연림이 대부승(大府丞) 고길덕(高吉德)을 보내 나라를 세웠음을 아뢰고 겸해서 구원을 청하였다. 연림은 발해 시조 대조영(大祚榮)의 7대손인데 거란을 배반하고, 나라 이름을 흥료라 하고 연호는 천흥(天興)이라 하였다.【『속강목』에 이르기를, 연림이 백성들이 노하여 반란을 생각하자, 마침내 유수를 가두게 되었다.】 12월에 흥료국 태사(太師) 대연정(大延定)이 동북여진(東北女眞)을 이끌고 거란과 서로 공격하면서 사신을 보내 구원을 청했으나, 왕은 허락지 않았다.【이때부터 길이 막히고, 거란과 통하지 않았다.】 서북면병마판사(西北面兵馬判事) 유소(柳韶)에게 명하여, 진영에 나아가 흥료를 방비하도록 하였다. ○ 21년(1030)에 흥료가 사신을 보내 표문을 바치고 원조를 청하였다. 9월에 흥료의 사신이 와서 위급함을 고하였는데, 나라가 망했다는 말을 듣고는 머물러 돌아가지 않았다.【이달에 거란에 사신을 보내 동경을 회복한

것을 축하하였다.】 거란이 사신을 보내 조서로 말하길, "근래에 사신을 보내 왕래하지 않은 것은 필시 길이 막혀서이다. 지금 발해의 가짜 임금이 모두 꼼짝없이 막혀 항복했으니 마땅히 배신(陪臣)을 보내 속히 나라에 오도록 하면 반드시 걱정이 없을 것이다."라고 하였다.

『역사(繹史)』에 이르기를 홀한성(忽汗城)이 격파되어, 발해가 마침내 쇠잔해졌다. 그리고 『요사』에는 태조(太祖)가 영웅의 기량이 있다고 하였다. 발해를 멸망시켰으나, 그 족장(族帳)을 보존시키고 요련(遙輦)에 버금가게 하였다.【『요사』「의위지(儀衛志)」에 보면 항상 소요연을 썼다고 했는데, 실(室)에 금(金)을 칠하였다. 연관(輦官)은 12명이다.】 요나라 제도에 관압사(管押司)는 동북 발해부와 서북 발해부가 있었다. 태종 때에 발해인을 다스림에 있어서 한법(漢法)에 의지하고 나머지는 그 풍속을 고친 것이 없었다.

『송사』「송기전(宋琪傳)」에 기(琪)가 변방 일을 의논하며 말하길, "발해의 병마(兵馬)와 토지가 해장(奚帳)에서 성하며 비록 거란을 힘써 섬겼으나, 모두 임금을 죽이고 나라를 깨뜨린 원한을 품었으니, 연림의 난(亂)이 바로 그 명확한 증거다."라고 하였다.

○ 또 이르기를 야율씨(耶律氏)가 이미 발해의 명장(名帳)을 내지로 옮겼다. 발해군상온(渤海軍詳穩)과 발해군도지휘사사(渤海軍都指揮使司)를 두어 요양로(遼陽路)에 소속시키고 고려와 여진을 공제하게 했으며 일이 있으면 징발하였다.【천경(天慶) 4년에 여진이 강녕주(江寧州)를 공격하자, 해주자사(海州刺史) 고선수(高仙壽)를 보내 발해군을 통솔하고 응원하게 한 것과 같다.】

무릇 여러 도(道)의 군사를 징발할 때, 오직 발해의 병마는 비록 조서를 받들더라도 감히 군사를 내지 못하고, 반드시 묻고 황제가 대장을 보내 금어부(金魚符)를 맞춰 본 뒤에야 행하였다. 대체로 행군하며 적을 상대할 때에는 발해군이 항상 앞에 섰고 가장 강했다. 또 발해장사(渤海帳司)를 두었는데, 그 관속(官屬)에는 발해재상(渤海宰相),【가령 태평 8년(1028) 발해재상 나한(羅漢)으로 권동경통군사(權東京統軍使)를 삼은 것이다.】 발해태보(渤海太保)【태평 9년 발해태보 하행미(夏行美)와 같은 부류】, 발해달마(渤海撻馬)【통화(統和) 12년(994)에 보인다.】 및 발해근시(渤海近侍)인 상온사(詳穩司)【통화 9년(991) 고청명(高淸明)이 그곳에 머물렀다.】가 있었다. 성종(聖宗) 개태(開泰) 8년(1019)에 또 동경에 발해승봉관(渤海承奉官)【벼슬에는 도지(都知)·압반(押班) 등이 있다.】을 두어 이로써 통솔하게 하였다.【해왕(奚王) 회리보(回离保)가 참칭하고, 또 발해추밀원(渤海樞密院)을 두었다.】 이로써 보면 발해왕 인선 이후로 그 요심(遼瀋)에 가까운 곳은 거란에 복속했지만, 오직 궁벽하고 먼 옛 부(部)는 사사로이 군장을 세웠는데, 염부왕(琰府王) 같은 부류로 있을 때도 있고 없을 때도 있었다.

渤海遺種, 歸服高麗者, 久而不熄.
高麗史云, 景宗四年【高麗開國六十二年】, 渤海人數萬來投. ○顯宗五年【宋眞宗祥符七年】, 鐵利國主那沙【今豆滿河北】使女眞萬豆, 來獻馬及貂鼠青鼠皮.【通考云, 宋開寶五年, 鐵利王子貢馬布及膃肭臍.】○九年, 定安國人骨須來奔. ○十一年, 弗奈國酋長沙詞門【卽渤海時拂涅部】, 遣女眞人來獻土物. ○十二年, 鐵利國遣使, 表請歸附如舊. 十三年, 鐵利國首領那沙遣黑水人, 來獻土物. 十一年, 鐵利國主那沙, 遣女眞來獻貂皮, 請曆日, 許之.【德宗元年二年, 亦鐵利國遣使修好.】○按, 此時, 黑水靺鞨來投者朝獻者, 亦歲歲相續, 本是別種, 故不錄之. 蓋自諲譔失國之後, 東北部西北部, 土崩瓦解, 改稱女眞, 雖鐵利拂奈, 別稱舊號, 不敢冒渤海州府之制也. ○又按, 定安國, 亦渤海遺種, 其地北鄰夫餘, 東接女眞.【女眞朝宋者, 路由定安.】其王名曰烈萬華, 曰烏玄明者, 當宋太宗時, 因女眞上表, 自稱高麗舊壤, 渤海遺黎, 後亦無聞焉.【東史云, 馬韓遺種, 爲契丹所攻破, 其酋糾合餘衆, 保於西鄙, 建國改元, 号曰定安. 宋太宗時, 上表云, 夫餘府背契丹, 而歸本國, 請助討契丹, 以報夙怨. 其後必爲契丹所敗, 故來奔高麗.】

발해의 남겨진 종족으로 고려에 귀복하는 자들이 오랫동안 그치지 않았다.

『고려사』에 이르기를 경종(景宗) 4년(979)【고려 개국 62년】에 발해인 수만 명이 투항해 왔다. ○ 현종(顯宗) 5년(1014)【송 진종(眞宗) 상부(祥符) 7년】에 철리국주(鐵利國主) 나사(那沙)【지금의 두만강 북쪽】가 여진 만두(萬豆)를 시켜 말과 담비·청서(靑鼠) 가죽을 가지고 와서 바쳤다.『통고』에 이르기를 송 개보(開寶) 5년(972)에 철리 왕자가 말과 베와 해구신을 바쳤다.】 ○ 9년(1018)에 정안국(定安國) 사람 골수(骨須)가 도망쳐 왔다. ○ 11년(1020)에 불나국(弗奈國) 추장 사사문(沙詞門)【즉 발해 때 불열부(拂涅部)】이 여진인을 보내 토산물을 바쳤다. ○ 12년(1021)에 철리국이 사신을 보내 옛날과 같이 귀부하기를 청하였다. 13년(1022)에 철리국 수령 나사가 흑수인(黑水人)을 보내 토산물을 바쳤다. 21년(1030)에 철리국주 나사가 여진인을 보내 담비가죽을 바치고 역일(曆日)을 청하자 이를 허락하였다.【덕종 원년(1032)과 2년(1033)에도 철리국이 사신을 보내 우호를 닦았다.】

○ 살펴보건대, 이때에 흑수말갈(黑水靺鞨)로 투항하거나 조공을 바친 자가 역시 해마다 이어졌지만, 본래 별종(別種)인 까닭에 기록하지 않았다. 대개 인선(諲譔)이 나라를 잃은 뒤로부터 동북부와 서북부가 흙처럼 무너지고 기왓장처럼 부서져서, 여진이라고 고쳐 불렀다. 비록 철리나 불나가 따로 옛 이름을 썼으나, 발해의 주(州)·부(府) 제도를 함부로 덮어 쓰지는 못하였다. ○ 또 살펴보건대 정안국 또한 발해의 남은 종족이었다. 그 땅은 북쪽으로 부여(夫餘)와 이웃하였고, 동쪽으로 여진과 접하였다.【여진이 송에 조공할 때 길이 정안을 거친다.】 그 왕의 이름이 열만화(烈萬華)라고 하고 오현명(烏玄明)이라고 한 이들은 송나라 태종 때에 해당한다. 여진을 통해 표문(表文)을 올려 스스로 고구려의 옛 땅, 발해의 남은 백성이라고 일컫더니, 그 뒤로는 또한 들리는 바가 없었다.【『동사(東史)』에 이르기를 마한(馬韓)의 남은 종족[169]이 거란의 공격으로 깨지고, 그 추장이 남은 무리를 모아서 서쪽 변두리를 지켜 나라를 세우고 연호를 고치고, 이름을 정안이라 불렀다. 송나라 태종 때에 표문을 올려 부여부(夫餘府)가 거란을 배반하고 본국으로 돌아갔으니 거란을 토벌하는 것을 도와주어, 이로써 묵은 원한을 풀 수 있도록 청하였다. 그 뒤에 결국 거란에 패하게 되자 고려로 도망하여 왔다.】

大延琳後八十七年【宋徽宗政和五年】, 渤海古欲叛遼爲王, 渤海舊國, 亦立大氏爲王. 厥明年, 渤海高永昌叛遼爲王, 尋爲金人所敗. 自茲以後, 遼亡金興, 而渤海遺帳, 亦盡滅而無聞矣.

遼史云, 遼末帝天祚天慶五年【金太祖收國元年, 麗睿宗十年乙未】二月, 饒州渤海古

---

[169] 발해국의 후예인 정안국을 마한의 종족으로 설명한 것은, 고구려 멸망 전후 형성된 '마한이 고구려가 되었다'라는 삼한관의 영향이다. 이러한 인식이 정안국을 세운 발해 유민과 송나라에도 영향을 주고, '고구려(마한) → 발해 → 정안국'으로 이어지는 역사계승의식이 나타난 것으로 보인다(이효형, 2006, 8쪽). 신라인 최치원의 경우, '마한이 고구려, 변한이 백제, 진한이 신라'라고 보는 三韓觀을 보이는데, 이러한 인식은 『삼국사기』, 『삼국유사』를 비롯하여 고려와 조선 전기까지 영향을 주었다. 韓百謙(1552~1615)이 지은 『東國地理志』와 『東京雜記』 등에서 최치원의 삼한설이 부정된 뒤 실학자들에 의해 '마한은 백제, 변한은 가야, 진한은 신라'라는 견해가 정설화되었다(金炳坤, 2005).

欲等反, 自稱大王. ○外史云, 天祚之亂, 其聚族立姓大者於舊國爲王, 金人討之, 軍未至, 其貴族高氏棄家來降, 言其虛實, 城遂陷.【松漠紀聞】○按, 舊國似是上京【忽汗城】, 立大氏爲王, 乃旣絶累世而立之也. 饒州古欲別是一事.

高麗史, 睿宗十一年【遼末帝天慶六年】, 遼東京渤海人作亂, 殺留守蕭保先, 立供奉官高永昌爲渤海皇帝, 國號大元, 建元隆基. ○十二年三月, 遼來遠城移牒曰, 女眞背亂, 幷東京渤海, 續有背叛. 遂以來遠抱州二城歸之.

遼史云, 天慶六年春正月丙寅朔, 東京夜有惡少年十餘人, 乘酒執刃, 踰垣入留守府【遼陽州】, 刺殺留守蕭保先. 其裨將渤海高永昌僭號, 稱隆基元年. 閏月, 遣蕭韓家奴張琳討之. ○四月, 蕭韓家奴等復爲永昌所敗.【蕭韓家奴嘗云, 渤海女眞高麗合縱連橫.】○五月, 淸暑散木原女眞[170]軍攻下瀋州, 復陷東京, 擒高永昌.【東京州縣族人等, 皆降女眞.】○金史云,【宗幹傳】太祖伐遼【金太祖阿骨打】, 宗幹先往, 渤海軍馳突, 而前左翼七謀克少却, 遂犯中軍.【渤海軍最勇先登故.】

繹史云, 渤海軍最强勇, 金初, 慮其難制, 常招來懷柔. 太祖敗遼兵于境上, 使梁福幹答剌,[171] 招誘渤海人曰, 女眞渤海本同一家, 蓋其初皆勿吉之七部也. 收國二年【卽天慶六年】詔, 自今渤海部民, 已降或俘獲, 官其酋長, 且使從宜居處. ○天輔二年【宋徽年[172]重和元年】, 以渤海軍置八猛安.【是年七月, 詔曰, 渤海大家奴謀克貧乏之民, 皆嘗給以官糧, 置之漁獵之地, 今已久, 不知登耗, 可具其數以聞.】又置東京路渤海萬戶.【金史, 世宗時, 高松充管押東京路渤海萬戶.】以相統攝. 迨夫國勢寢盛, 則皇統五年【宋高宗紹興十五年乙丑】, 罷遼東渤海漢人承襲猛安謀克之制, 漸移兵柄, 歸其內族.【金人之族也. 食貨志, 凡漢人渤海人不得充猛安謀克戶.】九年八月,【金熙宗】從宰臣之議, 徙遼陽渤海之民於燕南, 自兹以後, 渤海之種, 遂絶無聞矣.

外史云,【松漠紀聞】天祚之亂, 渤海舊國復立大氏爲王, 金人討之.【已見前.】城旣陷, 契丹所遷民益繁, 至五千餘戶, 勝兵可三萬, 金人慮其難制, 頻年轉成山東, 每徙不過數百家.【契丹舊爲東京, 置扶蘇等州, 蘇與登州靑州相直, 每大風順, 隱隱聞雞犬

---

170) '女其' → '女直'.
171) '幹答剌' → '斡答剌'.
172) '年' → '宗'.

> 聲.】至辛酉歲【金熙宗皇統元年】, 盡驅以行, 其人大怨. 富室安居, 踰二百年, 往往爲園池, 植牡丹, 多至三二百本, 有數十幹叢生者, 皆燕地所無, 纏以十數千或五千, 賤貿而去.【案此言, 忽汗城多牡丹.】○按此文, 渤海上京, 初滅於天顯, 卒亡於金人, 辛酉之歲【宋高宗紹興十一年】, 其間相距二百十有六年【丙戌至辛酉】.
> 繹史云, 渤海本靺鞨之粟靺部, 臣屬於句麗, 及句麗滅, 其人多入於唐, 而諸部分散, 迸入渤海. 又有拂涅懿婁[173]越喜鐵利等部, 唐初通使中國, 及渤海強盛, 皆服屬而置郡. ○東史云, 大祚案[174]本句麗舊將, 唐滅句麗, 徙其人於隴右河南. 祚榮收逋殘, 保太白山, 又附新羅, 受五品大阿飡之秩. 其後盡據句麗靺鞨之地, 地方五千里, 西通上國, 南聘新羅, 北捍契丹, 東使日本, 雄視東北之奧, 殆三百年, 所以稱海東盛國也. ○案, 大祚榮, 無遠仕新羅之理, 大阿飡之說, 似係東人夸誕也.

대연림(大延琳)의 뒤로 87년 지나서【송나라 휘종(徽宗) 정화(政和) 5년(1115)】발해의 고욕(古欲)이 요나라를 배반하고 왕이 되었다. 발해 구국(舊國)에서도 역시 대씨(大氏)를 세워 왕으로 삼았다. 이듬해에 발해의 고영창(高永昌)이 요나라를 배반하고 왕이 되었는데 얼마 안 되어 금나라 사람에게 패하였다. 이때 이후로 요나라가 망하고 금나라가 일어나서, 발해의 남은 장막 또한 모두 없어져 들리는 바가 없었다.

『요사』에 이르기를 요나라 마지막 황제인 천조제(天祚帝) 천경(天慶) 5년(1115)【금 태조 수국(收國) 원년, 고려 예종 10년】2월에 요주(饒州)의 발해인 고욕 등이 반란을 일으켜 스스로 대왕이라 일컬었다. ○『외사(外史)』에 이르기를 천조(天祚)의 난리 때 모인 족속들이 성이 대씨인 사람을 구국에서 세워 왕으로 삼았다. 금인(金人)이 이를 토벌하는데, 군사가 이르기 전에 그 귀족인 고씨(高氏)가 집을 버리고 투항하여, 그 허실을 말하자 성이 마침내 함락되었다.【『송막기문(松漠紀聞)』】

○ 살펴보건대 구국은 상경(上京)【홀한성】인 듯하다. 대씨를 세워 왕으로 삼은 것은, 이미 끊어진 지 여러 세대가 지난 것을 세운 것이다. 요주의 고욕은 다른 일이다.

『고려사』에 예종(睿宗) 11년(1116)【요 말제 천경 6년】에 요나라 동경(東京)에서 발해인이

---

173) '懿婁' → '虞婁'.
174) '祚案' → '祚榮'.

난리를 일으켜 유수(留守) 소보선(蕭保先)을 죽이고 공봉관(供奉官) 고영창을 세워서 발해 황제를 삼았다. 국호를 대원(大元)이라 하고, 연호를 세워 융기(隆基)라 하였다. ○ 12년 3월에 요나라 내원성(來遠城)이 이첩(移牒)하여 말하길 "여진이 배반하여 난리를 일으키자 아울러 동경의 발해도 더불어 배반하므로, 마침내 내원(來遠)·포주(抱州) 두 성을 돌려보낸다."라고 하였다.

『요사』에 이르기를 천경 6년(1116) 봄 정월 병인(丙寅) 초하루에 동경에서 밤에 불량소년 10여 명이 술을 마신 뒤 칼을 쥐고 담을 넘어 유수부(留守府)【요양주(遼陽州)】에 들어가 유수 소보선을 찔러 죽였다. 그 비장(裨將) 발해 고영창이 참호(僭號)하고 융기 원년이라 일컬었다. 윤월(閏月)에 소한가노(蕭韓家奴)와 장림(張琳)을 보내 그를 토벌하였다. ○ 4월에 소한가노 등이 다시 영창에게 패하였다.【소한가노가 일찍이 말하길 "발해·여진·고려가 합종연횡(合從連橫)한다."라고 하였다.】 5월에 청서산목원(淸暑散木原)의 여진 군대가 심주(瀋州)를 쳐 함락시키고, 다시 동경을 함락시켜 고영창을 붙잡았다.【동경 주현의 족인(族人) 등이 모두 여진에 항복하였다.】

○ 『금사(金史)』【종간전(宗幹傳)】에 이르기를 태조【금 태조 아골타(阿骨打)】가 요를 쳤다. 종간이 먼저 가서 발해군(渤海軍)과 격돌하였고, 전좌익(前左翼) 칠모극(七謀克)이 조금 물러나므로 드디어 중군(中軍)을 침범하였다.【발해군이 가장 용맹하여 선봉에 선 까닭이다.】

『역사(繹史)』에 이르기를 발해군이 가장 강하고 용맹하였다. 금나라 초기에 이를 제어하기 어려울까 걱정하여 항상 불러와서 회유하였다. 태조가 요나라 군사를 국경에서 물리치는데, 양복(梁福)과 알답자(斡答刺)로 하여금 발해 사람을 불러 말하길 "여진과 발해는 본래 한집안 으로, 모두 처음에는 물길(勿吉)의 7부(部)였다."라고 하였다. 수국(收國) 2년(1116)【곧 천경 6년】에 조서로 "지금부터 발해 부민(部民)으로 이미 항복하거나 붙잡힌 자들은 그 추장에게 벼슬을 주고 또 마땅한 곳에 거처하게 한다."라고 하였다.

○ 천보(天輔) 2년(1118)【송 휘종(徽宗) 중화(重和) 원년】에 발해군으로 팔맹안(八猛安)을 두었고,【이해 7월에 조서로 "발해 대가노(大家奴) 모극(謀克)은 가난한 백성으로, 모두 일찍이 관청의 곡식을 나누어 주고 물고기 잡고 사냥할 수 있는 땅에 두었는데, 이미 오래되어 증감을 알지 못하니 그 수를 갖추어 아뢰도록 하라."라고 하였다.】 또 동경로(東京路)에 발해 만호(渤海萬戶)를 두어【『금사』에, 세종 때 고송(高松)이 관압동경로발해만호(管押東京路渤海萬戶)였다.】 이로써 서로 통치하게 하였다. 나라의 형세가 점점 강성해지자 곧 황통(皇統)

5년(1145)【[남]송 고종(高宗) 소흥(紹興) 15년 을축】에, 요동의 발해인과 한인(漢人)의 맹안과 모극을 세습하던 제도를 없애고, 점차 병권을 옮겨 그 내족(內族)에게 돌아가게 하였다.【금나라 족속을 말한다. 「식화지」에 무릇 한인과 발해인은 맹안과 모극 호(戶)에 충당되지 못하였다.】 9년(1149) 8월【금 희종(熙宗)】에 재신(宰臣)들의 의논을 좇아서 요양(遼陽)의 발해 백성을 연남(燕南)으로 옮겼다. 이 이후로는 발해의 종족이 마침내 끊어져서 들리는 바가 없었다.

『외사』에 이르기를【『송막기문』】 천조(天祚)의 난리 때 발해 구국에서 다시 대씨를 세워 왕으로 삼았는데, 금나라 사람이 이를 쳤다고 하였다.【이미 앞에 보인다.】 성이 함락되고 거란이 옮겨 놓은 백성이 더욱 번창하여 5000여 호에 이르고 정예병이 3만이나 되었다. 금나라 사람이 이를 제어하기 어려울까 걱정하여 해마다 산동(山東)으로 옮겨 주둔하게 했으나 한번 옮길 때 몇백 집에 불과하였다.【거란이 예전에 동경으로 삼고, 부주(扶州)와 소주(蘇州) 등의 주(州)를 두었는데, 소주는 등주(登州), 청주(靑州)와 가까워 큰 바람이 불어오는 것을 따라 은은히 닭과 개의 소리가 들려왔다.】 신유년(1141)【금 희종 황통(皇統) 원년】에 이르러 모두 몰고 가자, 그 사람들이 크게 원망하였다. 부유한 집은 편안히 거한지 200년이 넘었고, 이따금 원지(園池)를 두고 모란을 심었다. 많으면 2, 3백 포기에 이르렀고, 수십 줄기가 떨기로 난 것도 있었다. 모두 연(燕) 지역에는 없는 것이어서, 겨우 1만여나 혹은 5천에 싸게 팔고 갔다.【생각하기에 이 말은 홀한성에 모란이 많았다는 것이다.】

○ 이 글을 살펴보면, 발해 상경은 처음 [요나라] 천현(天顯) 연간에 멸망하고, 금나라 사람에게 신유년에 망했으니【송 고종 소흥 11년(1141)】, 그 사이가 216년【병술년(926)에서 신유년까지】이었다.

『역사』에 이르기를 발해는 본래 말갈의 속말부(粟末部)로, 고구려에 신속(臣屬)하였다. 고구려가 멸망하자 그 사람들이 당나라에 많이 들어갔고, 여러 부(部)는 분산되어 발해로 들어갔다. 또 불열(拂涅)·우루(虞婁)·월희(越喜)·철리(鐵利) 등의 부는 당에 처음에는 사신을 보내다가 발해가 강성해지자 모두 복속하여 군(郡)을 두었다.

○『동사』에 이르기를 대조영(大祚榮)은 본래 고구려의 옛 장수였다. 당나라가 고구려를 멸망시키고 그 사람들을 농우(隴右)와 하남(河南)으로 옮기자, 조영은 도망쳐 남은 무리를 거두어 태백산을 차지하고 또 신라에 붙어서 5품 대아찬(大阿飡)의 질(秩)을 받았다. 그 뒤에 고구려와 말갈의 땅을 모두 점령하니 땅이 사방 5천 리였다. 서쪽으로 상국(上國)에 통하고 남쪽으로 신라와 빙문(聘問)하며, 북쪽으로 거란을 막고 동쪽으로 일본에 사신을 보내었다.

동북쪽의 깊은 곳에서 웅거하며 내려다본 지 3백 년 가까이 되었으니, 이른바 해동성국(海東盛國)이라고 부른다.

○ 생각건대, 대조영이 멀리 신라에 벼슬했을 리가 없다. 대아찬이라는 설은 동인(東人)이 과장한 것인 듯하다.

○ 권4, 발해속고(渤海續考), 발해세가(渤海世家)

【附見】洪大提學【奭周】渤海世家【敍事有法, 故錄之, 其有小差者, 微刪之.】

靺鞨之種, 有曰粟末, 大氏常附高句麗, 或曰高句麗之別種也. 高句麗旣滅, 徙其民於河南隴右, 其舊將大祚榮帥衆, 保太伯山東北, 尋徙挹婁之東牟山, 其地直營州東二千里, 高句麗遺民多歸之, 號其國曰震朝. 或曰, 武氏萬歲通天中, 契丹陷營州, 有舍利乞乞仲象者, 與靺鞨酋乞四比羽, 東走渡遼水, 保太白山之東北, 阻奧婁河自固. 武后封比羽爲許國公, 仲象爲震國公, 赦其罪而比羽不受命. 武后乃遣將軍李楷固等, 擊殺比羽, 而仲象亦病死, 其子祚榮遁, 楷固引兵, 窮追度天門嶺, 爲祚榮所敗, 祚榮遂幷有比羽之衆及高句麗靺鞨兵, 合四十萬人, 自立爲震國王. 會契丹突厥相連, 而中國之路不通于遼東. 祚榮於是盡得高句麗浿水以北故地, 扶餘沃沮肅愼之土, 皆隷焉, 地方五千里, 戶十餘萬云. 大氏其人皆中國之餘, 頗知書契禮樂制度, 多倣中國者. 中宗時, 使侍御史張行岌, 招慰其王, 王遣子入侍. 睿宗時, 遣使冊王爲左驍衛大將軍忽汗州都督, 封渤海郡王, 自是始稱其國曰渤海.

【덧붙여 봄】홍(洪) 대제학(大提學)【석주(奭周)】의 『발해세가(渤海世家)』【사건을 서술하는 방법에 있어 옛 기록의 작은 실수를 조금 고쳤다.】

말갈(靺鞨)의 종류에 속말(粟末)이 있다. 대씨(大氏)가 항상 고구려에 붙었기 때문에 혹은 고구려의 별종(別種)이라고도 한다. 고구려가 멸망한 뒤 그 백성을 하남(河南)과 농우(隴右)로 옮기니, 그 옛 장수 대조영(大祚榮)이 무리를 거느리고 태백산(太伯山) 동북쪽을 지켰고, 얼마 안 되어 읍루(挹婁)의 동모산(東牟山)으로 옮겼다. 그 땅은 바로 영주(營州) 동쪽 2천

리에 있다. 고구려 유민(遺民)들이 많이 돌아오므로, 그 나라의 이름을 진조(震朝)라고 하였다. 혹은 말하기를 무씨(武氏)의 만세통천(萬歲通天) 연간에 거란이 영주를 함락시키자, 사리(舍利) 걸걸중상(乞乞仲象)이라는 자가 말갈 추장 걸사비우(乞四比羽)와 함께 동쪽으로 달아나 요수(遼水)를 건너서 태백산의 동북쪽을 지켰다. 오루하(奧婁河)를 막아서 스스로 견고하게 하였다. 무후(武后)가 비우를 봉해 허국공(許國公)으로 삼고 중상을 진국공(震國公)으로 삼아 그 죄를 용서하였다. 그러나 비우가 명령을 받지 않으므로 무후가 장군 이해고(李楷固) 등을 보내 비우를 쳐서 죽였다. 그리고 중상이 또한 병으로 죽자, 그 아들 조영이 도망쳤다. 해고가 군사를 이끌고 바짝 쫓아 천문령(天門嶺)을 넘었으나, 조영에게 패하였다. 조영이 드디어 비우의 무리와 고구려·말갈 군사를 아울러 40만 명을 합치고, 스스로 왕위에 올라 진국왕(震國王)이 되었다. 마침 거란이 돌궐과 서로 손을 잡자, 중국의 길이 요동과 통하지 못하였다.

조영이 이에 고구려 패수(浿水) 이북의 옛 땅을 모두 얻었고, 부여(扶餘)·옥저(沃沮)·숙신(肅愼)의 땅을 모두 예속시켰다. 땅이 사방 5천 리요, 호가 10여만이라고 하였다. 대씨의 사람들은 모두 중국의 나머지로 자못 글을 알았고 예악(禮樂)의 제도가 중국을 모방한 것이 많았다. 중종(中宗) 때에 시어사(侍御史) 장행급(張行岌)을 시켜 그 왕을 불러 위로하자, 왕이 아들을 보내 입시(入侍)하게 하였다. 예종(睿宗) 때에는 사신을 보내 왕을 좌효위대장군(左驍衛大將軍) 홀한주도독(忽汗州都督)으로 삼고 발해군왕(渤海郡王)에 봉하였다. 이로부터 비로소 그 나라를 일컬어 발해(渤海)라고 불렀다.

玄宗開元七年, 王薨, 在位蓋二十餘年, 諡曰高王. 子武藝立, 益斥大土宇, 南與新羅, 以泥河爲界, 東窮大海, 西薄契丹, 東北諸夷, 皆畏而臣之, 於是改元仁安. 未幾黑水靺鞨使者入中國, 天子以其地建黑水州, 置長史以總之. 王召其下謀曰, 黑水始假道於我, 與唐通, 凡有事, 皆先告我, 今請唐官, 而不吾告, 是謀我也. 乃遣其弟門藝及其舅任雅相, 發兵擊黑水. 門藝嘗質京師, 知中國事, 乃諫王曰, 黑水請吏于天子, 而我擊之, 是背天子也. 且王獨不見高句麗之亡乎, 高句麗盛時, 勝兵三十萬, 我不能半, 奈何欲與中國爲敵. 王不聽. 門藝旣引兵至境, 又上書固言不可, 王怒, 遣其從兄壹夏代將, 而召門藝, 門藝懼見殺, 亡入中國, 天子拜門藝左驍衛將軍, 而王使

> 使暴門藝罪, 請誅之. 天子不欲失遠國心, 有詔居門藝安西, 復爲好語諭王曰, 門藝窮來歸我, 誼不忍殺, 已投之惡地矣. 王知之, 上書斥言, 陛下不當以妄示天下. 天子大怒, 然猶陽斥門藝以報. 後十年, 王遣大將張文休, 浮海寇登州, 天子使門藝, 發幽州兵擊之. 復令新羅發衆, 攻其南, 會天大雪, 士卒凍死者過半, 無功而還. 王謂中國無如我何心, 益驕而怨其弟不已. 乃募人刺門藝東都上, 門藝有勇力格之, 得不死, 而刺客爲河南吏所得, 皆就誅.

현종(玄宗) 개원(開元) 7년(719)에 왕이 죽으니, 재위에 있은 지 20여 년이었다. 시호는 고왕(高王)이라 하였다. 아들 무예(武藝)가 왕위에 올라 더욱 땅을 크게 넓혔다. 남쪽은 신라와 니하(泥河)를 경계로 삼고, 동쪽은 큰 바다에 닿았으며, 서쪽은 거란과 가까웠다. 동북의 여러 오랑캐가 모두 두려워하여 신하가 되었다. 이에 연호를 인안(仁安)이라고 고쳤다.

얼마 안 되어 흑수말갈(黑水靺鞨)의 사신이 중국에 들어가자, 천자가 그 땅에 흑수주(黑水州)를 세우고 장사(長史)를 두어 다스리게 하였다. 왕이 신하를 불러 도모하여 말하길 "흑수는 처음에는 우리에게 길을 빌려 당나라와 통하였고, 무릇 일이 있으면 모두 우리에게 먼저 아뢰었는데, 지금 당나라에 관리를 청하면서 나에게 알리지 않으니 이는 우리를 도모하려는 것이다."라고 하였다. 이내 그 아우 문예(文藝)와 그 장인 임아상(任雅相)을 보내 군사를 내어 흑수를 치게 하였다. 문예는 일찍이 경사(京師)에 인질로 있어서, 중국의 일을 알았다. 왕에게 간언하길 "흑수가 천자에게 관리를 청하는데, 우리가 이를 친다면 이것은 천자를 배반하는 것입니다. 또 왕께서는 고구려가 망하는 것을 보지 못하셨습니까? 고구려가 강할 때에 힘센 군사가 30만이었고, 우리는 그 절반도 되지 않는데 어찌 중국과 적이 되려 하십니까?" 하였다. 왕이 듣지 않았다. 문예가 군사를 이끌고 국경에 이르러 다시 글을 올려 간곡히 불가함을 말하였다. 왕이 노해서 종형(從兄) 일하(壹夏)를 보내 대신 지휘케 하고 문예를 불렀다. 문예는 죽임을 당할까 두려워서 중국으로 망명하였다. 천자가 문예에게 좌효위장군(左驍衛將軍)을 배수하자, 왕이 사신을 보내 문예의 죄를 폭로하며 그를 죽이길 청하였다. 천자는 먼 나라의 마음을 잃지 않으려고 조서로 문예를 안서(安西)에 머물게 하고, 다시 좋은 말로 왕을 타일러 말하길 "문예가 궁해서 나에게 귀의하여 왔으니 도리상 차마 죽이지 못하였다. 이미 나쁜 땅으로 쫓아냈다."라고 하였다. 왕은 그것을 알고 글을 올려 비난하여 말하길

"폐하께서 천하에 거짓되게 보이시는 것은 옳지 못합니다."라고 하였다. 천자가 크게 노했으나 오히려 겉으로는 문예를 내치고 이것을 알렸다.

10년이 지나서 왕이 대장 장문휴(張文休)를 보내 바다를 건너 등주(登州)를 노략질하였다. 천자는 문예에게 유주(幽州) 군사를 내어 이를 공격하게 하였다. 다시 신라로 하여금 무리를 보내 그 남쪽을 치게 했으나 마침 큰 눈이 내리고 얼어 죽은 군사가 반을 넘자 아무런 공도 없이 돌아왔다. 왕이 중국도 나를 어찌하지 못한다고 말하였다. 더욱 교만해져, 그 아우를 원망할 뿐이었다. 이내 사람을 모아서 문예를 동도(東都, 낙양)에서 찌르게 했으나, 문예가 용력(勇力)으로 대적하여 죽지 않았다. 그리고 자객들은 하남(河南)의 관리에게 잡혀 모두 죽음을 당했다.

> 未幾王薨, 諡曰武王. 子欽茂立, 天子不能治前過, 乃冊令嗣位, 於是大赦境內, 以顯天子之寵命, 而猶私改元大興. 王能以文治其國, 而事天子頗謹. 訖玄宗之世, 朝獻者二十九, 代宗之世, 朝獻者二十五, 嘗得日本舞女十一, 以獻天子, 亦嘉其有禮. 寶應元年, 詔進渤海郡王爲國王, 加檢校大尉. 王嘗以天寶末, 自東牟山, 徙都上宗,[175]【寧古塔近地】直舊國三百里, 忽汗河之東. 貞元中, 又東南徙東京.【今咸鏡北道六鎭地.】

얼마 안 되어 왕이 죽으니 시호를 무왕(武王)이라 하였다. 아들 흠무(欽茂)가 왕위에 오르니 천자는 앞서의 과실을 다스리지 못하고 이내 책립하여 왕위를 잇도록 하였다. 이에 나라 안에 대사령(大赦令)을 내려서 천자의 총애하는 명령을 드러내었다. 그러면서도 오히려 사사로이 연호를 고쳐 대흥(大興)이라 하였다.

왕이 능히 그 나라를 문(文)으로 다스리고 천자를 자못 성실히 섬겼다. 현종(玄宗) 때 조공을 바친 것이 29번이었고, 대종(代宗) 때에는 조공을 바친 것이 25번이었다. 일찍이 일본의 무녀(舞女) 11명을 얻어 천자에게 바치자, 또한 [천자가] 그 예의 있음을 기뻐하였다. 보응(寶應) 원년에 조서로 발해군왕(渤海郡王)에서 국왕으로 올렸고, 검교태위(檢校太尉)를 더하였

---

175) '上宗' → '上京'.

다. 왕이 일찍이 천보(天寶) 말년에 동모산(東牟山)에서 상경(上京)으로 도읍을 옮겼다.【영고탑 근처의 땅】 바로 구국(舊國)에서 300리로 홀한하(忽汗河)의 동쪽이다. 정원(貞元) 연간에 다시 동남쪽 동경(東京)으로 옮겼다.【지금 함경북도의 육진(六鎭) 땅이다.】

> 王薨, 諡曰文王. 子宏臨早卒, 族弟元義立, 立纔歲餘, 國人不堪其猜虐, 弑之, 而立宏臨之子華璵. 復還上京, 改元中興, 未幾薨, 諡曰成王. 文王之少子嵩鄰嗣爲王, 改元正曆, 受天子冊爲右驍衛大將軍. 貞元中, 凡四遣使朝中國.

왕이 죽자 시호를 문왕(文王)이라 하였다. 아들 굉림(宏臨)이 일찍 죽어, 족제(族弟)인 원의(元義)가 즉위하였다. 겨우 1년여 만에 나라 사람들이 그 시기하고 사나운 것을 견디지 못하여 죽이고 굉림의 아들 화여(華璵)를 옹립하였다. 다시 상경으로 돌아와 연호를 중흥(中興)으로 고쳤다. 얼마 안 되어 죽자, 시호를 성왕(成王)이라고 하였다. 문왕(文王)의 작은아들 숭린(嵩隣)이 이어 왕이 되었다. 연호를 정력(正曆)으로 고쳤다. 천자로부터 우효위대장군(右驍衛大將軍)을 책봉받았다. 정원(貞元) 연간에 모두 네 차례 중국에 사신을 보내 조회하였다.

> 王薨, 諡曰康王. 子定王元瑜立, 改元永德, 定王薨, 弟僖王言義立, 改元朱雀, 僖王薨, 弟簡王明忠立, 改元太始, 簡王立一歲而薨. 從父仁秀立, 改元建興, 仁秀者, 高王弟野勃之四世孫也, 天姿英武, 有高王之風, 數用兵伐新羅及海北諸部, 以廣其地. 天子以爲有功, 加檢校司空. 當憲宗穆宗敬宗時, 凡遣使朝獻者二十二.

왕이 죽자 시호를 강왕(康王)이라 하였다. 아들인 정왕(定王) 원유(元瑜)가 즉위하여 연호를 영덕(永德)으로 고쳤다. 정왕이 죽자 아우인 희왕(僖王) 언의(言義)가 즉위하여 연호를 주작(朱雀)으로 고쳤다. 희왕이 죽자 아우인 간왕(簡王) 명충(明忠)이 즉위하여 태시(太始)로 연호를 고쳤다. 간왕이 즉위한 지 1년 만에 죽었다. 그 종부(從父)인 인수(仁秀)가 즉위하여 연호를 건흥(建興)으로 고쳤다. 인수는 고왕(高王)의 아우 야발(野勃)의 4세손이다. 타고난 자질이 영무(英武)하여 고왕(高王)의 풍모가 있었다. 자주 군사를 내어 신라와 바다 북쪽의 여러 부(部)를 정벌하여 땅을 넓혔다. 천자가 [이를] 공으로 삼고, 검교사공(檢校司空)을 더하였다. 헌종(憲宗)·목종(穆宗)·경종(敬宗) 때 무릇 사신을 보내 조공을 바친 것이 22번이었다.

> 文宗太和四年, 王薨, 諡曰宣王, 子新德蚤卒, 孫彝震立, 改元咸和. 當文宗武宗時, 凡十六入貢. 方是時中國益衰, 而幽燕之地, 爲藩鎭跋扈者所據, 中國之號令, 不復及於外裔, 王乃益大建宮闕, 擬於天子, 而分其境內, 置五京十五府六十二州. 初渤海之始通中國也, 數遣諸生, 詣京師入太學, 習識古今制度, 由是彬彬有中國之風, 而時亦雜有高句麗契丹之俗, 其民謂王曰可毒夫, 亦曰聖主, 曰基下, 其命爲敎, 王之父曰老王, 母曰太妃, 妻曰貴妃, 長子曰副王, 諸子曰王子.【此下敍職官之制, 已載上編, 故今不錄.】

문종(文宗) 태화(太和) 4년(830)에 왕이 죽자 시호를 선왕(宣王)이라 하였다. 아들 신덕(新德)이 일찍 죽었으므로, 손자 이진(彝震)이 왕위에 올라 연호를 함화(咸和)로 고쳤다. 문종(文宗)과 무종(武宗) 때 모두 16번 조공하였다. 바야흐로 중국이 더욱 쇠약해졌을 때, 유주(幽州)와 연주(燕州)의 땅이 번진(藩鎭)에서 날뛰는 자들에게 점거되어 중국의 호령이 바깥으로 미치지 못하였다. 왕은 이에 궁궐을 더욱 크게 지어 천자를 본떴고, 나라 안을 나누어 5경(京) 15부(府) 62주(州)를 두었다.

처음에 발해가 비로소 중국과 왕래하며 학생들을 경사(京師)의 태학(太學)에 들여보내 고금(古今)의 제도를 익혀 알게 하니, 이로부터 중국풍(中國風)이 선명하게 빛났다. 그러나 때때로 역시 고구려와 거란의 풍속이 섞여 있었다. 그 백성이 왕을 가독부(可毒夫)[176]라고 했으며 성주(聖主)[177] 또는 기하(基下)[178]라고도 하였다. 그 명령을 교(敎)라고 하였다. 왕의

---

176) 발해의 고유어인데 그 뜻은 알 수 없다. 다만 '가'는 북방 유목민족이 군주를 부르던 '可汗(칸)'과 한국 고대에 수장층을 부르던 '加', '干', '干支' 등과 비슷한 의미일 것으로 추정된다.
177) 원사료인 『신당서』 발해전의 南監·本汲古閣本·武英殿本에는 '聖主'로, 白納本에는 '聖王'으로 되어 있다.
178) 陛下·殿下와 같이 궁전의 기단인 '基' 아래에서 그 위에 있는 왕에 대해 높여 부르는 말이다(유득공 지음, 김종복 옮김, 2018, 93쪽).

아버지는 노왕(老王), 어머니는 태비(太妃), 아내는 귀비(貴妃), 큰아들은 부왕(副王),[179] 나머지 아들은 왕자(王子)라고 하였다.【그 아래의 직관(職官) 제도에 대해서는 이미 상편(上編)에서 실었기 때문에 여기에는 기록하지 않는다.】

王薨, 弟虔晃立, 尋薨, 玄錫立. 當懿宗咸通中, 凡三入貢. 自王彝震以後, 史失其諡, 玄錫以後, 史失其世, 而至後梁主晃開平中, 有名諲譔者爲王, 遣其子貢方物, 當後梁後唐之間, 朝獻不絶. 莊宗同光二年, 遣其姪學堂親衛元兼試國子監丞.[180] 時渤海貢士, 登中國進士第者, 十數人, 號爲海東盛國矣.

왕이 죽자 아우 건황(虔晃)이 왕위에 올랐으나 얼마 안 되어 죽었다. 현석(玄錫)이 왕위에 올랐다. 의종(懿宗) 함통(咸通) 연간에 모두 세 번 입공(入貢)하였다. 왕 이진 이후부터는 역사에 그 시호가 실전되었고, 현석 이후는 역사에서 세대를 실전하였다. 후량(後梁)의 임금 황(晃)의 개평(開平) 연간에 이르러 이름이 인선(諲譔)인 자가 왕이 되어, 그 아들을 보내 방물을 바쳤다. 그 뒤 후량(後梁)·후당(後唐) 사이에도 조공이 끊이지 않았다. 장종(莊宗) 동광(同光) 2년(924)에 그 조카인 학당친위(學堂親衛) 원겸(元兼)을 보내니 시국자감승(試國子監丞)을 삼았다. 이때 발해의 공사(貢士) 가운데 중국의 진사시(進士試)에 급제한 자가 10여 명이나 되어 해동성국(海東盛國)이라 불렀다.

後唐明宗天成元年, 新羅景哀王之三年也. 當是時, 契丹阿方强, 侵呑東北諸蕃部, 而高麗王氏亦興於東南. 先是渤海數與契丹爭遼州, 殺其刺史, 是歲契丹遂以兵攻扶餘城, 下之. 時王在忽汗城. 於是契丹主阿保機與太子德光等帥師, 圍忽汗城, 王諲譔衣素服, 以藁索牽羊, 帥其僚屬三百餘人出降. 未幾諲譔復謀守城, 阿保機復以兵擊破之, 徙諲譔及其宗族于契丹, 改渤海爲東丹國, 而封其長子突欲爲人皇王, 以鎭

---

179) 왕에 버금가는 왕이라는 뜻으로, 왕위 계승권자로 이해된다.
180) 『册府元龜』권976 外臣部21 襃異3 後唐 莊宗 同光 2년(924) 8월조에는 "渤海朝貢使王姪學堂親衛大元謙, 可試國子監丞."으로 나온다.

> 之. 仍用渤海公卿大素賢耶律羽之等, 以爲輔佐. 其世子光顯奔高麗, 前後東來者, 凡數萬戶, 高麗王賜光顯姓名, 畀以白州【今白川】, 使奉其先祖之祀. 渤海之地, 或入契丹, 或入女眞, 而高麗亦頗得其南境. 於是渤海遂亡, 而其西北地入契丹者, 猶或降或叛, 契丹屢以兵擊之, 久之始定.

후당 명종(明宗) 천성(天成) 원년(926)은 신라 경애왕(景哀王) 3년이다. 이때에 거란의 아보기(阿保機)가 막강해져서 동북의 여러 번부(蕃部)를 침략해서 병탄하였고, 고려의 왕씨(王氏)가 또한 동남에서 일어났다. 이보다 앞서 발해가 자주 거란과 요주(遼州)를 가지고 다투어 그 자사(刺史)를 죽였다. 이해에 거란이 마침내 군사로 부여성(扶餘城)을 쳐서 함락시켰다. 이때 왕은 홀한성(忽汗城)에 있었다. 거란 임금 아보기가 태자 덕광(德光) 등과 함께 군사를 거느리고 홀한성을 포위하니, 왕 인선이 소복을 입고 새끼로 양(羊)을 끌고, 요속(僚屬) 300여 명을 거느리고 나와 항복하였다. 얼마 안 되어 인선이 다시 성을 지킬 것을 도모하자, 아보기가 다시 이를 쳐서 깨뜨리고 인선과 그 종족(宗族)을 거란으로 옮겼다. 발해를 동단국(東丹國)으로 고치고 그 맏아들 돌욕(突欲)을 봉해 인황왕(人皇王)으로 삼아 이를 지키게 하였다. 이어 발해의 공경(公卿) 대소현(大素賢)과 야율우지(耶律羽之) 등을 써서 보좌하게 하였다.

그 세자(世子) 광현(光顯)이 고려로 달아났고, 전후로 동쪽으로 온 사람들이 모두 수만 호였다. 고려왕이 광현에게 성명을 하사하고, 백주(白州)【지금의 배천(白川)】를 주었으며, 그 선조의 제사를 받들게 하였다. 발해 땅은 혹은 거란에 들어가고 혹은 여진에 들어갔으며, 고려 또한 그 남쪽 땅을 조금 얻었다. 그리하여 발해가 망하고 나서 거란에 들어간 서북쪽 땅은 오히려 혹은 항복하고 혹은 배반하여 거란이 여러 번 군사로 이를 쳐서 오랜 뒤에야 비로소 평정되었다.

> 然其未服者, 猶往往自通於中國. 後周顯德初, 有烏思羅等三十人, 投中國. 宋太宗太平興國四年, 天子自將伐契丹, 以渤海降酋大鸞河爲渤海都指揮使. 六年, 賜烏舍城浮渝府渤海琰府王詔, 使夾攻契丹, 琰府王者, 蓋渤海餘種, 臣屬於契丹者也. 自

> 是以後, 不復見於中國之紀, 而有定安國者, 其王之名, 曰烈萬華, 曰烏玄明. 當太宗時, 因女眞上表于天子, 自稱高麗舊壤, 渤海遺黎, 然其興廢, 無所考見, 而大氏之裔, 亦不復見於東方. 今閭巷中往往有太氏, 或自言渤海後云.

 그러나 항복하지 않은 지역은 종종 스스로 중국과 통하였다. 후주(後周) 현덕(顯德) 초년에 오사라(烏思羅) 등 30명이 중국에 투항하였다. 송나라 태종(太宗)의 태평흥국(太平興國) 4년(979)에 천자가 스스로 군사를 거느리고 거란을 치고자, 발해 투항 추장 대난하(大鸞河)를 발해도지휘사(渤海都指揮使)로 삼았다. 6년(981)에 오사성(烏舍城) 부유부(浮渝府) 발해 염부왕(琰府王)에게 조서를 내려 거란을 협공하게 하였다. 염부왕은 대개 발해의 남은 종족으로, 거란에 신속(臣屬)했었다. 이 이후로는 중국의 기록에서 다시 보이지 않는다. 그리고 정안국(定安國)이 있는데, 그 왕의 이름은 열만화(烈萬華)라고 하고 오현명(烏玄明)이라 하였다. 태종 때에 여진이 천자에게 표문(表文)을 올려 스스로 고구려의 옛 땅이요 발해의 남은 백성이라고 일컬었으나, 그 생기고 없어진 바를 살필 수가 없다. 그리고 대씨의 자손 또한 동방에서 다시 볼 수 없었다. 지금 항간에 종종 태씨(太氏)가 있어 혹은 스스로 발해의 후예라고 말한다.

> 始渤海之地, 有五京十五府, 大抵多今盛京寧古塔烏喇地.【此下敍京府州道, 已見原編, 又下有設疑三條, 未必可疑, 故並刪之.】渤海土肥饒, 多水陸珍奇之産, 柵城之豉, 扶餘之鹿, 鄚頡之豕, 率賓之馬, 顯川[181]之布, 沃州之綿, 龍泉之紬, 位城之鐵, 盧城之稻, 湄沱湖之鯽, 太白山之菟, 南海之昆布, 其果則有丸都之李, 樂游之梨, 皆嘗見稱於中國云.

 처음 발해 땅에는 5경 15부가 있었는데, 대체로 지금의 성경(盛京)·영고탑(寧古塔)·오라(烏喇)의 땅에 많았다.【이 아래에 경(京)·부(府)·주(州)·도(道)를 서술하였지만, 원편(原編)에서 이미 보았다. 또 그 아래에 의심나는 것 세 가지를 두었지만, 의심할 바가 없기 때문에

---

181) '顯川' → '顯州'.

아울러 생략한다.】 발해의 땅은 기름지고 풍요로우며, 물과 육지에 진기한 산물(産物)이 많았다. 책성(柵城)의 된장, 부여의 사슴, 막힐(鄚頡)의 돼지, 솔빈(率賓)의 말, 현주(顯州)의 베, 옥주(沃州)의 솜, 용천(龍泉)의 명주[紬], 위성(位城)의 철, 노성(盧城)의 벼, 미타호(湄沱湖)의 붕어, 태백산(太白山)의 토끼, 남해(南海)의 다시마, 과일로는 환도(丸都)의 오얏, 낙유(樂遊)의 배가 있어, 모두 일찍이 중국에 알려졌다.

> 贊曰, 渤海高王, 以芰夷創殘之餘, 一呼而得四十萬衆, 表東海而有之者, 二百餘年, 其文物典章, 班班有中國之風, 可不謂命世之傑哉. 余嘗考渤海之疆, 南接于新羅, 檀君箕子衛滿氏及高句麗之故地多在焉. 然東國人罕有能道渤海事者, 何哉, 余故爲之序次特詳云.

찬(贊)하여 말하길, 발해 고왕(高王)은 베이고 상처가 난 나머지로도 한번 소리쳐 40만의 무리를 얻었고, 동해(東海)에 자취를 드러낸 지 200여 년에 그 문물과 전장(典章)이 빛났으며, 뚜렷이 중국의 풍모가 있었으니, 가히 세상에서 뛰어났다고 말하지 않을 수 없다. 내가 일찍이 발해의 영토를 살펴보니, 남쪽으로 신라와 접하였고, 단군(檀君)·기자(箕子)·위만씨(衛滿氏)와 고구려의 옛 땅을 많이 차지하였다. 그런데 동국인(東國人)으로 능히 발해의 일을 말할 수 있는 자가 드문 것은 무슨 까닭인가? 내가 이런 까닭에 차례를 세워 특별히 자세히 말하였다.

○ 권제4, 북로연혁속(北路沿革續)

> 前所著八道沿革, 止於新羅之末, 謫中無書籍,【宋史遼金元史高麗史, 皆無全部.】不能續成, 今取北路西路, 唐季以後之事, 約略追補, 道光癸巳之秋.

전에 팔도연혁(八道沿革)을 저술한 바 있는데 신라 말기에서 그쳤다. 귀양 중에 서적이 없어서【『송사』·『요사』·『금사』·『원사』·『고려사』 모두 없었다.】 뒤를 이어 완성할 수 없었다. 지금 북로(北路)와 서로(西路)를 취해, 당(唐)나라 말기 이후의 일을 간략하게 보충하였다. 도광(道光) 계사(癸巳)(1833) 가을.

北路有磨天大嶺, 其南爲東沃沮, 其北爲北沃沮, 皆句麗所轄, 句麗之亡, 爲渤海所統.

竝詳原編, 東沃沮, 漢武帝時, 爲玄菟郡, 北沃沮, 漢成帝時, 爲句麗所滅, 皆本我邦之疆土也.

渤海之亡, 其民始去靺鞨之名, 漸揚女眞之號, 南北沃沮之地, 遂稱女眞, 非有女眞自邊外而來據之也.

文獻通考, 女眞, 盖古肅愼氏, 世居混同江之東 長白山鴨綠水之源, 南隣高麗. ○案此, 皆渤海舊疆, 渤海之民, 變爲女眞也. 然則女眞本自吾土興, 非必河北之夷酋【謂豆滿河北.】來據吾土也, 河南河北, 本皆渤海之地.

女眞又分東西二部, 其在長嶺之東【白頭山來龍大幹】豆滿河南北者, 爲東女眞, 亦曰生女眞, 其在長嶺之西鴨綠河之北者, 爲西女眞, 亦曰熟女眞, 其不屬於契丹者, 西亦生也.

북로에는 마천대령(摩天大嶺)이 있으니, 그 남쪽은 동옥저(東沃沮)이고 북쪽은 북옥저(北沃沮)다. 모두 고구려가 관할하였고, 고구려가 망하자 발해가 다스렸다.

모두 원편(原編)에 자세하다. 동옥저는 한(漢)나라 무제(武帝) 때 현도군(玄菟郡)이 되었고, 북옥저는 한 성제(成帝) 때 고구려에 멸망하였다. 모두 본래 우리나라 영토였다.

발해가 망하자 그 백성은 비로소 말갈(靺鞨)이라는 이름을 버리고 점차 여진(女眞)이라는 이름을 내걸었다. 남·북옥저의 땅을 마침내 여진으로 일컬으니, 여진이 변경 밖에서부터 와서 점거한 것이 아니었다.

『문헌통고』에 이르기를 여진은 대개 옛 숙신씨(肅愼氏)이다. 혼동강(混同江) 동쪽, 장백산(長白山)의 압록강 원류에서 대대로 살면서 남쪽으로 고려와 이웃하였다.

○ 이것을 생각해보면, 모두 발해의 옛 땅으로 발해 백성이 여진으로 변한 것이다. 그러므로 여진은 본래 우리 땅에서 일어난 것이요, 하북(河北)【두만하(豆滿河)의 북쪽을 말한다.】의 오랑캐 추장이 와서 우리 땅을 점거한 것이 아니다. 하남(河南)·하북은 본래 모두 발해의 땅이다.

여진은 또 동·서 두 부(部)로 나뉜다. 장령(長嶺) 동쪽【백두산에서 내려온 큰 줄기】과 두만하 남북에 있는 이들은 동여진(東女眞)이 되었고, 또한 생여진(生女眞)이라고도 한다. 장령 서쪽, 압록하(鴨綠河) 북쪽에 있는 이들은 서여진(西女眞)이 되었고, 역시 숙여진(熟女眞)이라고도 한다. 거란에 복속되지 않은 이들은 서쪽이라도 역시 생여진이라 한다.

> 東史云, 女眞之先, 出自勿吉【卽靺鞨】. 五代初, 始稱女眞, 契丹阿保機滅渤海, 慮女眞爲後患, 誘遷豪右數千家於遼陽南, 而著籍焉, 使不得與本國相通, 號熟女眞, 卽我所稱西蕃. 其在北不籍契丹者, 爲生女眞, 卽我所稱東蕃. 新羅之末, 漸據我境, 高麗開國, 每以二邊爲憂. ○案鄭麟趾高麗史, 女眞之名, 始見於定宗三年,【自太祖元年至是爲三十一年.】卽遼世宗天祿二年也. 阿保機滅渤海, 遂以其年殂, 此時女眞之名未興, 安得移揷于遼陽. 玆是世宗以後之事, 生熟女眞之名, 亦起於其後也. ○又按, 東女眞, 在渤海時, 本居我土, 南至咸興, 西女眞, 在渤海時, 本居我土, 卽所謂西京鴨綠府也.【在薩水之北.】此云新羅之末, 漸據我境, 有若自外來者, 亦誤.

『동사』에 이르기를 여진의 선조는 물길(勿吉)【즉 말갈】에서 나왔다. 오대(五代) 초에 비로소 여진이라 일컬었다. 거란의 아보기(阿保機)가 발해를 멸망시키고, 여진이 뒤에 근심거리가 될 것을 염려하여, 유력한 수천 가구를 요양(遼陽) 남쪽으로 속여 옮기고, 본국과 서로 통하지 못하게 하였다. [이들을] 숙여진이라 불렀는데, 곧 우리가 서번(西蕃)이라 부르는 이들이다. 그 북쪽에 있으며 거란의 호적에 없는 이들을 생여진이라 한다. 곧 우리가 말하는 동번(東蕃)이다. 신라 말에 점차 우리 땅을 점거하니, 고려가 나라를 세운 이후 매번 두 변경의 근심거리가 되었다.

○ 정인지의 『고려사』를 살펴보면, 여진의 이름은 정종(定宗) 3년(948)【태조 원년에서부터 31년째에 이른다.】에 비로소 나타나는데, 곧 요나라 세종(世宗) 천록(天祿) 2년이다. 아보기가 발해를 멸망시킨 해에는 여진의 이름이 아직 일어나지 않았는데, 어찌 요양으로 옮겨 살게 할 수 있었겠는가? 이는 곧 세종 이후의 일이요, 생여진·숙여진이라는 이름 역시 그 뒤에 생긴 것이다. ○ 또 살펴보면 동여진은 발해 때에는 본래 우리 땅에 살며, 남쪽으로 함흥(咸興)에 이르렀다. 서여진은 발해 때에 본래 우리 땅에 살았는데, 이른바 서경(西京) 압록부(鴨綠府)가 그곳이다.【살수(薩水)의 북쪽에 있다.】 여기에 신라 말에 우리 땅을 점차

점거했다고 하는 것은, 마치 밖에서 온 자들이 있었다는 것이니 역시 잘못이다.

> 高麗之興, 渤海適亡, 而咸興以北, 漸化爲女眞, 高麗不能乘敵以得尺寸之地, 仍以咸興之都連浦爲界.
> 輿地勝覽都連浦,【古作都驎浦.】在咸興府南三十五里,【有牧場.】古長城尾接于此. ○案, 都連浦, 卽成川之下流【萬歲橋所在】, 入海之浦口也. 咸興, 在渤海時, 爲南京, 不應京邑遂在地盡之頭, 舊以泥河爲界【在襄陽】, 後雖爲新羅所復, 不必遽至於都連浦. 其以都連浦爲界, 亦非麗太祖建國之始制也.【似係德宗二年, 開國已百餘年.】 …
> 乃金史敍其世德, 謬指爲黑水靺鞨之遺種.
> 金史世紀, 兩女眞同出于黑水靺鞨, 居肅愼氏之地, 爲勿吉七部之一, 後役屬于渤海. 契丹盡取渤海, 而黑水靺鞨附屬于契丹, 其在南者, 籍契丹, 號熟女眞, 其在北者, 不在契丹籍, 號生女眞. ○袁了凡云, 生女眞有混同江長白山, 混同江亦曰黑龍江, 所謂黑水白山, 是也. 金始祖起于此, 則金之種族出生女眞. ○鏞案, 諸史敍金之世德, 皆如此. 然金之發跡, 本在南沃沮北沃沮之故地, 李唐之時, 其地屬于渤海, 渤海之上京中京, 本在肅愼故地, 黑水之南, 故凡云女眞者, 皆冒之以渤海之舊稱也. 金太祖阿骨打始得肅愼故地, 發跡不在是也. 其以混同江爲黑龍江, 亦大誤.
> 咸興以北, 是金人始興之地, 番音多變, 地名以晦. …

고려가 일어날 때 발해가 마침 망하여 함흥(咸興) 이북은 점점 여진으로 바뀌었다. 고려는 드러난 것을 꾀하지 못하고 한 뼘의 땅도 얻지 못한 채 그대로 함흥 도련포(都連浦)를 경계로 삼았다.

『여지승람(輿地勝覽)』에 도련포【예전에는 도린포(都驎浦)라 하였다.】는 함흥부(咸興府) 남쪽 35리에 있는데,【목장(牧場)이 있다.】 옛 장성(長城)의 끝이 여기에 닿았다.

○ 생각하기에, 도련포는 곧 성천(成川)의 하류【만세교(萬歲橋)가 있는 곳】로, 물이 바다로 들어가는 포구이다. 함흥은 발해 때에 남경(南京)으로 삼았는데, 경읍(京邑)이 땅이 끝나는 맨 앞에 있지는 않았을 것이다. 옛날에 니하(泥河)【양양(襄陽)에 있다.】를 경계로 삼았는데, 뒤에 비록 신라가 수복하였으나 도련포에 갑자기 이르진 못했을 것이다. 그 도련포로 경계를

삼은 것은 역시 고려 태조가 건국하면서 시작한 제도는 아닐 것이다.【덕종(德宗) 2년(1033)까지 이어진 듯한데, 개국하고 이미 100여 년이 된다.】 …

곧 『금사』에 그 세덕(世德)[182]을 서술했는데, 흑수말갈(黑水靺鞨)의 남은 종족이라고 잘못 가리켰다.

『금사』「세기(世紀)」에 두 여진은 똑같이 흑수말갈에서 나와 숙신 땅에 살면서 물길 7부(部)의 하나가 되었다가 뒤에 발해에 역속(役屬)되었다. 거란이 발해를 모두 차지하자 흑수말갈은 거란에 복속되었다. 그 남쪽에 있는 이들은 거란의 호적(戶籍)에 올라 숙여진이라 불렸다. 북쪽에 있어서 거란의 호적에 없는 이들은 생여진이라 불렸다.

○ 원요범(袁了凡)이 이르기를 생여진은 혼동강(混同江)과 장백산(長白山)에 있었다. 혼동강은 흑룡강(黑龍江)이라고도 하니, 이른바 흑수백산(黑水白山)이 이것이다. 금나라 시조가 여기에서 일어났으니, 금나라 종족은 생여진에서 나온 것이다.

○ 정약용이 생각하기에 여러 역사책이 금나라의 세덕을 서술한 것이 모두 이와 같다. 그러나 금이 일어난 자취는 본래 남옥저(南沃沮)와 북옥저(北沃沮)의 옛 땅에 있다. 이당(李唐)[183] 때에는 그 땅이 발해에 속하였는데, 발해의 상경과 중경이 본래 숙신의 옛 땅에 있었다. 흑수의 남쪽이기 때문에 무릇 여진이라 부르는 이들은 모두 발해의 옛 이름을 모칭(冒稱)하였다. 금나라 태조 아골타(阿骨打)가 비로소 옛 숙신 땅을 얻었으나 그 발상의 자취는 여기에 있지 않다. 혼동강을 흑룡강이라고 하는 것도 역시 큰 잘못이다.

함흥 이북이 금나라 사람이 처음 일어난 곳이다. 발음이 자주 변하여 지명이 희미해 진 것이다. …

○案, 渤海之亡, 遼收其地, 東京龍原府【今會寧鍾城】, 及率賓府【今三水厚州】故地, 置其邊帥, 至於南京南海府【今咸興】故地, 遠不能收攝, 女眞諸部雜居, 無統領, 故遼跡無聞矣. …
古渤海之率賓府, 東南踰鴨淥水, 以至今三水甲山之地, 爲恤品路.
『金史地理志』恤品路節度使, 遼時爲率賓府.【案此, 因渤海之舊.】置刺史.【節】西

---

182) 대대로 쌓아 내려오는 미덕 또는 덕스런 업적.
183) 당나라의 황실 성이 이씨로, 이당이라 이른다.

北至上京一千五百七十里【寧古塔之南】, 東北至胡里改【節度府】一千一百里【今慶源河北】, 西南至合懶一千二百里【今咸興】, 北至邊界斡可阿憐千戶二千里【黑水界】. ○繹史云, 率賓府, 卽高句麗之卒本, 音之轉也. 蘇濱, 亦率賓也. ○案此, 卽太祖始定之制也.

未幾曷懶路總管府, 移置于恤品路【率賓府】, 名稱易亂. …

〖盛京志〗渤海於古率賓國地, 置率賓府, 領華益建三州. 遼廢州存府, 金元州府皆廢.【不知恤品是率賓.】 今按, 建州在興京界內, 而率賓府及華益二州, 皆近鳳凰城界. ○案盛京志, 率賓府恤品路, 分而二之, 不檢金史故也. 今按, 率賓亦云速頻, 亦云蘇濱, 皆番音之翻轉也. 其最古之源, 卽句麗之卒本, 而卒本之紇升骨城, 明在興京界內.【詳見卒本考.】 而渤海之率賓府, 未必是紇升骨城, 但是卒本故地, 可名曰率賓府也. 據云, 速頻節度之府, 西北至上京一千五百里, 若在興京界內, 安得西北至上京乎.【金之上京 在興京東北.】 率賓, 雖本於卒本, 而其營府所置, 則轉徙於東南, 在今閭延茂昌隔江之地, 故西南至咸州, 止一千二百里也.

〖盛京志〗恤品路, 今在興京東南邊外, 入烏喇界內. ○清一統志, 廢恤品路, 在寧古塔東南, 元廢.【按, 恤品速頻, 卽率賓之訛.】 ○案, 恤品路, 要於今寧古塔, 不可爲東南, 此志似誤.

○ 생각하기에 발해가 망하자 요나라가 그 땅을 거두고, 동경(東京) 용원부(龍原府)【지금 회녕(會寧) · 종성(鍾城)】와 솔빈부(率賓府)【지금 삼수(三水) · 후주(厚州)】의 옛 땅에는 변경의 장수를 두었으나, 남경(南京) 남해부(南海府)【지금 함흥(咸興)】의 옛 땅은 멀어서 거두어 다스릴 수 없었다. 여진의 여러 부가 섞여 살면서 총괄하여 다스리는 자가 없는 까닭에 요나라의 자취가 들리지 않았다. …

옛 발해의 솔빈부는 동남쪽으로 압록수(鴨淥水)를 건너 지금의 삼수(三水) · 갑산(甲山)의 땅에 미쳤는데, 흘품로(恤品路)를 삼았다.

『『금사』「지리지」』흘품로절도사(恤品路節度使)는 요나라 때에 솔빈부【이것을 살피는 것은 발해의 옛 [땅이기] 때문이다.】라 해서 자사(刺史)를 두었다.【절(節)】서북쪽으로 상경(上京)까지가 1,570리【영고탑의 남쪽】이고, 동북쪽으로 호리개(胡里改)【절도부(節度府)】까지가

1,100리【지금의 경원하(慶源河) 북쪽】이며, 서남쪽으로 합라(合懶)까지 1,200리【지금의 함흥】이고, 북쪽으로 변계(邊界)인 알가아련천호(斡可阿憐千戶)까지가 2,000리【흑수의 경계】이다.

  ○『역사(繹史)』에 이르기를 솔빈부(率賓府)는 곧 고구려의 졸본(卒本)에서 음(音)이 바뀐 것이다. 소빈(蘇濱) 역시 솔빈이다. ○ 생각하기에 이것은 곧 태조가 처음 정한 제도이다.

  ○ 얼마 안 되어 갈라로총관부(曷懶路總管府)를 훌품로【솔빈부】에 옮겨 두고 명칭을 이란(易亂)이라고 하였다. …

『성경지』 발해가 옛 솔빈국(率賓國) 땅에 솔빈부를 두고 화주(華州)·익주(益州)·건주(建州)의 세 주를 거느리게 하였다. 요나라는 주를 없애고 부(府)는 존치시켰는데, 금나라와 원나라는 주와 부를 모두 없앴다.【훌품이 솔빈인지 알지 못한다.】 지금 살펴보면, 건주(建州)는 흥경(興京) 경계 안에 있었고, 솔빈부와 화주·익주의 두 주는 모두 봉황성(鳳凰城)의 경계와 가까웠다.

  ○『성경지』를 살펴보면, 솔빈부와 훌품로를 둘로 나눈 것은『금사』를 검토하지 않은 까닭이다. 지금 살펴보면, 솔빈은 속빈(速賓)이라고도 하고 소빈(蘇濱)이라고도 했으니, 모두 번음(番音)이 뒤바뀐 것이다. 그 가장 오래된 근원은 곧 고구려의 졸본(卒本)이요, 졸본의 흘승골성(紇升骨城)은 분명히 흥경 경내에 있었다.【상세한 것은 「졸본고」에 보인다.】 발해의 솔빈부는 분명 흘승골성이 아니다. 다만 졸본의 옛 땅이니, 솔빈부라고 이름할 수 있을 것이다. 전거에 이르기를, 속빈절도부(速賓節度府)에서 서북쪽으로 상경까지가 1,500리라고 했는데, 만일 흥경 경계 안에 있다면 어찌 서북쪽으로 상경에 이를 수 있었겠는가?【금의 상경은 흥경 동북쪽에 있다.】 솔빈은 비록 졸본에 근본을 두고 있지만 그 영부(營府)가 설치된 곳은 동남쪽으로 옮겨 지금의 여연(閭延)·무창(茂昌)의 강 건너편에 있었기 때문에 서남쪽으로 함주(咸州)까지가 1,200리에 지나지 않았던 것이다.

『성경지』 훌품로는 지금의 흥경 동남쪽 변경 밖으로, 오라(烏喇)의 경내에 들어간다. ○『청일통지(淸一統志)』에 폐지한 훌품로는 영고탑(寧古塔) 동남쪽에 있는데, 원(元)나라가 폐지하였다.【살펴보건대, 훌품과 속빈은 곧 솔빈이 와전된 것이다.】 ○ 생각하기에, 훌품로는 지금의 영고탑에서 구할 수 있지, 동남쪽에서는 불가능하다. 이 지(志)가 잘못된 듯하다.

○ 권제4, 서북로연혁속(西北路沿革續)

句麗旣滅, 唐司漸遠浿西之地淪爲賊藪二百餘年【一百三十年】. 唯鴨水之沿爲渤海所得, 渤海之亡, 變爲女眞
並詳原編總敍, 又詳渤海考.
弓裔之時, 始克平壤, 分定浿西十三鎭.
【軾史弓裔傳】唐昭宗天復元年【新羅孝處[184]王五年】, 弓裔自稱王, 謂人曰: 往者新羅請兵於唐, 以破高句麗. 平壤舊都, 鞠爲茂草, 吾必報其讎.【弓裔 本新羅王子 爲平壤反 讐其先王.】天祐二年【昭宣帝】, 入新京【鐵員城】, 分定浿西十三鎭. 平壤城主將軍黔用降, 甑城【今甑山】赤衣黃衣賊明貴等歸服. ○案, 唐高宗上元二年, 安東都護府【卽平壤】內徙于遼東, 平壤始空, 下距天祐二年, 爲二百三十一年, 其間浿西之地,【大同江卽浿.】南不屬新羅, 北不屬渤海, 曠無官守, 淪爲賊藪. ○又按, 浿水之西, 薩水之南, 今有十四城. 又瀧水之北【能成江】, 浿水之東, 今有七城【三登成川等】, 弓裔所定之十三鎭, 疑卽此地. 薩水以北【淸川】, 鴨水之沿, 時屬渤海, 未易定也. 弓裔之亡, 在梁末帝貞明年戊寅【遼太祖神冊三年, 麗太祖天授元年】, 而越八年丙戌【唐明宗天成元年】, 遼太祖始滅渤海, 弓裔之時, 渤海之疆土, 猶完也.

고구려가 이미 멸망하고 당나라 관청이 점차 패서의 땅에서 멀어져서 도적의 소굴이 된 지 200여 년【130년】이다. 오직 압수 연안만이 발해가 얻었는데, 발해가 망하자 여진으로 변하였다.

아울러 원편(原編) 총서(總敍)에 자세하고, 또 「발해고」에도 상세하다.

궁예(弓裔) 때에 비로소 평양을 얻고 나누어 패서(浿西) 13진(鎭)으로 정하였다.

【김부식의 『삼국사기』「궁예전』】 당나라 소종(昭宗) 천복(天復) 원년(901)【신라 효공왕(孝恭王) 5년】에 궁예가 스스로 왕이라 일컫고, 사람들에게 말하길 "전에 신라가 당나라에 군사를 청하여 고구려를 깨뜨리고, 평양 옛 도읍에 풀이 무성하게 되었으니, 내가 반드시 그 원수를 갚으리라."라고 하였다.【궁예는 본래 신라의 왕자로 평양에서 반란하여 선왕의

---

184) '處'→'恭'.

원수를 갚았다.】 천우(天祐) 2년(905)【소선제(昭宣帝)】에 신경(新京)【철원성(鐵員城)[185]】에 들어가 패서 13진을 나누어 정하였다. 평양성주 장군 검용(黔用)이 투항하고, 증성(甑城)【지금 증산(甑山)】의 적의적(赤衣賊)와 황의적(黃衣賊), 명귀(明貴) 등이 귀복하였다. ○ 생각건대, 당나라 고종(高宗) 상원(上元) 2년(675)에 안동도호부(安東都護府)【즉 평양】를 요동으로 옮기니, 평양이 비로소 텅 비었다. 이후로 천우 2년까지 231년이 되었고, 그사이에 패서의 땅【대동강이 곧 패수(浿水)이다.】은 남쪽으로 신라에 속하지 않고 북쪽으로 발해에 속하지 않아서 관리가 오래도록 없게 되자 도적의 소굴이 되었다.

○ 또 살펴보니 패수의 서쪽과 살수(薩水)의 남쪽은 지금 14개의 성이 있다. 또 능수(瀧水) 북쪽【능성강(能成江)】, 패수 동쪽은 지금 7개의 성이 있으니【삼등(三登)·성천(成川) 등】, 궁예가 정한 13진은 아마도 이 땅인 듯하다. 살수 이북【청천(淸川)】, 압수(鴨水) 연안은 이때 발해에 속하여 평정하기 어려웠다. 궁예가 망한 것은 양(梁)나라 말제(末帝) 정명(貞明) 무인년(918, 정명 4년)【요 태조 신책(神冊) 3년, 고려 태조 천수(天授) 원년】이고 그 뒤 8년 지나서 병술년(926)【[후]당 명종(明宗) 천성(天成) 원년】에 요나라 태조가 비로소 발해를 멸망시켰으니, 궁예 때에는 발해의 영토가 아직 완전했었다.

---

185) 본래 고구려의 철원군(鐵圓郡)으로, 757년 신라 경덕왕 때 철성군(鐵城郡)이라 개칭하였다.(『三國史記』 地理2·4). 905년에 궁예가 '철원성'에 도읍하였으며 이듬해 송악군으로 옮겼다가 914년에 철원(鐵原)으로 환도하였다. 한자 표기는 '鐵原', '鐵圓', '鐵員' 등이 확인된다.

발해사 자료총서 - 한국사료 편 권2

36. 『해동역사(海東繹史)』

『해동역사』는 한치윤(韓致奫, 1765~1814)이 고대부터 고려까지의 역사를 기전체(紀傳體) 형식으로 쓴 역사서이다. 한치윤이 완성한 70권과 한진서(韓鎭書)가 보충한 속편 15권 등 총 85권이다. 이 책은 기전체 형식을 따랐으나 표는 생략하였다. 중국 사서 523종, 일본 사서 22종, 한국의 기본서 등 550여 종의 자료를 방대하게 활용하여 객관성을 높였다. 기사의 오류나 이견이 있으면 '안(按)'을 표시하여 바로잡거나 자신의 의견을 제시하였다. 한진서의 의견은 '진서근안(鎭書謹按)'으로 표시하였다.

이 책의 중요한 특징은 ① 「단군조선(檀君朝鮮)」에 앞서 「동이총기(東夷總記)」를 설정하여 우리 역사의 상한을 끌어올렸다는 점, ② 「발해세기(渤海世紀)」를 설정하여 발해사를 신라사와 동등한 위상으로 다루었다는 점, ③ 발해 유민이 세운 '정안국(定安國)'을 「제소국세기(諸小國世紀)」에 별도로 입전하였다는 점이다. 아울러 「예지(禮志)」·「병지(兵志)」부터 「예문지(藝文志)」·「인물고(人物考)」·「일본고(日本考)」 등 각 지에는 발해 관련 내용이 다수 실려 있다. 특히 「예문지」와 「일본고」에는 일본 교류 관련 내용이 많이 실려 있는데, 유득공(柳得恭)의 『발해고(渤海考)』에 실린 국서와 함께 당시 일본 측 사료에 대한 관심이 높았음을 반영한다.

아래의 원문은 서울대학교 규장각에 소장되어 있는 〈규(奎)7931〉을 저본으로 삼고 〈상백고(想白古)915.1-H19hs〉를 근거로 「지리고」를 보충한 판본을 활용하였다. 그 밖에 국립중앙도서관에 소장되어 있는 『해동역사』〈한고조(古朝)56-나182〉, 『해동역사』 경인문화사 영인본을 비롯하여, 『구당서(舊唐書)』 청건륭무영전각본(淸乾隆武英殿刻本), 『금사(金史)』 백눌본경인원지정간본(百衲本景印元至正刊本), 『길림통지(吉林通志)』 청광서십칠년각본(淸光緒十七年刻本), 『두양잡편(杜陽雜編)』 청문연각사고전서본(淸文淵閣四庫全書本), 『만주원류고

(滿洲源流考)』 청문연각사고전서본, 『문원영화(文苑英華)』 명각본(明刻本), 『송막기문(松漠紀聞)』 명고씨문방소설본(明顧氏文房小說本), 『송사(宋史)』 청건륭무영전각본, 『신당서(新唐書)』 청건륭무영전각본, 『오대회요(五代會要)』 청무영전취진판총서서본(淸武英殿聚珍版叢書書本), 『요사(遼史)』 청건륭무영전각본, 『유산집(遺山集)』 사부총간경명홍치본(史部叢刊景明弘治本), 『자치통감(資治通鑑)』 사부총간경송각본(四部叢刊景宋刻本), 『책부원귀(冊府元龜)』 청문연각사고전서본 및 『속일본기(續日本紀)』, 『유취국사(類聚國史)』, 『일본기략(日本紀略)』, 『일본일사(日本逸史)』, 『일본후기(日本後記)』 등 국내외 판본을 비교 자료로 활용하였다.

○ 권제11, 세기(世紀) 11, 발해(渤海)

按, 渤海本黑水靺鞨之粟末部. 臣屬於高麗者, 居古肅愼氏地. 在漢時爲挹婁, 魏時爲勿吉, 唐時爲靺鞨. 西屬突厥, 南隣高麗, 北接室韋. 凡數十部, 卽今寧古塔黑龍江等地, 是也. 及高麗滅, 其人多入於唐, 諸部皆分散, 遺人幷[1]入渤海. 又有沸涅[2]虞婁越喜鐵利等部. 唐初通使中國, 後渤海强盛, 皆服屬而置郡. 東史, 大祚榮, 本高麗舊將. 唐滅高麗, 徙其人於隴右河南, 祚榮收逋殘, 保太白山. 後又附新羅, 受五品大阿飡之秩. 其後盡據句麗靺鞨之地, 地方五千里, 置五京十五府. 西通上國, 南聘新羅, 北捍契丹, 東使日本. 雄視東北之奧, 殆至三百年. 文獻之散見諸史者, 猶有可徵, 所以稱海東盛國也.

살펴보니 발해는 본래 흑수말갈[3]의 속말부(粟末部)이다. 고[구]려에 신속(臣屬)한 나라로 옛 숙신씨[4]의 땅에 살았다. 한나라 때에는 읍루였고, 위나라 때에는 물길이었으며 당나라

---

1) 국립중앙도서관 소장 〈한고조56-나182〉에는 '迸'.
2) '沸涅' → '拂涅'.
3) 지금의 송화강과 흑룡강의 합류 지점에서 흑룡강 하류에 이르는 지역에 거주한 말갈족이다(유득공 지음, 김종복 옮김, 2018, 76쪽). 흑수말갈과 속말말갈은 구분되는 무리로, 여기서 속말부를 흑수말갈이라고 한 것은 잘못이다.
4) 고대 중국의 동북 지방에 살던 종족 중 하나로 楛矢와 石砮를 사용하였다. 肅愼·息愼 혹은 稷愼 등으로도 쓰였다. 계통에 대한 논란이 많은데 후한 대까지는 특정 주민집단과 연결시키는 인식이 확립되지

때에는 말갈이었다. 서쪽은 돌궐과 붙어 있었고, 남쪽은 고[구]려와 이웃하였으며, 북쪽은 실위와 이어져 있었다. 모두 수십 부(部)이니 곧 지금의 영고탑(寧古塔)[5]·흑룡강(黑龍江) 등지가 여기이다. 고[구]려가 멸망함에 이르러 그 사람들은 많이 당으로 들어갔고, 여러 부는 모두 나뉘어 흩어졌으며, 남은 사람들은 아울러 발해로 들어갔다. 또한 불열(拂涅)[6]·우루(虞婁)[7]·월희(越喜)[8]·철리(鐵利)[9] 등의 부가 있다. 당나라 초에는 중국과 사신으로 통하였는데 이후 발해가 강성해지자 모두 복속시키고 군을 설치하였다. 『동사(東史)』[10]에서 "대조영[11]은 본래 고[구]려 옛 장수이다.[12] 당이 고[구]려를 멸망시키고 그 사람들을 농우(隴右)와

않았고(沈一民, 2009), 고대 중국인들이 자신의 북방 혹은 동북 지방에 거주하던 종족집단을 일컫던 막연한 호칭이었다고 보기도 한다(保井克己, 1982). 『三國志』와 『後漢書』에는 숙신과 관련된 挹婁 열전이 등장하는데, 三國時代에 활동하던 挹婁가 마침 楛矢·石砮를 사용하였기 때문에 古肅愼氏와 挹婁를 동일시하게 된 것으로 추정된다(池內宏, 1951). 이후 중국 정사류에서 '숙신-읍루-물길-말갈-여진'으로 이어지는 계통 인식이 형성되었다.

5) 寧古塔은 청대 寧古塔將軍의 治所이고 주둔지였다. 영고탑은 新城, 舊城 두 성이 25km 떨어져 있는데, 구성은 지금의 흑룡강성 海林市 長汀鎭에 있었고, 康熙 5년(1666), 흑룡강성 寧安市 東京城(발해 上京 龍泉府 터)에 신성을 쌓고 옮겨갔다. 滿洲語로 영고탑이라는 말은 '六'의 뜻이라 한다.
6) 拂涅部의 위치에 대해 논란이 있는 것과 마찬가지로 동평부의 위치에 대해서도 여러 설이 있다. 흑수말갈의 일부가 발해 후기에 복속된 것으로 보지만 행정구역 설치가 확인되지 않는데, '黑州'와 '黑水'의 '黑'이 같은 글자이기 때문이다.
7) 金毓黻은 '읍루의 옛 땅'의 挹婁가 虞婁를 잘못 쓴 것으로 보았는데(金毓黻, 1934), 송기호는 이 주장이 타당성이 있다고 하였다(宋基豪, 1995, 89쪽).
8) 위치에 대해서는 발해 중심부에서 매우 먼 지역일 것으로 추정되며, 중국 黑龍江省 依蘭縣의 烏蘇里江과 松花江이 만나는 지역설, 연해주 동해가설, 흑룡강성 同江縣설 등이 있다.
9) 鐵利는 말갈 7부 중에는 그 명칭이 없으나, 발해 건국 초기부터 고구려와 관계가 깊었던 불열, 월희말갈과 함께 활동한 것으로 보아, 고구려 당시부터 있었고 고구려와 밀접한 관련이 있었던 것으로 보인다. 위치에 대해서는 圖們江의 北·與凱湖의 南說(丁若鏞, 「渤海考」), 黑龍·烏蘇里江下流地域說(松井等, 1913; 鳥山喜一, 1915), 木丹江流域說(津田左右吉, 1916), 阿什河流域說(池內宏, 1916), 松花江下流域의 依蘭地域說(小川裕人, 1937) 등이 있다.
10) 『東史纂要』 권1 중, 성덕왕 18년조를 참조한 듯하다(정구복, 1978, 주 60).
11) 大祚榮의 出自에 대해서는 『舊唐書』 발해말갈전의 '본래 고려의 별종(本高麗別種)'과 『新唐書』 渤海傳의 '본래 속말말갈로 고[구]려에 붙은 자(本粟末靺鞨附高麗者)'라는 기록이 기본 사료이다. 그런데 이 대조영의 출신이나 발해의 구성원에 대해서는 같은 사료를 놓고 다양한 해석이 있었다. 고려와 조선에서는 대조영의 출신을 高句麗 계통으로 보는 경향이 있었는데, 李承休의 『帝王韻記』와 柳得恭의 『渤海考』가 대표적이다. 일본에서는 대체로 속말말갈이나 여진 계통으로 보았다. 발해국의 주체는 靺鞨族이

하남(河南)으로 옮겼는데[13] 조영은 도망하여 흩어진 남은 무리를 거두어 태백산을 지켰다.[14] 뒤에 다시 신라에 붙어 5품 대아찬의 질(秩)을 받았다. 그 뒤 [고]구려와 말갈 땅을 모두 차지하니 지방이 5천 리였고[15] [그곳에] 5경 15부를 두었다. 서쪽으로 상국(당나라)과 통하

지만, 대조영은 고구려 別部 출신으로 보는 경우(鳥山喜一, 1915), 새로운 종족으로 발해말갈을 이해하는 경우(池內宏, 1916), 지배층은 고구려인, 피지배층은 말갈인으로 보는 경우(白鳥庫吉, 1933)도 있다. 현대에 들어와서 발해사 연구를 촉발한 대표적인 연구자는 북한의 박시형이다. 그는 발해국의 성립에 중심 역할을 한 것은 고구려 멸망 후 요서 지방으로 이주된 고구려인 집단이었고, 이들을 조직하여 지휘한 것이 고구려 장수인 대조영이라고 하였다. 발해국은 고구려 왕실의 일족 또는 고구려 계통의 귀족 출신들이 거의 권력을 독점하였고, 문화 방면에서도 고구려의 문화가 주도적 역할을 하였다고 보았다(박시형, 1979; 송기호, 1989). 한국의 李龍範도 발해의 주체는 고구려 유민이었음을 주장하였다(李龍範, 1972·1973). 이후 한국 학계에서는 기본적으로 대조영을 고구려 계통으로 보았으나, 종족은 속말말갈로 고구려에 옮겨와 정착하여 동화된 인물, 즉 말갈계 고구려인으로 보기도 한다(송기호, 1995). 말갈의 명칭 자체를 고구려 변방 주민이나 중국 동북 지역민에 대한 비칭·범칭으로 보고, 발해의 구성원이 된 말갈은 흑수말갈과 구분되는 예맥계인 고구려말갈이며 대조영은 고구려인으로 속말강(송화강) 지역민이라고 보는 견해도 있다(한규철, 1988; 2007). 중국 학계에서는 근대 초기에 양면적 인식이 보였다. 대표적인 학자는 金毓黻이다(1934, 『渤海國志長編』). 그러나 중화인민공화국이 수립된 이후에는 발해사를 중국의 소수민족사로 보고 고구려계승성을 부정하며 말갈을 강조하는 입장이다. 한편 19세기 중반 연해주 지역을 차지하였던 러시아에서는 자국의 極東 지역 소수민족사의 일부로서 관심을 갖고 발해를 말갈족의 역사로 규정하며 대조영 역시 말갈인으로 보고 있다. 이 밖에 소수 설로 말갈 중 대조영을 백산말갈 출신으로 보는 경우도 있다(津田左右吉, 1915; 李健才, 2000).

12) 대조영의 출자를 '고구려인'이라 한 것은 『三國遺事』 내에 인용된 『新羅古記』와 이승휴의 『帝王韻紀』를 바탕으로 서술된 것으로 이해하는 견해가 있다(이효형, 2002, 15쪽).

13) 고구려 유민의 두 번째 강제 이주를 의미한다. 나당전쟁에서 패한 당나라는 676년 안동도호부를 평양에서 遼陽으로 옮기고 곧바로 이듬해 신성으로 옮기면서, 보장왕을 遼東都督 朝鮮郡王으로 삼아 遼東으로 보내 고구려 유민들을 회유하려고 하였다. 보장왕이 말갈과 내통하여 반란을 꾀한 것이 발각되어, 보장왕은 소환되고 관련자들을 나누어 하남과 농우 등 여러 주로 옮기고 빈약한 자들만 安東都護府 근처에 머물게 하였다. 고구려 유민의 강제 이주 시기에 대해서는 『구당서』 199상, 열전 149상, 고려조에는 의봉 연간(676~679)으로, 『資治通鑑』 202, 唐紀 18, 고종조와 『신당서』 220, 열전 145, 고려조에는 의봉 2년(677)으로 되어 있다.

14) 발해 건국지에 대해 『삼국유사』에서 인용한 『신라고기』에는 '태백산 남쪽'으로, 『제왕운기』에는 '태백산 南城'으로, 『삼국사절요』에는 '태백산 동쪽'으로 나온다.

15) 발해의 강역 범위와 관련하여, 『新唐書』 기록 등을 중심으로 검토하여 최전성기의 고구려 영토는 평균 사방 4,000리이고 발해는 사방 5,000리로 발해가 고구려의 1.5배 정도의 영역이며, 그 범위는 남쪽이 신라와 국경을 접하여 대동강과 원산만을 잇는 선, 서쪽은 遼河, 북쪽은 대체로 흑룡강과 우수리강이

고, 남쪽으로 신라와 교빙하였으며, 북쪽으로는 거란을 막고, 동쪽으로는 일본에 사신을 보냈다. 동북 모퉁이에서 세력을 이뤄 내려다본 것이 자못 3백 년에 이른다.[16]"고 하였다. 문헌이 여러 역사서에 흩어져 보여 오히려 증명할 만한 것이 있으니 '해동성국(海東盛國)'이라 불린 까닭이다.

> 渤海靺鞨大祚榮者, 本高麗別種也. 高麗旣滅, 祚榮率家屬, 徙居營州. 萬歲通天年, 契丹李盡榮[17]反叛, 祚榮與靺鞨乞四比羽, 各領亡命, 東奔保阻以自固. 盡榮[18]旣死, 則天命右玉鈴衛大將軍李楷固率兵, 討其餘黨, 先破斬乞四比羽, 又度天門嶺, 以迫祚榮, 祚榮合高麗靺鞨之衆, 以拒楷固. 王師大敗, 楷固脫身而還. 屬契丹及奚盡降突厥, 道路阻絶, 則天不能討. 祚榮遂率其衆, 東保挹婁[19]之故地, 據東牟山, 築城以居之. 祚榮驍勇善用兵, 靺鞨之衆及高麗餘燼, 稍稍歸之.【舊唐書】

발해말갈 대조영은 본래 고[구]려 별종[20]이다. 고[구]려가 이미 멸망하자 [대]조영이 가속

합류하는 지점을 거쳐 동쪽으로 연해주 남단에 뻗쳐 있었던 것으로 인식하였다(송기호, 1996, 277~278쪽; 한규철, 2008, 19~20쪽).
16) 발해의 건국 시기에 대해서는 『帝王韻紀』의 "周則天武后元年甲申"에 근거한 684년설, 『舊唐書』의 "聖曆中 自立爲振國王"에 근거한 698~699년설, 『類聚國史』권193, 延曆 15년 4월 戊子조 "天命開別天皇七年, 高麗王高氏爲唐所滅也. 後以天之眞宗豐祖父天皇二年 大祚榮始建渤海國"에 근거한 698년설 등이 있는데, 698년설이 보편적으로 인정되고 있다. 이를 기점으로 계산하면 발해가 멸망한 926년까지 발해의 존속 기간은 약 228년에 달한다.
17) '李盡榮' → '李盡忠'.
18) '盡榮' → '盡忠'.
19) '挹婁' → '桂樓'.
20) 원전은 『舊唐書』 발해말갈전의 '본래 고려의 별종(本高麗別種)'과 『新唐書』 渤海傳의 '본래 속말말갈로 고[구]려에 붙은 자(本粟末靺鞨附高麗者)'라는 기록이다. 그런데 이 大祚榮의 출신이나 발해의 구성원에 대해서는 같은 사료를 놓고 다양한 해석이 있었다. 고려와 조선에서는 대조영의 출신을 高句麗 계통으로 보는 경향이 있었는데, 李承休의 『帝王韻記』와 柳得恭의 『渤海考』가 대표적이다. 일본에서는 대체로 속말말갈이나 여진 계통으로 보았다. 발해국의 주체는 靺鞨族이지만, 대조영은 고구려 別部 출신으로 보는 경우(鳥山喜一, 1915), 새로운 종족으로 발해말갈을 이해하는 경우(池內宏, 1916), 지배층은 고구려인, 피지배층은 말갈인으로 보는 경우(白鳥庫吉, 1933)도 있다. 현대에 들어와서 발해사

(家屬)을 이끌고 영주[21]로 옮겨가 살았다. 만세통천(萬歲通天, 측천무후의 연호) 연간에 거란 이진영(李盡榮)[22]이 [당을] 배반하자, 조영이 말갈 걸사비우(乞四比羽)와 더불어 각각 [유민을] 이끌고 도망쳐 동쪽으로 달아나 험한 곳을 지켜 스스로 굳게 하였다. 진영이 이미 죽고 측천[무후]가 우옥검위대장군(右玉鈐衛大將軍) 이해고(李楷固)[23]에게 병사를 이끌고 그 남은 무리를 토벌하라고 명하여 먼저 걸사비우를 깨뜨려 베어 죽였다. 다시 천문령(天門嶺)[24]을 넘어 조영을 압박하니 조영이 고[구]려와 말갈 무리를 합쳐 해고를 막았다. 왕사(王師: 당나라의 군대)가 크게 패하였고 해고는 몸만 빼내 돌아갔다. 거란과 해(奚)가 모두 돌궐에 항복함에 따라 길이 막히고 끊어져 측천이 토벌할 수가 없었다. 조영은 드디어 그 무리를 이끌고 동쪽으로 읍루의 옛 땅을 지켜 동모산(東牟山)에 근거하여 성을 쌓고 그곳에 머물렀다. 조영은 굳세고 용맹하며 용병을 잘 하였으므로 말갈의 무리와 고[구]려의 남은 무리가 점점 그에게 귀부하였다.【『구당서』】

연구를 촉발한 대표적인 연구자는 북한의 박시형이다. 그는 발해국의 성립에 중심 역할을 한 것은 고구려 멸망 후 요서 지방으로 이주된 고구려인 집단이었고, 이들을 조직하여 지휘한 것이 고구려 장수인 대조영이라고 하였다. 고구려 왕실의 일족 또는 고구려 계통의 귀족 출신들이 거의 권력을 독점하였고, 문화 방면에서도 고구려의 문화가 주도적 역할을 하였다고 보았다(박시형, 1979; 송기호 해제, 1989). 한국의 李龍範도 발해의 주체가 고구려 유민이었음을 주장하였다(李龍範, 1981). 이후 한국 학계에서는 기본적으로 대조영을 고구려 계통으로 보았으나, 종족은 속말말갈로 고구려에 옮겨와 정착하여 동화된 인물, 즉 말갈계 고구려인으로 보기도 한다(송기호, 1995). 말갈의 명칭 자체를 고구려 변방 주민이나 중국 동북지역민에 대한 비칭·범칭으로 보고, 발해의 구성원이 된 말갈은 흑수말갈과 구분되는 예맥계인 고구려 말갈이며 대조영은 고구려인으로 속말강(송화강) 지역민이라고 보는 견해도 있다(한규철, 1988; 2007). 중국 학계에서는 근대 초기에 양면적 인식이 보였다. 대표적인 학자는 金毓黻이다(1934, 『渤海國志長編』). 그러나 중화인민공화국이 수립된 이후에는 발해사를 중국의 소수민족사로 보고 고구려계승성을 부정하며 말갈을 강조하는 입장이다. 한편 19세기 중반 연해주 지역을 차지하였던 러시아에서는 자국의 極東 지역 소수민족사의 일부로서 관심을 갖고 발해를 말갈족의 역사로 규정하며 대조영 역시 말갈인으로 보고 있다. 이 밖에 소수 설로 말갈 중 대조영을 백산말갈 출신으로 보는 경우도 있다(津田左右吉, 1915; 李健才, 2000).

21) 당나라 때 동북 방면의 요충지역으로 지금의 중국 요령성 朝陽市 일대이다.
22) '李盡榮' → '李盡忠'. 그러나 만세통천 연간 영주도독 조문홰의 학정으로 발발한 거란의 반란 주도자가 이진충과 손만영이었던 점에서 이 둘을 지칭하는 것으로 이해할 수도 있다.
23) 거란 출신의 장군으로 손만영이 전사한 후 당에 투항하였다.
24) 『新唐書』「安祿山傳」에서도 확인이 되는데, 천문령은 渾河와 輝發河의 분수령인 길림성 哈達嶺에 해당하는 것으로 보는 견해가 일반적이다(譚其驤 主編, 1988, 126~127쪽; 宋基豪, 1995, 67~68쪽).

> 渤海, 本粟末靺鞨付[25]高麗者, 姓大氏. 萬歲通天中, 契丹盡忠殺營州都督趙翽反. 有舍利【胡三省[26]曰: 舍利, 契丹管軍頭目之稱.】乞乞仲象者, 與靺鞨酋乞四比羽及高麗餘種, 東走渡遼水, 保太白山之東北, 阻奧婁河, 樹壁自固. 武后封乞四比羽爲許國公, 乞乞仲象爲震國公, 赦其罪, 比羽不受命. 后詔玉鈐衛大將軍李楷固中郎將索仇, 擊斬之. 是時仲象已死, 其子祚榮引殘痍逃[27]去. 楷固窮躡度天門嶺, 祚榮因高麗靺鞨兵, 拒楷固, 楷固敗還. 於是契丹付[28]突厥, 王師道絶, 不克討. 祚榮卽幷比羽之衆.【新唐書. ○按, 大祚榮卽仲象之子, 而舊書不著焉. 此則舊書之疎略, 故今並錄新書, 以備參考.】

발해는 본래 속말말갈로 고[구]려에 붙은 자이고 성은 대씨이다. 만세통천(萬歲通天) 중에 거란의 [이]진충([李]盡忠)이 영주도독(營州都督) 조홰(趙翽)를 죽이고 배반하였다. 사리(舍利)【호삼성이 말하기를 사리는 거란에서 군사를 관장하는 우두머리에 대한 호칭이라고 하였다.】 걸걸중상(乞乞仲象)이라는 자가 있었는데 말갈 추장 걸사비우(乞四比羽) 및 고[구]려의 남은 종족(유민)과 함께 동쪽으로 달아나 요수를 건너 태백산의 동북을 지키고[29] 오루하(奧婁河)[30]를 막고 성벽을 쌓아 스스로 굳게 하였다. [측천]무후가 걸사비우를 봉하여 허국공(許國公)을 삼고 걸걸중상으로 진국공(震國公)을 삼아 그 죄를 용서하였으나 비우는 그 명을 받지 않았다. [무]후가 옥검위대장군(玉鈐衛大將軍) 이해고와 중랑장 색구(索仇)에게 조서를 내려 그를 공격하여 베어버렸다. 이때는 중상이 이미 죽어서 그 아들 조영이 남은 무리를 이끌고 달아났다. 해고가 바짝 추격하여 천문령(天門嶺)을 넘자 조영은 고[구]려와 말갈병으로 인하여 해고를 막았으며 해고는 패하여 돌아갔다. 이에 거란이 돌궐에 붙자 왕사(王師:

---

25) '付' → '附'.
26) 국립중앙도서관 소장 〈한고조56-나182〉에는 '按, 胡三省'.
27) 국립중앙도서관 소장 〈한고조56-나182〉에는 '逃'가 없다.
28) 국립중앙도서관 소장 〈한고조56-나182〉에는 '附'.
29) 발해 건국지에 대해 『삼국사기』, 권46, 열전 6, 최치원전에는 의봉 3년(678) '태백산 아래'로, 『삼국유사』에서 인용한 『신라고기』에는 '태백산 남쪽'으로, 『제왕운기』에는 '태백산 南城'으로 나온다.
30) 발해 초기의 중심지인 동모산의 북쪽을 끼고 목단강으로 흘러 들어가는 大石河로 추정된다(송기호, 1995, 82쪽).

당나라의 군대)가 길이 끊어져 [대조영을] 토벌할 수가 없었다. 조영이 곧 비우의 무리를 아울렀다.【『신당서』. ○ 살펴보니 대조영은 곧 중상의 아들인데 『구[당]서』에는 [이를] 기록하지 않았다. 이것은 곧 『구[당]서』가 소략한 것이므로 지금 『신[당]서』를 함께 기록하여 참고하게 하였다.】

武后聖曆中【聖曆二年, 卽高王祚榮元年】, 祚榮自立爲震國王,[31] 遣使通于突厥. 其地在營州之東二千里, 南與新羅相接, 西越憙[32]靺鞨, 東北至黑水靺鞨. 地方二千里, 編戶十餘萬, 勝兵數萬人. 風俗與高麗及契丹同. 頗有文字及書記.【舊唐書】 ○ 盡得扶餘沃沮弁韓朝鮮海北諸國.【新唐書】

[당 측천]무후 성력(聖曆)【성력 2년(699)은 곧 고왕 조영 원년[33]】 중에 조영이 스스로 [왕위에] 올라 진국왕(震國王)이 되고[34] 사신을 보내 돌궐과 통하였다. 그 땅은 영주 동쪽 2천 리에 있고, 남쪽은 신라와 서로 붙어 있으며, 서쪽은 월희말갈, 동북쪽은 흑수말갈에 이른다. 지방은 2천 리이고 편호는 10여만이며, 승병은 수만 인이다. 풍속은 고[구]려 및 거란과 같다. 자못 문자 및 서기(書記)가 있다.【『구당서』】 ○ 부여·옥저·변한·조선·바다 북쪽의 여러 나라를 모두 차지하였다.【『신당서』】

中宗卽位【高王七年】, 遣侍御史張行岌, 往招慰之, 祚榮遣子入侍. 將加冊立, 會契丹與突厥, 連歲寇邊, 使命不達.【舊唐書】

[당] 중종이 즉위하여【고왕 7년(705)】 시어사 장행급(張行岌)을 보내 [발해로] 가서 그를

---

31) 『舊唐書』 卷199下, 列傳第149下, 北狄 渤海靺鞨에는 '振國王'.
32) '越憙' → '越喜'.
33) 발해 건국년을 698년으로 기록한 『類聚國史』 卷193, 延曆15年 4月 戊子조와 1년의 차이가 있다.
34) 발해의 초기 국호인 진국(振國·震國)(『구당서』 발해말갈전; 『신당서』 발해전 등)을 고려와 조선시대에는 주로 진단으로 표기하였다. 진단은 원래 인도에서 중국을 별칭한 것으로, 불교 경전에 震旦, 眞檀, 震壇 등으로 썼다. 이후 역대 우리나라의 별칭으로도 쓰였다. 震은 『周易』 說卦에서 東方으로 해석된다.

불러 위로하니 조영이 아들을 보내 입시하였다. 장차 책립을 더하려 하였는데, 마침 거란과 돌궐이 해마다 변경을 노략질하여 사명(使命)이 이르지 못하였다.【『구당서』】

睿宗先天二年【卽開元元年, 高王十五年】, 遣郞將崔訢, 往冊拜祚榮爲左驍衛員外大將軍渤海郡王, 仍以其所統爲忽汗州,【按, 忽汗州在東牟山, 挹婁故地,35) 渤海所都.】加授忽汗州都督. 自是每歲遣使朝貢.【舊唐書】 ○自是始去靺鞨號, 專稱渤海.【新唐書. ○資治通鑑註, 靺鞨自此盛矣.】

[당] 예종 선천(先天) 2년(713)【즉 개원 원년, 고왕 15년】에 낭장 최흔(崔訢)을 보내니, 가서 조영을 책봉하고 좌효위원외대장군(左驍衛員外大將軍) 발해군왕(渤海郡王)으로 삼고, 거듭하여 그가 다스리는 곳으로 홀한주(忽汗州)를 삼았으며,【살펴보니 홀한주는 동모산에 있고 읍루의 옛 땅이며 발해가 도읍한 곳이다.】 홀한주도독을 더하여 제수하였다. 이로부터 해마다 사신을 보내 조공하였다.【『구당서』】 ○ 이로부터 비로소 말갈이라는 이름을 버리고 오로지 발해로 불렀다.【『신당서』. ○『자치통감』 주에는 말갈이 이때부터 번성하였다고 하였다.】

玄宗開元七年【高王二十一年, 武王武藝元年】三月, 祚榮死. 六月丁卯, 遣左監門率吳思謙, 攝鴻臚卿, 充使吊祭. 冊立其嫡子桂婁郡王大武藝, 襲父爲左驍衛大將軍渤海郡王忽汗州都督.【冊府元龜及舊唐書. ○冊府元龜, 兼九姓燕然都督.】 ○祚榮死, 其國私諡爲高王. 子武藝立, 斥大土宇, 東北諸夷畏臣之. 私改年曰仁安.【新唐書】

[당] 현종 개원 7년(719)【고왕 21년, 무왕 무예 원년】 3월에 [대]조영이 죽었다. 6월 정묘에 좌감문솔(左監門率) 오사겸(吳思謙)을 보내고 섭홍려경으로 삼아 조문케 하였다. 그 적자 계루군왕(桂婁郡王)36) 대무예(大武藝)를 책립하여 아버지를 이어 좌효위대장군37) 발해군왕

---

35) 『舊唐書』卷199下, 列傳第149下, 北狄 渤海靺鞨에는 '桂樓故地'.
36) 계루군왕 작호는 일반적으로 당에서 받은 것으로 이해하고 있으나 대무예에게 내린 '계루군왕' 칭호는 대조영이 내린 것으로, 대도리행에게 내린 칭호는 대조영의 사례를 따라 당이 내린 것이라는 주장이 있다(현명호, 1991, 48~49쪽). 반면 '계루군왕' 칭호 부여는 곧 '발해=황제국'이라는 인식에 대해 '계루

홀한주도독을 삼았다.【『책부원귀』 및 『구당서』. ○『책부원귀』에서는 구성연연도독(九姓燕然都督)을 겸하였다고 하였다.】 ○ 조영이 죽자 그 나라에서 사사로이 시호를 올려 고왕이라 하였다. 아들 무예가 [왕위에] 올라 크게 땅을 개척하니 동북의 여러 오랑캐가 두려워하여 그에게 신속하였다. 사사로이 연호를 고쳐 인안(仁安)이라 하였다.【『신당서』】

八年【武王二年】八月, 冊武藝嫡男大都利行爲桂樓郡王.【冊府元龜】

[당 현종 개원] 8년(720)【무왕 2년】 8월에 [대]무예의 적자 대도리행(大都利行)을 책봉하여 계루군왕으로 삼았다.【『책부원귀』】

十年【武王四年】, 黑水靺鞨酋倪屬利稽來朝, 玄宗卽拜勃利州刺史. 於是安東都護薛泰請置黑水部, 以部長爲都督刺史, 朝廷爲置長史監之. 賜府都督姓李氏, 名曰獻誠. 以雲麾將軍, 領黑水經略使, 隸幽州都督.【按, 置黑水府, 舊書作十四年.】 武藝召其下謀曰: 黑水始假道於我, 與唐通, 異時請吐屯於突厥, 皆先告我, 今請唐官, 不吾告, 是必與唐, 腹背攻我也. 乃遣弟門藝及舅任雅相,[38] 發兵擊黑水. 門藝嘗質京師, 知利害, 謂武藝曰: 黑水請吏而我擊之, 是背唐也. 唐大國, 兵萬倍我, 與之産怨, 我且亡, 違之不可. 武藝不從. 兵至境, 又以書固諫. 武藝怒, 遣從兄壹夏代將, 召門藝誅之. 門藝懼, 儳路自歸.【新唐書】

[당 현종 개원] 10년(722)【무왕 4년】에 흑수말갈 추장 예속리계(倪屬利稽)가 와서 조회하니, 현종이 곧 발리주[39]자사(勃利州刺史)의 벼슬을 내렸다. 이때에 안동도호 설태(薛泰)가

군왕'의 존재만으로 발해왕이 황제로서의 지위에 있었다는 주장은 받아들이기 어렵다는 주장도 있다 (宋基豪, 1995, 193쪽).
37) 당의 중앙군인 16위의 하나로 정3품이다.
38) 『舊唐書』 卷199下 「淸乾隆武英殿刻本」, 列傳第149下, 北狄 渤海靺鞨; 『資治通鑑』 卷213 「四部叢刊景宋刻本」, 唐紀29, 玄宗至道大聖大明孝皇帝中之上에는 '任雅'.
39) 발리주는 관련 문헌이 없이 그 위치를 비정하기가 쉽지 않지만, "발해왕성에서 德理鎭을 지나 남흑수말

흑수부 설치를 요청하니 [흑수의] 부장으로 도독자사를 삼고 조정에서 장사(長史)40)를 두어 그들을 감독하였다. 부도독(府都督)에게 이씨로 성을 내려주고 이름을 헌성(獻誠)이라 하였다. 운휘장군(雲麾將軍)을 영흑수경략사(領黑水經略使)로 삼아, 유주도독에게 예속시켰다. 【살펴보니 흑수부를 설치한 때를 『구[당]서』에서는 14년(726)이라고 하였다.】 무예가 그의 신하들을 불러 모의하여 말하기를, "흑수가 처음에 우리에게 길을 빌려 당과 통하였고, 다른 때 돌궐에 토둔(吐屯)을 요청하면서 모두 먼저 우리에게 알렸는데, 지금 당 관리를 요청하면서 나에게 알리지 않은 것은 분명 당과 더불어 앞뒤에서 우리를 공격하려는 것이다."라고 하였다. 이에 동생 [대]문예41)와 장인 임아상(任雅相)을 보내 병사를 일으켜 흑수를 공격하였다.42) 문예는 일찍이 경사(장안)에 볼모로 가 있어서 이해[득실]을 알았으므로, 무예에게 일러 말하기를, "흑수가 [당의] 관리를 요청하였다고 우리가 그들을 공격하는 것은 당을 등지는 것입니다. 당은 대국이고 병사는 우리의 만 배인데 그들과 더불어 원한을 만들면 우리 또한 망하는 것이니 그들을 거스르는 것은 옳지 않습니다."라고 하였으나, 무예가 따르지 않았다. 병사들이 국경에 이르자 다시 글로 간곡히 간하였다. 무예가 화를 내어 사촌형 [대]일하([大]壹夏)로 장수를 대신하게 하고 문예를 불러들여 죽이려 하였다. 문예가 두려워하여 지름길로 스스로 [당에] 귀순하였다.【『신당서』】

갈까지 1천여 리를 간다."라는 기록과 "흑수말갈 경계에서 남쪽으로 가면 발해 德利府에 이른다."라는 기록에 근거하여, 발해왕성은 '덕리진' 또는 '덕리부'와 그다지 멀지 않을 것이며, '勃利'와 '德里'가 음운학적으로 유사성을 지니고 있는 점에 근거하여, 덕리주를 발리주, 곧 발주로 이해하는 견해가 있다(劉曉東·羅葆森·陶剛, 1987, 42~44쪽).

40) 당나라 때 都督이나 刺史의 바로 아래에 두었는데, '別駕'라고도 하며 실질적인 권한이 없었다. 大都督府의 장사는 상대적으로 지위가 높아서 上州의 자사나 절도사로 임명되기도 하였다.
41) 大門藝는 발해 제2대 왕인 武王(재위 719~737)의 친동생이다. 高王 大祚榮 때(唐 中宗 때)에 당에 質子로 머물다가 돌아왔다. 726년 무왕이 그에게 흑수말갈을 토벌할 것을 명령하자, 이를 반대하다가 당으로 망명하였다. 무왕은 당에게 대문예를 죽일 것을 요청하며 당과 갈등을 빚었고, 732년 발해가 당의 登州를 공격하자 당은 대문예에게 유주에서 병사를 모아 발해를 공격하게 하였다. 이후 무왕이 몰래 자객을 모아 낙양 天津橋에서 대문예를 찌르게 했으나 실패하였고, 이후 대문예의 행적은 더는 확인되지 않는다(『신당서』 219, 열전 144, 북적 발해).
42) 『新唐書』 발해전을 근거로 '任雅相'으로 추정하나 "遣弟門藝及舅任雅 相發兵擊黑水"에서 '相'은 임아의 이름자가 아닌 뒤의 '發兵'과 연관된 의미로 해석하는 견해가 있다(임상선, 1998, 211쪽).

十五年【武王九年】四月丁未, 勅曰: 渤海宿衛王子大昌勃價及首領等, 久留宿衛, 宜放還蕃. 庚申, 大昌勃價賜帛五十匹,[43] 首領以下, 各有差. 先是武藝遣男[44]利行[45]來朝, 並獻貂鼠, 至是乃降書與武藝, 慰勞之, 賜綵練一百匹.[46]【冊府元龜】

[당 현종 개원] 15년(727)【무왕 9년】 4월 정미에 칙서를 내려 말하기를, "발해 숙위 왕자 대창발가(大昌勃價) 및 수령 등이 오랫동안 머물러 숙위하였으니 마땅히 놓아주어 본국으로 돌아가게 하라."라고 하였다. 경신에 대창발가에게 비단 50필을 주고 수령 이하에게는 각각 차이가 있게 하였다. 앞서 무예가 아들 [대도]리행([大都]利行)을 보내 와서 조회하고 아울러 담비가죽을 바쳤는데, 이때에 이르러서야 무예에게 글을 내려 그를 위로하고 채련(綵練) 1백 필을 주었다.【『책부원귀』】

二十年【武王十四年】九月, 武藝遣其將張文休, 率[47]海賊, 攻[48]登州, 殺刺史韋俊. 命左[49]領軍將軍蓋[50]福順, 發兵討之.【舊唐書】

[당 현종 개원] 20년(732)【무왕 14년】 9월에 [대]무예가 그 장수 장문휴(張文休)를 보내 해적을 이끌고 등주를 공격하여[51] 자사 위준(韋俊)[52]을 죽였다. 좌령군장군(左領軍將軍) 개

---

43) 국립중앙도서관 소장 〈한고조56-나182〉에는 '疋'.
44) 『冊府元龜』 卷64 「淸文淵閣四庫全書本」, 外臣部, 冊封第2에는 '嫡男'.
45) 『冊府元龜』 卷75 「淸文淵閣四庫全書本」, 外臣部, 褒異第2에는 '大都利'.
46) 국립중앙도서관 소장 〈한고조56-나182〉에는 '疋'.
47) 『資治通鑑』 卷213 「四部叢刊景宋刻本」, 唐紀29, 玄宗至道大聖大明孝皇帝中之上에는 '帥'.
48) '攻' → '寇'.
49) 『資治通鑑』 卷213 「四部叢刊景宋刻本」, 唐紀29, 玄宗至道大聖大明孝皇帝中之上에는 '右'.
50) 『資治通鑑』 卷213 「四部叢刊景宋刻本」, 唐紀29, 玄宗至道大聖大明孝皇帝中之上에는 '葛'.
51) 『삼국사기』「신라본기」 8, 성덕왕 32년(733)조에는 "가을 7월에 당나라 현종이 발해가 바다를 건너 등주를 노략질하자 太僕員外卿 金思蘭을 귀국하게 하고, 성덕왕에게 開府儀同三司 寧海軍使의 직을 더해주고, 군사를 일으켜 말갈(발해)의 남쪽 변경을 치게 하였다."라고 나오며, 『삼국유사』에 인용된 『삼국사』에는 734년으로 나와 1~2년의 차이가 있다. 이것은 신라가 발해의 남쪽 변경을 친 배경을

복순(蓋福順)에게 명하여 병사를 내어 그를 토벌케 하였다.【『구당서』】

> 二十一年【武王十五年】正月庚申, 詔遣門藝, 往幽州, 徵兵以討, 仍令太僕員外卿金思蘭往新羅, 發兵以攻其南境. 屬山阻寒凍, 雪深丈餘, 兵士死者過半, 竟無功而還.【仝上. ○按新羅史, 玄宗遣內史高[53]何行成與金思蘭, 同使新羅, 諭王曰: 渤海外稱藩屏, 內懷狡猾, 今欲出兵問罪, 卿亦發兵, 擊其南鄙. 又勅新羅名將金庾信孫允中爲將, 賜金帛. 王遣允中等四將, 率兵會唐師, 共擊渤海, 會天寒士卒凍死, 皆罷歸.】

[당 현종 개원] 21년(733)【무왕 15년】 정월 경신에 [대]문예에게 조서를 내려 유주[54]로 가서 병사를 징발해 토벌하게 하고, 거듭 태복원외경(太僕員外卿) 김사란(金思蘭)[55]에게는 신라로 가서 병사를 내어 그(발해) 남쪽 경계를 공격하게 하였다. 마침 산은 험하고 날씨가 추웠으며 눈이 한 길 남짓이나 쌓여 병사가 죽는 자가 반이 넘었으므로 마침내 아무런 [전]공 없이 돌아왔다.[56]【위와 같음(『구당서』). ○『신라사』를 살펴보면, [당] 현종이 내사(內史) 고

설명하면서 나온 오차이다. 발해의 등주 공격 원인은 726년 발해의 黑水 토벌과 대문예의 당 망명으로 빚어진 발해와 당의 갈등 및 730년대 초 당과 전쟁을 치르고 있는 契丹을 돕기 위한 목적이었다(김종복, 2009, 127쪽; 권은주, 2013).

52) 발해가 당의 등주를 공격한 것은 성덕왕 31년(732, 개원 20)으로, 무왕 대무예가 장군 張文休를 보내 해적을 거느리고 등주자사 위준을 공격하게 하였다(『구당서』 199하, 열전 149하, 발해말갈).

53) 국립중앙도서관 소장 〈한古朝56-나182〉에는 '高偘'.

54) 지금의 北京 일대이다.

55) 신라의 왕족으로 일찍이 당나라에 건너가 太僕員外卿(『삼국사기』 권제8, 「신라본기」 제8, 성덕왕 32년)을 받고, 宿衛로 있었다. 732년(성덕왕 31) 발해가 당나라의 登州를 공격하자, 당 현종이 이듬해 7월 김사란을 귀국시켜 신라에게 발해의 남쪽을 공격하게 하였다. 『冊府元龜』에는 개원 21년(733) 정월에 신라에 사신으로 간 것으로 나온다(『冊府元龜』 권975, 外臣部20 褒異2).

56) 신라군이 당군과 함께 실제 발해의 남쪽을 공격하여 전투가 벌어졌는지에 대해서는 논란이 있다. 대체로 신라군이 당군과 합류해 발해를 공격한 것으로 보며(末松保和, 1975), 동북 방면으로 올라가서 함경남도 지역이나 동해안 쪽을 공격했던 것으로 보는 설(이병도, 1977; 김종복, 1997; 전덕재, 2013)과 서북 방면으로 압록강 하류 유역(조이옥, 2000)과 서경 압록부의 요지(임상선, 2019)를 공격하려 했다고 보는 설로 나뉜다. 큰 눈과 추위, 험로 등으로 인해 돌아온 것으로 기록되어 있으나, 발해에 패하여 돌아온 것으로 보기도 하며(한규철, 1994, 194쪽), 김사란의 귀국길에 동행한 客使 604명(『삼국유사』

[간](高[偘])·하행성(何行成)과 김사란을 함께 신라에 사신으로 보내 왕을 타일러 말하기를, "발해가 겉으로는 번병(藩屛)이라 하면서 안으로는 교활한 마음을 품고 있어 지금 병사를 내어 죄를 물으려 하니, 경도 병사를 내어 그 남쪽 변경을 공격하라."라고 하였다. 또 칙서로서 신라의 명장 김유신의 손자 윤중을 장수로 삼고 금백(金帛)을 내려 주었다. [신라]왕이 윤중 등 네 장수를 보내 병사를 이끌고 당 군대와 만나 함께 발해를 공격하였는데, 마침 날씨가 추위 사졸들이 얼어 죽으므로 모두 그만두고 돌아왔다고 하였다.】

二十五年【武王十九年, 文王欽茂元年】, 武藝病卒. 其國私諡武王. 子欽茂嗣立, 改年大興. 詔遣內侍段守簡, 往冊爲渤海郡王, 仍嗣其父爲左驍衛大將軍忽汗州都督. 欽茂承詔, 赦其境內. 遣使隨守簡入朝貢獻, 求寫唐禮及三國志晉書三十六國春秋, 帝皆許之.【仝上及新唐書.】

[당 현종 개원] 25년(737)【무왕 19년, 문왕 흠무 원년】에 [대]무예가 병으로 사망하였다. 그 나라에서 사사로이 무왕(武王)이라 시호하였다. 아들 흠무가 이어서 [왕위에] 올라서 연호를 대흥(大興)으로 고쳤다. [당 황제가] 조서를 내려 내시 단수간(段守簡)을 [발해로] 보내니 가서 [대흠무를] 책봉하여 발해군왕을 삼고, 거듭 그 아버지를 이어 좌효위대장군(左驍衛大將軍) 홀한주도독(忽汗州都督)을 삼았다. 흠무가 조서를 받들어 그 나라 안[의 죄수]를 사면하였다. 사신을 [단]수간에 딸려 보내 입조하여 공물을 바치고 『당례(唐禮)』 및 『삼국지(三國志)』·『진서(晉書)』·『삼십육국춘추(三十六國春秋)』를 베끼기를 구하니 황제가 모두 허락하였다.【위와 같음(『구당서』) 및 『신당서』】

天寶末, 欽茂徙上京.【按, 渤海上京龍泉府, 卽古肅愼氏地, 今寧古塔地.】 直舊國三百里, 忽汗河之東. 訖帝世, 朝獻者二十九.【新唐書】

[당 현종] 천보(天寶) 말에 [대]흠무가 상경[57]으로 옮겼다.【살펴보니 발해 상경 용천부는

권제2, 紀異 제2, 孝成王)을 당의 원정군으로 보기도 한다(이영호, 2010).

곧 옛 숙신씨의 땅으로 지금의 영고탑(寧古塔) 지역이다.】 곧장 구국58)에서 3백 리이며 홀한하(忽汗河)59) 동쪽이다. 황제(당 현종)의 시대가 끝날 때까지 조회하여 바친 것이 29번이었다.【『신당서』】

> 肅宗至德元載【文王十九年】,60) 平盧留後徐歸道, 遣果毅都尉柳城縣四府經略判官張元簡. 使告渤海曰: 今載十月, 當擊安祿山, 王須發騎四萬來助. 欽茂疑其有他變, 留之. 十二月丙午, 歸道果鴆平盧節度使劉正臣于北平, 潛與祿山幽州節度使史思明通謀. 安東都護王玄志知其謀, 率精兵六千人, 攻破柳城, 斬歸道. 自稱平盧節度使, 進屯北平, 遣將軍王進義, 告渤海曰: 天子已歸西京, 迎太上皇于蜀, 居別宮, 勦滅賊徒, 故遣下臣來告. 欽茂以其難信, 留進義, 別遣使入朝, 肅宗賜勅勞之.【仝上及舊唐書.】

[당] 숙종 지덕(至德) 원년(756)【문왕 19년】61)에 평로유후(平盧留後) 서귀도(徐歸道)가 과의도위(果毅都尉) 유성현(柳城縣) 사부경략판관(四府經略判官) 장원간(張元簡)을 보냈다. 사신이 발해에 고하여 말하기를, "올해 10월에 안녹산(安祿山)을 공격할 것이니 [발해]왕은 마땅히 기병 4만을 내어 와서 도우십시오."라고 하였다. [대]흠무가 그 말에 다른 변수가

---

57) 중국 黑龍江省 牡丹江市 寧安市 渤海鎭에 위치한다. 전체 둘레가 16,300m이며, 宮城·內城·外城으로 이루어져 있다. 755년경 顯州에서 이곳으로 천도하였고, 785년 東京으로 천도했다가 794년에 上京으로 재천도한 이후 발해가 멸망할 때까지 수도였다.

58) 구국의 위치에 대해 金毓黻은 "돈화 오동성", 曹廷杰은 『東三省輿地圖說』에서 "鄂多里城"(金毓黻 저, 동북아역사재단 역, 2007, 611쪽), 景方昶은 『輿地釋略』에서 "額多力城이 곧 조영의 구국이 소재한 곳"이라 주장하였고, 津田左右吉·鳥山喜一·和田清은 "西古城子 남쪽의 八家子古城(河南屯古城)", 松井等은 "那丹佛勒城", 小川琢治는 "樺甸 蘇密城", 丹化沙는 "東牟山"으로 비정하였다(丹化沙, 1983, 16~17쪽). 이러한 학계의 인식에 기초하여 丹化沙는 구국의 의미는 협의로는 '王都 城邑', 광의로는 '王都 地區'를 의미하는 것으로 이해하였다. '故國', '故土', '故地'로 이해하는 견해도 있다(宋基豪, 1995, 82쪽).

59) 발해 건국 당시 牧丹江을 忽汗河로 인식한 견해가 있다(宋基豪, 1995, 82쪽).

60) 숙종 지덕 원년은 문왕 대흥 20년으로, 1년의 차이를 보인다(李鉉淙 編著, 2006).

61) 발해 문왕 대흥 19년은 755년으로, 본문 기사와 1년의 차이가 있다.

있을까 의심하여 그를 머무르게 하였다. 12월 병오에 귀도가 과연 평로절도사(平盧節度使) 유정신(劉正臣)을 북평(北平)에서 독살하고 몰래 녹산과 유주절도사(幽州節度使) 사사명(史思明)과 내통하여 일을 꾸몄다. 안동도호(安東都護) 왕현지(王玄志)가 그 모의를 알고 정병(精兵) 6천 인을 이끌고 유성(柳城)을 공격하여 깨뜨리고 귀도를 베어버렸다. [왕현지가] 스스로 평로절도사라고 부르고 북평으로 나아가 주둔하였다. [왕현지가] 장군 왕진의(王進義)를 보내 발해에 알려 말하기를, "천자가 이미 서경으로 돌아왔고 태상황(太上皇)은 촉에서 맞이하여 별궁에 거처하게 하였으며 도적의 무리를 다 섬멸하였으므로 아래 신하를 보내 알립니다."라고 하였다. 흠무가 그것으로 믿기 어려워 진의를 붙잡아두고 따로 사신을 보내 입조하니 숙종이 칙서를 내려 그를 위로하였다.【위와 같음(『신당서』) 및 『구당서』】

寶應元年,【文王二十六年】詔以渤海爲國, 欽茂王之, 進檢校太尉.【新唐書】

[당 숙종] 보응(寶應) 원년(762)【문왕 26년】에 조서를 내려 발해로서 국(國)을 삼고, [대]흠무가 그곳을 다스리게 하였으며, 검교태위(檢校太尉)62)로 올렸다.【『신당서』】

代宗大曆八年【文王三十七年】閏十一月, 渤海質子盜脩袞龍, 擒之. 辭云: 慕中華文物, 帝矜而捨之.【冊府元龜】 … 十二月, 遣使來朝. 大曆二年至十年, 或頻遣使來朝, 或間歲而至, 或歲內二三至者.【舊唐書】

[당] 대종(代宗) 대력(大曆) 8년(773)【문왕 37년】 윤11월에 발해의 질자(質子)가 곤룡포를 훔쳐 붙잡았다. [발해의 질자가] 말하기를 "중화의 문물을 흠모하였다." 하였으므로 황제가 불쌍히 여겨 그를 풀어주었다.【『책부원귀』】 … 12월에 사신을 보내 와서 조회하였다. 대력 2년(767)부터 10년(775)까지 어떤 때에는 빈번하게 사신을 보내 조회하였고, 어떤 때에는 한 해를 걸러 오기도 하였으며, 어떤 때에는 한 해에 두세 번씩 이르기도 하였다.【『구당서』】

---

62) 태위는 정1품 三公인 太尉, 司徒, 司空 중 하나이다.

十二年【文王四十一年】春正月, 遣使獻日本國舞女一十一人及方物.【仝上.】

[당 대종 대력] 12년(777)【문왕 41년】 봄 정월에 사신을 보내 일본국 무녀(舞女) 11인과 방물을 바쳤다.【위와 같음(『구당서』)】

十四年【文王四十三年】五月癸亥, 德宗卽位. 丙子, 詔停渤海歲貢鷹鶻.【仝上.】

[당 대종 대력] 14년(779)【문왕 43년】 5월 계해에 덕종이 즉위하였다. 병자에 조서를 내려 발해가 새매[鷹鶻]를 세공(歲貢)하는 것을 그치게 하였다.【위와 같음(『구당서』)】

德宗貞元時, 欽茂東南徙東京.【新唐書. ○按, 渤海東京龍原府, 今鏡城府.】

[당] 덕종 정원(貞元) 때(785~804)에 [대]흠무가 동남쪽 동경으로 옮겼다.【『신당서』. ○ 살펴보니 발해 동경 용원부63)는 지금의 경성부(鏡城府)이다.】

十年【文王五十八年】三月, 欽茂卒, 私諡文王. 子宏臨早死, 族弟元義立 一歲猜虐, 國人殺之. 推宏臨子華璵爲王. 復還上京, 改年中興. 華璵卒, 諡曰成王. 欽茂少子嵩璘立, 改年正歷.【仝上.】

[당 덕종 정원] 10년(794)【문왕 58년】64) 3월에 [대]흠무가 사망하니, 사사로이 문왕으로

---

63) 발해 5경 가운데 하나이다. 동경은 제3대 文王 大欽茂가 785년 무렵 이곳으로 천도한 이후 제5대 成王 大華璵가 다시 상경으로 천도하는 794년까지 약 10년간 발해의 수도였다. 일명 '柵城府'라고도 하며, 屬州로는 慶州·鹽州·穆州·賀州의 4주가 있다. 위치에 대해서는 琿春설, 함경북도 穩城·鍾城설, 연해주 블라디보스토크설, 니콜리스크(Nikolisk)설 등이 있었다. 1942년에 이르러 琿春의 牛拉城(현재 八連城)이 발굴된 이후, 이곳이 동경성이며 혼춘이 동경 용원부 지역임에 이견이 없다(김은국, 2006).
64) 792년인 대흥 56년 문왕 사망 후 일명 '폐왕'으로 불리는 대원의가 즉위하였다가 1년 만에 국인에

시호하였다. 아들 굉림(宏臨)이 일찍 죽어 [대흠무의] 족제(族弟)인 원의(元義)가 [왕위에] 섰으나 한 해 동안 의심하고 모질게 하였으므로 국인(65)들이 그를 죽였다. 굉림의 아들 화여(華璵)를 추대하여 왕을 삼았다. 다시 상경으로 돌아가 연호를 중흥(中興)으로 고쳤다. 화여가 사망하니 시호를 성왕(成王)이라고 하였다. 흠무의 소자(少子) 숭린(嵩璘)이 [왕위에] 올라 연호를 정력(正歷)으로 고쳤다.【위와 같음(『신당서』)】

> 渤海, 自大祚榮立國. 開元之間, 其子武藝立, 益以強(66)盛, 東北諸夷皆畏而臣之. 改元仁安. 更五代以至于宋耶律, 雖數加兵, 不能服也. 故通鑑歷敘其世爲詳.【資治通鑑註(67)】

발해는 대조영이 나라를 세우면서 비롯되었다. 개원(開元) 연간(713~741)에 그 아들 [대]무예가 [왕위에] 오르면서 더욱 강성해져 동북의 여러 오랑캐가 모두 두려워하여 그에게 신속하였다. 연호를 인안(仁安)으로 고쳤다. 다시 오대를 지나 송과 야율[요]에 이르기까지 비록 자주 병사를 더하였으나 복속시키지 못하였다. 그러므로 『[자치]통감』에서 그 세계를 서술함이 상세하다.【『자치통감 주』】

의해 살해되고 성왕 대화여가 즉위하였다. 사망한 문왕을 포함하여 1년간 폐왕, 성왕 등 3왕의 교체로 인해 본문의 세주에서 문왕 재위 기간으로 언급한 것으로 판단된다. 이곳에서 언급한 문왕 58년은 곧 성왕 중흥 원년이다.

65) 國人은 일반적으로 '本國人'을 의미하지만, 徐賨의 시에서 보이는 것처럼 일반적인 의미의 '나랏 사람'이 아닌 '발해 사회의 귀족집단 혹은 지배집단'으로 이해된다(임상선, 1998, 211~212쪽). 그러나 문왕 초기에 사면된 친당파와 상경 천도 이후 새로이 지배층에 편입된 세력이 주축을 이루며 체제 정비 과정에서 성장한 귀족으로 이해하는 견해도 있고(김종복, 2001, 144쪽), '수도의 인민'이나 피지배계급 인민과 일부 통치층 인물(孫玉良, 1982; 장국종, 1998, 91쪽), '대흠무의 자손을 위주로 한 정치 세력' 또는 '왕실 성원 중 대원의의 반대파'(朱國忱·魏國忠, 1981; 김정배·유재신 편, 1988, 101쪽), 또는 '상층 통치 집단 내부의 대씨 왕족 전계를 위수로 한 파'(方學鳳, 1987; 방학봉, 1989, 122쪽)로 이해하는 견해도 있다.
66) 국립중앙도서관 소장 〈한고朝56-나182〉에는 '疆'.
67) 국립중앙도서관 소장 〈한고朝56-나182〉에는 '注'.

十一年【康王嵩璘元年】二月乙巳, 遣內常侍殷志瞻, 冊嵩璘爲右驍衛大將軍忽汗州都督渤海郡王.【舊唐書】

[당 덕종 정원] 11년(795)【강왕 숭린(嵩璘) 원년】 2월 을사에 내상시 은지첨(殷志瞻)을 보내 [대]숭린을 책봉하여 우효위대장군(右驍衛大將軍) 홀한주도독(忽汗州都督) 발해군왕으로 삼았다.【『구당서』】

十四年【康王四年】, 加嵩璘銀靑光祿大夫檢校司空, 進封渤海國王. 嵩璘父欽茂, 開元中,[68] 襲父爲郡王左金吾大將軍. 天寶中, 累加特進太子詹事賓客. 寶應元年, 進封國王. 大曆中, 累加拜司空太尉. 及嵩璘襲位, 但授其郡王將軍而已, 嵩璘遣使叙理, 故再加冊命.【仝上. ○新唐書, 建中貞元間凡四來.】

[당 덕종 정원] 14년(798)【강왕 4년】에 [대]숭린에게 은청광록대부(銀靑光祿大夫) 검교사공(檢校司空)을 더하고 발해국왕으로 올려 책봉하였다. 숭린의 아버지 흠무는 개원 중에 아버지를 이어 군왕, 좌금오대장군(左金吾大將軍)이 되었다. 천보(天寶, 742~755) 중에는 여러 차례 특진(特進) 태자첨사빈객(太子詹事賓客)이 더해졌다. 보응(寶應) 원년(762)에는 국왕으로 벼슬이 올랐다. 대력(大曆, 766~779) 중에 여러 차례 더하여 사공(司空)과 태위(太尉)에 배수되었다. 숭린이 [왕]위를 이어받음에 이르러서는 단지 군왕과 장군만 제수받았을 뿐이어서, 숭린이 사신을 보내 이치를 따진 까닭으로 다시 책명이 더해졌다.【위와 같음(『구당서』). ○『신당서』에 보면 건중(建中)과 정원(貞元) 사이에 모두 네 차례 왔다.】

二十一年【康王十一年】正月, 順宗卽位. 五月甲辰, 以檢校司空忽汗州都督渤海國王大嵩璘, 加金紫光祿大夫檢校司徒.[69]【仝上.】

---

68) 국립중앙도서관 소장 〈한고조56-나182〉에는 '開元中'이 없다.
69) '以檢校司空忽汗州都督渤海國王大嵩璘, 加金紫光祿大夫檢校司徒' → '順宗加嵩璘金紫光祿大夫檢校司空'.

[당 덕종 정원] 21년(805)【강왕 11년】정월에 순종(順宗)이 즉위하였다. 5월 갑진에 검교사공(檢校司空) 홀한주도독 발해국왕 대숭린에게 금자광록대부(金紫光祿大夫) 검교사도(檢校司徒)를 더하였다.【위와 같음(『구당서』)】

憲宗元和元年【康王十三年】九月丙戌, 加嵩璘檢校太尉.【仝上.】

[당] 헌종 원화(元和) 원년(807)【강왕 13년】 9월 병술에 [대]숭린에게 검교태위(檢校太尉)를 더하였다.【위와 같음(『구당서』)】

四年【定王元瑜元年】, 嵩璘死, 諡康王. 子元瑜立, 改年永德.【新唐書】

[당 헌종 원화] 4년(809)【정왕 원유(元瑜) 원년】에 [대]숭린이 사망하니 강왕(康王)이라 시호하였다. 아들 [대]원유([大]元瑜)가 [왕위에] 서고 연호를 영덕(永德)으로 고쳤다.【『신당서』】

○以元瑜爲銀靑光祿大夫檢校秘書監忽汗州都督, 依前渤海國王.【舊唐書】

[발해 대]원유로 은청광록대부(銀靑光祿大夫) 검교비서감(檢校秘書監) 홀한주도독을 삼고, 전[례]에 따라 발해국왕을 삼았다.【『구당서』】

八年【定王五年, 僖王言義元年】正月, 元瑜死, 諡定王. 弟言義立, 改年朱雀. 庚午, 授權知渤海國務言義銀靑光祿大夫檢校秘書監忽汗州都督渤海國王. 遣內侍李重旻使焉.【仝上及新唐書.】

[당 헌종 원화] 8년(813)【정왕 5년, 희왕 언의(言義) 원년】정월에 원유(元瑜)가 사망하니 정왕(定王)이라 시호하였다. 동생 [대]언의가 [왕위에] 서고 연호를 주작(朱雀)으로 고쳤다.

경오에 권지발해국무(權知渤海國務) 언의에게 은청광록대부 검교비서감 홀한주도독 발해국왕을 제수하였다. 내시 이중민(李重旻)을 사신으로 보내었다.【위와 같음(『구당서』) 및 『신당서』】

十三年【宣王仁秀元年】, 言義死, 諡僖王. 弟明忠立, 改年太始. 立一歲死, 諡簡王. 從父仁秀立, 改年建興. 其四世祖野勃, 高王祚榮弟也.【新唐書】正月乙巳, 遣使來朝, 且告哀. 五月辛丑, 以知國務大仁秀爲銀青光祿大夫檢校秘書監忽汗州都督渤海國王.【舊唐書】

[당 헌종 원화] 13년(818)【선왕 인수(仁秀) 원년】에 언의가 사망하니 희왕(僖王)이라 시호하였다. 동생 [대]명충([大]明忠)이 [왕위에] 서고 연호를 태시(太始)로 고쳤다. 즉위한 지 1년 만에 죽으니 간왕(簡王)이라 시호하였다. 종부인 [대]인수가 [왕위에] 서고 연호를 건흥(建興)으로 고쳤다. 그의 4세조인 야발(野勃)은 고왕 [대]조영의 동생이다.【『신당서』】 정월 을사에 사신을 보내 와서 조회하고 또 슬픔을 알렸다. 5월 신축에 지국무(知國務) 대인수로 은청광록대부 검교비서감 홀한주도독 발해국왕을 삼았다.【『구당서』】

十五年【宣王三年】閏正月, 遣使來朝. 仁秀頗能討伐海北諸部, 開大境宇, 有功. 詔加金紫光祿大夫檢校司空. 元和中, 凡十六朝獻, 長慶四, 寶曆凡再.【仝上及新唐書】

[당 헌종 원화] 15년(820)【선왕 3년】 윤정월에 사신을 보내 와서 조회하였다. [대]인수는 자못 바다 북쪽의 여러 부를 토벌하여 크게 땅을 넓히는 데 공이 있었다. 조서를 내려 금자광록대부(金紫光祿大夫) 검교사공(檢校司空)을 더하였다. 원화(元和) 중에 모두 16번 조회하여 바쳤고, 장경(長慶) [연간]에는 4번, 보력(寶曆) [연간]에는 모두 2번 하였다.【위와 같음(『구당서』) 및 『신당서』】

文宗太和四年【宣王十三年】, 仁秀死, 諡宣王. 子新德蚤死, 孫彛震立. 改年咸和.【新唐書】

[당] 문종 태화(太和) 4년(830)【선왕 13년】에 [대]인수가 사망하니 선왕(宣王)이라 시호하였다. 아들 신덕(新德)이 일찍 죽었으므로 손자 이진(彝震)이 [왕위에] 올라 연호를 함화(咸和)로 고쳤다.【『신당서』】

五年【王彝震元年】正月己丑, 以權知國務大彝震爲銀靑光祿大夫檢校秘書監忽汗州都督渤海國王.【舊唐書】

[당 문종 태화] 5년(831)【왕 이진(彝震) 원년[70]】 정월 기축에 권지국무(權知國務) 대이진으로 은청광록대부 검교비서감 홀한주도독 발해국왕을 삼았다.【『구당서』】

六年【王彝震二年】十二月戊辰, 內養王宗禹渤海使回, 言渤海置左右神策軍左右三軍一百二十司, 畵圖以進.【仝上.】

[당 문종 태화] 6년(832)【왕 이진 2년】 12월 무진에 내양(內養) 왕종우(王宗禹)가 발해에 사신으로 갔다가 돌아오며 발해에서 좌우신책군(左右神策軍), 좌우삼군(左右三軍), 120사(司)를 두었다고 말하고 그림을 그려 올렸다.【위와 같음(『구당서』)】

七年【王彝震三年】正月, 遣同中書右平章事高寶英來謝冊命. 仍遣學生三人, 隨寶英, 請赴上都學問, 先遣學生三人, 事業稍成, 請歸本國, 許之.【仝上.】

[당 문종 태화] 7년(833)【왕 이진 3년】 정월에 발해에서 동중서우평장사(同中書右平章事) 고보영(高寶英)을 보내 와서 책명(冊命)을 감사하였다. 거듭 학생 3인을 보내 보영을 따라 상도(上都, 당나라 수도)로 가 학문하기를 청하고, 앞서 보냈던 학생 3인은 학업이 어느 정도 완성되었으므로 본국으로 돌려보내 주기를 요청하니, 그것을 허락하였다.【위와 같음(『구당서』)】

---

70) 발해 11대 대이진은 선왕 건흥 13년인 830년에 왕위에 올랐으므로, 태화 5년은 대이진왕 2년이 맞다. 아래 기사인 태화 6년은 대이진왕 3년, 태화 7년은 대이진왕 4년이다.

○ 終文宗世, 來朝凡十二, 會昌凡四.【新唐書】

○ [당] 문종 시대가 끝날 때까지 와서 조회한 것이 모두 12번이며 회창(會昌, 841~846)에는 모두 4번이었다.【『신당서』】

宣宗大中十二年【王虔晃二年】二月 彛震卒. 癸未, 立其弟虔晃爲渤海國王.【資治通鑑】

[당] 선종(宣宗) 대중(大中) 12년(858)【왕 건황(虔晃) 2년71)】 2월에 이진이 사망하였다. 계미에 그 동생 [대]건황을 세워 발해국왕을 삼았다.【『자치통감』】

虔晃死, 玄錫立. 咸通時, 遂爲海東盛國. 地有五京十五府六十二州. 俗謂王曰可毒夫, 曰聖主, 曰基下, 其命爲敎. 王之父曰老王, 母太妃, 妻貴妃, 長子曰副王, 諸子曰王子. 其官名, 大抵憲象中國制度. 幽州節度府與相聘問. 自營平距京師, 蓋八千里而遠, 後朝貢至否, 史家失傳, 故叛附無考焉.【新唐書】

[발해 대]건황이 사망하니 [대]현석([大]玄錫)이 [왕위에] 올랐다. 함통(咸通) 때(860~873)에 드디어 해동성국(海東盛國)이 되었다. 땅에는 5경 15부 62주가 있었다. 풍속에서 왕을 가독부(可毒夫)72)라고 하고 성주(聖主)73)·기하(基下)74)라고도 하며 그 [왕의] 명은 교(敎)라 한다. 왕의 아버지는 노왕(老王)이라고 하고, 어머니는 태비(太妃), 처는 귀비(貴妃),

---

71) 대건황 즉위년이므로 元年이 맞다.
72) 발해의 고유어인데 그 뜻은 알 수 없다. 다만 '가'는 북방 유목민족이 군주를 부르던 '可汗(칸)'과 한국 고대에 수장층을 부르던 '加', '干', '干支' 등과 비슷한 의미일 것으로 추정된다.
73) 원사료인 『신당서』 발해전의 南監本·汲古閣本·武英殿本에는 '聖主'로, 白納本에는 '聖王'으로 되어 있다.
74) 陛下·殿下와 같이 궁전의 기단인 '基' 아래에서 그 위에 있는 왕에 대해 높여 부르는 말이다(유득공 지음, 김종복 옮김, 2018, 93쪽).

맏아들은 부왕(副王)[75]이라고 하며, 여러 아들은 왕자(王子)라고 한다. 그 관직 이름은 대체로 중국의 제도를 본받았다. 유주절도부(幽州節度府)와는 서로 방문하여 안부를 묻는다. 영주(營州)·평주(平州)에서 경사까지는 대체로 8천 리나 되는 먼 거리이므로, 이후 조공이 이르렀는지는 사가(역사서)에 전해지지 않아서 배반하였는지 귀부하였는지 살필 수가 없다.【『신당서』】

梁太祖開平元年五月, 王大諲譔遣王子來朝. 渤海本號靺鞨, 高麗之別種也. 渤海, 其貴族姓大氏. 訖五代, 常來朝貢. 其國土物産, 與高麗同. 諲譔世次立卒, 史失其紀.【五代史】

[후]량([後]梁) 태조 개평(開平) 원년(907, 대인선 7년) 5월에 [발해]왕 대인선(大諲譔)이 왕자를 보내 와서 조회하였다. 발해는 본래 말갈이라 불렸으며 고[구]려의 별종이다. 발해의 귀족 성은 대씨이다. 오대 시기가 끝날 때까지 항상 와서 조공하였다. 그 나라의 토산물은 고[구]려와 같다. 인선의 세계나 즉위한 해, 사망한 해는 역사에 그 기록이 없다.【『오대사(五代史)』】

遼太祖神冊三年二月, 渤海遣使來貢.【遼史】

요 태조 신책(神冊) 3년(918, 대인선 18년) 2월에 발해가 사신을 보내 와서 조공하였다.【『요사』】

四年二月丙寅, 修遼陽故城, 改爲東平郡, 置防禦使. 掠渤海戶, 以實之.【仝上.】

[요 태조 신책] 4년(919, 대인선 19년) 2월 병인에 요양고성(遼陽故城)을 수리하고 고쳐

---

75) 왕에 버금가는 왕이라는 뜻으로, 왕위 계승권자로 이해된다.

동평군(東平郡)을 삼아 방어사를 두었다. 발해의 호(戶)를 노략질하여 그곳을 채웠다.【위와 같음(『요사』)】

天贊三年夏五月, 徙薊州民, 實遼州地. 渤海殺其刺史張秀實, 而掠其民.【仝上. ○遼史考證, 按通鑑所書, 是年契丹兵征渤海, 亦有月分可考. 乃遼史, 僅于五月, 書渤海殺刺史掠民. 以是知修史者遺漏之多也. ○按, 遼天贊三年, 卽後唐同光二年.】

[요 태조] 천찬(天贊) 3년(924, 대인선 24년) 5월에 계주(薊州) 백성을 옮겨 요주(遼州) 땅을 채웠다. 발해가 그 자사 장수실(張秀實)을 죽이고 그 백성을 노략질하였다.【위와 같음(『요사』). ○『요사』「고증」에는 "『자치통감』에 쓰인 바를 살펴보면 이해 거란병이 발해를 정벌하였으며 또한 달도 알 수가 있다. 그런데 『요사』에서는 단지 5월에 "발해가 자사를 죽이고 백성들을 빼앗아 갔다."라고만 하였다. 이것으로써 역사를 쓰는 자들이 빠뜨린 내용이 많음을 알겠다."라고 하였다. ○ 살펴보니, 요 천찬 3년은 바로 후당 동광(同光) 2년이다.】

後唐莊宗同光二年秋七月, 時東北諸夷, 皆役屬契丹, 惟渤海未服. 契丹主謀入寇, 恐渤海犄其後, 乃先擧兵, 擊渤海之遼東. 遣其將委餒及盧文進, 據營平等州, 以擾燕地. 八月, 契丹攻渤海, 無功而還.【資治通鑑. ○冊府元龜, 同光二年七月, 幽州奏, 偵得阿保機東攻渤海.】

후당 장종(莊宗) 동광(同光) 2년(924, 대인선 24년) 가을 7월에 당시 동북의 여러 오랑캐가 모두 거란에 역속되었는데 오직 발해만 복속되지 않았다. 거란주(야율아보기)가 [중원으로] 들어가 공격하려고 도모하였으나 발해가 그 뒤를 공격할까 두려워하여 이에 먼저 군사를 일으켜 발해의 요동을 공격하였다. 그 장수 위뢰(委餒) 및 노문진(盧文進)을 보내 영(營)·평(平) 등 주에 머무르며 연(燕) 땅을 소란스럽게 하였다. 8월에 거란이 발해를 공격하였으나 공이 없이 돌아갔다.【『자치통감』. ○『책부원귀』에 [보면] 동광 2년 7월에 유주(幽州)에서 아뢰기를 아보기(阿保機)가 동쪽으로 발해를 공격했다는 정보를 얻었다고 하였다.】

三年五月乙卯, 以渤海國入朝使政堂[76]省守和部少卿, 賜紫金魚袋裴璆, 可[77]贊善大夫.[78]【冊府元龜】

[후당 장종(莊宗) 동광] 3년(925, 대인선 25년) 5월 을묘에, 발해국 입조사인 정당성(政堂省) 수화부소경(守和部少卿)으로 자금어대(紫金魚袋)를 하사받은 배구(裴璆)에게 찬선대부(贊善大夫)를 더해 주었다.【『책부원귀』】

遼天贊四年十二月乙亥, 詔[79]曰: 所謂兩事, 一事已畢, 惟渤海世讎未雪, 豈宜安住.[80] 乃擧兵親征渤海大諲譔. 皇后皇太子大元帥堯骨皆從. 閏月壬辰, 祠木葉山, 壬寅, 以靑牛白馬, 祭天地于烏山. 丁巳, 次商嶺, 夜圍扶餘府.【遼史】

요 천찬(天贊) 4년(925, 대인선 25년) 12월 을해에 조서에서 말하기를, "이른바 두 가지 일 가운데 하나의 일은 이미 마쳤으나,[81] 오직 발해와의 대대의 원한은 아직 씻지 못하였으니 어찌 편안히 안주하겠는가?"라고 하였다. 이에 병사를 일으켜 몸소 발해 대인선(大諲譔)을 정벌하였다. 황후·황태자·대원수 요골(堯骨)이 모두 따랐다. 윤달 임진에 목엽산(木葉山)[82]

---

76) 『冊府元龜』卷75 「淸文淵閣四庫全書本」, 外臣部, 褒異第2에는 '當'.
77) 『五代會要』卷30 「淸武英殿聚珍版叢書書本」, 渤海에는 '爲'.
78) 『冊府元龜』卷75 「淸文淵閣四庫全書本」, 外臣部, 褒異第2; 『五代會要』卷30 「淸武英殿聚珍版叢書書本」, 渤海에는 '右贊善大夫'.
79) 『遼史』卷2 「淸乾隆武英殿刻本」, 本紀第2, 太祖下에는 '認'.
80) 『遼史』卷2 「淸乾隆武英殿刻本」, 本紀第2, 太祖下에는 '駐'.
81) 거란 태조가 언급한 두 가지 일 가운데 하나는 발해 공격 시 후환을 없애기 위한 목적에서 진행된 서방의 突厥·吐渾·黨項·小蕃·沙陀 등을 평정한 일로서 '서방 정벌'이라 부른다. 거란은 918년 12월 요양 지역을 공격한 것을 시작으로 915년 2월, 924년 5월, 924년 7월 등 누차에 걸쳐 요동 지역을 공격하였으나 발해의 적극적 대응과 여진·회홀·황두실위 등의 협공을 받아 동년 9월 철수하는 상황을 맞이하였다. 당시 진행되었던 거란의 요동 공략은 거란의 서방 정벌을 숨기기 위해 취해진 양동작전이었다는 견해가 있다(국사편찬위원회, 1996, 78쪽).
82) 거란 시조의 사당이 위치한 목엽산은 거란이 행군할 때를 비롯하여 봄·가을에 제사를 지내거나 望祭·拜山禮를 올리던 곳으로, 현재 내몽고자치구 임동현(林東縣: 巴林左旗) 동남쪽 시라무렌(西拉木倫:

에서 제사지냈고 임인에 청우와 백마로 오산(烏山)에서 천지에 제사지냈다. 정사에 상령(商嶺)에 이르렀으며 [그날] 밤에 부여부[83]를 포위하였다.【『요사』】

天顯元年正月[84]己未, 白氣貫日. 庚申, 拔扶餘城.【○資治通鑑註[85] 卽唐高麗之扶餘城也. 時高麗王王建有國, 限混同江西[86]守之. 混同江之西, 不能有也, 故夫[87]餘城屬渤海國. 混同江卽鴨淥水. ○按, 混同江與鴨綠[88]水, 不同.】誅其守將.【○按[89] 冊府元龜, 後唐同光四年正月, 北面招討使李紹眞奏, 北來奚首領云, 契丹阿保機寇渤海. ○按, 同光四年, 卽契丹天顯元年.】丙寅, 命惕隱【按國語解, 典族屬官, 卽宗政職也.】安端前北府宰相蕭阿古只等, 將萬騎爲先鋒, 遇諲譔老相兵, 破之. 皇太子大元帥堯骨南府宰相蘇北院夷离菫【按, 夷离菫, 統軍馬大官.】斜涅赤南院夷离菫迭里, 是夜圍忽汗城. 己巳, 諲譔請降. 庚午, 駐軍于忽汗城南. 辛未, 諲譔素服, 藁索牽羊, 率僚屬三百餘人出降, 太祖優禮而釋之. 甲戌, 詔諭渤海郡縣. 丙子, 遣近侍康末怛等十三人, 入城索兵器, 爲邏卒所害. 丁丑, 諲譔復叛, 攻其城, 破之. 駕幸城中, 諲譔請罪馬前. 詔以兵衛諲譔及族屬以出, 祭告天地, 復還軍中. 二月庚寅, 安邊鄚頡南海定理等府泊[90]諸道節度刺史來朝, 慰勞遣之. 以所獲器幣諸物, 賜壯[91]士. 壬辰,

---

Shiramuren)과 토하(土河: Tumuren)의 합류지점으로 비정된다(『요사』 번역, 10쪽, 주52 참조). 이 외에도 阿魯科爾沁旗 천산진 남쪽의 天山으로 인식하는 설과 요 상경 부근의 태조 조릉이 위치한 곳으로 비정하는 견해도 있다.

83) 부여부의 위치에 대해서는 開原縣설, 農安설, 阿城설, 昌圖 북쪽 四面城설 등이 있는데, 현재 농안설이 유력하다. 속주로는 扶州·仙州의 2주를 거느렸다. 발해의 수도인 上京龍泉府로부터 거란으로 통하는 거란도의 길목이어서, 발해는 부여부에 항상 날랜 병사를 거주시켜 契丹을 방비하게 하였다.

84) 『遼史』 卷2 「淸乾隆武英殿刻本」, 本紀第2, 太祖下에는 '春正月'.
85) 국립중앙도서관 소장 〈한고조56-나182〉에는 '注'.
86) 국립중앙도서관 소장 〈한고조56-나182〉에는 '而'.
87) '夫'→'扶'.
88) 국립중앙도서관 소장 〈한고조56-나182〉에는 '淥'.
89) 국립중앙도서관 소장 〈한고조56-나182〉에는 '按'이 없다.
90) 『遼史』 卷2 「淸乾隆武英殿刻本」, 本紀第2, 太祖下에는 '及'.
91) 국립중앙도서관 소장 〈한고조56-나182〉에는 '將'.

以靑牛白馬祭天地, 大赦. 改元天顯, 以平渤海, 遣使報唐. 甲午, 復幸忽汗城, 閱府庫物, 賜從臣有差. 以奚部長勃魯恩王郁自回鶻新羅吐蕃党項室韋沙陀烏古等從征有功, 優加賞賚. 丙午, 改渤海國爲東丹, 忽汗城爲天福, 冊皇太子倍爲人皇王, 以主之. 以皇弟迭剌爲左大相, 渤海老相爲右大相, 渤海司徒大素賢爲左次相, 耶律羽之爲右次相. 赦其國內殊死以下. 三月戊午, 遣夷离董康默紀[92]左僕射韓延徽, 攻長嶺府.【按, 長嶺府, 自忽汗城始破時, 城守不下.】己巳, 安邊鄚頡定理三府叛, 遣安端討之. 丁丑, 三府平. 壬午, 安端獻俘, 誅安邊府叛帥二人. 甲申, 幸天福城. 乙酉, 班師, 以大諲譔擧族行. 五月辛酉, 南海定理二府復叛, 大元帥堯骨討之. 六月丁酉, 二府平. 秋七月丙辰, 鐵州刺史衛均反, 乙丑, 堯骨攻拔鐵州. 辛未, 衛送大諲譔于皇都西, 築城以居之, 賜諲譔名曰烏魯古, 妻曰阿里只.【按國語解, 烏魯古阿里只, 太祖及述律后受諲譔降時, 所乘二馬名也. 因賜諲譔夫婦以爲名.】辛巳, 太祖崩于扶餘府, 皇后權決軍國事. 八月辛卯, 康默紀[93]等攻下長嶺府. 壬寅, 堯骨討平諸州, 奔赴行在. 乙巳, 人皇王倍繼至.【仝上. ○冊府元龜, 唐明宗天成元年十一月, 靑州霍彥威奏: 得登州狀申, 契丹先發諸部, 攻逼渤海國. 自阿保機身死, 雖已抽退, 尙留兵馬在渤海夫[94]余城. 今渤海王弟部領兵士, 攻圍扶[95]餘城契丹. ○按, 天成元年, 卽遼天顯元年也.】

천현(天顯) 원년(926, 대인선 26년) 정월 기미에 흰 기운이 해를 뚫었다. 경신에 부여성을 함락시키고,【『자치통감』의 주석에, "곧 당·고[구]려의 부여성이다. 이때 고려왕 왕건은 나라가 있어 혼동강(混同江) 서쪽을 경계로 지켰다. 혼동강 서쪽은 소유할 수 없었으므로, 부여성이 발해국에 속한 것이다. 혼동강은 바로 압록수이다."라고 하였다. ○ 살펴보니 혼동강과 압록수는 같지 않다.】 그 지키던 장수를 죽였다.【『책부원귀』를 살펴보니, "후당 동광 4년 정월에 북면초토사(北面招討使) 이소진(李紹眞)이 '북쪽에서 온 해(奚) 수령(首領)이 거란 아보

---

92) 『遼史』 卷2 「淸乾隆武英殿刻本」, 本紀2, 太祖下에는 '康默記'.
93) 『遼史』 卷2 「淸乾隆武英殿刻本」, 本紀2, 太祖下에는 '康默記'.
94) '夫' → '扶'.
95) 국립중앙도서관 소장 〈한古朝56-나182〉에는 '夫'.

기가 발해를 공격하였다고 말했다'고 아뢰었다. ○ 살펴보니, 동광 4년은 곧 거란 천현 원년이다.】 병인에 척은(惕隱)【『국어해』를 살펴보니, 족속을 담당하는 관직으로, 곧 종정직(宗政職)이다.】 안단(安端)과 전 북부재상(北府宰相) 소아고지(蕭阿古只) 등에게 명하여 1만 기를 이끌고 선봉이 되게 하였고 인선(諲譔)의 노상병(老相兵)을 만나 격파하였다. 황태자·대원수 요골(堯骨)·남부재상 소(蘇)·북원이리근(北院夷离菫)【살펴보니 이리근은 군마를 관장하는 큰 관직이다.】 사녈적(斜涅赤)·남원이리근 질리(迭里)가 이날 밤 홀한성[96]을 포위하였다. 기사에 인선이 항복을 청하였다. 경오에 홀한성 남쪽에 주둔하였다. 신미에 인선이 소복을 입고, 새끼줄로 몸을 묶고 양에게 이끌려 요속 3백여 인을 이끌고 나와 항복하니 [요] 태조가 후히 대우하여 풀어주었다. 갑술에 조서를 내려 발해 군현을 타일렀다. 병자에 근시 강말달(康末怛) 등 13인을 성으로 들여보내 병기를 찾게 하였는데 [발해] 나졸에게 해를 입었다. 정축에 인선이 다시 반란하니 그 성을 공격하여 격파하였다. 어가가 성안으로 나아가자, 인선이 말 앞에서 죄를 청하였다. 조서를 내려 병사들로 인선과 족속을 호위하여 나오게 하고, 천시에 제사를 지내 아뢴 다음 다시 군중으로 돌아왔다. 2월 경인에 안변(安邊)[97]·막힐(鄚頡)[98]·남해(南海)·정리(定理)[99] 등의 부와 여러 도의 절도사·자사가 와서 조회하니 수고로움을 위로하여 그들을 돌려보냈다. 획득한 병기, 패물과 물건 들을 장사들에게 내려 주었다. 임진에 청우와 백마로 천지에 제사를 지내고 크게 사면하였다. 연호를 천현(天顯)으로 고치고 발해를 평정한 것으로 사신을 보내 당에 알렸다. 갑오에 다시 홀한성에 가서 창고의 물품을 점검하고 따라간 신하들에게 차등 있게 내려주었다. 해(奚)의 부장(部長) 발로은(勃魯恩)과 왕욱(王

---

96) 중국 黑龍江省 牡丹江市 寧安市 渤海鎭에 위치하였다. 전체 둘레가 16,300m이며, 宮城·內城·外城으로 이루어져 있다. 755년경 顯州에서 이곳으로 천도하였고, 785년 東京으로 천도했다가 794년에 上京으로 재천도한 이후 발해가 멸망할 때까지 수도였다.
97) 위치에 대해 金毓黻은 烏蘇里江 유역으로 비정하였다(金毓黻, 1934, 「地理考」). 和田淸(1955)은 定理·安邊 2부가 挹婁의 故地로 서로 근접하다고 보고 金代의 錫林路로서 Olga 지방인 것으로 비정하였다.
98) 『遼史』 「地理志」 東京道 韓州條에 "… 本槀離國舊治柳河縣 高麗置鄚頡府 都督鄚·頡二州 渤海因之 …"라고 하여 고구려 때부터 있었던 것으로 나온다. 金毓黻은 農安 북쪽으로 比定하였고(金毓黻, 1934, 「地理考」), 和田淸(1955)은 阿城 부근으로 비정하였다.
99) 위치에 대하여 『盛京通志』와 『大淸一統志』에서 熱河의 承德城으로 比定하였고, 韓鎭書는 寧古塔 부근으로(『海東繹史續』 「渤海」), 松井等(1913)과 金毓黻은 烏蘇里江 부근으로, 和田淸(1955)은 沿海州의 Olga 부근으로 비정하였다.

郁) 및 회골(回鶻)·신라(新羅)·토번(吐蕃)·당항(党項)·실위(室韋)·사타(沙陀)·오고(烏古) 등이 정벌에 참여하여 공을 세웠다 하여 더욱 상을 더해 주었다. 병오에 발해국을 고쳐 동단(東丹)[100]으로 삼고 홀한성을 천복(天福)이라 하였으며, 황태자 배(倍)를 책봉하여 인황왕(人皇王)을 삼고 그곳을 다스리게 하였다. 황제의 동생 질날(迭剌)로 좌대상을 삼고, 발해 노상(老相)으로 우대상을 삼았으며, 발해 사도(司徒) 대소현(大素賢)으로 좌차상을 삼고, 야율우지(耶律羽之)로 우차상을 삼았다. 그 나라 안의 사형수 이하를 사면하였다. 3월 무오에 이리근 강묵기·좌복야(左僕射) 한연휘(韓延徽)를 보내 장령부[101]를 공격하였다.【살펴보니 장령부는 홀한성이 처음 격파되었을 때부터 성을 지켜 함락되지 않았다.】 기사에 안변·막힐·정리 세 부가 반란하자 안단을 보내 그들을 토벌하였다. 정축에 세 부를 평정하였다. 임오에 안단이 포로를 바치고 안변부 반란 장수 2인을 처형하였다. 갑신에 천복성(天福城)에 행차하였다. 을유에 회군하며 인선으로 족속을 이끌고 가게 하였다. 5월 신유에 남해·정리 두 부가 다시 반란하여 대원수 요골이 그들을 토벌하였다. 6월 정유에 두 부를 평정하였다. 가을 7월 병진에 철주자사(鐵州刺史) 위균(衛均)이 배반하자, 을축에 요골이 철주[102]를 공격하여 함락시켰다. 신미에 대인선을 호위하여 황도 서쪽으로 보내 성을 쌓고 살게 하였으며, 인선에게 이름을 내려 오로고(烏魯古)라 하고 그 부인은 아리지(阿里只)라 불렀다.【『국어해』를 살펴보니, 오로고와 아리지는 [요] 태조와 술률후(述律后)가 인선에게 항복받을 때 탔던 두 말의 이름이다. 이 때문에 인선 부부에게 내려주어 이름으로 삼게 한 것이다.】 신사에

---

100) 東丹國은 요나라가 926년 1월 발해를 멸망시키고, 2월에 세운 나라이다. 아울러 발해의 수도인 忽汗城을 天福城으로 고치고 요의 황태자 倍(일명 突欲)를 人皇王으로 책봉하여 동단국왕으로 삼았다. 황제의 동생인 迭剌을 左大相, 渤海老相을 右大相, 渤海司徒 大素賢을 左次相, 耶律羽之를 右次相으로 삼았다(『遼史』 권2, 本紀제2, 太祖下, 天顯원년 2월 丙午). 발해인과 거란인을 함께 상층 관리로 임명하였으나 실권은 후자에게 있었다.

101) 위치에 대하여 『滿洲源流考』에서는 "今吉林西南五百里 有長嶺子 滿洲語稱果勒敏珠敦(Golmin Judun, 長嶺의 뜻)"이라고 하고, 지금의 英額門 부근으로 비정하였다. 韓鎭書는 '永吉州 等地'로 비정하였는데(『海東繹史續』 「渤海」) 지금의 吉林이다. 津田左右吉(1915)은 輝發河 상류에 있는 北山城子로 보았다.

102) 『遼史』 「地理志」에는 위치가 "在京西南六十里"로 되어 있고, 位城·河端·蒼山·龍珍 4현을 거느리며 遼代에 屬縣을 廢한 것으로 되어 있다. 和田淸은 '鐵州'라는 이름이 '位城의 鐵'에서 비롯된 것으로 보고, 西古城子의 서남, 咸鏡北道 茂山 서북에 철이 많이 생산되기 때문에 이곳을 鐵州로 비정하고 있다.

[요] 태조가 부여부에서 돌아가시니 황후가 임시로 군국(軍國)의 일을 처리하였다. 8월 신묘에 강묵기 등이 장령부를 공격하여 함락시켰다. 임인에 요골이 여러 주를 토벌하여 평정하고 행재소로 달려왔다. 을사에 인황왕 배(倍)가 이어서 왔다.【위와 같음(『요사』). ○『책부원귀』에는, "당 명종 천성(天成) 원년 11월에 청주(靑州) 곽언위(霍彦威)가 아뢰기를, '등주(登州)의 장계를 얻어 보니, 거란에서 먼저 여러 부를 일으켜 발해국을 급히 공격하였다. 아보기가 죽으면서부터는 비록 이미 거두고 물러났으나 아직 병마는 발해 부여성에 남아 있다. 지금 발해왕의 동생이 병사를 이끌고 부여성의 거란을 포위하여 공격한다.'고 합니다."라고 하였다. ○ 살펴보니, 천성 원년은 곧 요 천현 원년이다.】

> 周世宗顯德初, 渤海酋豪崔烏斯等三十三人來歸. 渤海自唐梁後唐, 朝貢不絶. 後唐天成初, 爲契丹阿保機攻扶103)餘城, 下之. 阿保機死, 渤海104)復攻扶105)餘, 不能克. 歷長興淸泰, 遣使朝貢. 周顯德後, 隔絶不能通中國.【宋史】

[후]주 세종(世宗) 현덕(顯德, 954~959) 초에 발해의 추호(酋豪) 최오사(崔烏斯) 등 33인이 와서 귀부하였다. 발해는 당·[후]량·후당에서부터 조공이 끊이지 않았다. 후당 천성(天成, 926~929) 초에 거란 아보기에게 부여성이 공격받아 함락되었다. 아보기가 죽고 발해가 다시 부여성을 공격하였지만 이기지 못하였다. 장흥(長興, 930~933)과 청태(淸泰, 934~935)를 거치면서 사신을 보내 조공하였다. [후]주 현덕 이후로는 조공이 끊어져 중국과 통할 수 없었다.【『송사』】

> 宋太宗太平興國六年, 太宗欲大擧征遼. 七月丙午,106) 賜烏舍城淸107)渝府渤海琰府

---

103) 국립중앙도서관 소장 〈한고朝56-나182〉에는 '夫'.
104) 『宋史』 卷491 「淸乾隆武英殿刻本」, 列傳第250, 外國7, 渤海國에는 '渤海王'.
105) 국립중앙도서관 소장 〈한고朝56-나182〉에는 '夫'.
106) 『宋史』 卷491 「淸乾隆武英殿刻本」, 列傳第250, 外國7, 渤海國에서는 월·간지가 확인되지 않는다.
107) 『宋史』 卷491 「淸乾隆武英殿刻本」, 列傳第250, 外國7, 渤海國에는 '浮'.

> 王詔. 略曰[108]: 蠢茲北戎, 歷世逋誅, 非理構怨, 輒肆荐食. 日[109]昨出師, 斬獲甚衆.[110] 今欲鼓行深入, 席卷[111]長驅, 焚其龍庭, 大殲醜類. 素聞爾國, 密邇寇讎, 迫於呑並, 力不能制, 因而服屬, 困於率割. 所宜盡出族帳, 佐予兵鋒, 俟其剪滅, 沛然封賞, 朔漠之外, 悉以相與, 勗乃協力. 朕不食言.【仝上.】

송 태종 태평흥국(太平興國) 6년(981, 고려 경종 6년)에 태종이 대대적으로 들어 요를 정벌하고자 하였다. 7월 병오에 오사성(烏舍城) 부유부(浮渝府) 발해염부왕(渤海琰府王)[112]에게 조서를 내렸다. 대략 말하면, "우매한 저 북쪽 오랑캐가 대대로 도망하여 주멸되지 않은 채, 도리에 어긋나는 일로 원한을 맺더니 문득 제멋대로 잠식해왔다. 지난번에 군사를 내니 베고 사로잡은 자들이 매우 많았다. 지금 북을 울리면서 행군하여 깊숙이 들어가 휩쓸듯 말을 멀리 몰아 쫓아가서 그 궁궐을 불사르고 추악한 무리를 섬멸하려고 한다. 소문에 너의 나라는 원수의 나라와 아주 가까이 붙어 있어 그들에게 먹히면서도 힘으로 제압할 수 없었기 때문에 복종하면서 땅을 떼어주고 있다고 들었다. 그런바 마땅히 부족의 군막을 모두 내어 나의 군대의 선봉을 돕도록 하라. 그들이 다 섬멸될 때를 기다려 성대하게 상을 내려 북쪽 사막 바깥 지역을 다 떼어줄 것이니 힘써 협력하기 바란다. 짐은 허튼소리를 하지 않는다." 하였다.

---

108) 『宋史』 卷491 「淸乾隆武英殿刻本」, 列傳第250, 外國7, 渤海國에는 '詔曰'.
109) 『宋史』 卷491 「淸乾隆武英殿刻本」, 列傳第250, 外國7, 渤海國에는 '一'.
110) 『宋史』 卷491 「淸乾隆武英殿刻本」, 列傳第250, 外國7, 渤海國에는 '逆擊斬獲甚衆'.
111) 『宋史』 卷491 「淸乾隆武英殿刻本」, 列傳第250, 外國7, 渤海國에는 '捲'.
112) 본문에서 언급한 '烏舍城渤海'는 後渤海와 兀惹部를 지칭한다. 박시형은 송 태종이 거란을 치려 하면서 '오사성부유부발해염부왕'의 협조를 구하는 글을 보냈다는 것에 근거하여 국호는 '後渤海國'이 아닌 '烏舍城渤海國'이고 그 중심 세력은 정안국 왕실의 성과 같은 烏氏이며, 『遼史』에 근거하여 兀惹가 여진에 귀속되는 1114년을 멸망 시기로 추정하는 한편, 근거지로는 옛 발해국의 부여부에서 가까운 곳을 지목하였다. 이와 달리 日野開三郎은 大氏가 건국하여 烏氏로 세력이 변화하였다가 멸망하였다고 인식하고 그 멸망 시기도 1114년이 아닌 1007년경으로 이해하였다(박시형, 1989, 281·285~286쪽; 한규철, 1997, 12~13쪽). 또한 근거지에 대해서도 서로 인식이 다른데, 日野開三郎은 그 중심지를 池內宏의 견해를 따라 上京龍泉府로 비정한 것(日野開三郎, 1944, 45~46쪽)에 비해, 和田淸은 浮渝府는 부여부, 琰府는 龍泉府를 꾸민 칭호이며, 烏舍城은 兀惹城으로서 길림의 中京顯德府라고 이해하였다(和田淸, 1916, 184~185쪽).

【위와 같음(『송사』)】

淳化二年冬, 以渤海不通朝貢, 詔女眞攻之.【仝上.】

[송 태종] 순화(淳化) 2년(991, 고려 성종 10년) 겨울에 발해의 조공이 통하지 않은 것으로써, 여진에게 조서를 내려 그들을 공격하게 하였다.【위와 같음(『송사』)】

遼聖宗開泰七年, 親征渤海.【遼史】

요 성종 개태(開泰) 7년(1018, 고려 현종 9년)에 친히 발해를 정벌하였다.【『요사』】

太平九年秋八月, 東京舍利軍詳穩大延琳【按, 延琳, 渤海高王七世孫.】, 囚留守駙馬都尉蕭孝先, 遂僭位號, 其國爲興遼, 年爲天慶【按, 高麗史作天興.】. 時南北女直,[113] 皆從延琳, 高麗亦稽其貢. 冬十月, 以蕭孝穆爲都統以討之.【仝上.】

[요 성종] 태평(太平) 9년(1029, 고려 현종 20년) 가을 8월에 동경사리군상온(東京舍利軍詳穩)[114] 대연림(大延琳)【살펴보니 연림은 발해 고왕의 7세손이다.】이 [동경]유수 부마도위 소효선(蕭孝先)을 가두고 드디어 [황]위를 참칭하여 그 나라로 흥료[국](興遼[國])[115]을 삼고

---

113) 오대 시기부터 등장한 여진은 거란에 적을 둔 숙여진과 거란 통치 밖의 생여진으로 나뉜다. 여직은 본래 여진이었는데, 거란 흥종의 휘 宗眞을 피휘하여 女直으로 썼다. 이에 『요사』에는 모두 여직으로 기록되었다. 반면 『고려사』나 『송사』에는 모두 그대로 여진으로 기록되어 있다.

114) 사리군은 군사지휘관인 사리가 이끄는 군대라는 의미로 거란족 군대에 대한 총칭이며, 상온은 각 관서의 최고 책임자를 가리키는 거란말로 군대의 경우 장군을 가리킨다(유득공 지음, 김종복 옮김, 2018, 101쪽).

115) 흥료국은 1029년(고려 현종 20) 8월 초 遼의 東京道 관할 하에 있던 東京舍利軍 詳穩 大延琳이 세운 나라이다. 대연림은 女眞과 고려와 함께 거란에 대항하기 위해, 건국 직후인 그해 9월 초에 高吉德을 고려에 보내 건국을 알리고 구원을 요청하였다. 그러나 고려는 郭元이 주도한 保州城(의주) 공격이

연호를 천경(天慶)이라 하였다.【살펴보니 『고려사』에는 천흥(天興)이라 하였다.】 이때에 남·북 여진은 모두 연림을 따랐고 고려 또한 그 조공을 늦추었다. 겨울 10월에 소효목(蕭孝穆)으로 도통(都統)을 삼아 그를 토벌하였다.【위와 같음(『요사』)】

十年八月, 擒延琳, 渤海平.【仝上.】

[요 성종 태평] 10년(1030, 고려 현종 21년) 8월에 연림(延琳)을 사로잡으니 발해가 평정되었다.【위와 같음(『요사』)】

天祚天慶五年二月, 饒州渤海古欲等反, 自稱大王.【仝上.】

천조[제](天祚[帝]) 천경(天慶) 5년(1115, 고려 예종 10년) 2월에 요주(饒州) 발해 고욕(古欲) 등이 반란을 일으켜 스스로 대왕이라 불렀다.【위와 같음(『요사』)】

六年春正月丙寅朔, 東京夜有惡少年十餘人, 乘酒執刃, 踰垣入留守府, 刺殺留守蕭保先. 其裨將渤海高永昌僭號, 稱隆基元年. 閏月, 遣蕭韓家奴張琳討之. 四月, 蕭韓家奴等復爲永昌所敗. 五月, 淸暑散木[116]原. 女眞[117]軍攻下瀋州, 復陷東京, 擒高永昌, 東京州縣族人等, 皆降女直.【仝上.】

[천조제 천경] 6년(1116, 고려 예종 11년) 정월 병인 초하루에 동경(東京)에서 밤에 못된

실패한 뒤에는 거란의 남침에 대비만 하는 수세로 돌아섰다. 따라서 1029년 12월부터 1030년 9월까지 여러 차례 거듭된 흥료국의 구원 요청을 들어주지 않았다. 한편 요는 1029년 10월 초에 동경성을 에워싸고 공격하였고, 흥료국은 거의 1년 동안 거란에 포위당한 채 저항하였으나 楊詳世의 배반으로 요양성이 함락되고 대연림이 붙잡히면서 멸망하였다.

116) 『遼史』卷28「淸乾隆武英殿刻本」, 本紀28, 天祚皇帝2에는 '水'.
117) 국립중앙도서관 소장 〈한고조56-나182〉에는 '直'.

소년 10여 인이 술김에 칼을 들고 유수부(留守府) 담을 넘어 들어가 유수 소보선(蕭保先)을 찔러 죽였다. 그 비장 발해 고영창(高永昌)[118]이 함부로 황제로 부르고 융기(隆基) 원년이라고 하였다.[119] 윤월에 소한가노(蕭韓家奴)와 장림(張琳)을 보내 그들을 토벌하였다. 4월에 소한가노 등이 다시 영창에게 패하였다. 5월에 [황제가] 산수원(散水原)에서 피서하였다. 여진군(女眞軍)이 심주(瀋州)를 공격하여 함락하고 다시 동경을 함락시켜 고영창을 사로잡으니, 동경 주현의 족인 등이 모두 여진에게 항복하였다.【위와 같음(『요사』)】

七年春正月, 女直軍攻春州, 渤海人皆降.【仝上.】

[천조제 천경] 7년(1117, 고려 예종 12년) 봄 정월에 여진군이 춘주(春州)를 공격하니 발해인들이 모두 항복하였다.【위와 같음(『요사』)】

金太祖收國二年四月乙丑, 以[120]斡魯統諸軍,[121] 與闍母[122]蒲察迪古乃, 會[123]咸州路都統斡魯古等,[124] 伐[125]高永昌. 詔曰: 永昌誘脅戍卒, 竊據一方. 直投其隙而取之

---

118) 고영창은 요나라 供奉官으로, 1115년 阿骨打가 요동으로 남하하자 이를 저지하기 위해 渤海武勇馬軍 2천 명을 모집하여 요양부 인근의 白草谷을 지켰다. 그 이듬해 정월 東京留守 蕭保先의 혹독한 학정에 시달리던 발해 유민과 함께 요양부를 점령하고 국호를 '大渤海國'이라 하였다. 금과 교섭하여 요에 대항하려 했으나 도리어 요와 금 양쪽으로부터 공격을 받았고, 고영창이 금에 붙잡혀 참살되며 대발해국은 불과 5개월 만에 멸망하였다.

119) 고영창이 세운 나라의 이름이 大渤海인지 大元인지 정확하지 않다. 『高麗史』·『高麗史節要』와 달리 『遼史』와 『金史』에는 그 국호가 명확히 기술되어 있지 않지만, 『契丹國志』 卷10 天祚紀上에는 "高永昌自殺留守蕭保先後 自據東京 稱大渤海皇帝 開元應順 據遼東五十餘州"라고 하여 국호 및 연호에서 앞의 기록과는 차이를 보인다(이효형, 2002, 22쪽; 이효형, 2006, 14쪽).

120) 『金史』 卷71 「百衲本景印元至正刊本」, 列傳第9, 斡魯에는 '詔'.

121) 『金史』 卷2 「百衲本景印元至正刊本」, 本紀2, 太祖에는 '斡魯統內外諸軍'.

122) 『金史』 卷71 「百衲本景印元至正刊本」, 列傳第9, 斡魯에는 '母'.

123) 『金史』 卷71 「百衲本景印元至正刊本」, 列傳第9, 斡魯에는 '合'.

124) 『金史』 卷2 「百衲本景印元至正刊本」, 本紀2, 太祖에는 '等'이 없다.

125) 『金史』 卷2 「百衲本景印元至正刊本」, 本紀2, 太祖에는 '討'.

爾, 此非有遠大計, 其亡可立而待也. 東京渤海人德我舊矣, 易爲招懷. 如其不從, 卽議進討, 無事多殺. 高永昌渤海人, 在遼爲裨將, 以兵三千, 屯東京八甋口. 永昌見遼政日敗, 太祖起兵, 遼人不能支, 遂覬覦非常. 是時東京漢人與渤海人有怨, 而多殺渤海人. 永昌乃誘諸渤海, 並其戌卒, 入據東京, 旬月之間, 遠近響應, 有兵八千人. 遂僭稱帝, 改元隆基. 遼人討之, 久不能克. 永昌使撻不野朐合, 以幣求救於太祖. 且曰: 願幷[126]力以取遼. 太祖使胡使補, 往諭之曰: 若能歸款, 當處以王爵, 仍遣係遼籍女直胡突古來. 高永昌使撻不野與胡沙補胡突古偕來, 而永昌表辭不遜, 且請還所俘渤海人. 太祖留胡突古不遣, 遣大藥師奴與撻不野, 往招諭之. 五月, 斡魯進攻瀋州取之. 永昌大懼, 使家奴鐸剌, 以金印一銀牌五十來, 願去名號稱藩, 斡魯使胡沙補撒入[127]往報之. 會渤海高禎[128]降, 言永昌非眞降者, 特以緩師爾. 斡魯進兵, 永昌遂殺胡沙補等, 率衆來拒. 遇于沃里活水, 永昌之軍不戰而卻, 逐北至東京城下. 明日, 永昌盡率其衆來戰, 復大敗之, 遂以五千騎, 奔長松島. 初太祖下寧江州, 獲東京渤海人, 皆釋之. 往往中道亡去, 諸將請殺之. 太祖曰: 旣已克敵下城, 何爲多殺. 至是東京人恩勝奴仙哥等, 執永昌妻子以城降, 卽寧江州所釋東京渤海人也. 未幾撻不野執永昌及鐸剌以獻, 皆殺之. 於是遼之南路係籍女直及東京州縣盡降. 詔除遼法, 省賦稅, 置猛安謀克, 一如本朝之制.【金史】

　금 태조 수국(收國) 2년(1116, 고려 예종 11년) 4월 을축에 알로(斡魯)에게 제군(諸軍)을 거느리고 도모(闍母)·포찰(蒲察)·적고내(迪古乃)와 함께 함주로도통(咸州路都統) 알로고(斡魯古) 등과 모여 고영창(高永昌)을 치게 하였다. 조서에 이르기를, "영창이 수자리 병졸을 꾀어 위협하고 몰래 한쪽 모퉁이를 차지하였다. 바로 허술한 틈새를 파고들어 차지한 것일 뿐으로 이것은 원대한 계책이 있는 것이 아니니, 그는 망하기를 서서 기다리는 격이라. 동경 발해인은 나에게 덕을 입은 지 오래되었으니 불러서 회유하기가 쉬울 것이다. 만약 그들이 따르지 않으면 즉시 의논하여 나아가 토벌하되 일삼아 많이 죽이지는 말라."라고 하였다.

---

126) 국립중앙도서관 소장 〈한고조56-나182〉에는 '倂'.
127) 『金史』卷71 「百衲本景印元至正刊本」, 列傳第9, 斡魯에는 '撒八'.
128) 『金史』卷71 「百衲本景印元至正刊本」, 列傳第9, 斡魯에는 '高楨'.

고영창은 발해인으로 요나라에서 비장이 되어 병사 3천 명을 거느리고 동경의 팔담구(八甑口)에 주둔해 있었다. 영창이 요나라의 정치가 나날이 무너지고 태조가 군사를 일으키자 요나라 사람이 버티지 못하는 것을 보고 드디어 비상한 때를 엿보았다. 이때 동경의 한인이 발해인과 원한이 있어 발해인을 많이 죽였다. 영창이 이어 발해인을 꾀어서 그 수자리 병사들을 아울러서 들어가 동경에 웅거하니 한 달도 못 되는 사이에 원근에서 호응하여 군사가 8천 명이 되었다. 드디어 황제를 참칭하고 연호를 융기(隆基)로 고쳤다. 요나라 사람이 그를 토벌하였으나 오래도록 이기지 못하였다. 영창이 달불야(撻不野)·표합(杓合)을 사신으로 보내 폐백으로써 [금] 태조에게 도움을 요청하였다. 또한 말하기를, "원하옵건대 힘을 합쳐 요를 빼앗자."라고 하였다. [금] 태조가 호사보(胡沙補)로 하여금 가서 그를 깨우쳐 말하기를 "만약 나에게 귀부하면 마땅히 왕의 관작으로 대우하겠다."라고 하고, 거듭 요의 호적에 실린 여진 호돌고(胡突古)를 보내어 왔다. 고영창이 달불야와 호사보·호돌고를 함께 가게 하였는데, 영창이 올린 표문은 말투가 불손하고 또한 포로가 된 발해인을 돌려 달라 요청하였다. [금] 태조가 호돌고를 억류하여 보내지 않고 대약사노(大藥師奴)와 달불야를 보내 가서 그를 타이르게 하였다. 5월에 알로가 심주(瀋州)로 나아가 공격하여 차지하였다. 영창이 크게 두려워해서 집노비 탁날(鐸剌)을 시켜 금인(金印) 하나와 은패(銀牌) 50개를 가지고 와서 이름을 버리고 번국이 되기를 요청하니 알로가 호사보·살팔(撒八)에게 가서 아뢰게 하였다. 마침 발해 고정(高楨)이 항복하여 말하기를 "영창이 진심으로 항복한 것이 아니라 단지 군사를 늦추려는 것일 뿐입니다."라고 하였다. 알로가 군대를 나아가게 하니 영창이 드디어 호사보 등을 죽이고 무리를 이끌고 와서 맞아 싸웠다. 옥리활수(沃里活水)에서 마주했는데 영창의 군사들이 싸우지 않고 물러나므로 북쪽으로 쫓아 동경성 아래에까지 이르렀다. 다음날 영창이 그 무리를 다 이끌고 와서 싸웠는데 다시 그들을 대패시키니 드디어 기병 5천을 이끌고 장송도(長松島)로 달아났다. 처음에 [금] 태조가 영강주(寧江州)를 함락시켰을 때 동경 발해인들을 잡았으나 모두 풀어주었다. 때때로 도중에 [발해인이] 도망쳐서 장수들이 그들을 죽이자고 청하였다. [금] 태조가 말하기를 "이미 적을 이기고 성을 함락했는데 무엇하러 많이 죽이겠는가?"라고 하였다. 이때에 이르러 동경인 은승노(恩勝奴)·선가(仙哥) 등이 영창의 처자식을 사로잡고 성을 들어 항복하니 곧 영강주에서 풀려났던 동경 발해인이었다. 얼마 뒤 달불야가 영창 및 탁날을 붙잡아 바치니 모두 죽였다. 이에 요나라의 남로(南路)의 호적에 올라 있던 여진과 동경의 주현이 모두 항복하였다. 조서를 내려 요나라의 법을 없애고 부세를 줄여

주었으며 맹안(猛安)과 모극(謀克)을 설치하니 본조의 제도와 같았다.『금사』

渤海國去燕京女直所都, 皆千五百里, 以石累城足, 東並海. 其王舊以大爲姓. 右姓
曰高張楊竇烏李, 不過數種. 部曲奴婢無姓者, 皆從其王.[129] 婦人皆妬悍. 大氏[130]與
他姓, 相結爲十姉妹, 迭幾察其夫, 不容側室. 及他游聞, 則必謀置[131]毒, 死其所愛.
一夫有所犯, 而妻不之覺者, 九人則羣聚而詬之, 爭以嫉忌相夸. 故契丹女眞[132]諸國
皆有女倡, 而其良人皆有少婦侍婢, 唯渤海無之. 男子多智謀, 驍勇出他國右. 至有
三人渤海當一虎之語. 契丹阿保機滅其王大諲譔, 徙其名帳千餘戶于燕, 給以田疇,
捐其賦入, 往來貿易關市, 皆不征. 有戰則用爲前驅. 天祚之亂, 其聚族立姓大者於
舊國爲王, 金人討之. 軍未至, 其貴族高氏棄家來降, 言其虛實, 城後陷. 契丹所遷民
益蕃, 至五千餘戶, 勝兵可三萬. 金人慮其難制, 頻年轉戍山東. 每徙不過數百家, 至
辛酉歲, 盡驅以行, 其人大怨. 富室安居, 踰二百年, 往往爲園池, 植牡丹, 多至三二
百本. 有數十幹叢生者, 皆燕地所無. 纏以十數千或五千, 賤貿而去. 其居故地者, 令
歸[133]契丹, 舊爲東京, 置留守. 有蘇扶等州, 蘇與中國登州靑州相直, 每大風順, 隱
隱聞鷄犬聲.【松漠記聞】

발해국에서 여진이 도읍한 연경까지는 총 1,500리로, 돌로 성의 기초를 쌓았고, 동쪽은 바다까지 아울렀다. 그 왕은 옛날에 대(大)로써 성을 삼았다. 우성은 고(高)·장(張)·양(楊)·두(竇)·오(烏)·이(李)라고 하며 몇 종에 지나지 않는다. 부곡·노비·성이 없는 자는 모두 그 주인[의 성]을 따랐다. 부인들은 모두 투기가 심하다. 대씨는 다른 성과 서로 10자매[134]를 맺어 번갈아 가면서 그 남편을 살피며 측실을 허용하지 않는다. 다른 이와 놀았다는 소문이

---

129) 『松漠紀聞』卷上「明顧氏文房小說本」, 渤海에는 '主'.
130) 『吉林通志』卷121「淸光緖十七年刻本」, 志餘上에는 '大氏'.
131) 『松漠紀聞』卷上「明顧氏文房小說本」, 渤海에는 '實'.
132) 국립중앙도서관 소장〈한古朝56-나182〉에는 '直'.
133) 『松漠紀聞』卷上「明顧氏文房小說本」, 渤海國에는 '仍'.
134) 발해 十姉妹를 지배 세력 내의 정치적 관계를 파악하는 자료로 인식한 주장이 있다(임상선, 1998, 216~217쪽).

들리면 반드시 모의하여 독을 써서 그(남편)가 사랑한 자를 죽였다. 한 남편이 범한 바가 있는데도 아내가 그것을 알아채지 못하면 아홉 사람이 무리지어 모여 그를 욕하고 앞다투어 투기하는 것을 서로 자랑거리로 삼았다. 그러므로 거란과 여진 여러 나라에는 모두 여창(女倡)이 있고 양인(良人)이면 모두 작은 부인과 시비(侍婢)가 있지만, 오직 발해에만 그것이 없다. 남자들은 지모가 많으며 날쌔고 용감함이 다른 나라보다 월등하다. 심지어 '세 명의 발해인이면 호랑이도 당해낸다'라는 말까지 있다. 거란 아보기가 그 왕 대인선(大諲譔)을 멸한 뒤 그 명장(名帳) 1천여 호를 연(燕)으로 옮기고 토지를 나눠주고 그 세금을 줄여주었으며, 왕래하며 관시(關市)에서 무역을 해도 [세금을] 거두지 않았다. 전쟁이 있으면 [그들을] 이용하여 선봉으로 삼았다. 천조[제]의 난 때 그 모인 족속들이 구국에서 성이 대씨인 자를 왕으로 삼았는데 금나라 사람이 그를 토벌하였다. 군사가 이르기도 전에 그 귀족 고씨가 가족을 버리고 와서 항복하고 그 허실을 말하여 성이 뒤에 함락되었다. 거란에서 옮긴 백성이 더욱 번성하여 5천여 호에 이르렀고, 숭병은 가히 3만이나 되었다. 금나라 사람이 그들을 통제하기 어렵다는 것을 우려하여 해마다 산동 지방으로 수자리를 보냈다. 매번 옮긴 것이 수백 가에 불과하였는데, 신유년에 이르러서 모두 핍박하여 가게 하자 그 사람들이 크게 원망하였다. 부유하고 편안하게 산 지 2백 년이 넘었으므로 왕왕 [집에] 정원과 연못을 만들고 모란을 심었는데 많게는 2, 3백 그루나 되었다. 수십 줄기가 빽빽하게 자란 것도 있었는데, 모두 연(燕) 지방에는 없는 것이었다. 겨우 만 냥이나 혹은 5천 냥에 헐값으로 팔아버리고 떠나갔다. 옛 지역에 살던 자들은 거란으로 돌아가게 하였고 옛날의 동경이었던 곳은 유수(留守)를 두었다. 소주(蘇州)와 부주(扶州)[135] 등이 있었는데, 소주는 중국의 등주(登州)나 청주(靑州)와 더불어 서로 마주보고 있어 큰 바람이 불어오는 날이면 어렴풋이 개와 닭 울음소리가 들렸다.【『송막기문』】

按, 遼天顯元年【卽後唐天成元年】, 忽汗城旣破, 諲譔遷于臨潢, 光顯奔于高麗. 然而遼史稱太祖有英雄之度, 以其滅渤海, 存其族帳亞于遙輦也.【遼東北路管押司, 有渤海部西北渤海部.】太宗時, 治渤海人, 一依漢法, 餘無所改其俗焉. 至聖宗統和開泰

---

135) 『遼史』「地理志」東京道 通州條에 속현 扶餘・布多・顯義・鵲川 중에 보인다. 『滿洲源流考』「疆域」에는 開原 부근으로 金毓黻은 昌圖 부근으로 比定하였다(金毓黻, 1934, 「地理志」).

之間, 或遣使來貢, 或出師親征. 而蕭韓家奴曰: 渤海女眞[136]高麗, 合從連橫. 後唐長興清泰之際, 連年修職貢使不絶. 五代史云: 訖周世宗顯德, 渤海使常來. 宋大[137]平興國中, 賜詔於琰府王, 而淳化二年, 以渤海不通朝貢, 命女直攻之. 胡三省云: 渤海更五代至於宋耶律, 雖屢加兵, 不能服也. 以此觀之, 渤海雖亡, 而猶有餘部也. 宋史宋琪傳, 琪論邊事曰: 渤海兵馬土地, 盛於奚帳. 雖勉事契丹, 俱懷殺主破國之怨. 終致延琳永昌相繼搆亂及春州饒州諸部渤海動輒乘釁, 終遼之世, 叛附無常, 不能制焉. 然而周世宗顯德以後事實, 則俱係諲譔降遼之後, 故今略之, 以附於末焉.
又按, 耶律氏旣徙渤海名帳于內地, 置渤海軍詳穩及渤海軍都指揮使司, 屬遼陽路, 以控制高麗, 有事則徵發.【如天慶四年, 女直攻江寧州,[138] 遣海州刺史高仙壽, 統渤海軍應援之類.】凡徵諸道兵, 惟渤海兵馬, 雖奉詔, 未敢發, 必以聞, 上遣大將持金魚符, 合然後行. 凡行師對敵, 渤海軍常居前最強.【金史宗幹傳, 太祖伐遼, 宗幹先往, 渤海軍馳突而前, 左翼七謀克少却, 遂犯中軍.】又置渤海帳司, 其官屬, 有渤海宰相【如太平八年九月, 以渤海宰相羅漢, 權東京統軍使之類.】, 渤海太保【如太平九年, 渤海太保夏行美之類.】, 渤海撻馬【如統和十二年, 渤海撻馬之類.】及渤海近侍詳穩司【如統和九年, 渤海近侍詳穩高淸明之類.】. 聖宗開泰八年, 又置東京渤海承奉官【官有都知押班】以統之.【奚王回离保僭號, 又置渤海樞密院.】至金初, 慮其難制, 常招來懷柔. 太祖敗遼兵于境上, 使梁福幹[139]答剌, 招諭渤海人曰: 女直渤海本同一家. 蓋其初皆勿吉之七部也. 收國二年, 詔自今渤海部民, 已降或俘獲, 官其酋長, 且使從宜居處. 天輔二年, 以渤海軍, 置八猛安.【是年七月癸未, 詔曰: 渤海大家奴等謀克貧乏之民, 昔嘗給以官糧, 置之漁獵之地, 今歷日已久, 不知登耗, 可具其數以聞.】又置東京路渤海萬戶,【金史列傳, 世宗時, 高松充管押東京路渤海萬戶.】以相統攝. 洎夫國勢寢盛, 則皇統五年, 罷遼東渤海漢人承襲猛安謀克之制, 漸移兵柄, 歸其內族.【食貨志, 凡漢人渤海人不得充猛安謀克戶.】九年八月, 從宰臣之議, 徙遼陽渤海

---

136) 국립중앙도서관 소장 〈한고조56-나182〉에는 '直'.
137) '大' → '太'.
138) 『金史』卷66「百衲本景印元至正刊本」, 列傳第4 始祖二下諸子에는 '寧江州'.
139) 『金史』卷2「百衲本景印元至正刊本」, 本紀第2 太祖에는 '斡'.

> 之民於燕南, 後又頻年轉戍山東. 至辛酉歲, 盡驅以行, 其居故地者, 或歸契丹, 而渤海之種, 遂絶無聞矣.

　　살펴보니 요 천현(天顯) 원년(926)[발해 대인선 26년, 곧 후당 천성 원년] 홀한성을 깨뜨리고 인선을 임황(臨潢)140)으로 옮기니, [대]광현은 고려로 달아났다. 그러나 『요사』에서는 "[요나라] 태조가 영웅의 도량이 있어 발해를 멸망시키고도141) 그 족장(族帳)을 보존하여 요련(遙輦)의 다음에 두었다"라고 칭송하였다.【요나라 동북로관압사(東北路管押司)에는 발해부(渤海部)와 서북발해부가 있다.】태종 때 발해인을 다스리는 데에는 한결같이 한법(漢法)을 따랐고, 나머지는 그 풍속을 고친 것이 없었다. 성종 통화(統和)·개태(開泰) 연간에 이르기까지는 혹은 사신을 보내 와서 조공하기도 하였고 혹은 군사를 내어 친히 정벌하기도 하였다. 소한가노(蕭韓家奴)가 말하기를 "발해·여진·고려가 합종연횡하였다."라고 하였다. 후당 장흥(長興)·청태(淸泰) 무렵에는 연이어 직공(職貢)을 하는 사신이 끊이지 않았다. 『오대사』에서 말하기를 "[후]주 세종 현덕(顯德)까지 발해 사신이 항상 왔다. 송 태평흥국(太平興國) 때에는 염부왕(琰府王)에게 조서를 내려주었고, 순화(淳化) 2년(991, 고려 성종 10년)에는 발해의 조공이 통하지 않아 여진에게 명하여 그들을 공격하게 하였다."라고 하였다. 호삼성(胡三省)

---

140) 요나라 수도인 上京 臨潢府. 중국 內蒙古自治區 赤峯市 巴林左旗 林東鎭 남쪽에 위치한다.
141) 발해 멸망 원인에 대하여 발해 말기에 고위관직을 지낸 수많은 발해 유민들이 고려로 내투한 현상에 주목하여 지도층 내부의 권력 다툼 또는 내분에 주목하는 견해가 일반적이다(박시형, 1979, 89쪽; 楊保隆, 1988, 13~14쪽; 王承禮, 1984, 167~171쪽; 방학봉, 1990, 202쪽; 宋基豪, 1996, 226~232쪽; 에.붸.샤브꾸노프 엮음, 송기호·정석배 옮김, 1996, 58쪽; 朴玉杰, 1996, 92~93쪽). 하지만 고려 때부터 지배권을 인정받아 유지해온 토착 세력인 수령의 잔존이 발해 정권의 기반을 약화시켰다고 인식하는 견해(河上洋, 1983, 218~219쪽), 재지 세력인 수령에 대한 발해의 통제력이 이완되어 초래된 결과라고 인식하는 견해(金東宇, 1996, 342쪽)도 있고, 발해 멸망을 천도와 연결시키는 견해, 즉 상경용천부에서 요하로 천도하지 않아 중원의 원조를 받지 못한 때문이라는 견해(孫玉良, 1983, 112쪽)나 당을 중심으로 하는 책봉체제의 붕괴에서 원인을 찾는 견해(大隅晃弘, 1984, 123~124쪽)도 있으며, 발해의 방위 단위인 城 운용이 고구려의 총력적 방위 방식과 차이를 보인다는 견해(高橋學而, 1989, 166~167쪽)도 있다. 이 밖에도 백두산의 화산 폭발에 의해 멸망하였다는 견해도 있으나 인정되지 않는다. 최근에는 遼代 '陳滿의 묘지명'을 검토하여 거란 耶律阿保機의 親征이 이미 923년에 있었으며 925년 12월 이전 요동과 압록부에 대한 공격이 있었던 사실을 밝히고 발해 멸망 전쟁이 장기간에 걸쳐 이뤄졌다는 주장이 제기되었다(권은주, 2016, 150~151쪽).

이 말하기를 "발해는 오대(五代)를 지나 송나라와 야율[요]대에 이르기까지 비록 여러 차례 군대를 더하였으나 복속시키지 못하였다."라고 하였다. 이것으로 보면 발해는 비록 망하였으나 오히려 남은 부(部)가 있었던 것이다. 『송사』「송기전(宋琪傳)」에서, 기가 변방의 일을 논하며 "발해의 병마와 토지는 해장(奚帳)보다 더 풍성하다. 비록 어쩔 수 없이 거란을 섬기고 있지만 모두 [자신들의] 임금을 죽이고 나라를 멸망시킨 원한을 품고 있다."라고 말하였다. 마침내 [대]연림과 [고]영창이 차례로 난을 일으켰고, 춘주(春州)와 요주(饒州)의 여러 부의 발해도 걸핏하면 기회를 엿보아 요가 망할 때까지 반란과 귀부가 무상하여 통제할 수 없었다. 그러나 [후]주 세종 현덕 이후의 일이라면 곧 모두 인선이 요에 항복한 다음인 까닭에 지금은 그것을 줄이고 끝에 붙여 기술하였다.

또 살펴보니 야율씨가 이미 발해 명장(名帳)을 내지로 옮기고 발해군상온(渤海軍詳穩) 및 발해군도지휘사사(渤海軍都指揮使司)를 두어 요양로(遼陽路)에 소속시켰고 고려를 공제(控制)하기 위해 일이 있으면 곧 징발하였다.【천경 4년(1114, 고려 예종 9년) 여진이 영강주(寧江州)를 공격하자, 해주자사(海州刺史) 고선수(高仙壽)를 보내 발해군을 통솔하여 응원하게 한 것이 그것이다.】 무릇 여러 도의 군사를 징발할 경우에 오직 발해 병마만은 비록 조서를 받들더라도 감히 징발하지 않고 반드시 아래로 금어부(金魚符)를 지닌 대장을 보내 맞춰본 뒤에 움직였다. 무릇 군대를 움직여 적과 대적할 때면 발해군은 항상 앞에 있었고 가장 강했다.【『금사』 종간(宗幹) 열전에 "[금나라] 태조가 요를 정벌할 적에 종간이 먼저 갔는데, 발해군이 달려서 돌격하여 나가고 앞의 좌익(左翼) 제7모극(謀克)이 약간 물러나자 드디어 중군(中軍)을 범하였다."라고 하였다.】 또 발해장사(渤海帳司)를 두었으며 그 관속은 발해재상【예를 들면, 태평 8년(1028, 고려 현종 19년) 9월 발해재상 나한(羅漢)에게 임시로 동경통군사(東京統軍使)를 맡게 한 일과 같은 것이다.】, 발해태보【예를 들면, 태평 9년(1029, 고려 현종 20년) 발해태보 하행미(夏行美) 같은 것이다.】, 발해달마(渤海撻馬)【예를 들면, 통화 12년(994, 고려 성종 13년) 발해달마와 같은 것이다.】 및 발해근시상온사(渤海近侍詳穩司)【예를 들면, 통화 9년(991, 고려 성종 10년) 발해근시상온 고청명(高淸明)과 같은 것이다.】가 있었다. [요] 성종 개태 8년(1019, 고려 현종 10년)에 또 동경발해승봉관(東京渤海承奉官)【관직에는 도지압반(都知押班)이 있다.】을 두어 다스리게 하였다.【해왕 회리보(回离保)가 참칭하여, 다시 발해추밀원(渤海樞密院)을 두었다.】 금 초에 이르러 그들을 제어하기가 어려울까 우려해서 항상 불러와서 회유하였다. [금] 태조가 국경에서 요 군사를 물리치고 양복(梁福)과 알답날(斡答

刺)을 시켜 발해인을 초유하여 말하기를, "여진과 발해는 본디 한집안이다." 하였다. 대개 그 처음에는 모두 물길의 7부(部)였다. [금 태조] 수국(收國) 2년(1016, 고려 현종 7년) 조서를 내려, "지금부터 발해 부민으로서 항복하였거나 포로로 된 자들에게 추장의 관직을 주고 내키는 대로 가서 살게 하라."라고 하였다. [금 태조] 천보 2년(1018, 고려 현종 9년)에는 발해군에 8맹안(猛安)을 두었다.【이해 7월 계미에 조서를 내려 말하기를, "발해대가노(渤海大家奴) 등의 모극에서 가난하고 곤핍한 백성에게는 예전에 일찍이 관의 양식을 나누어 주고 그들을 고기잡이와 사냥을 할 수 있는 땅에 두었는데, 지금은 이미 오래되어 얼마나 불어났는지 알 수 없으니 그 수를 갖추어 파악하여 아뢰라."라고 하였다.】 또 동경로발해만호(東京路渤海萬戶)를 두고【『금사』 열전에, "[금] 세종 때 고송(高松)을 관압동경로발해만호(管押東京路渤海萬戶)로 삼았다."라고 하였다.】 서로 다스리게 하였다. 대저 나라의 형세가 점차 성대해짐에 이르러, 즉 황통(皇統) 5년(1145, 고려 인종 23년)에 요동 발해인과 한인이 맹안과 모극을 이어받는 제도를 없애고 점차 병권을 옮겨 그것을 내족(內族, 여진인)에게로 돌렸다.【『식화지』에, "모든 한인과 발해인은 맹안과 모극 호(戶)에 충당할 수 없게 하였다."라고 기록되어 있다.】 9년(1149, 고려 의종 3년) 8월에는 재신들의 의논을 따라 요양(遼陽) 발해(渤海) 백성을 연(燕)의 남쪽으로 옮겼고, 뒤에 다시 연이어 산동으로 자주 수자리를 옮겼다. 신유년에 이르러 모두 내몰아 가게 하였는데, 그 옛 땅에 살던 자들 중에는 간혹 거란으로 들어간 자가 있었고, 발해 종족은 마침내 끊어져 전해지는 바가 없게 되었다.

○ 권제16, 세기(世紀) 16, 제소국(諸小國) 정안국(定安國)

> 按, 定安國, 雖本馬韓之種, 而其立國始末地界所在, 無從而攷. 見於東史者, 惟高麗顯宗九年, 定安國人骨須來奔而已. 宋初, 女眞朝宋之路, 汎海由沙門島. 而路過本國, 托使付表. 其表云: 高麗舊壞, 渤海遺黎, 又云: 夫[142]餘府背契丹, 而歸本國. 夫[143]餘府者, 今開原縣也, 以此推之, 當在今興京鳳凰城等處, 而未可詳.

---

142) '夫' → '扶'.

143) '夫' → '扶'.

살펴보니 정안국¹⁴⁴⁾은 비록 본디 마한¹⁴⁵⁾의 종족이지만 나라를 세운 내력과 지계(地界)의 소재는 좇아 살필 수가 없다. 『동사(東史)』에 보이는 것은 오직 고려 현종 9년(1018) 정안국인 골수(骨須)가 도망쳐 왔다는 것뿐이다. 송나라 초 여진이 송에 조공하던 길은 바다를 건너 사문도(沙門島)를 지나는 것이었다. 도중에 [여진이] 본국(정안국)을 지나게 되자 사신에게 부탁하여 표문을 보냈다. 그 표문에서 이르기를, "[우리는] 고[구]려의 옛 지역이며 발해의 남은 백성입니다."라고 하였고, 또 말하기를 "부여부가 거란을 배신하고 본국(정안국)으로 돌아왔습니다."라고 하였다. 부여부는 지금의 개원현(開原縣)이니, 이것으로 추측하면 마땅히 지금의 흥경(興京)·봉황성(鳳凰城) 등지에 있었을 것이지만 자세히는 알 수 없다.

定安國, 本馬韓之種, 爲契丹所攻破. 其酋帥糾合餘衆, 保於西鄙, 建國改元, 自號定安國. 宋太祖開寶三年, 其國王烈萬華因女眞遣使入朝,¹⁴⁶⁾ 乃附表貢獻方物. 太平興國中, 太宗方經營遠略, 討擊胡虜,¹⁴⁷⁾ 因降詔其國, 令張犄角之勢. 其國亦怨寇讎侵侮不已. 聞中國方用兵¹⁴⁸⁾北討, 欲依王師以攄宿怨,¹⁴⁹⁾ 得詔大喜. 六年冬, 會女眞遣

---

144) 정안국은 발해 유민이 압록강 중류 지역에서 세운 나라로, 985년 거란 성종 때에 멸망당하였다. 정안국의 성립에 대해서 10여 년간 유지되었던 大氏의 後渤海가 자체 내의 왕위 찬탈전 결과 後唐 淸泰 3년으로부터 宋 開寶 3년 사이에 烈氏 定安國으로 바뀌었다고 보는 견해가 있고(和田淸, 1916; 李龍範, 1974, 77~78쪽), 압록강 유역의 大光顯 정권과 忽汗城의 그 숙부정권이 대립하다가 숙부정권이 승리하였으나 南海府를 거점으로 하고 있던 烈氏 정권이 압록부를 차지하면서 건국되었다고 보는 견해가 있다(日野開三郞, 1951, 46쪽 주 3; 한규철, 1997, 9~10쪽).

145) 발해국의 후예인 정안국을 마한의 종족으로 설명한 것은, 고구려 멸망 전후 형성된 '마한이 고구려가 되었다'라는 삼한관의 영향이다. 이러한 인식이 정안국을 세운 발해 유민과 송나라에도 영향을 주고, '고구려(마한) → 발해 → 정안국'으로 이어지는 역사계승의식이 나타난 것으로 보인다(이효형, 2006, 8쪽). 신라인 최치원의 경우, '마한이 고구려, 변한이 백제, 진한이 신라'라고 보는 三韓觀을 보이는데, 이러한 인식은 『삼국사기』, 『삼국유사』를 비롯하여 고려와 조선 전기까지 영향을 주었다. 韓百謙(1552~1615)이 지은 『東國地理志』와 『東京雜記』 등에서 최치원의 삼한설이 부정된 뒤 실학자들에 의해 '마한은 백제, 변한은 가야, 진한은 신라'라는 견해가 정설화되었다(金炳坤, 2005).

146) 『宋史』 卷491 「淸乾隆武英殿刻本」, 列傳第250, 外國7, 定安國에는 '入貢'.

147) 『宋史』 卷491 「淸乾隆武英殿刻本」, 列傳第250, 外國7, 定安國에는 '契丹'.

148) 『宋史』 卷491 「淸乾隆武英殿刻本」, 列傳第250, 外國7, 定安國에는 '中國用兵'.

149) 『宋史』 卷491 「淸乾隆武英殿刻本」, 列傳第250, 外國7, 定安國에는 '宿憤'.

使朝貢,¹⁵⁰⁾ 路由本國. 其王烏玄明乃托其使附表來上.【表見藝文.】上答以詔書, 令其 發兵協力, 同伐契丹. 以詔附¹⁵¹⁾女眞使, 令齎以賜之. 端拱二年, 其王子因女眞使, 付¹⁵²⁾獻馬雕羽鳴鏑. 淳化二年, 其王子大元,¹⁵³⁾ 因女眞使上表, 其後不復至.【宋史】

정안국은 본디 마한의 종족이며 거란에게 공격을 받아 격파되었다. 그 추수(酋帥)가 남은 무리를 규합하고 서쪽 변경을 지켜 나라를 세우고 연호를 고쳐 스스로 정안국이라 불렀다. 송 태조 개보(開寶) 3년(970, 고려 광종 21년)에 그 국왕 열만화(烈萬華)가 여진에 의지하여 사신을 보내 입조한 것으로 인해 이내 표문을 붙이고 방물을 바쳤다. 태평흥국(太平興國)에 [송] 태종이 바야흐로 원대한 계략을 세워 호로(요)를 토벌하려 하였고 이로 인하여 그 나라에 조서를 내려 서로 호응하는 형세를 취하도록 하였다. 그 나라 또한 도적 같은 원수가 침략하고 업신여김을 원망할 따름이었다. 중국이 군사를 이용하여 북방을 토벌한다는 소식을 듣고 왕사(王師)에 의지해 묵은 원한을 풀려고 하였으므로 조서를 받고 크게 기뻐하였다. 6년(973, 고려 광종 24년) 겨울에 마침 여진이 사신을 보내 조공하였는데, 도중에 본국(정안국)을 지났다. 그 왕 오현명(烏玄明)이 그 사신에게 부탁하여 표문을 부쳐와서 올렸다.【표문은「예문지」에 보인다.】 상(송 태종)이 조서로 답을 하여 군사를 내어 협력하여 함께 거란을 정벌하라고 하였다. 조서를 여진 사신 편에 주어 그에게 내려주도록 하였다. [송 태종] 단공(端拱) 2년 (989, 고려 성종 8년)에 그 왕자가 여진 사신을 통해 말과 새 깃털이 새겨진 명적(鳴鏑)을 바쳤다. [송 태종] 순화(淳化) 2년(991, 고려 성종 10년)에 그 왕자 대원(大元)이 여진 사신을 통해 표문을 올렸으나, 그 뒤에 다시 오지 않았다.【『송사』】

○ 권제18, 예제(禮制) 1, 학례(學禮) 빈공(賓貢)

高元固, 渤海國賓貢.【全唐詩】

---

150) 『宋史』 卷491「淸乾隆武英殿刻本」, 列傳第250, 外國7, 定安國에는 '來貢'.
151) 『宋史』 卷491「淸乾隆武英殿刻本」, 列傳第250, 外國7, 定安國에는 '付'.
152) 『宋史』 卷491「淸乾隆武英殿刻本」, 列傳第250, 外國7, 定安國에는 '附'.
153) 『宋史』 卷491「淸乾隆武英殿刻本」, 列傳第250, 外國7, 定安國에는 '太元'.

고원고(高元固)는 발해국 빈공이다.【『전당시』】

> 唐太和七年, 渤海國王奏, 遣學生[154]解楚卿·趙孝明·劉寶俊三人, 赴上都學問. 先遣學生李居正·朱承朝·高壽海等三人, 事業稍成, 請準[155]例遞乘歸本國, 許之.【冊府元龜】

당 태화(太和) 7년(833, 대이진 4년)에 발해국왕이 아뢰기를 "학생 해초경(解楚卿)·조효명(趙孝明)·유보준(劉寶俊) 3인을 당 장안에 학문하도록 보냅니다. 나아가 앞서 보낸 학생 이거정(李居正)·주승조(朱承朝)·고수해(高壽海) 등 3인은 학업이 겨우 갖추어졌으니 선례에 따라 교대하여 본국(발해)으로 돌려보내 주시기를 청합니다."라고 하니, 허락하였다.【『책부원귀』】

> 後唐同光二年, 渤海國王遣其族[156]學堂親衛大元兼[157]入朝, 試國子監丞. 自唐世, 數遣諸生, 詣京師太學, 習識古今制度, 稱爲海東盛國. 及至朱梁後唐三十年間, 貢士登科者十數人, 學士彬彬焉.【五代史】

후당 동광(同光) 2년(924, 대인선 24년)에 발해국왕이 그 족속인 학당친위(學堂親衛) 대원겸(大元謙)을 보내 입조하게 하니 시국자감승(試國子監丞)을 삼았다. 당 시기부터 자주 여러 학생을 파견하여 경사(京師: 당 장안)의 태학에 보내 고금의 제도를 익히고 알게 하였고 해동성국이라 불렸다. 주량(朱梁)과 후당에 이르는 30년 동안 공사(貢士)[158]로 급제한 자가 10여 인이며 학사가 아주 많았다.【『오대사』】

---

154) 『冊府元龜』 卷999 「淸文淵閣四庫全書本」, 外臣部, 請求에는 '學士'.
155) 『冊府元龜』 卷999 「淸文淵閣四庫全書本」, 外臣部, 請求에는 '准'.
156) 『五代會要』 卷30 「淸武英殿聚珍版叢書本」, 渤海에는 '姪'.
157) 『五代會要』 卷30 「淸武英殿聚珍版叢書本」, 渤海에는 '大元謙'.
158) 제후가 천자에게 학식과 재주가 뛰어난 선비를 추천하는 것으로, 여기서는 빈공과 응시자를 지칭한다.

沙丞贊, 渤海國人, 五代貞明登科.【通志略】

사승찬(沙丞贊)은 발해국인으로,[159] 오대 정명(貞明, 915~920) 연간에 과거에 합격하였다.
【『통지략(通志略)』】

按, 東國人登中朝科者, 始自新羅金雲卿.【唐長慶初, 杜師禮榜.】其後登唐朝賓貢科者, 五十八人, 五代梁唐, 又三十一. 其姓名可考者, 金夷魚·金可紀·崔致遠·崔匡裕·金文蔚·李同【咸通中】·崔承祐【唐昭宗景福中, 入唐登第.】·崔彦撝【麗史彦撝傳, 彦撝新羅人, 年十八, 游學入唐, 禮部侍郎薛廷珪榜下及第. 時渤海宰相烏炤度子光贊, 同年及第. 炤度朝唐, 見其子名在彦撝下, 表請曰: 臣昔年入朝登第, 名在李同之上, 今臣子光贊宜升彦撝之上. 以彦撝才學優贍, 不許.】·崔光允【彦撝子, 晉時登賓貢進士, 亦見彦撝傳.】·朴仁範【登賓貢進士, 任爲著作郞.】·金渥【已上竝新羅人.】·高元固·烏炤度【李同同榜.】·烏光贊【炤度子, 崔彦撝同榜.】·沙丞贊【已上竝渤海人.】. 逮高麗登宋朝科者, 有金行成·康戩·崔罕·王彬·金成績·康撫民·權適·趙爽·金端·康就正. 然宋時所謂賓貢科, 每自別試, 附名榜尾. 元延祐四年, 始頒科擧詔令, 征東省選合格者三人, 貢赴與中原俊秀竝試, 列名金榜. 於是登元科者, 有安震【延祐五年制科, 第三甲十五名】·崔瀣【英宗至治元年制科】·安軸【泰定元年制科】·李穀【順帝元統元年制科, 第二甲】·李仁復【至正元年制科】·安輔【至正六年制科】·尹安之【至正七年制科】·李穡【至正十三年, 翰林學士歐陽玄考試中, 三甲第二名】·金升彦【未詳何年, 輿地勝覽安邊府人物載, 升彦中元朝制科, 有才行.】等九人. 而登皇明科者, 惟金濤一人而已.

살펴보니 동국인으로 중조(中朝)의 과거에 합격한 자는 신라의 김운경(金雲卿)으로부터 시작되었다.【당 장경(長慶) 초 두사례(杜師禮) 방(榜)】그 뒤 당조의 빈공과에 합격한 자는

---

159) 사승찬의 출신에 대해 渤海國 이외에 당에 설치된 '渤海縣'과 발해국 성씨 가운데 '沙氏'가 확인되지 않는다는 점에 근거하여 중국인일 가능성이 있다는 주장이 있다(宋基豪, 1995, 170~171쪽).

58인이며, 오대 [주]량([朱]梁)과 [후]당([後]唐)에는 또한 31인이다. 그 성과 이름을 알 수 있는 사람은 김이어(金夷魚)·김가기(金可紀)·최치원(崔致遠)·최광유(崔匡裕)·김문울(金文蔚)·이동(李同)160)【함통(咸通) 연간】·최승우(崔承祐)【당 소종(昭宗) 경복(景福) 연간에 당에 들어가 급제하였다.】·최언위(崔彦撝)【『고려사』 [최]언위전에 "최언위는 신라인으로, 나이 18세에 당에 들어가 유학하여 예부시랑 설정규(薛廷珪)의 방하(榜下)161)에서 급제하였다. 이때 발해의 재상(宰相) 오소도(烏炤度)162)의 아들 광찬(光贊)이 같은 해에 급제하였다.163) 소도가 당에 입조하여 그 아들의 이름이 언위의 아래에 있는 것을 보고 표문으로 청하기를, "신이 지난날에 입조하여 급제했을 때에는 이름이 이동의 위에 있었으니 지금 신의 아들 광찬을 마땅히 언위의 위로 올려주십시오."라고 하였다. 언위의 재주와 학식이 더 뛰어났으므로 허락하지 않았다."라고 하였다.】·최광윤(崔光允)【언위의 아들로 진(晉) 때 빈공진사에 올랐다. 역시 최언위전에 보인다.】·박인범(朴仁範)【빈공진사에 올라 저작랑(著作郎)으로 임명되었다.】·김악(金渥)【이상은 모두 신라인이다.】·고원고(高元固)·오소도(烏炤度)【이동과 같은 방(榜)이다.】·오광찬(烏光贊)【소도의 아들로, 최언위와 같다.】·사승찬(沙丞贊)【이상은 모두 발해인이다.】이다. 고려에 들어와서 송조(宋朝)의 과거에 합격한 자로는 김행성(金行成)·강전(康戩)·최한(崔罕)·왕빈(王彬)·김성적(金成績)·강무민(康撫民)·권적(權適)·조석(趙奭)·김단(金端)·강취정(康就正)이 있다. 그러나 송 시기의 이른바 빈공과는 매번 별시(別試)에서 방(榜)의 끝에다가 이름을 붙였다. 원(元) 연우(延祐) 4년(1317, 고려 충숙왕 4년)에 비로소 과거에 관한 조령(詔令)이 반포되어 정동성(征東省)에서 합격자 3인을 뽑아 천거하여 들어가서 중원의 뛰어난 자들과 함께 시험을 쳐서 금방(金榜)에 이름을 나란히 적게 하였다. 이에 원 과거에 급제한 자로는 안진(安震)【연우 5년(1318, 고려 충숙왕 5년) 제과(制科) 제3갑(第三甲) 15명】·최해(崔瀣)【영종(英宗) 지치(至治) 원년(1321, 고려 충숙

---

160) 이동의 급제 시기에 대해, 875년설을 주장한 이기동의 견해(李基東, 1984, 260쪽 주97)와 달리 『삼국사기』 「신라본기」에 근거하여 그가 중국으로 건너간 시기는 869년 7월, 빈공과 급제 시기는 함통 13년인 872년으로 인식한 견해가 있다(宋基豪, 1995, 167~168쪽).

161) 과거 급제 명단. 여기서는 예부상서 설정규가 주관한 과거에서 급제한 것을 의미한다.

162) 『東文選』 卷47, 「新羅王與唐江西高大夫湘狀」·「與禮部裵尙書瓚狀」에는 '烏昭度'.

163) 최언위와 오광찬의 빈공과 급제 시기에 대해 송기호는 薛廷珪가 지공거였을 때인 천우 3년(906)으로 보았다(宋基豪, 1995, 170쪽).

왕 8년) 제과] · 안축(安軸)【태정(泰定) 원년(1324, 고려 충숙왕 11년) 제과] · 이곡(李穀)【순제 원통(元統) 원년(1333, 고려 충숙왕(복) 2년) 제과 제2갑(第二甲)】 · 이인복(李仁復)【순제] 지정(至正) 원년(1341, 고려 충혜왕(복) 2년) 제과】 · 안보(安輔)【[순제] 지정 6년(1346, 고려 충목왕 2년) 제과】 · 윤안지(尹安之)【[순제] 지정 7년(1347, 고려 충목왕 3년) 제과】 · 이색(李穡)【[순제] 지정 13년(1353, 고려 공민왕 2년) 한림학사(翰林學士) 구양현(歐陽玄)의 고시 때 3갑(三甲) 제2명】 · 김승언(金升彦)【어느 해인지 상세하지 않다. 『동국여지승람』 안변부(安邊府) 인물조(人物條)에 "승언이 원조의 제과에 합격하였으며 재행(才行)이 있었다."라고 실려 있다.】 등 9인이 있다. 명 조정에서 합격한 자는 김도(金濤) 1인뿐이다.

○ 권제23, 병지(兵志) 병제(兵制), 마정(馬政)

> 渤海俗所貴者, 率賓之馬.【仝上. ○盛京通志, 唐書渤海傳, 率賓之馬, 率賓卽今奉天東南之地, 與高麗僅隔一江. 內地馬大, 高麗馬小, 可知物産, 亦限疆域也. ○按, 渤海率賓府, 卽今三水甲山等地.】

발해 풍속에 귀하게 여기는 것은 솔빈[부]164)의 말이다.【위와 같음(『신당서』). ○『성경통지』는 "『[신]당서』 발해전의 '솔빈부의 말'에서 솔빈은 곧 지금의 봉천(奉天) 동남쪽 땅으로, 고려와 겨우 강 하나를 사이에 두고 있다. 내지의 말은 크나 고려의 말은 작으니 물산 역시 강역에 따라 다름을 알 수 있다."라고 하였다. ○ 살펴보니, 발해 솔빈부는 곧 지금의 삼수(三水) · 갑산(甲山) 등지이다.165)】

○ 권제26, 물산지(物産志) 1, 금옥주석류(金玉珠石類) 쇠[鐵]

> 渤海俗所貴者, 位城之鐵.【新唐書】

---

164) 그 이름이 綏芬河와 발음이 유사하여 현재 수분하 지역으로 보는 것이 통설이다. 率賓府의 이름은 遼代에도 그대로 쓰였으나, 金·元代에는 '恤品'·'速頻'·'蘇濱'의 이름으로 史書에 보이며 淸代에는 綏芬路로 알려져 있었다.
165) 솔빈부에 대해서는 수분하 유역으로 비정되는데, 金毓黻은 "쌍성자", 張太湘은 "동녕 대성자고성"으로 비정하였다(丹化沙, 1983, 15~21쪽.).

발해의 풍속에서 귀하게 여기는 것은 위성(位城)의 쇠[鐵]이다.【『신당서』】

○ 권제26, 물산지(物産志) 1, 포백류(布帛類) 베[布]

> 渤海俗所貴者, 顯州之布.【新唐書】
> 後唐同光三年, 渤海遣使, 貢黃明細布.【冊府元龜】

발해의 풍속에서 귀하게 여기는 것은 현주(顯州)[166]의 베[布]이다.【『신당서』】
　○ 후당 동광(同光) 3년(925, 대인선 25년)에 발해가 사신을 보내 황명세포(黃明細布)를 바쳤다.【『책부원귀』】

○ 권제26, 물산지(物産志) 1, 포백류(布帛類) 솜[綿]

> 渤海俗所貴者, 沃州之綿.【新唐書】

발해의 풍속에서 귀하게 여기는 것은 옥주(沃州)의 솜[綿]이다.【『신당서』】

○ 권제26, 물산지(物産志) 1, 포백류(布帛類) 명주[紬]

> 渤海俗所貴者, 龍舟[167]之紬.【新唐書】

---

166) 현주는 중경 현덕부의 소재지로 현재의 길림성 연변조선족자치주 화룡시 서고성으로 비정된다. 『新唐書』卷219 「淸乾隆武英殿刻本」, 列傳第144, 渤海에 중경 현덕부 관할에 顯州보다 盧州가 먼저 기술되어 있는 점과 관련하여 중경 소재지에 대한 다양한 주장이 제기되었다. 일반적인 규칙에 의하면, 중경 현덕부는 盧州에 설치되어야 하는데 기록과 지리 비정에서 차이가 확인되기 때문이다. 그 주장을 보면, 현주와 중경 현덕부가 동일 지역이며 그 장소는 서고성이라는 주장(李健才·陳相偉, 1982), 현주는 蘇蜜城 또는 大甸子古城이라는 주장(駒井和愛, 1977), 安圖縣 松江鎭이라는 주장(朴龍淵, 1983), 돈화 大蒲柴河 西才浪河 古城(孫進己, 1982)이라는 주장 및 상경 용천부 출토 와당에 근거하여 서고성과 현주는 관련성이 없으며 그곳은 화룡 하남둔 고성이라는 주장(田村晃一, 2001; 田村晃一, 2002) 등이 그것이다(임상선, 2010, 173쪽). 이뿐만 아니라 顯州의 소재지였던 西古城이 발해의 첫 도읍지이며 현주를 포함한 지역은 振國의 영역이라고 인식한 견해도 있다(장창희, 1991, 226쪽).

167) '舟' → '州'.

발해의 풍속에서 귀하게 여기는 것은 용주(龍州)168)의 명주[紬]이다.【『신당서』】

○ 권제26, 물산지(物産志) 1, 곡류(穀類) 벼[稻]

渤海俗所貴者, 盧城之稻.【新唐書】

발해의 풍속에서 귀하게 여기는 것은 노성(盧城)의 벼[稻]이다.【『신당서』】

○ 권제26, 물산지(物産志) 1, 곡류(穀類) 콩[豆] 부(附) 메주[豉]

渤海俗所貴者, 柵城之豉.【新唐書. ○案, 豉, 說文, 配鹽幽菽也.】

발해의 풍속에서 귀하게 여기는 것은 책성(柵城)169)의 메주이다.【『신당서』. ○ 살펴보니 메주는 『설문(說文)』에서 "소금과 배합해서 띄운 콩이다."라고 하였다.】

○ 권제26, 물산지(物産志) 1, 초류(草類) 새삼[菟絲子]

渤海俗所貴者, 太白山之菟.【新唐書】

발해의 풍속에서 귀하게 여기는 것은 태백산의 새삼[菟]170)이다.【『신당서』】

---

168) 上京의 首州로서 상경성이 위치하는 곳으로 추정된다(金毓黻, 1934; 和田淸, 1955). 遼代에는 扶餘府 故地에 黃龍府를 두어 龍州라고 칭하였다.

169) 발해 5경 가운데 하나인 東京龍原府의 異稱이다. 책성은 목책을 두른 성이라는 뜻으로, 이미 고구려 때부터 사용된 지명이다. 府治의 위치에 대해서는 발해의 東京城인 八連城과 별도로 부근의 溫特赫部城이나 薩其城으로 보는 설과 延吉의 城子山山城, 興安古城 등으로 보는 설이 있다(구난희, 2017, 134~139쪽). 고구려의 책성은 치소성을 중심으로 광역의 행정단위를 가리키는 '柵城圈'으로 이해하는 연구도 있다(김현숙, 2000, 140·156~157쪽; 김강훈, 2017, 244쪽).

170) '菟'를 일반적으로 '토끼'로 해석하지만 이와 다른 주장도 있다. '토'를 한약재의 일종인 菟絲子의 뿌리인 '茯苓(茯菟라고도 함)'이라고 하는 의견, 혹은 '동북 지방의 호랑이[虎]'라는 견해 등이 제기된 바 있다(姚玉成, 2008 참조). 여기에서는 새삼으로 보았다.

○ 권제26, 물산지(物産志) 1, 채류(菜類) 다시마[昆布]

渤海俗所貴者, 南海之昆布.【新唐書】

발해의 풍속에서 귀하게 여기는 것은 남해(南海)의 다시마이다.【『신당서』】

○ 권제26, 물산지(物産志) 1, 과류(果類) 오얏·배·대추·능금·외[李梨棗來禽瓜]

渤海, 果有丸都之李, 樂游之梨.【新唐書】

발해의 과일은 환도(丸都)[171]의 오얏과 낙유(樂游)[172]의 배가 있다.【『신당서』】

○ 권제27, 물산지(物産志) 2, 수류(獸類) 돼지[猪]

渤海俗所貴者, 鄚頡之豕.【新唐書】

발해의 풍속에서 귀하게 여기는 것은 막힐(鄚頡)의 돼지[豕]이다.【『신당서』】

○ 권제27, 물산지(物産志) 2, 어류(魚類) 숭어[鯔魚]

唐開元十七年, 渤海獻鯔魚.【冊府元龜. ○案, 今俗名슈어.】

당 개원(開元) 17년(729, 무왕 11년)에 발해에서 숭어를 바쳤다.【『책부원귀』 ○ 살펴보니 지금 세속에서의 이름은 슈어이다.】

○ 권제27, 물산지(物産志) 2, 어류(魚類) 붕어[鯽]

渤海俗所貴者, 湄沱湖之鯽.【新唐書】

---

171) 고구려의 舊都로서 중국 길림성 집안시로 비정된다.
172) 『滿洲源流考』는 樂游를 樂浪의 오기로 보았다.

발해의 풍속에서 귀하게 여기는 것은 미타호(湄沱湖)[173]의 붕어이다.【『신당서』】

○ 권제27, 물산지(物産志) 2, 어류(魚類) 문어[八梢魚]

唐開元二十六年, 渤海獻乾文魚一百口.【冊府元龜】

당 개원 26년(738, 문왕 2년)에 발해에서 마른 문어 1백 구를 바쳤다.【『책부원귀』】

○ 권제27, 물산지(物産志) 2, 충류(蟲類) 방게[螃蟹]

渤海螃蟹, 紅色, 大如碗, 螯巨而厚, 其脆如中國蟹螯.【遼史】

발해의 방게는 홍색이며, 크기가 대접만 하다. 집게발은 크고 두터우며 연하기가 중국 게의 집게발과 같다.【『요사』】

○ 권제28, 풍속지(風俗志), 잡속(雜俗)

渤海俗, 與高麗契丹略等.【新唐書】

---

[173] 미타호에 대해서 鏡泊湖설과 興凱湖설로 대별된다. 전자는 『寧安縣志』와 孫正甲·송기호의 주장이다. 그는 『舊唐書』·『新唐書』·『通典』·『冊府元龜』 등의 越喜와 拂涅에 대한 기록 언어학적 검토를 통해 그 故地에 설치된 東平府와 安遠府의 위치를 재확인하여 眉州와 沱州로 인해 형성된 미타호는 鏡泊湖를 지칭하는 忽汗海와 전혀 다른 지역인 興凱湖라고 인식하였다(孫正甲, 1986, 102~104쪽; 宋基豪, 1995, 148~149쪽). 반면에 후자는 『海東繹史』·『渤海國志長編』 및 劉曉東의 주장이다. 그는 ① 미타호가 붕어가 유명한 것처럼 흥개호의 붕어도 유명하지만 기록에서 보이지 않는 점, ② 眉州와 沱州의 설치가 '미타호의 붕어'가 소개된 것보다 늦게 설치되었다는 점, ③ '湄沱' 두 글자는 같이 써야 의미가 있으며 실제 말갈어의 '海'의 의미이므로, 이미 설치된 두 주의 이름을 합쳐서 사용하는 것은 불가능하다는 점, ④ 眉州와 沱州는 湄沱湖에서 유래된 명칭으로 서로 관련성이 있는데 미주는 安遠府에, 타주는 東平府에 속하게 하는 것은 이치상 맞지 않다는 점, ⑤ 拂涅故地의 하나인 東平府에서 바쳤다는 '鯨睛'의 생산지가 불명확하다는 점, ⑥ 越喜故地에 설치된 安遠府와 拂涅故地의 東平府는 서로 가장 동쪽과 가장 서쪽으로 나뉘어 있으므로, 이에 근거하여 興凱湖가 湄沱湖라는 해석은 신뢰할 수 없으며, '海湖'이며 '忽汗海'로도 불린 鏡泊湖가 미타호로 합당하다고 인식하였다(劉曉東, 1985, 51~52쪽). 이러한 인식은 朱國忱, 盧偉의 주장에서도 확인할 수 있다(盧偉, 2006, 37~40쪽).

발해의 풍속은 고[구]려나 거란과 대체로 같다.【『신당서』】

> 金大定十七年, 以渤海舊俗, 男女婚娶, 多不以禮, 必先攘竊以奔, 詔禁絶之.【金史】
> 右渤海.

금 대정(大定) 17년(1177, 고려 명종 7년)에 발해의 옛 풍속에는 남녀가 장가가고 시집감에 예로써 하지 않음이 많고 반드시 먼저 보쌈해 갔으므로, 조서를 내려 이를 못하도록 금지하였다.【『금사』】 이상은 발해에 관한 것이다.

○ 권제29, 궁실지(宮室志), 【부(附)】 기용(器用) 잡기(雜器)

> 唐武宗會昌元年, 渤海貢紫瓷盆. 量容半斛, 內外通瑩, 其色純紫. 厚可寸餘, 擧之則若鴻毛. 上嘉其光潔, 遂處於仙[174]臺秘府, 以和藥餌. 後王才人擲玉環, 誤缺其半菽, 上猶嘆息久之.【杜陽雜編】

당 무종(武宗) 회창(會昌) 원년(841, 대이진 12년)에 발해에서 자자분(紫瓷盆)을 바쳤다. 크기는 반 말 정도 들어가고, 안팎은 투명하며, 그 색깔은 깨끗한 자색(紫色)이었다. 두께는 1촌 정도로 [그것을] 들면 기러기 털 같았다. [황]상이 그 빛과 깨끗함을 좋아하여 선대비부(仙臺秘府)에 보관해두고 약이(藥餌)를 섞을 때 사용하였다. 뒤에 왕 재인이 옥반지[玉環]를 던져 잘못하여 그것을 콩 반쪽만큼 깨뜨리니, [황]상이 크게 탄식하기를 오래하였다.【『두양잡편』】

○ 권제29, 궁실지(宮室志), 【부(附)】 기용(器用) 잡기(雜器)

> 武宗會昌元年, 渤海國貢瑪瑙[175]樻.[176] 方三尺, 深色如茜, 所製工巧無比, 用貯神仙[177]之書, 置之帳側.【杜陽雜編】

---

174) 『杜陽雜編』 卷下 「淸文淵閣四庫全書本」에는 '僊'.
175) 『杜陽雜編』 卷下 「淸文淵閣四庫全書本」에는 '腦'.
176) 『杜陽雜編』 卷下 「淸文淵閣四庫全書本」에는 '櫃'.

[당] 무종 회창(會昌) 원년(841, 대이진 12년)에 발해국에서 마노로 만든 궤를 바쳤다. 둘레는 3척이고 색깔은 짙기가 검붉었으며 만든 기술은 교묘하여 비할 것이 없었다. 신선에 관한 책을 담는 데 사용하고 휘장 옆에 두었다.『두양잡편』

○ 권제32, 관씨지(官氏志) 3, 씨족(氏族)

大氏, 唐渤海附高麗者, 大祚榮爲渤海郡王.【急就篇姓氏注】
胡三省曰: 風俗通, 大姓, 大庭氏之後, 大款爲顓頊師. 案, 禮記曰: 大連善居喪, 東夷之子也. 蓋東夷之有大姓, 尙矣.【資治通鑑注】

대씨(大氏)는 당·발해 때 고[구]려에 붙은 자로, 대조영을 발해군왕으로 삼았다.【『급취편 성씨 주』】
호삼성이 말하기를, "『풍속통(風俗通)』에 '대씨 성은 대정씨(大庭氏)의 후예이고, 대관(大款)으로 전욱(顓頊)의 스승을 삼았다."라고 하였다. 살펴보니『예기』에서는 "대련(大連)이 거상(居喪)을 잘하였으며 동이의 후예이다."라고 하였다. 대체로 동이에 대씨 성이 있은 지가 오래되었다.【『자치통감 주』】

○ 권제35, 교빙지(交聘志) 2, 조공(朝貢) 2

中宗神龍元年【乙巳】… ○渤海靺鞨大祚榮遣子入侍.【舊唐書】

[당] 중종 신룡(神龍) 원년(705, 고왕 7년)【을사】… ○ 발해말갈 대조영이 아들을 보내 입시(入侍)하게 하였다.【『구당서』】

【鎭書】謹按, 渤海朝聘上國, 始此.

【한】진서가】 삼가 살펴보니, 발해가 상국[당]에 조빙한 것은 이때 시작되었다.

---

177) 『杜陽雜編』卷下 「淸文淵閣四庫全書本」에는 '儾'.

九年【辛酉】十一月己酉, 渤海大首領來朝, 拜折衝, 放還蕃.【仝上.】

[당 현종 개원] 9년(721, 무왕 3년)【신유】 11월 기유에 발해 대수령이 와서 조회하니 절충(折衝)의 벼슬을 내리고 놓아 번(蕃)으로 돌려보냈다.【위와 같음(『책부원귀』)】

十年【壬戌】○十一月辛未, 渤海遣使, 其大臣味渤計來朝, 竝獻鷹. 授大將軍, 賜錦袍金魚袋, 放還蕃.【竝仝上.】

10년(722, 무왕 4년)【임술】○ 11월 신미에 발해가 사신을 보내니 그 대신 미발계(味渤計)가 와서 조회하고 아울러 매[鷹]를 바쳤다. 대장군을 제수하고 금포(錦袍)와 금어대(金魚袋)를 내려주어 놓아 번으로 돌려보냈다.【모두 위와 같음(『책부원귀』)】

十二年【甲子】○二月乙巳, 渤海遣其臣賀祚慶來賀正, 進階游擊將軍, 賜帛五十疋, 放還蕃.【竝仝上.】

12년(724, 무왕 6년)【갑자】○ 2월 을사에 발해가 그 신하 하조경(賀祚慶)을 보내 와서 새해를 축하하니 품계를 유격장군으로 올리고 비단[帛] 50필을 내려주어 놓아 번으로 돌려보냈다.【모두 위와 같음(『책부원귀』)】

十三年【乙丑】正月辛丑, 渤海遣大首領烏借芝蒙來賀正,[178] 獻方物. 四月甲子, 首領謁德來朝, 授果毅, 放還蕃. 五月, 王大武毅[179]之弟大昌渤價[180]來朝, 授左威衛員外將軍, 賜紫袍金帶魚袋, 留宿衛.【仝上.】

---

[178] 『冊府元龜』 卷971 「淸文淵閣四庫全書本」, 外臣部, 朝貢4에는 '正旦'.
[179] '毅'→'藝'.
[180] 『冊府元龜』 卷975 「淸文淵閣四庫全書本」, 外臣部, 褒異第2, 開元13年 5月; 같은 책, 卷971, 外臣部, 朝貢4에는 '大昌勃價'.

13년(725, 무왕 7년)【을축】정월 신축에 발해에서 대수령 오차지몽(烏借芝蒙)을 보내 와서 신년을 축하하고 방물을 바쳤다. 4월 갑자에 수령 알덕(謁德)이 와서 조회하니 과의(果毅)를 제수하고 놓아 번으로 돌려보냈다. 5월에 왕 대무예의 동생 대창발가(大昌勃價)가 와서 조회하니 좌위위원외장군(左威衛員外將軍)을 제수하고 자포(紫袍)·금대(金帶)·어대(魚袋)를 내려주고 머물러 숙위하게 하였다.【위와 같음(『책부원귀』)】

十四年【丙寅】○四月乙丑, 渤海靺鞨王[181]大都利[182]來朝, 授左武衛大將軍員外置, 留宿衛. ○十一月己亥, 渤海王遣其子義信來朝, 幷獻方物.【竝仝上.】

14년(726, 무왕 8년)【병인】○ 4월 을축에 발해말갈 왕[자] 대도리[행](大都利[行])이 와서 조회하니 좌무위대장군원외치(左武衛大將軍員外置)를 제수하고 머물러 숙위하게 하였다. ○ 11월 기해에 발해왕이 그 아들 의신(義信)을 보내 와서 조회하고 아울러 방물을 바쳤다.【모두 위와 같음(『책부원귀』)】

十五年【丁卯】 … ○八月, 渤海王遣其弟大寶方來朝. …【竝仝上.】

15년(727, 무왕 9년)【정묘】 … ○ 8월에 발해왕이 그 동생 대보방(大寶方)을 보내 와서 조회하였다. …【모두 위와 같음(『책부원귀』)】

十六年【戊辰】 … ○九月壬寅, 渤海[183]菸夫須計來朝, 授果毅, 放還蕃.【竝仝上.】

16년(728, 무왕 10년)【무진】 … ○ 9월 임인에 발해 어부수계(菸夫須計)가 와서 조회하니 과의를 제수하고 놓아 번으로 돌려보냈다.【모두 위와 같음(『책부원귀』)】

---

181) 『冊府元龜』 卷975 「淸文淵閣四庫全書本」, 外臣部, 褒異第2에는 '渤海王子'.
182) 『冊府元龜』 卷975 「淸文淵閣四庫全書本」, 外臣部, 褒異第2에는 '大都利行'.
183) 『冊府元龜』 卷975 「淸文淵閣四庫全書本」, 外臣部, 褒異第2에는 '渤海靺鞨'.

十七年【己巳】二月, 渤海遣使獻鷹. 是月, 又遣使獻鯔魚. 三月甲寅,[184] 王大武藝使其弟大胡雅來朝, 授游擊將軍, 賜紫袍金帶, 留宿衛. 癸卯, 遣使獻鯔魚, 賜帛二十疋, 遣之. 八月丁卯, 王遣其弟大琳來朝, 授中郞將, 留宿衛.【仝上.】

17년(729, 무왕 11년)【기사】 2월에 발해가 사신을 보내어 매[鷹]를 바쳤다. 이달에 또 사신을 보내 숭어[鯔魚]를 바쳤다. 3월 갑인에 왕 대무예가 그 동생 대호아(大胡雅)를 사신으로 보내 와서 조회하니 유격장군(游擊將軍)을 제수하고 자포(紫袍)와 금대(金帶)를 내려주어 머물러 숙위하게 하였다. 계묘에 사신을 보내 숭어를 바치니 비단[帛] 20필을 내려주고 그를 보냈다. 8월 정묘에 왕이 그 동생 대림(大琳)을 보내 와서 조회하니 중랑장(中郞將)을 제수하고 머물러 숙위하게 하였다.【위와 같음(『책부원귀』)】

十八年【庚午】 … ○正月戊寅, 渤海[185]遣其弟大郞雅來朝賀正, 獻方物, 賜帛有差. … ○三月[186]戊寅, 渤海[187]遣使智蒙來朝, 且獻方物馬三十疋,[188] 授中郞將, 賜絹二十疋緋袍銀帶, 放還蕃. 五月己酉, 遣使烏那達利來朝, 獻海豹皮五張貂鼠皮三張瑪瑠[189]盃一馬三十疋, 授以果毅, 賜帛, 放還蕃. …【竝仝上.】

18년(730, 무왕 12년)【경오】 … ○ 정월 무인에 발해가 그 동생 대랑아(大郞雅)를 보내 와서 새해를 조회하고 축하하며 방물을 바치니 비단[帛]을 차등 있게 내려주었다. … ○ 3월 무인에 발해가 [목]지몽([木]智蒙)을 사신으로 보내 와서 조회하고 또 방물과 말 30필을 바치니 중랑장을 제수하고 생명주[絹] 20필, 비포(緋袍), 은대(銀帶)를 내려주어 놓아 번으로 돌려보냈다. 5월 기유에 오나달리(烏那達利)를 사신으로 보내 와서 조회하고 바다표범 가죽[海豹

---

184) 『冊府元龜』 卷975 「淸文淵閣四庫全書本」, 外臣部, 褒異第2에는 '甲子'.
185) 『冊府元龜』 卷971 「淸文淵閣四庫全書本」, 外臣部, 朝貢第4에는 '靺鞨'.
186) 『冊府元龜』 卷971 「淸文淵閣四庫全書本」, 外臣部, 朝貢第4에는 '二月'.
187) 『冊府元龜』 卷971 「淸文淵閣四庫全書本」, 外臣部, 朝貢第4에는 '渤海靺鞨'.
188) 『冊府元龜』 卷975 「淸文淵閣四庫全書本」, 外臣部, 褒異第2에는 '疋'.
189) 『冊府元龜』 卷975 「淸文淵閣四庫全書本」, 外臣部, 褒異第2에는 '瑠'.

皮] 5장, 담비가죽[貂鼠皮] 5장, 마노잔[瑪瑙杯] 1개, 말 30필을 바치니 과의를 제수하고 비단[帛]을 내려주어 놓아 번으로 돌려보냈다. …【모두 위와 같음(『책부원귀』)】

十九年【辛未】… ○二月己未, 渤海[190]遣使來朝正,[191] 授將軍, 賜帛一百疋, 還蕃. 十月, 王遣其大姓取珍等百二十人來朝, 並授果毅, 各賜帛三十疋, 放還蕃.【並仝上.】

19년(731, 무왕 13년)【신미】… ○ 2월 기미에 발해가 사신을 보내 새해를 축하하니 장군을 제수하고 비단[帛] 100필을 내려주어 번으로 돌아가게 하였다. 10월에 왕이 그 대성취진(大姓取珍) 등 120인을 보내 와서 조회하니 나란히 과의를 제수하고 각각 비단 30필씩을 내려주어 놓아 번으로 돌려보냈다.【모두 위와 같음(『책부원귀』)】

二十四年【丙子】三月乙酉, 渤海[192]王遣其弟蕃來朝, 授太子舍人員外, 賜帛三十疋, 放還蕃. …【並仝上.】

24년(736, 무왕 18년)【병자】3월 을유에 발해왕이 그 동생 번(蕃)을 보내 와서 조회하니 태자사인원외(太子舍人員外)를 제수하고 비단[帛] 30필을 내려주어 놓아 번으로 돌려보냈다. …【모두 위와 같음(『책부원귀』)】

二十五年【丁丑】正月, 渤海[193]大首領木智蒙來朝. … ○ 四月, 渤海遣其臣公伯計來獻鷹鶻, 授將軍, 放還蕃. 八月戊申, 大首領多蒙固來朝, 授左武衛將軍, 賜紫袍金帶及帛一百疋, 放還蕃. …【並仝上.】

---

190) 『冊府元龜』 卷975 「淸文淵閣四庫全書本」, 外臣部, 褒異第2, 開元19年 2月 己未에는 '渤海靺鞨'.
191) 『滿洲源流考』 卷6 「淸文淵閣四庫全書本」, 部族6, 唐 開元19年에는 '賀正'.
192) 『冊府元龜』 卷975 「淸文淵閣四庫全書本」, 外臣部, 褒異第2에는 '渤海靺鞨'.
193) 『冊府元龜』 卷971 「淸文淵閣四庫全書本」, 外臣部, 朝貢第4에는 '渤海靺鞨'.

25년(737, 문왕 1년)【정축】 정월에 발해 대수령 목지몽(木智蒙)이 와서 조회하였다. … ○ 4월에 발해가 그 신하 공백계(公伯計)를 보내 와서 매[鷹]와 새매[鶻]를 바치니 장군(將軍)으로 제수하고 놓아 번으로 돌려보냈다. 8월 무신에 대수령 다몽고(多蒙固)가 와서 조회하니 좌무위장군(左武衛將軍)으로 제수하고 자포(紫袍)·금대(金帶) 및 비단[帛] 100필을 내려주어 놓아 번으로 돌려보냈다. …【모두 위와 같음(『책부원귀』)】

二十六年【戊寅】 … ○ 閏八月, 渤海[194]遣使獻豹[195]鼠皮一千張乾文魚一百口.【竝仝上. ○按舊唐書, 是歲渤海遣使, 隨冊使段守簡入朝, 求寫唐禮及三國志晉書, 帝皆許之. 而其月日未可考.】

26년(738, 문왕 2년)【무인】 … ○ 윤8월에 발해가 사신을 보내 담비가죽[貂鼠皮] 1,000장, 말린 문어 100구를 바쳤다.【모두 위와 같음(『책부원귀』). ○『구당서』를 살펴보니, 이해에 발해가 사신을 보내어 책[봉]사 단수간(段守簡)을 따라 들어와 조회하고 『당례』및 『삼국지』·『진서』를 베끼기를 요구하니 황제가 모두 그것을 허락하였다. 그러나 그 월일은 알 수 없다.】

二十七年【己卯】二月, 渤海王遣使獻鷹. 丁未, 王[196]弟大勗進來朝, 授左武衛大將軍員外置同正, 賜紫袍金帶及帛一百疋, 留宿衛. 十月乙亥, 遣使其臣[197]福子【按, 一本作受福子.】來謝恩, 授果毅, 賜紫袍銀帶, 放還蕃.【仝上.】

27년(739, 문왕 3년)【기묘】 2월에 발해왕이 사신을 보내 매[鷹]를 바쳤다. 정미에 왕의 동생 대욱진(大勗進)이 와서 조회하니 좌무위대장군원외치동정(左武衛大將軍員外置同正)을 제수하고 자포(紫袍)·금대(金帶) 및 비단[帛] 100필을 내려주어 머물러 숙위하게 하였다.

---

194) 『冊府元龜』 卷971 「淸文淵閣四庫全書本」, 外臣部, 朝貢第4에는 '渤海靺鞨'.
195) 『冊府元龜』 卷971 「淸文淵閣四庫全書本」, 外臣部, 朝貢第4에는 '貂'.
196) 『冊府元龜』 卷975 「淸文淵閣四庫全書本」, 外臣部, 褒異第2에는 '渤海王'.
197) 『冊府元龜』 卷971 「淸文淵閣四庫全書本」, 外臣部, 朝貢第4;『滿洲源流考』 卷6 「淸文淵閣四庫全書本」, 部族6, 渤海에는 '受'.

10월 을해에 그 신하 우복자(優福子)【살펴보니, 어떤 본에는 수복자(受福子)로 되어 있다.】를 사신으로 보내 와서 사은(謝恩)하니 과의를 제수하고 자포·은대를 내려주어 놓아 번으로 돌려보냈다.【위와 같음(『책부원귀』)】

> 二十八年【庚辰】十月, 渤海遣使獻貂鼠皮昆布.【仝上.】

28년(740, 문왕 4년)【경진】 10월에 발해가 사신을 보내 담비가죽[貂鼠皮]과 다시마[昆布]를 바쳤다.【위와 같음(『책부원귀』)】

> 二十九年【辛巳】二月己巳, 渤海遣其臣失阿利來賀正, 授郎將, 放還蕃. 四月, 遣使, 進鷹及鷂.【仝上.】

29년(741, 문왕 5년)【신사】 2월 기사에 발해가 그 신하 실아리(失阿利)를 보내 와서 새해를 축하하니 낭장(郎將)을 제수하고 놓아 번으로 돌려보냈다. 4월에 사신을 보내 매와 새매[鷂]를 바쳤다.【위와 같음(『책부원귀』)】

> 二年【癸未】七月癸亥, 渤海王遣其弟蕃來朝, 授左領軍衛員外大將軍, 留宿衛.【竝仝上.】

[당 현종 천보] 2년(743, 문왕 7년)【계미】 7월 계해에 발해왕이 그 아우 번(蕃)을 보내 와서 조회하니 좌령군위원외대장군(左領軍衛員外大將軍)을 제수하고 머물러 숙위하게 하였다.【모두 위와 같음(『책부원귀』)】

> 五載【丙戌】… ○三月, 渤海遣使來賀正.【竝仝上.】

5년(746, 문왕 10년)【병술】… ○ 3월에 발해가 사신을 보내 와서 새해를 축하하였다.【모두 위와 같음(『책부원귀』)】

八載【己丑】三月, 渤海遣使獻鷹.【仝上.】

8년(749, 문왕 13년)【기축】 3월에 발해가 사신을 보내 매를 바쳤다.【위와 같음(『책부원귀』)】

九載【庚寅】三月, 渤海遣使獻鷹.【仝上.】

9년(750, 문왕 14년)【경인】 3월에 발해가 사신을 보내 매를 바쳤다.【위와 같음(『책부원귀』)】

十二載【癸巳】正月, 渤海遣使賀正.【仝上.】

12년(753, 문왕 17년)【계사】 정월에 발해가 사신을 보내 새해를 축하하였다.【위와 같음(『책부원귀』)】

十三載【甲午】正月, 渤海遣使賀正.【仝上.】[198]

13년(754, 문왕 18년)【갑오】 정월에 발해가 사신을 보내 새해를 축하하였다.【위와 같음(『책부원귀』)】

大曆二年【丁未】七月, 渤海遣使來朝. 八月, 遣使朝貢. 九月, 遣使朝貢. 十一月, 遣使朝貢. 十二月, 遣使朝貢. …【竝仝上.】

---

[198] 국립중앙도서관 소장 〈한古朝56-나182〉에 의해 추가하였다.

[당 대종] 대력(大曆) 2년(767, 문왕 31년)【정미】7월에 발해가 사신을 보내 와서 조회하였다. 8월에 사신을 보내 조공하였다. 9월에 사신을 보내 조공하였다. 11월에 사신을 보내 조공하였다. 12월에 사신을 보내 조공하였다.【모두 위와 같음(『책부원귀』)】

四年【己酉】三月, 渤海遣使朝貢. 十二月, 遣使朝貢.【仝上.】

4년(769, 문왕 33년)【기유】3월에 발해가 사신을 보내 조공하였다. 12월에 사신을 보내 조공하였다.【위와 같음(『책부원귀』)】

七年【壬子】… ○十二月, 渤海遣使朝貢.【竝仝上.】

7년(772, 문왕 35년)【임자】… ○ 12월에 발해가 사신을 보내 조공하였다.【모두 위와 같음(『책부원귀』)】

八年【癸丑】… ○四月, 渤海遣使來朝, 竝獻方物. … ○六月, 渤海遣使賀正, 引見於延英殿. ○十一月, 渤海遣使朝貢. 閏十一月, 遣使來朝. 十二月遣使來朝. 是月, 又遣使朝貢.【竝仝上.】

8년(773, 문왕 36년)【계축】… ○ 4월에 발해가 사신을 보내 조회하고, 아울러 방물을 바쳤다. … ○ 6월에 발해가 사신을 보내 와서 새해를 축하하니 연영전에 불러 보았다. ○ 11월에 발해가 사신을 보내 조공하였다. 윤11월에 사신을 보내 와서 조회하였다. 12월에 사신을 보내 와서 조회하였다. 이달에 또 사신을 보내 조공하였다.【모두 위와 같음(『책부원귀』)】

九年【甲寅】正月, 渤海來朝. 二月辛卯, 渤海質子大英俊還蕃, 引辭于延英殿. … ○十二月, 渤海遣使來朝.【竝仝上.】

9년(774, 문왕 38년)【갑인】 정월에 발해가 와서 조회하였다. 2월 신묘에 발해의 질자 대영준(大英俊)이 번으로 돌아가면서 연영전에서 하직 인사를 올렸다. … ○ 12월에 발해가 사신을 보내 와서 조회하였다.【모두 위와 같음(『책부원귀』)】

十年【乙卯】正月, 新羅渤海遣使朝貢. ○五月, 渤海遣使朝貢. ○六月, 新羅渤海遣使朝貢. ○十二月, 渤海遣使朝貢.【竝仝上.】

10년(775, 문왕 39년)【을묘】 ○ 정월에 신라와 발해가 사신을 보내 조공하였다. ○ 5월에 발해가 사신을 보내 조공하였다. ○ 6월에 신라와 발해가 사신을 보내 조공하였다. ○ 12월에 발해가 사신을 보내 조공하였다.【모두 위와 같음(『책부원귀』)】

十二年【丁巳】正月, 渤海遣使來朝, 竝獻日本國舞女一十一人及方物. 二月, 遣使獻鷹. 四月, 遣使來朝. ○十二月, 新羅渤海遣使來朝, 獻方物.【竝仝上.】

12년(777, 문왕 41년)【정사】 정월에 발해가 사신을 보내 와서 조회하고 아울러 일본국 무녀(舞女) 11인과 방물을 바쳤다. 2월에 사신을 보내 매를 바쳤다. 4월에 사신을 보내 와서 조회하였다. ○ 12월에 신라와 발해가 사신을 보내 와서 조회하고 방물을 바쳤다.【모두 위와 같음(『책부원귀』)】

德宗建中元年【庚申】十月, 渤海遣使朝貢.【仝上.】

[당] 덕종 건중(建中) 원년(780, 문왕 44년)【경신】 10월에 발해가 사신을 보내 조공하였다.【위와 같음(『책부원귀』)】

三年【壬戌】 … ○五月, 渤海遣使朝貢.【竝仝上.】

3년(782, 문왕 46년)【임술】… ○ 5월에 발해가 사신을 보내 조공하였다.【모두 위와 같음(『책부원귀』)】

> 貞元七年【辛未】正月, 渤海遣使朝貢. 五月戊辰, 以渤海賀正使太常靖[199]爲衛尉卿仝[200]正, 令歸國. 八月, 王遣其子太貞幹[201]【按, 一本作眞幹.】來朝, 請備宿衛.【仝上.】

○ [당 덕종] 정원(貞元) 7년(791, 문왕 55년)【신미】정월에 발해가 사신을 보내 조공하였다. 5월 무진에 발해 하정사(賀正使) 태상정(太常靖)으로 위위경동정(衛尉卿同正)을 삼고 귀국하게 하였다. 8월에 왕이 그 아들 태정간(太貞幹)【살펴보니 어떤 본에는 진간(眞幹)으로 되어 있다.】을 보내 와서 조회하고 숙위하기를 요청하였다.【위와 같음(『책부원귀』)】

> 十年【甲戌】二月壬戌, 以來朝渤海王子太淸允[202]爲右衛將軍仝[203]正, 其下拜官三十餘人.【仝上.】

10년(794, 성왕 1년)【갑술】2월 임술에 조회하러 온 발해의 왕자 태청윤(太淸允)으로 우위장군동정(右衛將軍同正)을 삼고 그 아래 30여 인에게도 관직을 내려주었다.【위와 같음(『책부원귀』)】

> 十四年【戊寅】十一月戊申, 渤海國王大嵩璘姪能信虞侯婁蕃長都督茹富仇, 放還蕃.【仝上.】

---

199) 『冊府元龜』卷976「淸文淵閣四庫全書本」, 外臣部, 褒異第3, 貞元7年 5月 戊辰에는 '太嘗靖';『舊唐書』卷199下「淸乾隆武英殿刻本」, 列傳第149下, 北狄 渤海靺鞨에는 '大常靖';『吉林通志』卷8「淸光緖十七年刻本」, 大事志2, 貞元7年 5月 戊辰에는 '太常靖'.

200) 『吉林通志』卷8「淸光緖十七年刻本」, 大事志2, 貞元7年 5月 戊辰에는 '同'.

201) '太貞幹' → '大貞翰'.

202) '太淸允' → '大淸允'.

203) 『冊府元龜』卷976「淸文淵閣四庫全書本」, 外臣部, 褒異第3, 大曆10年 2月 壬戌에는 '同'.

14년(798, 강왕 4년)【무인】 11월 무신에 발해국왕 대숭린(大嵩璘)의 조카 능신(能信)과 우후누번장도독(虞候婁蕃長都督)[204] 여부구(茹富仇)를 놓아 번으로 돌려보냈다.【위와 같음(『책부원귀』)】

二十年【甲申】十一月, 新羅渤海遣使來朝.【仝上.】

20년(804, 강왕 10년)【갑신】 11월에 신라와 발해가 사신을 보내 와서 조회하였다.【위와 같음(『책부원귀』)】

憲宗元和元年【丙戌】 … ○十二月, 渤海遣使朝貢.【冊府元龜】

[당] 헌종 원화(元和) 원년(806, 강왕 12년)【병술】 … ○ 12월에 발해가 사신을 보내 조공하였다.【『책부원귀』】

二年,【丁亥】渤海進奉端午使楊光信逃歸, 潼關吏執以至, 鞫於內仗. 十二月, 遣使朝貢.【仝上.】

[당 헌종 원화] 2년(807, 강왕 13년)【정해】에 발해의 진봉단오사(進奉端午使) 양광신(楊光信)이 도망쳐 돌아갔는데 동관(潼關) 관리가 붙잡아 와서 내장(內仗)에서 국문(鞫問)하였다. 12월에 사신을 보내 조공하였다.【위와 같음(『책부원귀』)】

四年【己丑】正月戊戌, 帝御麟德殿, 引渤海使謁見, 賜物有差.【冊府元龜】

---

204) 虞候婁蕃長都督의 존재에 근거하여 발해 동북쪽에 위치해 있던 흑수말갈의 하나인 虞候部를 蕃國으로 인식한 직접적인 근거로 인식한 견해가 있다(宋基豪, 1995, 196쪽).

4년(809, 정왕 1년)【기축】, 정월 무술에 황제가 인덕전(麟德殿)에 거둥하여 발해 사신을 불러 알현하고 차등 있게 물품을 내려주었다.【『책부원귀』】

> 五年【庚寅】正月, 渤海遣使高才南等來朝.【冊府元龜】 … ○十一月, 渤海王遣子大延眞等來獻方物.【冊府元龜】

5년(810, 정왕 2년)【경인】 정월에 발해가 고재남(高才南) 등을 사신으로 보내 와서 조회하였다.【『책부원귀』】 … ○ 11월에 발해왕이 아들 대연진(大延眞) 등을 보내 와서 방물을 바쳤다.【『책부원귀』】

> 七年【壬辰】正月甲申, 賜渤海使官告三十五通, 衣各一襲. …【竝仝上.】

7년(812, 정왕 4년)【임진】 정월 갑신에 발해 사신에게 관고(官告)205) 35통, 옷 각 1벌을 내려주었다. …【모두 위와 같음(『책부원귀』)】

> 八年【癸巳】十二月, 渤海王子辛文德等九十七人來朝, 賜以錦綵.【仝上.】

8년(813, 희왕 1년)【계사】 12월에 발해 왕자 신문덕(辛文德) 등 97인이 와서 조회하니 금채(錦綵)를 내려주었다.【위와 같음(『책부원귀』)】

> 九年【甲午】正月, 渤海使高禮進等三十七人朝貢, 獻金銀佛像各一. 十一月, 遣使獻鷹鶻. 十二月, 遣使大孝眞等五十九人來朝.【仝上.】

9년(814, 희왕 2년)【갑오】 정월에 발해사 고예진(高禮進) 등 37인이 조공하면서 금과 은으

---

205) 告身으로 관리의 임명장이다.

로 만든 불상 각 1구를 바쳤다. 11월에 사신을 보내 와서 매와 새매를 바쳤다. 12월에 대효진(大孝眞) 등 59인을 보내 와서 조회하였다.【위와 같음(『책부원귀』)】

> 十年【乙未】正月丁酉, 詔賜渤海使卯貞壽等官告, 放還蕃. 二月甲子, 賜渤海使大呂慶等官告, 歸之. 三月丙子, 賜渤海使者官告, 歸之. 七月, 王子大庭俊等一百一人來朝貢.【仝上.】

10년(815, 희왕 3년)【을미】정월 정유에 조서를 내려 발해사 묘정수(卯貞壽) 등에게 관고(官告)를 내려주고 놓아 번으로 돌려보냈다. 2월 갑자에 발해사 대여경(大呂慶) 등에게 관고를 내려주고 돌아가게 하였다. 3월 병자에 발해 사신에게 관고를 내려주어 돌아가게 하였다. 7월에 왕자 대정준(大庭俊) 등 101인이 와서 조공하였다.【위와 같음(『책부원귀』)】

> 十一年【丙申】二月癸卯, 賜渤海使錦綵有差. 庚戌, 授渤海使高宿滿等二十人官, 又賜國信以歸. 三月, 渤海遣使朝貢. 十一月, 遣使朝貢.【仝上.】

11년(816, 희왕 4년)【병신】2월 계묘에 발해사에게 금채(錦綵)를 차등 있게 내려주었다. 경술에 발해사 고숙만(高宿滿) 등 20인에게 관직을 제수하고 또 국신(國信)[206]을 내려주어 돌아가게 하였다. 3월에 발해가 사신을 보내 조공하였다. 11월에 사신을 보내 조공하였다.【위와 같음(『책부원귀』)】

> 十二年【丁酉】二月, 渤海遣使朝貢. 三月甲戌, 以錦綵賜渤海使大誠愼等. …【竝仝上.】

12년(817, 희왕 5년)【정유】2월에 발해가 사신을 보내 조공하였다. 3월 갑술에 발해사 대성

---

206) 국왕 또는 황제의 국서를 일컫는다.

신(大誠愼) 등에게 금채(錦綵)를 내려주었다. … 【모두 위와 같음(『책부원귀』)】

十三年【戊戌】正月乙巳, 渤海知國務大仁秀, 遣使來朝.【舊唐書】 〇二月, 渤海遣使李繼常等二十六人來朝.【冊府元龜】 〇高麗遣使入朝.【舊唐書. 〇鎭書謹按, 此時句麗之亡, 已爲一百六十有三年矣. 疑唐書所云, 德武之裔, 尙保一隅者歟.】

13년(818, 희왕 6년)【무술】정월 을사에 발해의 지국무(知國務) 대인수(大仁秀)가 사신을 보내 와서 조회하였다.【『구당서』】 〇 2월에 발해가 사신 이계상(李繼常) 등 26인을 보내 와서 조회하였다.【『책부원귀』】 〇 고[구]려가 사신을 보내 와서 조회하였다.【『구당서』. 〇[한]진서가 삼가 살펴보니, 이때는 [고]구려가 망한 지 이미 163년이나 되었다. 그래서 『[구]당서』에서 이른바 고덕무(高德武)의 후예가 한 귀퉁이를 지키고 있었다고 한 것이 아닌가 한다.】

十五年【庚子】閏正月, 渤海遣使朝貢. … 〇二月庚寅, 對渤海朝貢使于麟德殿. … 〇十二月, 渤海遣使朝貢.【竝冊府元龜.】

15년(820, 선왕 3년)【경자】윤정월에 발해가 사신을 보내 조공하였다. … 〇 2월 경인에 발해 조공사(朝貢使)를 인덕전(麟德殿)에서 대면하였다. … 〇 12월에 발해가 사신을 보내 조공하였다.【모두『책부원귀』】

穆宗長慶二年【壬寅】正月, 渤海遣使朝貢.【仝上.】

[당] 목종 장경(長慶) 2년(822, 선왕 5년)【임인】정월에 발해가 사신을 보내 조공하였다.【위와 같음(『책부원귀』)】

四年【甲辰】二月壬午, 渤海大聰叡等五十人【按, 本傳作大獻等五人.】來朝, 請備宿衛.【仝上.】

4년(824, 선왕 7년)【갑진】 2월 임오에 발해 대총예(大聰叡) 등 50인【살펴보니, 본전(本傳)에서는 대헌(大獻) 등 5인이라고 하였다.】이 와서 조회하고, 숙위를 채우도록 요청하였다.【위와 같음(『책부원귀』)】

敬宗寶曆元年【乙巳】 … ○三月, 渤海遣使朝貢. …【竝冊府元龜.】

[당] 경종(敬宗) 보력(寶曆) 원년(825, 선왕 8년)【을사】 … ○ 3월에 발해가 사신을 보내 조공하였다. …【모두 『책부원귀』】

二年【丙午】正月, 渤海遣使朝貢.【仝上.】

2년(826, 선왕 9년)【병오】 정월에 발해가 사신을 보내 조공하였다.【위와 같음(『책부원귀』)】

文宗太和元年【丁未】 … ○四月, 渤海遣使來朝.【冊府元龜】

[당] 문종(文宗) 태화(太和) 원년(827, 선왕 10년)【정미】 … ○ 4월에 발해가 사신을 보내 와서 조회하였다.【『책부원귀』】

二年【戊申】十二月己卯, 渤海遣使朝貢.【仝上.】

2년(828, 선왕 11년)【무신】 12월 기묘에 발해가 사신을 보내 조공하였다.【위와 같음(『책부원귀』)】

三年【己酉】十二月, 渤海遣使朝貢.【仝上.】

[당 문종 태화] 3년(829, 선왕 12년)【기유】 12월에 발해가 사신을 보내 조공하였다.【위와 같음(『책부원귀』)】

四年【庚戌】 … ○十二月, 渤海遣使朝貢.【竝仝上.】

4년(830, 대이진 1년)【경술】 … ○ 12월에 발해가 사신을 보내 조공하였다.【모두 위와 같음(『책부원귀』)】

五年【辛亥】 … ○十一月, 新羅渤海遣使朝貢.【竝仝上.】

5년(831, 대이진 2년)【신해】 … ○ 11월에 신라와 발해가 사신을 보내 조공하였다.【모두 위와 같음(『책부원귀』)】

六年【壬子】二月, 渤海王子大明俊來朝.【仝上.】

6년(832, 대이진 3년)【임자】 2월에 발해 왕자 대명준(大明俊)이 와서 조회하였다.【위와 같음(『책부원귀』)】

七年【癸丑】正月, 渤海王遣仝[207]中書右平章事高賞[208]英來謝策命.【仝上.】

7년(833, 대이진 4년)【계축】 정월에 발해왕이 동중서우평장사(同中書右平章事) 고상영(高賞英)을 보내 와서 책명(策命)에 사은하였다.【위와 같음(『책부원귀』)】

---

207) 『冊府元龜』 卷972 「淸文淵閣四庫全書本」, 外臣部, 朝貢第5에는 '同'.
208) 『冊府元龜』 卷972 「淸文淵閣四庫全書本」, 外臣部, 朝貢第5에는 '寶'.

> 開成元年【丙辰】… ○十二月, 新羅渤海遣使朝貢.【冊府元龜】

[당 문종] 개성(開成) 원년(836, 대이진 7년)【병진】… ○ 12월에 신라와 발해가 사신을 보내 조공하였다.【『책부원귀』】

> 二年【丁巳】正月癸巳, 上御麟德殿, 對賀正渤海王子大明俊等一十九人.【仝上.】

2년(837, 대이진 8년)【정사】정월 계사에 황제가 인덕전(麟德殿)에 거둥하여 새해를 축하하러 온 발해 왕자 대명준(大明俊) 등 19인을 대면하였다.【위와 같음(『책부원귀』)】

> 三年【戊午】二月辛卯, 上御麟德殿, 對入朝渤海使, 賜錦綵銀器有差.【仝上.】

3년(838, 대이진 9년)【무오】2월 신묘에 황제가 인덕전에 거둥하여 입조한 발해사를 대면하고, 금채(錦綵)와 은기(銀器)를 차등 있게 내려주었다.【위와 같음(『책부원귀』)】

> 四年【己未】十二月戊辰, 渤海王子大延廣朝貢.【仝上.】

4년(839, 대이진 10년)【기미】12월 무진에 발해 왕자 대연광(大延廣)이 조공하였다.【위와 같음(『책부원귀』)】

> 武宗會昌元年【辛酉】, 渤海遣使貢瑪瑙209)櫃210)紫瓷盆.【杜陽雜編】

[당] 무종(武宗) 회창(會昌) 원년(841, 대이진 12년)【신유】에 발해가 사신을 보내 마류궤

---

209) 『杜陽雜編』 卷下 「淸文淵閣四庫全書本」에는 '腦'.
210) 『杜陽雜編』 卷下 「淸文淵閣四庫全書本」에는 '櫃'.

(瑪瑙樻)와 자자분(紫瓷盆)을 바쳤다.【『두양잡편』】

> 六年【丙寅】正月, 渤海使朝于宣政殿, 對於麟德殿. 賜食於內亭子, 仍賚錦綵器皿有差.【冊府元龜】 ○二月己丑, 渤海王子大之萼入朝.【舊唐書. ○按舊唐書, 渤海自中宗神龍元年, 始遣子入侍. 睿宗時, 每歲遣使朝貢. 玄宗開元中, 朝獻者二十九, 至代宗, 自二年至十年, 或頻歲遣使來貢, 或間歲而至, 或歲內一二朝者. 德宗建中貞元之間, 十餘朝. 憲宗元和中, 凡十六朝獻. 穆宗長慶, 凡四朝獻. 寶曆中, 比歲修貢. 文宗世, 來朝凡十二. 開成後, 亦修貢職不絶. 武宗會昌中, 四來朝. 懿宗咸通時, 三遣使入朝. 後朝貢至否, 史家失傳, 叛附無考云.】

6년(846, 대이진 17년)【병인】 정월에 발해 사신이 선정전에서 조회하고, 인덕전에서 대면하였다. [인덕전] 안에 있는 정자에서 음식을 내려주고 거듭 금채(錦綵)와 그릇[器皿] 등을 차등 있게 주었다.【『책부원귀』】 ○ 2월 기축에 발해 왕자 대지악(大之萼)이 와서 조회하였다.【『구당서』. ○ 『구당서』를 살펴보니, 발해는 중종 신룡(神龍) 원년(705, 고왕 7년)부터 아들을 보내 입시하기 시작하였다. 예종 때에는 해마다 사신을 보내 조공하였다. 현종 개원 중에는 조헌(朝獻)한 것이 29차례였고 대종에 이르러 2년부터 10년까지 혹은 연이어서 사신을 보내 와서 공납하였으며 혹은 해를 걸러 오기도 하고 혹은 한 해에 한두 차례 조회하기도 하였다. 덕종 건중(建中)과 정원(貞元) 사이에는 10여 차례 조회하였다. 헌종 원화(元和) 중에는 모두 16차례 조헌하였다. 목종 장경(長慶)에는 모두 4차례 조헌하였다. 보력(寶曆) 중에는 해마다 조공을 바쳤다. 문종 때에는 와서 조회한 것이 모두 12차례였다. 개성(開成) 뒤에도 공직(貢職)이 끊이지 않았다. 무종 회창(會昌) 중에는 4차례 와서 조회하였다. 의종 함통(咸通) 때에는 3차례 사신을 보내 와서 조회하였다. 뒤에 조공이 이르렀는지 아닌지는 사가들이 전하지 않아 배반을 하였는지 내부하였는지 상고할 수 없다.】

> 梁太祖開平元年【丁卯】五月【按, 五代史作五月戊寅.】, 渤海王子大昭順貢海東物産.【冊府元龜】

[후]량 태조(太祖) 개평(開平) 원년(907, 대인선 7년)【정묘】 5월【살펴보니 『오대사』에서는 5월 무인이라고 하였다.】에 발해 왕자 대소순(大昭順)이 해동의 물산을 바쳤다.【『책부원귀』】

二年【戊辰】正月【按, 五代史作正月丁酉.】, 渤海國朝貢使殿中少令崔禮光已下, 各加爵秩, 竝賜金帛有差.【仝上.】

2년(908, 대인선 8년)【무진】 정월【살펴보니 『오대사』에서는 정월 정유라 하였다.】에 발해국 조공사 전중소령(殿中少令) 최예광(崔禮光) 이하에게 각각 벼슬을 더해주고, 아울러 금(金)·비단[帛]을 차등 있게 내려주었다.【위와 같음(『책부원귀』)】

三年【己巳】三月【按, 五代史作三月辛未.】, 渤海王大諲譔差其相大誠諤朝貢, 進兒女口及物貂鼠皮熊皮等.【仝上.】

3년(909, 대인선 9년)【기사】 3월【살펴보니 『오대사』에서는 3월 신미라고 하였다.】에 발해왕 대인선(大諲譔)이 그 재상 대성악(大誠諤)을 보내 조공하면서 어린아이와 여자아이 및 담비가죽[貂鼠皮]·곰가죽[熊皮] 등 물품을 바쳤다.【위와 같음(『책부원귀』)】

乾化元年【辛未】八月戊辰, 渤海遣使者來.【五代史】

[후량 태조] 건화(乾化) 원년(911, 대인선 11년)【신미】 8월 무진에 발해가 사신을 보내왔다.【『오대사』】

二年【壬申】五月, 渤海王大諲譔差王子大光贊景帝[211]表, 竝進方物. 閏五月戊申, 詔以分物銀器賜渤海進貢首領以下, 遣還其國.【冊府元龜】

---

211) 『滿洲源流考』 卷6 「淸文淵閣四庫全書本」, 部族6, 渤海에는 '大光贊進方物'; 『冊府元龜』 원문에도 수록되어 있으나 잘못 삽입된 것으로 보인다.

2년(912, 대인선 12년)【임신】5월에 발해왕 대인선이 왕자 대광찬(大光贊)을 보내 표문과 아울러 방물을 올렸다. 윤5월 무신에 조서를 내려 물품과 은기를 나누어 발해의 수령 이하에게 주고 그 나라로 돌려보냈다.【『책부원귀』】

神冊三年【戊寅】二月, 渤海高麗遣使來貢. … 【竝仝上.】

　　[요 태조] 신책(神冊) 3년(918, 대인선 18년)【무인】2월에 발해와 고려가 사신을 보내 와서 조공하였다. … 【모두 위와 같음(『요사』)】

二年【甲申】 … ○正月, 渤海王子大禹謨來朝貢. … ○五月【按, 五代史作五月丙辰.】, 渤海國王大諲譔遣姪元讓貢方物. 庚申, 賜朝貢使212)大元讓等分物有差. 八月, 渤海朝貢使王姪學堂親衛大元謙, 可試國子監丞.【竝仝上.】

　　[후당 말제 동광] 2년(924, 대인선 24년)【갑신】 … ○ 정월에 발해 왕자 대우모(大禹謨)가 와서 조공하였다. … ○ 5월【살펴보니 『오대사』에서는 5월 병진이라고 하였다.】에 발해국왕 대인선이 조카 원양(元讓)을 보내 방물을 바쳤다. 경신에 조공사 대원양 등에게 물품을 차등 있게 나누어 주었다. 8월에 발해 조공사인 왕의 조카 학당친위(學堂親衛) 대원겸(大元謙)을 시국자감승(試國子監丞)으로 삼았다.【모두 위와 같음(『책부원귀』)】

後唐同光三年【乙酉】二月【按, 五代史作二月辛巳.】, 渤海王大諲譔遣使政堂省守和部少卿賜紫金魚袋裴璆, 貢人葠213)松子昆布黃明細布貂鼠皮被一褥六髢靴革奴子二. 五月乙卯, 授璆右贊善大夫. … 【竝冊府元龜.】

　　후당(後唐) [말제] 동광 3년(925, 대인선 25년)【을유】2월【살펴보니 『오대사』에서는 2월

---

212) 『冊府元龜』 卷976 「淸文淵閣四庫全書本」, 外臣部, 襃異3에는 '渤海朝貢使'.
213) 『冊府元龜』 卷972 「淸文淵閣四庫全書本」, 外臣部, 朝貢5에는 '參'.

신사라고 하였다.]에 발해왕 대인선이 정당성 수화부소경(守和部少卿) 사자금어대(賜紫金魚袋) 배구(裵璆)를 사신으로 보내 인삼·잣·다시마·황명세포(黃明細布)·담비가죽[貂鼠皮]·이불 1채·요 6채·발화혁노자(髮靴革奴子) 2개를 바쳤다. 5월 을묘에 배구에게 우찬선대부(右贊善大夫)를 제수하였다. …【모두 『책부원귀』】

> 明宗天成元年【丙戌】四月【按, 五代史作四月甲寅.】, 渤海國王大諲譔遣使大陳林等一百一十六人朝貢, 進兒口女口各三人人葠²¹⁴⁾昆布白附子及虎皮等. 七月, 渤海使人大昭佐等六人朝貢.【冊府元龜】

[후당] 명종 천성(天成) 원년(926, 대인선 26년)【병술】 4월【살펴보니 『오대사』에서는 4월 갑인이라고 하였다.】에 발해국왕 대인선이 대진림(大陳林)²¹⁵⁾ 등 116인을 사신으로 보내 조공하면서 어린아이와 여자 각 3인, 인삼·다시마·백부자·호랑이가죽 등을 올렸다. 7월에 발해 사신 대소좌(大昭佐)²¹⁶⁾ 등 6인이 와서 조공하였다.【『책부원귀』】

> 四年【己丑】五月, 渤海遣使高正詞入朝, 貢方物. 七月乙酉, 以正詞爲太子洗馬. …【竝仝上.】

4년(929, 고려 태조 12년)【기축】 5월에 발해가 고정사(高正詞)²¹⁷⁾를 사신으로 보내 입조하고 방물을 바쳤다. 7월 을유에 정사로 태자세마(太子洗馬)를 삼았다.【모두 위와 같음(『책

---

214) 『冊府元龜』 卷972 「淸文淵閣四庫全書本」, 外臣部, 朝貢5에는 '參'.
215) 『고려사』 권제2, 세가2, 태조 17년 동12월조에 등장하는 '陳林'과 동일인이라는 연구가 있다(한규철, 1997, 3~4쪽; 노태돈, 2008, 84쪽).
216) 발해 멸망 이후 중국에 파견된 발해사로 기술된 것과 관련하여, 大昭佐의 실체를 동란국에서 파견된 인사로 이해하는 견해(金毓黻, 1934, 遺裔列傳)와 후발해국의 사신으로 규정하는 견해(日野開三郎, 1990, 22쪽)가 있다(李孝珩, 2005, 181쪽).
217) 발해 멸망 이후 중국에 파견된 발해사로 기술된 것과 관련하여, 高正詞의 실체를 동란국에서 파견된 인사로 이해하는 견해(金毓黻, 1934, 遺裔列傳)와 후발해국의 사신으로 규정하는 견해(日野開三郎, 1990, 22쪽)가 있다(李孝珩, 2005, 181쪽).

부원귀』)】

> 長興二年【辛卯】十二月【按, 五代史作十二月辛未.】, 渤海使文成角來朝貢.【仝上.】

[후당 명종] 장흥 2년(931, 고려 태조 14년)【신묘】 12월【살펴보니 『오대사』에서는 12월 신미라고 하였다.】에 발해 사신 문성각(文成角)218)이 와서 조공하였다.【위와 같음(『책부원귀』)】

> 三年【壬辰】正月【按, 五代史作正月己酉.】, 渤海遣使朝貢, 賜物有差.【竝仝上.】

3년(932, 고려 태조 15년)【임진】 정월【살펴보니 『오대사』에서는 정월 기유라고 하였다.】에 발해가 사신을 보내 조공하니 물품을 차등 있게 내려주었다.【모두 위와 같음(『책부원귀』)】

> 四年【癸巳】 … ○渤海遣使入貢.【冊府元龜】

4년(933, 고려 태조 16년)【계사】 … ○ 발해가 사신을 보내 와서 조공하였다.【『책부원귀』】

> 二年【乙未】 … ○十一月, 渤海遣使列朝義219)入朝貢方物.【竝仝上.】

[후당 폐제 청태] 2년(935, 고려 태조 18년)【을미】 … ○ 11월에 발해가 사신 열조의(列朝義)를 보내 입조하고 방물을 바쳤다.【모두 위와 같음(『책부원귀』)】

---

218) 발해 멸망 이후 중국에 파견된 발해사로 기술된 것과 관련하여, 文成角의 실체를 동란국에서 파견된 인사로 이해하는 견해(金毓黻, 1934, 遺裔列傳)와 후발해국의 사신으로 규정하는 견해(日野開三郎, 1990, 22쪽)가 있다(李孝珩, 2005, 181쪽).

219) 『冊府元龜』 卷972 「淸文淵閣四庫全書本」, 外臣部, 朝貢5에는 '列周義'.

三年【丙申】… ○渤海遣使貢方物.【冊府元龜】

3년(936, 고려 태조 19년)【병신】… ○ 발해가 사신을 보내 방물을 바쳤다.【『책부원귀』】

○ 권제39, 교빙지(交聘志) 7, 정삭(正朔) 부(附) 동국연호(東國年號)

渤海武王武藝, 私改年曰仁安. 子文王欽茂立, 改年大興. 至成王華璵, 改年中興. 康王嵩隣, 改年正歷. 定王光瑜,[220] 改年永德. 僖王言義, 改年朱雀. 簡王明忠, 改年太始. 宣王仁秀, 改年建興. 王彛震, 改年咸和.【新唐書. ○按, 玉海及建元考, 亦載渤海年號, 而玉海闕仁安中興二號, 且次序互錯.】

발해 무왕 무예가 사사로이 연호를 고쳐 인안(仁安)이라 하였다. 아들 문왕 흠무가 서서 연호를 대흥(大興)으로 고쳤다. 성왕 화여에 이르러 연호를 중흥(中興)으로 고쳤다. 강왕 숭린은 연호를 정력(正歷)으로 고쳤다. 정왕 원유는 연호를 영덕(永德)으로 고쳤다. 희왕 언의는 연호를 주작(朱雀)으로 고쳤다. 간왕 명충은 연호를 태시(太始)로 고쳤다. 선왕 인수는 연호를 건흥(建興)으로 고쳤다. 왕 이진은 연호를 함화(咸和)로 고쳤다.【『신당서』. ○ 살펴보니 『옥해』 및 『[역대]건원고([歷代]建元考)』에도 발해 연호가 실려 있는데, 『옥해』에는 인안과 중흥 두 연호가 빠져 있고 또한 순서도 서로 뒤바뀌어 있다.】

○ 권제41, 교빙지(交聘志) 8, 공도(貢道) 해도(海道)

唐時, 新羅渤海諸國, 亦皆航海朝貢. 新羅則今南陽之德勿島豐川之椒島, 皆爲往來之門戶, 渤海則自西京鴨淥府, 汎海達于登州. 至高麗, 都松嶽, 故發船於禮成江, 以抵登州, 而宋使之來, 多從海西之甕津等處.
登州東北海行, 過大謝島龜歆島淤島烏湖島三百里, 北度烏湖海, 至馬石山東之都里鎭二百里. 東傍海壖, 過青泥浦桃花浦杏花浦石人汪橐駝灣烏骨江八百里, 乃南傍海

---

220) '光瑜' → '元瑜'.

壖, 過烏牧島貝江口【按, 卽大同江.】椒島【按, 島在今豊川府, 府西南二十五里廣石山下, 有唐舘古基. 世傳中國使往來渡海之地.】, 得新羅西北之長口鎭. 又過秦王石橋麻田島古寺島得勿島【按, 卽德勿島在今南陽海中.】, 千里至鴨淥江唐恩浦口. 乃東南陸行, 七百里至新羅王城.【新唐書. ○鎭書謹按, 唐津浦, 今南陽府海浦也. 王城卽慶州, 自南陽至慶州, 陸路果爲七百餘里. 詳見地理考.】

당나라 때 신라와 발해 등 여러 나라가 또한 모두 항해하여 조공하였다. 신라는 곧 지금의 남양(南陽)의 덕물도(德勿島)와 풍천(豊川)의 초도(椒島)가 모두 왕래하는 문호였고, 발해는 곧 서경(西京) 압록부(鴨淥府)[221]에서 바다로 나아가 등주(登州)에 이르렀다. 고려에 이르러서는 송악에 도읍하였던 까닭으로 예성강(禮成江)에서 배를 출발시켜 등주에 이르렀고, 송 사신이 올 때는 해서(海西)의 옹진(甕津) 등지를 따라오는 경우가 많았다.

등주에서 동북으로 바다로 나가 대사도(大謝島)・구흠도(龜歆島)・어도(淤島)・오호도(烏湖島)의 300리를 지나고, 북쪽으로 오호해(烏湖海)를 건너 마석산(馬石山) 동쪽의 도리진(都里鎭)까지 200리를 간다. 동쪽으로 바닷가를 따라 청니포(靑泥浦)・도화포(桃花浦)・행화포(杏花浦)・석인왕(石人汪)・탁타만(槖駝灣)・오골강(烏骨江)까지 800리를 지나고, 이어 남쪽으로 바닷가를 따라 오목도(烏牧島)・패강구(貝江口)【살펴보니 곧 대동강이다.】・초도(椒島)【살펴보니, 초도는 지금의 풍천부(豊川府)에 있으며, 부 서남쪽 25리 광석산(廣石山) 아래에는 당관(唐館)의 옛터가 있다. 세상에 전해지기를, 중국 사신들이 왕래하며 바다를 건너던 곳이라고 한다.】를 지나면 신라 서북쪽 장구진(長口鎭)에 이른다. 또 진왕석교(秦王石橋)・마전도(麻田島)・고사도(古寺島)・득물도(得勿島)【살펴보니 곧 덕물도(德勿島)로 지금 남양(南陽)의 바다에 있다.】를 지나 1,000리를 가면 압록강과 당은포구(唐恩浦口)에 이른다. 이어 동남으로 육로로 700리를 가면 신라 왕성(王城)에 이른다.【『신당서』. ○ [한]진서가 삼가 살펴보니, 당진포는 지금의 남양부(南陽府)의 바다 포구이다. 신라 왕성은 곧 경주(慶州)[222]이며

---

221) 『遼史』 「地理志」 東京道條에 "淥州 鴨淥軍 節度 本高麗故國 渤海號西京鴨淥府 城高三丈 廣輪二十里"로 나온다. 丁若鏞은 平安北道 慈城 北에서 鴨綠江 對岸으로(『我邦疆域考』 「渤海考」), 韓鎭書는 江界府의 滿浦鎭 對岸으로(『海東繹史續』 「渤海」), 松井等(1913)은 奉天省 臨江縣 帽兒山으로, 烏山喜一(1915)은 通溝로 비정하였고, 현재 臨江 지역으로 보는 것이 일반적이다.

남양에서 경주까지 육로로 과연 700여 리가 된다. 「지리고」에 자세하다.】

○ 권제41, 교빙지(交聘志) 8, 공도(貢道) 해도(海道)

渤海西京鴨淥府, 朝貢道也. ○自鴨淥江口, 舟行百餘里, 乃泝流三十里, 至泊汋口, 得渤海之境.【竝新唐書. ○謹按, 鴨淥府, 在今江界府江北, 泊汋口, 今義州津渡也. 此時契丹在西, 故渤海朝唐之路, 自鴨淥府, 泛舟由泊汋口入海, 以達登州.】

발해의 서경 압록부는 조공도이다. ○ 압록강 입구에서 배를 타고 100여 리를 가고 이어 물길을 거슬러 30리를 올라가면 박작구(泊汋口)[223]에 이르는데 발해의 경내이다.【모두 『신당서』. ○ 삼가 살펴보니, 압록부는 지금의 강계부(江界府)의 강 북쪽에 있고 박작구는 지금의 의주 진도(津渡)이다. 이때 거란이 서쪽에 있었기 때문에 발해가 당에 조공하는 길은 압록부에서 배를 띄워 박작구를 통해 바다로 들어가 등주에 이르는 길이다.】

○ 권제44, 예문지(藝文志) 3, 경적(經籍) 3, 중국서목(中國書目) 1 당례(唐禮)

玄宗開元二十六年六月甲子, 渤海遣使求寫唐禮, 許之.【新唐書】

현종 개원 26년(738, 문왕 2년) 6월 갑자에 발해가 사신을 보내 『당례』를 베끼기를 요청하니 허락하였다.【『신당서』】

---

[222] 『遼史』 「地理志」에 "疊石爲城周圍二十里"라고 하였고, 屬縣으로 龍原·永安·烏山·壁谷·熊山·白楊의 6현을 거느린다.

[223] 泊汋口의 위치에 대해서는 大蒲石河口설과 靉河口설이 대표적이다. 松井等은 박작구와 대포석하를 동일 지역으로 보았고, 箭內亘은 賈耽의 『古今郡國縣道四夷述』의 기록과 함께 '포석'과 '박작'의 발음이 비슷하다는 점에서 대포석하구라고 하였다. 한편 袁輝는 당시 수륙분계선을 근거로 현재의 애하구 沿江平原 구간이라고 보고, 박작성을 大河口 부근으로 비정하였다(袁輝, 1993, 70~71쪽). 新妻利久, 王綿厚·李建才, 魏存成 등도 애하구로 보았다(新妻利久, 1969, 155쪽 지도; 魏存成, 2008, 141쪽). 이 밖에 박작구를 臨江市 일대의 神州로 보는 견해도 있다(강성산, 2018, 125쪽). 박작성의 경우 애하첨고성(曹汛, 1980, 556~557쪽)과 호산산성 등이 거론되고 있다.

○ 권제44, 예문지(藝文志) 3, 경적(經籍) 3, 중국서목(中國書目) 1 삼십육국춘추(三十六國春秋)

玄宗開元二十六年, 渤海王大欽茂遣使入朝, 求224)三國志晉書三十六國春秋, 帝許之.【舊唐書】

현종 개원 26년(738, 문왕 2년)에 발해왕 대흠무(大欽茂)가 사신을 보내 입조하면서 『삼국지』·『진서』·『삼십육국춘추』를 구하니 황제가 그것을 허락하였다.【『구당서』】

○ 권제44, 예문지(藝文志) 3, 경적(經籍) 3, 중국서목(中國書目)[경사자집(經史子集)] 1 서인부삼편(徐夤賦三篇)

徐夤曰: 渤海國賓貢高元固先輩, 閩中相訪云: 本國人寫得夤斬蛇劒御溝水人生幾何三賦, 皆以金書, 列爲屛障, 因而贈詩.【全唐詩】

서인225)이 말하기를, "발해국 빈공 고원고(高元固) 선배가 민중(閩中)226)에 찾아와서 말하기를 '본국인이 [서]인([徐]夤)의 「참사검(斬蛇劍)」·「어구수(御溝水)」·「인생기하(人生幾何)」 세 부를 베껴서 얻어 모두 금으로 써서 벌려 병풍으로 삼았다.'라고 하기에, 시를 선물하였다."라고 하였다.【『전당시』】

○ 권제45, 예문지(藝文志) 4, 경적(經籍) 4, 중국서목(中國書目)[동국기사(東國記事)] 2, 왕종우발해군사도(王宗禹渤海軍司圖)

文宗太和六年, 內養王宗禹渤海使回, 畵渤海左右神策軍左右三軍一百二十司圖以

---

224) 『冊府元龜』 卷999 「淸文淵閣四庫全書本」, 外臣部, 請求에는 '求寫'.
225) 서인의 자는 昭夢이고, 지금의 중국 복건성 莆田市 사람이다. 박학다재하였으며, 특히 부(賦)를 잘 지었다. 본문에서 언급된 저자의 「人生幾何賦」 등 3편은 발해에까지 전해져 병풍으로 제작되기도 하였다. 관직은 秘書省 正字를 역임하였다. 문집은 『徐正字詩賦』 2권이 있다.
226) 閩中은 秦나라 때 설치한 옛 군명이다. 관할 지역은 지금의 福建省과 浙江省 寧海 및 그 이남 지역을 가리킨다. 진나라 말기에 폐지되었으며, 이후에는 복건 일대를 가리키는 말이 되었다.

進.【舊唐書】

문종 태화(太和) 6년(832, 대이진 3년)에 내양(內養) 왕종우가 발해로 사신 갔다가 돌아와서 발해 좌우신책군(左右神策軍), 좌우삼군(左右三軍), 120사(司)를 그림으로 그려 올렸다.【『구당서』】

○ 권제45, 예문지(藝文志) 4, 경적(經籍) 4, 승안발해행년기(僧顔渤海行年記)

僧顔渤海行年記十卷.【通志藝文略】

승안의 『발해행년기』 10권.【『통지(通志)』「예문략(禮文略)」】

○ 권제45, 예문지(藝文志) 4, 경적(經籍) 4, 장건장발해국기(張建章渤海國記)

張建章渤海國記三卷.【新唐書】

장건장의 『발해국기』[227] 3권.【『신당서』】

【按, 鄭氏藝文略及宋藝文志, 亦載渤海國記三卷. 宋史太祖問趙普, 拜禮何以男子跪而婦人不跪, 普問禮官, 不能對. 王溥孫貽孫, 以鍊達稱, 曰: 古詩, 長跪問故夫, 卽婦人亦跪也. 自唐太后朝, 始拜而不跪. 太和中, 幽州從事張建章著渤海國記, 備言其事. 普大稱之. 葉氏愛日齋叢抄, 亦載是事.】

【살펴보니 정씨[228]의 [『통지』]「예문략」 및 『송사』「예문지」에도 『발해국기』 3권이 실려

---

227) 1956년 11월 북경 德勝門 밖에서 발견된 장건장묘지에는 "渤海記"로 기술되어 있다.
228) 송대의 사학자인 鄭樵는 1104년에 태어나 1162년에 사망하였다. 자는 漁仲이고, 자호는 溪西遺民이다. 현재의 중국 복건성 지역에 설치되었던 興化軍 莆田縣 사람이다. 생전에 경학, 예학, 천문학, 문자학,

있다. 『송사』에, "태조가 조보(趙普)에게 물어서 '배례(拜禮)할 때 남자는 무릎을 꿇는데 부인은 꿇지 않는 까닭이 무엇인가?'라고 하니, 조보가 예관(禮官)에게 물었으나 대답하지 못하였다. 왕부(王溥)의 손자인 이손(貽孫)이 학문에 통달하였다고 평판이 자자하였는데, 말하기를 '고시(古詩)에, 오래 꿇어앉아 남편에게 물었다고 하였으니 부인도 역시 꿇은 것입니다. 당 태후(太后)[229] 조에서야 비로소 절은 하였지만 꿇어앉지 않았습니다. 태화(太和) 중에 유주종사(幽州從事) 장건장이 『발해국기』를 지으면서 그 일을 갖추어 언급하였습니다.'라고 하니 조보가 크게 칭찬하였다."라고 하였다. 섭몽득(葉夢得)[230]의 『애일재총초(愛日齋叢鈔)』에도 이 일이 실려 있다.]

○ 권제50, 예문지(藝文志) 9, 중국시 1, 온정균(溫庭筠) 송발해왕자귀본국(送渤海王子歸本國)

疆理雖重海, 車書本一家. 盛勳歸舊國, 佳句在中華. 定界分秋漲, 開帆到曙霞. 九門風月好, 回首是天涯.【仝上.】

강역은 비록 바다를 거듭 건너야 하나
수레와 글은 본디 한집안이라네.
큰 공훈 세우고 옛 나라로 돌아가지만
아름다운 시구는 중화에 남아 있네.

지리학, 동식물학 등에 관심을 기울이면서 활발히 저작활동을 하였으나 대부분 망실되었다. 현재는 『通志』, 『夾漈遺稿』 및 『爾雅注』 등이 전해진다.
229) 唐 太后는 당 고종의 비인 則天武后를 가리킨다. 본명은 武曌이며 지금의 중국 山西省 文水縣 사람이다. 중국 역사상 유일의 여황제로 당 태종 때 才人이 되었고, 당 고종 때 昭儀로 봉해졌다. 永徽 6년(655) 廢王立武 사건이 발생한 뒤 황후가 되었고, 上元 원년(674) 天后로 가호되면서 당 고종과 함께 二聖으로 불렸다. 당 고종이 사망한 뒤 당 중종·예종의 황태후로서 임조청제하였다. 天授 원년(690)에 황제가 되어 국호를 周로 고쳤으며 수도는 洛陽으로 정하였다. 神龍 원년(705) 張柬之 등이 난을 일으켜 중종을 복위시키고 국호를 唐으로 회복한 뒤 則天大聖皇帝로 존호되었다. 같은 해 82세로 上陽宮에서 사망하였다.
230) 葉夢得은 1077년에 태어나 1148년에 72세로 사망하였다. 자는 少蘊이며 蘇州 長洲人이다. 송대의 문사로 紹聖 4년(1097)에 진사가 되었고, 한림학사·호부상서·江東按撫大使 등의 관직을 역임하였다. 말년에 湖州·弁山·玲瓏山 석림에 은거하여 石林居士로 불렸다. 사후 檢校少保로 추증되었다.

정한 경계는 가을의 큰 물결로 나뉘었으니

돛 올려 새벽 동틀녘에야 이르겠네.

구문(대궐)에는 바람과 달 좋기만 한데

머리 돌려 바라보니 하늘가이네.

【위와 같음(『전당시』)】

○ 권제50, 예문지(藝文志) 9, 중국시 1, 서인(徐夤) 증발해빈공고원고(贈渤海賓貢高元固)

【本序云, 渤海賓貢高元固云, 本國人寫得夤斬蛇劒御溝水人生幾何賦, 皆以金書, 列爲屛幛, 因而有贈.】

【이 서문에 말하기를, "발해국 빈공 고원고[231]가 말하기를 '본국인이 [서]인([徐]夤)의 「참사검부(斬蛇劒賦)」·「어구수부(御溝水賦)」·「인생기하부(人生幾何賦)」를 베껴서 얻어 모두 금으로 써서 벌려 병풍으로 삼았다.'라고 하기에 선물하였다." 하였다.】[232]

折桂何年下月中, 閩山來問我雕蟲. 肯銷金翠書屛上, 誰把蒭蕘過日東. 鄭子昔時遭孔聖, 繇余往代諷秦宮. 嗟嗟大國金門士, 幾個人能振素風.【仝上】

계수를 꺾어 어느 해에 달에서 내려와

민산까지 날 찾아와 못난 나의 조충(雕蟲)[233]을 묻네.

---

231) 高元固의 빈공과 합격 시기에 대해서 송기호는 徐夤이 그를 先輩라고 한 것에 근거하여, 大順 3년인 892년에 급제하였다고 이해하는 한편, '渤海人'으로 표현된 빈공과에 급제한 인물은 동일하게 표현된 당의 棣州 渤海縣 출신자들과 뒤섞여 있으므로 그 대상 모두를 '渤海國人'으로 이해하는 데에는 어려움이 있다고 하였다(宋基豪, 1995, 169~171쪽).

232) 송기호는 「斬蛇劒賦」·「御溝水賦」·「人生幾何賦」가 각기 제시하고 있는 중국 고대의 고사를 발해의 사회 분위기에 그대로 적용하면서 "집집마다 금으로 글씨를 써서 병풍을 만들었다."라는 표현을 발해 사회의 내부 모순과 연관을 지어 인식하였다(宋基豪, 1995, 229~230쪽). 이와 같은 인식은 단순히 발해인의 한문학에 대한 관심을 보여주는 것일 뿐이라는 견해도 있다(金恩國, 1999, 129쪽).

233) 벌레를 새김. 벌레같이 작고 보잘것없는 재주를 의미하며 여기서는 서인의 시구를 말한다.

즐거이 금을 녹여 병풍 위에 썼다 하니

누가 형편없는 내 글 가지고 해가 뜨는 동쪽으로 갔는가.

담자가 그 옛날에 공자를 만났고

요여는 지난날에 진나라 궁을 풍자했네.

슬프구나! 대국(중국)의 금문(궁궐문) 선비 가운데

몇몇이나 능히 맑은 풍격을 떨칠 수 있을까.

【위와 같음(『전당시』)】

○ 권제52, 예문지(藝文志) 10, 본국문(本國文) 1, 정안국왕상송태종표(定安國王上宋太宗表)[태평흥국6년(太平興國六年)]

定安國王臣烏玄明言. 伏遇聖主洽天地之恩, 撫夷貊之俗, 臣玄明誠喜誠抃, 頓首頓首. 臣本以高麗舊壤, 渤海遺黎, 保據方隅, 涉歷星紀, 仰覆露鴻均之德, 被浸漬無外之澤, 各得其所, 以遂本性. 而頃歲契丹恃其强暴, 入寇境土, 攻破城砦, 俘略人民. 臣祖考守節不降, 與衆避地, 僅存生聚, 以迄于今. 而又扶餘府昨背契丹, 竝歸本國, 災禍將至, 無大於此. 所宜受天朝之密畫, 率勝兵而助討, 必欲報敵, 不敢違命. 臣玄明誠懇誠願, 頓首頓首. 元興六年十月日, 定安國王臣玄明表上聖皇帝前.【宋史】

정안국왕 신 오현명이 아룁니다. 엎드려 성주(聖主)의 천지와도 같은 은혜를 만나 오랑캐[夷貊]의 풍속을 어루만져주시니, 신 현명은 참으로 기뻐서 손뼉을 치며 머리를 조아리고 조아립니다. 신은 본디 고[구]려의 옛 땅에서 발해의 유려(遺黎, 후예)로, 한쪽 귀퉁이를 차지하고 지키면서 여러 해를 보내며 고르게 베푸시는 큰 은덕을 우러르고 한량없이 적셔주시는 큰 은택을 입어 저마다 살 곳을 얻어 본성대로 살고 있습니다. 그런데 최근에 거란이 강폭함을 믿고 들어와 경계의 땅을 노략질하고 성을 공격해 부수며 백성을 약탈하여 잡아갔습니다. 신의 조고(祖考)는 절개를 지켜 항복하지 않고 무리와 더불어 피난하여 가까스로 보전하고 백성을 길러 부강해짐이 지금에 이르렀습니다. 또 부여부가 이전에 거란을 등지고 아울러 본국으로 돌아왔으니 재난과 화가 장차 이름이 이보다 클 수가 없습니다. 마땅히 천조의 세밀한 계획을 받아 승병(勝兵)을 이끌고 토벌을 도와서 반드시 원수를 갚을 것이며 감히 명을 어기지 않을 것입니다. 신 현명은 정성을 다하여 기원하면서 머리를 조아리고 조아립니다. 원흥(元興) 6년(981, 고려 경종 6년) 10월 일에 정안국왕 신 현명이 거룩하신 황제 앞에 표문을 올립니다.【『송사』】

○ 권제52, 예문지(藝文志) 10, 본국문(本國文) 1, 발해무왕여일본성무천황서(渤海武王與日本聖武天皇書)

【續日本紀云, 天平四年, 渤海王大武藝遣高仁義等, 上其王書. 此卽唐 開元二十年, 渤海武王十四年.】

【『속일본기』에 이르기를, "천평(天平) 4년(732, 무왕 14년)에 발해왕 대무예가 고인의(高仁義) 등을 보내 그 왕의 서신을 올렸다."라고 하였다. 이때는 바로 당 개원 20년, 발해 무왕 14년이다.】[234]

武藝啓, 山河異域, 國土不同, 延聽風猷, 但增傾仰. 伏惟大王, 天朝受命, 日本開基, 奕葉重光, 本支百世. 武藝忝當列國, 濫摠[235]諸藩, 復高麗之舊居, 有扶餘之遺俗. 但以天涯路阻, 海漢悠悠, 音耗未通, 吉凶絶問. 親仁結援, 庶叶前經, 通使聘隣, 始乎今日. 謹遣寧遠將軍郎將高仁義, 游擊[236]將軍果毅都尉德周, 別將舍那婁[237]二十[238]四人賷狀, 竝附貂皮三百張奉送. 土宜雖賤, 用表獻芹之誠. 皮幣非珍, 還慚掩口之誚.[239] 主理有限, 披膳[240]未期, 時嗣音徽, 永敦隣好.【日本逸史】[241]

---

234) 『續日本紀』卷10, 神龜4年 12月 丙申 및 神龜5年 5月 甲寅에 근거하면, 무왕이 일본 성무천황에게 보낸 사신단은 727년 12월 일본에 도착하였고, 이듬해인 728년 정월에 상신되었음을 알 수 있다.
235) 『續日本紀』卷10, 神龜5年 正月 甲寅에는 '惣'.
236) 『續日本紀』卷10, 神龜5年 正月 甲寅에는 '游'.
237) 『續日本紀』卷10, 神龜5年 正月 甲寅에는 '舍航等'.
238) 『續日本紀』卷10, 神龜5年 正月 甲寅에는 '卄'.
239) 『續日本紀』卷10, 神龜5年 正月 甲寅에는 '誚'.
240) 『續日本紀』卷10, 神龜5年 正月 甲寅에는 '瞻'.
241) 글의 출전과 관련하여 『續日本紀』卷10, 神龜5年 正月 甲寅條 참조.

무예가 아룁니다. 산하가 서로 다르고 국토도 같지 않지만 멀리 풍모와 공적을 들으니 우러르는 마음만 더하게 됩니다. 엎드려 생각건대, 대왕께서는 하늘로부터 명을 받아 일본의 기틀을 열어 대대로 빛내었으며 자손이 백세를 이었습니다. 무예는 황송하게도 열국을 담당하여 외람되이 제번(諸藩)을 총괄하고 고[구]려의 옛 땅을 회복하였으며 부여의 남은 풍속을 가지고 있습니다. 다만 하늘 끝에 있어 길이 멀고 바다가 아득히 멀어 소식이 아직 통하지 않고 길흉의 소식이 끊겼습니다. 어진 이와 가까이하고 도움을 맺기를 옛날의 법도에 맞추고자 사신을 보내고 이웃에게 안부를 물음이 오늘에서야 시작되었습니다. 삼가 영원장군(寧遠將軍) 낭장 고인의(高仁義), 유격장군 과의도위(果毅都尉) 덕주(德周), 별장 사나루(舍那婁) 등 24인을 보내 장(狀)을 드리고 아울러 담비가죽 300장을 부쳐 보냅니다. 토산물이 비록 미천하지만 변변찮은 것이나마 바치는 정성을 표합니다. 가죽 예물이 진귀하지 않아 도리어 비웃지나 않을까 부끄럽습니다. 이치대로 주관하려고 하나 한계가 있고 우러러뵐 기약은 없지만 때마다 소식을 이어 영원토록 이웃과 우호를 두터이 하고자 합니다.【『일본일사』】

○ 권제52, 예문지(藝文志) 10, 본국문(本國文) 1, 발해문왕여일본성무천황서(渤海文王與日本聖武天皇書)

【日本逸史云, 天平十年, 日本使朝唐回, 入海漂到渤海國, 其王差大要德[242]等, 同發來聘. 此卽唐開元二十六年, 渤海文王元年.】

【『일본일사』에 이르기를, "천평 10년(738, 문왕 2년)에 일본 사신이 당에 조회하고서 돌아가다가 바다에서 표류하여 발해국에 도착하였는데, 그 왕이 서요덕(胥要德) 등을 보내 같이 와서 조빙하였다."라고 하였다. 이때는 곧 당 개원 26년, 발해 문왕 원년[243]이다.】

欽茂啓, 山河杳絶, 國土敻遙, 仰望風猷, 唯增傾仰. 伏惟天皇聖殿, 至德遐暢, 奕葉重光, 澤流萬姓. 欽茂忝係祖業, 濫摠如始, 義洽情深, 每修隣好. 今彼國使朝臣廣業

---

242) 『續日本紀』 卷13, 天平11年 11月 辛卯에는 '胥要德'.
243) 개원 26년은 문왕 2년으로 1년의 차이가 있다.

> 等, 風潮失便, 漂落投此. 每加優賞, 欲待來春放廻, 使等貪前苦, 請乃年歸去. 祈辭至重, 隣義非輕, 因備行資, 卽爲發遣. 仍差若忽州都督胥要德等充使, 領廣業等令送彼國. 竝附大蟲皮羆皮各七張, 豹皮六張, 人蔘[244]三十斤, 蜜三斛進上. 至彼, 請檢領.【仝上.】

흠무가 아룁니다. 산하가 까마득히 멀고 국토가 아득히 멀어 풍모와 공적을 우러러보니 우러르는 마음만 더하게 됩니다. 엎드려 생각건대, 천황 성전(聖殿)의 지극한 덕은 멀리까지 퍼져 대대로 빛내었으며 은택은 만백성에게 흘렀습니다. 흠무는 황송하게도 선조의 업을 이어받아 외람되이 처음과 같이 총괄하였고, 의로움은 두루 미치고 정은 두터워지도록 매번 이웃과 우호를 닦고자 하였습니다. 지금 귀국의 사신 조신광업(朝臣廣業) 등이 풍랑으로 길을 잃고 표류하다가 이곳에 이르렀습니다. 매번 넉넉한 상을 더하고 내년 봄이 오기를 기다려 돌려보내려고 하였는데, 사신 등이 앞의 고통으로 인해 올해 안에 돌아가기를 청하였다. 구하는 말이 지극히 무겁고 이웃의 의리도 가볍지 않아서 행자(行資)를 갖추어 곧 떠나보냈습니다. 거듭 약홀주도독(若忽州都督) 서요덕(胥要德) 등을 사신으로 삼아 [조신]광업 등을 데리고 귀국으로 전송하였습니다. 아울러 호랑이가죽[大蟲皮]과 큰곰가죽[羆皮] 각 7장, 표범가죽[豹皮] 6장, 인삼 30근, 꿀 3말[斛]을 붙여 진상합니다. 그곳에 이르거든 살펴보고 받기 바랍니다.【위와 같음(『일본일사』)】[245]

○ 권제52, 예문지(藝文志) 10, 본국문(本國文) 1, 발해강왕여일본환무천황서(渤海康王與日本桓武天皇書)

【日本逸史云, 延曆十五年,[246] 渤海國遣呂定琳等來告喪. 此卽唐貞元十三年, 渤海康王三年.】

---

244) 『續日本紀』 卷13, 天平11年 12月 戊辰에는 '參'.
245) 글의 출전과 관련하여 『續日本紀』 卷13, 天平11年 12月 戊辰條 참조.
246) 환무천황 延曆 15년은 발해 강왕 2년인 796년이다. 본문에서 다시 이때를 정원 13년, 즉 797년이라 하여 1년의 차이가 있다. 이에 본문에서는 정원 13년으로 기술한다.

【『일본일사』에 이르기를, "연력(延曆) 16년(797, 강왕 3년)에 발해국에서 여정림(呂定琳) 등을 보내 와서 [국]상을 알렸다."라고 하였는데, 이때는 당 정원(貞元) 13년, 발해 강왕 3년이다.】

上天降禍, 祖大行大王, 以大興五十七年三月四日夢背. 善隣之義, 必聞吉凶, 限以滄溟, 所以緩告. 嵩璘無狀招禍, 不自滅亡, 不孝罪苦,[247] 酷罰罪苦. 謹狀力奉啓, 荒迷不次. 孤孫大嵩璘頓首. 哀緖已具別啓. 伏惟天皇陛下, 動止萬祉, 寢膳勝常. 嵩璘視息苟延, 奄及祥制. 官僚感義, 奪志抑情, 起續洪基, 祇統先烈. 朝維依舊, 封域如初. 顧自思維, 實荷殊眷. 而滄溟括地, 波浪湧天, 奉膳無由, 徒增傾仰. 謹差庭諫大夫工部郞中呂定琳等, 濟海起居, 兼修舊好. 其少土物, 具在別狀. 荒迷不次.
【仆上.】

하늘이 화를 내려 할아버지 대행대왕(大行大王)께서 대흥(大興) 57년(793, 문왕 57년) 3월 4일에 돌아가셨습니다. 선린의 의리로 반드시 길흉(吉凶)을 알려야 하나, 푸른 바다로 막혀 있어 아룀이 늦었습니다. 숭린(嵩璘)은 무도하여 화를 불러오고도 스스로 죽지 못하였으니 불효의 죄로 혹독한 벌을 받아 괴롭습니다. 삼가 서장을 보내 힘써 받들어 아룁니다만 황급하고 혼미한 탓에 두서가 없습니다. 고손(孤孫) 대숭린은 머리를 조아려 아룁니다. 애통한 마음은 이미 별계(別啓)에 갖추어 적었습니다. 엎드려 생각건대 천황 폐하께서는 움직이거나 머물거나 만복하시고 침식이 항상 평안하십시오. 숭린은 보고 숨쉬며 구차하게 목숨을 부지하고 있었는데 어느덧 상제(祥制)를 맞았습니다. 관료들이 의리에 감응하여 뜻을 빼앗고 정을 억누르게 하여 큰 기업(왕위)을 이어 선열의 뒤를 잇게 하였습니다. 조정의 법도는 예전 그대로이며 나라의 강역은 처음과 같습니다. 스스로 돌이켜 생각해보건대, 실로 특별한 은혜를 입었습니다. 그런데 큰 바다가 땅을 두르고 물결이 하늘까지 넘실대는 탓에 선물을 드릴 길이 없어서 우러르는 마음만 더해집니다. 삼가 정간대부(庭諫大夫)[248] 공부낭중(工部郞中) 여정림(呂定琳) 등을 보내 바다를 건너가서 기거(起居)하게 하고 아울러 옛 우호를 닦고자

---

247) 『渤海國志長編』에는 '咎'.
248) 발해의 관제에 정간대부는 확인되지 않는다. 광간대부를 지칭하는 것으로 생각된다.

합니다. 약간의 토산물을 별장과 함께 보냅니다. 황급하고 혼미한 탓에 두서가 없습니다.【위와 같음(『일본일사』)】

○ 권제52, 예문지(藝文志) 10, 본국문(本國文) 1, 발해강왕여일본환무천황서(渤海康王與日本桓武天皇書) 우[연조미상](又[年條未詳])

嵩璘啓. 差使奔波, 貴申情禮, 佇承殊眷, 瞻望徒勞. 天皇頓降敦私, 貺之使命, 佳聞盈耳, 珍奇溢目, 俯仰自欣, 伏增慰悅. 其定琳等, 不料邊虞, 被陷賊場, 俯垂愍典, 生還本國. 奉惟大造, 去留同賴. 嵩璘猥以冥德, 幸屬時來, 官承先爵, 土統舊奉. 制命策書, 中冬錫及, 金印紫綬, 遼外光輝. 思欲修禮勝邦, 結交貴國, 歲時朝覲, 桅帆相望. 而巨木掄材, 土之難長, 小船泛海, 不波卽危, 每或引海不謹, 遭罹夷害. 雖慕盛化, 如蟻阻何. 倘長尋舊好, 幸許來往, 則送使雖不過二年,249) 以玆爲限, 式作永規. 其隔年多少, 任聽彼裁, 裁定之使, 望於來秋. 許以往期, 則德隣常在. 事與望, 則異250)足表不依. 其所寄絹二十疋絁二十疋絲一百絇綿二百屯, 依數領足. 今廣岳等, 使事略畢. 情求迨時, 便欲差人送使, 奉輸新命之恩, 使等辭以未奉本朝之旨, 故致淹滯, 隨意依心. 謹因回次, 奉附土物, 具在別狀. 自知鄙薄, 不勝羞愧.【仝上.】

숭린이 아룁니다. 사신을 바다 건너 보내면서 정리와 예의를 소상히 펼치고, 특별한 은혜를 받들기를 기다리며 헛된 수고를 바라보았는데 천황께서 문득 도타운 은혜를 내려 사신이 왔습니다. 아름다운 소식이 귀에 가득 차고 진귀한 물품이 눈에 넘쳐나 굽어보고 우러르면서 절로 기쁘니 위안되는 기쁨이 더욱 더해집니다. [여]정림([呂]定琳) 등이 뜻하지 않은 변경의 근심으로 적진에 빠졌으나 잘 돌보아주어 본국으로 살아 돌아왔습니다. 생각건대 이것은 하늘의 조화로 가거나 머물거나 간에 똑같이 힘입은 바입니다. 숭린은 외람되게도 덕이 밝지 못하나 다행스럽게도 때를 만나 벼슬은 선대의 작위를 이어받고 땅은 옛날의 봉토를 다스립니다. 제명(制命)과 책서(策書)가 겨울[中冬]에 내려졌고 금인(金印)과 자수(紫綬)가 요동 밖에까지 빛났습니다. 승방(勝邦: 상대방 나라를 지칭)에 대해 예를 닦고 귀국과 교류를 맺어

---

249) 『日本後紀』 卷5, 延曆15年 10月 己未에는 '卄'.
250) 『日本後紀』 卷5, 延曆15年 10月 己未에는 '異, 則'.

세시마다 조근(朝覲)하여 돛대가 서로 나란히 바라보고자 생각하였습니다. 그런데 큰 나무와 좋은 재목은 이 땅에서 자라기 힘들고, 작은 배로 바다를 건너는 것은 파도가 치지 않아도 위태롭습니다. 혹여 바다로 들어갔다가 조심하지 못하면 화를 당할 수 있습니다. 비록 성대한 덕화를 흠모하지만 길이 막힌 데에야 어쩌겠습니까. 예전의 우호를 다시 회복하고 다행히 내왕하는 것을 허락하시니, 곧 보낼 사신은 불과 20이지만 이것으로 제한하여 영원한 규정으로 만들 것입니다. 그 격년(隔年: 사신 왕래 기간)의 길고 짧음은 재정(裁定)하는 데에 따를 것이므로 그쪽의 재량에 맡길 것이니 재정할 사신을 오는 가을까지 기다리겠습니다. 왕래할 기간을 허락한다면 곧 덕스러운 이웃이 항상 있을 것입니다. 일이 바라는 바와 다르다면 곧 따르지 않을 것임을 충분히 표시하겠습니다. 보내준 견(絹) 20필, 시(絁) 20필, 사(絲) 100구(絇), 면(綿) 200둔(屯)은 숫자대로 잘 받았습니다. 지금 광악(廣岳) 등이 사신의 일을 대략 마쳤습니다. 마음속으로는 이때 사람을 뽑아 사신으로 보내 신명(新命)의 은혜를 받들고자 하였으나, 사신들이 귀국 조정의 전지(傳旨)를 받들지 못하였다고 사양하였으므로 감히 지체할 수 없다고 하여 [그들의] 뜻과 마음에 따랐습니다. 삼가 돌아가는 편에 토산물을 부치니 별장에 상세히 있습니다. 스스로 하찮은 것인 줄 알기에 부끄러움을 금치 못하겠습니다.【위와 같음(『일본일사』)】

○ 권제52, 예문지(藝文志) 10, 본국문(本國文) 1, 발해강왕여일본환무천황서(渤海康王與日本桓武天皇書) 우(又)

【日本史云, 延曆十八年, 渤海國使大昌泰等來. 此卽唐貞元十五年, 渤海康王五年也.】

【『일본사』에 이르기를, "연력 18년(799, 강왕 5년)에 발해국 사신 대창태(大昌泰) 등이 왔다." 하였다. 이때는 바로 당 정원 15년, 발해 강왕 5년이다.】

嵩璘啓. 使賀萬等至, 所貺之書, 及信物絹絁各三十疋絲二百絇綿三百屯, 依數領足. 慰悅實深. 雖復巨海漫天, 滄波浴日, 路無倪限, 望斷雲霞, 而異氣送帆, 指期舊浦, 軏涯斥候, 無闕餱糧. 豈非彼此齊契, 暗符人道, 南北義感, 特叶天心者哉. 嵩璘莅有

> 舊封, 纘承先業, 遠蒙善獎, 聿修如常. 天皇遙降德音, 重貺使命, 恩從懷抱, 慰諭懃
> 懃. 況復俯記片書, 眷依前請, 不遺信物, 許以年期. 書疏之間, 喜免瑕纇, 庇廕之
> 顧, 識異他時. 而一葦難杭, 奉知實諭, 六年爲限, 竊嘆其遲. 請更貺嘉圖, 竝廻通
> 鑑, 從其期限, 旁合所懷. 然則向風之趣, 自不倦於寡情, 慕華之勤, 可尋蹤於高氏.
> 又書中所許, 雖不限多少, 聊依使者之請, 省給行人之數. 謹差衛軍大將軍左熊衛都
> 將上柱國開國子大昌泰等, 充使送國, 兼奉副信物, 具如別狀. 土無奇異, 自知羞惡.
> 【소上.】

숭린이 아룁니다. 사신 하만(賀萬) 등이 이르러 보내준 국서와 신물(信物)로 보낸 견(絹)과 시(絁) 각 30필, 사(絲) 200구(絇), 면(綿) 300둔을 숫자대로 잘 받았습니다. 위로됨과 기쁨이 실로 깊습니다. 비록 다시 큰 바다가 하늘에 넘실거리니 푸른 파도가 해를 씻기고 길은 끝이 없어 조각 구름과 노을만 바라봅니다. 날씨를 택하여 배를 보내어 옛날 포구로 기한을 정해 가도록 하는데, 헤아려서 살펴보니 양식이 부족하지 않았습니다. 어찌 피차간에 엄숙히 맺어지고 은연중에 인도(人道)에 부합되어 남북이 의리에 감동된 것이 특별히 천심에 합치된 것이 아니겠습니까. 숭린은 옛 봉토를 차지하고 선대의 왕업을 계승하여 멀리서 장려해줌에 조상의 덕을 이어받아 닦는 것을 한결같이 하였습니다. 천황께서 멀리서 덕음을 내리면서 무거운 사명을 주니 은혜를 마음에 품고 위로와 깨우침이 은근함을 느낍니다. 다시 한 편의 글을 써서 전에 요청한 대로 들어주며 신물을 남기지 않고 연한을 허락해주었습니다. 글 사이에 잘못을 면한 것이 기쁘고, 비호하고 돌보아줌이 다른 때와 다름을 알았습니다. 그러나 작은 배로는 항해하기가 어렵다는 것은 진실한 깨우쳐줌을 받들어 알겠지만, 6년을 기한으로 정한 것은 그 더딤이 몹시 아쉽습니다. 청컨대 다시금 좋은 계책을 내려주고 아울러 본보기로 되돌려 [사신을 보내는] 그 기한을 앞당긴다면 다른 것은 생각하는 바에 부합합니다. 그렇게 해준다면 온 바람을 향하는 재촉이 스스로 박정하다고 게을리하지 않을 것이며, 교화를 사모하는 근면함은 고씨(고구려)에게서 자취를 찾을 수 있을 것입니다. 또한 글에서 허락한 바는 비록 다소를 제한하지는 않았지만 사신의 요청에 따라 사행의 숫자를 줄이겠습니다. 삼가 위군대장군 좌웅위도장(左熊衛都將) 상주국(上柱國) 개국자(開國子) 대창태 등을 사신으로 귀국에 보내고, 아울러 신물을 별장에 쓴 대로 갖추어 올립니다. 토산

물이라 진기하고 특별한 것이 없기에 스스로도 부끄러움을 알고 있습니다.【위와 같음(『일본일사』)】

○ 권제52, 예문지(藝文志) 10, 본국문(本國文) 1, 발해강왕여일본환무천황서(渤海康王與日本桓武天皇書) 우[연조미상](又[年條未詳])

嵩璘啓. 使船白等至, 枉辱休問, 兼信物, 絁絹各三十四絲二百絇, 綿三百屯, 依數領足. 襄愧實深, 嘉貺厚情, 伏知稠疊. 前年附啓, 請許量裁往還, 去歲承書, 遂以半紀爲限. 嵩璘情勤馳係, 求縮程期, 天皇舍己從人, 便依所請. 筐篚攸行, 雖無珍奇, 特見允依, 荷欣何極. 比者天書降海, 制使莅朝, 嘉命優加, 寵章總萃. 班沾燮理, 列等端揆, 唯念寡菲, 殊蒙庇廕. 其使昌泰等, 慹專對, 將命非能. 而承貺優容, 倍增嘉慰. 而今秋暉欲暮, 序唯涼風. 遠客思歸, 指勞望日, 崇迨時節, 無滯廻帆, 旣許隨心, 正宜相送, 未及駉限, 不敢同行. 謹自回使, 奉附輕尠, 具如別狀.【仝上.】

숭린은 아룁니다. 사신 선백(船白) 등이 이르러 외람되이 안부를 묻고, 겸하여 신물로 견(絹)과 시(絁) 각각 30필, 사(絲) 200구(絇), 면(綿) 300둔을 보내주니 숫자대로 다 받았습니다. 부끄러운 마음 실로 깊으며 기쁘게도 두터운 정을 내려줌이 거듭됨을 알았습니다. 전년에 부친 계서에서 가고 오는 기간을 계산하여 정하기를 청하였는데, 지난해에 받은 국서에서는 6년으로 기한을 하였습니다. 숭린이 온 마음으로 정한 기한을 줄여주기를 요청하였는데 천황께서는 자신을 굽히고 저를 따라주어 청한 대로 하도록 하였습니다. 광주리에 보낸 것이 비록 진귀하고 기이한 것이 아니었는데도 특별히 허락하였으니 기쁨이 어찌 끝이 있겠습니까. 지난번에 바다에 천서(天書)를 내리고 사신이 조정에 이르니 아름다운 명이 더욱 더하고 은총의 선물이 한데 모이게 되었습니다. 이에 반열(班列)은 섭리(燮理)를 더해주고 등급은 단규(端揆: 재상의 직무)와 같게 하니, 오직 부족하고 보잘것없음을 생각하여 특별히 비호해 준 것입니다. 사신으로 보낸 [대]창태 등은 전담하여 대응하기에는 부족하여 명령을 받들어도 잘하지 못합니다. 그런데도 너그러이 포용해주니 기쁘고 위로됨이 배가 됩니다. 이제 가을빛은 저물어가서 절서에 따라 시원한 바람이 붑니다. 멀리서 온 손님이 돌아가고자 해를 바라보면서 손가락을 꼽고 있으니 적당한 때가 되어 지체하지 않고 배를 돌려 보냅니다. 이미 마음대로 하도록 허락을 받았으니 바로 사신을 보내는 것이 마땅하나 아직 기일이 되지 않았기에 감히 함께 보내지는 못하였습니다. 삼가 돌아가는 사신 편에 부쳐 사소한 물품을 별장에 적은 대로 보냅니다.【위와 같음(『일본일사』)】

○ 권제54, 예문지(藝文志) 13, 중국문(中國文) 1, 당현종칙래발해국무왕서(唐玄宗勅渤海國武王書)

【張九齡撰. ○按唐書, 開元十四年, 渤海王武藝欲殺其弟門藝, 門藝間道來奔. 武藝上表請殺之, 上遣門藝往安西. 武藝又上書請殺, 遣門藝嶺南以報之. 然則是勅之賜, 當在開元十四年以後也.】

【장구령이 지었다. ○『[구]당서』를 살펴보면, "개원 14년(726, 무왕 8년) 발해왕 무예가 그 동생인 문예를 죽이려 하자, 문예가 샛길로 도망쳐 왔다. 무예가 표문을 올려 그를 죽이기를 요청하니, 상(당 현종)이 문예를 안서(安西)로 보냈다. 무예가 다시 글을 올려 죽이기를 청하니, 문예를 영남(嶺南)으로 보냈다고 알렸다."라고 하였다. 그렇다면 이 칙서를 내린 것은 당연히 개원 14년 이후일 것이다.】

卿於昆弟之間, 自相忿閱, 門藝窮而歸我. 安得不從. 然處之曲垂,[251] 爲卿之故. 亦云不失, 頗謂得所. 何則. 卿地雖海西,[252] 常習華風, 至如兄友弟悌, 豈待訓習. 骨肉情深, 自所不忍. 門藝縱有過惡, 亦合容其改脩. 卿遂請取東歸, 擬肆屠戮. 朕教天下以孝友, 豈復忍聞此事. 誠是惜卿名行, 豈是保護逃亡. 卿不知國恩, 遂爾背朕. 卿所恃者遠, 非能有他. 朕比年含容一 優恤中土, 所未命將, 事亦有時. 卿能悔過輸誠, 轉禍爲福. 言則巳順, 意尚執迷, 請殺門藝, 然後歸國, 是何言也. 觀卿表狀, 亦有忠誠, 可熟思之, 不容易耳.【仝上.】

경이 형제지간에 서로 성내고 다투므로 [대]문예가 곤궁하여 내게 귀의하였다. 어찌 받아주

---

251) 『文苑英華』 卷471 「明刻本」, 蕃書4 渤海書 勅渤海王大武藝書四首에는 '西垂'.
252) 『文苑英華』 卷471 「明刻本」, 蕃書4 渤海書 勅渤海王大武藝書四首에는 '海曲'.

지 않을 수 있겠는가. 그러나 구석진 변방에 있게 한 것은 경을 위한 까닭으로 역시 잘못이 아니라 하겠고, 자못 적절한 조처였다고 하겠다. 어째서이겠는가? 경의 땅이 비록 바다 구석에 있으면서 항상 중화의 풍습을 익혔으나 형제간의 우애와 공경 같은 것은 어찌 가르치고 익히기를 기다리겠는가? 골육 간의 정은 깊어 스스로 차마 하지 못할 바가 있다. 문예가 비록 잘못이 있다고 하나 역시 그 잘못을 고쳐서 용서했어야 했다. 경은 마침내 [그를] 잡아 동쪽으로 돌려보내라고 요구하니 함부로 도륙하려는 것이 아닌지 의심된다. 짐은 천하를 효우로써 가르치는데 어찌 다시 이런 일을 참고 듣겠는가. 진실로 경의 아름다운 행실을 위해 애석하게 여겨서이지 어찌 도망친 자를 보호해주려 한 것이겠는가. 경은 나라의 은혜를 알지 못하고 마침내 짐을 배반하였다. 경이 믿는 바는 멀리 떨어진 곳에 있다는 것일 뿐 다른 것이 있는 것은 아니다. 짐은 근래에 너그럽게 관용하면서 중토(중국)를 잘 돌보았는데, [그대가] 나의 명을 따르지 않는다면 일이 역시 언젠가 있을 것이다. 경이 능히 허물을 뉘우치고 정성을 보인다면 화가 바뀌어서 복이 될 것이다. 말로는 이미 순종한다고 하고서는 뜻은 아직도 미욱한 것을 고집하여 문예를 죽인 뒤에야 귀국하겠다고 청하고 있으니 이것이 무슨 말인가. 경의 표문을 살펴보니 역시 충성스러움이 있지만 생각해보면 받아들이기가 쉽지 않다.【위와 같음(『문원영화(文苑英華)』)】

○ 권제54, 예문지(藝文志) 13, 중국문(中國文) 1, 당현종칙발해국무왕서(唐玄宗勅渤海國武王書) 우(又)

【張九齡撰, 年條無考.】

【장구령이 지었다. 몇 년 조인지는 상고할 수 없다.】

多蒙國[253]所送水手, 及承前沒落人等來. 表卿輸誠無所不盡. 長能保此, 永作邊捍, 自求多福, 無以加也. 漸冷, 卿及衙官百姓以下, 竝平安好. 遣書指不多及.【仝上.】

---

253) 『冊府元龜』 卷975 「淸文淵閣四庫全書本」, 外臣部, 褒異2에는 '多蒙固'.

다몽국(다몽고)이 선원과 이전에 몰락한 사람(전쟁포로) 등을 데리고 보내어 왔다. 경이 정성을 다함이 극진하지 않은 것이 없음을 보였다. 길이 이를 보전하여 영원토록 변방의 울타리가 된다면 스스로 많은 복을 구함이 이보다 더할 수가 없을 것이다. 점차 날씨가 추워지는데 경과 아관(衙官)과 백성 이하가 모두 평안하기를 바란다. 보내는 글에 많은 말은 하지 않겠다.【위와 같음(『문원영화』)】

○ 권제54, 예문지(藝文志) 13, 중국문(中國文) 1, 당현종래발해국무왕서(唐玄宗勅渤海國武王書) 우(又)

【張九齡撰. ○冊府元龜云, 開元十八年, 渤海遣大郞雅來朝, 則是勅當在十八年後也.】

【장구령이 지었다. ○『책부원귀』에 이르기를, "개원 18년(730, 무왕 12년)에 발해에서 대랑아(大郞雅)를 보내 와서 조회하였다."라고 하였으니, 이 칙서는 당연히 18년 이후의 것이다.】

卿往者誤計, 幾於禍成, 而失道未遙, 聞義能徙, 何其智也. 朕棄人之過, 收物之誠, 表卿洗心, 良以慰意. 卿旣盡誠節, 永固東藩, 子孫百代, 復何憂哉. 所使呈, 具知款曲, 兼請宿衛及替, 亦已依行. 大郞雅等先犯國章, 竄逐南鄙, 亦皆捨罪, 仍放歸藩. 卿可知之, 皆朕意也. 夏初漸熱, 卿及首領百姓等, 竝平安好. 遣書指不多及.【仝上.】

경이 지난번에 잘못된 계책으로 거의 화를 이루었지만, 도를 잃은 지 얼마 되지 않아 의를 듣고 능히 바꾸었으니 어쩌면 그리도 지혜로운가. 짐은 다른 사람의 과오는 버리고 정성을 받아들이는데, 경이 마음을 씻은 것을 드러내었으니 진실로 그 뜻을 위로하는 바이다. 경이 이미 정성과 절개를 다하여 길이 동쪽 변방을 영원히 견고하게 하였으니 자손 백대에 이르기까지 다시 무엇을 걱정하겠는가. 사신이 바친 표문을 보고 그 곡절을 다 알았다. 아울러 숙위를 바꾸기를 청한 것 또한 이미 그대로 행하였다. 대랑아 등은 앞서 나라의 법을 범하였기에 남쪽 변경으로 쫓아냈지만 또한 모두 죄를 용서해주고 이어서 놓아 번(발해)으로 돌아가게 하였다. 경은 가히 모두가 짐의 뜻임을 알기 바란다. 초여름이라 점차 더워지는데 경 및 수령

과 백성 등이 모두 평안하기를 바란다. 보내는 글에 많은 말을 하지 않겠다.【위와 같음(『문원영화』)】

○ 권제54, 예문지(藝文志) 13, 중국문(中國文) 1, 당현종래발해국무왕서(唐玄宗勅渤海國武王書) 우(又)

【張九齡撰, 年條無考.】

【장구령이 지었다. 몇 년 조인지 상고할 수 없다.】

近得卿表云, 突厥遣使求合, 擬打兩藩. 奚及契丹, 今旣內屬, 而突厥私恨, 欲讎此藩. 卿但不從, 何妨有使. 擬行執縛, 義所不然. 此是人情, 況爲君道. 然則知卿忠赤, 動必以聞. 永保此誠, 慶流未已.【仝上.】

근래에 경이 보낸 표문에서 말하기를, 돌궐이 사신을 보내 연합하기를 요구하였다고 하니 두 번(蕃)을 공격하려는 것으로 보인다. 해와 거란은 지금 이미 내속(內屬)하였는데 돌궐이 사사로운 원한으로 이들 번에 복수하고자 한 것이다. 경이 따르지 않으면 그만인 것을 어찌 사신을 방해하는가. [사신을] 잡아 묶은 듯한데 의리는 그렇지 않다. 이것이 바로 사람의 정리이거늘 하물며 임금 된 도리에 있어서겠는가. 그렇지만 경의 충성심을 알았으니 움직일 때마다 반드시 알리도록 하라. 영원토록 이런 정성을 간직하면 경사스러움이 끝이 없을 것이다.【위와 같음(『문원영화』)】

○ 권제60, 인물고(人物考), 소련(少連) 대련(大連)

按, 凌迪知曰: 渤海大氏, 卽大連之後. 胡三省曰: 禮記, 大連善居喪, 東夷之有大氏, 尙矣. 然則大連之後, 未嘗絶於東國, 而至渤海, 其後克昌歟.

살펴보니 능적지(凌迪知)가 "발해 대씨(大氏)는 바로 대련(大連)의 후예이다."라고 말하였다. 호삼성은 말하기를, "『예기』에서 '대련이 거상(居喪)을 잘하였으니 동이 가운데 대씨가 있은 지가 오래되었다."라고 하였다. 그렇다면 대련의 후예가 일찍이 동국(東國)에서 끊어진 적이 없었고 발해에까지 이르렀으니 그 후손이 매우 번성했다는 것이 아닌가?

○ 권제60, 인물고(人物考), 왕문림(王文林)

〖元好問王黃華墓碑〗 諱庭筠, 字子端, 王氏.[254] 家牒[255] 載其三十二代祖烈, 太原祁人. 避漢末之亂, 徙居遼東. 其後遼東亦亂,[256] 子孫散處東夷. 十七代孫文林, 仕高麗,[257] 爲西部長,[258] 沒[259]於王事. 又八世曰樂德, 居渤海, 以孝聞. 遼太祖封其子[260]爲東丹王, 都遼陽.【遺山集】

按, 王文林, 高句麗死節之臣, 而爲王黃華之先祖, 故表而出之.

『원호문(元好問)[261]이 지은 왕황화[262]묘비』 [왕황화는] 이름이 정균(庭筠)이고, 자는 자단(子端)이며, 성은 왕씨(王氏)이다. 왕씨의 가첩(家牒)에 기록되어 있기를 '32대조 열(烈)은 태원(太原) 기(祁) 사람이다. 한(漢) 말에 난리를 피하여 요동으로 옮겨 와 살았다. 그 뒤에 요동에서 다시 난리가 나자 자손들이 동이에 흩어져 살았다. 17대손 문림은 고[구]려에서 벼슬하여 서부장(西部將)이 되었다가 나랏일로 죽었다. 또 8세는 낙덕(樂德)이라고 하는데 발해에서 살면서 효성으로 소문이 났다. 요 태조가 그 아들을 봉하여 동단왕으로 삼고 요양에 도읍하였다.'라고 하였다.【『유산집(遺山集)』】

---

254) 『遺山集』 卷第16「史部叢刊景明弘治本」, 王黃華墓碑에는 '姓王氏'.
255) 『遺山集』 卷第16「史部叢刊景明弘治本」, 王黃華墓碑에는 '諜'.
256) 『遺山集』 卷第16「史部叢刊景明弘治本」, 王黃華墓碑에는 '~遼東, 曹公特徵不應 隱居終身~'.
257) 『遺山集』 卷第16「史部叢刊景明弘治本」, 王黃華墓碑에는 '嚴'.
258) 『遺山集』 卷第16「史部叢刊景明弘治本」, 王黃華墓碑에는 '將'.
259) 『遺山集』 卷第16「史部叢刊景明弘治本」, 王黃華墓碑에는 '歿'.
260) 『遺山集』 卷第16「史部叢刊景明弘治本」, 王黃華墓碑에는 '遼太祖平渤海封其子'.
261) 금나라 때 문인(1190~1257). 문집에 『遺山集』 40권, 『中州集』 10권 등이 있다.
262) 금나라 때 문인(1151~1202)으로, 발해 유민이다. 그의 외할아버지는 발해 유민으로 금대의 저명한 재상이었던 張浩이다.

살펴보니 왕문림은 고구려에서 죽음으로써 절개를 지킨 신하였고, 왕황화의 선조가 되었다. 그러므로 표시하여 그것을 드러낸 것이다.

○ 권제60, 인물고(人物考), 대문예(大門藝)

> 開元十四年, 黑水靺鞨遣使來朝, 詔以其地爲黑水州, 仍置長史, 遣使鎭押. 渤海王武藝遣母弟門藝及其舅任雅相, 發兵以擊黑水. 門藝曾充質子至京師, 開元初還國. 至是謂武藝曰: 黑水請唐家官吏, 卽欲擊之, 是背唐也. 唐國人衆兵强, 萬倍於我, 一朝結怨, 但自取滅亡. 昔高麗全盛之時, 强兵三十餘萬, 抗敵唐家, 不事賓服, 唐兵一臨, 掃地俱盡. 今日渤海之衆, 數倍少於高麗. 乃欲違背唐家, 事必不可. 武藝不從. 門藝兵至境, 又上書固諫. 武藝怒, 遣從兄大壹夏, 代門藝統兵, 徵門藝, 欲殺之. 門藝遂棄其衆, 間道來奔, 詔授左驍衛將軍. 武藝尋遣使朝貢, 仍上表極言門藝罪狀, 請殺之. 上密遣門藝往安西, 仍報武藝云, 門藝遠來歸投, 義不可殺, 今流向嶺南, 已遣去訖. 乃留其使馬文軌葱勿雅, 別遣使報之. 俄有洩其事者, 武藝又上書云, 大國示人以信, 豈有欺詐之理. 今聞門藝不向嶺南. 伏請依前殺却. 由是鴻臚少卿李道邃源復以不能督察官屬, 致有漏洩, 左遷道邃爲曹州刺史, 復爲澤州刺史. 遣門藝暫向嶺南以報之. 武藝懷怨不已, 密遣使至東都, 假刺客刺門藝於天津橋南. 門藝格之, 不死. 詔河南府捕獲其賊, 盡殺之.【舊唐書】

개원(開元) 14년(726, 무왕 8년)에 흑수말갈이 사신을 보내 조회하자 조서를 내려 그 땅을 흑수주263)로 삼고 장사를 두고 사신을 보내 진압(鎭押)하게 하였다. 발해왕 무예가 동모제 문예 및 그의 장인 임아상(任雅相)을 보내 군사를 일으켜 흑수를 치게 하였다. 문예는 일찍이 경사에 볼모로 있다가 개원 초에 귀국하였다. 이때에 무예에게 일러 말하기를, "흑수가 당에 관리를 요청하자마자 곧 그를 공격하려는 것은 당을 등지는 것입니다. 당은 나라 사람이 많고 군대의 강함이 우리보다 만배에 이르니 하루아침에 그들과 원한을 맺는 것은 스스로 멸망을 자초하는 것입니다. 옛날 고[구]려가 전성기일 때 강병이 30여만이나 되었는데 당과

---

263) 당이 흑수말갈 지역에 설치한 기미주이다.

맞서면서 복종하지 않다가 당병이 한번 이르자 땅을 쓸어낸 듯이 모두 없어졌습니다. 오늘날 발해의 무리는 고[구]려보다 몇 배나 적습니다. 이에 당을 등지려고 하니 이 일은 결단코 옳지 못한 일입니다."라고 하였다. 무예가 듣지 않았다. 문예가 군사들이 국경에 이르자 다시 글을 올려 간곡하게 간하였다. 무예가 분노하여 종형 대일하(大壹夏)를 보내 문예를 대신하여 군사를 거느리게 하고 문예를 불러들여 그를 죽이려 하였다. 문예가 드디어 그 무리를 버리고 샛길로 도망쳐 오니 조서를 내려 좌효위장군(左驍衛將軍)을 제수하였다. 무예가 얼마 뒤 사신을 보내 조공하고, 거듭 표문을 올려 문예의 죄상을 극렬히 말하면서 죽이기를 요청하였다. 상(당 현종)이 몰래 문예를 안서(安西)로 보내고 무예에게 대답하여 말하기를, "문예가 멀리서 귀순해 왔으므로 의리상 죽일 수가 없어 이제 영남으로 유배 보냈는데, 이미 길을 떠났다."라고 하였다. 이에 그 사신인 마문궤(馬文軌)와 총물아(葱勿雅)를 머물게 하고 따로 사신을 보내 알렸다. 얼마 있다가 그 일을 누설한 자가 있었다. 무예가 다시 글을 올려 말하기를, "대국은 남에게 신의를 보여야 하거늘 어찌 거짓을 일삼는단 말입니까. 이제 들으니 문예가 영남으로 떠나지 않았다고 합니다. 엎드려 청하니 앞에 말한 대로 죽여 주시기 바랍니다."라고 하였다. 이로 말미암아 홍려소경 이도수(李道邃)와 원복(源復)이 관속들을 제대로 감독하지 못하여 누설이 있기에 이르자, 도수는 조주자사(曹州刺史)로 복은 택주자사(澤州刺史)로 좌천되었다. 문예를 잠시 영남으로 보내고 그것을 알렸다. 무예는 원망하기를 그치지 않고 몰래 사신을 보내 동도(東都: 낙양)에 이르러 자객을 빌려 천진교 남쪽에서 문예를 찌르게 하였다. 문예가 그들을 물리쳐 죽지 않았다. 하남부에 조서를 내려 그 적도를 붙잡아 모두 죽였다.【『구당서』】

○ 권제60, 인물고(人物考), 이회광(李懷光)

> 李懷光, 渤海靺鞨人也. 本姓茹.【按, 渤海茹氏, 唐書有渤海使茹富仇.】 其先徙于幽州. 常爲朔方列將, 以戰功賜姓氏, 更名嘉慶. 懷光少從軍, 以武藝壯勇稱, 朔方節度使郭子儀禮之益厚. 後歷邠寧節度使, 從擊朱泚. 詔加太尉, 賜鐵券.【仝上.】

이회광은 발해말갈인이다. 본래 성은 여씨(茹氏)【살펴보니, 발해 여씨로는 『[구]당서』에 발해 사신 여부구(茹富仇)가 있다.】인데 그 선조가 유주(幽州)에 옮겨 갔다. 일찍이 삭방군(朔

方軍)의 장수가 되었고 전공을 세워 성씨를 내려 받았으며 이름을 가경(嘉慶)으로 바꾸었다. [이]회광은 어려서부터 종군하여 무예로 용맹하다고 일컬어졌으므로 삭방절도사(朔方節度使) 곽자의(郭子儀)가 더욱 우대하였다. 뒤에 빈녕절도사(邠寧節度使)를 역임하면서 주자(朱泚)를 공격하였다. 조서를 내려 태위(太尉)를 더하였으며 철권(鐵券)을 내려주었다.【위와 같음(『구당서』)】

○ 권제60, 인물고(人物考), 이다조(李多祚)

唐玄宗[264]卽位, 下制曰: 以忠報國, 典冊所稱, 感義損軀, 名節斯在. 故羽林衛大將軍上柱國遼陽郡王李多祚, 三韓貴種, 百戰餘雄, 席寵禁營, 迺心王室, 挺玆誠信, 翻陷誅夷. 賴彼神明, 重覆姦慝, 永言徽烈, 深合褒崇. 宜追歿後之榮, 以復生前之命. 可還舊官, 仍宥其妻子.【冊府元龜. ○按, 多祚本渤海靺鞨酋長.】

당 현종이 즉위하고 조서를 내려 이르기를, "충성으로 나라에 보답하는 것은 전책(典冊)에서 일컬은 바이고, 의리에 감동하여 목숨을 희생하는 것은 명예와 절개가 모두 있는 것이다. 고 우림위대장군(羽林衛大將軍) 상주국(上柱國) 요양군왕(遼陽郡王) 이다조(李多祚)는 삼한의 귀종(貴種)이자 백전의 맹장으로 금영(禁營)에 있으면서 총애를 받아 왕실을 보위하는 데 마음을 두었고 정성과 신의를 바쳐 오랑캐를 뒤집고 함락하여 주살하였다. 그의 신명스러움에 힘입어 간특함을 거듭 덮어버렸으니 길이 남을 말과 아름다운 공은 포상하고 높이기에 매우 합당하다. 추숭(追崇)의 은전을 내려 살았을 때의 명령을 회복시키는 것이 마땅하다. 옛 관직을 회복해주고 이어 그 처자식을 모두 용서해주는 것이 가하다."라고 하였다.【『책부원귀』. ○ 살펴보니 이다조는 본디 발해말갈 추장(酋長)이다.】

○ 권제60, 인물고(人物考), 대창발가(大昌勃價)

開元十三年五月, 渤海王大武毅[265]【按, 武藝之譌.】之弟大昌勃價來朝, 授左威衛員外

---

264) '玄宗'→'睿宗'.
265) '毅'→'藝'.

將軍, 賜紫袍金帶魚袋, 留宿衛. 十五年四月丁未, 勅[266]大昌勃價, 久留宿衛, 宜放還蕃. 庚申, 封大昌勃價襄平縣開國男, 賜帛五十疋.【仝上.】

개원 13년(725, 무왕 7년) 5월 발해왕 대무의【살펴보니 대무예의 잘못이다.】의 동생 대창발가가 와서 조회하니 좌위위원외장군(左威衛員外將軍)을 제수하고 자포(紫袍)·금대(金帶)·어대(魚袋)를 내려주어 머물러 숙위하게 하였다. 15년(725, 무왕 9년) 4월 정미에 조칙을 내려 "대창발가가 오래도록 머물러 숙위하였으니 마땅히 번국(藩國)으로 돌아가게 놓아주도록 하라."라고 하였다. 경신에 대창발가를 양평현개국남(襄平縣開國男)[267]으로 책봉하고 비단 50필을 내려주었다.【위와 같음(『책부원귀』)】

○ 권제60, 인물고(人物考), 대도리행(大都利行)

開元八年八[268]月, 冊渤海郡王武藝嫡男大都利行爲桂婁郡王. 十四年四月乙丑, 大都利行[269]來朝, 授左武衛大將軍員外置, 留宿衛. 十六年四月癸未, 大都利行卒,[270] 贈特進兼鴻臚卿. 賜絹三百疋粟三百石, 命有司吊[271]祭, 官造靈轝歸蕃.【仝上.】

개원 8년(720, 무왕 2년) 8월에 발해군왕 무예의 적남(嫡男) 대도리행(大都利行)을 책봉하여 계루군왕(桂婁郡王)으로 삼았다. 14년(726, 무왕 8년) 4월 을축에 대도리행이 와서 조회하니 좌무위대장군원외치(左武衛大將軍員外置)를 제수하고 머물러 숙위하게 하였다. 16년(728, 무왕 10년) 4월 계미에 대도리행이 죽자 특진겸홍려경(特進兼鴻臚卿)을 추증하였다.

---

266) 『冊府元龜』 卷975 「淸文淵閣四庫全書本」, 外臣部, 襃異第2에는 '勅曰渤海宿衛王子~'.
267) 발해의 훈관·봉작제도에 대해서는 사료의 부족으로 명확하지 않지만, 중원과 당조의 제도를 수용하여 실시하였음을 여러 사료를 통해 확인할 수 있다(王承禮 저, 宋基豪 역, 1987, 149~152쪽; 이효형, 2002, 15쪽). 봉작제는 황제국가에서만 실시할 수 있는 제도로 발해가 황제국이었음을 보여주는 것이라는 견해도 있다(장국종, 1997, 49쪽).
268) 『冊府元龜』 卷964 「淸文淵閣四庫全書本」, 外臣部, 封冊第2에는 '是'.
269) 『冊府元龜』 卷995 「淸文淵閣四庫全書本」, 外臣部, 襃異第2에는 '渤海靺鞨王大都利'.
270) 『冊府元龜』 卷995 「淸文淵閣四庫全書本」, 外臣部, 襃異第2에는 '渤海王子留宿衛大都利行卒~'.
271) 『冊府元龜』 卷995 「淸文淵閣四庫全書本」, 外臣部, 襃異第2에는 '弔'.

견(絹) 300필·속(粟) 300석을 내려주고 유사에 명하여 문상하게 하였으며 관청에서 영여(靈轝)를 만들어 번국으로 돌려보냈다.【위와 같음(『책부원귀』)】

○ 권제60, 인물고(人物考), 대능신(大能信)·여부구(茹富仇)

貞元十四年十一月戊申, 以渤海國王大嵩璘[272]姪能信爲左驍騎衛中郎將, 虞候婁蕃長都督茹富仇爲右武衛將軍, 竝放還蕃.【仝上.】

정원(貞元) 14년(798, 강왕 4년) 11월 무신에 발해국왕 대숭린(大嵩璘)의 조카 능신을 좌효기위중랑장으로, 우후누번장도독(虞候婁蕃長都督) 여부구를 우무위장군(右武衛將軍)으로 삼고 모두 놓아주어 번국으로 돌려보냈다.【위와 같음(『책부원귀』)】

○ 권제60, 인물고(人物考), 고한모(高翰模)

高翰模,[273] 渤海國人,[274] 一名松.[275] 有膂力, 善騎射, 好談兵. 太祖平渤海, 翰模[276]避地高麗. 高麗王以女妻之,[277] 因罪亡歸遼.[278] 屢立戰功, 官至中坮[279]省左相, 封恚郡開國公.【遼史. ○按, 翰模, 遼史自有傳.】

고한모(고모한)는 발해국인으로 다른 이름은 송(松)이다. 힘이 세고 말타기와 활쏘기를

---

272) 『舊唐書』 卷199下 「淸乾隆武英殿刻本」, 列傳第149下, 北狄 渤海靺鞨; 『冊府元龜』 卷965 「淸文淵閣四庫全書本」, 外臣部, 冊封第3에는 '璘', 『冊府元龜』 卷976 「淸文淵閣四庫全書本」, 外臣部, 褒異第3에는 '隣'.
273) 『遼史』 卷76 「淸乾隆武英殿刻本」, 列傳第6, 高模翰에는 '高模翰'. 동란국에서 동경 중대성 우상에 임명된 자로, 사회적 지위가 높은 발해 유민의 고위직 등용을 거란의 피지배층 통치 및 회유 목적에서 취해진 조치로 이해하였다(李孝珩, 2005, 178쪽).
274) 『遼史』 卷76 「淸乾隆武英殿刻本」, 列傳第6, 高模翰에는 '渤海人'.
275) 『遼史』 卷76 「淸乾隆武英殿刻本」, 列傳第6, 高模翰에는 '~一名松 渤海人~'.
276) 『遼史』 卷76 「淸乾隆武英殿刻本」, 列傳第6, 高模翰에는 '模翰'.
277) 『遼史』 卷76 「淸乾隆武英殿刻本」, 列傳第6, 高模翰에는 '王妻以女'.
278) 『遼史』 卷76 「淸乾隆武英殿刻本」, 列傳第6, 高模翰에는 '因罪亡歸'.
279) '坮' → '臺'.

잘하였으며 군사에 대해 이야기하는 것을 좋아하였다. [요] 태조가 발해를 평정하였을 때 [고]한모가 고려로 도피하였다. 고려왕이 딸을 그의 처로 삼았는데 죄를 짓고 요로 도망쳐 갔다. 여러 차례 전공을 세워 벼슬이 중대성 좌상[280]에 이르렀으며, 철군개국공(惄郡開國公)에 봉해졌다.[『요사』. ○ 살펴보니, [고]한모는 『요사』에 열전이 있다.][281]

○ 권제60, 인물고(人物考), 대간지(大簡之)

大簡之, 渤海人, 畵工松石小景.【畵史會要】

대간지는 발해인이다. 송석(松石)과 작은 경치를 잘 그렸다.[『화사회요(畵史會要)』]

○ 권제60, 인물고(人物考), [기타 발해 인물]

案渤海人物, 如大賢素[282]【渤海司徒, 見遼史.】, 大鸞河【見宋史.】, 高元固【渤海賓貢, 見全唐詩.】, 高慶緖【見松漠記聞.】及冊府元龜【詳見交聘志朝貢條.】, 日本書籍【詳見本考通聘條.】[283]所稱諸人, 竝無事實之可採, 故今不備載.

발해 인물과 관련해 대현소(大賢素)[발해사도(渤海司徒)로 『요사』에 보인다.], 대난하(大鸞河)[『송사』에 보인다.], 고원고(高元固)[발해 빈공(賓貢)으로 『전당시』에 보인다.], 고경서(高慶緖)[『송막기문』에 보인다.] 및 『책부원귀』[교빙지(交聘志) 조공조(朝貢條)에 상세히 보인다.]와 일본 서적[본고(일본고)의 통빙조에 상세히 보인다.]에서 언급한 사람들은 모두 채록(採錄)할 만한 일이 없다. 그러므로 지금 갖추어 기록하지 않는다.

---

280) 南面하는 국왕의 왼쪽(=동쪽)에 위치한 재상이다. 당나라의 문하성 및 그 장관인 侍中의 별칭이 東臺 및 좌상인 데서 유래하였다(유득공 지음, 김종복 옮김, 2018, 233쪽).
281) 『遼史』 卷76 「淸乾隆武英殿刻本」, 列傳第6에는 高模翰이 실려 있다.
282) 『遼史』 卷4 「淸乾隆武英殿刻本」, 本紀第4, 太宗下에는 '大素賢'.
283) 『海東繹史』(경인문화사 영인본)에는 '詳見交聘志通日本條'.

又按遼金史, 太康乂·夏行美·大公鼎·高彪·藥郭師284)·張浩·高楨·高德基·高衎·王政等十人, 皆渤海人, 而遼金史自有傳. 且屬渤海國亡以後人, 故實而勿論.
右渤海.

또 『요사』와 『금사』를 살펴보니, 태강예(太康乂)·하행미(夏行美)·대공정(大公鼎)·고표(高彪)·약곽사(藥郭師)·장호(張浩)·고정(高楨)·고덕기(高德基)·고간(高衎)·왕정(王政) 등 10인은 모두 발해 사람으로 『요사』와 『금사』에 열전이 있다. 그러나 발해국이 망한 이후 사람이므로 논하지 않았다.
이상은 발해의 인물이다.

○ 권제63, 인물고(人物考) 4, 요경종발해비(遼景宗渤海妃)

景宗渤海妃生一女, 淑哥. 乾亨二年, 下嫁駙馬都尉盧俊, 與俊不諧. 表請離昏, 改適蕭神奴.【遼史】

경종의 발해 비는 딸 하나를 낳았으니 숙가(淑哥)이다. 건형(乾亨) 2년(980, 고려 경종 5년)에 부마도위 노준(盧俊)에게 시집갔으나 준과 화합하지 못하였다. 표문으로 이혼하기를 청하므로 다시 소신노(蕭神奴)에게 시집보냈다.【『요사』】

○ 권제63, 인물고(人物考) 4, 금소조차실(金昭祖次室)

昭祖次室, 高麗人, 生胡失荅.【金史】
【案, 金廢帝元妃大氏, 渤海人, 大臭女. 廢帝母大氏, 大昊天之女, 亦渤海人. 廢帝宮人高氏, 東京渤海人高存福女. 皆見於金史, 而屬渤海國亡後人, 故竝不立傳.】

소조의 차실은 고려인으로, 호실답(胡失荅)을 낳았다.【『금사』】

---

284) 『松漠紀聞』 卷上 「明顧氏文房小說本」에는 '郭藥師'.

【살펴보니 금 폐제(廢帝)의 원비(元妃) 대씨는 발해인으로 대취(大臭)의 딸이다. 폐제의 어머니 대씨는 대호천(大昊天)의 딸이며 역시 발해인이다. 폐제의 궁인 고씨는 동경(東京) 발해인 고존복(高存福)의 딸이다. 모두 『금사』에 보이나 발해국이 망한 뒤의 사람이므로 모두 입전하지 않았다.】

○ 권제64, 일본고(日本考) 1, 아방통빙지시(我邦通聘之始)[285]

【按, 我邦之通日本, 始自任那. … 聖武天皇不能掩與高氏爲兄弟, 而獨誚渤海大氏之稱甥. 然渤海國書, 亦執隣敵之禮. 此是行人之掌, 故不可不知也. 今考日本諸書, 采其事關東國者, 另爲一編.】【本朝交聘事實, 詳見下備禦條.】[286]

【살펴보니 우리나라가 일본과 통교한 것은 임나부터이다. … 성무천황은 고씨와 형제가 된 것을 감추지 못하였으면서 유독 발해 대씨가 조카[甥]로 부른 것을 비난하였다. 그래서 발해 국서에서 역시 서로 대등한 이웃의 예를 고집하였다. 이것은 사신들이 반드시 알고 있어야 하는 것으로 몰라서는 안 되는 것이다. 지금 일본의 여러 서책들을 살펴서 동국(東國)에 관한 일들을 모아 별도로 한 편을 만들었다.】【본조의 교빙 사실은 아래의 비어조(備禦條)에 상세히 보인다.】

【唐玄宗開元十六年】聖武天皇神龜五年, 渤海國使來貢. 此高麗部類也, 先年高麗爲新羅所滅, 殘黨號渤海國.【和漢三才圖會. ○按, 日本[287]神龜五年, 卽渤海武王仁安十年.】 ○渤海國者, 高麗之故地也. 天命開別天皇七年, 高麗王高氏爲唐所滅.[288] 後以天之眞寶[289]豊祖父天皇二年, 大社【社當作祚.】榮始建渤海國. 和銅六年, 受唐冊立. 其國延袤二千里, 無州縣館驛. 處處有村里, 皆靺鞨部落. 其百姓, 靺鞨多土人少, 皆

---

285) 『海東繹史』(경인문화사 영인본)에는 '通日本始末'.
286) 『海東繹史』(경인문화사 영인본)에는 '至於本朝交聘, 則已悉於備禦考, 玆不贅焉'.
287) 『海東繹史』(경인문화사 영인본)에는 '倭聖武天皇'.
288) 『類聚國史』 卷193, 延暦15年 4月 戊子에는 '~也'.
289) 『類聚國史』 卷193, 延暦15年 4月 戊子에는 '宗'.

以土人爲村長, 大村曰都督, 次曰判史,290) 其下百姓, 皆曰首領. 土地極寒, 不宜水土田. 俗頗知書.【日本逸史】

【당 현종 개원 16년】 성무천황 신구(神龜) 5년(728, 무왕 10년)에 발해국 사신이 와서 조공하였다. 이들은 고[구]려의 부류(部類)이다. 이전 해에 고[구]려가 신라에 의해 멸망하자 남은 무리가 발해국이라 불렀다.『화한삼재도회』. ○ 살펴보니, 일본 신구 5년은 곧 발해 무왕 인안 10년이다. ○ 발해국은 고[구]려의 옛 땅이다. 천명개별천황(天命開別天皇) 7년(668, 신라 문무왕 8년)에 고[구]려왕 고씨가 당에 멸망당하였다. 뒤에 천지진종풍조부천황(天之眞宗豐祖父天皇) 2년(698, 고왕 1년)에 대사영(大社榮)【사(社)는 당연히 조(祚)로 쓴다.】이 비로소 발해국을 세웠다. 화동(和銅) 6년(713, 고왕 15년)에 당의 책립을 받았다. 그 나라는 땅은 2,000리이고 주현이나 관역이 없다. 곳곳에 마을이 있는데 모두 말갈 부락이다. 그 백성은 말갈이 많고 토인이 적다. 모두 토인을 촌장으로 삼았는데 큰 마을은 도독(都督)이라 하고, 그 다음은 자사(剌史)라고 하며, 그 아래 백성은 모두 수령(首領)이라 한다. 땅이 매우 차가워 수전(水田) 농사에 마땅치가 않다. 풍속에 제법 글을 안다.『일본일사』

【唐開元二十年】天平291)四年九月庚寅, 渤海郡使292)首領高齋德等八人, 來著293)出羽國. 遣使存問, 兼賜時服. 十二月丙申, 遣使賜高齋德等衣服冠履. 渤海郡者, 舊高麗國也. 淡路294)朝廷七年冬十月, 唐將李勣伐滅高麗, 其後朝貢久絶.295) 至是渤海郡王大武藝296)遣寧遠將軍郞將高仁義遊將軍果毅都尉德周別將舍那婁二十四人賚狀, 竝附貂皮三百張, 奉土宜朝聘. 而著蝦夷境, 仁義以下十六人竝被害, 首領齋德等八

---

290) 『類聚國史』 卷193, 延曆15年 4月 戊子에는 '剌史'.
291) 『續日本紀』 卷10, 神龜4年 9月 庚寅에는 '神龜'.
292) 『續日本紀』 卷10, 神龜4年 9月 庚寅에는 '渤海郡王使'.
293) 『續日本紀』 卷10, 神龜4年 9月 庚寅에는 '着'.
294) 『續日本紀』 卷10, 神龜4年 12月 丙申에는 '淡海'.
295) 『續日本紀』 卷10, 神龜4年 9月 庚寅에는 '~矣'.
296) 『續日本紀』 卷10, 神龜4年 9月 庚寅에는 '至時渤海郡王'.

人, 僅免死而來. 五年正月甲寅, 天皇御中宮, 高齋德等上其王書竝方物.【書見藝文志.】於是高齋德等八人竝授正六位上, 賜當色服. 仍宴五位已上及齋德等, 賜大射及雅樂.297) 仍遣朝臣蟲麻呂, 與齋德等俱使. 賜渤海王綵帛一十疋, 綾一十疋, 絁二十疋, 絲一百絇, 綿二百屯.【續日本紀】

【당[현종] 개원 20년】[성무천황(聖武天皇)] 천평(天平) 4년(732, 무왕 14년) 9월 경인에 발해군 사신 수령 고재덕(高齋德) 등 8인이 와서 출우국(出羽國)298)에 도착하였다. 사신을 보내 안부를 묻고 아울러 시절에 맞는 옷을 내려주었다. 12월 병신에 사신을 보내 고재덕 등에게 의복·모자·신발을 내려주었다. 발해군은 옛 고[구]려국이다. 담로(淡路) 조정 7년(668, 고구려 보장왕 27년) 겨울 10월에 당나라 장수 이적(李勣)이 고[구]려를 쳐서 멸망시켰으므로 그 뒤 조공이 오랫동안 끊어졌다. 이때에 이르러 발해군왕 대무예가 영원장군 낭장 고인의(高仁義), 유장군 과의도위 덕주(德周), 별장 사나루(舍那婁) 등 24인을 보내 장문을 주고 담비가죽[貂皮] 300장을 가지고 와 토산물을 올리고 조빙하였다. 하이(蝦夷)의 경계에 도착하여 인의 이하 16인이 함께 피살되었고 수령 재덕 등 8인만 겨우 죽음을 면하여 왔다. 5년(732, 무왕 15년) 정월 갑인에 천황이 중궁에 거둥하니 고재덕 등이 그 왕의 국서와 함께 방물을 바쳤다.【국서는「예문지(藝文志)」에 보인다.】이에 고재덕 등 8인에게 모두 정6위상(正六位上)을 제수하고 직급에 맞는 색복을 내려주었다. 거듭 5위 이상과 재덕 등에게는 잔치를 베풀고 활쏘기[大射] 및 아악(雅樂)을 베풀었다. 조신충마려(朝臣蟲麻呂)를 보내 재덕 등과 더불어 사신을 갖추게 하였다. 발해왕에게 채백(綵帛) 10필, 능(綾) 10필, 명주[絁] 20필, 실 100구(絇), 솜 200둔(屯)을 내려주었다.【『속일본기』】

【唐開元二十六年】天平十年三月, 日本使朝臣廣成等朝唐回, 從蘇州入海, 漂着崑崙國. 多被殺執, 廣成等八人僅免, 得歸唐. 從登州入海, 五月到渤海界. 適遇其王大欽茂差使若忽州都督忠武大將軍胥要德雲麾將軍己珍蒙首領己閼棄蒙等, 欲聘日本國

---

297)『日本紀略』前篇10, 神龜5年 正月 甲寅에는 '~及雅樂寮之樂'.
298) 일본 東山道에 있는 옛 구니[國]이다. 현재의 야마가타현과 아키타현에 해당한다.

王, 令廣成等, 隨要德, 卽時同發. 及渡海, 渤海一船遇浪傾覆, 大使胥要德等四十人没死, 珍蒙僅免, 與廣成等, 到著出羽國. 天皇御太極殿, 觀珍蒙射. 又御中宫, 使珍蒙奏本國樂, 聽之. 仍遣還, 賜美濃絁三十疋, 絲一百五十絇, 調綿二百屯.【日本逸史】

【당 개원 26년】 [성무천황(聖武天皇)] 천평 10년(738, 문왕 2년) 3월에 일본 사신 조신광성(朝臣廣成) 등이 당에 입조하였다가 돌아올 때 소주(蘇州)에서 바다로 들어갔다가 표류하여 곤륜국(崑崙國)에 이르렀다. 살해되거나 포로로 잡힌 자들이 많았으나 광성 등 8인은 겨우 면하여 당으로 돌아갈 수 있었다. 등주에서 바다로 들어가 5월에 발해 경계에 도착하였다. 마침 그 왕 대흠무가 사신 약홀주도독(若忽州都督) 충무대장군(忠武大將軍) 서요덕(胥要德), 운휘장군(雲麾將軍) 기진몽(己珍蒙), 수령 기알기몽(己閼棄蒙) 등을 보내 일본국왕에게 안부를 물으려 하였으므로 광성 등에게 명하여 요덕을 따라 즉시 함께 출발하도록 하였다. 바다를 건널 적에 발해 배 한 척이 풍랑을 만나 전복되어 대사(大使) 서요덕 등 40인이 빠져 죽었고 진몽만 겨우 살아 광성 등과 함께 출우국(出羽國)에 도착하였다. 천황이 태극전에 나와 진몽이 활을 쏘는 것을 보았다. 또 중궁에 나아가 진몽에게 본국의 음악을 연주케 하여 그것을 들었다. 이어 돌려보내면서 미농시(美濃絁) 30필, 실 150구(絇), 조면(調綿) 200둔(屯)을 내려주었다.【『일본일사』】

孝謙時, 渤海使輔國大將軍慕施蒙等七十五人來貢, 以國王旨, 問十餘年無使之故. 倭皇答書, 援高句麗舊記, 責其國書違例.【日本逸史】

효겸[천황](孝謙[天皇]) 때 발해 사신 보국대장군(輔國大將軍) 모시몽(慕施蒙) 등 75인이 와서 조공하니 국왕의 뜻으로 10여 년 동안 사신을 보내지 않은 까닭을 물었다. [그러자] 왜황이 답서에서 고구려 옛 기록을 인용하여 그 국서가 예(例)에 벗어난 것을 힐책하였다.【『일본일사』】

【唐肅宗至德元載】天平勝寶八年. 先是日本使朝臣田守等自渤海, 問大唐國消息, 歸言於倭皇曰: 天寶十四載歲次乙未十一月九日, 御史大夫兼范陽節度使安祿山, 擧兵作亂, 自稱大燕聖武皇帝, 改范陽爲靈武郡, 其宅爲潛龍宮, 年號聖武. 留其子慶緖, 知范陽郡事, 自將精騎二十餘萬, 南下直入洛陽, 置署百官. 天子遣安西節度使哥舒翰, 將三十萬衆, 守潼關津, 大將封常清, 將十五萬衆, 別圍洛陽. 天寶十五載, 祿山遣其將孫孝哲等, 率二萬騎, 攻潼關津, 引兵入至新豐. 六月六日, 天子遊于劒南, 七月甲子 皇太子璵卽皇帝位于靈武都督府, 改元至德矣. 倭皇下令太宰府曰: 安祿山, 狂胡狡竪也. 違天起逆, 事必不利, 慮其不能而必還掠海東. 命大貳吉備朝臣眞備, 預設奇謀以應備. 至是渤海遣輔國將軍楊承慶歸德將軍楊泰師判官馮方禮等來使. 倭皇授承慶正三位, 泰師從三位, 方禮從五位, 賜錄事以下十九人祿. 因使忌村田成, 偕承慶等, 使渤海, 欲自渤海, 迎入唐大使朝臣河清. 賜絹三十疋, 美濃絁三十疋, 絲二百絇, 綿三百屯, 錦四疋, 兩面二疋, 纈羅四疋, 白羅十疋, 彩帛三十疋, 白綿一百帖.【仝上.】

【당 숙종 지덕(至德) 원년】 [효겸천황(孝謙天皇)] 천평승보 8년(756, 문왕 20년)이다. 이보다 앞서 일본 사신인 조신전수(朝臣田守) 등이 발해에서 대당국의 소식을 묻고 돌아와서, 왜황에게 말하기를 "천보 14년(755, 문왕 19년) 을미 11월 9일에 어사대부(御史大夫) 겸범양절도사(兼范陽節度使) 안녹산(安祿山)이 거병하여 난을 일으켜 자칭 대연성무황제(大燕聖武皇帝)라고 하고 범양(范陽)을 고쳐 영무군(靈武郡)으로 삼았으며 그 집은 잠룡궁(潛龍宮)이라 하고 연호는 성무(聖武)라 하였습니다. 그 아들 경서(慶緖)를 남겨 범양군의 일을 맡기고 스스로 정예 기병 20여만을 이끌고 남하하여 곧장 낙양으로 들어가서 관서를 설치하고 백관을 두었습니다. 천자가 안서절도사(安西節度使) 가서한(哥舒翰)을 보내 30만의 무리를 이끌고 가서 동관진(潼關津)을 지키게 하고 대장 봉상청(封常清)에게는 15만 무리를 이끌고 가서 따로 낙양을 포위하게 하였습니다. 천보 15년(756, 문왕 20년)에 녹산이 그 장수 손효철(孫孝哲) 등을 보내 2만의 기병을 거느리고 가서 동진관을 공격하게 하고 군사를 이끌고 들어가 신풍(新豐)에 이르렀습니다. 6월 6일에 천자가 검남(劒南)으로 파천하였고 7월 갑자에는 황태자 여(璵)가 영무도독부(靈武都督府)에서 황제의 자리에 올라 지덕으로 개원하였습니다."

라고 하였다. 왜황이 태재부에 명령을 내려 말하기를, "안녹산은 미쳐 날뛰는 오랑캐이며 교활한 어린애다. 천명을 거역하고 반역을 일으켰으니 일이 분명 불리해질 것이며, 할 수 없다고 여겨지면 반드시 해동을 노략질할 것이다."라고 하였다. 대이길비조신진비(大貳吉備朝臣眞備)에게 명하여 기이한 꾀를 미리 강구하여 대비하게 하였다. 이때 발해가 보국장군(輔國將軍) 양승경(楊承慶), 귀덕장군(歸德將軍) 양태사(楊泰師), 판관 풍방례(馮方禮) 등을 사신으로 보내 왔다. 왜황이 승경에게 정3위, 태사에게 종3위, 방례에게 종5위를 제수하고, 녹사(錄事) 이하 19인에게는 녹봉을 하사하였다. 이로 인하여 기촌전성(忌村田成)을 승경 등과 함께 발해에 사신으로 보내고 발해에서 당으로 간 대사 조신하청(朝臣河淸)을 맞이하도록 하고자 하였다. 견(絹) 30필, 미농시(美濃絁) 30필, 실 200구(絇), 솜 300둔, 금(錦) 4필, 양면(兩面) 2필, 힐라(纈羅) 4필, 백라(白羅) 10필, 채백(綵帛) 30필, 백면(白綿) 100첩(帖)을 내려주었다.【위와 같음(『일본일사』)】

> 明年, 渤海遣輔國大將軍玄菟州刺史兼押衛官[299]開國公高南申, 副使高興福, 判官李能本, 解臂[300]安貴寶來使, 以中臺牒報曰: 貴國迎藤原河淸使九十九人, 來到本國. 而大唐祿山思明, 前後作亂, 內外騷荒, 恐被殘害, 只遣頭目高元度等十一人, 往迎河淸, 卽差本國使楊方慶等, 同爲發遣. 倭皇遣陽侯史玲璆, 同南申等, 使渤海, 送絁三十匹, 美濃絁三十匹, 絲二百絇, 綿三百屯.【仝上.】

이듬해(757, 문왕 21년) 발해가 보국대장군(輔國大將軍) 현도주자사(玄菟州刺史) 겸압위관(兼押衛官) 개국공(開國公) 고남신(高南申), 부사(副使) 고흥복(高興福), 판관 이능본(李能本), 해비(解臂) 안귀보(安貴寶)를 사신으로 보내어 와서는, 중대첩(中臺牒)으로 아뢰기를 "귀국의 등원하청을 맞이하기 위한 사신 99인이 본국에 도착하였습니다. 그런데 대당의 [안]녹산과 [사]사명이 앞뒤로 난을 일으켜 안팎이 소란스러워 잔당들에게 해를 입을까 염려스러웠으므로, 단지 두목(頭目) 고원도(高元度) 등 11인만을 보내어 가서 하청을 맞이하였고, 즉시로 본국 사신인 양방경(楊方慶) 등을 파견하여 함께 출발시켰습니다."라고 하였다. 왜황

---

299) 『續日本紀』 卷22, 天平寶字3年 10月 辛亥에는 '衙官'.
300) 『續日本紀』 卷22, 天平寶字4年 正月 己巳에는 '解臂鷹'.

이 양후사영구(陽侯史玲璆)를 보내 [고]남신 등과 함께 발해로 사신으로 가게 하면서 명주[絁] 30필, 미농시(美濃絁) 30필, 실 200구(絇), 솜 300둔을 보냈다.【위와 같음(『일본일사』)】

【唐代宗廣德元年】廢帝天平寶字七年, 渤海遣使紫綏大夫行政堂左允開國男王新福, 副使李能本, 判官楊懷珍, 品官着緋達, 能信等率二十三人來, 進調. 新福言唐事曰: 李家太上少帝竝崩, 廣平王攝政, 年穀不登, 人民相食. 史家朝義, 稱聖武皇帝, 人物多附, 兵鋒甚强, 無敢當者. 鄧州襄陽已屬史家, 李家獨有蘇州, 朝參之路, 固未易通.【仝上.】

【당 대종 광덕 원년】폐제[301] [순인천황(淳仁天皇)] 천평보자(天平寶字) 7년(763, 문왕 27년)에 발해가 자수대부(紫綏大夫) 행정당좌윤(行政堂左允) 개국남(開國男) 왕신복(王新福), 부사 이능본(李能本), 판관 양회진(楊懷珍), 품관(品官) 착비달(着緋達)·능신(能信) 등 23인을 이끌고 와서 조(調)를 바쳤다. 신복이 당의 일을 말하기를, "이가(李家)의 태상소제(太上少帝)가 붕어하고 광평왕(廣平王)이 섭정하는데 농사가 흉년이 들어 백성들이 서로 잡아먹고 있습니다. 사가(史家)의 조의(朝義)가 성무황제(聖武皇帝)라 칭하니 사람들이 많이 붙었고 군사들의 기세가 몹시 강하여 감히 당해낼 자가 없습니다. 등주(鄧州)와 양양(襄陽)은 이미 사가에 속하였고 이가는 소주(蘇州)만을 차지하고 있어, 조회에 참여하는 길이 진실로 쉽게 지날 수가 없습니다."라고 하였다.【위와 같음(『일본일사』)】

【唐廣德二年】天平寶字八年, 渤海遣大使靑綏大夫壹萬祿[302]副使慕昌拜[303]等三百二十五人, 駕船十七隻, 來著出羽國. 倭皇以國書違例, 竝信物不受. 萬祿再拜, 據地而泣曰: 君者彼此一也. 臣等必當有罪. 遂改修國書, 代其王申謝. 於是授萬祿從三位. 與其王書曰: 今省來書, 頓改文道. 日下不註官品姓名, 書尾虛陳天孫僭號. 且高氏之世, 兵亂無休, 爲假朝威, 彼稱兄弟, 今王曾無事故, 而稱甥, 於禮失矣. 後歲之使,

---

301) 일본 淳仁天皇(재위 758~764)을 이른다. 藤原仲麻呂의 亂을 계기로 폐위되었다.
302) 『續日本紀』 卷31, 寶龜2年 6月 壬午에는 '壹萬福'.
303) 『續日本紀』 卷32, 寶龜4年 2月 乙丑에는 '慕昌祿'.

不可更然. 付美濃絁三十疋, 絹三十疋, 絲二百絇, 調綿三百屯. 昌拜卒於日本. 遣武生鳥守與萬祿等, 使渤海. 遭風著能登國, 客主僅免. 日本初遣渤海國船, 名曰能登, 以禱于船神, 有驗. 授其船從五位, 賜錦冠. 其冠綿表絁裏, 紫組纓.【仝上.】

【당 [대종] 광덕 2년】 [순인천황(淳仁天皇)] 천평보자 8년(764, 문왕 28년)에 발해가 대사 청수대부(靑綬大夫) 일만록(壹萬祿), 부사 모창배(慕昌拜) 등 325인을 보내니 배 17척을 타고 와서 출우국(出羽國)에 이르렀다. 왜황이 발해의 국서가 예에 어긋나므로 신물과 함께 받지 않았다. 만록이 재배하고 땅에 엎드려 울면서 말하기를 "임금은 피차간에 마찬가지입니다. 신들은 분명 죄를 받을 것입니다."라고 하고는, 마침내 국서를 고쳐 쓰고 그 왕을 대신해서 사죄하였다. 이에 만록에게 종3위를 제수하였다. 그 왕에게 국서를 주어 이르기를, "이번에 보내온 국서를 살펴보니 글을 쓰는 도리에 아주 어긋났다. 날짜 아래에 관직과 품계 및 성명을 기록하지 않았으며 글의 끝에는 헛되이 천손(天孫)이라 참호(僭號)를 썼다. 고씨(고구려) 때에는 병란이 그치지 않아 거짓 조정의 위엄으로 상대를 형제라고 칭하였는데 지금은 왕이 일찍이 아무런 까닭도 없이 조카[甥]라고 하였으니 예에 어긋난다. 다음에 오는 사신은 다시는 이렇게 해서는 안 될 것이다."라고 하였다. [그리고] 미농시(美濃絁) 30필, 견(絹) 30필, 실 200구(絇), 조면(調綿) 300둔을 부쳐 보냈다. 창배가 일본에서 죽었다. 무생조수(武生鳥守)를 파견하여 만록 등과 함께 발해에 사신으로 보냈다. 바람을 만나 능등국(能登國)에 도착하였는데 겨우 객주만이 살아났다. 일본에서 처음 발해국에 보내는 사신이 타고 가는 배의 이름을 능등(能登)이라 하였는데 선신(船神)에게 기원하였더니 그에 대한 응험이 있었다. 그 배에 종5위를 제수하고 금관(錦冠)을 내려주었다. 그 관은 겉은 비단이고 안은 거친 명주로 만들었으며 자색의 갓끈이 달려 있었다.【위와 같음(『일본일사』)】

【唐代宗大曆三年】稱德神護景雲二年, 渤海使烏須弗來著能登國, 國司問故, 須弗以書報曰: 渤海日本, 久來好隣, 往來朝聘, 如兄如弟. 近年日本內雄等, 住渤海, 學問音聲, 却返本國, 今經十年, 未報安否. 由是差大使壹萬祿[304]等, 遣向貴邦, 擬於朝

---

304) 『續日本紀』 卷31, 寶龜2年 6月 壬午에는 '壹萬福'.

參, 稍經四年, 又未返國. 故更差卑職等, 面奉明旨, 更無餘事. 所附進物及來書, 並在船內. 大政官以書函違例, 却之. 且謂須弗等曰: 渤海使取此道而來, 前有禁斷, 自今後, 依舊例, 從筑紫道來.【仝上】

【당 대종 대력(大曆) 3년】 칭덕[천황](稱德[天皇]) 신호경운(神護景雲) 2년(768, 문왕 32년)에 발해 사신 오수불(烏須弗)이 와서 능등국(能登國)에 이르렀다. 국사(國司)가 온 까닭을 묻자 [오]수불이 글로써 대답하여 말하기를, "발해와 일본은 오래도록 우호 관계를 맺은 이웃으로 오가면서 조빙하여 형제처럼 지냈다. 근년에 일본 내웅(內雄) 등이 발해에 머무르면서 학문과 음악을 배웠는데 일본으로 돌아간 지 지금 10년이 지났음에도 안부를 알려오지 않았다. 이 때문에 대사 일만록(壹萬祿) 등을 귀국에 보내 조회에 참가하게 하였는데, 4년이 지나도록 또한 본국으로 돌아오지 않았다. 그러므로 다시 우리[卑職]를 보내 직접 대면해서 밝은 뜻을 받들려 한 것일 뿐 다른 일은 없다. 진상하는 물품과 보내온 국서는 모두 배 안에 있다."라고 하였다. 대정관(大政官)이 국서를 담은 함(函)이 예에 어긋난다 하여 그것을 받기를 거절하였다. 또한 수불 등에게 말하기를, "발해 사신이 이 길로 오는 것은 전부터 금지하였으니 앞으로는 예전의 예에 따라 축자도(筑紫道)를 따라 오라."라고 하였다.【위와 같음(『일본일사』)】

【唐大曆五年】光仁寶龜元年, 渤海遣獻可大夫司賓少令開國男史都蒙, 大判官高祿思, 少判官高鬱琳, 判官高淑源, 大錄事史道仙, 少錄事高珪宣等一百八十七人來, 使告其王妃喪, 且賀倭皇卽位.[305] 遭風漂沒, 僅餘四十六人, 淑源及少錄事一人亦死. 國司問曰: 烏須弗歸時, 大政官處分, 渤海使宜依舊例, 向太宰府, 不得取此路而來. 今違約束, 其事如何. 都蒙等對曰: 實承此旨, 故都蒙等發自弊邑南府[306]吐号浦,[307] 西

---

305) 『續日本紀』卷34, 寶龜7年 12月 乙巳에는 "乙巳 渤海國遣獻可大夫司賓少令開國男史都蒙等一百八十七人 賀我卽位 幷赴彼國王妃之喪"이라 기록하여, 본문에서 언급한 "왕비의 상(喪)"과 약 6년의 차이를 보인다.
306) 『續日本紀』卷34, 寶龜8年 正月 癸酉에는 '南海府'.
307) 『續日本紀』卷34, 寶龜8年 正月 癸酉에는 '吐号浦'.

> 指對馬島竹室之津, 而海中遭風, 着此禁境. 失約之罪, 更無所避. 日本又將以十六人, 分留海岸. 都蒙曰: 此猶割一身而分背, 失四體而蒲伏. 乃聽其同入. 倭皇御重閣門, 令都蒙, 騎射而觀之. 仍遣朝臣展繼,308) 同都蒙, 使渤海. 賜絹五十匹, 絲二百絇, 綿三百屯. 都蒙請加附, 又賜黃金小一百兩, 水銀大一百兩, 金漆一缶, 海石榴油一缶, 水晶念珠四貫, 檳榔十枚. 賻王妃喪, 絹二十足, 絁二309)足, 綿二百屯. ○是年, 渤海又遣獻可大夫司賓少令張仙壽, 以國王旨言曰: 朝臣展繼等失路, 漂着遠夷之境. 船破, 爲造二船領歸.【竝仝上.】

【당[대종] 대력 5년】 광인[천황](光仁[天皇]) 보귀(寶龜) 원년(770, 문왕 34년)에 발해가 헌가대부(獻可大夫) 사빈소령(司賓少令) 개국남(開國男) 사도몽(史都蒙), 대판관(大判官) 고녹사(高祿思), 소판관(少判官) 고울림(高鬱琳), 판관 고숙원(高淑源), 대녹사(大錄事) 사도선(史道仙), 소녹사(少錄事) 고규선(高珪宣) 등 187인을 보내어 와서 그 왕비의 상(喪)을 아뢰고 또한 왜황의 즉위를 축하하게 하였다. 풍랑을 만나 표류하다 빠져 죽고 겨우 나머지 46인만이 살아남았는데, 숙원과 소녹사 1인도 죽었다. 국사(國司)가 물어 말하기를, "오수불(烏須弗)이 돌아갈 적에 대정관의 처분이 있었으니 발해 사신은 마땅히 예전의 예에 따라 태재부(太宰府)로 향하고 이 길로 와서는 안 된다. 지금 약속을 어긴 것은 어찌된 일인가?"라고 하였다. 도몽 등이 대답하여 말하기를, "진실로 이 뜻을 받든 까닭에 도몽 등이 우리 고을[弊邑]의 남해부(南海府)310) 토호포(吐号浦)에서 출발하여 서쪽 대마도의 죽실진(竹室津)을 향해 갔으

---

308) 『續日本紀』 卷34, 寶龜8年 5月 癸酉에는 '殿繼'.

309) 『續日本紀』 卷34, 寶龜8年 5月 癸酉에는 '二十'.

310) 남경 남해부의 위치에 대해서는 韓鎭書의 『海東繹史續』 「渤海」에서 北靑설을, 丁若鏞의 『我邦疆域考』 「渤海考」에서 咸興설을 내세운 이래로, 鏡城설(內藤虎次郎, 1907; 松井等, 1913), 북청설(鳥山喜一, 1935; 채태형, 1998), 함흥설(池內宏, 1937; 白鳥庫吉, 1935; 和田淸, 1955), 鍾城설 등의 견해가 있다. 남경과 남해부의 치소는 동일 지역에 있었던 것으로 보이나, 관청이 하나였는지 분리되어 있었는지는 불분명하다. 남해부의 위치 비정에는, 776년 남해부 '吐号浦'에서 발해 사신단이 일본으로 출발했다는 기록(『續日本紀』)에 부합하는 항구와 남해부의 특산물인 곤포, 즉 다시마가 생산되는 지역이라는 조건이 붙는다. 정약용이 곤포의 주요 산지인 함흥을 남해부로 본 이후로 함흥설은 많은 지지를 받았고, '토호포'를 함흥 서남쪽으로 약 15km 떨어진 '連浦(고려·조선시대 都連浦)'로 추정하였다. 그러나 북한에서 발굴 성과를 토대로 북청군의 청해토성(북청토성)을 남해부로 비정한 이후 북청설이 유력시

나 바다에서 풍랑을 만나 이곳 금지 구역에 도착한 것입니다. 약조를 어긴 죄를 다시 피할 길이 없습니다."라고 하였다. 일본에서 또 16인을 나누어 해안에 남겨 두려 하자, 도몽이 말하기를 "이것은 한 몸을 쪼개 등을 둘로 나누는 것이며 사지를 틀어 기어가게 하는 것입니다."라고 하였다. 이에 그것을 듣고 함께 들어가도록 하였다. 왜황이 중각문(重閣門)에 나아가 도몽에게 말을 타고 활을 쏘게 하고는 그것을 관람하였다. 이어 조신전계(朝臣展繼)를 보내 도몽과 함께 발해로 사신으로 가게 하였다. 견(絹) 50필, 실 200구(絇), 솜 300둔을 내려주었다. 도몽이 더 주기를 요청하자 다시 황금 작은 것 100냥, 수은(水銀) 큰 것 100냥, 금칠(金漆) 1단지, 해석류유(海石榴油) 1단지, 수정으로 만든 염주(念珠) 4관, 빈랑(檳榔) 10매를 주었다. 왕비의 상에는 견 20필, 명주[絁] 2필, 솜 200둔을 부의(賻儀)하였다. ○ 이해에 발해가 또 헌가대부 사빈소령 장선수(張仙壽)를 보내어 국왕의 뜻을 이르기를, "조신전계 등이 길을 잃어 표류하다가 먼 오랑캐의 땅에 도착하였다. 배가 부서졌기에 2척의 배를 만들어서 데리고 돌아왔습니다."라고 하였다.【모두 위와 같음(『일본일사』)】

> 桓武時, 渤海使押領高伴弼, 通事高說昌來, 以國書違例, 却之, 又責不由筑紫道. 鐵利官人與說昌爭坐, 大政官爲異其班. 伴粥船破, 爲給九船以歸.【日本逸史. 按, 桓武[311] 延曆元年, 卽唐建中三年.】

환무[천황](桓武[天皇]) 때 발해 사신인 압령(押領) 고반필(高伴弼), 통사 고열창(高說昌)이 왔는데, 국서가 예에 어긋났다는 이유로 그것을 거절하였고, 또 축자도(筑紫道)로 경유하지 않은 것을 힐책하였다. 철리(鐵利) 관인이 열창 등과 더불어 자리를 다투었으므로 대정관이 반열을 달리하게 하였다. 반필의 배가 부서졌으므로 9척을 주어 돌려보냈다.【『일본일사』. 살펴보니, 환무 연력(延曆) 원년(782, 문왕 46년)은 곧 당 건중(建中) 3년이다.】

> 【唐德宗貞元十二年】延曆十五年四月戊子, 渤海國遣使庭諫大夫[312]工部郎中呂定琳

되고 있다.

311) 『海東繹史』(경인문화사 영인본)에는 '按, 日本桓武~'.
312) 『類聚國史』 卷193, 延曆15年 4月 戊子에는 '迂諫大夫'.

等六十六[313]人來, 告喪.【按, 渤海文王之喪.】定琳等漂著夷地志理波村, 被掠, 人多散亡. 出羽國言狀, 倭皇置定琳於越後國, 供給. 定琳又傳奉在唐學問僧永忠等所附書, 付答書.【仝上.】

【당 덕종 정원(貞元) 12년】연력 15년(796, 강왕 2년) 4월 무자에 발해국이 정간대부(庭諫大夫) 공부낭중(工部郞中) 여정림(呂定琳) 등 66인을 사신으로 보내 와서 상을 아뢰었다.【살펴보니, 발해 문왕의 상이다.】정림 등이 표류하여 오랑캐의 땅 지리파촌(志理波村)에 도착하였다가 약탈당하여 많이 흩어져 죽었다. 출우국(出羽國)에서 이런 상황을 말하자 왜황이 정림을 월후국(越後國)에 두고 물품을 공급하여 주었다. 정림이 또 당에 있는 학문승(學問僧) 영충(永忠) 등이 보낸 편지를 전하니 답서를 주었다.【위와 같음(『일본일사』)】

【唐貞元十五年】延曆十八年春正月丙午, 渤海國使衛軍大將軍左熊衛都將上柱國開國子大昌泰來. 倭皇御太極殿受朝, 文武九品已上蕃客等各陪從. 減四拜爲再拜, 不拍手, 以有渤海使也. 又構綵殿以享其使. 渤海使舶, 多著能登國, 令修飾其停宿之處.【類聚日本國史】

【당 [덕종] 정원 15년】연력 18년(799, 강왕 5년) 봄 정월 병오에 발해국 사신 위군대장군(衛軍大將軍) 좌웅위도장(左熊衛都將) 상주국(上柱國) 개국자(開國子) 대창태(大昌泰)가 왔다. 왜황이 태극전에 나아가 조회를 받았는데 문무 9품 이상과 번객 등이 각각 모시고 따랐다. 사배를 줄여 재배하였고 박수는 치지 않았는데 이는 발해 사신이 있었기 때문이었다. 또 채전(綵殿)을 지어 사신들을 대접하였다. 발해 사신의 배가 능등국(能登國)에 많이 도착하므로 그들이 머물고 묵을 곳을 수리하게 하였다.【『유취일본국사』】

嵯峨弘仁中, 渤海使高南容, 首領高多弗[314]來, 賜宴於朝集院. 仍遣宿彌東人, 與南

---

313) 『類聚國史』 卷193, 延曆14年 11月 丙申에는 '六十八'.
314) 『日本紀略』 前篇14, 弘仁元年 5月 丙寅에는 '高多佛'.

容, 使渤海. 東人以國書違例, 棄之而來. 多弗[315]脫留越前國. 仍置之越中給食, 使習語生等, 學渤海言.【日本逸史. 按, 弘仁元年, 卽唐憲宗元和五年.[316]】

차아[천황](嵯峨[天皇]) 홍인 중에 발해 사신 고남용(高南容), 수령 고다불(高多弗)이 오니 조집원(朝集院)에서 잔치를 베풀어주었다. 그리고 숙미동인(宿彌東人)을 보내 남용과 함께 발해로 사신 보냈다. 동인이 국서가 예에 어긋난다는 이유로 버리고 왔다. 다불은 이탈하여 월전국(越前國)에 남았다. 그를 월중국(越中國)에 두고 음식을 공급해주면서 습어생(習語生)들에게 발해말을 배우게 하였다.【『일본일사』. 살펴보니, 홍인 원년(810, 정왕 2년)은 곧 당 헌종 원화(元和) 5년이다.】

仁明時, 渤海大使王孝廉, 副使高景秀, 判官高莫善,[317] 王昇基等來. 授孝廉從三位, 景秀正四位, 莫善昇基正五位, 又賜錄事以下祿. 孝廉等歸, 付送大唐越州人周光翰言升則等.【仝上. 按, 仁明元年. 卽唐文宗太和八年.[318]】

인명[천황](仁明[天皇]) 때 발해 대사 왕효렴(王孝廉), 부사 고경수(高景秀), 판관 고막선(高莫善)·왕승기(王昇基) 등이 왔다. 효렴에게 종3위, 경수에게 정4위, 막선과 승기에게 정5위를 제수하고, 또 녹사 이하에게는 녹봉을 내려주었다. 효렴 등이 돌아갈 때 대당 월주인(越州人) 주광한(周光翰)·언승칙(言升則) 등을 딸려 보냈다.【위와 같음(『일본일사』). 살펴보니 인명 즉위년(834, 대이진 5년)은 곧 당 문종 태화(太和) 8년이다.】

【唐大中十三年】清和貞觀元年, 渤海國人馬孝愼來, 獻唐徐昂之宣明曆. 頒行國中.【日本三代實錄】

---

315) 『日本紀略』 前篇14, 弘仁元年 5月 丙寅에는 '多佛'.
316) 『海東繹史』(경인문화사 영인본)에는 '按, 日本弘仁~'.
317) 『日本逸史』 卷23, 弘仁6年 正月 己卯에는 '高英善'.
318) 『海東繹史』(경인문화사 영인본)에는 '按, 日本仁明~'.

【당 [선종] 대중 13년】 청화[천황](淸和[天皇]) 정관(貞觀) 원년(859, 대건황 2년)에 발해국인 마효신(馬孝愼)³¹⁹)이 와서 당 서앙(徐昻)의 〈선명력(宣明曆)〉을 바쳤다. 나라 안에 반포하여 시행하였다.【『일본삼대실록(日本三代實錄)』】

【唐僖宗中和二年】陽成元慶六年十二月卄七日乙未, 加賀國馳驛言, 今月十四日, 渤海國入覲使裴頲等一百五人著岸.【仝上.】

【당 희종 중화 2년】 양성[천황](陽成[天皇]) 원경(元慶) 6년(882, 대현석 12년) 12월 27일 을미에 가하국(加賀國)에서 역마를 보내 말하기를, "이달 14일에 발해국 입근사(入覲使) 배정(裴頲) 등 105인이 해안에 도착하였다."라고 하였다.【위와 같음(『일본삼대실록』)】

宇多時, 渤海使王文矩來. 倭皇御豐樂殿, 宴五位以上. 觀渤海使擊毬, 賜綿二百屯.【日本逸史. 按, 宇多九³²⁰)年, 卽唐昭宗龍紀二年.³²¹)】

우다[천황](宇多[天皇]) 때 발해 사신 왕문구(王文矩)가 왔다. 왜황이 풍락전(豐樂殿)에 나아가 5위 이상에게 잔치를 베풀었다. 발해 사신이 격구하는 것을 관람하고 솜 200둔을 하사하였다.【『일본일사』. 살펴보니 우다 원년(889, 대현석 19년)은 바로 당 소종(昭宗) 용기(龍紀) 2년이다.】

醍醐時, 渤海使貞泰璋璿等來, 獻契丹大揭二口, 猲子二口.【仝上. 按, 醍醐元年 卽唐昭宗光化元年.³²²)】

---

319) 『日本紀略』 前篇17, 淸和天皇 貞觀元年 正月 22日 乙卯에는 '烏孝愼'.
320) '九'→'元'.
321) 『海東繹史』(경인문화사 영인본)에는 '按, 日本宇多元年~'.
322) 『海東繹史』(경인문화사 영인본)에는 '按, 日本醍醐~'.

제호[천황]([醍醐[天皇]) 때 발해 사신 [고]정태([高]貞泰)·장선(璋璿) 등이 와서 거란의 대게(大揭) 2구(口), 와자(猧子, 개) 2마리를 바쳤다.【위와 같음(『일본일사』). 살펴보니 제호 원년(898, 대위해 5년)은 바로 당나라 소종 광화 원년이다.】

○ 권제70, 일본고(日本考) 7, 통빙해도(通聘海道)[323]

渤海龍原府, 東南瀕海, 日本道也.【新唐書】
【鎭書】 謹按日本逸史, 渤海使舶多著蝦夷國及出羽能[324]之地.[325] 於能登築亭舘以待.[326] 渤海龍原府, 今鏡城府, 而與蝦夷出羽能登等地, 隔海相望,[327] 當時使舶由東北海通涉, 推此可驗.【詳見地理考渤海條.】[328]

발해 [동경(東京)] 용원부(龍原府)는 동남쪽으로 바다에 인접해 있으며, 일본도이다.【『신당서』】

【[한]진서가】 삼가 『일본일사(日本逸史)』를 살펴보니, 발해 사신이 타고 가는 배는 하이국(蝦夷國)과 출우(出羽)·능등(能登) 지역에 도착하는 것이 많았다. 이에 능등에 정관(亭舘)을 지어서 대접하였다. 발해 용원부는 지금의 경성부(鏡城府)로 하이국과 출우·능등 등지와 바다를 사이에 두고 서로 마주보는데, 당시에 사신의 배가 동북쪽 바다를 지나옴을 이것으로 미루어 알 수가 있다.【지리고 발해조에 상세히 보인다.】

---

323) 『海東繹史』(경인문화사 영인본)에는 '附 通倭海路'.
324) '能' → '能登'.
325) 『海東繹史』(경인문화사 영인본)에는 '出羽能之地 日本惡其徑, 約由筑紫道太宰府. 其後又著能登, 日本人讓其違約, 而□竟不能禁, 遂'.
326) 『海東繹史』(경인문화사 영인본)에는 '於能登築亭舘以待. 詳見日本通聘始末'.
327) 『海東繹史』(경인문화사 영인본)에는 '隔海相望 與我咸鏡北道'.
328) 『海東繹史』(경인문화사 영인본)에는 '~通日本, 可推也'.

37. 『해동역사속(海東繹史續)』

『해동역사속』은 한진서(韓鎭書, 1777~?)가 순조 23년(1823)에 편찬한 우리나라 역대 지리서이다. 실학자 한치윤(韓致奫)이 지은 『해동역사(海東繹史)』에 따른 속권(續卷) 15권을 뜻하며, 『해동역사지리고(海東繹史地理考)』라고도 한다. 한진서는 한치윤의 조카로 어려서부터 한치윤으로부터 학문을 배웠고, 『해동역사』 속편의 유탁(遺託)을 받아 한치윤이 죽은 지 9년 뒤에 완성하였다.

내용 구성은 권1에 「고금강역도(古今疆域圖)」·「고금지분연혁표(古今地分沿革表)」, 권2에 조선·예맥(濊貊)·옥저(沃沮)의 지리, 권3에 삼한강역총론, 마한·진한·변한의 지리, 권4에 한사군(漢四郡)의 고증, 권5에 부여(扶餘)·읍루(挹婁)의 지리고, 권6에 고구려의 강역과 성읍(城邑), 권7에 신라의 강역과 북계(北界)·성읍, 권8에 백제의 강역과 성읍, 권9에 발해의 강역과 군현(郡縣), 권10에 고려의 강역과 동북계·서북계의 연혁, 권11에 고려의 성읍, 권12에 조선의 강역과 각 도별 구역, 권13에 국내의 명산과 도서(島嶼), 권14에 국내의 하천, 권15에 국경 밖에 있는 옛날 우리의 영토 안 명산·대천에 대한 고증 등이 수록되어 있다. 주목되는 것은 권6~8에서 고구려·신라·백제를 다룬 다음, 권9에서 발해를 다루었는데, 이는 발해를 국사에 넣어 우리나라의 역사로 간주한 것으로 판단된다.

주목되는 것은 권1의 「고금강역도」에 '발해경부도(渤海京府圖)'가 포함되어 있는데, 이것은 최초의 독립된 발해 지도로 여겨진다. 발해의 지리 고증과 관련해서는 '강역총론(疆域總論)'과 '경부변오(京府辨誤)'의 두 부분에 걸쳐 서술되어 있다. 즉 발해 강역에 대한 개관에 이어서 5경 15부의 위치를 개별적으로 고증하였고, 『요사(遼史)』 지리지에서 비롯된 오류를 고증한 뒤에 '미상의 군현(郡縣)'을 부록으로 달아 놓았다. 따라서 발해 지리 고증의 내용은 정약용(丁若鏞)의 『발해고(渤海考)』 구성과 유사하다고 할 수 있다.

한치윤의 『해동역사』(권11)에서는 발해사를 신라사와 동등하게 다루면서도, 발해의 건국자를 본래 속말부로서 고구려에 신속(臣屬)하였던 인물로 보았다. 한진서 또한 「고금강역도」에서 삼국과 함께 발해를 그 대상으로 삼았지만, 발해를 말갈(靺鞨) 종족이라 하였고(권9), 평양의 연혁을 서술하면서 이곳에 당나라 안동도호부가 설치되었다가 발해에 함락되었고 고려에 이르러 '비로소 판적(版籍)에 들어왔다'라고 설명하였다(권2). 따라서 체제상으로는 분명히 발해를 신라와 대등하게 취급하고 있지만, 한편으로는 마치 발해를 우리 역사로 인식하지 못하고 있는 듯한 모순된 모습도 나타난다.

5경 15부의 위치 비정과 관련해서는 정약용이 정리부, 안변부, 동평부, 철리부의 위치를 요동 지방 근처에서 소재지를 찾았던 반면에, 한진서는 흑룡강성 쪽으로 비정한 것이 주목된다. 이는 현재의 통설을 고려해볼 때에 한진서의 고증이 더 사실에 가까웠음을 알 수 있다. 아래 원문은 1914년 조선광문회(朝鮮光文會)에서 활자본으로 간행한 〈想白古915.1-H19hs〉를 저본으로 삼았다.

○ 권제1, 지리고(地理考) 1, 고금강역도(古今疆域圖), 서문

> 書以記言, 圖以象形, 歷代地形, 書不能盡言, 故作疆域圖. 先以八道幅圓, 著其大槩, 次以朝鮮三韓四郡三國渤海, 其封疆展縮地名沿革隨時不同者, 每合爲圖, 不嫌重複, 使之易辨. 至於高麗四履, 推今八道可準, 故只圖其西北分界爾.

서(書)는 기록으로 말을 하고, 도(圖)는 형상으로 나타낸다. 역대(歷代)의 지형은 글로는 다 말할 수가 없으므로 강역도(疆域圖)를 만들었다. 먼저 팔도(八道)의 길이와 너비[幅圓: 지역의 넓이]를 그려서 그 대개(大槪: 개략적인 중요 내용)를 드러내고, 그다음에 조선(朝鮮), 삼한(三韓), 사군(四郡), 삼국(三國), 발해(渤海)에 대해서 그 봉강(封疆: 봉토)의 변동[展縮: 확장과 축소]과 지명(地名)의 연혁(沿革)이 시대에 따라서 같지 않은 것을 각각 도(圖)로 만들었는데, 중복되는 것도 꺼리지 않아 쉽게 분별할 수 있게 하였다. 고려(高麗)의 사방 경계는 지금의 팔도를 미루어서 꿰맞출 수 있으므로 단지 서북분계(西北分界)에 대해서만 도를 만들었다.

○ 권제1, 지리고(地理考) 1, 고금강역도(古今疆域圖), 발해경부도(渤海京府圖)

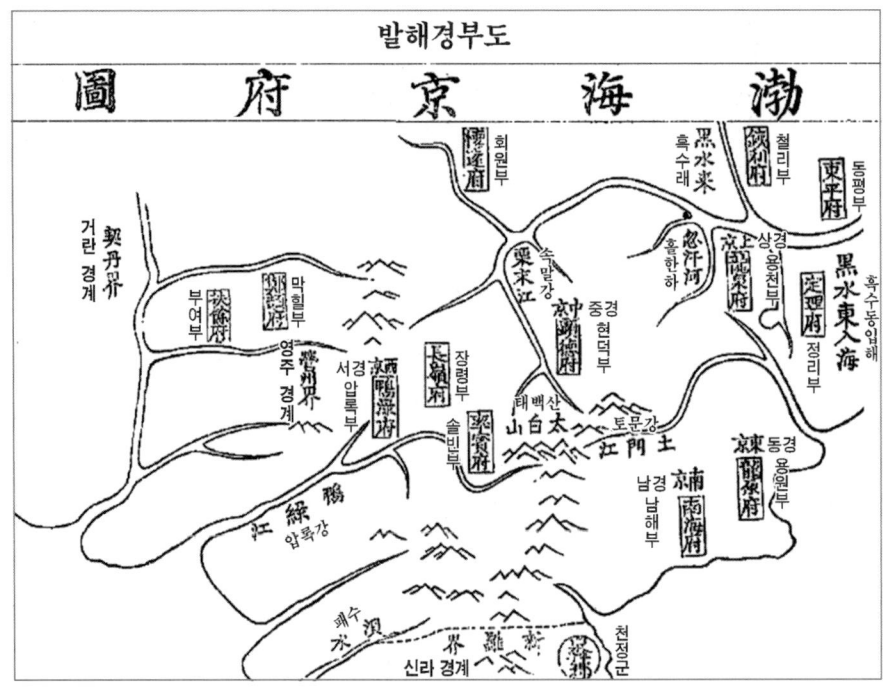

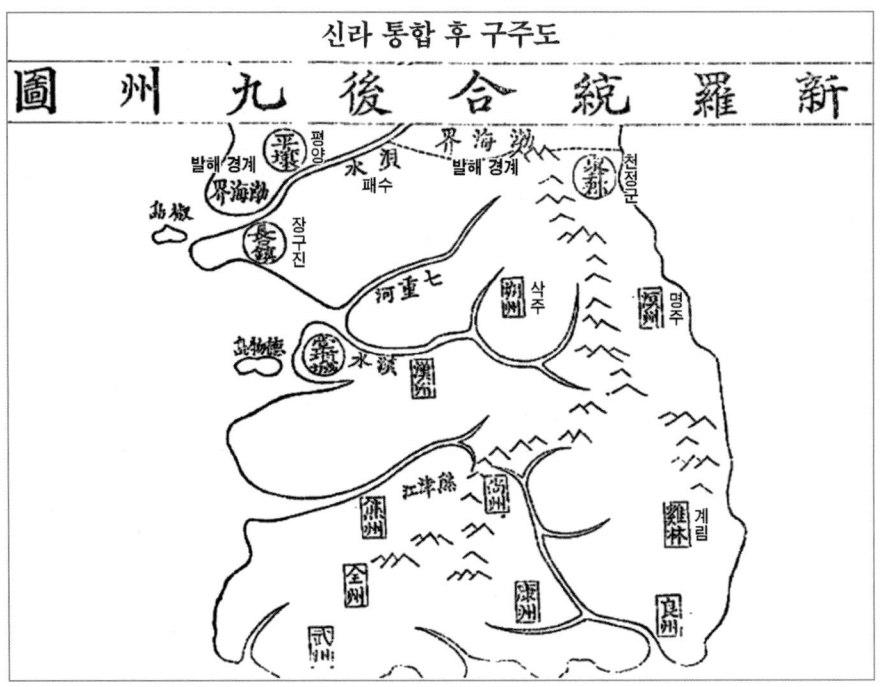

○ 권제2, 지리고(地理考) 2, 조선(朝鮮)

…【鎭書】謹按通典, … 平壤, 自箕氏之末, 不爲東國所管者, 屢百年, 魏晉之際, 句麗始都焉. 唐置安東都護府, 陷於渤海, 又屢百年, 至高麗, 始入版籍. 新羅人未曾識平壤之如何, 金侍中撰史, 旣無本國信蹟, 故徒襲杜氏之說. …

…【[한]진서가】 삼가 『통전』을 살펴보건대 … 평양은 기자조선 말기부터 동국의 관할에서 벗어난 지 수백 년이었고, 지난 위진(魏晉) 무렵에 와서 고구려가 비로소 도읍하였다. 당(唐)나라가 안동도호부(安東都護府)를 설치하였다가 발해(渤海)에 의해 함락되었으며, 또다시 수백 년이 흘러 고려(高麗) 무렵에 이르러서 비로소 [동국의] 판도(版圖) 안에 들게 되었다. 신라 사람들은 일찍이 평양이 어디인지조차 몰랐다. 시중(侍中, 김부식)이 역사를 편찬하면서는 이미 믿을 만한 본국의 사적(史蹟)이 없으므로 한갓 두우(杜佑)의 설을 그대로 따랐다.

○ 권제2, 지리고(地理考) 2, 옥저(沃沮)

…中國書, 或以今奉天府之海城縣, 爲沃沮故地, 此襲遼史之誤也.
『遼史地理志』海州南海軍, 本沃沮國地, 渤海號南京南海府.
『盛京通志』沃沮國, 遼史, 海州, 本沃沮國地. 按後漢書, 東沃沮, 北與挹婁, 南與濊貊接, 在蓋馬大山之東. 今據明一統志, 以蓋馬大山地在朝鮮, 則其國都在今【海城】縣界之外, 海州其外邑也. 後漢書, 又有北沃沮, 去南沃沮八百餘里. 今舊地皆無考, 大抵在今寧古塔之西.
『大淸一統志』海城縣, 在奉天府南二百四十里. 按遼志云, 海州, 本沃沮國地, 後漢書云, 東沃沮在高句麗蓋馬大山之東, 通志云, 蓋平, 古蓋牟城, 漢書, 高句驪有蓋馬大山, 地理志, 西蓋馬屬元菟,[1] 唐之蓋牟城, 卽漢之西蓋馬. 考今海城西南隅, 至蓋平八十里, 蓋平爲古蓋馬, 海城爲古沃沮, 則知海城果爲蓋平東北境也. 且通志云, 海城縣, 有沙卑城, 高麗置, 故沃沮地也. 又云, 渤海南京, 疊石爲城, 幅員九里, 渤海大氏所建, 在今海城縣界. 據唐書渤海傳, 以沃沮故地, 爲南京南海府, 尤可驗矣.

---

1) '元菟' → '玄菟'.

【鎭書】謹按, 遼東地理, 雖爲遼史所亂, 終古不變者, 鴨淥一帶. 鴨淥在海城之東, 蓋馬又在鴨淥之東, 沃沮又在蓋馬之東, 前史可徵. 豈可引東西各千餘里之地, 以蓋平縣爲蓋馬山, 海城縣爲沃沮地乎. 若以海城當沃沮, 則其北或可曰接夫餘, 其南有何濊貊, 其西有何高句麗, 其東有何大海. 所謂背山向海, 折方千里, 又何處可尋耶. 唐書云, 渤海以沃沮古地, 爲南海府, 今之北靑等地也. 遼志所云, 南海軍, 今之海城縣也, 遼志以南海之同名, 遂謂卽渤海南海府, 又謂卽沃沮古地. 淸通志, 不之審此, 傅會遼志, 皆誤也.

… 중국의 서적에서는 혹 지금의 봉천부(奉天府) 해성현(海城縣)이 옥저의 옛 지역이라고 하였는데, 이것은 『요사(遼史)』의 잘못을 그대로 답습한 것이다.

『『요사(遼史)』 지리지(地理志)』 해주(海州) 남해군(南海軍)은 본래 옥저국의 땅으로, 발해(渤海)에서는 남경(南京) 남해부(南海府)라고 불렀다.

『『성경통지(盛京通志)』』[2] 옥저국을 『요사』에서 "해주는 본래 옥저국의 땅이다."라고 하였다. 『후한서』를 살펴보면 "동옥저는 북쪽으로 읍루(挹婁)와 접하였고, 남쪽으로는 예맥과 접하였으며, 개마대산(蓋馬大山)[3]의 동쪽에 있다."라고 하였다. 지금 『[대]명일통지』를 근거로 하여 보면, 개마대산은 조선에 있다. 그런즉 그 국도(國都)가 지금의 [해성]현 경계 바깥에 있으며, 해주는 그 외읍(外邑)이다. 『후한서』에 이르기를 "또 북옥저가 있는데, 남옥저에서 800여 리 떨어져 있다."라고 하였는데, 지금 옛 땅을 모두 상고할 수는 없으나, 대개 지금의 영고탑(寧古塔) 서쪽에 있었을 것이다.

『『대청일통지(大淸一統志)』』 해성현은 봉천부에서 남쪽으로 240리 되는 곳에 있다. 『요사』 지리지를 살펴보면, "해주는 본래 옥저국의 땅이다."라고 하였고, 『후한서』에서는 "동옥저를 살펴보면, 고구려의 개마대산의 동쪽에 있다."라고 하였고, 『[성경]통지』에서는 "개평(蓋平)

---

2) 후금 및 청초의 수도인 성경(지금의 심양)을 중심으로 편찬한 중국 동북지역의 역사지리서이다. 1684년(강희23)에 董秉忠 등이 편찬한 32권, 1736년(건륭1, 영조12)에 王河 등이 편찬한 48권, 1778년(건륭43, 정조2)에 阿桂 등이 편찬한 130권 등이 있다(유득공 지음, 김종복 옮김, 2018, 203쪽).

3) 함경도와 평안도의 경계에 있는 낭림산맥을 말한다. 백두산이라고 보는 견해도 있다(유득공 지음, 김종복 옮김, 2018, 212쪽).

은 옛 개모성(蓋牟城)이다. 『한서』에 '고구려에는 개마대산이 있다.'라고 하였으며, 「지리지」에는 '서개마(西蓋馬)는 현도(玄菟)에 속한다. 당나라의 개모성은 바로 한나라의 서개마이다.'라고 하였다."라고 하였다. 상고해 보건대, 지금 해성의 서남쪽 모퉁이에서 개평까지는 80리 인데, 개평은 옛 개마(蓋馬)이고, 해성현은 옛 옥저이니, 즉 해성이 과연 개평의 동북쪽 경계가 된다는 것을 알 수가 있다. 그리고 또 『[성경]통지』에 이르기를, "해성현에는 사비성(沙卑城)이 있는데, 고[구]려에서 옛 옥저(沃沮) 땅에 설치한 것이다."라고 하였다. 또 이르기를, "발해의 남경(南京)은 돌을 겹쳐 쌓아 성을 만들었는데, 둘레가 9리로, 발해의 대씨(大氏)가 축조한 것이다. 지금의 해성현의 경계에 있다."라고 하였다. 『당서(唐書)』 발해전(渤海傳)의 "옥저의 고지(故地)로 남경 남해부를 삼았다."라고 한 것을 근거로 보면 더욱더 증험할 수 있다.

【[한]진서가】 삼가 살펴보건대, 요동의 지리는 비록 『요사』에 의해서 어지럽혀지기는 하였지만, 예로부터 변하지 않은 것은 압록강(鴨淥江) 일대이다. 압록강은 해성(海城)의 동쪽에 있으며, 개마산(蓋馬山)은 또 압록강의 동쪽에 있고, 옥저는 또 개마산의 동쪽에 있음을 전사(前史)에서 증명할 수가 있다. 그런데 어찌 동서가 각각 1,000리나 되는 지역을 끌어다가 개평현(蓋平縣)을 개마산이라 하고, 해성현을 옥저 지역이라고 해서야 되겠는가. 만약 해성으로 옥저라고 한다면, 곧 그 북쪽은 부여(夫餘)에 접하였다고 해야 하는데, 그 남쪽에 어떻게 예맥이 있을 수 있으며, 그 서쪽에 어떻게 고구려가 있을 수 있으며, 그 동쪽에 어떻게 큰 바다가 있을 수 있단 말인가. 이른바 "산을 등지고 바다를 향해 있으며, 사방이 1,000리이다."라고 한 지역을 또 어디에서 찾을 수 있겠는가. 『당서』에 이르기를, "발해가 옥저의 옛 땅으로써 남해부를 삼았다."라고 하였는데, 지금의 북청(北靑) 등지이다. 『요사』 지리지에서 말한 남해군은 지금의 해성현이다. 『요사』 지리지에서는 남해와 같은 이름으로서 마침내 곧 발해의 남해부라고 하고, 또 곧 옥저의 옛 지역이라고 일컬었다. 『대청일통지』에서는 이런 것을 제대로 살펴보지 않은 채 『요사』 지리지의 내용을 [견강]부회하였는데, 모두 잘못된 것이다.

○ 권제5, 지리고(地理考) 5, 부여(扶餘)

…【鎭書】謹按, …唐書云, 渤海以扶餘故地, 爲扶餘府, 今之開原縣也.【見渤海條.】

… 【[한]진서가】 삼가 살펴보건대 … 『당서(唐書)』에 이르기를, "발해가 부여의 옛 지역을 부여부로 삼았다."라고 하였는데, 부여부는 지금의 개원현이다.【발해조(渤海條)에 보인다.】

○ 권제5, 지리고(地理考) 5, 읍루(挹婁)

挹婁者, 古之肅愼氏也, 今白頭山北烏喇寧古塔等處, 是也.
〖山海經〗大荒之中, 有山, 名曰不咸, 有肅愼氏之國.
〖唐書地理志〗渤海王城, 臨忽汗海, 其西南三十里, 有古肅愼城.
〖松漠紀聞〗古肅愼城, 四面約五里餘, 遺堞尙在, 渤海國都三十里, 亦以石累城脚.
〖盛京通志〗烏喇寧古塔, 周肅愼氏國.
【鎭書】謹按, 不咸山, 今白頭山也, 忽汗海, 今虎兒哈河也. 今寧古塔東南, 濱于此河, 是爲古肅愼國也. …
在元魏曰勿吉, 在隋唐曰靺鞨, 後爲渤海大氏之地.
〖後魏書勿吉傳〗國在高句麗北, 舊肅愼國也. 國有大水, 闊三里餘, 名速末水, 國南有徒太山, 魏言太白.【謹按 速末水 今混同江.】
〖新唐書黑水靺鞨傳〗居肅愼地, 東濱海, 西屬突厥, 南高麗, 北室韋. 離爲數十部. 其著者曰粟末部, 居最南, 抵太白山, 依粟末水以居. 稍東北曰汨咄部, 又次曰安居骨部, 益東曰拂涅部, 居骨之西北曰黑水部, 粟末之東曰白山部. 部間遠者三四百里, 近二百里. 王師取平壤, 汨咄安居骨等皆奔散, 遺人迸入渤海. 唯黑水完彊, 分十六落, 後渤海盛, 靺鞨皆役屬之.
後世地志, 以奉天府承德縣, 爲挹婁之地, 始於遼史之誤也.
〖遼史地理志〗瀋州昭德軍, 本挹婁國地, 渤海建瀋州.
〖盛京通志〗奉天府承德縣, 周肅愼氏地, 漢挹婁國, 唐屬渤海, 置瀋州. ○鐵嶺縣, 周秦肅愼氏地, 漢晉挹婁國地.
〖大淸一統志〗奉天府, 始古挹婁也, 東北盡屬挹婁, 北爲夫餘, 南近海爲沃沮. ○樂郊古城, 今承德縣治, 遼爲瀋州治. 按, 遼志云, 瀋州, 本挹婁國, 通志, 承德縣, 唐屬渤海大氏, 置瀋州, 轄於定理府, 知承德實古挹婁, 而瀋州之名, 自渤海始. 又考承德縣, 北至鐵嶺界七十里, 挹婁古城, 在鐵嶺縣南六十里, 通志, 以承德鐵嶺, 同爲挹

> 婁國地, 此明證矣. 或據後漢書, 挹婁在夫餘東北千餘里云, 其去遼東尙遠, 誤也.
> 【鎭書】謹按, …唐書云, 渤海以挹婁故地, 爲定理府, 領定瀋二州, 渤海瀋州, 當在
> 寧古塔地方, 而遼之瀋州, 則今承德縣也, 遼倂渤海, 移民徙邑, 冒以舊號, 而撰遼
> 志者, 徒知瀋州之名, 起於挹婁, 不知今之瀋州, 非渤海之瀋州, 遂謂卽挹婁故地, 何
> 其謬也.

읍루(挹婁)는 옛 숙신씨(肅愼氏)이다. 지금 백두산(白頭山) 북쪽의 오라(烏喇), 영고탑(寧古塔) 등지이다.

『산해경(山海經)』[4] 대황(大荒)의 가운데에 산이 있는데, 이름을 불함산(不咸山)이라고 한다. 숙신씨의 나라가 있다.

『당서(唐書)』 지리지(地理志)』 발해(渤海)의 왕성(王城)은 홀한해(忽汗海)에 접해 있으며, 그곳에서 서남쪽으로 30리 되는 곳에 옛 숙신성(肅愼城)이 있다.

『송막기문(松漠記聞)』 옛 숙신성은 사면이 약 5리가량 되는데, 성첩(城堞)이 아직 남아 있으며, 발해의 국도(國都)에서 30리에 또 돌을 포개어 쌓은 성각이 있다.

『성경통지(盛京通志)』 오라, 영고탑은 주(周)나라 때 숙신씨의 나라이다.

【한】진서가】 삼가 살펴보건대, 불함산은 지금의 백두산이다. 홀한해는 지금의 호아합하(虎兒哈河)이다. 지금 영고탑의 동남쪽이 이 강에 닿아 있는데, 이곳은 옛 숙신씨의 나라이다. … 원위(元魏) 때에는 물길(勿吉)[5]이라 하였고, 수당(隋唐) 시대에는 말갈(靺鞨)이라고 하였으며, 그 뒤 발해(渤海)의 대씨(大氏)의 땅이 되었다.

『후위서(後魏書)』 물길전(勿吉傳)』 [물길]국은 고구려의 북쪽에 있으며, 옛 숙신국이다. 나라에는 큰 강이 있는데, 너비가 3리 남짓 되며, 이름을 속말수(速末水)라고 한다. 나라의 남쪽에는 도태산(徒太山)이 있는데, 위(魏)나라 말로는 태백산(太白山)이다.【삼가 살펴보건대, 속말수는 지금의 혼동강(混同江)이다.】

---

4) 고대 중국의 산맥·하천·신화·전설·물산 등을 수록한 신화·지리서이다. 원래 32권이었는데 전한의 劉歆이 18권으로 정리하였다고 한다(유득공 지음, 김종복 옮김, 2018, 201쪽).

5) 5~6세기에 한반도 북부와 중국 동북지역에 거주하던 퉁구스계의 종족인 물길이 사는 나라. 숙신의 후예이며 말갈의 조상으로 알려져 있다(유득공 지음, 김종복 옮김, 2018, 201쪽).

『신당서(新唐書)』 흑수말갈전(黑水靺鞨傳)』 숙신의 지역에 있으며, 동쪽으로는 바닷가에 닿아 있고, 서쪽으로는 돌궐(突厥)에 속해 있고, 남쪽은 고[구]려이며, 북쪽은 실위(室韋)이다. 수십 개의 부(部)로 나누어져 있는데, 그중에서 가장 두드러진 부가 속말부(粟末部)로서, 가장 남쪽에 위치하여 태백산에 닿아 있으며, 속말수(粟末水)의 강가에 의지하여 산다. 조금 동북쪽에 있는 것이 골돌부(汨咄部)이고, 그다음은 안거골부(安居骨部)이며, 더 동쪽은 불열부(拂涅部)이다. 안거골부의 서북쪽에 있는 것이 흑수부(黑水部)이고, 속말부의 동쪽에 있는 것이 백산부(白山部)이다. 부와 부의 사이는 먼 곳은 3, 4백 리이고, 가까운 곳은 2백 리이다.

왕사(王師: 당의 군대)가 평양성(平壤城)을 탈취하자, 골돌부와 안거골부 등이 모두 도망쳐 흩어졌으며, 유민(遺民)들은 발해로 흘러 들어갔다. 오직 흑수부만이 강역을 완전하게 보존하여 16부락으로 나누어져 있었다. 뒤에 발해가 강성해지자 말갈이 모두 [발해에] 예속[役屬]되었다.

후세의 지지(地志)에서 봉천부(奉天府) 승덕현(承德縣)을 읍루 지역이라고 하는 것은 『요사』의 잘못된 설에서 비롯된 것이다.

『『요사(遼史)』 지리지(地理志)』 심주(瀋州)6) 소덕군(昭德軍)은 본래 읍루국 지역이며, 발해에서 심주를 세웠다.

『『성경통지(盛京通志)』』 봉천부 승덕현은 주(周)나라 때의 숙신씨 지역이며, 한나라 때에는 읍루국이고, 당나라 때에는 발해에 속하였으며, [발해가] 심주를 설치하였다. ○ 철령현(鐵嶺縣)은 주나라와 진(秦)나라 때 숙신씨의 지역이며, 한나라와 진(晉)나라 때에는 읍루국 지역이다.

『『대청일통지(大淸一統志)』』 봉천부는 처음에 옛 읍루였다. 동북쪽은 모두 읍루에 속하였으며, 북쪽에는 부여가 있었고, 남쪽의 바다 가까운 곳은 옥저에 속하였다. ○ 악교고성(樂郊古城)은 지금의 승덕현 치소(治所)이며, 요나라 때에는 심주의 치소였다. 살펴보건대, 『요사』 지리지에 이르기를 "심주는 본래 읍루국이었다"라고 하였고, 『성경통지』에는 "승덕현은 당나라 때 발해에 속하였으며, 대씨(大氏)가 심주를 두어 정리부(定理府)에서 관할하였다."라고 하였다. 그런즉 승덕이 실제로 옛 읍루국이었음을 알 수가 있으며, 심주라는 이름은 발해 때부터 시작되었다는 것을 알 수가 있다. 또 상고해 보건대, 승덕현에서 북쪽으로 철령현의

---

6) 지금의 요령성 심양시 老城區 일대를 말한다(유득공 지음, 김종복 옮김, 2018, 194쪽).

경계까지가 70리인데, 읍루의 옛 성이 철령현에서 남쪽으로 60리 되는 곳에 있다고 하였다. 『성경통지』를 보면, 승덕현과 철령현이 다 같이 읍루국 지역이라고 하였으니, 이것이 명확한 증거이다. 혹자는 『후한서』에 "읍루가 부여에서 동북쪽으로 1,000여 리 되는 곳에 있다."라고 한 것을 근거로 하여, [읍루국이] 요동에서 먼 곳에 있다고 하는데, 이것은 잘못된 것이다.

【한】진서가】 삼가 살펴보건대, …『당서』에 이르기를 "발해는 읍루의 옛 지역을 정리부(定理府)로 삼아 정주(定州)와 심주 2개의 주를 관할하게 하였다."라고 하였다. 발해의 심주는 마땅히 영고탑 지방에 있었으며, 요나라의 심주는 지금의 승덕현이었다. 요나라가 발해를 병합하고서는 백성과 고을을 옮긴 다음 옛 호칭을 모칭(冒稱)하였는데, 『요사』 지리지를 편찬하는 자가 심주라는 명칭이 읍루에서 나왔다는 것만을 알고 지금의 심주가 발해 때의 심주가 아니라는 것은 알지 못하고서 마침내 읍루의 옛 지역이라고 한 것이니, 어찌 그리도 잘못되었단 말인가.

○ 권제6, 지리고(地理考) 6, 고구려(高句麗), 강역총론(疆域總論)

…【鎭書】 謹按, 柵城, 今富寧府也. 【見渤海條.】…
…【鎭書】 謹按唐書, 渤海以高麗故地, 爲長嶺府, 長嶺者, 今混同江之西, 烏喇永吉等地也. 【詳見渤海條.】

【한】진서가】 삼가 살펴보건대, 책성은 지금의 부령부(富寧府)이다.【발해조(渤海條)에 나온다.】…

【한】진서가】 삼가 『당서(唐書)』를 살펴보면, "발해는 고구려의 옛 지역을 장령부(長嶺府)로 삼았다."라고 하였는데, 장령은 지금의 혼동강(混同江) 서쪽의 오라(烏喇), 영길(永吉) 등지이다.【발해조에 상세히 보인다.】

○ 권제6, 지리고(地理考) 6, 고구려(高句麗), 성읍(城邑) 흘승골성(紇升骨城)

【鎭書】 謹按, 紇升骨城, 卽卒本川, 今廢閭延郡隔江之地, 是也. …余意, 卒本卽渤海率賓府之音轉也, 率賓卽金之恤品路也, 恤品爲今鴨江上流內外地也. 【見高麗東北界沿革條.】卒本之地, 豈可他求乎.

【[한]진서가】삼가 살펴보건대, 흘승골성은 바로 졸본천(卒本川)으로, 지금의 폐여연군(廢閭延郡)의 강 건너편 지역이다. … 내 생각에 졸본은 바로 발해(渤海) 솔빈부(率賓府)의 음이 변한 것이다. 솔빈은 바로 금(金)나라의 휼품로(恤品路)7)인데, 휼품은 지금의 압록강 상류 안팎의 지역이다.【고려동북계연혁조(高麗東北界沿革條)에 나온다.】그러니 졸본의 땅을 어찌 다른 곳에서 찾겠는가.

○ 권제6, 지리고(地理考) 6, 고구려(高句麗), 성읍(城邑) 환도성(丸都城)

【鎭書】謹按, … 遼史地志云, 淥州, 本高麗故國, 渤海號西京鴨淥府, 桓州, 高麗中都城【卽丸都之誤.】, 高麗王於此創立宮闕, 謂之新國, 後爲慕容皝所敗, 宮室焚蕩, 在淥州西南二百里. 故國云者, 琉璃王之國內城也, 渤海置神州, 爲鴨淥府之治, 遼改爲淥州, 新國云者, 山上王之丸都城也, 渤海置桓州, 遼仍之. 從唐志之說, … 遼之桓州, 今之楚山府江北地也. … 遼之淥州, 今之滿浦鎭江北地也.

【[한]진서가】삼가 살펴보건대 …『요사』지리지에는 이르기를, "녹주(淥州)는 본래 고구려의 고국(故國)이 있던 곳으로 발해에서는 서경(西京) 압록부(鴨淥府)라고 불렀다. 환주(桓州)8)는 고구려의 중도성(中都城)9)【바로 환도의 오기(誤記)이다.】으로 고구려왕이 이곳에서 궁궐을 처음 세우고는 신국(新國)이라고 하였는데, 그 뒤에 모용황에게 패하여 궁실이 분탕질당하였다. 녹주에서 서남쪽으로 200리 되는 곳에 있다."라고 하였다. 고국이라고 한 것은 유리왕(琉璃王)의 국내성(國內城)10)을 두고 한 말이다. 발해에서는 [이곳에] 신주(神州)를 두어 압

---

7) 금나라의 행정구역으로, 치소는 지금의 러시아 연해주 우수리스크이다(유득공 지음, 김종복 옮김, 2018, 218쪽).

8) 지금의 길림성 집안시 일대이다(유득공 지음, 김종복 옮김, 2018, 193쪽).

9) 원문의 '中都城'은 고유명사가 아니라, 수도인 中都에 쌓은 성이라는 일반명사이다(유득공 지음, 김종복 옮김, 2018, 193쪽).

10) 서기 3년(유리왕22)~427년(장수왕15)까지 고구려의 수도이다. 지금의 중국 길림성 집안시에 있다.

록부(鴨淥府)의 치소로 삼았으며, 요(遼)나라가 녹주(淥州)로 고쳤다. 신국(新國)이라고 한 것은 산상왕(山上王)의 환도성이다. 발해에서 환주를 설치하였으며, 요나라에서는 그대로 답습하였다. 『신당서』 지리지의 설을 따르면, … 요의 환주는 지금 초산부(楚山府)의 강 북쪽 지역이다. … 요나라의 녹주는 지금 만포진(滿浦鎭)의 강 북쪽 지역이다.

○ 권제6, 지리고(地理考) 6, 고구려(高句麗), 성읍(城邑) 박작성(泊灼城)

…【鎭書】謹按, 泊灼城, 今我義州玉江堡隔江之地也, 卽漢之西安平, 遼之曷蘇館, 金之婆速路, 元之婆娑府, 皆音之轉也.

…【[한]진서가】 삼가 살펴보건대, 박작성은 지금 우리 의주(義州) 옥강보(玉江堡)의 강 건너편 지역으로, 바로 한나라의 서안평(西安平), 요나라의 갈소관(曷蘇館),[11] 금나라의 파속로(婆速路),[12] 원나라의 파사부(婆娑府)인데, 이는 모두 음이 변한 것이다.

○ 권제6, 지리고(地理考) 6, 고구려(高句麗), 성읍(城邑) 개모성(蓋牟城)

〖遼史地理志〗辰州奉國軍, 本高麗蓋牟城, 唐太宗會李世勣, 攻破蓋牟城, 卽此. 渤海改爲蓋州, 又改辰州, 以辰韓得名. …
〖大明一統志〗蓋州衛, 在都司城南二百四十里, 本遼東郡地. 高麗爲蓋牟城, 唐置蓋州, 渤海因之, 遼以路通辰韓, 改爲辰州, 陞奉國軍, 金爲蓋州, 元屬遼陽路, 本朝洪武九年, 廢州置衛. …
〖大淸一統志〗蓋州故城, … 按遼志, 辰州, 本高麗蓋牟城, 唐太宗會李世勣, 攻破蓋牟城, 卽此. 渤海改爲蓋州, 又改辰州. … ○蓋平縣, … 考唐太宗征高麗, 取蓋牟城,

---

11) 合蘇館, 合恩罕이라고도 하는데, 모두 여진말로 울타리라는 뜻이다. 요나라는 자국의 호적에 편입된 여진족을 갈소관여진이라 불렀다. 나중에 금나라는 曷蘇館路를 설치하여 요양 이남 지역의 요동반도까지 관할하였다(유득공 지음, 김종복 옮김, 2018, 214쪽).
12) 금나라의 행정구역으로 정식 명칭은 婆速府路이다. 치소는 지금의 요령성 단동시 애하 서남쪽의 九連城 또는 포석하 하구이다. 서쪽으로 천산산맥, 동쪽으로 백두산, 남쪽으로 압록강 남쪽까지 관할하였다(유득공 지음, 김종복 옮김, 2018, 214쪽).

置蓋州. 由是渤海改蓋州爲辰州, 改唐之蓋州也. 遼陞辰州爲奉國軍, 陞渤海之辰州也. 辰州旣爲今蓋平, 則蓋平必爲古蓋牟矣. 若如賈耽所言, 遼陽乃漢遼東郡地. …
【鎭書】 謹按, 唐書地志引賈耽說云, 自安東都護府, 東北經蓋牟新城, 至渤海長嶺府. 都護府, 今遼陽州也, 長嶺府, 今永吉州西界也. 據此, 蓋牟城明在遼陽州東北. 明淸統志, 以今蓋平縣當之者, 專襲遼志之誤也.

『요사(遼史)』 지리지(地理志)』 진주(辰州)[13] 봉국군(奉國軍)은 본래 고구려의 개모성이다. 당 태종이 이세적(李世勣)과 만나 공파한 개모성이 바로 이 성이다. 발해가 개주로 고쳐 삼았다가 다시 진주로 고쳤는데, 진한(辰韓)으로 인해 이름한 것이다. …

『대명일통지(大明一統志)』』 개주위(蓋州衛)는 [요동(遼東)] 도사성(都司城)에서 남쪽으로 240리 되는 곳에 있다. 본래는 요동군 지역이었는데, 고구려가 개모성으로 삼았으며, 당나라가 개주(蓋州)를 설치하였다. 발해 때에는 이를 그대로 답습하였고, 요나라 때에는 이 길이 진한과 통한다는 이유로 진주(辰州)로 고치고서 봉국군으로 승격시켰다. 금나라 때에는 개주가 되었고, 원나라 때에는 요양로(遼陽路)에 속하였으며, 본조(명) 홍무(洪武) 9년(1376)에는 주(州)를 폐지하고 위(衛)를 두었다. …

『대청일통지(大淸一統志)』』 개주고성은 … 『요사』 지리지를 보면, "진주(辰州)는 본래 고구려의 개모성이다. 당나라 태종이 이세적과 만나 공파한 개모성이 바로 이 성이다. 발해 때에는 개주로 고쳤다가 다시 진주로 고쳤다."라고 하였다. … 개평현은 … 살펴보면, 당나라 태종이 고구려를 정벌하면서 개모성을 탈취하여 개주를 설치하였다. 이로 말미암아 발해가 개주를 고쳐서 진주로 삼았는데, 이는 당나라의 개주를 고친 것이다. 요나라에서는 진주를 승격시켜 봉국군으로 삼았는데, 이는 발해의 진주를 승격시킨 것이다. 진주가 이미 지금의 개평인즉 개평은 반드시 옛 개모이다. 만약 가탐(賈耽)[14]이 말한 바와 같다면 요양이 곧 한나라 요동군 지역이다. …

---

13) 지금의 요령성 蓋州市 일대이다(유득공 지음, 김종복 옮김, 2018, 190쪽).
14) 賈耽(730~805)은 당 德宗 때의 재상으로 지리학에 관심이 많아 「海內華夷圖」를 제작하였고, 『古今郡國道縣四夷述』 40권을 저술하였다. 그중 일부가 『신당서』 권43, 지리지 7하, 하북도 말미에 실려 있는데, 이를 『賈耽郡國志』・『賈耽道里記』라고도 한다(유득공 지음, 김종복 옮김, 2018, 206쪽).

【한]진서가】 삼가 살펴보건대, 『당서』 지리지에서는 가탐의 설을 인용하여 이르기를, "안동도호부에서 동북쪽으로 개모성과 신성(新城)을 경유하면 발해의 장령부(長嶺府)에 이른다."라고 하였다. [안동]도호부는 지금의 요양주(遼陽州)이고, 장령부는 지금의 영길주(永吉州) 서쪽 경계이다. 이것을 근거로 하여 보면, 개모성은 요양주의 동북쪽에 있는 것이 분명하다. 『대명일통지』와 『대청일통지』에서 [개모성을] 지금의 개평현이라고 한 것은 전적으로 『요사』 지리지의 잘못을 그대로 따른 결과이다.

○ 권제6, 지리고(地理考) 6, 고구려(高句麗), 성읍(城邑) 신성(新城)

【鎭書】謹按, … 且據唐書通鑑注等書, 新城與南蘇城, 相近者, 而南蘇明在今興京界內, 則淸統志所云新城在興京北者, 是矣. 蓋牟之非今蓋平, 因此尤驗.

【한]진서가】 삼가 살펴보건대 … 또한 『당서』나 『자치통감』 주(注) 등의 글을 근거로 하여 보면, 신성은 남소성(南蘇城)과 서로 가까운 곳에 있다. 그런데 남소성은 분명히 지금의 흥경(興京)[15] 경내에 있었으니, 『대청일통지』에서 이른바 신성이 흥경의 북쪽에 있었다고 하는 것은 옳은 말이다. 개모가 지금의 개평이 아니라는 것은 이를 통해서 더욱 증험할 수가 있다.

○ 권제6, 지리고(地理考) 6, 고구려(高句麗), 성읍(城邑) 책성(柵城)

〖後魏書高句麗傳〗其方東至柵城, 南至小海.
【鎭書】謹按, 賈耽云, 渤海國柵城府, 本高句麗舊地. 句麗史, 太祖王四十六年【漢和帝十年】, 東巡柵城, 至西罽山, 獲白鹿, 五十五年, 遣使安撫柵城, 則句麗之有柵城, 已在漢時. 今富寧府等地, 是也.【詳見渤海龍原府條.】

〖『후위서(後魏書)』 고구려전(高句麗傳)〗 [고구려의] 사방은 동쪽으로 책성(柵城)에 이르고, 남쪽으로는 소해(小海)에 이른다.

---

15) 지금의 요령성 신빈현이다. 후금의 첫 수도로 원래 이름은 赫圖阿拉인데, 1634년(天聰8, 인조12)에 개명하였다(유득공 지음, 김종복 옮김, 2018, 215쪽).

【[한]진서가】 삼가 살펴보건대, 가탐(賈耽)이 이르기를, "발해국의 책성부(柵城府)는 본래 고구려의 옛 지역이다."라고 하였다. 『삼국사기』 고구려본기를 보면, "태조왕(太祖王) 46년 (98)【한나라 화제(和帝) 10년】에 동쪽으로 책성을 순시할 때 책성의 서계산(西罽山)에 이르러서 흰 사슴을 잡았으며, 50년(102)에는 사람을 보내어 책성을 안무(安撫)하였다."라고 하였다. 그런즉 고구려에 책성이 있는 것은 이미 한나라 때부터 있었던 것으로, 지금의 부령부(富寧府) 등지가 그곳이다.【발해용원부조(渤海龍原府條)에 상세하게 보인다.】

○ 권제6, 지리고(地理考) 6, 고구려(高句麗), 부(附) 미상성읍(未詳城邑)

句驪縣 〚遼史地理志〛 遼陽縣, 本漢浿水縣, 高麗改爲句驪縣, 渤海爲常樂縣.
慶州 〚遼史〛 開州鎭國軍, 節度. 本濊貊地, 高麗爲慶州, 渤海爲東京龍原府. 統縣一, 開遠縣. 本柵城地, 高麗爲龍原縣, 渤海因之. ○〚大淸一統志〛 開遠廢縣, 故開州治也. 遼志云, 本柵城地, 高麗爲龍原縣, 慶州治焉, 渤海因之, 遼初廢, 後復置.
銅山縣 〚遼史〛 咸州安東軍, 本高麗銅山縣地, 渤海置銅山郡. ○〚金史地理志〛 咸平府, 本高麗銅山縣地, 遼爲咸州. ○〚盛京通志〛 咸平府, 本朝鮮地, 箕子所封, 漢屬樂浪郡, 後高麗侵有其地, 置銅山縣. 唐平高麗, 置安東都護, 統之, 繼爲渤海大氏所據.
鄭頡府 〚遼史〛 韓州東平軍, 本藁離國舊治柳河縣. 高麗置鄭頡府, 都督鄭頡[16]二州, 渤海因之.
當山縣 〚遼史〛 廣州, 防禦. 漢屬襄平縣, 高麗爲當山縣, 渤海爲鐵利郡.
永寧縣 〚遼史〛 尙州永昌縣, 本高麗永寧縣地.
霜巖縣 〚遼史〛 集州懷遠軍, 古陷離郡地, 漢屬險瀆縣, 高麗爲霜巖縣, 渤海置州.
【鎭書】 謹按, 句驪以下七城, 始見於遼史, 無他明證, 而遼史本多白撰, 七城名號, 似非信文, 故附於下.

구려현(句驪縣) 『요사(遼史)』 지리지(地理志)】 요양현(遼陽縣)은 본래 한나라의 패수현

---

16) '頡' → '高'.

(浿水縣)으로, 고구려에서 구려현(句驪縣)이라고 고쳤으며, 발해 때에는 상락현(常樂縣)이었다.

경주(慶州) 『『요사(遼史)』』 개주(開州) 진국군(鎭國軍) 절도(節度)는 본래 예맥의 지역으로, 고구려 때에는 경주였다. 발해 때에는 동경(東京) 용원부(龍原府)였는데, 통할하는 현은 하나이다. 개원현(開遠縣)[17]은 본래 책성(柵城) 지역으로, 고구려 때에는 용원현(龍原縣)이었고, 발해 때에는 그대로 답습하였다. ○『『대청일통지(大淸一統志)』』 개원폐현(開遠廢縣)은 옛 개주(開州)의 치소이다. 『요사』 지리지에 이르기를, "본래는 책성 지역으로, 고구려 때에는 용원현이었는데 경주가 치소였다. 발해 때에는 그대로 답습하였으며, 요나라 때에는 초기에 폐지하였다가 뒤에 다시 설치하였다."라고 하였다.

동산현(銅山縣) 『『요사(遼史)』』 함주(咸州)[18] 안동군(安東郡)은 본래 고구려의 동산현 지역으로, 발해 때에는 동산군(銅山郡)을 설치하였다. ○『『금사(金史)』 지리지(地理志)』』 함평부(咸平府)는 본래 고구려의 동산현 지역으로, 요나라 때에는 함주였다. ○『『성경통지(盛京通志)』』 함평부는 본래 조선(朝鮮) 지역으로, 기자(箕子)가 봉해진 곳이다. 한나라 때에는 낙랑군에 속하였으며, 뒤에는 고구려가 그 지역을 침입하여 차지하고서 동산현을 설치하였다. 당나라가 고구려를 평정하고는 안동도호를 두어 그곳을 통할하게 하였으며, 이어 발해의 대씨(大氏)가 차지하였다.

막힐부(鄚頡府) 『『요사(遼史)』』 한주(韓州)[19] 동평군(東平軍)은 본래 고리국(藁離國)의 옛 치소인 유하현(柳河縣)으로, 고구려 때에는 막힐부를 두어 막주(鄚州), 힐주(頡州)를 도독(都督)하였으며, 발해 때에는 그대로 답습하였다.

당산현(當山縣) 『『요사(遼史)』』 광주(廣州) 방어(防禦)는 한나라 때에는 양평현(襄平縣)에 속하였고, 고구려 때에는 당산현이었고, 발해 때에는 철리군(鐵利郡)이었다.

영녕현(永寧縣) 『『요사(遼史)』』 상주(尙州) 영창현(永昌縣)은 본래 고구려 영녕현 지역이다.

상암현(霜巖縣) 『『요사(遼史)』』 집주(集州)[20] 회원군(懷遠軍)은 옛 비리군(陴離郡) 지역

---

17) 지금의 요령성 봉성시 南邊門 古城 일대 또는 봉성시 동남 鳳凰山堡 일대이다(유득공 지음, 김종복 옮김, 2018, 190쪽).
18) 지금의 요령성 개원시 동북쪽 老城街道 일대이다(유득공 지음, 김종복 옮김, 2018, 198쪽).
19) 지금의 길림성 사평시 八面城 일대이다(유득공 지음, 김종복 옮김, 2018, 197쪽).
20) 『신당서』 발해전에는 발해의 주가 62주라고 하지만, 실제로 전하는 것은 60개이다. 집주가 이름이 전하

으로, 한나라 때에는 험독현(險瀆縣)[21]에 속하였고, 고구려 때에는 상암현이었고, 발해 때에는 주(州)를 설치하였다.

【[한]진서가】 삼가 살펴보건대, 구려(句驪) 이하 일곱 성은 『요사』에 처음으로 나오고 다른 곳에서는 명확한 증거가 없다. 그리고 『요사』는 본래 두찬(杜撰)이 많아 일곱 성의 이름도 믿을 만한 것이 못 된다. 그러므로 아래에 부록으로 첨부하였다.

○ 권제7, 지리고(地理考) 7, 신라(新羅), 강역총론(疆域總論)

至唐開元中, 新羅, 東北至德源郡, 西北至大同江, 與渤海接界.

〖冊府元龜〗 唐玄宗開元二十四年, 新羅遣使, 謝勅賜浿江以南.

〖新唐書渤海傳〗 渤海南接新羅, 以泥河爲境.

〖文苑英華唐玄宗勅新羅王書〗 卿欲於浿江置戍, 旣當渤海衝要, 固是長策.【謹按 此卽開元二十六年】

〖文獻備考〗 新羅統合之後, 東北以泉井郡之炭項關爲界, 今德源也, 西北以唐嶽縣爲界, 今中和也. 自中和而東歷今之祥原遂安谷山, 以抵于德源, 皆其邊塞也. 其外今之咸鏡平安二道, 皆爲渤海有矣.

【鎭書】 謹按, 泥河當在德源郡, 浿江今大同江. 據玄宗勅書, 浿江以北, 明是渤海地也. 蓋唐高宗時, 破句麗, 置安東都護府於其地, 開元以後, 安東府西徙遼西, 故浿江以北, 入於渤海, 以南屬之新羅.

新羅末, 弓裔始取大同江西北之地.

〖新羅史〗 弓裔曰, 往者新羅請兵於唐, 以破高句麗, 故平壤舊都, 鞠爲茂草. 聖冊元年【唐末帝二年】, 分定浿西十三鎭, 平壤城主將軍黔勇[22]降.

【鎭書】 謹按, 浿水西北, 卽渤海之鴨淥府南界也. 渤海方與契丹相拒, 故弓裔割據其地也.

지 않는 2개 중 하나일 가능성이 있다. 지금의 요령성 심양시 동남쪽 奉集堡 일대로 추정된다(유득공 지음, 김종복 옮김, 2018, 195쪽).

21) 한나라 요동군의 속현이다(유득공 지음, 김종복 옮김, 2018, 195쪽).

22) '黔勇' → '黔用'.

… 당나라 개원(開元) 연간에 이르러서는 신라의 동북쪽은 덕원군(德源郡)에 이르고, 서북쪽은 대동강(大同江)에 이르러서 발해(渤海)와 경계를 접하였다.

『책부원귀(冊府元龜)』 당나라 현종(玄宗) 개원 24년(736)에 신라가 사신을 보내 와서, 칙서를 내려 패강(浿江) 남쪽 지역을 하사해 준 데 대해 감사하였다.

『신당서(新唐書)』 발해전(渤海傳)』 발해는 남쪽으로 신라와 접하여 니하(泥河)를 경계로 삼았다.

『문원영화(文苑英華)』 당현종칙신라왕서(唐玄宗勅新羅王書)』 "경(卿)은 패강에 방수(防戍)를 설치하고자 하는데, 이곳은 본래 발해를 막는 요충지로, 참으로 좋은 계책이다."라고 하였다.【삼가 살펴보건대, 이는 바로 개원 26년(738)에 내린 칙서이다.】

『문헌비고(文獻備考)』』 신라가 [삼국을] 통합한 뒤로 동북쪽은 천정군(泉井郡)의 탄항관(炭項關)을 경계로 삼았는데, 지금의 덕원(德源)이다. 서북쪽은 당악현(唐嶽縣)으로 경계를 삼았는데, 지금의 중화(中和)이다. 중화에서 동쪽으로 지금의 상원(祥原), 수안(遂安), 곡산(谷山)을 거쳐 덕원에 이르기까지가 모두 [신라의] 변새(邊塞)이고, 그 밖에 지금의 함경도와 평안도는 모두 발해가 차지하였다.

【[한]진서가】 삼가 살펴보건대, 니하는 마땅히 덕원군에 있어야 하고, 패강(浿江)은 지금의 대동강이다. [당나라] 현종이 내린 칙서에 의거하면 패강 북쪽은 분명히 발해의 땅이다. 대개 당나라 고종(高宗) 때 고구려를 격파하고서 안동도호부(安東都護府)를 그 땅에 설치하였다가 개원(開元) 이후로는 안동부를 서쪽의 요서(遼西) 지역으로 옮겼다. 그러므로 패강 북쪽 지역은 발해에 편입되었고, 남쪽은 신라에 속하게 된 것이다.

신라 말에 궁예(弓裔)가 비로소 대동강 서북쪽 땅을 취하였다.

【신라사(『삼국사기』)】 궁예가 말하기를, "옛날에 신라가 당나라에 청병(請兵)하여 고구려를 격파하였기 때문에 평양 옛 도읍이 황폐하여 풀만 무성하게 되었다."라고 하였다. 성책(聖冊) 원년(905)【당나라 말제(또는 애제(哀帝)라고 함) 2년】 패서(浿西) 13진(鎭)을 나누어 설치하였다. 평양성주(平壤城主) 장군 검용(黔用)이 항복하였다.

【[한]진서가】 삼가 살펴보건대, 패수의 서북쪽은 바로 발해의 압록부(鴨淥府) 남쪽 경계이다. 발해가 한창 거란(契丹)과 서로 싸우고 있었으므로 궁예가 그 지역을 차지한 것이다.

○ 권제9, 지리고(地理考) 9, 발해(渤海), 강역총론(疆域總論)

渤海者, 靺鞨之種也, 唐武后聖曆中, 建國於故挹婁之地, 今寧古塔地方, 是也.
〖新唐書渤海傳〗本粟末靺鞨附高麗者, 姓大氏. 萬歲通天中, 有乞乞仲象者, 東走渡遼水, 保太白山之東北, 阻奧婁阿, 樹壁自固. 武后遣玉鈐衛大將軍李楷固擊之. 時仲象已死, 子祚榮引殘痍遁去, 楷固窮躡度天門嶺, 楷固敗還. 祚榮恃荒遠, 乃建國, 自號震國王.【節】睿宗先天中, 遣使拜祚榮爲渤海郡王, 以所統爲忽汗州, 領忽汗州都督. 自是始去靺鞨號, 專稱渤海.
〖舊唐書渤海傳〗祚榮拒楷固, 王師大敗, 則天不能討, 祚榮遂率其衆, 東保挹婁之故地, 據東牟山, 築城以居之. 聖曆中, 自立爲振國王.
【鎭書】謹按, 渤海, 以新唐書本傳參考, 句麗之亡, 靺鞨種大氏率家屬, 徙居營州矣. 有乞乞仲象者, 東奔渡遼水, 保太白山之東北, 據挹婁故地, 其子祚榮因以立國, 太白山卽白頭山也. 且本傳云, 保挹婁之東牟山, 直營州東二千里. 考唐志, 營州在今遼陽州西六百餘里之地, 自此東距二千里, 正爲寧古塔城, 祚榮開國之挹婁故地, 卽其地也.

발해는 말갈(靺鞨)의 종(種)이다. 당(唐)나라 측천무후(則天武后) 성력(聖曆) 연간에 옛 읍루(挹婁) 지역에 나라를 세웠는데, 지금의 영고탑(寧古塔) 지방이 바로 그곳이다.

〖『신당서(新唐書)』 발해전(渤海傳)〗 본래 속말말갈(粟末靺鞨)로서 고구려에 부속되었던 자로, 성은 대씨(大氏)이다. 만세통천(萬歲通天) 연간에 걸걸중상(乞乞仲象)이라는 자가 있었는데, 동쪽으로 달아나 요수(遼水)를 건넜다. 태백산(太白山)의 동북쪽을 차지하고는 오루하(奧婁河)로 막고 성벽을 쌓아 스스로 굳게 지켰다. 이에 무후가 옥검위대장군(玉鈐衛大將軍) 이해고(李楷固)를 보내어 그를 공격하였다. 이때에는 중상은 이미 죽고 그의 아들 대조영(大祚榮)이 패잔병을 이끌고 달아났는데, [이]해고가 끝까지 추격하여 천문령(天門嶺)을 넘었으나, [이]해고가 패하여 돌아갔다. [대]조영은 멀리 떨어져 있음을 믿고 이내 나라를 세워 스스로 진국왕(震國王)이라고 하였다.【절(節)】예종(睿宗) 선천(先天) 연간에 사신을 파견하여 [대]조영을 배수하여 발해군왕(渤海郡王)으로 삼았으며, 거느리고 있는 곳을 홀한주(忽汗州)로 삼고는 홀한주도독(忽汗州都督)의 직을 주었다. 이로부터 비로소 말갈의 호칭을 버리고

오로지 발해라고만 칭하였다.

『구당서(舊唐書)』 발해전(渤海傳)』 [대]조영이 [이]해고와 맞서니, 당나라 군사가 크게 패하여 측천무후가 토벌할 수가 없었다. [대]조영은 마침내 그의 무리를 거느리고 동쪽으로 읍루(挹婁)의 옛 땅을 차지하고 동모산(東牟山)에 웅거하며 성을 쌓고서 살았다. 성력 연간에 스스로 서서 진국왕(振國王)이 되었다.

【[한]진서가】 삼가 살펴보건대, 발해에 대해서 『신당서』의 발해열전을 참고해 보면, 고구려가 망하자 말갈의 종인 대씨가 가속을 이끌고 영주(營州)로 옮겨가 살았다. 걸걸중상이라는 자가 있어 동쪽으로 달아나 요수를 건너 태백산 동북쪽을 차지하고 읍루의 옛 지역에 웅거하였다. 그의 아들 [대]조영이 이로 인하여 그곳에 나라를 세웠는데, 태백산은 바로 백두산이다. 그리고 또 발해전에 이르기를, "읍루의 동모산을 차지하였는데, 곧바로 영주에서 동쪽으로 2,000리이다."라고 하였다. 『당서』 지리지를 상고해 보면, 영주는 지금의 요양주(遼陽州)에서 서쪽으로 600여 리 되는 지역에 있으며, 여기에서 동쪽으로 2,000리 되는 곳은 바로 영고탑성(寧古塔城)[23]이다. 대조영이 개국한 읍루의 옛 지역은 바로 이 지역이다.

開元以後, 渤海益大, 又有句麗故地, 其四界, 西自開原縣, 東盡于海, 北抵黑龍江, 其南則自今德源郡, 迤西至大同江.
『舊唐書渤海傳』其地在營州之東二千里, 南與新羅相接, 西越憙[24]靺鞨, 東北至黑水靺鞨, 地方二千里, 編戶十餘萬.
『新唐書渤海傳』保挹婁之東牟山, 地直營州東二千里, 南接新羅, 以泥河爲境, 東窮海, 西契丹.【節】地方五千里, 戶十餘萬, 盡得扶餘沃沮弁韓朝鮮海北諸國.【謹按, 得弁韓者, 誤矣.】○開元七年, 祚榮死, 子武藝立, 斥大土宇, 東北諸夷畏臣之. ○黑水靺鞨傳, 黑水部完疆, 分十六落, 以南北稱, 蓋其居最北方者也. 黑水有拂涅虞婁越喜鐵利等部, 其地南距渤海, 北東際於海, 西抵室韋, 南北袤二千里, 東西千里, 後渤海盛, 靺鞨皆役屬之.
『大淸一統志』平壤府, 漢曰樂浪郡, 後爲高句麗王所都, 唐置安東府, 後沒於渤海,

---

23) 청나라 때 동북 변경 지역을 관할하던 영고탑장군의 치소이다.
24) '越憙' → '越喜'.

> 五代時, 高麗復取之爲西京.
> 【鎭書】謹按, 渤海之扶餘府, 西接契丹, 而爲今開原縣, 則西界止於開原也. 黑水靺鞨居黑龍江內外, 而皆役屬於渤海, 則北界及於黑龍江也. 且唐玄宗勅新羅王詔曰, 卿置戍浿江, 旣當渤海衝要, 賈耽謂新羅渤海以泉井郡爲界, 泉井今德源郡, 浿江今大同江, 東自德源, 西至大同江, 此與新羅分界也.

개원(開元) 이후로는 발해가 더욱더 커졌으며, 또 고구려의 옛 지역을 차지하였다. 그 사방의 경계는 서쪽으로 개원현(開原縣)에서부터 동쪽으로 바다까지였으며, 북쪽은 흑룡강(黑龍江)에 닿았고 그 남쪽은 지금의 덕원군(德源郡)에서 서쪽으로 대동강(大同江)에 이르렀다.

『구당서(舊唐書)』발해전(渤海傳)》그 땅은 영주(營州)에서 동쪽으로 2,000리 되는 곳에 있다. 남쪽으로는 신라와 접하였고, 서쪽으로는 월희말갈(越喜靺鞨)에, 동북쪽으로는 흑수말갈(黑水靺鞨)에 이르며, 땅은 사방 2,000리이고, 편호는 10여만이다.

『신당서(新唐書)』발해전(渤海傳)》[발해는] 읍루의 동모산(東牟山)을 차지하였는데, 영주에서 동쪽으로 곧바로 2,000리에 있다. 남쪽으로는 신라와 접하여 니하(泥河)로써 경계를 삼았고, 동쪽은 바다에 닿았으며, 서쪽은 거란과 접하였다. 【절(節)】땅은 사방 5,000리이고, 호구는 10여만이며, 부여(扶餘)·옥저(沃沮)·변한(弁韓)·조선(朝鮮)·해북(海北)의 여러 나라를 모두 차지하였다."라고 하였다. 【삼가 살펴보건대, 변한을 얻었다고 한 것은 잘못된 것이다.】○ 개원 7년(719)에 [대]조영이 죽었다. 아들 [대]무예([大]武藝)가 즉위하여 영토를 크게 개척하자, 동북방의 여러 오랑캐가 모두 두려워하면서 그를 섬겼다. ○ 흑수말갈전(黑水靺鞨傳)에서 "흑수부(黑水部)만이 강역을 완전히 보존하여 16부락으로 나뉘어 있으면서 남과 북으로 일컬었는데, 대체로 가장 북쪽에 살았다. 흑수에는 불열(拂涅), 우루(虞婁), 월희(越喜), 철리(鐵利) 등의 부(部)가 있다. 그 땅은 남쪽으로는 발해에 닿아 있고, 북쪽과 동쪽은 바다이고, 서쪽으로는 실위(室韋)에 이른다. 남북은 길이가 2,000리이고, 동서는 1,000리이다. 뒤에 발해가 강성해지자 말갈이 모두 발해에 예속되었다."라고 하였다.

『대청일통지(大淸一統志)』』평양부(平壤府)는 한(漢)나라 때에는 낙랑군이라 하였고, 뒤에는 고구려 왕이 도읍하였다. 당나라 때에는 안동[도호]부(安東[都護]府)를 설치하였는데, 그 뒤에 발해로 들어갔다. 오대(五代) 때에는 고려가 다시 취하여 서경(西京)으로 삼았다.

【[한]진서가】 삼가 살펴보건대, 발해의 부여부(扶餘府)는 서쪽으로는 거란과 접하였는데, 지금의 개원현이다. 그런즉 [발해의] 서쪽 경계는 개원까지이다. 흑수말갈은 흑룡강 안팎에 살다가 모두 발해에 예속되었다. 즉 발해의 북쪽 경계는 흑룡강까지 미쳤다. 그리고 당나라 현종(玄宗)이 신라 왕에게 내린 조서에 이르기를 "경이 방수(防戍)를 설치한 패강(浿江)이 본래 발해를 막는 요충지이다."라고 하였고, 가탐(賈耽)이 이르기를 "신라는 발해와 천정군(泉井郡)으로써 경계를 삼았다."라고 하였다. 천정은 지금의 덕원군이고, 패강은 지금의 대동강이다. 동쪽으로 덕원에서부터 서쪽으로 대동강에 이르는 이 지역이 신라와 경계를 나눈 곳이다.

其地, 分置五京十五府六十二州.
〖新唐書渤海傳〗其地, 有五京十五府六十二州.
〖遼史地理志〗太祖東併渤海, 得城邑之居百有三.
〖大淸一統志〗渤海置京府州於黑水靺鞨之南及高麗舊境. 按, 所置五京十五府六十二州, 多在今吉林烏喇寧古塔及朝鮮界, 其安東府所治遼東故地, 雖入渤海, 建置無聞, 地理志賈耽說可考. 遼時, 東京州縣, 多襲其名號, 非復故地, 遼史謂皆渤海之舊, 其實未盡然也.
【鎭書】謹按, 渤海京府, 皆在寧古塔烏喇及我國北界, 而遼東故地, 初不入於疆理, 何者. 開原縣, 雖爲扶餘府, 而此其極西斗入之境也, 開原之東南爲長嶺府, 又其南爲鴨綠府, 而皆其邊界也, 然則渤海西界, 不得有遼東一步地, 甚明. 淸統志所論, 是矣.

[발해는] 그 땅을 나누어 5경(京) 15부(府) 62주(州)를 설치하였다.

『신당서(新唐書)』 발해전(渤海傳)』 그 땅에는 5경 15부 62주가 있다.

『요사(遼史)』 지리지(地理志)』 태조(太祖)가 동쪽으로 발해를 병합하여 103개의 성읍을 얻었다.

『대청일통지(大淸一統志)』』 발해는 경(京), 부(府), 주(州)를 흑수말갈의 남쪽과 고구려의 옛 지역에 설치하였다. 살펴보건대 [발해가] 설치한 5경 15부 62주는 대부분이 지금의 길림(吉林), 오라(烏喇), 영고탑(寧古塔) 및 조선(朝鮮)의 경계에 있다. 안동부(安東府)에서 통치한 요동의 옛 지역이 비록 발해에 편입되었으나 건치한 내용은 알려지지 않았다. 지리지와 가탐의 설에서 상고할 수 있는 것은, 요(遼)나라 때 동경(東京)의 주현(州縣)은 대부분 그 명호(名號)만을 답습한 것이지 옛 지역을 수복한 것은 아니다.『요사』에서 모두 발해의 옛 지역이라고 한 것은 실은 다 그런 것은 아니다.

【한]진서가】 삼가 살펴보건대, 발해의 경(京)과 부(府)는 모두 영고탑, 오라 및 우리나라의 북쪽 경계 지역에 있었으며, 요동의 옛 지역은 애당초부터 [발해의] 강역에 들어가지 않았다. 왜냐하면 개원현이 비록 부여부가 되기는 하였으나, 이는 깊숙이 비껴 들어가 있는 서쪽 끝 지역의 경계일 뿐이다. 그리고 개원의 동남쪽이 장령부(長嶺府)가 되고 또 그 남쪽이 압록부(鴨綠府)가 되기는 하였으나, 모두가 그 변방 경계 지역이었다. 그런즉 발해의 서쪽 경계는 요동으로 한 발자국도 넘어가지 못한 것이 분명하다.『대청일통지』에서 논한 바가 맞다.

上京龍泉府, 在今寧古塔虎爾哈河之東.
〚新唐書渤海傳〛以肅愼故地爲上京, 曰龍井府,25) 領龍湖勃三州. ○天寶末, 欽茂徙上京, 直舊國三百里, 忽汗河之東. ○〚地理志〛營州東百八十里, 至燕郡城, 又渡遼水, 至安東都護府五百里, 府故漢襄平城也. 自都護府, 東北經故蓋牟新城, 又經渤海長嶺府, 千五百里至渤海王城, 城臨忽汗海, 其西南三十里, 有古肅愼城, 其北經德理鎭, 至南黑水靺鞨千里.
〚盛京通志〛古湖州, 在今寧古塔境內, 渤海置, 隸龍泉府, 舊址無考. ○古勃州, 在今寧古塔境內, 渤海置, 隸龍泉府, 舊址無考.
〚大淸一統志〛渤海上京城, 今以唐書考之, 當在寧古塔西南境, 與金上京相近. 明統志云, 金滅遼, 設都於渤海上京, 是也. ○寧古塔, 古肅愼國地, 兩漢曰挹婁, 後魏【時】勿吉國, 隋【時】靺鞨國地, 唐【時】渤海置上京龍泉府, 其東北爲黑水靺鞨地, 遼【時】女直國, 金初建都, 號上京會寧府, 元【時】合蘭府水達達等路, 明【時】建州毛憐等衛地.

25) '龍井府' → '龍泉府'.

【鎭書】謹按, 忽汗河者, 今虎爾哈河也. 其云金滅遼, 設都於渤海上京者, 指金之會寧府, 而會寧府, 今寧古塔也. 據唐書, 渤海上京在忽汗海之東, 而城臨其水, 然則今寧古塔虎爾哈河之東濱河之地, 卽龍泉府也. 清統志, 謂在寧古塔西南, 非矣.

상경(上京) 용천부(龍泉府)는 지금의 영고탑 호이합하(虎爾哈河)[26]의 동쪽에 있었다.

『신당서(新唐書)』 발해전(渤海傳)』 숙신(肅愼)의 옛 지역을 상경(上京)으로 삼고 용천부(龍泉府)라고 하였는데, 용주(龍州)·호주(湖州)·발주(渤州) 3주를 관할하였다. ○ 천보(天寶) 말기에 [대]흠무([大]欽茂)가 [도성을] 상경으로 옮겼는데, 구국(舊國)에서 300리로 홀한하(忽汗河)의 동쪽이었다. ○ 『지리지에』 영주(營州)에서 동쪽으로 180리를 가면 연군성(燕郡城)에 이른다. 또 요수(遼水)를 건너서 안동도호부(安東都護府)까지는 500리인데, 도호부는 옛 한나라의 양평성(襄平城)이다. 도호부에서 동북쪽으로 옛 개모성(蓋牟城)과 신성(新城)을 경유하고 또다시 발해의 장령부(長嶺府)를 경유해 1,500리를 가면 발해의 왕성(王城)에 이르는데, 왕성은 홀한하에 임해 있다. 그 서남쪽으로 30리 되는 곳에 옛 숙신성(肅愼城)이 있다. 그 북쪽으로 덕리진(德理鎭)[27]을 경유해 가면 남흑수말갈(南黑水靺鞨)에 이르는데, 1,000리이다.

『성경통지(盛京通志)』 옛 호주(湖州)는 지금의 영고탑 경내에 있다. 발해에서 설치하였으며, 용천부에 예속되었다. 옛터는 상고할 수가 없다. ○ 옛 발주(勃州)는 지금의 영고탑 경내에 있다. 발해에서 설치하였으며, 용천부에 예속되었다. 옛터는 상고할 수가 없다.

『대청일통지(大淸一統志)』 발해의 상경성(上京城)은 지금 『당서』로써 상고해 보건대, 마땅히 영고탑의 서남쪽 경계이면서 금(金)나라의 상경(上京)과 서로 가까운 곳에 있어야 한다. 『대명일통지(大明一統志)』에 이르기를, "금나라가 요나라를 멸하고 발해의 상경에 도읍하였다."라고 한 것은 맞는 말이다. ○ 영고탑은 옛 숙신국의 땅이다. 양한(兩漢: 전한과 후한)

---

26) 길림성 돈화시 부근에서 발원하여 북쪽으로 영안시를 거쳐 依蘭縣 부근에서 송화강 본류에 합류하는 목단강의 청나라 때의 이름이다. 胡里改江이라고도 한다. 길이는 726km이다(유득공 지음, 김종복 옮김, 2018, 203쪽).

27) 『태평환우기』 권175, 물길국에는 '德理府', 『당회요』 권96, 말갈에는 '顯德府'로 되어 있다. 지금의 흑룡강성 목단강시 樺林鎭 南城子 또는 그보다 북쪽의 依蘭 부근으로 비정된다(유득공 지음, 김종복 옮김, 2018, 206쪽).

때에는 읍루(挹婁)라 하였고, 후위(後魏) 【때에는】 물길국(勿吉國), 수(隋)나라 【때에는】 말갈국의 땅이었다. 당나라 【때에는】 발해가 상경 용천부를 설치하였다. 그 동북쪽은 흑수말갈의 지역이다. 요나라 【때에는】 여직국(女直國)이었으며, 금나라 초기에는 이곳에 도읍을 세우고 상경(上京) 회령부(會寧府)라고 하였다. 원나라 【때에는】 합란부(合蘭府),[28] 수달달로(水達達路) 등이었고, 명나라 【때에는】 건주위(建州衛), 모린위(毛隣衛) 등의 지역이었다.

【[한]진서가】 삼가 살펴보건대, 홀한하는 지금의 호이합하(虎爾哈河)이다. '금나라가 요나라를 멸하고서 발해의 상경에 도읍을 건설하였다.'라는 것은, 금나라의 상경 회령부를 가리키는데, 회령부는 지금의 영고탑이다. 『당서』에 의거하면, "발해의 상경은 홀한해(忽汗海)의 동쪽에 있는데, 성이 그 강에 임해 있다."라고 하였다. 그런즉 지금의 영고탑 호이합하의 동쪽 물가 지역이 바로 용천부이다. 『대청일통지』에서 영고탑의 서남쪽에 있다고 한 것은 잘못된 것이다.

中京顯德府, 在上京西南三百里, 卽烏喇東南界也.
〖新唐書渤海傳〗肅愼故地爲上京,【節】其南曰中京顯德府, 領盧顯鐵湯榮興六州.
〖大淸一統志〗顯德府, 在吉林烏喇城東. 渤海傳, 上京南爲中京, 曰顯德府, 領盧顯鐵湯榮興六州. 地理志, 自鴨涤江口, 舟行百餘里, 乃小舫泝流東北三十里, 至泊灼口, 得渤海之境, 又泝流二百里, 至丸都城, 故高麗王都, 又東北泝流二百里, 至神州, 又陸行四百里, 至顯州, 天寶中王所都. 按, 顯州卽顯德府, 唐先天二年, 賜名忽汗州, 是也. 遼史謂, 卽平壤城, 又以遼所置東京之顯州, 爲本顯德府地, 皆誤.
【鎭書】謹按渤海傳, 天寶末, 徙上京, 直舊國三百里. 地志云, 顯州, 天寶中渤海王所都, 自此正東如北六百里, 至渤海王城, 顯州者, 卽顯德府也. 本傳所謂舊國, 是也. 王城, 卽天寶末徙居之上京也, 然則顯德府當在上京西南三百里. 但地志所敍道里, 較本傳多三百里, 未知孰是. 蓋不出虎爾哈河之西南, 烏喇城之東南也.

중경(中京) 현덕부(顯德府)는 상경 용천부에서 서남쪽으로 300리 되는 곳에 있으니, 바로 오라(烏喇)의 동남쪽 경계이다.

---

28) 원대에 함경남도 함흥에 설치한 지방행정기구이다(유득공 지음, 김종복 옮김, 2018, 227쪽).

『『신당서(新唐書)』 발해전(渤海傳)』 숙신의 옛 땅으로 상경을 삼았다. 【절(節)】 그 남쪽을 중경 현덕부라고 하며, 노주(盧州)·현주(顯州)·철주(鐵州)·탕주(湯州)·영주(榮州)·홍주(興州) 6주를 관할한다.

『『대청일통지(大淸一統志)』』 현덕부는 길림 오라성의 동쪽에 있다. [『신당서』] 발해전에, "상경의 남쪽을 중경으로 삼고 현덕부라고 하며, 노주·현주·철주·탕주·영주·홍주 6주를 관할하였다."라고 하였다. [『신당서』] 지리지에는, "압록강 입구에서 뱃길로 100여 리를 가서 다시 작은 배를 타고 강을 거슬러 동북쪽으로 30리를 올라가 박작구(泊灼口)[29]에 이르러 발해의 경계에 다다를 수 있다. 또다시 500리를 거슬러 올라가면 환도성(丸都城)에 이르는데, 옛 고구려의 왕도이다. 다시 동북쪽으로 200리를 거슬러 올라가면 신주(神州)에 이른다. 또 육로로 400리를 가면 현주에 이르는데, 천보(天寶) 연간에 [발해]왕이 도읍한 곳이다."라고 하였다. 살펴보건대, 현주는 바로 현덕부로, 당나라 선천(先天) 2년(713)에 홀한주(忽汗州)라는 이름을 하사한 곳이 바로 이곳이다. 『요사』에서 바로 평양성(平壤城)이라고 한 것이나 또 요나라에서 설치한 동경(東京)의 현주(顯州)가 본래 현덕부 땅이라고 한 것은, 모두 잘못된 것이다.

【한】진서가】 삼가 살펴보건대, [『신당서』] 발해전에 "천보 말에 상경으로 [도성을] 옮겼는데, 곧바로 구국(舊國)에서 300리 떨어진 곳이다."라고 하였고, [『신당서』] 지리지에는 "현주는 천보 연간에 발해왕이 도읍한 곳이다. 이로부터 정동쪽에서 약간 동북쪽으로 600리를 가면 발해의 왕성에 이른다."라고 하였다. 현주는 바로 현덕부로, 발해열전에서 이른바 구국이라고 한 것이 이것이다. 왕성은 바로 천보 말에 옮겨간 상경이다. 그렇다면 현덕부는 마땅히 상경에서 서남쪽으로 300리 되는 곳에 있어야 한다. 다만 지리지에서 말한 거리는 발해열전과 비교해 볼 때 300리나 더 먼데, 어느 것이 옳은지는 알 수가 없다. 그러나 호이합하의 서남쪽, 오라성의 동남쪽 지역에서 벗어나지는 않을 것이다.

東京龍原府, 今咸鏡道鏡城富寧等地也.

---

29) 압록강 하류에 가까운 지금의 靉河 또는 浦石河 하구로 추정된다(유득공 지음, 김종복 옮김, 2018, 214쪽).

〖新唐書渤海傳〗穢貊故地爲東京, 曰龍原府, 亦曰柵城府, 領慶鹽穆賀四州. ○龍原, 東南瀕海, 日本道也. ○王欽茂貞元時, 東南徙東京, 華嶼爲王, 復還上京.

〖古今郡國志〗渤海國南海鴨淥扶餘柵城四府, 本高句麗故地, 自新羅泉井郡, 至柵城府, 三十九驛.【金氏地志引用.】

【鎭書】謹按, 柵城之名, 始於句麗, 而渤海因之. 後魏書云, 句麗東至柵城, 賈耽云, 柵城, 本句麗地者, 皆是也. 且新羅泉井郡, 今之德源郡, 自此北行三十九驛, 計爲一千一百七十里.【唐制 三十里置一驛】當至富寧鏡城府界, 其爲龍原府, 無疑. 此本沃沮故地, 而其云穢貊故地者, 誤矣. 或以沃沮在北, 穢貊在南, 壤地相錯, 故致此混稱歟. 又按, 龍原, 東南瀕海, 日本道也. 據日本逸史, 渤海使舶, 多著蝦夷國及出羽能登之地, 日本惡之, 約由築紫道30)太宰府, 後又著能登, 日本讓其不如約. 渤海使臣史都蒙對曰, 實承此旨, 故發自弊邑南府吐亏浦,31) 西指對馬竹室之津, 海中遭風, 著此禁境. 日本竟不能禁, 遂於能登修飾停宿之所. 蝦夷出羽能登之地, 與我咸鏡北道, 隔海相對, 當時使舶, 由東北海, 通日本, 可知也.

동경(東京) 용원부(龍原府)는 지금의 함경도 경성(鏡城), 부령(富寧) 등지이다.

〖『신당서(新唐書)』 발해전(渤海傳)〗 예(穢)·맥(貊)의 옛 땅을 동경(東京)으로 삼고는 용원부(龍原府)라고 하였으며, 또한 책성부(柵城府)라고도 하였는데, 경주(慶州)·염주(鹽州)·목주(穆州)·하주(賀州) 4주를 관할하였다. ○ 용원부는 동남쪽으로 바다에 잇닿았고, 일본도(日本道)32)이다. ○ 왕 [대]흠무([大]欽茂)가 정원(貞元) 연간에 [도성을] 동남쪽에 있는 동경(東京)으로 옮겼다. [대]화서([大]華嶼)가 왕이 되어 다시 상경(上京)으로 환도하였다.

〖『고금군국지(古今郡國志)』〗 발해국의 남해부(南海府), 압록부(鴨淥府), 부여부(扶餘府),

---

30) '築紫道' → '筑紫道'.

31) 『續日本紀』 권34 天宗高紹天皇 光仁天皇 寶龜 8년 正月 癸酉조에는 '吐號浦'로 나온다.

32) 동경 용원부의 염주에서 뱃길로 일본 本州의 서쪽 방면에 도착하였다. 그런데 발해 사신의 도착지는 8세기에는 北陸 지방, 9세기에는 山陰 지방으로 시기적으로 차이를 보인다(유득공 지음, 김종복 옮김, 2018, 183~184쪽).

책성부(柵城府) 4부는 본래 고구려의 옛 땅이다. 신라의 천정군(泉井郡)에서 책성부까지는 39개의 역(驛)이 있다.【김부식의 [『삼국사기』] 지리지에서 인용하였다.】

【[한]진서가】 삼가 살펴보건대, 책성이라는 명칭은 고구려에서 비롯되었고 발해에서 그대로 답습한 것이다. 『후위서(後魏書)』에 이르기를 "고구려의 동쪽은 책성에까지 이른다." 하고, 가탐(賈耽)이 말하기를 "책성은 본래 고구려 땅이다." 한 것이 모두 이것이다. 그리고 신라의 천정군은 지금의 덕원군(德源郡)으로, 이곳에서 북쪽으로 39개의 역을 가는 거리는 모두 1,170리이니,【당나라의 제도에는 30리마다 한 개의 역(驛)을 두었다.】 마땅히 부령부(富寧府)나 경성부(鏡城府)[33]의 경계에 이르는바, 이곳이 용원부임은 의심의 여지가 없다. 이곳은 본래 옥저(沃沮)의 옛 지역인데, 예맥의 옛 지역이라고 한 것은 잘못된 것이다. 혹 옥저가 북쪽에 있고 예맥이 남쪽에 있으면서 지역이 서로 맞물려 있어 이처럼 혼동하여 말한 것은 아닌지 모르겠다.

또 살펴보건대, 용원의 동남은 바다에 잇닿아 있는데, 일본도(日本道)이다. 『일본일사(日本逸史)』[34]에 의거하면, "발해의 사신이 탄 배가 많이 하이국(蝦夷國)과 출우(出羽), 능등(能登)의 지역에 도착하였는데, 일본에서는 그것을 싫어하여 축자도(筑紫道)의 태재부(太宰府)를 경유하게 하였다. 그 뒤에 또 능등에 도착하자, 일본에서는 약속을 어긴 것을 따졌다. [그러자] 발해의 사신인 사도몽(史都蒙)이 대답하기를 '실로 전에 그런 분부를 받았으므로 우리나라 남[해]부의 토호포(吐號浦)에서 출발하여 서쪽으로 대마도(對馬島)의 죽실진(竹室津)을 향해 갔는데, 도중에 바다에서 풍랑을 만나 이곳 금지 구역에 도착한 것이다.'라고 하니, 일본에서 끝내 금지시키지 못하고는 마침내 능등에 [발해의 사신이] 머물고 숙박한 장소를 수리하였다."라고 하였다. 하이, 출우, 능등 등지는 우리의 함경북도와 바다를 사이에 두고 서로 마주 보고 있으므로, 당시에 사신들이 탄 배가 동북쪽의 바다를 지나서 일본과 통한 것을 알 수가 있다.

---

33) 지금의 함경북도 경성군 경성면에 설치한 조선시대 鏡城都護府의 줄임말이다(유득공 지음, 김종복 옮김, 2018, 210쪽).

34) 792~833년까지의 일본 역사를 기록한 『日本後紀』는 모두 40권인데, 15세기에는 10권만 전해졌다. 그래서 1692년에 鴨佑之(가모 스케유키, 1659~1723)가 『類聚國史』・『日本紀略』 등에 남아 있는 사료들을 모아 『日本逸史』를 편찬하였다(유득공 지음, 김종복 옮김, 2018, 210쪽).

南京南海府, 今咸鏡道北青府等地也.

〖新唐書渤海傳〗沃沮故地爲南京, 曰南海府, 領沃晴椒三州. ○南海, 新羅道也.

【鎭書】謹按, 沃沮, 今北青等地, 而後入於句麗.【詳見沃沮條.】賈耽所云渤海南海府, 舊句麗地者, 是也. 南海之稱, 亦昉於句麗, 句麗史云, 太祖王六十二年八月, 巡狩南海, 蓋東北地形, 左海右陸, 自黑龍江地方, 沿海西南至土門江入海處, 又沿海西南至咸興府之都連浦入海處, 漸迤漸西, 在寧古塔等地視之, 我國咸鏡道之海, 在正南, 故稱以南海也. 咸鏡道南界, 卽泉井郡, 是爲新羅分界處, 故謂之新羅道也.

남경(南京) 남해부(南海府)는 지금의 함경도 북청부(北青府) 등지이다.

『『신당서(新唐書)』 발해전(渤海傳)』 옥저의 옛 지역을 남경으로 삼고 남해부라고 하였는데, 옥주(沃州)·정주(睛州)·초주(椒州) 3주를 관할하였다. ○ 남해는 신라도(新羅道)[35]이다.

【[한]진서가】 삼가 살펴보건대, 옥저는 지금의 북청 등지이며, 뒤에 고구려에 편입되었다.【옥저조(沃沮條)에 상세하게 보인다.】 가탐(賈耽)이 "발해의 남해부는 옛 고구려 지역이다."라고 한 것은 맞는 말이다. 남해부라는 칭호 역시 고구려에서 비롯된 것으로, [『삼국사기(三國史記)』] 고구려본기에 이르기를 "태조왕(太祖王) 62년(114) 8월에 왕이 남해를 순수(巡狩)하였다."라고 하였다. 대개 동북쪽의 지형은 왼쪽은 바다이고 오른쪽은 육지로, 흑룡강 지방에서 바닷가를 따라 서남쪽으로 오면 토문강(土門江)이 바다로 들어가는 곳에 이르고, 다시 바닷가를 따라 서남쪽으로 오면 함흥부(咸興府)의 도련포(都連浦)[36]에서 바다로 들어가는 곳에서 점점 서쪽으로 가면 영고탑 등지가 있으며, [영고탑에서] 우리나라의 함경도 바다를 보면 정남쪽에 있다. 그러므로 남해라고 칭한 것이다. 함경도의 남쪽 경계는 바로 천정군(泉井郡)으로, 이곳이 [발해와] 신라의 경계가 나누어진 곳이다. 그러므로 신라도라고 한 것이다.

---

35) 동경 용원부의 예전 명칭인 책성부에서 신라의 천정군까지 동해안으로 따라 39역이 있었다. 그중 남경 남해부가 신라와 가깝기 때문에 신라도의 출발점으로 규정되었다(유득공 지음, 김종복 옮김, 2018, 184쪽).

36) 지금의 함경남도 함주군 연포면 연포리에 있는 廣浦를 말한다(유득공 지음, 김종복 옮김, 2018, 213쪽).

西京鴨淥府, 今平安道江界府西北隔江地也.

〖新唐書渤海傳〗高麗故地爲西京, 曰鴨淥府, 領神豐桓正四州. ○鴨淥, 朝貢道也. ○〖地理志〗自鴨淥江口, 舟行百餘里, 乃小舫泝流東北三十里, 至泊灼口, 得渤海之境, 又泝流二百里, 至丸都縣城, 故高麗王都, 又東北泝流二百里, 至神州, 又陸行四百里, 至顯州, 天寶中王所都, 又正東如北六百里, 至渤海王城.

〖遼史地理志〗淥州鴨淥軍, 節度, 本高麗故國, 渤海號西京鴨淥府, 都督神豐桓正四州事, 故縣三, 神鹿神化劒門, 皆廢. ○桓州, 高麗中都城, 故縣三, 桓都神鄉淇水, 皆廢, 高麗王於此創立宮闕, 國人謂之新國, 五世孫釗, 晉康帝建元初, 爲慕容皝所敗, 宮室焚蕩, 隸淥州, 在西南二百里. ○豐州, 渤海置盤安郡, 故縣四, 安豐渤恪隰壤硖石, 皆廢, 隸淥州. ○正州, 本沸流王故都, 國爲公孫康所幷, 渤海置沸流郡, 有沸流水, 隸淥州.

〖大清一統志〗淥州城, 在平壤西境, 遼志云, 高麗故國也, 渤海爲西京鴨淥府, 遼改置淥州鴨淥軍.

【鎭書】謹按, 泊灼口, 今義州隔江地也. 丸都縣城卽桓州, 今之楚山府江外地也. 神州卽鴨淥府之治也, 在句麗爲國內城, 在遼爲淥州, 今江界府之滿浦鎭江外之地, 是也.【詳見句麗丸都城條.】府治雖在江外, 而平壤以西, 皆其所轄也. 是時通唐之路, 自鴨江口發船, 達于登州海, 故謂之朝貢道也.

서경(西京) 압록부(鴨淥府)는 지금의 평안도 강계부(江界府)[37] 서북쪽의 강 건너편 지역이다.

〖『신당서(新唐書)』 발해전(渤海傳)〗 고구려의 옛 지역을 서경(西京)으로 삼고 압록부(鴨淥府)라고 하였는데, 신주(神州)·풍주(豐州)·환주(桓州)·정주(正州) 4주를 관할하였다. ○ 압록은 조공도(朝貢道)[38]이다. ○ [『신당서』] 지리지에 이르기를, "압록강 입구에서 뱃길로 100여 리를 가서 다시 작은 배를 타고 강을 거슬러 동북쪽으로 30리를 올라가면 박작구(泊

---

37) 江界都護府의 줄임말이다.

38) 서경 압록부에서 뱃길로 압록강을 남하한 후 요동반도 연안을 거쳐 묘도열도를 통해 산동반도의 등주에 도착한 다음, 당의 수도인 장안으로 가는 길이다(유득공 지음, 김종복 옮김, 2018, 184쪽).

灼口)에 이르러 발해의 경내에 다다를 수 있다. 또다시 200리를 거슬러 올라가면 환도현성(丸都縣城)에 이르는데, 옛날의 고구려 왕도이다. 다시 동북쪽으로 200리를 거슬러 올라가면 신주에 이른다. 또 육로로 400리를 가면 현주(顯州)에 이르는데, 천보 연간에 [발해]왕이 도읍한 곳이다. 또 정동쪽에서 약간 북쪽으로 600리를 가면 발해의 왕성에 이른다."라고 하였다.

『요사(遼史)』지리지(地理志)』녹주(淥州) 압록군(鴨淥軍)은 절도(節度)를 둔다. 본래 고구려의 구국(舊國)이다. 발해 때에는 서경(西京) 압록부(鴨淥府)라고 하였다. 신주, 풍주, 환주, 정주 4주의 일을 도독(都督)한다. 옛 현은 셋으로 신록(神鹿), 신화(神化), 검문(劍門)인데, 모두 폐지되었다. ○ 환주는 고구려 때의 도성(都城)이다. 옛 현은 셋으로 환도(桓都), 신향(神鄉), 기수(淇水)인데, 모두 폐지되었다. 고구려 왕이 이곳에 궁궐을 창건하자 나랏사람들이 신국(新國)이라고 하였다. 5대손인 [고]쇠([高]釗) 때인 진(晋)나라 강제(康帝) 건원(建元) 초에 모용황(慕容皝)에게 패하여 궁실이 분탕질당하였다. 녹주에 예속되었는데, 서남쪽으로 200리 되는 곳에 있다. ○ 풍주[39]는 발해 때 반안군(盤安郡)을 설치하였다. 옛 현은 넷으로 안풍(安豐), 발각(渤恪), 습양(隰壤), 협석(硤石)인데, 모두 폐지되었다. 녹주에 예속되었다. ○ 정주[40]는 본래 비류왕(沸流王)[41]의 옛 도읍인데, 나라가 공손강(公孫康)[42]에게 병합되었다. 발해 때에는 비류군(沸流郡)을 설치하였다. 비류수(沸流水)[43]에 있으며, 녹주에 예속되었다.

『대청일통지(大淸一統志)』녹주성(淥州城)은 평양 서쪽 경계에 있다. 『요사』지리지에는 고구려의 구국(舊國)이라고 하였다. 발해 때에는 서경 압록부로 삼았고, 요나라 때에는 이를 고쳐서 녹주 압록군을 설치하였다.

---

39) 지금의 길림성 무송현 일대이다(유득공 지음, 김종복 옮김, 2018, 193쪽).

40) 지금의 길림성 통화시 일대 또는 요령성 단동시 서북쪽 일대이다(유득공 지음, 김종복 옮김, 2018, 193쪽).

41) 연우(나중의 산상왕) 또는 이이모(나중의 고국천왕)와 대립하여 공손강에게 투항하였다가 비류수로 되돌아온 발기를 가리키는 것으로 추정된다(유득공 지음, 김종복 옮김, 2018, 193쪽).

42) 공손강(?~221)은 204년부터 아버지 공손도를 이어 요동지역을 지배하고, 낙랑군 남쪽에 대방군을 설치하여 韓과 濊를 침공하였다(유득공 지음, 김종복 옮김, 2018, 193쪽).

43) 지금의 중국 길림성 白山市 북쪽에서 발원하여 요령성 桓仁縣을 거쳐 압록강으로 합류하는 渾江의 옛 이름이다(유득공 지음, 김종복 옮김, 2018, 193쪽).

【[한]진서가】 삼가 살펴보건대, 박작구(泊灼口)는 지금의 의주와 강을 사이에 두고 있는 지역이다. 환도현성은 바로 환주로 지금의 초산부(楚山府)의 강 바깥쪽 지역이다. 신주는 바로 압록부의 치소(治所)로, 고구려 때에는 국내성(國內城)이었다. 요나라 때에는 녹주였는데, 지금의 강계부(江界府) 만포진(滿浦鎭)의 강 바깥쪽 땅이 그곳이다.【고구려 환도성조(丸都城條)에 상세하게 보인다.】 [압록부의] 치소가 비록 강 바깥쪽에 있었으나 평양(平壤) 서쪽 지역이 모두 그 관할지였다. 이 당시에 당나라에 통하는 길은 압록강 입구에서 배를 띄워 등주(登州)의 바다에 이르렀으므로 조공도(朝貢道)라고 한 것이다.

長嶺府, 今永吉州等地也.
【新唐書渤海傳】高麗故地日長嶺府, 嶺瑕河二州. ○長嶺, 營州道也.
【鎭書】謹按, 賈耽云, 自安東都護府【今遼陽州.】, 東北經蓋牟新城, 又經渤海長嶺府千五百里, 至渤海王城. 蓋長嶺府者, 當時渤海與遼東往來之路, 而卽其西界初入處也. 今長白山大幹, 北走爲納綠窩集, 又北至烏喇西南爲庫魯訥窩集, 又北爲歌爾民朱敦嶺, 脊橫亘數千里通謂之長嶺子.【見盛京通志.】 長嶺之稱, 古今不異, 則渤海之長嶺府, 當在今永吉州等地也.

장령부(長嶺府)는 지금의 영길주(永吉州) 등지이다.
『신당서(新唐書)』 발해전(渤海傳)』 고구려의 옛 땅을 장령부라고 하였는데, 하주(瑕州)와 하주(河州) 2주를 관할한다. ○ 장령은 영주도(營州道)[44]이다.

【[한]진서가】 삼가 살펴보건대, 가탐(賈耽)이 이르기를, "안동도호부【지금의 요양주(遼陽州)이다.】에서 동북쪽으로 개모성(蓋牟城)·신성(新城)을 경유하고, 또 발해의 장령부를 경유해 1,500리를 가면 발해의 왕성에 이른다."라고 하였다. 대개 장령부는 당시에 발해가 요동과 왕래하는 길이었으며, 바로 그 서쪽 경계의 초입이었던 것이다. 지금 장백산(長白山)의 큰 줄기가 북쪽으로 뻗어가서 납록와집(納綠窩集)이 되고, 다시 북쪽으로 뻗어가서 오라(烏喇)의 서남쪽에 이르러 고로눌와집(庫魯訥窩集)이 되고, 또 북쪽으로는 가이민주돈령(歌爾民朱

---

44) 장령부에서 요하를 건너 당의 동북 방면 요충지인 영주로 가는 길이다(유득공 지음, 김종복 옮김, 2018, 184쪽).

敦嶺)이 되어 산등성이가 수천 리에 걸쳐 뻗었는데, 이를 통틀어서 장령자(長嶺子)라고 한다.
【『성경통지(盛京通志)』에 보인다.】 장령이라는 칭호는 예나 지금이나 바뀌지 않았으니 곧
발해의 장령부는 마땅히 지금의 영길주 등지에 있었다.

扶餘府, 今開原縣也, 其相近者, 曰鄚頡府.
〖新唐書渤海傳〗扶餘故地爲扶餘府, 常屯勁兵扞契丹, 領扶仙二州. 鄚頡府, 領鄚高二州. ○扶餘, 契丹道也.
〖遼史地理志〗東京道通州安遠軍, 本扶餘國王城, 渤海號扶餘城, 太祖改龍州, 聖宗更今名, 統縣四, 通遠縣, 本渤海扶餘縣.【謹按, 遼通州, 統通遠安遠歸仁漁谷四縣, 皆渤海縣云, 而無明證, 故今不錄, 見下未詳州縣條.】○龍州黃龍府, 本渤海扶餘府, 太祖平渤海, 還至此崩, 有黃龍見, 更名.
〖盛京通志〗古扶餘府, 唐時渤海置, 其地在開原縣城西.
〖大淸一統志〗黃龍古城, 在開原縣境, 本渤海扶餘府, 今開原縣, 在吉林烏喇西北, 而古開元城治, 不在縣境, 便知此是黃龍古城也.
〖遼史地理志〗東京道韓州東平軍, 本藁離國舊治柳河縣, 高麗置鄚頡府, 都督鄚頡二州, 渤海因之, 今廢.
【鎭書】謹按, 渤海常宿勁兵於扶餘府, 以捍契丹, 今開原縣, 爲吉林烏喇咽隘必守之地, 是爲扶餘府也.
又按, 鄚頡府, 亦扶餘故地也. 藁離國, 卽扶餘之所自出, 而在扶餘北者也. 且淸統志, 遼韓州, 金屬咸平路, 元屬咸平府, 明屬三萬衛. 三萬衛, 今開元縣, 開元之西, 卽契丹地也. 以此推之, 鄚頡府當在開元縣之東北近地也.

부여부(扶餘府)는 지금의 개원현(開原縣)이며, 여기에서 가까운 곳은 막힐부(鄚頡府)이다.
『신당서(新唐書)』 발해전(渤海傳)』 부여의 옛 땅을 부여부로 삼았다. [이곳에는] 항상 강한 병사를 주둔시켜 거란(契丹)을 방어하였으며, 부주(扶州)와 선주(仙州) 2주를 관할하였다. 막힐부는 막주(鄚州)와 고주(高州) 2주를 관할하였다. ○ 부여는 거란도(契丹道)[45]이다.

---

45) 부여부에서 지금의 長嶺, 通遼, 開魯, 天山을 거쳐 거란의 중심지인 巴林左旗에 이르는 길이다(유득공

『『요사(遼史)』 지리지(地理志)』 동경도(東京道)의 통주(通州)⁴⁶⁾ 안원군(安遠軍)은 본래 부여국의 왕성이다. 발해 때에는 부여성(扶餘城)이라고 불렀다. [요]태조([遼]太祖)가 용주(龍州)로 고쳤고, 성종(聖宗)이 다시 지금의 이름으로 고쳤다. 통할하는 현은 넷인데, 통원현(通遠縣)⁴⁷⁾은 본래 발해의 부여현(扶餘縣)이었다.【삼가 살펴보건대, 요나라의 통주가 통할하는 통원(通遠), 안원(安遠), 귀인(歸仁), 어곡(漁谷) 4현은 모두 발해의 현이라고 하는데, 분명한 증거가 없으므로 지금은 수록하지 않았다. 아래 미상(未詳)의 주현조(州縣條)에 보인다.】
○ 용주 황룡부(黃龍府)⁴⁸⁾는 본래 발해의 부여부이다. 태조가 발해를 평정하고서 돌아오다가 이곳에 이르러 붕어(崩御)하자 황룡이 나타난 일이 있으므로 이름을 고쳤다.

『성경통지(盛京通志)』 옛 부여부는 당나라 때 발해가 설치한 것인데, 그 지역은 개원현성의 서쪽에 있다.

『대청일통지(大淸一統志)』 황룡고성(黃龍古城)이 개원현의 경내에 있는데, 본래 발해의 부여부였다. 지금 개원현이 길림(吉林), 오라(烏喇)의 서북쪽에 있으며, 옛 개원성(開元城)의 치소는 현의 경내에 있지 않은바, 이곳이 황룡부의 옛 성임을 알 수가 있다.

『『요사(遼史)』 지리지(地理志)』 동경도의 한주(韓州) 동평군(東平軍)은 본래 고리국(藁離國)의 옛 치소인 유하현(柳河縣)이다. 고[구]려가 막힐부를 설치하였다. 막주와 힐주(頡州) 2주를 도독(都督)한다. 발해 때에는 이를 그대로 따랐다. 지금은 폐지되었다.

【한】진서가】 삼가 살펴보건대, 발해에서는 항상 강한 병사를 부여부에 두고서 거란을 방어하였다. 지금 개원현은 길림과 오라의 목구멍에 해당되는 반드시 지켜야만 할 땅인바, 이곳이 부여부인 것이다.

또 살펴보건대, 막힐부 역시 부여의 옛 지역이다. 고리국은 바로 부여가 발생한 곳이며 부여의 북쪽에 있었다. 그리고 『대청일통지』를 보면 요나라 때에는 한주였고, 금나라 때에는 함평로(咸平路)⁴⁹⁾에 속하였고, 원나라 때에는 함평부(咸平府)에 속하였다. 명(明)나라 때에

지음, 김종복 옮김, 2018, 184쪽).
46) 지금의 길림성 四平市 일대이다(유득공 지음, 김종복 옮김, 2018, 196쪽).
47) 지금의 길림성 사평시 一面城 일대이다(유득공 지음, 김종복 옮김, 2018, 197쪽).
48) 지금의 길림성 농안현 일대이다.
49) 금나라의 행정구역으로, 치소는 지금의 요령성 개원시 老城街道이다. 개원 이북에서 길림성 伊通河까지 관할하였다(유득공 지음, 김종복 옮김, 2018, 216쪽).

는 삼만위(三萬衛)에 속하였는데, 삼만위는 지금의 개원현이다. 개원의 서쪽이 바로 거란 지역이다. 이것으로 미루어 보건대, 막힐부는 마땅히 개원현의 동북쪽에서 가까운 지역에 있어야 한다.

定理安邊二府, 當在今寧古塔地方.
『新唐書渤海傳』挹婁故地爲定理府, 領定瀋二州. 安邊府領安瓊二州.
【鎭書】謹按, 挹婁故地, 卽渤海初起之地, 而爲今寧古塔地方.【詳見上建國於寧古塔條.】安定二府卽其地也.

정리부(定理府)와 안변부(安邊府) 2부는 마땅히 지금의 영고탑 지방에 있어야 한다.

『『신당서(新唐書)』 발해전(渤海傳)』 읍루의 옛 지역을 정리부로 삼았는데, 정주(定州)와 심주(瀋州) 2주를 관할하였다. 안변부는 안주(安州)와 경주(瓊州) 2주를 관할하였다.

【[한]진서가】 삼가 살펴보건대, 읍루의 옛 지역은 바로 발해가 처음 일어난 지역이며, 지금의 영고탑 지방이다.【앞의 영고탑에서 건국하였다는 조항에 상세하게 보인다.】 안변부와 정리부 2부는 바로 이 지역이다.

率賓府, 今咸鏡道三水府以西鴨江內外地也.
『新唐書渤海傳』率賓故地爲率賓府, 領華益建三州.
『遼史地理志』率賓府, 刺史, 古率賓國地.
『盛京通志』恤品路, 金置節度使, 本遼時率賓府地, 元廢, 今在興京東南邊外.
『大淸一統志』廢恤品路, 在寧古塔城東南. 金史地理志, 恤品路, 遼時爲率賓府, 本率濱故地. 天會二年, 以耶懶路都孛菫所居地瘠, 遂遷於此, 因名速頻. 按, 恤品速頻, 卽率賓之訛也.
【鎭書】謹按, 率賓府, 在句麗曰卒本, 金曰恤品. 恤品者, 今三水府西北鴨江內外地也, 卒本者, 今廢閭延郡江北地也.【詳見句麗紀升骨城條及高麗東北界條.】今自三水等地, 西迤至閭延江北, 卽渤海率賓府也. 且考前史, 無率賓國之名, 意者, 卒本爲句麗舊都, 故謂之率賓國與.

솔빈부(率賓府)는 지금의 함경도 삼수부(三水府) 서쪽, 압록강 안팎의 땅이다.

『신당서(新唐書)』 발해전(渤海傳)』 솔빈(率賓)의 옛 지역을 솔빈부로 삼았는데, 화주(華州)·익주(益州)·건주(建州) 3주를 거느렸다.

『요사(遼史)』 지리지(地理志)』 솔빈부에는 자사(刺史)를 두었다. 옛 솔빈국의 땅이다.

『성경통지(盛京通志)』 휼품로(恤品路)는 금(金)나라에서 절도사를 설치하였으며, 본래 요나라 때의 솔빈부 지역이었다. 원(元)나라 때에는 폐지하였고, 지금은 흥경(興京)의 동남쪽 변경 밖에 있다.

『대청일통지(大淸一統志)』 폐휼품로(廢恤品路)는 영고탑성의 동남쪽에 있다. 『금사(金史)』 지리지에 이르기를, "휼품로는 요나라 때의 솔빈부로, 본래 솔빈국의 옛 지역이다. 천회(天會) 2년(1124)에 야라로(耶懶路)50) 도패근(都孛菫)이 사는 지역이 척박하다고 하여 마침내 이곳으로 옮기고서는 인하여 속빈(速頻)이라고 이름하였다."라고 하였다. 살펴보건대, 휼품이나 속빈은 바로 솔빈이 변한 것이다.

【[한]진서가】 삼가 살펴보건대, 솔빈부는 [고]구려 때에는 졸본(卒本)이라 하고, 금나라 때에는 휼품이라 하였다. 휼품은 지금의 삼수부 서북쪽, 압[록]강 안팎의 땅이고, 졸본은 지금의 폐여연군(廢閭延郡)의 강 북쪽 지역이다.【[고]구려 흘승골성조(紇升骨城條) 및 고려 동북계조(東北界條)에 상세하게 보인다.】 지금 삼수 등지의 서쪽에서부터 여연(閭延)의 강 북쪽에 이르기까지가 바로 발해의 솔빈부이다. 그리고 전사(前史)를 상고해 보면 솔빈국(率賓國)이라는 이름이 없는데, 생각건대 졸본이 고구려의 옛 도읍이므로 솔빈국이라고 한 듯하다.

東平鐵利二府, 當在今寧古塔東北黑龍江地方.
【新唐書渤海傳】拂涅故地爲東平府, 領伊蒙沱黑比五州. 鐵利故地爲鐵利府, 領廣

---

50) 패근은 생여진 부족사회의 하위 집단의 추장에 대한 호칭으로서, 전시에는 猛安(千夫長) 또는 謀克(百夫長)으로 불렀다. 도패근은 복수의 하위 집단을 통치하는 대추장에 대한 호칭으로 忽魯孛菫이라고도 한다. 그러나 태종 때부터 점차 지방관으로 변질되었다(유득공 지음, 김종복 옮김, 2018, 218쪽).

汾蒲海義歸六州.
【鎭書】謹按唐書, 黑水靺鞨, 有拂涅越喜鐵利等部, 皆役屬於渤海. 其地南距渤海, 東北際於海, 西抵室韋, 方數千里, 今之黑龍江地也. 且諸部中, 益東曰拂涅部, 天寶中, 獻鯨睛於唐, 拂涅當在黑龍江地之最東而瀕於海者, 是爲東平府也. 鐵利府爲鐵利故地, 亦在黑龍江地方者也.

동평부(東平府)와 철리부(鐵利府) 2부는 마땅히 지금의 영고탑 동북쪽의 흑룡강 지방에 있어야 한다.

『『신당서(新唐書)』 발해전(渤海傳)』 불열(拂涅)의 옛 지역을 동평부로 삼았는데, 이주(伊州)·몽주(蒙州)·타주(沱州)·흑주(黑州)·비주(比州) 5주를 거느렸다. 철리(鐵利)의 옛 지역을 철리부로 삼았는데, 광주(廣州)·분주(汾州)·포주(蒲州)·해주(海州)·의주(義州)·귀주(歸州) 6주를 거느렸다.

【[한]진서가】 삼가 살펴보건대, 『당서』에 "흑수말갈에는 불열부(拂涅部), 월희부(越喜部), 철리부(鐵利部) 등의 부가 있는데, 모두 발해에 역속(役屬)하였다. 그 땅은 남쪽으로는 발해에 닿아 있고, 북쪽과 동쪽 끝은 바다이고, 서쪽으로는 실위(室韋)에 이르는데, 사방이 수천 리이다."라고 하였다. 지금의 흑룡강 지역이다. 그리고 여러 부 가운데 더 동쪽에 있는 것을 불열부라고 한다. 천보 연간에 당나라에 경정(鯨睛)을 바쳤다고 하니 불열부는 마땅히 흑룡강 지역에서 가장 동쪽에 있어야 한다. 그리고 바다에 잇닿아 있으니 여기가 바로 동평부(東平府)이다. 철리부는 철리의 옛 땅이니 역시 흑룡강 지방에 있는 것이다.

懷遠安遠二府, 當在今黑龍江地方西界.
〖新唐書渤海傳〗越喜故地爲懷遠府, 領達越懷紀富美福邪芝九州. 安遠府領寧郿慕常四州.
【鎭書】謹按, 越喜者, 黑水部所屬也. 舊書云, 渤海西接越喜靺鞨, 東北至黑水靺鞨, 然則越喜爲黑水部之最西南者, 而當在今黑龍江駐防西界之諾尼江近地, 是爲懷安二府也.

회원부(懷遠府)와 안원부(安遠府) 2부는 마땅히 지금의 흑룡강 지방 서쪽 경계에 있어야 한다.

『신당서(新唐書)』발해전(渤海傳)』 월희[말갈](越喜[靺鞨])의 옛 지역을 회원부로 삼았는데, 달주(達州)·월주(越州)·회주(懷州)·기주(紀州)·부주(富州)·미주(美州)·복주(福州)·사주(邪州)·지주(芝州) 9주를 거느렸다. 안원부는 영주(寧州)·미주(郿州)·모주(慕州)·상주(常州) 4주를 거느렸다.

【[한]진서가】 삼가 살펴보건대, 월희는 흑수부(黑水部) 소속이다. 『구당서』에 이르기를, "발해는 서쪽으로는 월희말갈에 접하였고 동북쪽으로는 흑수말갈에 이른다."라고 하였다. 그렇다면 월희는 흑수부에서 가장 서남쪽에 있는 것으로, 마땅히 지금의 흑룡강주방(黑龍江駐防) 서쪽 경계의 낙니강(諾尼江)[51] 근처 지역에 있어야 하는데, 이곳이 회원부와 안원부 2부인 것이다.

又獨奏州, 有郢銅涑三州, 其地界未詳.
【新唐書渤海傳】又郢銅涑三州爲獨奏州, 涑州以其近涑沫江, 蓋所謂粟末水也.【謹按 獨奏謂不隸於他府而自達者也.】
【遼史地理志】東京道郢州彰聖軍, 渤海置. ○銅州廣利軍, 渤海置. ○涑州, 渤海置.
【盛京通志】古郢州, 按遼史, 渤海置, 遼因之, 在今寧古塔境內, 舊址無考. ○古涑州, 渤海置, 遼因之, 金廢, 舊址無考. 按渤海傳, 以其近粟末河, 故名. 今按, 粟末河卽混同江, 應在混同江左右之地.
【鎭書】謹按日本史, 渤海使者, 有若忽州都督玄菟州刺史之稱, 若忽似是忽汗州之訛也, 玄菟州或是虛糜之官號也. 且舊唐書渤海傳, 有桂婁郡王大門藝之稱, 桂婁或似郡名, 而並無他史可證, 故今略之.

또 독주주(獨奏州)로, 영주(郢州)·동주(銅州)·속주(涑州) 3주가 있으며, 지계(地界)는 미

---

51) 중국 흑룡강성 중부를 흐르는 嫩江의 청나라 때 이름이다. 대흥안령 북부에서 남쪽으로 흘러 길림성 大安市 부근에서 제2송화강과 합류한다. 길이는 1,730km이다(유득공 지음, 김종복 옮김, 2018, 202쪽).

상이다.

『신당서(新唐書)』 발해전(渤海傳)』 또한 영주·동주·속주 3주를 독주주로 삼았다. 속주라는 [명칭은] 속말강(涑沫江)과 가깝기 때문이다. 대개 속말수(粟末水)를 이른다.{삼가 살펴보건대, 독주(獨奏)는 다른 부(府)에 예속되지 않고 직접 진달하는 것을 이른다.}

『요사(遼史)』 지리지(地理志)』 동경도(東京道)의 영주(郢州)[52] 창성군(彰聖軍)은 발해에서 설치하였다. ○ 동주[53] 광리군(廣利軍)은 발해에서 설치하였다. ○ 속주[54]는 발해에서 설치하였다.

『성경통지(盛京通志)』 옛 영주(郢州)는 『요사』를 살펴보면 발해에서 설치하였고, 요나라가 그대로 따랐다. 지금의 영고탑 경내에 있었으며, 옛터는 상고할 수가 없다. ○ 옛 속주(涑州)는 발해에서 설치하였으며, 요나라가 그대로 따랐다. 금나라 때에는 폐지하였는데, 옛터는 상고할 수가 없다. 『신당서』 발해전을 살펴보니 속말하(粟末河)에 가깝기 때문에 그렇게 이름하였다. 지금 살펴보건대, 속말하는 곧 혼동강(混同江)이니 반드시 혼동강 좌우의 지역에 있어야만 한다.

【[한]진서가】 삼가 일본(日本)의 사서(史書)를 살펴보면, 발해의 사신 가운데 약홀주도독(若忽州都督), 현도주자사(玄菟州刺史)라는 칭호가 있는데, 약홀주는 홀한주(忽汗州)의 와전인 듯하고 현도주는 아마도 헛되이 붙인 관호(官號)일 것이다. 그리고 『구당서』 발해전을 보면, 계루군왕(桂婁郡王)[55] 대문예(大門藝)라는 칭호가 있는데, 계루는 혹 군명(郡名)인 듯하다. 그러나 모두 다른 사서에서 증명할 수 없기에 지금은 생략하였다.

後唐時, 遼滅渤海, 其地爲女眞所據, 卽金人所起地也.
【元史 地理志】古肅愼之地, 隋唐曰黑水靺鞨, 後渤海盛, 靺鞨皆役屬之. 又其後渤海爲契丹所攻, 黑水復擅, 其地東瀕海, 南界高麗, 西北與契丹接壤, 卽金鼻祖之部落

---

52) 지금의 요령성 동북부의 법고·개원·철령 일대의 요하 중상류 지역이다(유득공 지음, 김종복 옮김, 2018, 200쪽).
53) 지금의 요령성 해성시 동남쪽 析木鎭 일대이다(유득공 지음, 김종복 옮김, 2018, 200쪽).
54) 지금의 요령성 동남쪽의 요동반도이다(유득공 지음, 김종복 옮김, 2018, 200쪽).
55) 계루는 초기 고구려의 핵심 집단인 5부 가운데 왕실을 배출하던 桂婁部에서 연유한 명칭으로, 고구려 멸망 이후에는 고구려의 별칭으로 사용되었다(유득공 지음, 김종복 옮김, 2018, 76쪽).

> 也. 初號女眞, 後避遼興宗諱, 改曰女直, 太祖烏古打旣滅遼, 卽上京設都, 海陵遷都
> 於燕, 改爲會寧府.

후당(後唐) 때에 요나라가 발해를 멸망시키자 그 지역을 여진(女眞)이 차지하였는바, 바로 금나라 사람들이 일어난 땅이다.

『『원사(元史)』 지리지(地理志)』 옛 숙신 지역은 수당(隋唐) 때에는 흑수말갈이라고 하였다. 그 뒤에 발해가 강성해지자 말갈이 모두 역속(役屬)되었다. 또 그 뒤에 발해가 거란의 공격을 받자 흑수말갈이 다시 차지하였다. 그 지역은 동쪽으로는 바다에 닿았고, 남쪽 경계는 고려와 접하였고, 서쪽과 북쪽 경계는 거란과 접하였는데, 바로 금나라 시조(始祖)가 살던 부락이다. 처음에는 여진이라고 불렀다가 뒤에 요나라 흥종(興宗)의 휘(諱)를 피하여 여직(女直)으로 고쳤다. 태조(太祖)인 오고타(烏古打)가 요를 멸망시키고는 즉시 상경(上京)에 도읍을 세웠으며, 해릉(海陵)이 연(燕) 지방으로 천도하고는 회령부(會寧府)로 고쳤다.

○ 권제9, 지리고(地理考) 9, 발해(渤海), 경부변오(京府辨誤)【부(附) 군현명목(郡縣名目)】

> 遼幷渤海, 徙其州縣於遼東, 名旣隨遷, 疆域以晦.
> 【盛京通志】遼地, 自遼金, 襲渤海五京之制, 而形勢分明.
> 【鎭書】謹按, 渤海地理, 唐書雖略其敍, 京府位置秩然, 而爲遼史所亂. 遼幷渤海, 移民徙邑, 多帶舊號, 撰志者, 不復區別. 仍以遼東州縣, 牽合爲說, 如從其說, 則東京在西京之西, 中京又在東京之西, 其云可乎. 盛京志, 謂遼襲渤海五京之制, 形勢分明者, 甚無據也. 至於遼志所稱渤海郡縣之名, 猶有可徵者, 故並載於下, 然亦難盡信, 覽者詳之.

요나라가 발해를 병합하고는 그 주현(州縣)을 요동으로 옮기면서 이름을 그대로 가져다가 써서 강역(疆域)이 분명치 않게 되었다.

『성경통지(盛京通志)』 요(遼) 지역은 요나라와 금나라가 발해의 5경(京) 제도를 그대로 따르면서부터 형세가 분명해졌다.

【한(韓)진서가】 삼가 살펴보건대, 발해의 지리에 대해서는 『당서』에서 비록 소략하게 서술하

으나 경과 부의 위치는 질서정연하였는데,『요사』에서 어지러워졌다. 요나라가 발해를 병합하고는 백성과 고을을 옮기면서 옛 이름을 많이 붙였다. [그런데] 지리지를 찬하는 자가 이를 구별하지 않고 그대로 요동의 주현을 가지고 견강부회하여 서술하였다.『요사』의 설을 그대로 따른다면 동경(東京)이 서경(西京)의 서쪽에 있게 되고, 중경(中京)이 또 동경의 서쪽에 있게 되니, 그래서야 되겠는가.『성경통지』에서 이른바 요나라가 발해의 5경 제도를 답습하여 형세가 분명해졌다고 한 것은 전혀 근거가 없다.『요사』지리지에서 이른 발해 군현의 명칭에 이르러서는 오히려 증거할 만한 것이 있으므로 모두 아래에 수록하였다. 그러나 역시 모두 믿기는 어려우니, 글을 보는 자가 상세히 살펴보아야 할 것이다.

其上京龍泉府, 或指爲遼東, 或指爲開原縣, 誤也.
【遼史地理志】東京道湖州興利軍, 渤海置. ○勃州淸化軍, 渤海置. ○上京道保和縣, 本渤海國富利縣民, 太祖破龍州, 盡徙富利縣人, 散居京南.
【鎭書】謹按, 遼之東京, 卽遼陽古城, 其四界, 東限混同江, 西踰遼水, 南至鴨淥江, 又於東京西北, 置上京, 今之廣寧縣西北邊外也. 渤海之龍湖勃三州, 本隷龍泉府, 而在今虎爾哈河之東者也. 何涉於遼東也. 龍泉府明是肅愼古地, 則肅愼又何涉於遼東耶.
【元史地理志】開元路, 古肅愼之地, 隋唐曰黑水靺鞨, 其後渤海盛, 靺鞨皆役屬之. 又其後女眞滅遼, 卽上京設都爲會寧府. 金末, 其將蒲鮮萬奴據遼東, 元初癸巳歲, 出師伐之, 生禽萬奴, 師至開元恤品, 東土悉平, 開元之名, 始見於此. 乙未歲, 立開元南京二萬戶府, 治黃龍府, 至元二十三年, 改爲開元路.
【盛京通志】開元縣, 肅愼氏地, 漢屬扶餘國界, 唐時, 渤海爲上京龍泉府.
【大淸一統志】故三萬衛, 在開原縣城內, 明洪武二十二年置. 按明統志, 衛本古肅愼氏地, 後曰挹婁, 元魏時, 號曰勿吉, 隋曰黑水靺鞨. 唐開元中, 置黑水府, 元和以後, 服屬渤海, 爲上京龍泉府. 契丹攻渤海, 黑水乘間, 復其地, 號熟女直, 後滅遼, 遂建都, 國號曰金, 後遷都於燕, 改此爲會寧府, 號上京, 元改爲開元路. 洪武二十一年, 置兀者野人乞例迷女直軍民府, 二十二年, 罷府置衛. 按, 三萬衛, 在渤海曰扶餘府, 在遼曰黃龍府, 在金曰會寧府, 在元曰開元路, 其實一也. 通志曰, 古開元城, 在三萬衛西門外, 金末, 其將蒲先解萬奴[56]據遼東, 元出師伐之, 禽萬奴, 至開元東土悉平, 開元之名始此. 元於其地, 置萬戶府, 則知明之三萬衛, 卽元之萬戶府也. 又云, 金初建都, 置會寧州, 太宗時, 陞會寧府, 號上京, 元初, 設開元南京二萬戶府, 則知元之萬戶府, 卽金之會寧府也. 又云, 遼龍州, 隷東京, 金太祖建都, 置會寧州. 遼史云, 太祖置黃龍府, 保寧中, 廢. 開泰九年, 復置龍州, 則知金之會寧府, 卽遼之黃龍府也. 通志又云, 黃龍府, 本渤海扶餘府, 遼祖平渤海, 道至此, 有黃龍見城上, 長亘一里 光耀奪目, 因名黃龍府, 則知遼之黃龍府, 卽渤海之扶餘也. 考通志古蹟所載, 扶餘城, 本扶餘王城, 在今開原縣境, 尤可明驗. 或據全遼志, 咸平在開原東北隅, 遂謂明三萬衛, 乃金之咸平府, 咸平爲古銅山, 地自在開原縣南, 其說誤矣.【謹按, 全遼志說, 似是.】○開原縣, 在奉天府東北二百里, 唐虞息愼氏, 商周及秦肅愼氏, 漢屬扶餘界, 唐置黑水州都督府, 後渤海取爲扶餘府, 尋爲龍泉府, 遼屬龍州, 金初建都, 置會寧府, 元初設開元路, 明改元爲原, 後廢, 開原路置三萬衛, 康熙三年, 設開原縣, 隷奉天府. 按, 古三萬衛, 在今開原城內. 明一統志, 古開元城, 在三萬衛西門外, 可知改元爲原, 非二地也.

【鎭書】謹按, 開原縣, 古扶餘地也. 在渤海爲扶餘府, 在遼爲黃龍府, 在金爲咸平府,【見全遼志.】在元爲開元路, 在明爲三萬衛. 寧古塔, 古挹婁國也, 在渤海爲龍泉府, 在遼爲女直國, 在金爲會寧府, 在元爲水達達路, 在明爲毛憐衛, 歷考前史, 兩地沿革, 瞭然可明, 而明淸諸志, 渾以爲說, 誤矣. 且以淸統志一書言之, 其寧古塔沿革云, 渤海爲龍泉府, 金爲會寧府,【詳見上龍泉府條.】又開原縣沿革云, 渤海爲扶餘府, 尋爲龍泉府, 金置會寧府, 旣知寧古塔之爲會寧, 而又牽合於開原者, 何也. 考唐書, 渤海, 初無徙京移府之擧, 其云開原, 初爲扶餘府, 尋爲龍泉府者, 又何據也. 且盛京沿革云, 金以混同江以東爲上京會寧府, 江以西爲咸平府, 此果明核之論, 而開原之非會寧, 尤驗, 獨於開原沿革, 不能照檢, 一反前說, 何其謬也.

〖盛京通志〗烏喇寧古塔, 周肅愼氏國, 漢挹婁國, 唐置黑水府, 渤海大氏於混同江之西, 置上京龍泉府, 金於混同江左右, 置肇隆信三州, 東爲呼里改路, 西爲恤品路, 南

---

[56] '蒲先觧萬奴' → '蒲先萬奴'.

> 近高麗爲合懶路. 按, 渤海上京城, 明一統志云, 卽三萬衛地, 今考三萬衛, 乃渤海扶
> 餘府地, 明以牙克薩山爲界, 今開原以咸遠堡爲界, 則渤海上京, 應屬烏喇界內.
> 【鎭書】謹按盛京志, 辨龍泉府之非三萬衛地, 則是矣. 而謂在混同江西, 則亦不免誤.

상경(上京) 용천부(龍泉府)의 위치를 요동이라고 하거나 혹 개원현이라고 한 것은 잘못된 것이다.

『요사(遼史)』 지리지(地理志)』 동경도(東京道)의 호주(湖州) 흥리군(興利軍)은 발해에서 설치하였다. ○ 발주(渤州) 청화군(淸化軍)은 발해에서 설치하였다. ○ 상경도(上京道) 보화현(保化縣)은 본래 발해국의 부리현(富利縣) 백성이다. 태조가 용주(龍州)를 격파하고는 부리현의 백성을 모두 옮겨서 상경의 남쪽에 흩어져 살게 하였다.

【[한]진서가】 삼가 살펴보건대, 요나라의 동경은 바로 요양고성(遼陽古城)으로, 그 사방 경계는 동쪽으로는 혼동강(混同江)에 이르고, 서쪽으로는 요수(遼水)를 넘고, 남쪽으로는 압록강에 이른다. 또 동경의 서북쪽에 상경을 설치하였는데, 지금의 광녕현(廣寧縣) 서북쪽의 변경 바깥 지역이다. 발해의 용주, 호주, 발주 3주는 본래 용천부에 예속되었고, 지금의 호이합하(虎爾哈河) 동쪽에 있었다. 그런데 요동과 무슨 상관이 있단 말인가. [그리고] 용천부는 분명히 숙신의 옛 지역이니, 숙신이 또 요동과 무슨 상관이 있단 말인가.

『원사(元史)』 지리지(地理志)』 개원로(開元路)는 옛 숙신 지역이다. 수당(隋唐) 시대에는 흑수말갈이라 하였으며, 그 뒤 발해가 강성해지자 말갈이 모두 역속(役屬)하였다. 또 그 뒤에는 여진(女眞)이 요나라를 멸망시키고는 즉시 상경(上京)에 도읍을 세우고 회령부(會寧府)로 삼았다. 금나라 말기에 그 장수 포선만노(蒲鮮萬奴)가 요동 지역에 웅거하였다. 원나라 초기인 계사년(1233)에 군사를 보내어 정벌하고 포선만노를 사로잡았다. 군사가 개원(開元), 훌품(恤品)에 이르러 동쪽 땅을 모두 평정하였다. 개원이라는 명칭은 여기에서 처음 나온다. 을미년(1235)에 개원(開元)·남경(南京) 두 만호부(萬戶府)를 설치하였는데, 치소는 황룡부(黃龍府)였다. 지원(至元) 23년(1286)에 이르러서 개원로(開元路)로 고쳤다.

『성경통지(盛京通志)』』 개원현(開元縣)은 숙신씨 지역이다. 한나라 때에는 부여국의 경계에 속하였고, 당나라 때에는 발해가 상경 용천부를 삼았다.

『대청일통지(大淸一統志)』』 옛 삼만위(三萬衛)[57]는 개원현의 성 안에 있으며, 명나라 홍무(洪武) 22년(1389)에 설치하였다. 『대명일통지』를 살펴보면 "[삼만]위는 본래 옛 숙신씨 지역이며, 뒤에 읍루(挹婁)라 하였고, 원위(元魏) 때에는 물길(勿吉)이라 하였고, 수나라는 흑수말갈이라 하였다. 당나라는 개원 연간에 흑수부(黑水府)를 설치하였고, 원화(元和) 연간 이후에는 발해에 복속되어 상경 용천부가 되었다. 거란이 발해를 공격하자 흑수가 그 틈을 타서 그 지역을 수복하고는 숙여직(熟女直)이라고 하였다. 뒤에 요나라를 멸망시키고는 드디어 도읍을 세우고서 국호를 금(金)이라고 하였다. 뒤에 연(燕) 지역으로 도읍을 옮기고 이곳을 고쳐서 회령부로 삼고는 상경이라고 불렀다. 원나라 때에는 개원로58)로 고쳤다. 홍무 21년(1388)에 올자야인(兀者野人) 걸례미여진군민부(乞例迷女眞軍民府)를 설치하였다가 22년(1389)에 부를 없애고 위를 설치하였다."라고 하였다. 살펴보건대, 삼만위는 발해 때에는 부여부(扶餘府)라 하였고, 요나라 때에는 황룡부라 하였고, 금나라 때에는 회령부라 하였고, 원나라 때에는 개원로라 하였는데, 사실은 같은 곳이다. 『성경통지』에는 이르기를, "옛 개원성(開元城)이 삼만위의 서문(西門) 밖에 있다. 금나라 말기에 그 장수인 포선만노가 요동 지역에 웅거하였는데, 원나라가 군사를 보내어 정벌하고 포선만노를 사로잡았다. 군사가 개원에 이르러 동쪽 땅을 모두 평정하였다. 개원이라는 명칭은 여기에서 비롯되었다. 원나라가 그 지역에 만호부를 설치하였다. 그런즉 명나라의 삼만위가 바로 원의 만호부임을 잘 알 수가 있다."라고 하였다. 또 [『성경통지』에] 이르기를, "금나라 초기에 도읍을 세워 회령주(會寧州)를 설치하였다가 태종(太宗) 때 회령부로 승격시켜서 상경이라고 불렀다. 원나라 초기에 개원·남경 두 만호부를 설치하였다. 그런즉 원의 만호부가 바로 금나라의 회령부임을 알 수가 있다."라고 하였다. 또 이르기를, "요나라 때 용주(龍州)는 동경(東京)에 예속되었다. 금나라 태조가 도읍을 세워 회령주를 설치하였다. 『요사』에는 이르기를, '태조가 황룡부를 두었다가 보령(保寧) 연간에 폐지하였으며, 개태(開泰) 9년(1020)에 다시 용주를 설치하였다.'라고 하였다. 그런즉 금의 회령부가 바로 요의 황룡부임을 알 수가 있다."라고 하였다. 『성경통지』에 또 이르기를, "황룡부는 본래 발해의 부여부이다. 요나라 태조가 발해를 평정하고 이곳에 이르렀을 때 황룡이 성 위에 나타났는데, 길이가 1리에 걸쳐 뻗었으며 광채가 휘황찬란하였으므로, 이로

---

57) 1387년(홍무20, 고려 우왕13)에 遼東都指揮使司 아래에 설치된 衛所의 하나로, 몽고·여진 부락과의 교역을 담당하였다. 1위에는 5,600명이 속해 있었다(유득공 지음, 김종복 옮김, 2018, 216쪽).

58) 원나라 때 행정구역으로, 남쪽으로 백두산, 서쪽으로 요하, 북쪽으로 외흥안령, 동쪽으로 동해까지 관할하였다(유득공 지음, 김종복 옮김, 2018, 216쪽).

인하여 황룡부라고 이름하였다. 그런즉 요나라의 황룡부가 바로 발해의 부여부임을 알 수 있다."라고 하였다. 『성경통지』에 나오는 고적(古蹟)이 실려 있는 바를 상고해 보면, 부여성(扶餘城)은 본래 부여의 왕성으로 지금의 개원현 경내에 있는바, 더욱더 분명하게 증험할 수 있다. 혹자는 『전요지(全遼志)』에 나오는 '함평(咸平)이 개원의 동북쪽 모퉁이에 있다.'라는 것을 근거로 하여 마침내는 명나라의 삼만위가 바로 금나라의 함평부(咸平府)라고 한다. 그러나 함평은 옛 동산(銅山) 지역으로, 개원현의 남쪽에 있는 것이니, 그 설은 잘못된 것이다.【삼가 살펴보건대, 『전요지』의 설이 옳은 듯하다.】 ○ 개원현은 봉천부(奉天府)에서 동북쪽으로 200리 되는 곳에 있다. 당우(唐虞) 시대에는 식신씨(息慎氏)라고 하였고, 상주(商周) 및 진(秦)나라 때에는 숙신씨(肅慎氏)라 하였고, 한(漢)나라 때에는 부여(扶餘)의 경계에 속하였고, 당나라는 흑수주도독부(黑水州都督府)를 설치하였다. 뒤에는 발해에서 취하여 부여부라고 하였다가 얼마 뒤에 용천부라고 하였다. 요나라 때에는 용주에 속하였다. 금나라 초기에 도읍을 세우고 회령부를 설치하였다. 원나라 초기에는 개원로를 설치하였고, 명나라 때에는 개원(開元)을 개원(開原)으로 고쳤으며, 뒤에는 개원로를 폐지하고 삼만위를 설치하였다. 강희(康熙) 3년(1664, 현종5)에 개원현(開原縣)을 설치하여 봉천부에 예속시켰다. 살펴보건대, 옛 삼만위가 지금의 개원성 안에 있다. 『대명일통지』를 보면, 옛 개원성이 삼만위의 서문(西門) 밖에 있는바, 개원(開元)이 개원(開原)으로 바뀐 것이지, 서로 다른 곳이 아님을 알 수가 있다.

【한】진서가】 삼가 살펴보건대, 개원현은 옛 부여 지역이다. 발해 때에는 부여부였고, 요나라 때에는 황룡부였고, 금나라 때에는 함평부였고,【『전요지』에 보인다.】 원나라 때에는 개원로(開元路)였고, 명나라 때에는 삼만위였다. 영고탑은 옛 읍루국(挹婁國)이다. 발해 때에는 용천부였고, 요나라 때에는 여직국(女直國)이었고, 금나라 때에는 회령부였고, 원나라 때에는 수달달로(水達達路)였고, 명나라 때에는 모린위(毛隣衛)였다. 전사(前史)를 두루 상고해 보면, 두 지역의 연혁(沿革)을 뚜렷하고 분명하게 밝힐 수가 있다. 그런데 『대명일통지』나 『대청일통지』에서는 이를 뒤섞어서 말하여 잘못되었다. 그리고 『대청일통지』를 가지고 말한다면, 영고탑의 연혁에 "발해가 용천부로 삼았고, 금나라가 회령부로 하였다."라고 하고서【위의 용천부조(龍泉府條)에 상세하게 보인다.】 또 개원현의 연혁에 "발해 때에는 부여부였다가 얼마 뒤에 용천부가 되었으며, 금나라 때에는 회령부를 설치하였다."라고 하였다. 이미 영고탑이 회령부임을 알았으면서 또 개원에 끌어댄 것은 무슨 이유에서인가? 『당서』를 상고하여

보면, 발해는 초기에 경(京)과 부(府)를 옮기지 않았다. 그런데도 "개원이 처음에는 부여부가 되었다가 얼마 뒤에 용천부가 되었다."라고 한 것은 또 어디에 근거한 것인가? 그리고 성경(盛京)의 연혁에는 이르기를, "금나라 때에는 혼동강(混同江) 동쪽 지역을 상경 회령부로 삼고, [혼동]강 서쪽 지역을 함평부로 삼았다."라고 하였다. 이것은 과연 분명하고 정확한 견해여서 개원이 회령부가 아님을 더욱더 증명할 수가 있다. 그런데 유독 개원의 연혁을 제대로 살펴보지 않고서 전에 한 말을 모두 뒤집었으니, 어찌 그리도 잘못되었단 말인가.

『성경통지(盛京通志)』 오라(烏喇), 영고탑(寧古塔)은 주(周)나라 때에 숙신씨국이었고, 한나라 때에는 읍루국이었다. 당나라 때에는 흑수부를 설치하였고, 발해 때에는 대씨(大氏)가 혼동강의 서쪽에 상경 용천부를 설치하였다. 금나라 때에는 혼동강의 좌우에 조주(肇州)·융주(隆州)·신주(信州) 3주를 두고서 동쪽을 호리개로(呼里改路), 서쪽을 훌품로(恤品路)라고 하였고, 고려와 가까운 남쪽은 합라로(哈懶路)라고 하였다. 살펴보건대, 발해의 상경성(上京城)에 대해, 『대명일통지』에서는 바로 삼만위 지역이라고 하였다. 지금 삼만위를 상고해 보면, 바로 발해의 부여부 지역이다. 명나라 때에는 아극살산(牙克薩山)으로 경계를 삼았다. 지금 개원(開原)은 위원보(威遠堡)로 경계를 삼는다. 그런즉 발해의 상경은 응당 오라의 경계 안에 속해야 한다.

【[한]진서기】 삼가 살펴보건대, 『성경통지』에서 용천부가 삼만위 지역이 아님을 변증한 것은 옳다. 그러나 혼동강의 서쪽에 있다고 한 것은 역시 잘못됨을 면치 못하였다.

中京顯德府, 謬指爲遼陽州.
『遼史地理志』東京遼陽府, 本朝鮮之地, 漢爲四郡, 晉陷高麗, 元魏太武遣使, 至其所居平壤城, 遼東京本此. 唐高宗平高麗, 於此置安東都護府, 後爲渤海大氏所有, 中宗賜所都曰忽汗州, 卽故平壤城也, 號中京顯德府. 太祖攻渤海, 拔忽汗城, 俘其王大諲譔, 以爲東丹王國, 立太子圖欲爲人皇王, 以主之, 轄州府軍城八十七, 統縣九. ○遼陽縣, 本渤海國金樂縣地, 漢浿水縣, 高麗改爲句麗縣, 渤海爲常樂縣.【謹按, 淸統志, 金德常樂, 顯德府縣名, 詳見下.】 ○仙鄕縣, 本漢遼隊縣, 渤海爲永豐縣. 【○又云, 顯州山東縣本漢望平縣, 穆宗割渤海永豐縣民, 爲陵戶.】 ○鶴野縣, 本漢居就縣地, 渤海爲鷄山縣, 昔丁令威家此. ○柝木縣,[59] 本漢望平縣地, 渤海爲花山縣. ○興遼縣, 本漢平郭縣地, 渤海改爲長寧縣, 唐元和中, 渤海王大仁秀, 南定新羅, 北略諸部, 開置郡邑, 遂定今名.【○又云, 上京道長寧縣, 本顯德府縣名, 太祖平渤海, 遷其民於此.】○盧州玄德軍, 本渤海杉盧郡, 故縣五, 山陽杉盧漢陽白巖霜巖, 皆廢.【○又云, 巖州白巖軍, 本渤海白巖城, ○白巖縣, 渤海置.】○鐵州建武軍, 本漢安市縣, 高麗爲安市城, 唐太宗攻之不下, 薛仁貴白衣登城, 卽此. 渤海置州, 故縣四, 位城河端蒼山龍珍, 皆廢.【○『五代史』自幽州, 行十餘日, 過平山, 出楡關, 行沙磧中七八日, 至錦州. 又行五六日, 過海北州, 又行十餘日, 度遼水, 至渤海國鐵州.】○湯州, 本漢襄平縣地, 故縣五, 靈峯常豐白石均谷嘉利, 皆廢.【○又云, 乾州靈山縣, 本渤海靈峯縣地.】○興州中興軍, 本漢海冥縣地, 渤海置州, 故縣三, 盛吉蒜山鐵山, 皆廢.【○又云, 中京道盛吉縣, 太祖平渤海, 俘興州盛吉縣民, 來居此, 因置縣.】○顯州奉先軍, 本渤海顯德府地.

『資治通鑑注』漢遼東郡, 有遼陽縣, 大梁水與遼水會處也, 契丹于此置遼陽府, 歐史, 自黃龍府, 西北行一千三百里, 至遼陽府, 按, 遼陽府, 契丹之東京, 舊渤海地, 距燕京二千五百一十里.

『盛京通志』遼陽州, 古渤海城, 唐時渤海大氏建在今州城東北隅. ○古仙鄕縣, 遼志, 渤海爲永豐縣. 按, 明一統志, 在今海城縣城西六十里. ○古鶴野縣, 遼志, 渤海爲鷄山縣. 按, 明統志, 在今遼陽州城西南. ○金州, 唐平高麗置, 後渤海屬杉盧郡.

『大淸一統志』遼陽古城, 今遼陽州治. 按, 遼陽, 本漢縣名, 屬遼東郡, 後漢安帝改, 屬元菟郡,[60] 晉廢, 其址久湮. 以漢志及水經注考之, 其地當在今州西北界, 承德遼陽之間, 梁水渾河交會之處, 今州乃遼金之遼陽也. 遼志云, 本漢浿水縣, 高麗改爲句麗縣, 渤海爲常樂縣, 浿水在漢樂浪郡, 今朝鮮界內. 金德常樂, 乃渤海中京顯德府縣名, 皆不在此. 又按, 新唐書渤海所建府州, 無遼陽之名, 而遼志謂之遼陽故城, 金志直云渤海遼陽故城, 疑唐中葉安東府廢後, 渤海置城於此, 謂之遼陽, 事或有之.

---

59) '柝木縣' → '析木縣'.
60) '元菟郡' → '玄菟郡'.

> 然考遼紀, 太祖三年, 幸遼東, 神冊三年, 幸遼陽故城, 四年, 建東平郡, 天顯元年, 始攻拔渤海扶餘城, 進圍忽汗城, 降大諲譔, 置東丹國, 太宗三年, 遷東丹國民於東平郡, 是渤海未平之前, 遼陽之地, 早入契丹, 初名遼東, 復名遼陽, 或卽遼時命名, 非由渤海也. 遼志不考地理, 遂謂東京卽平壤城, 亦卽忽汗州, 又卽中京顯德府, 以相去各千餘里之地, 合而爲一, 誤甚.
> 【鎭書】謹按, 遼東之地, 本不入於渤海,【已見上.】豈可以遼陽州爲顯德府也. 遼之顯州奉先軍, 本在遼水以西, 又安得謂顯德府故地耶. 淸統志, 辨之甚詳, 是也.

중경(中京) 현덕부(顯德府)를 요양주(遼陽州)라고 한 것은 잘못된 것이다.

『요사(遼史)』 지리지(地理志)』 동경(東京) 요양부(遼陽府)는 본래 조선 지역으로, 한나라 때에는 사군(四郡)이었다. 진(晉)나라가 고[구]려를 함락하였고, 원위(元魏)의 태무[제](太武[帝])가 사신을 보내어 평양성(平壤城)에 이르렀는데, 요나라의 동경이 본래 이곳이다. 당나라 고종(高宗)이 고[구]려를 평정하고는 이곳에 안동도호부를 설치하였다. 그 뒤에는 발해의 대씨(大氏)가 차지하였다. [당] 중종(中宗)이 도읍지에 홀한주(忽汗州)라는 이름을 내렸는데, 바로 옛 평양성이다. 중경 현덕부라고 불렀다. [요] 태조(太祖)가 발해를 공격하여 홀한성(忽汗城)을 함락하고는 그 왕 대인선(大諲譔)을 사로잡아 동단왕국(東丹王國)으로 삼고, 태자 도욕(圖欲)을 세워 인황왕(人皇王)으로 삼아 이를 주관하게 하였다. 주(州), 부(府), 군(軍), 성(城)을 87개로 나누었다. 통할하는 현(縣)은 9개이다. ○ 요양현(遼陽縣)은 본래 발해국의 금락현(金樂縣) 지역이다. 한나라 때에는 패수현(浿水縣)이었다. 고[구]려 때에 구려현(句麗縣)이라고 고쳤다. 발해가 상락현(常樂縣)으로 삼았다.【삼가 살펴보건대, 『대청일통지』에는 금덕(金德)과 상락(常樂)이 현덕부의 현 이름으로 되어 있다. 아래에 상세하게 보인다.】 ○ 선향현(仙鄕縣)은 본래 한나라의 요대현(遼隊縣)으로, 발해가 영풍현(永豐縣)으로 삼았다.【또 이르기를, "현주(顯州) 산동현(山東縣)은 본래 한나라의 망평현(望平縣)이었다. 목종(穆宗)이 발해 영풍현의 백성들을 떼어 능호(陵戶)로 삼았다."라고 하였다.】 ○ 학야현(鶴野縣)[61]은 본래 한나라의 거취현(居就縣)[62] 지역으로, 발해가 계산현(鷄山縣)으로 삼았는데,

---

61) 지금의 요령성 요양시 서남 唐馬寨 또는 鞍山市 서남 東鞍山鎭 鞍山城村으로 비정된다(유득공 지음, 김종복 옮김, 2018, 188쪽).

옛날에 정령위(丁令威)⁶³⁾의 집이 이곳에 있었다. ○ 석목현(析木縣)⁶⁴⁾은 본래 한나라의 망평현(望平縣)⁶⁵⁾ 지역이었다. 발해가 화산현(花山縣)으로 삼았다. ○ 홍료현(興遼縣)⁶⁶⁾은 본래 한나라 때 평곽현(平郭縣)⁶⁷⁾ 지역이었다. 발해가 장녕현(長寧縣)으로 고쳤다. 당나라 원화(元和) 연간(806~820)에 발해왕 대인수(大仁秀)가 남쪽으로 신라를 평정하고 북쪽으로 여러 부(部)를 공략하여 군읍(郡邑)을 개설하면서 드디어 지금의 이름으로 정하였다.【또 이르기를, "상경도(上京道) 장녕현(長寧縣)은 본래 현덕부의 현 이름이었다. 태조가 발해를 평정하고는 그 백성을 이곳으로 옮겼다."라고 하였다.】 ○ 노주(盧州) 현덕군(玄德軍)은 본래 발해의 삼로군(杉盧郡)이었다. 옛 현은 다섯으로 산양현(山陽縣), 삼로현(杉盧縣), 한양현(漢陽縣), 백암현(白巖縣), 상암현(霜巖縣)인데, 모두 폐지되었다.【또 이르기를, "암주(巖州)⁶⁸⁾ 백암군(白巖軍)은 본래 발해의 백암성(白巖城)이다. ○ 백암현⁶⁹⁾은 발해가 설치하였다."라고 하였다.】 ○ 철주(鐵州) 건무군(建武軍)은 본래 한나라 때의 안시현(安市縣)으로, 고구려 때에는 안시성이었다. 당나라 태종(太宗)이 공격하여 함락시키지 못하자 설인귀(薛仁貴)가 흰옷을 입고 성 위로 올라간 곳이 바로 이곳이다. 발해가 주를 설치하였다. 옛 현은 넷으로 위성현(位城縣), 하단현(河端縣), 창산현(蒼山縣), 용진현(龍珍縣)인데, 모두 폐지되었다.【○『오대사(五代史)』에는 이르기를,】 "유주(幽州)로부터 10여 일을 가서 평산(平山)을 지나고 유관(楡關)을 나가 사적(沙磧: 사막) 가운데를 지나 7, 8일을 가면 금주(錦州)에 이른다. 또다시 5, 6일을

---

62) 한나라 요동군의 속현.『한서』지리지에 따르면, 이곳에서 室僞水가 발원하여 북쪽으로 襄平으로 흐르다가 大梁水와 합류하였다(유득공 지음, 김종복 옮김, 2018, 188쪽).
63) 前漢 때 요동 출신으로 靈墟山에서 도를 배운 뒤에 학이 되어 돌아왔다고 한다(유득공 지음, 김종복 옮김, 2018, 188쪽).
64) 지금의 요령성 해성시 동남 析木鎭 일대이다(유득공 지음, 김종복 옮김, 2018, 188쪽).
65) 한나라 요동군의 속현이다.『한서』지리지 망평현의 주에는 "大遼水가 만리장성 밖에서 발원하여, 남쪽으로 安市에 이르러 바다로 들어가는 데 1,250리나 된다."라고 할 뿐, 망평현의 위치가 정확하지 않다.『水經注』에 따르면, 대요수가 만리장성 밖에서 동쪽으로 흘러 곧바로 요동의 망평현 서쪽에까지 이르다가, 서남쪽으로 꺾어 흘러 襄平縣 고성 서쪽을 지난다(유득공 지음, 김종복 옮김, 2018, 188쪽).
66) 지금의 요령성 요양시 부근이다(유득공 지음, 김종복 옮김, 2018, 189쪽).
67) 한나라 요동군의 속현이다.『한서』지리지에 이곳에 鐵官과 鹽官을 두었다고 하였으므로 철과 소금의 산지이다(유득공 지음, 김종복 옮김, 2018, 189쪽).
68) 지금의 요령성 燈塔市 燕州城 일대를 말한다(유득공 지음, 김종복 옮김, 2018, 195쪽).
69) 암주의 首縣이므로, 위치는 위와 같거나 그 부근이다(유득공 지음, 김종복 옮김, 2018, 195쪽).

가면 해북주(海北州)를 지나고 다시 10여 일을 가면 요수(遼水)를 건너서 발해국의 철주(鐵州)에 이른다."라고 하였다.】 ○ 탕주(湯州)는 본래 한나라 때의 양평현(襄平縣) 지역이다. 옛 현은 다섯으로 영봉현(靈峯縣), 상풍현(常豐縣), 백석현(白石縣), 균곡현(均谷縣), 가리현(嘉利縣)인데, 모두 폐지되었다.【또 이르기를, "건주(乾州) 영산현(靈山縣)70)은 본래 발해의 영봉현(靈峯縣) 지역이다."라고 하였다.】 ○ 흥주(興州) 중흥군(中興軍)은 본래 한나라 때의 해명현(海冥縣) 지역인데, 발해 때 주를 설치하였다. 옛 현은 셋으로 성길현(盛吉縣), 산산현(蒜山縣), 철산현(鐵山縣)인데, 모두 폐지되었다.【또 이르기를, "중경도(中京道) 성길현은 태조가 발해를 평정하고서 흥주의 성길현 백성을 포로로 잡아 이곳에 와서 살게 하였고 이로 인하여 현을 설치하였다."라고 하였다.】 ○ 현주(顯州)71) 봉선군(奉先軍)은 본래 발해의 현덕부 지역이다.

【『자치통감(資治通鑑)』 주(注)】 한나라의 요동군에는 요양현이 있는데, 대량수(大梁水)와 요수가 만나는 곳이다. 거란이 이곳에 요양부(遼陽府)를 두었다. 구양수(歐陽修)의 『신당서』를 보면, 황룡부에서 서북쪽으로 1,300리를 가면 요양부에 이른다고 하였다. 살펴보건대, 요양부는 거란의 동경(東京)인데, 옛 발해 지역은 연경(燕京)에서 2,510리 거리이다.

【『성경통지(盛京通志)』】 요양주(遼陽州)는 옛 발해성이다. 당나라 때 발해의 대씨가 금주성(金州城)의 동북쪽 모퉁이에 세웠다. ○ 옛 선향현(仙鄉縣)은 『요사』 지리지를 보면 발해 때에는 영풍현(永豐縣)이었다. 『대명일통지』를 살펴보면 지금의 해성현성(海城縣城)의 서쪽 60리 되는 곳에 있다. ○ 옛 학야현은 『요사』 지리지를 보면 발해 때에는 계산현이었다. 『대명일통지』를 살펴보면 지금의 요양주성(遼陽州城)의 서남쪽에 있다. ○ 금주(金州)는 당나라가 고[구]려를 평정하고서 설치하였는데, 뒤에 발해의 삼로군(杉盧郡)에 속하였다.

【『대청일통지(大淸一統志)』】 요양고성(遼陽古城)은 지금의 요양주(遼陽州) 치소이다. 살펴보건대, 요양은 본래 한나라의 현 이름으로 요동군에 속하였다. 후한(後漢) 안제(安帝) 때 고쳐서 현도군(玄菟郡)에 속하였다. 진(晉)나라 때에는 폐지되어서 그 터가 오랫동안 인멸되었다. 『한서(漢書)』 지리지와 『수경주(水經注)』를 상고해 보건대, 그 지역은 마땅히 지금

---

70) 乾州 廣德軍의 속현으로, 지금의 요령성 북진시 일대 또는 黑山縣 일대 또는 阜新市 彰武縣 일대로 추정된다(유득공 지음, 김종복 옮김, 2018, 194쪽).
71) 지금의 요령성 北鎭市 일대이다(유득공 지음, 김종복 옮김, 2018, 194쪽).

주의 서북쪽 경계인 승덕(承德)과 요양 사이, 양수(梁水)와 혼하(渾河)가 교차해 만나는 지점에 있어야 한다. 지금 [요양]주는 바로 요나라와 금나라 때의 요양이다. [그런데]『요사』지리지에는, "[요양은] 본래 한나라의 패수현으로, 고[구]려에서 고쳐서 구려현(句麗縣)이라고 하였으며, 발해 때에는 상락현(常樂縣)이었다."라고 하였다. 패수는 한나라 낙랑군(樂浪郡)에 있었는데, 지금 조선의 경계 안이다. 금덕(金德)과 상락(常樂)은 바로 발해 중경 현덕부의 현 이름으로, 모두 이곳에는 없다. 또 살펴보건대,『신당서』를 보면 발해에서 세운 부(府)와 주(州) 가운데 요양이라는 이름은 없다. 그런데『요사』지리지에서는 요양고성이라고 하였으며,『금사』지리지에서는 곧바로 발해의 요양고성이라고 하였다. 이는 당나라 중엽에 안동부를 폐지한 뒤 발해가 이곳에 성(城)을 두고서 요양이라고 한 일이 혹 있어서 그렇게 말한 것인가?『요사』본기(本紀)를 상고해 보면, "태조(太祖) 3년(909)에 요동에 행차하였다. 신책(神冊) 3년(918)에 요양고성에 행차하였고, 4년에 동평군(東平郡)을 세웠다. 천현(天顯) 원년(926)에 비로소 발해의 부여성(扶餘城)을 공격하여 함락시키고 홀한성(忽汗城)으로 진격하여 포위하자 대인선이 항복하였다. [여기에] 동단국(東丹國)을 설치하였다. 태종(太宗) 3년(928)에 동단국의 백성을 동평군으로 옮겼다." 하였다. 그런즉 이는 발해가 평정되기 전에 요양 지역이 일찍감치 거란에 편입되었다. 처음에 요동이라고 이름하였다가 다시 요양이라고 한 것은 아마도 요나라 때 명명한 것이지, 발해로 말미암은 것은 아닌 듯하다. 그런데『요사』지리지에서는 제대로 지리를 상고하지 않고서 드디어는 동경(東京)을 일러 곧바로 평양성이라고 하였으며, 또한 곧바로 홀한주라고 하고, 또다시 곧바로 중경 현덕부라고 하여, 서로 간에 거리가 각각 1,000여 리나 되는 지역을 합하여 하나로 하였는바, 매우 잘못되었다.

【[한]진서가】 삼가 살펴보건대, 요동 지역은 본래 발해에 편입되지 않았는데,【이미 위에 보인다.】 어찌 요양주를 현덕부라고 해서야 되겠는가. 요나라의 현주(顯州) 봉선군(奉先軍)은 본래 요수 서쪽에 있었는데, 또 어찌 그곳을 일러 현덕부의 옛 지역이라고 해서야 되겠는가.『대청일통지』에서 논변한 것이 몹시 상세한바, 그 말이 옳다.

東京龍原府, 謬指爲鳳凰城.
【遼史地理志】東京道開州鎭國軍, 本濊貊地, 高麗爲慶州, 渤海爲東京龍原府, 有宮殿, 都督慶鹽穆賀四州事, 故縣六, 曰龍原永安烏山壁谷熊山白楊, 皆廢. 疊石爲城,周圍二十里, 唐薛仁貴征高麗, 與其大將溫沙門戰熊山, 擒善射者於石城, 卽此. 太祖平渤海, 徙其民于大部落, 城遂廢. 聖宗伐新羅還, 周覽城基, 復加完葺, 號開封府, 統州三縣一. ○開遠縣, 本柵城地, 高麗爲龍原縣, 渤海因之, 遼初廢, 聖宗東討, 復置. ○鹽州, 渤海龍河郡, 故縣四, 海陽接海格川龍河, 皆廢. ○穆州保和軍, 本渤海會農郡, 故縣四, 會農水岐順化美縣, 皆廢. ○賀州, 本渤海吉理郡, 故縣四, 洪賀送誠吉理石山, 皆廢. ○宗州熊山縣, 本渤海縣地. ○上京道永安縣, 本渤海龍原府慶州縣名, 太祖平渤海, 破懷州之永安, 遷其人, 置寨建縣.

【盛京統志】鳳凰城, 周朝鮮界, 本濊地, 漢屬元菟郡,[72] 晉隷平州, 隋屬高麗慶州地, 唐平高麗, 屬安東都護府, 後渤海大氏據之, 爲東京龍原府. 按, 遼志稱, 山上疊石爲城, 周圍二十里, 今鳳凰城山上, 古城猶在. ○古開遠縣, 在鳳凰城境內, 卽渤海龍原縣地.

【大清一統志】朝鮮開州城, 在咸興府西北. 遼志, 本濊貊地, 高麗置慶州, 渤海爲東京龍原府, 遼置開封府開遠軍, 遼末, 入於高麗, 或謂之蜀莫郡【謹按, 蜀莫郡, 今開城府.】圖經郡, 在開州之東, 又開遠廢縣, 故開州治也. 遼志云, 本柵城地, 高麗爲龍原縣, 慶州治焉, 渤海因之, 遼初廢, 後復置. ○熊山城, 在開州西. 遼志, 渤海時, 龍原府, 統縣六, 曰龍原永安烏山壁谷熊山白楊, 遼初皆廢. ○鹽州城, 在開州西北, 遼志, 州去開州百四十里, 本渤海置, 亦曰龍河郡, 統海陽接海格川龍河四縣, 遼初皆廢, 而鹽州仍舊. 又穆州城, 在開州西南一百二十里, 渤海置, 亦曰會農郡, 領會農水岐順化美縣四縣, 遼仍曰穆州, 治會農縣. 又賀州城, 亦渤海置, 亦曰吉理郡, 領洪賀送誠吉理石山四縣, 遼皆廢, 仍曰賀州. 與鹽穆二州, 俱隷於開州, 後沒於高麗. ○開州故城, 在鳳凰城東南. 遼史地理志, 開州鎭國軍, 本濊貊地, 高麗爲慶州, 渤海爲東京龍原府. 太祖平渤海, 徙其民于大部落, 城遂廢, 聖宗復加完葺, 號開封府, 領鹽穆賀三州, 金廢. 全遼志, 開州城, 在遼陽城東三百六十里, 卽今鳳凰山堡. 按, 後漢書, 濊貊, 與高句麗沃沮, 南與辰韓接, 東窮大海, 西至樂浪. 唐書, 渤海以穢貊故地爲東京, 曰龍原府, 亦曰柵城府, 領慶鹽穆賀四州. 又云, 龍原, 東南瀕海, 日本道

---

[72] '元菟郡' → '玄菟郡'.

也. 其地在今朝鮮東界. 考明成化中, 朝鮮使還, 遇掠鳳凰山下, 奏乞更開貢道於舊路南, 因築此城, 則鳳凰城實在朝鮮之東, 遼爲開州, 渤海爲龍原矣. 又通志, 鳳凰城在府東南四百二十里, 遼陽百二十里, 四百二十減百二十, 知城去遼陽果三百餘里也. 全遼志說亦通.

【鎭書】謹按, 遼之開州, 實在今鳳凰城, 而謂之渤海龍原府, 則誤矣. 淸統志, 無以辨遼志之誤, 或指咸興府, 或指鳳凰城, 或指開城府, 東西牽合, 又引開貢道事, 遂謂鳳凰城在朝鮮東, 以實穢貊故地, 尤非也. 穢本我嶺東地, 何涉於鳳城也. 鳳城之地, 又不可謂東南濱海也. 且渤海西京明在鴨江上流, 若以鳳城當龍原府, 則是東京反在西京之西, 其云可乎, 夫龍原府者, 明是我鏡城地也.

동경(東京) 용원부(龍原府)를 봉황성(鳳凰城)이라고 하는 것은 잘못된 것이다.

『요사(遼史)』 지리지(地理志)』 동경도(東京道) 개주(開州)[73] 진국군(鎭國軍)[74]은 본래 예맥(濊貊) 지역으로, 고[구]려 때에는 경주(慶州)가 되었고, 발해 때에는 동경 용원부가 되었다. 궁전(宮殿)이 있으며, 경주·염주(鹽州)[75]·목주(穆州)[76]·하주(賀州)[77] 4주의 일을 도독(都督)하였다. 옛 현은 6개로 용원현(龍原縣), 영안현(永安縣), 오산현(烏山縣), 벽곡현(壁谷縣), 웅산현(熊山縣), 백양현(白楊縣)인데, 모두 폐지되었다. 돌을 포개어 쌓아서 성을 축조하였으며, 둘레가 20리이다. 당나라의 설인귀(薛仁貴)[78]가 고[구]려를 정벌하면서 그 대장 온사문(溫沙門)과 웅산(熊山)[79]에서 싸우다가 활을 잘 쏘는 자를 석성(石城)에서 사로잡은 곳이

---

73) 지금의 요령성 鳳城市이다(유득공 지음, 김종복 옮김, 2018, 189쪽).
74) 요나라는 개주처럼 큰 주에 節度使를 설치하였다. 진국군은 그가 거느린 군대 이름으로, 절도사는 민정과 군정을 총괄하였다. 아래에 나오는 군대 이름이 있는 지명은 모두 절도사가 설치된 지역이다(유득공 지음, 김종복 옮김, 2018, 189쪽).
75) 지금의 요령성 봉성시 부근이다(유득공 지음, 김종복 옮김, 2018, 190쪽).
76) 지금의 요령성 岫巖滿族 자치현 일대이다(유득공 지음, 김종복 옮김, 2018, 190쪽).
77) 지금의 요령성 봉성시 동쪽 지역이다(유득공 지음, 김종복 옮김, 2018, 190쪽).
78) 설인귀(614~683)는 당의 장수로 여러 차례 고구려를 공격하였으며, 고구려 멸망 이후 평양에 안동도호부를 설치하고 안동도호로 부임하였다. 671년에는 鷄林道摠管에 임명되어 신라를 공격하였다(유득공 지음, 김종복 옮김, 2018, 189쪽).
79) 『자치통감』과 『삼국사기』 고구려본기, 『구당서』 설인귀전에는 '橫山'으로 되어 있다(유득공 지음, 김종

바로 이곳이다. 태조가 발해를 평정하고서 이곳 백성을 대부락(大部落)으로 옮겨서 성이 마침내 폐지되었다. 성종(聖宗)이 신라를 정벌하고서 돌아오다가 성터를 두루 살펴보고는 다시금 수리하고서 개봉부(開封府)라고 하였다. 통할하는 주가 3개이고 현이 1개이다. ○ 개원현(開遠縣)은 본래 책성(柵城) 지역으로, 고[구]려 때에는 용원현이 되었고, 발해 때에는 그대로 따랐다. 요나라 초기에 폐지하였다가 성종이 동쪽을 토벌하고서 다시 설치하였다. ○ 염주는 본래 발해의 용하군(龍河郡)이다. 옛 현은 4개로 해양현(海陽縣), 접해현(接海縣), 격천현(格川縣), 용하현(龍河縣)인데, 모두 폐지되었다. ○ 목주 보화군(保化軍)은 본래 발해의 회농군(會農郡)이다. 옛 현은 4개로 회농현(會農縣), 수기현(水岐縣), 순화현(順化縣), 미현현(美縣縣)인데, 모두 폐지되었다. ○ 하주는 본래 발해의 길리군(吉理郡)이다. 옛 현은 4개로 홍하현(洪賀縣), 송성현(送誠縣), 길리현(吉理縣), 석산현(石山縣)인데, 모두 폐지되었다. ○ 종주(宗州) 웅산현은 본래 발해현 지역이다. ○ 상경도(上京道) 영안현은 본래 발해의 용원부 경주의 현 이름이다. 태조가 발해를 평정할 적에 회주(懷州)의 영안(永安)을 격파하고서 그곳 사람들을 옮겨서 성채(城寨)를 두고 현을 세웠다.

『『성경통지(盛京通志)』』 봉황성(鳳凰城)은 주(周)나라 때에는 조선(朝鮮)의 경계로 본래 예(濊) 지역이었으며, 한나라 때에는 현도군에 속하였고, 진(晉)나라 때에는 평주(平州)에 예속되었다. 수나라 때에는 고[구]려의 경주 지역에 속하였다. 당나라가 고구려를 평정하자 안동도호부에 속하였다가 뒤에 발해 대씨가 그곳을 차지하여 동경 용원부로 삼았다. 『요사』 지리지를 살펴보면, "산 위에 돌을 포개어 쌓아서 성을 축조하였으며, 폭이 20리이다." 하였는데, 지금 봉황성 산 위에는 옛 성이 아직도 남아 있다. ○ 옛 개원현이 봉황성 경내에 있는데, 바로 발해의 용원현 지역이다.

『『대청일통지(大淸一統志)』』 조선의 개주성(開州城)은 함흥부(咸興府)[80] 서북쪽에 있다. 『요사』 지리지를 보면, "본래 예맥 지역으로 고[구]려가 경주를 설치하였고, 발해 때에는 동경 용원부였다."라고 하였다. 요나라 때에는 개봉부(開封府) 개원군(開遠軍)을 설치하였으며, 요나라 말기에는 고려에 편입되었는데, 혹 촉막군(蜀莫郡)이라고도 한다.【삼가 살펴보건대,

---

복 옮김, 2018, 189쪽).

80) 지금의 함경남도 함흥시에 설치한 조선시대 최고 지방행정기관의 하나이다. 함경도의 행정을 총괄하는 정2품 이상의 觀察使와 함께 함흥의 행정을 담당하는 종2품의 府尹이 파견되었다(유득공 지음, 김종복 옮김, 2018, 209쪽).

촉막군은 지금의 개성부(開城府)이다.】『고려도경(高麗圖經)』을 보면, 군(郡)은 개주(開州)의 동쪽에 있으며, 또 개원폐현(開遠廢縣)은 옛 개주(開州)의 치소이다. 『요사』 지리지에 이르기를, "본래 책성 지역이다. 고[구]려가 용원현으로 삼았는데, 경주의 치소였다. 발해 때에는 그대로 따랐다. 요나라 초기에 폐지하였다가 뒤에 다시 설치하였다." 하였다. ○ 웅산성(熊山城)은 개주의 서쪽에 있다. 『요사』 지리지를 보면, 발해 때에는 용원부였다. 통할하는 현은 여섯으로 용원현, 영안현, 오산현, 벽곡현, 웅산현, 백양현인데, 요나라 초에 모두 폐지되었다. ○ 염주성(鹽州城)은 개주(開州)의 서북쪽에 있다. 『요사』 지리지를 보면, [염]주는 개주에서의 거리가 140리로, 본래 발해에서 설치하였으며, 용하군이라고도 한다. 해양현, 접해현, 격천현, 용하현 4현을 통할하는데, 요나라 초에 모두 폐지되었으나, 염주는 예전 그대로 두었다. 또 목주성(穆州城)은 개주에서 서남쪽으로 120리 되는 곳에 있는데, 발해에서 설치하였으며, 회농군(會農郡)이라고도 한다. 회농현(會農縣), 수기현(水岐縣), 순화현(順化縣), 미현현(美縣縣) 4현을 거느렸다. 요나라 때에는 그대로 목주라고 하였으며, 치소는 회농현이다. 또 하주성(賀州城) 역시 발해에서 설치하였으며, 길리군(吉理郡)이라고도 한다. 홍하현, 송성현, 길리현, 석산현 4현을 거느렸는데, 요나라 때에 모두 폐지하였으며, 그대로 하주라고 하였다. 그리고 염주·목주 2주와 더불어 모두 개주에 예속되었으며, 뒤에 고려에 함락당하였다. ○ 개주고성(開州故城)은 봉황성 동남쪽에 있다. 『요사』 지리지를 보면, 개주 진국군은 본래 예맥 지역으로, 고[구]려 때에는 경주였고, 발해 때에는 동경 용원부였다. 태조가 발해를 평정하고서 이곳 백성을 대부락으로 옮겨 성이 마침내 폐지되었다. 성종(聖宗)이 다시금 수리하고서 개봉부라고 호칭하였다. 염주, 목주, 하주 3주를 거느렸는데, 금나라 때에 폐지되었다. 『전요지(全遼志)』를 보면, 개주성은 요양성에서 동쪽으로 360리 되는 곳에 있는데, 바로 지금의 봉황산보(鳳凰山堡)이다. 『후한서』를 살펴보면, "예맥은 고구려, 옥저와 더불어 남쪽으로 진한(辰韓)과 접하였으며, 동쪽으로는 큰 바다에 닿았고, 서쪽으로는 낙랑에 이르렀다."라고 하였다. 『당서』에는 "발해가 예맥의 옛 지역을 동경으로 삼고 용원부라고 하였으며, 또한 책성부(柵城府)라고도 하였는데, 경주·염주·목주·하주 4주를 거느렸다."라고 하였으며, 또 이르기를 "용원의 동남쪽 바닷가는 일본도(日本道)이다."라고 하였는데, 그 땅은 지금의 조선 동쪽 경계에 있었다. 상고해 보건대, 명나라 성화(成化) 연간(1465~1487)에 조선의 사신이 돌아오다가 봉황산 아래에서 약탈당하여 조공하는 길을 옛길의 남쪽으로 바꾸어 열어주기를 요청하였는데, 그로 인하여 이 성을 쌓았다. 그런즉 봉황성은 실로 조선의 동쪽에 있으며,

요나라 때에는 개주가 되었고, 발해 때에는 용원부가 되었다. 또 『성경통지』를 보면, 봉황성이 봉천부(奉天府)에서 동남쪽으로 420리 되는 곳에 있으며, 요양성은 120리 되는 곳에 있다. 420리에서 120리를 빼면 [개주]성과 요양성과의 거리가 과연 300여 리임을 알 수가 있다. 그러니 『전요지(全遼志)』의 설 역시 통한다.

【[한]진서가】 삼가 살펴보건대, 요나라의 개주는 실로 지금의 봉황성에 있었다. 그러나 그것을 발해의 용원부라고 한 것은 잘못된 것이다. 『대청일통지』에서는 『요사』 지리지의 잘못된 설을 따져보지 않고서, [개주의 위치를] 함흥부(咸興府)라고 하기도 하고 봉황성이라고 하기도 하고 개성부(開城府)라고도 하여, 동쪽과 서쪽을 억지로 끌어다 붙였다. 또 조공하는 길을 연 일을 끌어대면서 드디어는 봉황성이 조선의 동쪽에 있다고 하면서 실로 예맥의 옛 지역이라고 하였는데, 이것은 더욱더 잘못된 것이다. 예(穢)는 본래 우리 영동(嶺東) 지역인데 봉황성과 무슨 상관이 있단 말인가. 봉황 땅은 또 동남쪽으로 바다에 접하고 있다고 할 수 없다. 그리고 발해의 서경은 분명히 압록강 상류에 있었다. 만약 봉황성이 용원부에 해당한다면, 이것은 곧 동경이 도리어 서경의 서쪽에 있는 것이 되니, 말이 되겠는가. 무릇 용원부는 우리의 경성(鏡城) 지역임이 분명하다.

南京南海府, 謬指爲奉天府之海城縣.
〚遼史地理志〛東京道海州南海軍, 本沃沮國地, 高麗爲沙卑城, 唐李世勣嘗攻焉. 渤海號南京南海府, 疊石爲城, 幅員九里, 都督沃晴椒三州, 故縣六, 沃沮鷲巖龍山濱海昇平靈泉, 皆廢. ○耀州, 本渤海椒州, 故縣五, 椒山貂嶺漸泉尖山巖淵, 皆廢. ○嬪州柔遠軍, 本渤海晴州, 故縣五, 天晴神陽蓮池狼山仙巖, 皆廢.
〚盛京通志〛渤海南京, 疊石爲城, 周九里, 渤海大氏所建, 在今海城縣界.
〚大淸一統志〛海州古城, 今海城縣治, 遼置海州南海軍, 又置臨溟縣爲州治, 金改澄州, 元州縣皆廢, 明置海州於此. 按, 遼志, 州本沃沮國地, 高麗爲沙卑城, 通志云, 海城有沙卑城, 高麗置, 唐伐高麗, 程名振攻沙卑, 夜入其西郭, 卽此故沃沮地也. 考後漢書, 東沃沮在高句麗蓋馬大山之東, 漢之蓋馬, 卽唐蓋牟, 今蓋平縣也. 今海城西南, 至蓋平界八十里, 是海城, 正在蓋平界矣. 自此說明, 則知漢爲沃沮, 在高麗爲沙卑, 在渤海爲南海府, 在遼爲海州, 更無疑也. ○耀州古城, 在海城縣西南六十

> 里. 按, 遼志, 耀州, 本渤海椒州. 考通志, 海城, 唐初置蓋州, 入渤海爲南京南海府, 統沃睛椒三州六縣, 遼時耀州卽南海所統之椒州也. 又漢書, 高句麗蓋馬大山, 在平壤西, 今海城西南, 實蓋平界也.
> 【鎭書】謹按, 沃沮, 明是我北青等地, 而渤海之南海府, 卽其地也. 何涉於海城縣耶, 已悉於沃沮疆域條, 故此不多辨.

남경(南京) 남해부(南海府)를 봉천부(奉天府)의 해성현(海城縣)이라고 하는 것은 잘못된 것이다.

『『요사(遼史)』 지리지(地理志)』 동경도(東京道)의 해주(海州) 남해군(南海軍)은 본래 옥저국(沃沮國) 지역이다. 고[구]려 때에는 사비성(沙卑城)이었으며, 당나라 이세적(李世勣)이 일찍이 이곳을 공격하였다. 발해 때에는 남경 남해부라고 불렀다. 돌을 포개어 쌓아 성을 축조하였으며, 둘레가 9리이다. 옥주(沃州), 정주(睛州), 초주(椒州) 3주를 도독(都督)한다. 옛 현은 여섯으로 옥저현(沃沮縣), 취암현(鷲巖縣), 용산현(龍山縣), 빈해현(濱海縣), 승평현(昇平縣), 영천현(靈泉縣)인데, 모두 폐지하였다. ○ 요주(耀州)는 본래 발해의 초주이다. 옛 현은 다섯으로 초산현(椒山縣), 초령현(貂嶺縣), 시천현(澌泉縣), 첨산현(尖山縣), 암연현(巖淵縣)인데, 모두 폐지하였다. ○ 빈주(嬪州) 유원군(柔遠軍)은 본래 발해의 정주이다. 옛 현은 다섯으로 천정현(天睛縣), 신양현(神陽縣), 연지현(蓮池縣), 낭산현(狼山縣), 선암현(仙巖縣)인데, 모두 폐지하였다.

『『성경통지(盛京通志)』』 발해의 남경은 돌을 포개어 쌓아 성을 축조하였는데, 둘레가 9리로, 발해 대씨(大氏)가 세운 것이다. 지금의 해성현 경계에 있다.

『『대청일통지(大淸一統志)』』 해주고성(海州古城)은 지금의 해성현 치소이다. 요나라 때에는 해주 남해군을 설치하였고, 또 임명현(臨溟縣)을 두어 [해]주의 치소로 삼았다. 금나라 때에는 징주(澄州)로 고쳤고, 원나라 때에는 주와 현을 모두 폐지하였으며, 명나라 때에는 이곳에 해주를 설치하였다. 『요사』 지리지를 살펴보면 "해주는 본래 옥저국 지역이다. 고[구]려 때에는 사비성이었다." 하였으며, 『성경통지』에 이르기를 "해성에는 사비성이 있는데, 고[구]려 때 설치하였다. 당나라가 고[구]려를 정벌할 적에 정명진(程名振)이 사비를 공격하면서 밤중에 그 성의 서쪽 성곽으로 들어갔는데, 바로 이곳 옛 옥저 지역이다." 하였다. 『후한서』

를 상고해 보면, "동옥저는 고구려 개마대산(蓋馬大山)의 동쪽에 있다. 한나라 때의 개마(蓋馬)는 바로 당나라 때의 개모(蓋牟)로, 지금의 개평현(蓋平縣)이다. 지금 해성은 서남쪽으로 개평 경계까지 80리인데, 이는 해성이 바로 개평의 경내에 있다."라는 것이다. 이 설명으로 한나라 때에 옥저였고, 고[구]려 때에는 사비성이었고, 발해 때에는 남해부였고, 요나라 때에는 해주였음을 다시 의심할 바가 없다. ○ 요주고성(耀州古城)은 해성현에서 서남쪽으로 60리 되는 곳에 있다. 『요사』 지리지를 살펴보면, 요주는 본래 발해의 초주이다. 『성경통지』를 상고해 보면, "해성은 당나라 초기에 개주(蓋州)를 두었고, 발해에 편입되어 남경 남해부가 되었는데, 옥주·정주·초주 3주와 6현을 관할하였다. 요나라 때의 요주는 바로 남해군에서 관할하였던 초주이다."라고 하였다. 또 『한서』에는, "고구려의 개마대산은 평양의 서쪽에 있다."라고 하였다. 지금의 해성 서남쪽은 실로 개평(蓋平)의 경계이다.

【[한]진서가】 삼가 살펴보건대, 옥저는 분명히 우리의 북청(北靑) 등지이며, 발해의 남해부가 바로 그 땅이다. 그런데 해성현과 무슨 상관이 있단 말인가. 이미 옥저 강역조(疆域條)에서 다 말하였으므로 여기에서는 많이 논변하지 않는다.

定理府, 或指爲奉天府之承德縣, 或指爲興京, 誤也.
【遼史地理志】東京道瀋州昭德軍, 本挹婁國地, 渤海建瀋州, 故縣九, 皆廢. 太宗置興遼軍, 後更名. ○定理府, 刺史, 故挹婁國地.
【元史地理志】瀋陽路, 本挹婁故地, 渤海大氏建定理府, 都督瀋定二州, 此爲瀋州地.
【盛京通志】奉天府承德縣, 周肅慎氏地, 漢挹婁國, 唐睿宗時, 屬渤海大氏, 置瀋州, 轄於定理府. ○古瀋州, 唐時渤海置, 隷定理府, 舊址無考. 今按, 瀋水在承德城南四里, 古瀋州在今城內之地.
【大淸一統志】奉天府承德縣, 秦以前肅慎氏地, 漢晉唐屬挹婁國, 睿宗時, 屬渤海大氏, 置瀋州, 轄於定理府, 遼置興遼軍, 後改昭德軍, 金時爲瀋州治, 元初於瀋州, 置安撫高麗軍民總管府, 尋改瀋陽路, 明洪武中, 置瀋陽中衛, 隷遼東都指揮司, 本朝爲盛京, 康熙十三年, 設承德縣爲首邑. 按, 唐書渤海傳, 以挹婁故地爲定理府, 遼史云, 瀋州, 本挹婁國地, 渤海建瀋州, 二說正合通志, 故蹟載. 承德有奧婁河, 注云奧婁卽挹婁, 今之承德, 實遼瀋州, 其爲古挹婁, 無疑. ○挹婁古城, 在鐵嶺縣南六十里, 遼置興州中興軍, 置常安縣, 金慶州, 大定二十九年, 改爲抱婁縣, 屬瀋州, 元廢, 明時訛爲懿路城, 今爲懿路站. 按, 遼志, 興州, 本漢海冥縣地, 渤海置州, 金志, 抱婁縣, 遼舊興州常安縣, 遼嘗置定理府於此, 本挹婁故地. 遼金二志互異, 當從金志.
【鎭書】謹按, 遼之瀋州, 實在今承德縣, 而謂之渤海之定理府瀋州, 則誤也. 定理府卽挹婁故地, 而明在寧古塔地方, 何涉於承德縣耶. 挹婁之非承德, 已悉於前,【見挹婁疆域條.】無用更辨. 且以定理府一款言之, 扶餘府爲契丹道, 是其西邊極界也, 若以承德當定理府, 是定理反在扶餘府之西, 其可乎. 遼史本紀, 天顯元年正月, 拔扶餘城, 進破忽汗城, 諲譔出降, 二月, 南海定理諸府來朝, 定理若在扶餘之西, 則何不先被遼兵至, 忽汗城破亡後, 始爲送降耶. 定理之在忽汗城【卽寧古塔.】以東, 尤明. 後世撰地志者, 不復考覈, 專襲遼志之誤, 甚非.
〖盛京通志〗興京, 周肅愼氏地, 漢挹婁地, 南北朝勿吉地, 隋高麗地, 唐初置燕州, 後爲渤海大氏所據, 改隸定理府, 遼定理府地, 屬瀋州, 元瀋陽路, 明建州衛地. ○興京古蹟, 古定州, 高麗置, 渤海因之, 屬定理府, 遼改定州保寧軍, 金廢.【謹按, 以興京爲定理府者, 亦誤.】
附〖遼史地理志〗雙州保安軍, 本挹婁故地, 渤海置安定郡, 統縣一, 雙城縣, 本渤海安夷縣地. ○〖淸一通志〗雙城廢縣, 在鐵嶺縣西. 遼史地理志, 雙州保安軍, 本挹婁故地, 渤海置安定郡, 久廢. 全遼志云, 雙城縣, 在鐵嶺城西六十里. 考通志, 鐵嶺實爲挹婁國地, 雙州在鐵嶺城西, 知亦挹婁故城也.【謹按, 安定郡, 本挹婁地, 則似是定理安邊二府中所轄, 而當在寧古塔地方, 謂在鐵嶺縣, 亦誤.】

정리부(定理府)를 봉천부(奉天府)의 승덕현(承德縣)[81]이라고 하거나 흥경(興京)이라고 하는 것은 잘못된 것이다.

〖『요사(遼史)』 지리지(地理志)〗 동경도(東京道)의 심주(瀋州) 소덕군(昭德軍)은 본래 읍루국(挹婁國) 지역이며, 발해에서 심주(瀋州)를 세웠다. 옛 현은 9개인데 모두 폐지하였다.

---

81) 지금의 하북성 북부 승덕시이다. 바로 서쪽으로 灤河의 지류인 武熱河(예전의 熱河)가 흐른다(유득공 지음, 김종복 옮김, 2018, 205쪽).

태종(太宗)이 흥료군(興遼軍)을 설치하였으며, 뒤에 이름을 바꾸었다. ○ 정리부에는 자사(刺史)를 두었다. 옛 읍루국 지역이다.

『원사(元史)』 지리지(地理志)』 심양로(瀋陽路)는 본래 읍루의 옛 지역이다. 발해 대씨가 정리부를 두고서 심주와 정주(定州) 2주를 도독하였는데, 이곳이 심주 지역이다.

『성경통지(盛京通志)』 봉천부 승덕현은 주(周)나라 때에 숙신씨(肅愼氏) 지역이었고, 한나라 때에는 읍루국이었다. 당나라 예종(睿宗) 때에는 발해의 대씨에게 속하여 심주를 설치하였으며, 정리부에서 관할하였다. ○ 옛 심주는 당나라 때 발해가 설치하여 정리부에 예속되게 하였다. 옛터는 상고할 수가 없다. 지금 살펴보건대, 심수(瀋水)가 승덕성(承德城)에서 남쪽으로 4리 되는 곳에 있다. 옛 심주는 지금 성안의 땅에 있다.

『대청일통지(大淸一統志)』 봉천부 승덕현은 진(秦)나라 이전에는 숙신씨 지역이었고, 한나라, 진(晉)나라, 당나라 때에는 읍루국에 속하였다. [당] 예종(睿宗) 때 발해 대씨에게 속하여 심주를 설치하였는데, 정리부에서 관할하였다. 요나라 때에는 흥료군을 설치하였고, 뒤에 소덕군(昭德軍)으로 고쳤다. 금나라 때에는 심주의 치소가 되었다. 원나라 초기에는 심주에 안무고려군민총관부(安撫高麗軍民總管府)를 설치하였다가 얼마 뒤에 심양로로 고쳤다. 명나라 홍무(洪武) 연간(1368~1398)에 심양중위(瀋陽中衛)를 두어 요동도지휘사(遼東都指揮司)에 예속시켰다. 본조에서 성경(盛京)으로 삼았고, 강희(康熙) 13년(1674)에 승덕현을 설치하여 수읍(首邑)으로 삼았다. 『당서』 발해전을 살펴보면, 읍루의 옛 지역으로 정리부를 삼았다. 『요사』에는 이르기를 "심주는 본래 읍루국 지역이었다. 발해가 심주를 세웠다."라고 하였는바, 두 설이 딱 들어맞는다. 『성경통지』의 고적조(古蹟條)에는 "승덕에는 오루하(奧婁河)가 있다."라고 실려 있으며, 주(注)에는 이르기를 "오루(奧婁)는 바로 읍루이다."라고 하였다. 지금의 승덕은 실로 요의 심주인바, 이곳이 옛 읍루의 지역임은 의심할 여지가 없다. ○ 읍루고성(挹婁故城)은 철령현(鐵嶺縣)에서 남쪽으로 60리 되는 곳에 있다. 요나라 때에는 흥주(興州) 중흥군(中興軍)을 설치하였고 상안현(常安縣)을 설치하였다. 금나라 때에는 경주(慶州)였다. 대정(大定) 29년(1189)에 읍루현(挹婁縣)으로 고쳐서 심주에 속하게 하였다. 원나라 때에는 폐지되었으며, 명나라 때에는 와전(訛傳)되어 의로성(懿路城)이 되었으며, 지금은 의로참(懿路站)이 되었다. 『요사』 지리지를 살펴보면 "흥주는 본래 한나라 때의 해명현(海冥縣) 지역이다. 발해가 주를 설치하였다."라고 하였으며, 『금사』 지리지에는 "읍루현은 요나라 때에는 옛 흥주의 상안현(常安縣)이었다. 요나라가 일찍이 정리부를 이곳에 설치하였는데, 본래 읍루의 옛 지역이었다."라고 하였다. 『요사』와 『금사』의 두 지리지가 서로 다른데, 마땅히 『금사』 지리지를 따라야 한다.

 【[한]진서가】 삼가 살펴보건대, 요나라의 심주는 실로 지금의 승덕현에 있었다. 그러나 그것을 일컬어 발해 정리부의 심주라고 하는 것은 잘못된 것이다. 정리부는 바로 읍루의 옛 지역으로 영고탑(寧古塔) 지방에 있었던 것이 분명하다. 그런데 승덕현과 무슨 상관이 있단 말인가. 읍루가 승덕이 아닌 것에 대해서는 이미 앞에서 다 말하였는바,【읍루 강역조에 보인다.】 다시금 논변할 필요가 없다. 그리고 정리부 한 조항에 대해서 말한다면 부여부(扶餘府)는 거란도(契丹道)로, 이는 서쪽 변경의 끝 경계이다. 만약 승덕이 정리부라면, 이는 정리부가 도리어 부여부의 서쪽에 있는 것이니, 그럴 수가 있겠는가. 『요사』 본기(本紀)에 "천현(天顯) 1년(926) 정월에 발해의 부여성(扶餘城)을 함락하고는 진격하여 홀한성(忽汗城)을 격파하자, [대]인선([大]諲譔)이 나와 항복하였다. 2월에 남해부(南海府)와 정리부 등 여러 부가 와서 조회하였다."라고 하였다. 정리부가 만약 부여부의 서쪽에 있었다면 어찌하여 먼저 요나라 군대의 침략을 받지 않고, 홀한성이 격파되어 망한 뒤에야 비로소 [정리부가] 항복하였겠는가. 정리부가 홀한성【즉 영고탑이다.】의 동쪽에 있었음이 더욱더 분명하다. 후세에 지지(地志)를 찬하는 자가 이를 상고하지 않고 『요사』 지리지의 잘못을 답습하였는바, 매우 잘못된 것이다.

 『성경통지』 홍경은 주나라 때에는 숙신씨 지역이었고, 한나라 때에는 읍루 지역이었고, 남북조(南北朝) 시대에는 물길(勿吉) 지역이었고, 수(隋)나라 때에는 고[구]려 지역이었으며, 당나라 초기에는 연주(燕州)를 설치하였다. 뒤에 발해 대씨가 차지하여 고쳐서 정리부에 예속되게 하였다. 요나라 때에는 정리부의 지역이 심주에 속하였다. 원나라 때에는 심양로였으며, 명나라 때에는 건주위(建州衛) 지역이 되었다. ○ 홍경의 고적(古蹟)인 옛 정주(定州)는 고[구]려가 설치하였으며, 발해 때에는 그대로 따라서 정리부에 속하였다. 요나라 때에는 고쳐서 정주 보령군(保寧軍)이 되었고, 금나라 때에는 폐지하였다.【삼가 살펴보건대, 홍경을 정리부라고 한 것은 역시 잘못되었다.】

 부(附) 『요사』 지리지』 쌍주(雙州)[82] 보안군(保安軍)은 본래 읍루의 옛 지역이다. 발해 때에는 안정군(安定郡)을 설치하였으며, 통할하는 현은 1개이다. 쌍성현(雙城縣)은 본래 발해의 안이현(安夷縣) 지역이다. ○ 『대청일통지』 쌍성폐현(雙城廢縣)은 철령현의 서쪽에 있

---

82) 지금의 요령성 심양시 북쪽 石佛寺 고성 일대로 추정된다(유득공 지음, 김종복 옮김, 2018, 197쪽).

다. 『요사』 지리지에 "쌍주 보안군(保安軍)은 본래 읍루의 옛 지역이다. 발해 때에는 안정군(安定郡)을 설치하였고, 오래 지나서는 폐지하였다." 하였으며, 『전요지(全遼志)』에 이르기를 "쌍성현은 철령성(鐵嶺城)에서 서쪽으로 60리 되는 곳에 있다." 하였다. 『성경통지』를 상고해 보면 철령이 실로 읍루국 지역이며, 쌍주가 철령성 서쪽에 있는바, 역시 읍루고성임을 알 수가 있다.【삼가 살펴보건대, 안정군(安定郡)은 본래 읍루의 지역이었으니, 이곳은 정리부와 안변부(安邊府) 2부 가운데에서 관할하였을 듯하다. 그러니 마땅히 영고탑 지방에 있어야 하는바, 철령현에 있다고 한 것도 잘못된 것이다.】

率賓府, 或指爲遼西地, 或指爲鳳凰城, 誤也.
【遼史地理志】東京道顯州奉先軍【所】統康州, 世宗遷渤海率賓府人戶置, 統縣一, 率賓縣, 本渤海率賓府地.
【盛京通地】古率賓府, 渤海置, 遼因之, 舊址無考. 按, 渤海傳, 渤海於古率賓國地, 置率賓府, 府領華益建三州, 遼廢州存府, 今[83]元州府, 俱廢. 今按, 建州在興京界內, 而率賓府及華益二州, 皆近鳳凰城界. ○古華州, 唐渤海置, 遼並入率賓府, 今舊址無考. ○古益州, 渤海置, 遼廢, 今鳳凰城東南一百二十餘里, 朝鮮界有益州城, 俗誤呼愛州.
【鎭書】謹按, 遼率賓縣, 隷顯州, 而州在遼西醫巫閭山南, 謂之渤海率賓府地者, 誤甚. 盛京志所云益州, 指我義州也. 又華益二州, 謂在鳳凰城界內鳳城義州等地, 在渤海時, 當屬鴨淥府, 安得復置率賓府耶. 且率賓, 在金爲恤品路【今三水府.】, 則鳳城等處與恤品, 東西隔絕, 不相屬矣.

솔빈부(率賓府)를 요서(遼西) 지역이라고 하거나 봉황성(鳳凰城) 지역이라고 하는 것은 잘못된 것이다.

『요사(遼史)』 지리지(地理志)』 동경도(東京道)의 현주(顯州) 봉선군(奉先軍)이【소(所)】 통할하는 강주(康州)는, 세종(世宗)이 발해 솔빈부의 사람들을 옮겨서 설치하였으며, 통할하

---
83) '今' → '金'.

는 현은 1개이다. 솔빈현(率賓縣)84)은 본래 발해의 솔빈부 지역이다.

『성경통지(盛京通志)』옛 솔빈부는 발해가 설치하였고, 요나라 때에는 그대로 따랐는데, 옛터를 상고할 수 없다. 발해전을 살펴보면, "발해는 옛 솔빈국 지역에 솔빈부를 설치하였는데, 부는 화주(華州), 익주(益州), 건주(建州) 3주를 거느렸다."라고 하였다. 요나라 때에는 주(州)는 폐지하고 부(府)는 그대로 두었다. 금나라와 원나라 때에는 주와 부를 모두 폐지하였다. 지금 살펴보건대, 건주는 흥경(興京)의 경계 안에 있으며, 솔빈부와 화주, 익주는 모두 봉황성(鳳凰城)의 경계에서 가깝다. ○ 옛 화주는 당나라 때 발해에서 설치하였다. 요나라 때에는 솔빈부에 편입되었다. 지금 옛터는 상고할 수가 없다. ○ 옛 익주는 발해가 설치하였다. 요나라 때에 폐지되었다. 지금 봉황성의 동남쪽 120여 리 되는 곳의 조선의 경계에 익주성(益州城)이 있는데, 세속에서는 애주(愛州)라고 잘못 부르고 있다.

【한]진서가】삼가 살펴보건대, 요나라 때 솔빈현(率賓縣)은 현주(顯州)에 예속되어 있었는데, 현주는 요서(遼西)에 있는 의무려산(醫巫閭山) 남쪽에 있는데, 그곳을 일러 발해의 솔빈부 지역이라고 하는 것은 매우 잘못된 것이다. 『성경통지』에 이른바 익주는 우리의 의주(義州)를 가리킨다. 또 화주와 익주는 봉황성 경계 안에 있다고 하였는데, 봉성이나 의주 등지는 발해 때에는 압록부(鴨淥府)에 속하였다. 그런데 어떻게 다시 솔빈부를 둘 수 있었겠는가. 그리고 솔빈은 금나라 때에는 휼품로(恤品路)【지금의 삼수부(三水府)이다.】가 된즉, 봉성 등지와 휼품은 동서 간의 간격이 멀어서 서로 속하지 않는다.

東平府, 謬指爲承德廣寧等處.
【遼史地理志】東京道遼州始平軍, 本拂涅國城, 渤海爲東平府, 唐太宗親征高麗, 李世勣拔遼城, 高宗詔程名振蘇定方, 討高麗, 至新城, 大破之, 皆此地也. 太祖伐渤海, 先破東平府, 遷民實之故東平府, 都督伊蒙陀黑比五州, 共領縣十八, 皆廢, 有遼河羊腸河錐子河蛇山狼山黑山巾子山, 統州一, 棋州祐聖軍, 本渤海蒙州地. ○遼陽府紫蒙縣, 本漢鏤方縣地, 後拂涅國, 置東平府, 領蒙州紫蒙縣, 後徙遼城, 並入黃嶺縣, 渤海復爲紫蒙縣.

---

84) 康州의 속현으로, 지금의 요령성 북진시 일대 또는 안산시 臺安縣 일대로 추정된다(유득공 지음, 김종복 옮김, 2018, 194쪽).

〖大淸一統志〗今考唐書, 粟末靺鞨居最南, 稍東北曰汨㶀部,[85] 益東曰拂涅部, 其地距今承德廣寧甚遠. 遼志, 以遼州有東平軍之名, 遂謂卽渤海東平府, 又因州名, 爲遼遂謂卽唐時遼城新城, 皆誤也.
【鎭書】謹按, 東平府, 本在黑龍江地方, 何涉於廣寧等地耶. 淸統志, 辨遼志之誤, 是矣.
附 〖遼史地理志〗東京道尙州鎭遠軍, 本漢襄平縣地, 渤海爲東平寨.【謹按, 東平寨, 似是東平府所屬, 而未可考.】

동평부(東平府)를 승덕(承德)이나 광녕(廣寧) 등지라고 하는 것은 잘못된 것이다.

『요사(遼史)』 지리지(地理志)》 동경도(東京道)의 요주(遼州) 시평군(始平軍)은 본래 불열국(拂涅國)[86]의 국성(國城)인데, 발해 때에는 동평부였다. 당나라 태종이 고[구]려를 친히 정벌하였을 적에 이세적(李世勣)이 함락시킨 요성(遼城)과 고종(高宗)이 조서를 내려 정명진(程名振)[87]·소정방(蘇定方)[88]으로 하여금 고[구]려를 토벌할 때 신성(新城)[89]에 이르러서 크게 격파한 곳이 바로 이 지역이다. 태조(太祖)가 발해를 정벌하며 먼저 동평부를 격파하고 백성을 옮겨서 채웠다. 옛 동평부는 이주(伊州), 몽주(蒙州), 타주(陀州),[90] 흑주(黑州), 비주(比州) 5주를 도독(都督)하며, 거느린 현이 모두 18개인데, 모두 폐지되었다. 요하(遼河),[91]

---

85) '汨汨部' → '汨咄部'.
86) 말갈족의 하나인 불열부의 거주지는 興凱湖 부근으로 비정된다(유득공 지음, 김종복 옮김, 2018, 188쪽).
87) 정명진(?~662)은 당나라의 장군이다. 645년에 고구려의 사비성을 함락하였고, 655년에 소정방과 함께 고구려를 공격하였다(유득공 지음, 김종복 옮김, 2018, 195쪽).
88) 소정방(592~667)은 당나라의 장군이다. 이름은 烈이고 정방은 字이다. 660년에 나당 연합군의 대총관으로서 13만의 당군을 거느리고 백제를 멸망시켰다. 661년에는 평양성을 포위하였으나 실패하였다(유득공 지음, 김종복 옮김, 2018, 195쪽).
89) 지금의 요령성 무순시 高爾山城이다(유득공 지음, 김종복 옮김, 2018, 196쪽).
90) 『신당서』 발해전에는 沱州로 되어 있다(유득공 지음, 김종복 옮김, 2018, 196쪽).
91) 길림성 遼源市 부근에서 발원하는 동요하와 내몽고자치구 부근에서 발원하는 서요하가 길림성 鐵嶺市 昌圖縣 부근에서 합류하여 남쪽으로 흘러 渤海로 들어가는 강이다. 길이는 1,430km이다(유득공 지음, 김종복 옮김, 2018, 196쪽).

양장하(羊腸河),[92] 추자하(錐子河),[93] 사산(蛇山),[94] 낭산(狼山), 흑산(黑山),[95] 건자산(巾子山)이 있다. 통할하는 주는 1개이다. 기주(棋州)[96] 우성군(祐聖軍)은 본래 발해의 몽주 지역이었다. ○ 요양부(遼陽府) 자몽현(紫蒙縣)[97]은 본래 한나라의 누방현(鏤方縣)[98] 지역이었다. 뒤에 불열국에서 동평부를 두어 몽주 자몽현[99]을 거느리게 하였다가 뒤에 요성[100]으로 옮겨 황령현(黃嶺縣)에 병합되었다. 발해 때에는 다시 자몽현이 되었다.

『『대청일통지(大淸一統志)』』 지금 『당서』를 상고해 보면, 속말말갈(粟末鞨)이 가장 남쪽에 위치하였고, 거기에서 조금 동북쪽에 있는 것이 골돌부(汩咄部)이고, 더 동쪽은 불열부(拂涅部)이다. 그 지역은 지금의 승덕현(承德縣)이나 광녕(廣寧)에서 아주 멀다. 『요사』 지리지에서는 요주에 동평군(東平軍)이라는 이름이 있다는 이유로 마침내 바로 발해의 동평부라고 하고, 또 이로 인하여 주의 이름을 요(遼)라고 하고는 마침내 바로 당나라 때의 요성과 신성이라고 하였는데, 이는 모두 잘못된 것이다.

【[한]진서가】 삼가 살펴보건대, 동평부는 본래 흑룡강(黑龍江) 지방에 있었다. 그런데 광녕(廣寧) 등지와 무슨 상관이 있단 말인가. 『대청일통지』에서 『요사』 지리지의 잘못을 논변한 것은 옳다.

부(附) 『『요사』 지리지』 동경도(東京道) 상주(尙州) 진원군(鎭遠軍)은 본래 한나라 때의 양평현(襄平縣) 지역이다. 발해 때에는 동평채(東平寨)였다.【삼가 살펴보건대, 동평채는 동평

---

92) 요령성 북진시와 黑山縣 경계를 흘러 남쪽으로 繞陽河에 합류하는 강이다. 길이는 약 90km이다(유득공 지음, 김종복 옮김, 2018, 196쪽).
93) 『거란국지』 권8에 의하면, 8대 황제 興宗의 출생지가 현주 동쪽 추자하라고 하였다. 이로 보아 요령성 북진시 동쪽에 있는 강으로 추정된다(유득공 지음, 김종복 옮김, 2018, 196쪽).
94) 지금의 요령성 심양시 蘇家屯區 蛇山村 또는 신민시 東蛇山村으로 추정된다(유득공 지음, 김종복 옮김, 2018, 196쪽).
95) 지금의 요령성 錦州市 黑山縣이다(유득공 지음, 김종복 옮김, 2018, 196쪽).
96) 지금의 요령성 심양시 康平縣 동남쪽 郝官屯鎭 또는 강평현 서쪽 張强鎭 일대로 추정된다(유득공 지음, 김종복 옮김, 2018, 196쪽).
97) 지금의 요령성 요양시 부근이다(유득공 지음, 김종복 옮김, 2018, 188쪽).
98) 한나라 낙랑군의 속현이다(유득공 지음, 김종복 옮김, 2018, 188쪽).
99) 『신당서』 발해전에는 동평부 아래에 몽주가 설치되었다는 사실만 전하는데, 자몽현의 존재는 이 기사를 통해 알 수 있다(유득공 지음, 김종복 옮김, 2018, 188쪽).
100) 지금의 요령성 新民市 동북쪽 公主屯鎭 遼濱塔古城이다(유득공 지음, 김종복 옮김, 2018, 189쪽).

부에 소속된 것인 듯하나, 상고할 수가 없다.】

鐵利府, 謬指爲遼東地.
〖遼史地理志〗神冊初, 平渤海, 得廣州, 本渤海鐵利府, 改曰鐵利州. ○東京道廣州, 防禦, 漢屬襄平縣, 高麗爲當山縣, 渤海爲鐵利郡, 太祖遷渤海人居之, 建鐵利州. ○鐵利府, 刺史, 故鐵利國地. ○上京道永州義豐縣, 本鐵利府義州, 遼兵破之, 遷其民於南樓之西北, 仍名義州.【又云, 懷州富義縣, 本義州, 太宗遷渤海義州民於此.】

철리부(鐵利府)를 요동 지역이라고 하는 것은 잘못된 것이다.

『『요사(遼史)』 지리지(地理志)〗 신책(神冊) 연간(916~921) 초에 발해를 평정하고서 광주(廣州)를 얻었다. [광주는] 본래 발해의 철리부였는데, 고쳐서 철리주(鐵利州)라고 하였다. ○ 동경도 광주방어(廣州防禦)는 한나라 때에는 양평현에 속하였고, 고[구]려 때에는 당산현(當山縣)이었고, 발해 때에는 철리군(鐵利郡)이었다. 태조가 발해의 사람들을 옮겨서 살게 하고는 철리주를 세웠다. ○ 철리부(鐵利府)에는 자사(刺史)를 둔다. 옛 철리국(鐵利國) 지역이다. ○ 상경도(上京道)의 영주(永州) 의풍현(義豐縣)은 본래 철리부 의주(義州)였는데, 요나라 군대가 이곳을 격파하고는 그 백성을 남루(南樓)의 서북쪽으로 옮긴 다음에 그대로 의주라고 하였다.【또 이르기를, "회주(懷州) 부의현(富義縣)은 본래 의주(義州)로, 태종이 발해의 의주 백성을 이곳으로 옮겼다."라고 하였다.】

懷遠府, 謬指爲今鐵嶺縣地.
〖遼史地理志〗東京道信州彰聖軍, 本越喜故城, 渤海置懷遠府, 今廢, 聖宗以地隣高麗, 開泰初, 置州. ○銀州富國軍, 本渤海富州, 太祖以銀冶更名, 統縣三, 延津縣, 本渤海富壽縣, 境有延津故城, 更名, 新興縣, 本故越喜國地, 渤海置銀冶, 常置銀州. ○遂州, 本渤海美州地.
〖盛京通志〗鐵嶺縣, 周秦肅愼氏地, 漢晉挹婁國地, 隋越喜國地, 唐渤海大氏取越喜地, 改富州, 屬懷遠府, 金元咸平府, 明改鐵嶺衛, 古有鐵嶺城, 在衛治東南五百里,接高麗界. 洪武二十一年, 置衛於彼, 後二十六年, 徙此, 仍名鐵嶺衛. 按, 古鐵嶺城, 在今治東南五百里. ○渤海, 於今鐵嶺置銀冶, 故號銀州. ○古信州, 本渤海懷遠府地, 在今寧古塔境內.

『大淸一統志』信州, 古越喜地, 在今開原縣南. 全遼志云, 開原東北, 非是.

【鎭書】謹按, 鐵利懷遠二府, 俱在黑龍江地方, 而遼志, 誤以遼東州縣牽合. 盛京志, 一從遼志之誤, 遂謂今鐵嶺縣, 在漢爲挹婁地, 在隋爲越喜地, 謬甚.

회원부(懷遠府)를 지금의 철령현(鐵嶺縣) 지역이라고 하는 것은 잘못된 것이다.

『요사(遼史)』 지리지(地理志) 동경도의 신주(信州)[101] 창성군(彰聖軍)은 본래 월희[말갈](越喜[靺鞨])의 옛 성이다. 발해 때에는 회원부(懷遠府)를 설치하였으며, 지금은 폐지되었다. 성종(聖宗)은 그 땅이 고려와 인접하므로 개태(開泰, 1012~1020) 초에 주를 설치하였다. ○ 은주(銀州)[102] 부국군(富國軍)은 본래 발해의 부주(富州)이다. 태조가 은(銀)을 제련한다는 이유로 이름을 바꾸었다. 통할하는 현은 3개이다. 연진현(延津縣)은 본래 발해의 부수현(富壽縣)으로 경내에 연진고성(延津故城)[103]이 있었으므로 이름을 바꾼 것이다. 신흥현(新興縣)[104]은 본래 옛 월희국(越喜國)의 지역으로, 발해가 은을 제련하는 곳을 설치하면서 일찍이 은주를 설치하였다. ○ 수주(遂州)[105]는 본래 발해의 미주(美州) 지역이었다.

『성경통지(盛京通志)』 철령현은 주(周)나라와 진(秦)나라 때 숙신씨 지역이며, 한(漢)나라와 진(晉)나라 때에는 읍루국(挹婁國) 지역이고, 수(隋)나라 때에는 월희국의 지역이었다. 당나라 때에는 발해 대씨가 월희의 땅을 취하여 부주라고 고치고 회원부에 속하게 하였다. 금나라와 원나라 때에는 함평부(咸平府)였다. 명나라 때에는 철령위(鐵嶺衛)로 고쳤다. 옛날에는 철령성(鐵嶺城)이 있었는데, [철령]위의 치소에서 동남쪽으로 500리 되는 곳에 있어서

---

101) 지금의 길림성 公主嶺市 서북쪽 秦家屯鎭 일대로 추정된다(유득공 지음, 김종복 옮김, 2018, 198쪽).
102) 지금의 요령성 철령시로 추정된다(유득공 지음, 김종복 옮김, 2018, 197쪽).
103) 고구려 멸망 이후 안동도호부가 관할하는 기미주의 하나인 延津州의 치소가 있던 성이다(유득공 지음, 김종복 옮김, 2018, 198쪽).
104) 지금의 요령성 철령시 銀州區 新興故城 일대로 추정된다(유득공 지음, 김종복 옮김, 2018, 197쪽).
105) 지금의 요령성 철령시 창도현 서북쪽 七家子鎭 또는 내몽고자치구 통요시 庫倫旗 동북 三家子鎭 일대로 추정된다(유득공 지음, 김종복 옮김, 2018, 196쪽).

고려의 경계를 접하고 있었다. 홍무(洪武) 21년(1388)에 그곳에 위를 설치하였다가 그 뒤 26년(1393)에 이곳으로 옮기고서는 그대로 철령위라고 하였다. 살펴보건대, 옛 철령성은 지금의 치소에서 동남쪽으로 500리 되는 곳에 있다. ○ 발해는 지금의 철령에 은을 제련하는 곳을 두었으므로 은주라고 불렀다. ○ 옛 신주는 본래 발해의 회원부 지역으로, 지금의 영고탑 경내에 있다.

『대청일통지(大淸一統志)』 신주(信州)는 옛 월희의 지역으로, 지금의 개원현(開原縣) 남쪽에 있었다. 『전요지(全遼志)』에서 개원의 동북쪽에 있다고 한 것은 잘못된 것이다.

【[한]진서가】 삼가 살펴보건대, 철리부와 회원부 2부는 모두 흑룡강 지방에 있다. 그런데 『요사』 지리지에서는 잘못하여 요동의 주현을 끌어다 붙였다. 『성경통지』에서는 한결같이 『요사』 지리지의 잘못을 따라서 마침내 지금의 철령현이 한나라 때에는 읍루의 지역이었고, 수나라 때에는 월희의 지역이라고 하였으니, 아주 잘못되었다.

> 安遠府, 謬指爲鴨江西地, 是皆由遼志之誤也.
> 『遼史地理志』東京道淥州鴨淥軍【所】統慕州, 本渤海安遠府地, 故縣二, 慕化崇平, 久廢, 隷淥州, 在西北二百里.
> 『大淸一統志』淥州城, 在朝鮮平壤西境.【節】慕州城, 在淥州西二百里, 本渤海安遠府地, 領慕化崇平二縣, 遼改置慕州, 屬淥州, 後廢.
> 【鎭書】謹按, 安遠府, 亦在黑龍江地方者也, 遼之淥州, 在今江界府北隔江地.【詳見上鴨淥府條.】則淥州西二百里, 安得爲安遠府耶.

안원부(安遠府)를 압록강 서쪽 지역이라고 하는 것은 잘못된 것으로, 이는 모두가 『요사』 지리지의 잘못된 설에서 말미암은 것이다.

『요사(遼史)』 지리지(地理志)』 동경도의 녹주(淥州) 압록군(鴨淥軍)에서 【소】 통치하는 곳인 모주(慕州)[106]는 본래 발해의 안원부(安遠府) 지역이다. 옛 현은 2개로 모화현(慕化縣)과 숭평현(崇平縣)인데, 오랫동안 폐지되었다. 녹주에 예속되었으며, [녹주에서] 서북쪽으

---

106) 지금의 길림성 柳河縣 일대 또는 요령성 岫巖縣 동부 일대이다(유득공 지음, 김종복 옮김, 2018, 194쪽).

로 200리 되는 곳에 있다.

『『대청일통지(大淸一統志)』』 녹주성(淥州城)은 조선의 평양 서쪽 경계에 있으며,【절(節)】모주성(慕州城)은 녹주에서 서쪽으로 200리 되는 곳에 있는데, 본래 발해의 안원부 지역이며, 모화현과 숭평현 2현을 거느렸다. 요나라 때에는 모주(慕州)라고 고쳐서 녹주에 속하게 하였다가 뒤에 폐지하였다.

【한】진서가】 삼가 살펴보건대, 안원부 역시 흑룡강 지방에 있었다. 요나라의 녹주는 지금의 강계부(江界府) 북쪽 강 건너편 지역에 있었다.【앞의 압록부조(鴨淥府條)에 보인다.】 그런즉 녹주에서 서쪽으로 200리 되는 곳이 어떻게 안원부가 될 수 있겠는가.

【附】未詳郡縣

『遼史地理志』東京道辰州奉國軍, 本高麗蓋牟城, 唐太宗會李世勣, 攻破蓋牟城, 卽此. 渤海改爲蓋州, 又改辰州, 以辰韓得名, 井邑駢列, 最爲衝會. ○崇州隆安軍, 本漢長岑縣地, 渤海置州, 故縣三, 崇山潙水綠城, 皆廢. ○乾州廣德軍司農縣, 本渤海麓郡縣, 倂麓波雲川二縣入焉. ○貴德州寧遠軍, 本漢襄平縣地, 統縣二, 貴德縣, 本漢襄平縣, 渤海爲崇山縣, 奉德縣, 本渤海綠城縣地, 常置奉德州. ○集州懷衆軍, 古陴離郡地, 漢屬險瀆縣, 高麗爲霜巖縣, 渤海置州, 統縣一, 奉集縣, 渤海置. ○遂州, 本渤海美州地, 統縣一, 山河縣, 本渤海縣, 倂黑川麓川二縣置. ○通州安遠軍, 本渤海扶餘城,【見上扶餘府條.】統縣四, 通遠縣, 本渤海扶餘縣, 倂布多縣, 置安遠縣, 本渤海顯義縣, 倂鵲川縣, 置歸仁縣, 本渤海强師縣, 倂新安縣, 置漁谷縣, 本渤海縣.【○又云, 上京道懷州扶餘縣, 本龍泉府, 太祖遷渤海扶餘縣降戶於此.】 ○韓州東平軍, 本渤海鄚頡府,【見上鄚頡府條.】統縣一, 柳河縣, 本渤海粤喜縣地, 倂萬安縣置. ○銀州富國軍,【見懷遠府辨誤條.】統永平縣, 本渤海優富縣地, 太祖以俘戶置, 舊有永平寨. ○咸州安東軍, 本高麗銅山縣地, 渤海置銅山郡, 地在漢侯城縣北渤海龍泉府南, 統縣一, 咸平縣, 唐安東都護, 天寶中, 治營平二州間, 卽此. 太祖滅渤海, 復置安東軍. ○信州彰聖軍,【見懷遠府辨誤條.】統縣二, 武昌縣, 本渤海懷福縣地, 定武縣, 本渤海豹山縣地, 倂乳水縣人戶置. ○賓州懷化軍, 本渤海城, 統和十七年, 遷兀惹戶, 置刺史于鴨子混同二水之間. ○龍州黃龍府, 本渤海扶餘府,【見上扶餘府條.】統縣三, 黃龍縣, 本渤海長平縣, 併富利佐幕肅愼, 置遷民縣, 本渤海永寧縣, 併豐水扶羅, 置永平縣, 渤海置.【○又云, 上京道長泰縣, 本渤海國長平縣民, 太祖伐大諲譔, 先得是邑, 遷其人於京西北, 與漢民雜居.】 ○渤州淸化軍.【見龍原府辨誤條.】統縣一, 貢珍縣, 渤海置. ○麓州, 渤海置. ○上京道定霸縣, 本渤海扶餘府强師縣民, 太祖下扶餘, 遷其人於京西, 與漢人雜處. ○鳳州, 薰離國故地, 渤海之安寧郡境, 南王府五帳分地, 古韓州北二百里, 西北至上京九百里.

〖盛京通志〗古武昌縣, 渤海懷福縣地, 莫考. ○古定武縣, 本渤海豹山縣地, 無考.
〖大淸一統志〗東那城, 在正州西七十里, 渤海置, 遼因之, 仍屬正州, 後廢. ○朝鮮郭州城, 在平壤西北, 唐置, 渤海因之, 今曰郭山府. ○舊志, 定遼前衛治, 在遼陽城東北隅, 卽渤海城, 相傳渤海大氏所建.

부(附) 미상의 군현(郡縣)

〖『요사(遼史)』 지리지(地理志)〗 동경도의 진주(辰州) 봉국군(奉國軍)은 본래 고[구]려의 개모성(蓋牟城)이다. 당나라 태종이 이세적(李世勣)과 함께 공격해 격파한 개모성이 바로 이 성이다. 발해 때에는 고쳐서 개주(蓋州)로 삼았다가 다시 진주(辰州)로 고쳤는데, 진한(辰韓)으로 인해 이름을 얻었다. 우물과 마을이 줄지어 있어서 가장 요충이 되는 곳이다. ○ 숭주(崇州) 융안군(隆安軍)은 본래 한(漢)나라의 장잠현(長岑縣) 지역이다. 발해가 주(州)를 설치하였다. 옛 현은 3개로 숭산현(崇山縣), 위수현(潙水縣), 녹성현(綠城縣)인데, 모두 폐지되었다. ○ 건주(乾州) 광덕군(廣德軍) 사농현(司農縣)[107]은 본래 발해의 녹군현(麓郡縣)으로, 녹파현(麓波縣)과 운천현(雲川縣) 2현을 아울러서 편입시켰다. ○ 귀덕주(貴德州) 영원군(寧遠軍)은 본래 한나라의 양평현(襄平縣) 지역이다. 통할하는 현은 2개이다. 귀덕현(貴德縣)[108]은 본래 한나라 양평현으로, 발해에서 숭산현(崇山縣)이라고 하였다. 봉덕현(奉德縣)[109]은 본래 발해의 녹성현(綠城縣) 지역으로, 일찍이 봉덕주(奉德州)를 설치하였다. ○ 집주(集州) 회중

---

107) 건주 광덕군의 속현으로 영산현 부근이다(유득공 지음, 김종복 옮김, 2018, 194쪽).
108) 貴德州 寧遠郡의 속현으로, 지금의 요령성 撫順市 古爾山 일대를 말한다(유득공 지음, 김종복 옮김, 2018, 194쪽).
109) 귀덕주 영원군의 속현으로 귀덕현 부근이다(유득공 지음, 김종복 옮김, 2018, 194쪽).

군(懷衆軍)은 옛 비리군(陴離郡) 지역으로, 한나라 때에는 험독현(險瀆縣)에 속하였고, 고[구]려 때에는 상암현(霜巖縣)이었고, 발해 때에는 주를 설치하였다. 통할하는 현은 1개로 봉집현(奉集縣)110)인데, 발해에서 설치하였다. ○ 수주(遂州)는 본래 발해의 미주(美州) 지역이다. 통할하는 현은 1개로 산하현(山河縣)이다. [산하현은] 본래 발해의 현으로 흑천현(黑川縣)과 녹천현(麓川縣) 2현을 병합하여 설치하였다. ○ 통주(通州) 안원군(安遠軍)은 본래 발해의 부여성(扶餘城)이다.【앞의 부여부조(扶餘府條)에 보인다.】 통할하는 현은 4개이다. 통원현(通遠縣)은 본래 발해의 부여현(扶餘縣)으로, 포다현(布多縣)을 병합해 설치하였다. 안원현(安遠縣)111)은 본래 발해의 현의현(顯義縣)으로, 작천현(鵲川縣)을 병합하여 설치하였다. 귀인현(歸仁縣)112)은 본래 발해의 강사현(强師縣)으로, 신안현(新安縣)을 병합하여 설치하였다. 어곡현(漁谷縣)113)은 본래 발해현(渤海縣)이었다.【○ 또 이르기를, "상경도(上京道) 회주(懷州) 부여현은 본래 용천부(龍泉府)인데, 태조가 발해 부여현의 항호(降戶)를 이곳으로 옮겼다."라고 하였다.】 ○ 한주(韓州) 동평군(東平軍)은 본래 발해의 막힐부(鄚頡府)이다.【앞의 막힐부조(鄚頡府條)에 보인다.】 통할하는 현은 1개로 유하현(柳河縣)114)이다. 본래 발해의 월희현(粵喜縣) 지역으로, 만안현(萬安縣)을 병합하여 설치하였다. ○ 은주(銀州) 부국군(富國軍)【회원부변오조(懷遠府辨誤條)에 보인다.】이 통할하는 영평현(永平縣)115)은 본래 발해의 우부현(優富縣) 지역이다. 태조가 포로로 잡은 호(戶)로 설치하였다. 예전에는 영평채(永平寨)116)가 있었다. ○ 함주(咸州) 안동군(安東軍)은 본래 고[구]려의 동산현(銅山縣) 지역으로, 발해 때에는 동산군(銅山郡)을 설치하였다. 그 땅은 한나라 때의 후성현(候城縣) 북쪽, 발해 때의 용천부 남쪽에 있었다. 통할하는 현은 1개로 함평현(咸平縣)이다. [함평현은] 당나라 때 안동도호[부](安東都護[府])로, 천보(天寶) 연간(742~755)에 영주(營州)와 평주(平州)

---

110) 지금의 요령성 심양시 동남쪽 봉집보 일대이다(유득공 지음, 김종복 옮김, 2018, 195쪽).
111) 지금의 길림성 사평시 또는 요령성 開原市 일대이다(유득공 지음, 김종복 옮김, 2018, 197쪽).
112) 지금의 요령성 철령시 창도현 서북쪽 四面城鎭 또는 寶力古城으로 추정된다(유득공 지음, 김종복 옮김, 2018, 197쪽).
113) 지금의 길림성 사평시 또는 요령성 개원시 일대로 추정된다(유득공 지음, 김종복 옮김, 2018, 197쪽).
114) 지금의 길림성 사평시 八面城으로 추정된다(유득공 지음, 김종복 옮김, 2018, 197쪽).
115) 지금의 요령성 철령시 부근이다(유득공 지음, 김종복 옮김, 2018, 198쪽).
116) '寨'는 방어용 목책이다(유득공 지음, 김종복 옮김, 2018, 198쪽).

2주 사이를 다스린 곳이 바로 이곳이다. 태조가 발해를 멸망시키고 다시 안동군(安東軍)을 설치하였다. ○ 신주(信州) 창성군(彰聖軍)【회원부변오조에 보인다.】이 통할하는 현이 2개이다. 무창현(武昌縣)[117]은 본래 발해의 회복현(懷福縣) 지역이다. 정무현(定武縣)[118]은 본래 발해의 표산현(豹山縣) 지역인데, 유수현(乳水縣)의 인호(人戶)를 병합하여 설치하였다. ○ 빈주(賓州)[119] 회화군(懷化軍)은 본래 발해성(渤海城)으로 통화(統和) 17년(999)에 올야(兀惹)[120]의 호(戶)를 압자강(鴨子江)[121]과 혼동강(混同江)[122] 두 강 사이에 옮기고 자사(刺史)를 두었다. ○ 용주(龍州) 황룡부(黃龍府)는 본래 발해의 부여부(扶餘府)【앞의 부여부조에 보인다.】로, 통할하는 현이 3개이다. 황룡현(黃龍縣)은 본래 발해의 장평현(長平縣)으로, 부리(富利)·좌막(佐幕)·숙신(肅愼)을 병합하여 설치하였다. 천민현(遷民縣)[123]은 본래 발해의 영녕현(永寧縣)으로, 풍수(豐水)와 부라(扶羅)를 병합하여 설치하였다. 영평현[124]은 발해에서 설치하였다.【또 이르기를, "상경도(上京道) 장태현(長泰縣)은 본래 발해국의 장평현 백성들이다. 태조가 대인선(大諲譔)을 정벌하면서 먼저 이 고을을 취하여 그 사람들을 경(京)의 서북쪽으로 옮기고는 한민(漢民)들과 섞여 살게 하였다."라고 하였다.】 ○ 발주(渤州) 청화군(淸化軍)【용원부변오조(龍原府辨誤條)에 보인다.】은 통할하는 현이 1개로 공진현(貢珍縣)이다. 발해에서 설치하였다. ○ 녹주(麓州)[125]는 발해가 설치하였다. ○ 상경도 정패현(定霸縣)

---

117) 신주의 首縣이므로, 위치는 위와 같거나 그 부근이다(유득공 지음, 김종복 옮김, 2018, 198쪽).
118) 지금의 길림성 공주령시 부근 또는 요령성 철령시 동북지역으로 비정된다(유득공 지음, 김종복 옮김, 2018, 198쪽).
119) 지금의 길림성 농안현 동북 靠山鎭 일대로 비정된다(유득공 지음, 김종복 옮김, 2018, 199쪽).
120) 兀惹는 975년(遼 保寧7) 7월에 황룡부 衛將 燕頗가 요나라에 반란을 일으켰다가 9월에 패배하여 兀惹城에 웅거하였다. 올야성은 발해 수도였던 忽汗城으로 추정되며, 올야는 이 지역에 거주한 여진족을 가리킨다(池內宏, 1933, 112쪽).
121) 백두산에서 발원하여 북쪽으로 중국 길림성 길림시를 거쳐 부여현까지 흐르는 제2송화강 또는 西流 송화강. 고구려 때에는 速末水라고 불렸다. 전체 길이는 958km이다(유득공 지음, 김종복 옮김, 2018, 199쪽).
122) 제2송화강이 부여현 부근에서 嫩江과 합류하여 동족으로 흘러 흑룡강과 합류하기까지의 송화강 본류이다. 전체 길이는 939km이다. 그러나 제2송화강을 포함한 송화강 전체를 가리키기도 한다(유득공 지음, 김종복 옮김, 2018, 199쪽).
123) 지금의 길림성 농안현 부근이다.
124) 지금의 요령성 철령시 부근이다.

은 본래 발해의 부여부 강사현(强師縣) 백성들이다. 태조가 부여를 함락시키고는 그 사람들을 경(京)의 서쪽으로 옮겨 한민(漢民)들과 섞여 살게 하였다. ○ 봉주(鳳州)는 고리국(藁離國)의 옛 지역으로, 발해의 안녕군(安寧郡) 경내이다. 남왕부오장(南王府五帳)과 지역을 나누었다. 옛 한주(韓州)에서 북쪽으로 200리 되는 곳이며, 서북쪽으로 상경(上京)과의 거리가 900리이다.

『성경통지(盛京通志)』 옛 무창현(武昌縣)은 발해의 회복현(懷福縣) 지역인데, 상고할 수가 없다. ○ 옛 정무현(定武縣)은 본래 발해의 표산현(豹山縣) 지역인데, 상고할 수가 없다.

『대청일통지(大淸一統志)』 동나성(東那城)은 정주(正州)에서 서쪽으로 70리 되는 곳에 있다. 발해에서 설치하였으며, 요나라가 그대로 따랐다가 이어 정주(正州)에 속하게 하였으며, 뒤에는 폐지하였다. ○ 조선의 곽주성(郭州城)은 평양의 서북쪽에 있다. 당나라에서 설치하였으며, 발해가 그대로 따랐다. 지금은 곽산부(郭山府)라고 부른다. ○ 구지(舊志)를 보면, 정료전위(定遼前衛)의 치소가 요양성(遼陽城)의 동북쪽 모퉁이에 있었는데, 바로 발해의 성으로, 전해오기를 발해의 대씨가 세운 것이라고 한다.

○ 권제15, 지리고(地理考) 15, 산수(山水) 3, 동모산(東牟山) 천문령(天門嶺)

『新唐書渤海傳』渤海本粟末靺鞨附高麗者, 高麗滅, 率衆保挹婁之東牟山, 地直營州東二千里. ○ 武后詔大將軍李楷固, 擊渤海, 祚榮遁去, 楷固窮蹙, 度天門嶺.【謹按, 東牟山當在寧古塔近地, 詳見渤海疆域總論條. 天門嶺, 據大明一統志, 當在今永吉州界內, 似是今長嶺子.】

『盛京通志』天柱山, 在承德縣城東二十里. 按, 唐書, 高宗平高麗, 渤海大氏, 以衆保東牟山, 自固. 明一統志, 謂在瀋陽衛東二十里, 今□正東二十里, 無之, 則此山卽昔日之東牟山也.【謹按, 此說甚誤.】

『신당서(新唐書)』 발해전(渤海傳)』 발해는 본래 속말말갈로서 고[구]려에 부속되어 있었다. 고[구]려가 멸망하자, 무리를 이끌고 읍루의 동모산을 차지하였다. 그곳은 곧바로 영주에

---

125) 『신당서』 발해전에는 발해의 주가 62주라고 하지만, 실제로 전하는 것은 60개이다. 녹주가 이름이 전하지 않는 2개 중 하나일 가능성이 있다(유득공 지음, 김종복 옮김, 2018, 200쪽).

서 동으로 2천 리에 위치한다. ○ [측천]무후가 대장군 이해고에게 조서를 내려 발해를 공격하게 하였다. [대]조영이 달아나자 [이]해고가 추격해서 천문령(天門嶺)을 넘게 되었다.【삼가 살펴보건대, 동모산(東牟山)은 마땅히 영고탑(寧古塔) 근처 지역에 있어야 한다. 발해강역총론조(渤海疆域總論條)를 자세히 살펴보면, 천문령은 『대명일통지(大明一統志)』에 근거하여 마땅히 지금의 영길주(永吉州) 경계 내에 있어야 하는데, 지금의 장령자(長嶺子)인 듯하다.】

『성경통지(盛京通志)』 천주산(天柱山)은 승덕현성(承德縣城) 동쪽 20리에 있다. 『당서(唐書)』를 살펴보니 고종(高宗)이 고[구]려를 평정하자 발해 대씨가 무리로써 동모산을 차지하고 스스로 지켰다. 『대명일통지(大明一統志)』에는 심양위(瀋陽衛) 동쪽 20리에 있다고 하였는데, 지금 □정(□正) 동쪽 20리에는 없다. 그런즉 이 산은 곧 예전의 동모산이다.【삼가 살펴보건대, 이 설은 매우 잘못되었다.】

○ 권제15, 지리고(地理考) 15, 산수(山水) 3, 홀한해(忽汗海)

〖新唐書地理志〗渤海王城, 臨忽汗海.
〖大淸一統志〗虎爾哈河, 寧古塔東南, 皆濱此河, 源出吉林烏喇界, 經古會寧城北. 又九十餘里, 繞寧古塔城南, 復折而北流七百餘里, 入混同江. 唐時謂之忽汗河, 渤海大氏置忽汗州, 以此水爲名. 新唐志, 渤海王城, 臨忽汗海, 是也. 金時又名金水, 俗謂金爲按出虎, 以水源於此, 謂之金源, 因建國號曰金, 明時又謂之忽兒海河.

『『신당서(新唐書)』 지리지(地理志)』 발해의 왕성(王城)은 홀한해에 임해 있다.

『대청일통지(大淸一統志)』 호이합하(虎爾哈河)는 영고탑의 동남쪽이 모두 이 강과 접해 있다. 그 근원은 길림(吉林) 오라(烏喇)의 경계에서 나와 옛 회령성(會寧城)의 북쪽을 지난 다음 다시 90여 리를 흘러 영고탑성의 남쪽을 감돈 다음 다시 꺾어져서 북쪽으로 700여 리를 흘러 혼동강(混同江)으로 들어간다. 당나라 때에는 홀한하(忽汗河)라고 하였고, 발해 대씨(大氏) 때에는 홀한주(忽汗州)를 설치하였는데, 이 물로써 주 이름을 삼은 것이다. 『신당서』 지리지를 보면 "발해의 왕성은 홀한해에 임해 있다."라고 하였는데, 이것이다. 금나라 때에는 또 금수(金水)라고 이름하였는데, 세속에서 금(金)을 안출호(按出虎)라고 하는바, 이곳이 수원이므로 금원(金源)이라고 이르며, 이로 인하여 건국하고는 국호를 금(金)이라고 하였다.

명나라 때에는 또 홀아해하(忽兒海河)라고 하였다.

○ 권제15, 지리고(地理考) 15, 산수(山水) 3, 오루하(奧婁河)

> 〖新唐書渤海傳〗萬歲通天中, 有乞乞仲象者, 東走保太白山之東北, 阻奧婁河, 樹壁自固. 仲象已死, 其子祚榮, 乃建國稱渤海.
> 〖盛京通志〗奧婁河, 在承德縣, 奧婁卽挹婁.【謹按, 奧婁河當在太白山東北, 忽汗河相近之地. 盛京志謂在承德縣者, 非矣.】

『신당서(新唐書)』 발해전(渤海傳)』 만세통천(萬歲通天) 연간에 걸걸중상(乞乞仲象)이라는 자가 있었는데, 동쪽으로 달아나 태백산(太白山)의 동북쪽을 차지하고는 오루하(奧婁河)를 사이에 두고 성벽을 쌓고 굳게 지켰다. 걸걸중상이 이미 죽은 뒤에는 그의 아들 [대]조영([大]祚榮)이 나라를 세우고는 발해라고 하였다.

『성경통지(盛京通志)』』 오루하는 승덕현(承德縣)에 있는데, 오루(奧婁)는 바로 읍루(挹婁)이다.【삼가 살펴보건대, 오루하는 태백산의 동북쪽, 홀한하와 서로 가까운 지역에 있어야 한다. 『성경통지』에서 승덕현에 있다고 한 것은 잘못된 것이다.】

○ 권제15, 지리고(地理考) 15, 산수(山水) 3, 미타호(湄沱湖)

> 〖新唐書渤海傳〗渤海俗所貴者, 湄沱湖之鯽.【謹按, 湄沱湖, 似是今興凱湖.】

『신당서(新唐書)』 발해전(渤海傳)』 발해에서는 세속에서 귀하게 여기는 것이 미타호의 붕어[鯽]이다.【삼가 살펴보건대, 미타호는 지금의 흥개호(興凱湖)인 듯하다.】

○ 권제15, 지리고(地理考) 15, 산수(山水) 3, 속말수(粟末水)

> 〖後魏書勿吉傳〗國在高句麗北, 舊肅愼國也. 國有大水, 闊三里餘, 名速末水.
> 〖新唐書渤海傳〗渤海涑州, 以其近涑沫江, 蓋所謂粟末水也.

【大淸一統志】混同江, 在吉林烏喇城東南, 今名松花江, 源出長白山, 北流會諾尼黑龍等江, 入海, 卽古粟末水也.

『후위서(後魏書)』물길전(勿吉傳)】[물길]국은 고구려의 북쪽에 있는데, 옛 숙신국(肅愼國)이다. 나라에는 큰 강이 있어 폭이 3리 남짓 되는데, 이름을 속말수(速末水)라고 한다.
『신당서(新唐書)』발해전(渤海傳)】발해의 속주(涑州)는 속말강(涑沫江)과 가깝기 때문이다. 대개 이른바 속말수(粟末水)라는 것이다.
『대청일통지(大淸一統志)』】혼동강(混同江)은 길림(吉林) 오라성(烏喇城)의 동남쪽에 있으며, 지금의 이름은 송화강(松花江)이다. 그 근원은 장백산(長白山)에서 나와 북쪽으로 흘러 낙니(諾尼), 흑룡(黑龍) 등의 강과 만나서 바다로 들어가는데, 바로 옛 속말수이다.

○ 권제15, 지리고(地理考) 15, 산수(山水) 3, 흑수(黑水)

【舊唐書渤海傳】渤海, 南與新羅相接, 西越憙[126]靺鞨, 東北至黑水靺鞨.
【大淸一統志】黑龍江, 在黑龍江城東, 古名黑水, 亦曰完水, 又名室建河, 亦名幹難河. …

『구당서(舊唐書)』발해전】발해는 남쪽으로 신라와 서로 접해 있으며, 서쪽으로는 월희말갈(越喜靺鞨)에서 동북쪽으로는 흑수말갈(黑水靺鞨)에까지 이른다.
『대청일통지(大淸一統志)』】흑룡강(黑龍江)은 흑룡강성(黑龍江城)의 동쪽에 있으며, 옛 이름은 흑수(黑水)이고 또는 완수(完水)라고도 한다. 또 실건하(室建河)라고도 하고, 알난하(幹難河)라고도 한다. …

○ 권제15, 지리고(地理考) 15, 산수(山水) 3, 약수(弱水)

【晉書肅愼氏傳】一名挹婁, 在不咸山北, 東濱大海, 西接寇漫汗國, 北極弱水.【謹按,

---

126) '越憙' → '越喜'.

挹婁卽靺鞨, 而靺鞨北盡黑水地方, 則弱水似是黑水也. 且後漢書云, 夫餘北有弱水, 亦指此水也.】

『『진서(晉書)』 숙신씨전(肅愼氏傳)』 일명 읍루(挹婁)라고도 하는데, 불함산(不咸山)의 북쪽에 있다. 동쪽으로는 큰 바다에 닿아 있고, 서쪽으로는 구만한국(寇漫汗國)과 접해 있으며, 북쪽은 약수(弱水)에까지 닿아 있다.【삼가 살펴보건대, 읍루는 바로 말갈이다. 말갈은 북쪽으로 흑수 지방에까지 닿아 있다. 그런즉 약수는 흑수인 듯하다. 그리고 『후한서』에는 이르기를, "부여(夫餘)의 북쪽에는 약수가 있다."라고 하였는데, 역시 이 물을 가리킨다.】

발해사 자료총서 – 한국사료 편 권2

38. 『대동장고(大東掌攷)』

『대동장고』는 홍경모(洪敬謨, 1774~1851)가 우리나라의 역사와 고사를 정리한 책이다. 홍경모는 조선후기 고증학(考證學) 발전에 기여한 홍양호(洪良浩, 1724~1802)의 손자이기도 하다. 『대동장고』는 이보다 늦게 지은 『총사(叢史)』와 더불어 홍경모의 역사인식을 반영하는 중요한 저서이다. 이 책에는 서문이나 발문이 없어서 완성 연대를 확인할 수는 없지만, 대체로 1818년(순조 18)으로부터 그리 멀지 않은 시기에 지은 것으로 추정된다. 모두 36고(攷)로 구성되어 있는데, 제일 첫머리를 장식하고 있는 「역대고(歷代攷)」에서 그의 발해사 인식을 살펴볼 수 있다. 그는 이만운(李萬運, 1723~1797)의 발해사 인식을 계승하여 발해국을 발해 유민국가인 정안국(定安國)과 함께 '고구려소통제국(高句麗所統諸國)'에 넣고 있다. 대조영(大祚榮) 대신에 걸걸중상(乞乞仲象)을 고구려 장수였다고 잘못 서술한 것도 『기년아람(紀年兒覽)』과 동일하다. 또 대조영이 '태백산(太白山)의 동북쪽'으로 도망하였다가 '여진(女眞)의 동모산(東牟山)'으로 옮겨서 건국하였다고 서술함으로써 한 지역을 두 개의 별개 지역처럼 설명하였다. 이것은 원래 『대명일통지(大明一統志)』에 실린 내용이지만 직접적으로는 신경준(申景濬)이 지은 『증보문헌비고(增補文獻備考)』의 「여지고(輿地考)」를 인용하여 발해 건국지인 동모산을 심양(瀋陽) 동쪽 20리로 잘못 서술한 것이다. 따라서 신경준, 이만운으로 이어지는 발해사 인식을 계승하고 있음이 확인되며, 그 뒤에 연구된 정약용(丁若鏞)이나 한치윤(韓致奫)·한진서(韓鎭書) 등의 지리 고증 성과는 전혀 반영되지 않았다. 또한 거란(契丹) 야율아보기(耶律阿保機)의 아들인 야율배(耶律倍)를 발해의 마지막 왕인 대인선(大諲譔)의 아들로 서술하는 오류도 범하고 있어, 발해사 인식에서는 오히려 퇴보된 면을 보여준다. 아래의 원문은 〈奎956〉을 저본으로 삼았다.

○ 역대고(歷代攷), 고구려(高句麗), 소통제국(所統諸國) 정안국(定安國)

定安國【今未詳其地.】
烈萬華【宋太宗 ○高麗光宗】【○本馬韓之種, 爲遼所敗, 收餘衆保其西鄙, 建國改元, 號定安國. 至宋太祖開寶三年, 因女眞, 附表貢獻.】
烏玄明【宋太宗 ○高麗成宗】【○宋太宗時, 因入貢女眞, 上表貢獻.】
骨須【宋眞宗 ○高麗顯宗】【○高麗顯宗十年戊午, 以國來降.】

정안국(定安國)【지금 그 땅이 어디인지 자세하지 않다.】

열만화(烈萬華)【송(宋) 태종(太宗) ○ 고려(高麗) 광종(光宗)】【○ 본래 마한(馬韓)의 종(種)이다. 요(遼)나라에 패함을 당해 남은 무리를 모아 그 서쪽 변경을 차지하였다. 나라를 세워 연호를 고치고 이름을 정안국이라 하였다. 송 태조(太祖) 개보(開寶) 3년(970)에 여진을 통해 표(表)를 부치고 공물을 바쳤다.】

오현명(烏玄明)【송 태종(太宗) ○ 고려 성종(成宗)】【○ 송 태종 시기 여진의 입공(入貢)을 통해 표를 올리고 공물을 바쳤다.】

골수(骨須)【송 진종(眞宗) ○ 고려 현종(顯宗)】【○ 고려 현종 10년 무오에 나라를 들어 항복하여 왔다.】

○ 역대고(歷代攷), 고구려(高句麗), 소통제국(所統諸國) 발해국(渤海國)

渤海國【初號震國.】都束牟[1]【在瀋陽東二十里.】. 疆域【按, 文獻通考云, 渤海, 乃高句麗故地, 直營州東二千里, 南界泥河【今德源境.】, 東窮海, 西接契丹, 地方五千里, 盡得扶餘沃沮弁韓朝鮮海北諸國.】
高王【唐睿宗玄宗 ○新羅聖德王】【○姓大氏, 名祚榮, 高句麗粟末人. 句麗亡, 舊將乞乞仲象, 收合餘衆, 渡遼水, 保太伯山之東北, 又移女眞之東牟山. 唐中宗嗣聖丙申, 封仲象爲震國公, 仲象子祚榮, 斥大土宇, 自號震國王. 玄宗開元元年癸丑, 封渤海王. 自是始稱渤海國. 七年己未薨.】派系【乞乞仲象子.】故實【遣使交突厥 ○唐冊

---

1) '束牟' → '東牟'.

王爲左驍衛大將軍渤海郡王, 領忽汗州都督.】

武王【唐玄宗 ○新羅聖德王孝成王】【○名武藝. 唐玄宗開元七年己未立, 建元仁安, 開元末薨.】派系【高王子.】故實【遣將, 攻唐黑水及登州.】

文王【唐玄宗肅宗代宗德宗 ○新羅孝成王景德王惠恭王宣德王】【○名欽武,[2] 唐玄宗開元末立, 建元大興, 德宗貞元間薨.】派系【武王子】故實【徙上京忽汗河之東. ○唐冊王進檢校太尉. ○獻日本舞女于唐. ○徙東京.】

王元義【唐德宗 ○新羅昭聖王】【○文王子宏臨早卒, 王立, 一年猜虐, 國人因廢殺之.】派系【文王族弟.】

成王【中國年代未詳】【○名華嶼,[3] 國人廢元義, 立王, 改元中興.】派系【文王孫, 宏臨子.】故實【還上京.】

康王【中國年代未詳.】【○名嵩潾,[4] 立, 改元正歷.】派系【文王小子.】

定王【中國年代未詳.】【○名元瑜, 立, 改元永德.】派系【康王子.】

僖王【中國年代未詳.】【○名言愼,[5] 立, 改元朱雀.】派系【定王弟.】

簡王【中國年代未詳.】【○名明忠, 立, 改元太始, 在位一年.】派系【僖王弟.】

宣王【唐憲宗 ○新羅哀莊王】【○名仁秀, 立, 改元建興, 唐憲宗元和四年薨.】派系【簡王從父. ○高王弟野勃玄孫.】故實【伐海北諸部, 開境宇. ○唐冊王檢校司空.】

王彛震【立, 改元咸和.】派系【宣王孫, 新德子.】故實【遣諸生入唐太學.】玫異【按, 自王彛震之後, 史失薨年諡號.】

王虔晃【彛震弟.】

王玄錫【唐懿宗 ○新羅景文王】派系【虔晃子.】

王諲譔【後唐明宗 ○新羅敬順王】【○契丹進攻扶餘, 遂圍上京, 王出降. 契丹置王於臨潢西, 賜名曰烏魯古.】

王子倍【契丹改渤海爲東丹國, 忽汗爲天福城, 以倍爲人皇王, 主之.】派系【諲譔子.】

---

2) '欽武' → '欽茂'.
3) '華嶼' → '華璵'.
4) '嵩潾' → '嵩璘'.
5) '言愼' → '言義'.

王子光顯【率衆降高句,⁶⁾ 高麗賜姓名王繼, 附之屬籍, 使奉其祀.】派系【譚譔世子.】 傳世【玄錫譚譔之間, 未知幾代, 代數未詳.】歷年【二百十四年.】攷異【按, 東史, 唐 滅高勾麗, 徙其人於河南隴右, 句麗舊將大榮祚,⁷⁾ 收其逋殘之衆, 與靺鞨, 走保太伯 山之東北, 又移女眞之東牟山, 建國號震朝, 開元初, 改渤海, 後唐天成元年, 爲契丹 所滅. ○唐武后萬歲通天中, 舍利乞乞仲象, 因契丹李盡忠之亂, 與靺鞨酋乞四比羽 及勾麗餘衆, 東走渡遼水, 保太伯山之東北, 阻奧婁河, 樹壁自固. 武后封比羽爲許 國公, 仲象震國公, 比羽不受命, 后使將軍李楷固, 擊斬之. 是時仲象卒, 子祚榮幷比 羽之衆, 恃荒遠, 建國稱王. ○又按, 文獻備考云, 大氏以勾麗舊將, 起自殘燼, 十一 年之間, 能盡復前王之恥.⁸⁾ 且禮樂制度, 多倣中華, 崔瀣送李穀序云, 五代梁唐三十 年間, 渤海貢士登科者十數人. 學士彬彬, 與王氏相甲乙, 榮祚⁹⁾可謂曠世之傑也. ○ 新唐書云, 其國有五京十五府六十二州, 肅脊¹⁰⁾古地爲上京, 其南爲中京, 濊貊古地 爲東京, 沃沮古地爲南京, 高勾麗古地爲西京. ○淸通志云, 渤海所置州郡, 多在吉 林烏喇寧古塔及朝鮮界.】

【附】人物

王子門藝【武王弟. 王遣門藝及舅任雅相, 發兵攻黑水酋. 門藝固諫, 王不聽, 兵至境, 又以書諫之. 王怒, 遣從兄壹夏代之, 召門藝將殺之. 門藝 僬路歸唐, 唐拜左驍衛將 軍.】

壹夏【武王從兄.】王子宏臨【文王子, 早卒未嗣.】

王子新德【宣王子, 早卒未嗣.】任雅相【武王舅.】

張文休【大將.】申德【將軍.】

大和勾【禮部卿.】大元勾【司政.】

大福謩【工部卿.】大審理【左右衛大將軍.】

---

6) '高句' → '高麗'.
7) '大榮祚' → '大祚榮'.
8) '地. 又越海殺登州刺史韋俊, 以雪前王之.'가 누락됨.
9) '榮祚' → '祚榮'.
10) '肅脊' → '肅愼'.

墨豆干[11)【少將.】 朴漁【檢校開國男.】
吳興【工部卿.】 大鸞河【渤海亡後五十四年, 西附于宋太宗, 拜鸞河爲渤海都指揮使.】

발해국【처음에 진국(震國)이라 하였다.】 속모(束牟)[12)【심양 동쪽 20리에 있다.】에 도읍하였다. 강역【살피건대 『문헌통고(文獻通考)』에 이르기를, "발해는 곧 고구려의 옛 땅으로 영주 동쪽 2천 리에 있고, 남쪽으로 니하(泥河)【지금의 덕원(德源) 경내이다.】를 경계로 하여 동쪽으로 바다에 다다르고 서쪽으로 거란과 접했으니 땅이 사방 5천 리이며 부여, 옥저, 변한, 조선, 해북(海北)의 여러 나라를 다 차지하였다."라고 하였다.】

고왕(高王)【당(唐) 예종(睿宗)·현종(玄宗) ○ 신라(新羅) 성덕왕(聖德王)】【○ 성은 대씨(大氏)이고 이름은 조영(祚榮)으로 고구려 속말(粟末) 사람이다. [고]구려가 망하자 옛 장수 걸걸중상(乞乞仲象)이 남은 무리를 수합하여 요수(遼水)를 건너 태백산 동북에 웅거하다가 또 여진의 동모산으로 옮겼다. 당 중종(中宗) 사성(嗣聖) 병신년(696)에 중상을 진국공(震國公)으로 봉하였다. 중상의 아들 조영은 크게 영토를 개척하여 스스로 진국왕(震國王)이라 하였다. 현종 개원(開元) 원년(713) 계축에 발해왕으로 책봉하니 이로부터 비로소 발해국이라 칭하였다. 7년 기미에 죽었다.】 파계(派系)【걸걸중상의 아들이다.】 고실(故實)【사신을 보내 돌궐과 교빙하였다. ○ 당나라가 왕을 책봉하여 좌효위대장군(左驍衛大將軍) 발해군왕(渤海郡王)으로 삼고 홀한주도독(忽汗州都督)으로 삼았다.】

무왕(武王)【당 현종 ○ 신라 성덕왕·효성왕(孝成王)】【○ 이름은 무예(武藝)다. 당 현종 개원 7년 기미(719)에 즉위하였다. 인안(仁安)으로 연호를 세우고 개원 말에 죽었다.】 파계【고왕의 아들이다.】 고실【장수를 보내 당의 흑수 및 등주를 공격하였다.】

문왕(文王)【당 현종·숙종(肅宗)·대종(代宗)·덕종(德宗) ○ 신라 효성왕·경덕왕(景德王)·혜공왕(惠恭王)·선덕왕(宣德王)】【○ 이름은 흠무(欽武)이다. 당 현종 개원 말에 즉위하여 연호를 대흥(大興)으로 세우고, 덕종 정원(貞元) 연간에 죽었다.】 파계【무왕의 아들이다.】 고실[수도를] 홀한하(忽汗河) 동쪽의 상경(上京)으로 옮겼다. ○ 당나라가 왕을 책봉하여 검교태위(檢校太尉)[13)로 올려주었다. ○ 일본의 무녀(舞女)를 당나라에 바쳤다. ○ 동경(東京)

---

11) '墨豆干' → '冒豆干'.
12) 대조영이 진국을 세운 동모산 일대를 말한다. 지금의 중국 길림성 돈화시이다.

으로 옮겼다.】

왕 원의(元義)【당 덕종 ○ 신라 소성왕(昭聖王)】【○ 문왕의 아들 굉림(宏臨)이 일찍 죽었다. 왕으로 즉위한지 1년 만에 의심이 많고 모질어서 국인(國人)들이 폐위시키고 죽였다.】 파계【문왕의 족제(族弟)이다.】

성왕(成王)【중국의 연대가 자세하지 않다.】【○ 이름은 화서(華㠖)14)이다. 국인들이 원의를 폐하고 왕으로 세웠다. 연호를 중흥(中興)이라 고쳤다.】 파계【문왕의 손자이고 굉림의 아들이다.】 고실【상경으로 환도하였다.】

강왕(康王)【중국의 연대가 자세하지 않다.】【○ 이름은 숭린(崇潾)이다. 즉위하고 연호를 정력(正歷)이라 고쳤다.】 파계(派系)【문왕의 소자(小子)이다.】

정왕(定王)【중국의 연대가 자세하지 않다.】【○ 이름은 원유(元瑜)이다. 즉위하고 연호를 영덕(永德)이라 고쳤다.】 파계【강왕의 아들이다.】

희왕(僖王)【중국의 연대가 자세하지 않다.】【○ 이름은 언신(言愼)이다. 즉위하고 연호를 주작(朱雀)이라 고쳤다.】 파계【정왕의 동생이다.】

간왕(簡王)【중국의 연대가 자세하지 않다.】【○ 이름은 명충(明忠)이다. 즉위하고 연호를 태시(太始)라 고쳤다. 재위는 1년이다.】 파계【희왕의 동생이다.】

선왕(宣王)【당 헌종(憲宗) ○ 신라 애장왕(哀莊王)】【○ 이름은 인수(仁秀)이다. 즉위하고 연호를 건흥(建興)이라 고쳤다. 당 헌종 원화(元和) 4년에 죽었다.】 파계【간왕의 종부(從夫)이다. ○ 고왕의 동생 야발(野勃)의 현손(玄孫)이다.】 고실【해북의 여러 부(部)를 정벌하여 영토를 개척하였다. ○ 당나라가 왕을 검교사공(檢校司空)으로 책봉하였다.】

왕 이진(彝震)【즉위하고 연호를 함화(咸和)라 고쳤다.】 파계【선왕의 손자이고 신덕(新德)의 아들이다.】 고실【여러 학생을 보내 당나라 태학(太學)에 들어가게 하였다.】 고이(攷異)【살펴보건대, 왕 이진 이후부터 역사에서 죽은 해와 시호를 상실하였다.】

왕 건황(虔晃)【이진의 동생이다.】

왕 현석(玄錫)【당 의종(懿宗) ○ 신라 경문왕(景文王)】 파계【건황의 아들이다.】

---

13) 검교는 임시 또는 대리의 기능을 표시하는 호칭이다. 태위는 원래 軍事를 담당하는 정1품의 최고 명예직으로, 司徒·司空과 함께 三公으로 불렸다(유득공 지음, 김종복 옮김, 2018, 81쪽).

14) 화여가 맞다.

왕 인선(諲譔)【후당(後唐) 명종(明宗) ○ 신라 경순왕(敬順王)】【○ 거란이 부여로 진공하고 결국 상경을 포위하자, 왕이 나와 항복하였다. 거란은 왕을 임황(臨潢)의 서쪽에 두고 이름을 내려 오로고(烏魯古)라 하였다.】

왕자 배(倍)【거란이 발해를 고쳐 동단국(東丹國)이라 하고, 홀한성을 고쳐 천복성(天福城)이라 하였다. 배를 인황왕(人皇王)으로 삼아 다스리게 하였다.】 파계【인선의 아들이다.】

왕자 광현(光顯)【무리를 이끌고 고려에 항복하였다. 고려는 왕계(王繼)라는 이름을 내려주고 속적(屬籍: 고려 왕실의 종적)에 부쳐 그 제사를 받들게 하였다.】 파계【인선의 세자이다.】 전세(傳世)【현석과 인선의 사이가 몇 대(代)인지 모르니 대수(代數)가 자세하지 않다.】 역년(歷年)【214년이다.】 고이(攷異)【살피건대, 『동사(東史)』에 당나라가 고구려를 멸망시키고, 그 사람들을 하남(河南) 농우(隴右)로 옮겼다. [고]구려의 옛 장수 대조영이 그 남은 무리를 수합하여 말갈과 함께 달아나 태백산의 동북을 차지하였다. 또 여진의 동모산으로 옮겼다. 나라를 세워 진조(震朝)라 하였고 개원 초에 발해라 고쳤다. 후당(後唐) 천성(天成) 원년(926)에 거란에게 멸망당하였다. ○ 당나라 측천무후(則天武后) 통천(通天) 연간(696)에 사리(舍利)[15] 걸걸중상이 거란의 이진충(李盡忠)[16]의 반란을 틈타 말갈 추장 걸사비우(乞四比羽) 및 [고]구려의 남은 무리와 함께 동쪽으로 달아나 요수(遼水)를 건너고 태백산의 동북을 차지하여, 오루하(奧婁河)로 막고 벽을 세워 스스로 굳게 하였다. [측천]무후가 [걸사]비우를 책봉하여 허국공(許國公)으로 삼고, [걸걸]중상을 진국공으로 삼았다. 비우가 명령을 받지 않자, 무후가 장군 이해고로 하여금 공격하여 죽였다. 이때에 중상이 죽자 아들 조영이 비우의 무리를 합하고 먼 곳을 의지하여 나라를 세우고 왕을 칭하였다. ○ 또 살피건대, 『문헌비고(文獻備考)』에 "대씨는 [고]구려의 옛 장수로서 남은 유민으로부터 일어나, 11년 동안에 능히 전왕(前王: 고구려왕)의 수치를 모두 갚을 수 있었다. 또한 예악(禮樂)과 제도는 중화(中華)를 많이 모방하였다."라고 하였다. 최해(崔瀣)의 「송이곡서(送李穀序)」에 이르기를, "오대(五代)와 양(梁)나라, 당나라 30년 동안에 발해의 빈공과(賓貢科)에 합격한 자가 십여 명이고, 학사(學士)들이 문채(文彩)가 매우 밝아, 왕씨(王氏)와 더불어 서로 갑을(甲乙)을 다투었으니,

---

15) 거란의 군사지휘관이다.
16) 거란의 추장으로, 696년 5월에 기근이 들었음에도 영주도독 趙文翽가 진휼하지 않은 데 불만을 품고, 처남 손만영과 거병하여 하북 지역까지 진격하였으나, 9월에 전사하였다(유득공 지음, 김종복 옮김, 2018, 71쪽).

[대]조영은 세상에 매우 드문 위인이라 이를 수 있다."라고 하였다. ○『신당서(新唐書)』에 이르기를, "그 나라에는 5경 15부 62주가 있으니 숙척(肅脊)의 옛 땅을 상경(上京)으로 삼고, 그 남쪽을 중경(中京)으로 삼고, 예맥의 옛 땅을 동경(東京)으로 삼고, 옥저의 옛 땅을 남경(南京)으로 삼고, 고구려의 옛 땅을 서경(西京)으로 삼았다."라고 하였다. ○『청통지(淸通志)』에 이르기를 발해가 설치한 주군(州郡)은 길림(吉林), 오라(烏喇), 영고탑(寧古塔)과 조선의 경계에 많다."라고 하였다.】

【부(附)】 인물(人物)

왕자 문예(文藝)【무왕의 동생이다. 왕이 문예와 장인 임아상(任雅相)을 보내 군사를 징발하여 흑수 추장을 공격하게 하였는데, 문예가 굳게 간(諫)하였으나, 왕이 들어주지 않았다. 군사가 국경에 이르자 다시 글을 올려 간하자, 왕이 화를 내고 종형(從兄) 일하(壹夏)를 보내 그를 대신하게 하고, 문예를 불러 그를 죽이려 하였다. [그러나] 문예는 지름길로 당나라에 귀부하였고, 당나라기 좌효위장군(左驍衛將軍)에 배수하였다.】

일하(壹夏)【무왕의 종형이다.】 왕자 굉림(宏臨)【문왕의 아들이다. 일찍 죽어 왕위를 계승하지 못하였다.】

왕자 신덕(新德)【선왕의 아들이다. 일찍 죽어 왕위를 계승하지 못하였다.】 임아상(任雅相)【무왕의 장인이다.】

장문휴(張文休)【대장(大將)이다.】 신덕(申德)【장군(將軍)이다.】

대화균(大和勻)【예부경(禮部卿)이다.】 대원균(大元勻)【사정(司政)이다.】

대복(大福)【공부경(工部卿)이다.】 대심리(大審理)【좌우위대장군(左右衛大將軍)이다.】

묵두간(墨豆干)【소장(少將)이다.】 박어(朴漁)【검교개국남(檢校開國男)이다.】

오흥(吳興)【공부경(工部卿)이다.】 대난하(大鸞河)【발해가 망하고 54년 뒤에 서쪽으로 송 태종에게 귀부하자 난하를 배수하여 발해도지휘사(渤海都指揮使)로 삼았다.】

> 발해사 자료총서 – 한국사료 편 권2

39. 『총사(叢史)』

　『총사』는 조선 후기의 문신인 홍경모(洪敬謨, 1774~1851)가 만년에 지은 문집이다. 서문이나 발문이 없어서 완성 연대는 알 수 없다. 주목할 점은 제5책에 '총사외편(叢史外編)'이라는 서명 아래에 「동사변의(東史辨疑)」가 서문과 함께 실려 있는 것이다. 「동사변의」에서는 '군자국(君子國)', '청구도(青邱國)'에서 시작하여 '삼한사실(三韓事實)', '삼한분배삼국(三韓分配三國)'에 이르기까지 우리나라 초기의 역사를 28개 항목에 걸쳐 자세히 고증하였다. 발해에 관한 서술은 '단국후예(檀君後裔)'와 '삼한분배삼국'의 두 항목에 간단히 실려 있다. '단군후예'에서는 『고기(古記)』의 시각을 받아들여 부여(夫餘), 고구려(高句麗), 예맥(濊貊), 옥저(沃沮), 숙신(肅愼) 등과 함께 발해국(渤海國)을 단군의 후예로 다루는 특징을 보이고 있다. 주목되는 것은 말갈족 출신인 돌지계(突地稽)를 부루(夫婁)의 후예이며 걸걸중상(乞乞仲象)의 아버지라고 한 것이다. 이는 잘못된 사실이지만, 돌지계가 속말말갈 계통이며 그 가계가 부여의 후예로 자처했던 점과 걸걸중상보다 한 세대 앞서 영주(營州) 지역으로 옮겨 살았던 사실에서 착종(錯綜)이 있었던 것으로 보인다. 발해와는 무관한 고구려계 고운(高雲)을 발해와 연결시킨 것도 이런 맥락에서 이해해 볼 수 있다. 또한 '삼한분배삼국'에서는 삼한의 위치 문제와 관련하여 간단히 언급하고 있는데, 『신당서』 발해전에 "발해가 변한과 조선을 차지하였다."라고 한 기록에서 조선을 차지하였다는 것은 지금의 평안도 지방을 지칭하지만 변한을 차지하였다는 것은 잘못된 것이라고 지적하고 있다. 아래의 원문은 규장각 소장 〈古3428-263(6)〉을 저본으로 삼았다.

○ 외편(外編) 동사변의(東史辨疑), 단군후예(檀君後裔)

… 渤海國王大祚榮, 其先高麗人. 隋煬帝時, 其祖度地稽, 自稱夫婁之後, 來降. 其子乞乞仲象, 以高麗舊將, 收合餘衆, 保太白山之東, 爲震國公. 及祚榮斥大土地, 自號爲王, 仍稱渤海國. 其國脩人高雲, 入中國, 爲北燕王, 其族洋爲齊文宣帝. 自雲稱高朱蒙之支屬云, 與大祚榮, 俱是檀君之後也歟.

… 발해국왕 대조영은 그 선조가 고구려인이다. 수(隋) 양제(陽帝) 때에 그 조상 도지계(度地稽)[1]가 스스로 부루(夫婁)의 후예라 칭하며 와서 항복하였다.[2] 그 아들[3] 걸걸중상(乞乞仲象)은 고구려의 옛 장수로 남은 무리를 수합하여 태백산 동쪽을 차지하고 진국공(震國公)이 되었다. 조영이 크게 땅을 개척하자 스스로 왕이라 칭하고 이어 발해국이라 하였다. 그 나라의 수인(脩人) 고운(高雲)이 중국에 들어가 북연왕(北燕王)이 되었고, 그 친속인 양(洋)은 제(齊)나라 문선제(文宣帝)가 되었다. [고]운으로부터 고주몽의 지속(支屬)이라 하였다. 대조영과 함께 바로 단군의 후예인가 한다.

○ 외편(外編) 동사변의(東史辨疑), 삼한분배삼국(三韓分配三國)

崔致遠云, 馬韓高麗也, 卞韓百濟也, 辰韓新羅也.
… 蓋三韓之說, 互有異同, 而致遠始謂馬韓麗也, 弁韓濟也, 此一誤也. 權近雖知馬韓之爲百濟, 而亦不知高句麗之非弁韓, 混而說之, 此再誤也. … 句麗史云, 泉南生[4]【蓋蘇文之子.】 旣降帝, 召入進右衛大將軍卞國公. 東人又執此文, 以爲南生句麗之人, 而號曰卞國, 渤海北蕃之國, 而盡得卞韓, 則句麗亦可爲卞韓. 然當時封號, 多不以實, 故

---

1) 突地稽를 말한다.
2) 고구려는 583년 돌궐이 隋에게 격파되자 속말말갈을 공격하였고, 그 결과 고구려에 패한 속말말갈의 일부 집단이 隋로 망명하였다. 속말말갈의 厥稽部 우두머리인 突地稽는 忽賜來部, 窟突始部, 悅稽蒙部, 越羽部, 步護賴部, 破奚部, 步步括利部 등 여타 7부를 포함한 8部를 대표하여 勝兵 수천 인을 인솔하여 隋에 망명하였다(강성봉, 2011, 223쪽).
3) 돌지계의 아들은 李謹行(619~683)이다.
4) '泉南生' → '泉男生'.

> 新羅王, 皆封樂浪郡公, 豈卽慶州爲樂浪乎, 此不足爲據. 又如渤海王大祚榮, 旣得朝鮮, 又得弁韓. 其云朝鮮, 正是今平安道之地, 句麗古疆也, 豈得復以卞韓爲句麗哉, 此皆閒漫不核之筆. 而唐書新羅傳云, 新羅弁韓苗裔也, 居漢樂浪地, 橫千里縱三千里. 金富軾云, 唐書舊唐書, 皆云弁韓苗裔, 後在樂浪之地, 此皆傳聞懸說, 非實錄也. 其云唐書弁韓, 必是辰韓之譌, 蓋謂新羅卽辰韓之後孫也, 其云居漢樂浪地者, 謂得春川漢城等地也. 金富軾忽去新羅二字, 發此疑語, 遂使百喙爭鳴, 靡所底定, 不亦可歎乎. ⋯

최치원(崔致遠)이 이르기를, "마한(馬韓)은 고[구]려, 변한(弁韓)은 백제, 진한(辰韓)은 신라이다."라고 하였다. ⋯ 대개 삼한(三韓)에 대한 설은 서로 차이가 있는데, 최치원이 처음으로 마한은 [고]구려이고, 변한은 [백]제라 하였는데, 이것이 첫 번째 잘못이다. 권근(權近)은 모름지기 마한이 백제임을 알았지만, 또한 고구려가 변한이 아님을 알지 못하였다. 혼동하여 설명하였으니 이것이 두번째 잘못이다. ⋯ [고]구려사에 이르기를, "천남생(泉南生)【[연]개소문([淵]蓋蘇文)의 아들이다.】이 황제에게 항복한 뒤 불려 들어가 우위대장군(右衛大將軍) 변국공(卞國公)에 올랐다."라고 하였다. 동쪽 사람들은 또한 이 글을 가지고 남생이 [고]구려 사람인데 변국(卞國)이라 하였고, 발해라는 북번(北蕃)의 나라가 변한(卞韓)을 다 얻었으므로 [고]구려 또한 변한이 될 수 있다고 여겼다. 그러나 당시 봉호(封號)는 실제와 다른 것이 많다. 따라서 신라왕이 모두 낙랑군공(樂浪郡公)으로 책봉되었다고 어찌 곧 경주(慶州)가 낙랑(樂浪)이겠는가? 이를 근거로 삼기에는 부족하다. 또한 만일에 [발해]왕 대조영이 조선을 얻은 뒤에 또 변한(弁韓)을 얻었다고 한다면, 조선이라 이른 것은 바로 지금의 평안도 땅으로서 [고]구려의 옛 강역을 말한다. 어찌 다시 변한을 [고]구려라 할 수 있겠는가? 이것은 모두 한가하고 느긋한 핵심이 없는 글이다. 그리고 『당서(唐書)』 신라전에 "신라는 변한의 묘예(苗裔)로 한(漢)의 낙랑(樂浪) 땅에 살았는데, 가로로는 1천 리이고 세로로 3천 리이다."라고 하였고, 김부식(金富軾)은 "『당서(唐書)』와 『구당서(舊唐書)』 모두 변한의 묘예가 뒤에 낙랑의 땅에 있었다."라고 하였지만, 이는 모두 전하여 들리는 것에 말을 붙인 것으로 옳은 기록이 아니다. 『당서』의 변한이라 한 것은 반드시 진한의 잘못이니, 대개 신라를 곧 진한의 후손이라고 여긴다. 그 한나라 낙랑의 땅에 살았다라고 한 것은 춘천(春川)과 한성(漢城) 등의 땅이라 말할 수 있겠다. 김부식은 문득 '신라'라는 두 글자를 버리고 이 의심스러운 말을 나타내어, 결국 백 가지의 말이 다투는 논쟁이 되게 하여 근본의 정설이 되지 못하게 하였으니, 또한 한탄할 만한 것이 아닌가? …

> 발해사 자료총서 – 한국사료 편 권2

40. 『대동지지(大東地志)』

『대동지지』는 김정호(金正浩, 1800년대 초~1866년경)가 만년인 1866년경에 완성한 역사지리서이다. 32권[1] 15책으로 구성되어 있으며 필사본이다. 김정호는 『청구도(靑邱圖)』, 『동여도(東輿圖)』, 『대동여지도(大東輿地圖)』로 이어지는 지도(地圖)와 함께 『동여도지(東輿圖志)』, 『여도비지(輿圖備志)』, 『대동지지(大東地志)』로 이어지는 지지(地志)를 편찬하였다. 그 가운데 가장 마지막에 저술된 것이 바로 『대동지지』이다. 즉 『동여도지』를 근간으로 삼고 『여도비지』를 참고로 보완하면서 저술된 지지로 여겨진다.

주목되는 것은 제15책 「방여총지(方輿總志)」인데, 모두 4권(29~32권)으로 구성되어 있고, '역대지(歷代志)'라고도 쓰여 있듯이 단군조선부터 고려까지의 역사를 다루고 있어 그의 역사 인식이 잘 반영되어 있다. 함경도와 평안도의 연혁(권19~24)을 제외하면 발해에 관한 서술도 모두 여기에 집중되어 있다. 김정호는 「방여총지」에 '발해국(渤海國)'이라는 독립된 항목을 설정하여 건국(建國), 기년(紀年), 국도(國都), 부현(府縣), 강역(疆域), 흥료국(興遼國)을 서술하였다(권31). 더욱이 발해 건국을 서술한 다음에 '삼한-삼국(신라, 가야, 백제)-삼국(고구

---

[1] 京都 및 漢城府가 1권, 경기도가 2~4권, 충청도가 5~6권, 경상도가 7~10권, 전라도가 11~14권, 강원도가 15~16권, 황해도가 17~18권, 함경도가 19~20권, 평안도가 21~24권에 수록되어 있다. 하천에 관한 내용인 「山水考」는 25권, 국경 방어에 관한 내용인 「邊防考」는 26권으로 편제되었지만 내용은 수록되어 있지 않다. 수도인 한양에서 전국 중요 지점까지의 거리 정보를 정리한 「程里考」가 27~28권에 수록되어 있고, 28권에는 驛站과 관련된 내용인 撥站과 沿邊海路로 구성되어 있다. 우리나라의 역사를 총정리하여 체계적으로 기록한 「方輿總志」가 29~32권에 수록되어 있다(한국학중앙연구원, 「大東地志」, 『한국민족문화대백과』).

려, 신라, 백제)-남북국(신라, 발해)'으로 이어지는 독특한 고대사 체계를 제시하였고, 더불어 "신라와 함께 200여 년간 남북국을 이루었고, 고려 태조가 이를 통일하였다."라고 서술하였다. 이는 유득공(柳得恭, 1748~1807)의 『발해고(渤海考)』(1784)에서 제시된 남북국시대론(南北國時代論)이 그의 역사 체계에서 처음으로 반영되고 있다는 점에서 주목된다. 신라의 '통합후강역(統合後疆域)'에서도 신라가 발해를 '북국(北國)'이라 부른 사실을 지적하였는데(권30), 이것은 안정복(安鼎福, 1712~1791)의 『동사강목(東史綱目)』(1778)에서 영향을 받은 서술로 보인다. 그러나 「발해국」의 상당 부분을 차지하고 있는 '부현'은 독자적인 지리 고증이 없이 『요사(遼史)』 지리지 등을 인용하여 정리하는 데에 그치고 있다. 따라서 정약용(丁若鏞, 1762~1836), 한치윤(韓致奫, 1765~1814), 한진서(韓鎭書, 1777~?)의 연구에는 미치지 못하고 있다. 아래의 원문은 규장각 소장 〈古4790-37〉과 〈古4790-37A〉를 저본으로 삼았다.

○ 권19, 함경도(咸境道) 【호관북(號關北)】

本肅愼國地. … 晉初, 新羅北界, 止于泥河【今德源北界.】. 唐中宗時, 渤海國南界, 至于永興. 新羅之末, 爲女眞所據. …

본래 숙신국(肅愼國)의 땅이다. … 진(晉)나라 초에 신라 북계는 니하(泥河)【지금 덕원의 북쪽 경계이다.】에 그쳤다. 당(唐) 중종(中宗) 때에 발해국의 남쪽 경계가 영흥(永興)까지 이르렀고 신라 말에는 여진이 차지하게 되었다. …

○ 권19, 함경도(咸境道) 함흥(咸興)

【沿革】本沃沮地. … 唐中宗時, 渤海國置南京南海府.【新羅道也.】高麗初, 爲女眞所據. …

【연혁】본래 옥저 땅이다. … 당(唐) 중종(中宗) 때에 발해국이 남경(南京) 남해부(南海府)【신라도이다.】를 설치하였고, 고려 초에는 여진이 차지하게 되었다. …

○ 권19, 함경도(咸境道) 갑산(甲山)

【沿革】本高句麗地, 渤海時, 爲率賓府地. 金時, 爲都統所屬恤品路, 後屢經兵火, 無人居. …

【연혁】 본래 고구려 땅이다. 발해 때에는 솔빈부의 땅이 되었고 금(金)나라 때에는 도통(都統)[2]으로서 휼품로(恤品路)에 속해졌는데, 뒤에 여러 번 전쟁을 겪고 사람이 살지 않게 되었다. …

○ 권19, 함경도(咸境道) 삼수(三水)

【沿革】古渤海顯德府界地, 後爲女眞所據. …

【연혁】 옛날 발해 현덕부(顯德府) 경계의 땅이다. 뒤에 여진이 차지하게 되었다. …

○ 권20, 함경도(咸境道) 경성(鏡城)

【沿革】高句麗之後, 渤海有之, 置龍原府. 女眞稱亐籠耳, 因爲金地. …

【연혁】 고구려의 뒤를 이어 발해가 소유하였고, 용원부(龍原府)를 설치하였다. 여진은 우롱이(亐籠耳)라 불렀고 이어 금(金)나라 땅이 되었다. …

○ 권21, 평안도(平安道) 【호관서(號關西)】

本朝鮮扶餘南界, … 中宗時, 爲渤海國所有, 以浿江【大同江】爲界. 玄宗開元二十三年,【新羅聖德三十四年】勅賜浿江以南之地于新羅.【唐岳土山松峴, 惟本道地.】 … 景明王時, 因歸高麗. 景哀王三年, 渤海滅, 而薩水以北, 女眞契丹地界相錯. …

---

2) 금나라의 최고 군사 지휘관이다. 그 아래 만호, 軍帥, 맹안이 있었다(유득공 지음, 김종복 옮김, 2018, 220쪽).

본래 [고]조선([古]朝鮮)과 부여(扶餘)의 남쪽 지경이다. … 중종(中宗) 때에 발해국의 소유가 되었고 패강(浿江)【대동강(大同江)】을 경계로 삼았다. 현종(玄宗) 개원(開元) 23년(735)【신라 성덕[왕] 34년】 칙서를 내려 패강 이남의 땅을 신라에게 주었다.【당나라 악토산(岳土山) 송현(松峴)도 바로 본도(本道)의 땅이다.】 … 경명왕(景明王) 때에 이어 고려에 들어갔고, 경애왕(景哀王) 3년(926)에 발해가 멸망하자 살수(薩水) 이북은 여진과 거란의 지경으로 서로 어지러워졌다. …

○ 권21, 평안도(平安道) 평양(平壤)

【沿革】 … 上元三年, 移府於遼東郡故城【卽舊平壤, 詳歷代志.】, 後爲渤海國界, 新羅末, 爲泰封所取. …

【연혁】 … [당(唐)] 상원(上元) 3년(676) [안동도호]부를 요동군고성(遼東郡故城)【곧 옛 평양이다. 역대의 지(志)에 상세하다.】으로 옮겼다. 뒤에 발해국(渤海國)의 지경이 되었고 신라 말에 태봉(泰封)이 취하는 바가 되었다.

○ 권29, 방여총지(方輿總志) 요심제국(遼瀋諸國)

… 率賓國 新唐書云, 渤海以率賓故地, 爲率賓府, 領華蓋[3]建三州. 盛京志云, 府及華蓋二州, 皆在鳳凰城界內.【按, 東史綱目云, 句麗始起遼左率木[4]之地, 卽渤海率賓府. 高句麗本紀云, 東明王二年, 都卒本, 今以率本, 指爲成川者, 蓋引句麗, 局之於平安一道者也. 率本, 率賓之變.】

… 솔빈국(率濱國)은 『신당서(新唐書)』에 이르기를, "발해가 솔빈의 옛 땅을 솔빈부(率濱府)로 삼고 화주(華州)·개주(蓋州)·건주(建州) 3주를 거느리게 하였다."라고 하였다. 『성경지(盛京志)』에 이르기를, "부(府) 및 화주와 개주 2주는 모두 봉황성(鳳凰城) 지경 내에 있

---

3) '蓋' → '盖'.
4) '率木' → '卒本'.

다."라고 하였다.【살피건대 『동사강목(東史綱目)』에 이르기를, "[고]구려가 처음에 요좌(遼左) 솔목(率木)의 땅에서 일어났다."라고 하였으니 곧 발해 솔빈부이다. 고구려본기에 이르기를, "동명왕 2년(36)에 졸본(卒本)에 도읍하였다."라고 했는데 지금 솔본(率本)을 성천(成川)이라 지목하는 것은 대개 [고]구려를 끌어다가 평안의 일도(一道)에 판을 두는 것이다. 솔본은 솔빈(率賓)이 변한 것이다.】

拂涅國【拂涅, 又作佛寧.】 新唐書云, 渤海以拂涅故地, 爲東平府, 領五州十八縣. 遼史地志云, 遼州, 本佛寧[5)]國城, 唐太宗征高麗, 李世勣拔遼城, 程名振蘇定方率兵討高麗, 至新城, 大破之, 皆此地也. 有遼河羊腸河.【按, 拂涅, 引分黎涅水之號, 取名也, 是朝鮮故地.】

불열국(拂涅國)【불열은 또한 불녕(佛寧)이라고도 한다.】은 『신당서』에 이르기를, "발해가 불열의 옛 땅을 동평부(東平府)로 삼고, 5주 18현을 거느리게 하였다."라고 하였다. 『요사(遼史)』지리지에 이르기를, "요주(遼州)는 본래 불녕국성(佛寧國城)이다."라고 하였다. 당(唐) 태종(太宗)이 고[구]려를 정벌할 때 이세적(李世勣)이 요동성(遼東城)을 함락시키고, 정명진(程名振)과 소정방(蘇定方)이 군사를 거느리고 고[구]려를 토벌할 때 신성(新城)에 이르러 크게 깨뜨렸으니, 모두 이 땅이다. 요하(遼河)와 양장하(羊腸河)가 있다.【살피건대 불열은 여수(黎水)와 열수(涅水)의 이름을 나누어 인용하여 이름을 취한 것이다. 이곳은 조선의 옛 땅이다.】

鐵利國 新唐書云, 渤海以鐵利故地, 爲鐵利府, 領廣汾蒲海義歸六州.【按, 廣州, 漢屬襄平縣, 高句麗爲當山縣, 高麗顯宗五年, 其酋那沙使女眞萬豆, 來獻馬及皮物. 十年, 那沙使阿盧太, 獻土馬, 王遣使報聘. 十二年, 遣使表請歸附, 又請曆日. 十三年, 獻方物. 二十一年, 獻貂鼠皮. 德宗卽位, 獻貂鼠皮. 元年, 其酋遣使修好. 是後史不復見.】

---

5) '佛寧'→'拂涅'.

철리국(鐵利國)은 『신당서』에 이르기를, "발해가 철리의 옛 땅을 철리부로 삼고, 광주(廣州)·분주(汾州)·포주(蒲州)·해주(海州)·의주(義州)·귀주(歸州) 6주를 거느리게 하였다."라고 하였다.【살피건대, 광주는 한(漢)나라 때에는 양평현(襄平縣)에 속했고 고구려 때에는 당산현(當山縣)이었다. 고려 현종(顯宗) 5년(1014)에 그 추장 나사(那沙)가 여진의 만두(萬豆)를 시켜서 와서 말과 가죽을 바쳤고, 10년(1019) 나사가 아노태(阿盧太)를 시켜 토종말을 바치자 왕이 사신을 보내 답방하였다. 12년(1021)에 사신을 보내 표문(表文)을 올려 귀부하기를 청하고 또 달력[曆日]을 요청하였다. 13년(1022)에 방물(方物)을 바쳤고 21년(1030)에 담비가죽을 바쳤다. 덕종(德宗)이 즉위하자 담비가죽을 바쳤다. 원년(1032)에 그 추장이 사신을 보내 사이좋게 지내자고 하였는데, 이 뒤에는 사서(史書)에 다시 보이지 않는다.】

越喜國 隋置懷遠鎮, 唐爲越喜州, 渤海以越喜故地, 爲懷遠安遠二府. 盛京志云, 鐵嶺縣, 隋越喜國地, 渤海置富州, 遼改銀州.

월희국(越喜國)은 수(隋)나라가 회원진(懷遠鎮)을 설치하였고 당나라는 월희주(越喜州)로 삼았다. 발해는 월희의 옛 땅을 회원부(懷遠府)·안원부(安遠府) 2부로 삼았다. 『성경지』에 이르기를, "철령현(鐵嶺縣)은 수나라 월희국 땅이다. 발해가 부주(富州)를 설치하였고, 요(遼)나라가 은주(銀州)로 고쳤다."라고 하였다.

黑水靺鞨 新唐書云, 黑水靺鞨, 居肅愼地, 亦曰挹婁. 元魏時曰勿吉, 直京師東北六千里, 東瀕海, 西屬突厥, 南高麗, 北室韋. 離爲數十部, 酋各自治. 其著者曰粟末部, 居最南, 抵太白山, 與高麗接, 依粟末水以居, 水源於山西北, 本臣高麗.[6] 王師取平壤, 其衆多入唐. 帝伐高麗, 其北部反, 與高麗合. 高惠眞等率衆援安市, 每戰, 靺鞨常居前, 帝破安市, 收靺鞨兵三千餘, 悉坑之. 黑水西南十日程, 有拂涅虞婁, 卽挹婁越喜鐵利等部. 其地南距渤海, 東北際於海. 開元中, 鐵利六來, 正元[7]中一來. 後渤

---

6) '白山本臣高麗'으로 白山이 누락됨.
7) '正元'→'貞元'.

海盛, 靺鞨皆役屬之.【高麗太祖四年, 黑水酋長高子羅等來役.[8] 顯宗十一年, 黑水靺鞨高之問等獻王物, 烏豆那等獻方物. 十二年, 酋長阿頭陁弗等來獻馬及弓矢. 顯宗之世, 來朝獻土物, 凡十數次.】

흑수말갈(黑水靺鞨)은 『신당서』에 이르기를, "흑수말갈은 숙신(肅愼) 땅에 살았다. 또한 읍루(挹婁)라고 한다. 원위(元魏) 때에는 물길(勿吉)이라 하였다. 경사(京師)로부터 동북으로 6천 리 떨어져 있다. 동쪽으로 바다에 접하고, 서쪽으로 돌궐(突厥)에 속하였고, 남쪽에는 고구려가, 북쪽에는 실위(室韋)가 있다. 수십 부(部)로 흩어져 있고 추장들이 각각 자치(自治)를 한다."라고 하였다. 그중에 두드러진 것은 속말부(粟末部)라 하는데 가장 남쪽에 살며 태백산(太白山)에 이르러 고[구]려와 접해 있다. 속말수(粟末水)에 의지하여 사는데 [속말]수는 [태백]산 서북에서 발원한다. 본래 고[구]려에 신속(臣屬)되었다. 왕사(王師: 당의 군대)가 평양을 취하였을 때, 그 무리가 당에 많이 들어갔다. 황제가 고[구]려를 정벌하였을 때 그 북부가 반란을 일으켜 고[구]려와 합해졌다. 고혜진(高惠眞) 등이 무리를 이끌고 안시성(安市城)을 구원할 때 싸울 때마다 말갈이 항상 앞에 있었다. 황제가 안시성을 깨뜨리고 말갈 군사 3천여 명을 잡아 모두 땅에 파묻었다. 흑수 서남으로 10일쯤 가면 불열과 우루(虞婁)가 있으니 곧 읍루(挹婁), 월희(越喜), 철리(鐵利) 등의 부이다. 그 땅 남쪽으로 발해에 이르고, 동북으로 바다에 닿아 있다. 개원(開元) 연간(713~741)에 철리가 6번 왔고, 정원(貞元) 연간(785~804)에는 1번 왔다. 뒤에 발해가 강성해지자 말갈은 모두 역속(役屬)되었다. 【고려 태조(太祖) 4년(921) 흑수 추장 고자라(高子羅) 등이 내투하였다. 현종 11년(1020) 흑수말갈 고지문(高之問) 등이 왕물(王物)을 바쳤고, 오두나(烏豆那) 등이 방물을 바쳤다. 12년(1021)에 추장 아두이불(阿頭陁弗) 등이 와서 말과 활·화살을 바쳤다. 현종 때에 와서 조공하고 토산물을 바친 것이 모두 10여 차례이다.】

契丹 新唐書云, 契丹, 本東胡種, 五代後唐莊宗丙戌初, 滅渤海, 稱帝, 置三京.

---

8) '役' → '投'.

거란은 『신당서』에 이르기를, "거란은 본래 동호(東胡)의 종(種)이다."라고 하였다. 오대(五代) 후당(後唐) 장종(莊宗) 병술년(926) 초에 발해를 멸망시키고, 황제를 칭하며 3경(京)을 설치하였다.

寶露國【新羅憲康王十二年, 北鎭奏, 狄國人入鎭, 掛書于樹云, 寶露國與黑水國, 共向新羅國和通. ○按, 黑水國, 卽黑水靺鞨, 而疑與寶露爲隣, 然不可考.】

보로국(寶露國)【신라 헌강왕(憲康王) 12년(886)에 북진(北鎭)에서 "적국(狄國) 사람이 진(鎭)에 들어와 글을 나무에 걸었는데, '보로국과 흑수국(黑水國)이 함께 신라국과 통교(通交)하기를 원한다.'라고 쓰여 있습니다."라고 아뢰었다. ○ 살피건대, 흑수국은 곧 흑수말갈(黑水靺鞨)이다. 아마도 보로와 이웃하고 있었을 것인데, 그러나 상고할 수 없다.】

○是二十四年, 九年之役. 於是左翊衛宇文述出扶餘道, 右翊衛宇仲文出樂浪道, 左驍衛荊元恒出遼東道, 右翊衛薛世雄出沃沮道【卽沙卑城, 渤海南京, 遼海州.】右屯衛辛世雄出玄菟道.【治在瀋州東北八十里.】

○ 24년,9) 9년간의 전쟁이 있었다. 이에 좌익위(左翊衛) 우문술(宇文述)이 부여도(扶餘道)로 나갔고, 우익위(右翊衛) 우중문(宇仲文)이 낙랑도(樂浪道)로 나갔고, 좌효위(左驍衛) 형원항(荊元恒)은 요동도(遼東道)로 나갔고, 우익위 설세웅(薛世雄)은 옥저도(沃沮道)【곧 사비성(沙卑城)이다. 발해 남경(南京)인 요해주(遼海州)이다.】로 나갔고, 우둔위(右屯衛) 신세웅(辛世雄)은 현도도(玄菟道)로 나갔다.【치소(治所)가 심주(瀋州) 동북 80리에 있다.】

---

9) 고구려 영양왕 23년인 612년의 오기인 듯하다.

○ 권30, 방여총지(方輿總志) 2, 신라(新羅) 삭주전도(朔州全圖)[10]

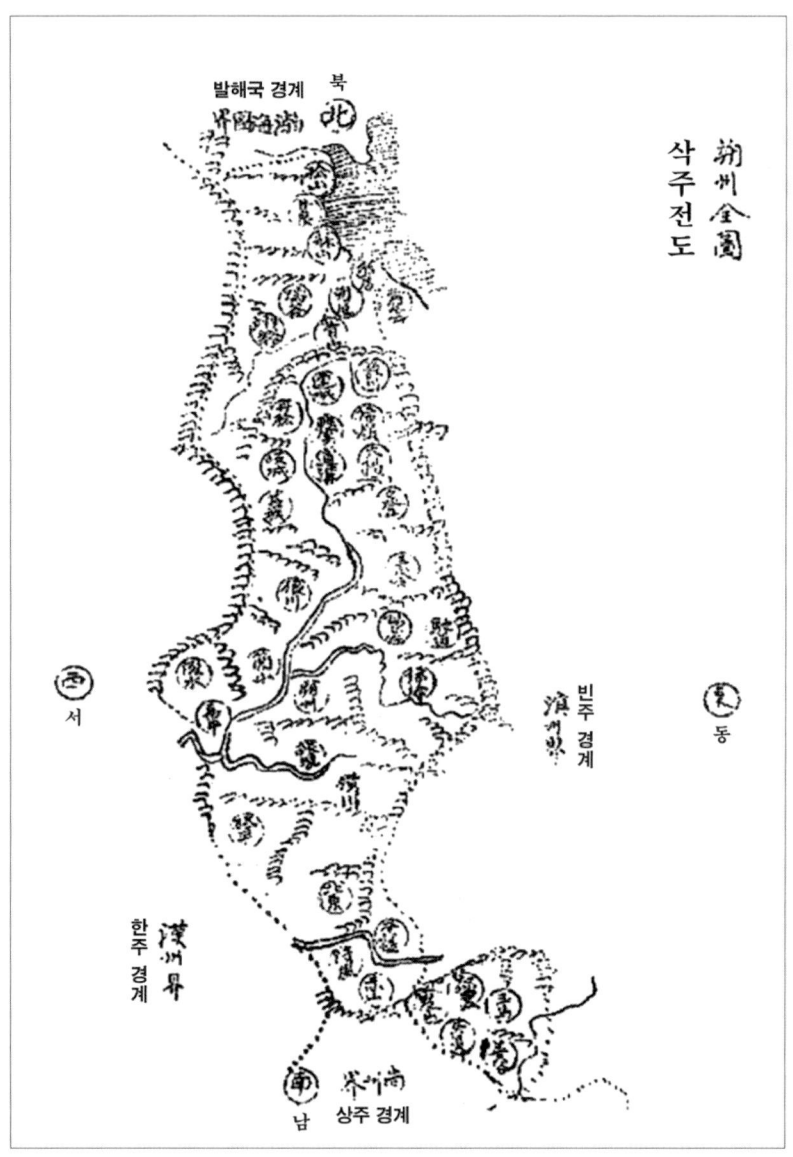

---

10) 삭주전도 북쪽에 '渤海國界'를 표시하여, 신라의 동북 경계에서 발해와의 국경선을 표시하였다.

○ 권30, 방여총지(方輿總志) 2, 신라(新羅) 한주전도(漢州全圖)[11]

---

11) 한주전도 북쪽에 '渤海國界'를 표시하여, 신라의 서북 경계에서 발해와의 국경선을 표시하였다.

○ 권30, 방여총지(方輿總志) 2, 신라(新羅) 통합후강역(統合後疆域)

聖德王三十四年, 唐【玄宗開元二十三年】勅賜浿江【今大同江.】以南之地, 浿江以北 屬于唐, 後爲渤海大氏所據.【聖德王十二年, 渤海立國. 新羅疆域, 北至井泉郡之泥 河, 西北至唐岳縣之浿江. ○按, 井泉, 今德源, 而其北三十里海邊, 有松山縣, 新羅 疆域, 北止於此. ○哀莊王九年, 發使十二道, 分定諸都邑疆境.】○新羅北邊, 自文 川豆流山, 西南去爲阿好非嶺, 經永豐之西, 爲加沙山牛嶺, 西去爲谷山淸凉山, 能 成江環其西. 豆流山, 東南來爲芦洞嶺, 盤龍山一支, 東走爲炭項關, 止于海, 東北有 松山縣古址, 北襟泥河. 能成江, 自淸凉山之西, 環文城鎭之南, 西北流經三登縣之 陽, 西流經平壤府之南, 爲大同江,12) 西南流爲急水門, 復西流爲大河, 入于海. 豆流 大同泥河以北, 爲渤海國界.【新羅時, 稱北國.】邊邑, 則德源古松山古永豐伊川谷山 遂安祥原中和黃州安岳長連殷栗豐川也.

　　성덕왕(聖德王) 34년(735) 당(唐)나라【현종(玄宗) 개원(開元) 23년】가 칙서를 내려 패강(浿江)【지금의 대동강(大同江)이다.】이남의 땅을 주었다. 패강 이북은 당나라에 속했는데, 뒤에 발해 대씨가 차지하게 되었다.【성덕왕 12년(713) 발해가 나라를 세웠다.13) 신라의 강역은 북쪽으로 정천군(井泉郡)의 니하(泥河)에 이르고, 서북으로는 당악현(唐岳縣)의 패강에 이른다. ○ 살피건대 정천은 지금 덕원(德源)으로 북쪽 30리 바닷가의 송산현(松山縣)에 있다. 신라 강역은 북쪽으로 이곳에서 멈춘다. ○ 애장왕(哀莊王) 9년(808)에 사신을 12도(道)에 보내어 여러 도읍의 영역과 경계를 나누어 정하였다.】○ 신라 북쪽 변경은 문천(文川) 두류산(豆流山)으로부터 서남으로 가서 아호비령(阿好非嶺)이 되고, 영풍(永豐)의 서쪽을 거쳐 가사산(加沙山) 우령(牛嶺)이 되고, 서쪽으로 가서는 곡산(谷山) 청량산(淸凉山)이 되어 능성강(能成江)이 그 서쪽으로 두류산을 둘러간다. 동남으로 와서는 호동령(芦洞嶺)이 되는데, 반룡산(盤龍山)의 한 지산(支山)이다. 동쪽을 달려 탄항관(炭項關)이 되어 바다에서 멈춘다. 동북에 송산현 옛터가 있고, 북으로 니하로 막힌다. 능성강은 청량산 서쪽에서 나와 문성진(文城鎭) 남쪽을 돌아가다가, 서북으로 흘러 삼등현(三登縣) 남쪽을 지나고, [다시]

---

12) '爲大同江.' → '爲大同江【卽隋唐書所謂浿水】'(아세아문화사 영인본).
13) 발해는 698년 동모산에서 '振國'이라는 국호로 건국하였다.

서쪽으로 흘러 평양부(平壤府)의 남쪽을 거쳐 대동강이 되어서, 서남쪽으로 흘러 급수문(急水門)이 되고, 다시 서쪽으로 흘러 대하(大河)가 되어 바다로 들어간다. 두류산, 대동강, 니하 이북은 발해국 지계(地界)【신라 때에는 북국(北國)이라 불렸다.】의 변경 고을이 되니, 곧 덕원(德源)의 옛 송산(松山), 옛 영풍(永豐), 이천(伊川), 곡산(谷山), 수안(遂安), 상원(祥原), 중화(中和), 황주(黃州), 안악(安岳), 장련(長連), 단율(段栗), 풍천(豐川)이다.

○ 권30, 방여총지(方輿總志) 2, 신라(新羅) 미상지분(未詳地分)

泥河【祗摩王十四年春, 靺鞨大入北境, 殺掠吏民. 秋又襲大嶺柵, 過於泥河. 百濟遣五將救之, 靺鞨退. ○慈悲王十一年, 徵河瑟洲人, 築城於泥河. 疑在江陵以北不遠之地. 泥河, 一云德源.】

니하(泥河)【지마왕(祗摩王) 14년(125) 봄에 말갈(靺鞨)이 크게 북쪽 변경으로 들어와 관리와 백성을 죽이고 잡아갔다. 가을에 또 대령책(大嶺柵)을 습격하고 니하를 건넜다. 백제가 다섯 장수를 보내 구원하자 말갈이 물러갔다. ○ 자비왕(慈悲王) 11년(468)에 하슬주(河瑟洲) 사람들을 징발하여 니하에 성을 쌓았다. 아마도 강릉(江陵) 이북에서 멀지 않은 땅에 있었을 것이다. 니하는 덕원(德源)이라고도 불린다.】

○ 권31, 방여총지(方輿總志) 3, 발해국(渤海國)

本粟末靺鞨附高句麗者, 句麗亡, 其舊將乞乞仲象收合高麗餘衆及靺鞨酋, 東走渡遼水, 保太白山【今白頭山.】之東. 北阻奧婁河【虞婁, 卽挹婁之變. 通志, 奧婁註, 卽挹婁河.】自固. 唐中宗嗣聖十三年丙申, 武后封爲震國公. 其子大祚榮, 嘗爲高句麗將, 及震國公卒, 據挹婁之東牟山.【一統志云, 在瀋陽東二十里.】遣使交突厥. 戶十餘萬, 勝兵數萬, 其禮樂官府制度, 皆倣象中國. 武后聖曆二年己亥, 自立爲震國王, 築忽汗城以居.【忽汗河, 今虎爾哈河. 高王置忽汗州, 王城臨忽汗河.】玄宗開元癸丑, 封渤海郡王, 自是稱渤海國.
按, 三韓諸國統爲三國, 卽新羅加耶百濟, 而後加耶亡, 高句麗南遷, 又爲三國. 及麗濟滅後五十年, 渤海又襲句麗舊疆, 與新羅, 爲南北國二百餘年, 高麗太祖統一之. 然都連浦淸塞關鴨綠江以外, 爲女眞契丹之所轄.

본래 속말말갈(粟末靺鞨)로서 고구려에 부용된 자들이다. [고]구려가 망하자 옛 장수 걸걸중상(乞乞仲象)이 고[구]려의 남은 무리와 말갈의 추장을 수합하여 동쪽으로 달아나 요수(遼水)를 건너 태백산(太白山)【지금의 백두산이다.】 동쪽을 차지하였다. 북쪽으로 오루하(奧婁河)【우루(虞屢)이다. 곧 읍루(挹婁)가 변한 것이다. 『통지(通志)』 오루조의 주(註)에 곧 읍루하(挹婁河)라 하였다.】로 막아 스스로 굳게 하였다. 당(唐) 중종(中宗) 사성(嗣聖) 13년(696) 병신(丙申) [측천]무후([則天]武后)가 책봉하여 진국공(震國公)으로 삼았다. 그 아들 대조영(大祚榮)은 일찍이 고구려 장수가 되었는데, 진국공이 죽자 읍루의 동모산(東牟山)【『일통지(一統志)』에 이르기를 심양(瀋陽) 동쪽 20리에 있다고 하였다.】에 웅거하고 사신을 보내 돌궐과 사귀었다. 호(戶)는 10여만이고, 승병(勝兵)은 수만이다. 예악(禮樂)과 관부(官府), 제도(制度)는 모두 중국을 모방하였다. 무후 성력(聖曆) 2년(699) 기해(己亥)에 스스로 즉위하여 진국왕(震國王)이 되었고, 홀한성(忽汗城)을 쌓고 살았다.【홀한하(忽汗河)는 지금의 호이합하(虎爾哈河)이다. 고왕(高王)이 홀한주(忽汗州)를 설치하였고, 왕성(王城)은 홀한하 가에 있었다.】 현종(玄宗) 개원(開元) 계축년(713)에 발해군왕(渤海郡王)으로 책봉하니, 이때부터 발해국이라 불렸다.

살피건대 삼한(三韓)의 여러 나라가 삼국으로 통일되니 즉 신라(新羅), 가야(加耶), 백제(百濟)이다. 뒤에 가야가 망하자, 고구려가 남쪽으로 옮겨 또 삼국이 되었다. 고구려와 백제가 멸망한 지 50년 뒤에 발해가 또 [고]구려 옛 강역을 이어서 신라와 더불어 남북국(南北國)으로 2백여 년이 되었다. 고려 태조가 통일하였지만, 도련포(都連蒲)·청색관(淸塞關)·압록강(鴨綠江) 이외에는 여진과 거란이 나누어 차지하게 되었다.

○ 권31, 방여총지(方輿總志) 3, 발해국(渤海國) 기년(紀年)

高王【姓大氏, 名祚榮. 開元癸丑, 受封, 己未, 卒.】 在位七年【自聖曆己亥,[14] 至己

---

14) 己亥는 699년.

未, 凡二十一年.】

武王【名武藝, 高王子.】在位十九年.【改元仁安. ○以卽位己未爲元.】

文王【名欽茂, 武王子.】在位五十八年.【改元大興. ○以卽位丁丑爲元.】

廢王【名元義, 文王族弟. ○立一歲, 國人弑之.】

成王【名華璵,15) 文王孫, 宏臨子.】未踰年.【開元16)中興.】

康王【名嵩璘, 文王孫, 一云成王少子.】在位十五年.【改元正曆. ○以卽位明年乙亥爲元.】

定王【名元瑜, 康王子.】在位五年.【改元永德. ○以卽位己丑爲元.】

僖王【名言義, 定王弟.】在位五年.【改元朱雀. ○以卽位癸巳爲元.】

簡王【名明忠, 僖王子.】在位一年.【改元太始. 丁酉.】

宣王【名仁秀, 簡王從父, 高王四世孫野勃子.17)】在位十三年.【改元建興. ○以卽位戊辰爲元.】

王【名彝震, 宣王孫, 新德子.】在位二十八年.【改元咸和. ○以卽位明年辛亥爲元.】

王【名虔晃, 王彝震弟.】在位【未久卒. ○卽唐宣宗大中十二年.】

王【名玄錫, 虔晃子.】在位四十餘年.

王【名諲譔.】在位【二十餘年.】

自王彝震以後, 史失其年號諡號.

自王玄錫以後, 年代不載於唐史.

右十四王.【起高王癸丑, 終王諲譔丙戌.】共二百十四年.

後唐明宗天成元年丙戌, 契丹太祖【卽耶律億天顯元年】滅渤海, 爲東丹國.【是歲七月, 億卒于扶餘府.】王諲譔世子大光顯, 率餘衆數萬戶, 奔高麗.【時高麗太祖十七年甲午也. ○高麗成宗十二年, 光顯子道秀, 破契丹蕭遜寧于安戎鎭, 其後孫金就, 至高宗四十年, 破蒙古兵于金郊興義之間.】

---

15) '華璵' → '華璵'.

16) '開元' → '改元'.

17) 고왕 동생 대야발의 4세손이다.

고왕(高王)【성은 대씨(大氏)이고 이름은 조영(祚榮)이다. 개원(開元) 계축년(713)에 책봉을 받고 기미년(719)에 죽었다.】 재위는 7년이다.【성력(聖曆) 기해년(699)부터 기미년(719)까지 모두 21년이다.】

무왕(武王)【이름은 무예(武藝)이고 고왕의 아들이다.】 재위는 19년이다.【연호는 인안(仁安)이다. ○ 즉위한 기미년을 원년으로 삼았다.】

문왕(文王)【이름은 흠무(欽茂)이며 무왕의 아들이다.】 재위는 58년이다.【연호를 고쳐 대흥(大興)이라 하였다. ○ 즉위한 정축년(737)을 원년으로 삼았다.】

폐왕(廢王)[18]【이름은 원의(元義)이며 문왕의 족제(族弟)이다. ○ 1년 동안 재위했는데 국인(國人)들이 그를 죽였다.】

성왕(成王)【이름은 화여(華璵)이다. 문왕의 손자이며 굉림(宏臨)의 아들이다.】 [재위] 1년을 넘지 않았다.【중흥(中興)으로 개원하였다.】

강왕(康王)【이름은 숭린(嵩璘)이며 문왕의 손자이다. 성왕(成王)의 어린 아들[少子]이라고도 한다.】 재위는 15년이다.【연호를 고쳐 정력(正曆)이라 하였다. ○ 즉위 다음해 을해년(795)을 원년으로 삼았다.】

정왕(定王)【이름은 원유(元瑜)이며 강왕의 아들이다.】 재위는 5년이다.【연호를 고쳐 영덕(永德)이라 하였다. ○ 즉위한 기축년을 원년으로 삼았다.】

희왕(僖王)【이름은 언의(言義)이며 정왕의 아우이다.】 재위는 5년이다.【연호를 고쳐 주작(朱雀)이라 하였다. ○ 즉위한 계사년을 원년으로 삼았다.】

간왕(簡王)【이름은 명충(明忠)이며 희왕의 아우이다.】 재위는 1년이다.【연호를 고쳐 태시(太始)라 하였다. 정유년.】

선왕(宣王)【이름은 인수(仁秀)이며 간왕의 종부(從父)이며 고왕 4세손 [대]야발([大]野勃)의 아들이다.】 재위는 13년이다.【연호를 고쳐 건흥(建興)이라 하였다. ○ 즉위한 무진년을 원년으로 삼았다.】

왕(王)【이름은 이진(彝震)이다. 선왕의 손자이며 신덕(新德)의 아들이다.】 재위는 28년이다.【연호를 고쳐 함화(咸和)라 하였다. ○ 즉위 다음해인 신해년을 원년으로 삼았다.】

---

18) 폐왕은 정식 시호가 아니라 폐위된 왕을 뜻하는 후대 사가들의 표현이다(유득공 지음, 김종복 옮김, 2018, 83쪽).

왕(王)【이름은 건황(虔晃)이며 대이진의 아우이다.】 재위【오래지 않아 죽었다. ○ 당 선종(宣宗) 대중(大中) 12년(858)에 즉위하였다.】.

왕(王)【이름은 현석(玄錫)이며 건황의 아들이다.】 재위는 40여 년이다.

왕(王)【이름은 인선(諲譔)이다.】 재위【20여 년이다.】.

왕 [대]이진 이후부터 사서에서 그 연호와 시호를 잃어 버렸다.

왕 [대]현석 이후부터 연대가 당나라 사서에 실리지 않았다.

이상 14명의 왕【고왕 계축년(713)에 일어나 왕 대인선 병술년(926)에 끝났다.】 214년이다.

후당(後唐) 명종(明宗) 천성(天成) 원년인 병술년(926)에 거란 태조【즉 야율억(耶律億: 야율아보기) 천현(天顯) 원년】가 발해를 멸망시키고 동단국으로 삼았다.【이해 7월에 억(億)이 부여부(扶餘府)에서 죽었다.】 왕 인선의 세자 대광현(大光顯)이 남은 무리 수만 호를 이끌고 고려로 도망하였다.【이때가 고려 태조 17년 갑오년(934)이다. ○ 고려 성종 12년(993)에 광현의 아들 [대]도수([大]道秀)가 기린의 소손녕(蕭遜寧)을 안융진(安戎鎭)에서 격파하였나. 그 후손 김취(金就)가 고종 40년(1253)에 이르러 몽고 군사를 금교(金郊)와 홍의(興義) 사이에서 격파하였다.】

○ 권31, 방여총지(方輿總志) 3, 발해국(渤海國) 국도(國都)

上京龍泉府【本肅愼故地, 漢晉爲挹婁地, 北朝爲勿吉地, 隋爲靺鞨地, 唐入渤海, 金爲上京會寧府地, 元時合蘭府水達達等路, 明毛隣衛等地, 今寧古塔城西南. 文王十八年, 自忽汗州, 徙都上京, 後成王自東京, 又徙上京.】

中京顯德府【本肅愼故地, 在上京南界, 今吉林烏喇城東南, 此卽忽汗州, 而高王所都也. 遼史, 以東京遼陽所在顯州, 爲渤海顯德府者, 誤.】

東京龍原府【濊貊故地, 亦曰柵城府, 東南濱海, 日本道也. 漢玄菟郡地, 晉屬平州, 高句麗慶州地, 疊石爲城, 周二十里. 薛仁貴伐高句麗, 擒善射者於石城, 卽此地. 唐屬安東都護府, 入渤海爲龍原府, 遼開州鎭國軍, 金石城縣, 元屬東寧路, 明屬遼東都指揮使司, 今鳳凰城. 文王, 自上京, 徙都東京. 海東繹史云, 今鏡城府, 丁氏及李睛, 皆宗其說.】

南京南海府【沃沮故地, 新羅道也. 漢玄菟郡地, 後屬樂浪都尉, 東漢封沃沮, 三國魏

> 時, 平州地, 高句麗沙卑城, 唐蓋州, 入渤海爲南海府, 遼海州南海軍, 金澄州南海軍, 元省, 入遼陽路, 明海州衛, 今海城縣. ○丁氏及李晴, 俱以今咸興, 爲南海府.】
> 西京鴨綠府[19]【高句麗故地, 朝貢道也. 遼史云, 淥州鴨淥軍, 本高麗故國, 渤海號西京. 渤海考云, 當在遼陽近地. ○按, 鴨綠江, 本馬訾水, 渤海置鴨綠府, 以江號名之也. 府在江之南北近地, 明甚.】

상경(上京) 용천부龍泉府)【본래 숙신(肅愼)의 옛 땅이다. 한(漢)나라 진(晉)나라 때에는 읍루(挹婁)의 땅이다. 북조(北朝)시대에는 물길(勿吉)의 땅이다. 수(隋)나라 때에는 말갈(靺鞨)의 땅이다. 당(唐)나라 때에는 발해(渤海)로 들어왔다. 금(金)나라 때에는 상경 회령부(會寧府)의 땅이 되었다. 원(元)나라 때에는 합란부(合蘭府), 수달달로(水達達路) 등이었고, 명(明)나라의 모린위(毛隣衛) 등의 땅이다. 지금의 영고탑성(寧古塔城) 서남쪽이다. 문왕 18년(754) 홀한주(忽汗州)로부터 상경으로 옮겨 도읍을 삼은 뒤에 성왕(成王) 때 동경에서 다시 상경으로 옮겼다.】

중경(中京) 현덕부(顯德府)【본래 숙신의 옛 땅이다. 상경 남쪽 경계에 있다. 지금의 길림(吉林) 오라성(烏喇城) 동남쪽이다. 이곳이 곧 홀한주(忽汗州)로 고왕(高王)이 도읍한 곳이다. 『요사』에 동경(東京)의 요양(遼陽)을 현주(顯州)에 있다고 하여 발해 현덕부라는 것은 잘못이다.】

동경(中京) 용원부(龍原府)【예맥(濊貊)의 옛 땅이다. 또는 책성부(柵城府)라고 한다. 동남쪽으로 바다에 접하는데 일본도(日本道)이다. 한나라 때 현도군(玄菟郡)의 땅이다. 진(晉)나라 때 평주(平州)에 속하였다. 고구려 때 경주(慶州)의 땅이다. 돌을 쌓아 성을 만들었는데 둘레가 20리이다. [당나라] 설인귀(薛仁貴)가 고구려를 칠 때에 석성(石城)에서 활을 잘 쏘는 사람을 잡았다고 했으니 바로 이곳이다. 당의 안동도호부(安東都護府)에 속했다가 발해에 들어가 용원부가 되었다. 요(遼)나라 때 개주(開州) 진국군(鎭國軍)이었다. 금나라 때 석성현(石城縣)이었다. 원나라 때 동령로(東寧路)에 속하였다. 명나라 때 요동도지휘사사(遼東都指揮使司)에 속하였다. 지금의 봉황성(鳳凰城)이다. [발해] 문왕(文王) 때 상경에서 동경으로

---

19) '鴨綠府' → '鴨淥府'.

천도하였다.[『해동역사(海東繹史)』에 이르기를, 지금의 경성부(鏡城府)이다. 정씨(丁氏: 정약용) 및 이청(李晴)에 이르기까지 모두 그 설을 따른다.]

　남경(南京) 남해부(南海府)[옥저(沃沮)의 옛 땅이며, 신라도(新羅道)이다. 한나라 때 현도군의 땅이었고, 뒤에 낙랑도위(樂浪都尉)에 속하였으며, 동한(東漢) 시기에 옥저(沃沮)로 봉해졌으며, 삼국(三國) 및 위(魏)나라 때에는 평주(平州)의 땅이었고, 고구려 시기에는 사비성(沙卑城)[20]이었고, 당나라 때 개주(蓋州)였으며, 발해로 들어가 남해부가 되었다. 요나라 때 해주(海州) 남해군(南海軍)이었고, 금나라 때에는 징주(澄州) 남해군이었으며, 원나라 때 성(省)으로는 요양로(遼陽路)에 들어갔으며, 명나라 때에는 해주위(海州衛)였으며, 지금의 해성현(海城縣)이다. ○ 정씨 및 이청이 모두 지금의 함흥(咸興)을 남해부라고 여긴다.]

　서경(西京) 압록부(鴨綠府)[21][고구려(高句麗)의 옛땅이며, 조공도(朝貢道)이다. 『요사』에 이르기를, 녹주(淥州) 압록군(鴨淥軍)은 본래 고[구]려의 고국(故國)이며, 발해는 서경이라 하였다. 『발해고(渤海考)』에서는 요양(遼陽) 근처의 땅에 있어야 마땅하다고 하였다. ○ 살피건대 압록강(鴨綠江)은 본래 마자수(馬訾水)였으며, 발해가 압록부를 설치하였는데, 강의 이름으로써 명칭을 정하였다. 부(府)는 강의 남북 근처의 땅에 있었음이 매우 분명하다.]

○ 권31, 방여총지(方輿總志) 3, 발해국(渤海國) 부현(府縣)

○府縣[十五府六十二州十郡百二縣. ○郡縣多不載.]
龍泉府[領州三.] 龍州·湖州·渤州.
[領縣五.] 富利·長平[並隷龍州.]·貢珍[隷渤州.]·肅愼·佐慕.[並隷州未詳.]

　○ 부현(府縣)[15부(府) 62주(州) 10군(郡) 102현(縣)이다. ○ 군현은 많이 실려 있지 않다.]

---

20) 645년(보장왕 4년, 당 태종 정관 14년)에 당의 장수 程名振이 沙卑城을 함락하였다. 정명진이 함락한 사비성은 비사성(卑沙城, 卑奢城)의 다른 이름으로 보기도 한다. 그런데 비사성은 요동반도 남단에 위치한 지금의 요령성 大連市 金州區의 大黑山城으로 비정된다. 이곳은 해성시와 멀리 떨어져 있으므로, 『요사』 지리지의 이 기록이 잘못이 아니라면 비사성과 사비성은 다른 곳으로 보아야 한다(유득공 지음, 김종복 옮김, 2018, 192쪽).
21) '鴨綠府' → '鴨淥府'.

용천부(龍泉府)【3개의 주를 거느린다.】 용주(龍州), 호주(湖州), 발주(渤州).

【5개의 현을 거느린다.】 부리(富利), 장평(長平),【모두 용주(龍州)에 속한다.】 공진(貢珍),【발주(渤州)에 속한다.】 숙신(肅愼), 좌모(佐慕).【어느 주에 속하는지 자세하지 않다.】

顯德府【領六州.】 盧州【遼史云, 在東京東一百三十里.】·顯州·鐵州【漢安市縣, 高句麗安市城. 唐太宗攻之不下, 薛仁貴白衣登城者, 卽此. 遼鐵州, 金湯池, 在東京西南六十里, 蓋平縣東北七十里.】·湯州【本漢襄平縣地, 在遼東京西北一百里.】·榮州·興州【本漢海平縣.】.

【領縣二十六.】 山陽·漢陽·白巖·霜巖【古障離郡地, 漢屬險瀆縣, 高麗爲霜巖縣, 渤海因之. 遼集州, 金貴德州地. ○並隷盧州.】·永豐【隷顯州. ○漢遼隊縣地, 高句麗置神鄕, 爲桓州屬縣, 渤海改永豊縣, 遼仙鄕縣, 在海城縣西六十里.】·位城·河瑞[22)·蒼山【疑唐蒼巖州.】·龍珍【並隷鐵州.】·靈巖[23)·常豊·白石·均谷·嘉利【並隷湯州.】·盛吉·蒜山·鐵山【並隷興州.】·長寧·金德【遼史云, 遼陽縣, 本渤海金德縣地.】·雞山【漢居就縣, 金鶴野縣.】·花山【漢望平縣, 遼析木縣, 金因之, 屬澄州.】·紫蒙【漢鏤方縣, 拂涅國置東平府於此. 渤海置縣, 遼因之.】·崇山【漢襄平縣地, 渤海置縣, 遼改貴德縣, 金因之.】·瀉水·綠城·奉集【漢險瀆縣地, 渤海置縣, 遼爲集州, 金隷貴德州. 明志, 奉集, 古鐵嶺城.】·杉盧郡【一云, 縣隷盧州. ○漢玄菟郡地, 高句麗南蘇城, 唐金州, 渤海置郡, 遼蘇州, 金因之, 元屬蓋州路, 明金州衛, 今寧海縣.】.

현덕부(顯德府)【6개의 주를 거느린다.】 노주(盧州)【『요사』에는 동경(東京) 동쪽 130리에 있다고 한다.】, 현주(顯州), 철주(鐵州)【한(漢)의 안시현(安市縣), 고구려(高句麗)의 안시성(安市城)이다. 당(唐) 태종(太宗)이 공격하였으나 함락시키지 못하였고, 설인귀(薛仁貴)가 흰 옷을 입고 성에 올랐다는 곳이 바로 이곳이다. 요(遼)나라의 철주(鐵州), 금(金)나라의 탕지(湯池)이다. 동경 서남쪽 60리에 위치하며, 개평현(蓋平縣) 동북 70리에 있다.】 탕주(湯州)【본래 한(漢) 시기에는 양평현(襄平縣)의 땅이었고, 요나라의 동경 서북 100리에 있다.】,

---

22) '河瑞'→'河端'.
23) '靈巖'→'靈峯'.

영주(榮州), 홍주(興州)【본래 한(漢)나라의 해평현(海平縣)이었다.】.

【26현을 거느린다.】 산양(山陽), 한양(漢陽), 백암(白巖), 상암(霜巖)【옛 비리군(陴離郡)의 땅이었는데, 한 시기에 험독현(險瀆縣)에 속했으며, 고[구]려 시기에 상암현(霜巖縣)이 되었다가, 발해 시기까지 이어졌다. 요(遼) 시기에는 집주(集州)였으며, 금(金) 시기에는 귀덕주(貴德州)의 땅이었다. ○ 모두 노주(盧州)에 속한다.】, 영풍(永豐)【현주(顯州)에 예속되었다. ○ 한 시기에 요대현(遼隊縣)의 땅이었고, 고구려 때 신향(神鄉)을 설치하여, 환주(桓州)의 속현(屬縣)으로 삼았다. 발해 시기에 영풍현(永豐縣)으로 고쳐졌으며, 요 시기에는 선향현(仙鄉縣)이었는데, 해성현(海城縣) 서쪽으로 60리에 위치한다.】, 위성(位城), 하서(河瑞), 창산(蒼山)【아마도 당(唐)의 창암주(蒼巖州)일 것이다.】, 용진(龍珍)【모두 철주(鐵州)에 속한다.】, 영암(靈巖), 상풍(常豐), 백석(白石), 균곡(均谷), 가리(嘉利)【모두 탕주(湯州)에 속한다.】, 성길(盛吉), 산산(蒜山), 철산(鐵山)【모두 흥주(興州)에 속한다.】, 장령(長寧), 금덕(金德)【『요사』에 이르기를, 요양현(遼陽縣)은 본래 발해 금딕현(金德縣)의 땅이라고 하였다.】, 계산(鷄山)【한 시기 거취현(居就縣)이었으며, 금 시기에는 학야현(鶴野縣)이었다.】, 화산(花山)【한 시기 망평현(望平縣)이었고, 요 시기에는 석목현(析木縣)이었으며, 금이 그것을 이었는데, 징주(澄州)에 속한다.】, 자몽(紫蒙)【한 시기에 누방현(鏤方縣)이었고, 불열국(拂涅國)이 이곳에 동평부(東平府)를 설치하였다. 발해 시기에 현을 설치하였는데, 요가 그것을 이었다.】, 숭산(崇山)【한 시기 양평현(襄平縣)의 땅이며, 발해가 현을 설치하였으며, 요는 귀덕현(貴德縣)으로 고쳤는데, 금이 그것을 이었다.】, 위수(溈水), 녹성(綠城), 봉집(奉集)【한 시기 험독현(險瀆縣)의 땅이며, 발해가 현을 설치하였으며, 요는 집주(集州)로 삼았으며, 금 시기에는 귀덕주(貴德州)에 속하였다. 『명사(明史)』 지리지에 봉집은 옛 철령성(鐵嶺城)이라고 하였다.】, 삼로군(杉盧郡)【일설에 현이 노주(盧州)에 속한다고 하였다. ○ 한 시기에 현도군의 땅이었고, 고구려 시기에는 남소성(南蘇城)이었으며, 당 시기에는 금주(金州)였으며, 발해 시기에 군을 설치하였고, 요 시기에는 소주(蘇州)였는데, 금이 그것을 이었다. 원 시기에는 개주로(蓋州路)에 속하였으며, 명 시기에는 금주위(金州衛)였는데, 지금의 영해현(寧海縣)이다.】.

龍原府【領州四】慶州【遼志云, 開州鎭國軍, 本濊貊地, 高句麗爲慶州, 渤海因之, 爲龍原府領州.】·鹽州·穆州·賀州【領縣十五.】·龍原【遼志云, 開遠縣, 本柵城地, 高句麗爲龍原縣, 渤海因之.〕·永安·烏山·壁谷·熊山〔薛仁貴征高句麗, 與其將溫沙門, 戰熊山, 卽此.〕·白楊〔並隷慶州.〕·海陽·接海·格川〔並隷塩州.〕·水岐·順化·美縣〔並隷穆州.〕·洪賀·送誠·石山.〔並隷賀州.〕 ○龍河郡〔一云縣, 隷塩州.〕·會農郡〔一云縣, 隷穆州.〕·吉理郡〔一云縣, 隷賀州.〕.

용원부(龍原府)〔4개의 주(州)를 거느린다.〕 경주(慶州),〔『요사』 지리지에 개주(開州) 진국군(鎭國軍)은 본래 예맥(濊貊)의 땅이었는데, 고구려가 경주(慶州)라 하였고, 발해가 그것을 이어서 용원부(龍原府)가 거느리는 주로 삼았다.〕 염주(鹽州), 목주(穆州), 하주(賀州).

〔15개 현(縣)을 거느린다.〕 용원(龍原),〔『요사』 지리지에는 개원현(開遠縣)은 본래 책성(柵城)의 땅으로, 고구려가 용원현(龍原縣)으로 삼았고, 발해가 그것을 이었다고 하였다.〕 영안(永安), 오산(烏山), 벽곡(壁谷), 웅산(熊山),〔설인귀(薛仁貴)가 고구려를 정벌할 때, 그 [고구려] 장수인 온사문(溫沙門)과 웅산(熊山)에서 싸웠는데 바로 이곳이다.〕 백양(白楊),〔모두 경주(慶州)에 속한다.〕 해양(海陽), 접해(接海), 격천(格川),〔모두 염주(鹽州)에 속한다.〕 수기(水岐), 순화(順化), 미현(美縣),〔모두 목주(穆州)에 속한다.〕 홍하(洪賀), 송성(送誠), 석산(石山).〔모두 하주(賀州)에 속한다.〕 ○ 용하군(龍河郡),〔일설에는 현이라고 하면서 염주(鹽州)에 속한다고 하였다.〕 회농군(會農郡),〔일설에는 현이라고 하면서 목주(穆州)에 속한다고 하였다.〕 길리군(吉理郡).〔일설에는 현이라고 하면서 하주(賀州)에 속한다고 하였다.〕

南海府〔領州三.〕 沃州·晴州[24]·椒州.
〔領縣十六.〕 天晴·神陽·蓮池·狼山·仙巖〔並隷晴州.〕·椒山·貂嶺·漸泉·尖山·巖淵〔遼志云, 巖淵縣屬海州, 東界新羅, 故平壤城在縣西南. 東北至海州一百二十里. ○並隷椒州.〕·沃沮·鷲嶺[25]·龍山〔遼潭州屬縣, 有龍山.〕·濱海〔金瑞州屬縣, 有海濱, 疑是.〕·昇平·靈泉.〔並隷州未詳.〕

---

24) '晴州' → '睛州'.
25) '鷲嶺' → '鷲巖'.

남해부(南海府)【3개의 주를 거느린다.】옥주(沃州), 정주(睛州), 초주(椒州).

【16개의 현을 거느린다.】천청(天晴), 신양(神陽), 연지(蓮池), 낭산(狼山), 선암(仙巖)【모두 정주에 속한다.】, 초산(椒山), 초령(貂嶺), 시천(澌泉), 첨산(尖山), 암연(巖淵)【『요사』지리지에는 암연현(巖淵縣)은 해주(海州)에 속하며, 동쪽으로는 신라와 경계하고 있다. 옛 평양성(平壤城)은 [암연]현의 서남쪽에 있으며, 동북쪽으로 120리를 가면 해주에 이른다고 하였다. ○ 모두 초주에 속한다.】, 옥저(沃沮), 취령(鷲嶺), 용산(龍山)【요나라 담주(潭州)의 속현이었으며, 용산이 있다.】, 빈해(濱海)【금 시기에는 서주(瑞州)의 속현이었으며, 해빈(海濱)이 있다고 하는데 의심스럽다.】, 승평(昇平), 영천(靈泉)【모두 어느 주에 속하는지 알 수 없다.】.

鴨綠府[26)]【領州四.】 神州【卽取神鄕爲號.】・桓州【高句麗中都城, 拗立宮闕, 謂之新國, 隸淥州, 在西南二百里. 故縣三, 桓都神鄕浿水.】・豐川[27)]・正州.
【領縣十.】 桓都・神鄕【今隸蓋州.】・浿水[28)]【卽浿水邊, 並隸桓州.】・神鹿・神化・劒門・安豐・渤恪・隰壤・硤石.【並隸州未詳.】 ○ 盤安郡【一云縣, 隸豐州.】・沸流郡【一云縣, 隸正州, 遼志云, 正州爲公孫康所據, 渤海置郡.】.

압록부(鴨綠府)【4개의 주를 거느린다.】신주(神州)【곧 신향(神鄕)을 취하여 호(號)로 삼은 것이다.】, 환주(桓州)【고구려 중도성(中都城)[29)]이다. 궁궐을 세워 신국(新國)이라 일컬었다. 녹주(淥州)에 속하였고, 서남 2백 리에 있었다. 옛 현(縣)이 3개였는데, 환도(桓都), 신향(神鄕), 패수(浿水)이다.】, 풍주(豐州), 정주(正州).

【10개 縣을 거느린다.】환도(桓都), 신향(神鄕)【금 시기에는 개주(蓋州)에 속하였다.】, 패수(浿水)【즉 패수변(浿水邊)이다. 모두 환주(桓州)에 속한다.】, 신록(神鹿), 신화(神化), 검문(劒門), 안풍(安豐), 발각(渤恪), 습양(隰壤), 협석(硤石).【모두 어느 주에 속하는지 알 수 없다.】

---

26) '鴨綠府' → '鴨淥府'.

27) '豐川' → '豐州'.

28) '浿水' → '淇水'.

29) 원문의 '中都城'은 고유명사가 아니라 中都에 쌓은 성이라는 일반명사이다(유득공 지음, 김종복 옮김, 2018, 193쪽).

○ 반안군(盤安郡)【일설에는 현이라고 하며, 풍주에 속한다고 하였다.】, 비류군(沸流郡)【일설에는 현이라고 하며, 정주에 속한다고 하였다. 『요사』 지리지에서는 정주가 공손강(公孫康)에게 점거되었었고, 발해가 군을 설치했다고 하였다.】.

> 長嶺府【漢長岑縣, 高句麗故地, 營州道也. ○領州二.】瑕州·何州.[30]
> 扶餘府【漢扶餘國, 唐黑水都督府, 渤海扶餘府, 遼隷東京, 金上京會寧府, 元開元路, 明三萬衛, 今開元縣. 遼志云, 通州安遠軍, 本扶餘國王城, 渤海號扶餘城. 在蓋平縣西南. 金志云, 會寧府, 北至扶餘路七百里. ○唐書, 扶餘故地, 契丹道也, 常屯勁兵扞契丹. ○領州二.】扶州·仙州.
> 【領縣十一.】布多·扶餘·顯義·鵲川·强師【遼歸仁縣, 隷通州, 金隷咸平府, 渤海置縣.】·新安·漁谷·永寧【疑金之復州, 屬永康縣, 今之永寧監城.】·豊永[31]·扶羅·永平.【並隷州未詳.】

장령부(長嶺府)【한 시기에 장잠현(長岑縣)이었다. 고구려의 옛 땅이며, 영주도(營州道)이다. ○ 2개의 주를 거느린다.】 하주(瑕州), 하주(何州).

부여부(扶餘府)【한 시기에 부여국이었으며, 당 시기에는 흑수도독부(黑水都督府)였으며, 발해 시기에는 부여부였으며, 요 시기에는 동경(東京)에 속했으며, 금 시기에는 상경(上京) 회령부(會寧府)였다. 원 시기에는 개원로(開元路)였으며, 명 시기에는 삼만위(三萬衛)였는데, 지금의 개원현(開元縣)이다. 『요사』 지리지에서는 통주안원군(通州安遠軍)은 본래 부여국의 왕성이었는데, 발해 시기에 부여성이라고 불렀다. 개평현(蓋平縣) 서남쪽에 있다. 『금사』 지리지에서 회령부(會寧府)는 북쪽으로 부여로(扶餘路)까지 700리라고 하였다. ○ 『당서』에서는 부여의 고지(故地)이며, 거란도(契丹道)인데, 항상 강한 군사를 주둔시켜 거란에 대비하였다고 한다. ○ 2개의 주를 거느린다.】 부주(扶州), 선주(仙州).

【11개 현을 거느린다.】 포다(布多), 부여(扶餘), 현의(顯義), 작천(鵲川), 강사(强師)【요 시기에는 귀인현(歸仁縣)이었는데, 통주(通州)에 속하며, 금 시기에는 함평부(咸平府)에 속했

---

30) '何州' → '河州'.
31) '豊永' → '豊水'.

으며, 발해 시기에 현을 설치하였다.], 신안(新安), 어곡(漁谷), 영령(永寧)[아마도 금 시기에 복주(復州)였으며, 영강현(永康縣)에 속하였고, 지금의 영녕감성(永寧監城)일 것이다.], 풍영(豐永), 부라(扶羅), 영평(永平).[모두 어느 주에 속하는지 알 수 없다.]

鄚部府[32)][扶餘故地, 遼置東平郡, 渤海置府, 金置韓州. ○領州二.] 鄚州·高州.

막힐부(鄚頡府)[부여의 옛 땅이며, 요 시기에 동평군(東平郡)을 설치하였고, 발해 시기에 부(府)를 설치하였으며, 금 시기에는 한주(韓州)를 설치하였다. ○ 2개의 주를 거느린다.] 막주(鄚州), 고주(高州).

定理府[挹婁故地. ○領州二] 定州[遼志云, 定州, 保寧郡, 高麗置州, 渤海因之, 屬定理府.]·瀋州[33)][漢挹婁扶餘沃沮朝鮮等地, 三國晉時平州地, 元魏營州地, 齊周時高句麗地, 隋營州地. 渤海建瀋州, 遼瀋州昭德軍, 金瀋州顯德軍, 元瀋陽路, 明瀋陽中衛, 今盛京奉天府.].

정리부(定理府)[읍루(挹婁)의 옛 땅이다. ○ 2개의 주를 거느린다.] 정주(定州),『요사』지리지에서는 정주 보령군(保寧郡)은 고[구]려 시기에 주를 설치하였고, 발해가 그것을 이었는데, 정리부에 속한다고 하였다.] 심주(瀋州)[한 시기에는 읍루·부여·옥저·[고]조선 등의 땅이었고, 삼국(三國)·진(晉) 시기에는 평주(平州)의 땅이었다. 원위(元魏)[34)] 시기에는 영주(營州)의 땅이었고, 제(齊)·주(周) 시기에는 고구려의 땅이었으며, 수 시기에는 영주(營州)의 땅이었다. 발해가 심주(瀋州)를 세웠고, 요 시기에는 심주 소덕군(昭德軍)이었으며, 금 시기에는 심주 현덕군(顯德軍)이었고, 원 시기에는 심양로(瀋陽路)였으며, 명 시기에는 심양중위(瀋陽中衛)였는데, 지금의 성경(盛京) 봉천부(奉天府)이다.].

---

32) '鄚部府' → '鄚頡府'.
33) 瀋州로도 나온다.
34) 元魏(386~534)는 北朝의 한 나라로서, 선비족인 拓跋珪가 강북에 세운 나라이다. 후에 東魏와 西魏로 분열되었다.

安邊府【挹婁故地, ○領州二.】安州·瓊州.

안변부(安邊府)【읍루의 옛 땅이다. ○ 2개의 주를 거느린다.】 안주(安州), 경주(瓊州).

率賓府【率賓故地. 遼爲率賓縣, 金爲率賓路. ○領州三.】 華州【疑漢華麗縣也.】·蓋州35)【漢西蓋馬縣, 三國平州地, 高句麗蓋牟城, 唐蓋州. 渤海因之. 遼辰州奉國軍, 金蓋州奉國軍, 元蓋州, 屬遼陽路, 明蓋州衛, 今蓋平縣.】·建州【唐張儉渡遼水, 趨建安城者, 是. 遼爲建縣, 屬辰州, 金屬蓋州, 在蓋平縣西南.】.

솔빈부(率賓府)【솔빈의 옛 땅이다. 요 시기에는 솔빈현이었고, 금 시기에는 솔빈로였다. ○ 3개의 주를 거느린다.】 화주(華州)【아마도 한 시기의 화려현(華麗縣)일 듯하다.】, 개주(蓋州)【한 시기 서개마현(西蓋馬縣)이며, 삼국 시기에는 평주(平州)의 땅이었고, 고구려 시기에는 개모성이었으며, 당 시기에는 개주(蓋州)이다. 발해가 그것을 이었다. 요 시기에는 진주(辰州) 봉국군(奉國軍)이었고, 금 시기에는 개주 봉국군이었다. 원 시기에는 개주였는데, 요양로(遼陽路)에 속하였고, 명 시기에는 개주위(蓋州衛)였는데, 지금의 개평현(蓋平縣)이다.】, 건주(建州)【당 시기 장검(張儉)이 요수를 건너, 건안성을 공격하였다고 한 것은 옳다. 요는 건안현(建安縣)으로 삼았고, 진주(辰州)에 속하였다. 금 시기에는 개주에 속하였는데, 개평현 서남쪽에 있다.】.

東平府【拂涅故地. 遼志云, 遼州, 本佛寧36)國城, 唐李世勣拔遼城, 程名振蘇定方討高麗, 至新城, 大破之, 皆此地也. 唐爲遼州, 渤海爲東平府, 遼爲遼州, 有遼河羊腸河錐子河. 又有東平縣, 屬同州, 漢襄平縣地. ○領州五.】 伊州·蒙州·沱州·黑州·比州.【領縣十八, 未考.】

---

35) 盆州로도 나온다.
36) '佛寧' → '拂涅'.

동평부(東平府)【불열(拂涅)의 옛 땅이다. 『요사』 지리지에서 요주(遼州)는 본래 불녕국성(佛寧國城)이었고, 당 시기 이세적(李世勣)이 요성(遼城)을 함락하였고, 정명진(程名振)과 소정방(蘇定方)이 고구려를 토벌하였을 때 신성(新城)에 이르러 [고구려의 군대를] 크게 깨뜨렸는데 모두 이 지역이다. 당은 요주로 삼았고, 발해는 동평부로 삼았으며, 요는 요주로 삼았는데, 요하37)·양장하(羊腸河)38)·추자하(錐子河)39)가 있다. 또한 동평현(東平縣)이 있었는데, 동주(同州)에 속했고, 한 시기 양평현(襄平縣)의 땅이다. ○ 5개의 주를 거느린다.】 이주(伊州), 몽주(蒙州), 타주(沱州), 흑주(黑州), 비주(比州).
【18개의 현을 거느리는데, 살필 수가 없다.】

【渤海置州, 遼因之.】 鐵利府【鐵利故地. ○領州六.】 廣州【漢屬襄平縣, 高句麗爲當山縣.】·汾州·蒲州·海州【遼因之, 金澄州, 明海州衛.】·義州【遼宜州, 金義州, 元因之, 屬大寧路, 明置衛, 今在廣寧北界.】·歸州【疑遼歸化縣.】. ○ 鐵利郡【高句麗當山縣地, 渤海置郡, 遼屬廣州. ○隷州未詳.】.

【발해는 주를 설치하였고, 요는 그것을 이었다.】 철리부(鐵利府)【철리의 옛 땅이다. ○ 6개의 주를 거느린다.】 광주(廣州)【한 시기에는 양평현에 속했고, 고구려는 당산현(當山縣)으로 삼았다.】, 분주(汾州), 포주(蒲州), 해주(海州)【요가 그것을 이었고, 금 시기에는 징주(澄州)였으며, 명 시기에는 해주위(海州衛)였다.】, 의주(義州)【요 시기는 의주(宜州)였고, 금 시기에는 의주(義州)였으며, 원이 그것을 이어 대령로(大寧路)에 속하게 하였다. 명은 위(衛)를 설치하였는데, 지금 광령(廣寧)의 북쪽 경계에 있다.】, 귀주(歸州)【아마도 요 귀화현(歸化縣)일 듯하다.】 ○ 철리군(鐵利郡)【고구려 시기 당산현의 땅이고, 발해가 군을 설치하였다. 요 시기에는

---

37) 길림성 遼源市 부근에서 발원하는 동요하와 내몽고자치구 부근에서 발원하는 서요하가 길림성 鐵嶺市 昌圖縣 부근에서 합류하여 남쪽으로 흘러 渤海로 들어가는 강이다. 길이는 1,430km이다(유득공 지음, 김종복 옮김, 2018, 196쪽).
38) 요령성 북진시와 黑山縣 경계를 흘러 남쪽으로 繞陽河에 합류하는 강이다. 길이는 약 90km이다(유득공 지음, 김종복 옮김, 2018, 196쪽).
39) 『契丹國志』 권8에 따르면, 8대 황제 興宗의 출생지가 현주 동쪽 추자하라고 하였다. 이로 보아 요령성 북진시 동쪽에 있는 강으로 추정된다(유득공 지음, 김종복 옮김, 2018, 196쪽).

광주(廣州)에 속하였다. ○ 어느 주에 속하였는지는 자세히 알 수 없다.].

> 【隋懷遠鎭】懷遠府【越喜故地. ○領州九.】達州·越州·懷州·紀州·富州【銀州富國軍, 遼置, 元省, 明鐵嶺衛.】【遼改銀州, 金改新興縣, 隷咸平府, 今鐵嶺縣.】·美州·福州·邪州·芝州.
> 【領縣九.】富壽·優富【並隷富州.】·山河·黑川·麓川【並隷美州.】·越喜【金志 韓州柳河縣, 本渤海越喜縣地.】·懷福【金志, 信州, 本渤海懷遠軍, 有武昌縣, 本渤海懷福縣地.】·豹山·乳水.【並隷州未詳.】

【수나라 시기 회원진(懷遠鎭)이다.】회원부(懷遠府)【월희(越喜)의 옛 땅이다. ○ 9개의 주를 거느린다.】달주(達州), 월주(越州), 회주(懷州), 기주(紀州), 부주(富州)【은주(銀州) 부국군(富國軍)으로, 요 시기에 설치되었으며, 원 시기에는 성(省)이었고, 명 시기에는 철령위(鐵嶺衛)였다.】,【요는 은주로 고쳤으며, 금은 신흥현(新興縣)으로 고쳤다. 함평부(咸平府)에 속하였으며, 지금의 철령현(鐵嶺縣)이다.】미주(美州), 복주(福州), 사주(邪州), 지주(芝州). 【9개의 현을 거느린다.】부수(富壽), 우부(優富),【모두 부주(富州)에 속한다.】산하(山河), 흑천(黑川), 녹천(麓川),【모두 미주(美州)에 속한다.】월희(越喜)【『금사』 지리지에서는 한주 유하현(韓州柳河縣)으로, 본래 발해 월희현(越喜縣)의 땅이라고 하였다.】, 회복(懷福)【『금사』 지리지에 신주(信州)는 본래 발해의 회원군(懷遠軍)이었다. 무창현(武昌縣)이 있었는데, 본래 발해의 회복현(懷福縣)의 땅이다.】, 표산(豹山), 유수(乳水).【모두 어느 주에 속하였는지 자세히 알 수 없다.】

> 安遠府【越喜故地. ○領州四.】寧州·郿州·慕州【在涑州西二百里, 涑州卽鴨綠府, 在今朝鮮界內. 清一統志云, 在鴨綠之西, 可疑】·常州.
> 【領縣二.】慕化·崇平.【並隷慕州.】

안원부(安遠府)【월희의 옛 땅이다. ○ 4개의 주를 거느린다.】영주(寧州), 미주(郿州), 모주(慕州)【녹주(涑州)의 서쪽 2백 리에 있는데, 녹주는 곧 압록부(鴨綠府)이다. 지금 조선의 경계 안에 있다. 『대청일통지』에서는 압록의 서쪽에 있다고 하였는데, 가히 의심스럽다.】, 상주(常州).

【2개의 현을 거느린다.】 모화(慕化), 숭평(崇平).【모두 모주(慕州)에 예속되었다.】

三獨奏州. 郢州·銅州【高句麗銅山縣地, 遼爲同州, 漢襄平縣地, 渤海置東平寨.】·涑州.【以其有涑沫江, 卽粟末靺鞨所居.】

3개의 독주주(獨奏州)가 있다. 정주(郢州), 동주(銅州)【고구려 동산현(銅山縣)의 땅이며, 요는 동주(同州)로 삼았다. 한 시기에는 양평현(襄平縣)의 땅이었고, 발해는 동평채(東平寨)를 설치하였다.】, 속주(涑州)【그곳에 속말강(涑沫江)이 있는데, 즉 속말말갈(粟末靺鞨)이 거주한 곳이다.】.

郭州【唐置, 渤海因之. 後屬於遼, 載紀, 遼以鴨綠江南與高麗, 高麗築興鐵通龍龜郭六州, 今在朝鮮界內. 淸一統志云, 郭州在鴨綠之北. ○按, 唐所置郭州, 疑平郭之改號也, 非高麗郭州.】

곽주(郭州)【당(唐)이 설치하였고, 발해가 그것을 이었다. 이후에 요에 속하였다. 본기에서 요는 압록강 남쪽으로 고려와 접하였는데, 고려는 흥주(興州)·철주(鐵州)·통주(通州)·용주(龍州)·귀주(龜州)·곽주(郭州) 6개 주를 두었다. 지금은 조선의 경계 내에 있다고 하였다. 『대청일통지』에서 곽주는 압록강 북쪽에 있다고 하였다. ○ 살펴보면 당이 곽주를 설치하였다고 했는데, 의심컨대 평곽(平郭)의 고쳐진 이름이며, 고려의 곽주가 아닐 것이다.】

崇州【遼志云, 崇州隆安軍, 本漢長岑縣地. 渤海置州, 在東京東北一百五十里. ○按, 新唐書稱六十二州, 而只列六十州. 淸一統志有郭州, 遼志有崇州, 可稱六十二州.】

숭주(崇州)【『요사』 지리지에서 숭주(崇州) 융안군(隆安軍)은 본래 한 시기 장잠현(長岑縣)

의 땅이다. 발해가 주를 설치하였는데, 동경 동북쪽 150리에 있다. ○ 살피건대, 『신당서』에서는 62주로 칭했는데, 단지 60주만이 나열되어 있다. 『대청일통지』에 곽주(郭州)가 있으며, 『요사』 지리지에 숭주(崇州)가 있는데, 가히 62주라 칭할 만하다.】

府州未詳郡三. 安定·銅山【遼志云, 咸州, 本高句麗銅山縣地, 渤海銅山郡地, 在漢候城縣北. 金志, 銅山縣, 本漢襄平縣, 遼爲同州, 西有遼河.】·安寧【藁離國故地. ○按, 魏略云, 昔北方有藁離之國, 其王子侍婢生子, 名曰東明云, 則藁離亦扶餘之一也.】.

부주(府州)가 미상인 군은 3개이다. 안정(安定), 동산(銅山)【『요사』 지리지에서 함주(咸州)는 본래 고구려 동산현(銅山縣)의 땅이었고, 발해의 동산군(銅山郡)의 땅이었다. 한 후성현(候城縣) 북쪽에 있었다. 『금사』 지리지에서 동산현은 본래 한 양평현이었고, 요 시기 동주(同州)였으며, 서쪽에 요하가 있다고 하였다.】, 안영(安寧)【고리국(藁離國)의 옛 땅이다. ○ 살피건대, 『위략』에서는 예전에 북방에 고리국(藁離國)이 있었는데, 그 왕자의 시비(侍婢)가 아들을 낳아, 이름을 동명(東明)이라고 하였는데, 즉 고리(藁離) 또한 부여(扶餘)의 한 갈래이다.】.

府州未詳縣十. 長泰·豊永·熊岳【金隸蓋州.】·靈峯【金志, 靈山縣, 隸懿州, 本渤海靈峯縣地.】·麓郡·麓波·雲川·安夷·萬安·常樂【遼志, 漢浿水縣, 高句麗改爲句麗縣, 渤海爲常樂縣. ○渤海考, 以金德云常樂者, 非.】.

부주(府州)가 미상인 현은 10개이다. 장태(長泰), 풍영(豊永), 웅악(熊岳)【금 시기에는 개주(蓋州)에 속하였다.】, 영봉(靈峯)【『금사』 지리지에 영산현(靈山縣)은 의주(懿州)에 속하였고, 본래 발해의 영봉현(靈峯縣)의 땅이라고 하였다.】, 녹군(麓郡), 녹파(麓波), 운천(雲川), 안이(安夷), 만안(萬安), 상락(常樂)【『요사』 지리지에서는 한의 패수현(浿水縣)이었고, 고구려가 구려현(句麗縣)으로 고쳤으며, 발해 때에는 상악현(常樂縣)으로 삼았다고 하였다. ○ 『발해고』에서, 금덕(金德)을 상락이라고 운운한 것은 잘못이다.】.

按, 忽汗城破後, 渤海人率民投于高麗者, 幾數十, 人民亦數萬, 則渤海之末, 清川以南爲弓裔十三鎭, 此皆清川以北人民也. 盖契丹經理, 只及於鴨水, 而女眞又乘其間, 盜據鴨南清北. 後高麗太祖拓地, 置龜郭宣鐵龍義靜麟等州, 而北以清塞關【今熙川狄踰嶺, 嶺以外爲女眞所據.】爲界.

살피건대 홀한성이 함락된 후 발해인이 백성을 거느리고 고려로 내투한 것이 수십 번이고, 백성 또한 수만이었다. 즉 발해 말기에, 청천강(清川江) 이남은 궁예(弓裔)가 13개 진(鎭)으로 삼았는데 이곳은 모두 청천강 이북의 백성들이었다. 대개 거란의 통치가 단지 압록강까지 미쳤었기 때문에, 여진(女眞) 또한 그 사이를 타고 압록강 남쪽부터 청천강 북쪽을 점거하여 노략질을 행하였다. 뒤에 고려 태조(太祖)가 그 땅을 개척하여, 귀주(龜州)·곽주(郭州)·선주(宣州)·철주(鐵州)·용주(龍州)·의주(義州)·정주(靜州)·인주(麟州) 등의 주로 삼았고, 북쪽으로 청새관(清塞關)【지금 희천(熙川) 적유령(狄踰嶺)으로, 영(嶺) 바깥은 여진(女眞)이 점거하였다.】을 경계로 삼았다.

○ 권31, 방여총지(方輿總志) 3, 발해국(渤海國) 강역(疆域)

自震國公, 至高王, 盡得扶餘沃沮弁韓朝鮮海北諸國, 地方五千餘里, 直營州東二千里, 東窮海, 西契丹, 南接新羅, 以泥河爲界【按, 泥河, 今大同江.】. ○郡郡國志云, 南海扶餘鴨綠柵城, 並是高句麗舊地也, 自新羅泉井郡【按, 今德原府.】, 西至柵城, 凡三十九驛. ○清一統志云, 渤海所置郡縣, 多在吉林烏喇寧古塔及朝鮮界內. ○渤海考云, 新羅統合後, 東北以泉井郡爲界, 今德源府也, 西北以唐岳縣爲界, 今中和府也. 自中和以東, 沿祥原遂安谷山, 以抵于德源, 皆其邊塞也. 其外咸鏡平安二道之地, 皆爲渤海有矣. 及新羅之衰, 弓裔始定浿西十三鎭. 是時渤海與契丹, 未及交兵, 而已失其南鄙. 及契丹破渤海, 所經理者, 只鴨綠以北, 故鴨綠以南渤海郡縣沿革, 遼史闕焉, 無以考也. 唐書云, 渤海南接新羅, 以泥河爲界, 文獻備考曰, 泥河當在德源界內者, 非也. 以遼史考之, 浿水一名泥河, 生靲芋草, 亦稱靲芋濼水, 此指遼東京之水也. 遼東京者, 卽今遼陽縣也, 遼史, 以東京, 謂卽渤海中京顯德府, 本箕子所封平壤城也. 清一統志辨之甚詳, 盖遼史以東京爲平壤, 故又載浿水焉. 其所謂一名泥河之浿水, 乃我國平壤之浿水, 今大同江也, 新羅渤海分界處, 正在大同一帶耳.

　　진국공(震國公)부터 고왕(高王)에 이를 때까지 부여(扶餘)·옥저(沃沮)·변한(弁韓)·조선(朝鮮)·해북(海北)의 여러 나라를 모두 차지하였고, 지방 5천여 리였으며, 영주(營州) 동쪽으로 2천 리에 있었다. 동쪽으로는 바다와 닿으며, 서쪽으로는 거란(契丹)과, 남쪽으로는 신라(新羅)와 접해 있는데, 니하(泥河)를 경계로 삼았다.【살피건대 니하는 지금의 대동강(大同江)이다.】 ○ [가탐(賈耽)의]『고금군국지(古今郡國志)』에 이르기를, 남해(南海)·부여(扶餘)·압록(鴨綠)·책성(柵城)은 모두 고구려의 옛 땅이다. 신라 천정군(泉井郡)【살피건대 지금의 덕원부(德源府)이다.】에서 서쪽으로 책성에 이르기까지 무릇 39역(驛)이 있다고 하였다. ○『대청일통지』에서는 발해가 설치한 군현(郡縣)이, 길림(吉林)·오라(烏喇)·영고탑(寧古塔)과 조선의 경내에 많다고 하였다. ○『발해고』에서는 신라가 통합한 뒤에 동북으로는 천정군(泉井郡)을 경계로 삼았는데, 지금의 덕원부(德源府)라 하였고, 서북으로는 당악현(唐岳縣)을 경계로 삼았는데, 지금의 중화부(中和府)라 하였다. 중화부 동쪽으로부터 상원(祥原)·수안(遂安)·곡산(谷山)과 연접하였고, 덕원(德源)에 이르렀는데 모두 그 변경이다. 그 외에 함경(咸鏡)·평안(平安) 2도(道)의 땅은 모두 발해가 차지하였다. 신라가 쇠락하며, 궁예(弓裔)가 처음으로 패서(浿西) 13진(鎭)을 정하였다. 이때에는 발해와 거란이 아직 교전하지 않았는데, 이미 그 남쪽의 변경을 잃어버리게 된 것이다. 거란이 발해를 깨뜨림에 미쳐서, 그 통치가 오로지 압록강 이북에만 미쳤었기 때문에, 압록강 이남의 발해 군현의 연역은 『요사』에서 빠지게 되었고, 고찰할 수가 없게 되었다. 『당서』에서 발해의 남쪽은 신라와 접하고, 니하를 경계로 삼는다고 하였다. 『문헌비고』에서 니하는 마땅히 덕원의 경내에 있다고 하였는데 잘못된 것이다. 『요사』를 살펴볼 때, 패수(浿水)의 다른 이름이 니하였고, 한우초(䪆芋草: 수초의 종류)가 자라서 또한 한우낙수(䪆芋濼水)라 칭했는데, 모두 요의 동경(東京)을 가리킨다. 요 동경은 곧 지금의 요양현(遼陽縣)이다. 『요사』에서 동경(東京)은 곧 발해의 중경(中京) 현덕부(顯德府)로, 본래 기자(箕子)가 봉해졌던 평양성(平壤城)이라고 하였다. 『대청일통지』가 논변한 것이 아주 상세한데, 대개『요사』에서는 동경을 평양으로 삼았기 때문에 또한 패수를 기록한 것이다. 이른바 일명 니하의 패수는 곧 우리나라 평양의 패수를 말하며, 지금의 대동강(大同江)이다. 신라와 발해의 분계(分界) 지점은 바로 대동강 일대일 것이다.

○ 권31, 방여총지(方輿總志) 3, 발해국(渤海國) 흥료국(興遼國)

> 興遼國【契丹東京將軍大延琳, 卽渤海高王之七代孫, 叛契丹, 國號興遼, 建元天興, 遣使高麗, 告建國, 兼救援, 高麗不許. 其太師大延定, 引東北女眞, 與契丹相攻. 顯宗二十一年, 再遣使上表乞師. 又遣使乞援而尋亡.】
> 按, 咸平二道之地, 爲渤海南界, 而其州縣之不傳, 由於渤海史之不修也. 勝國時, 契丹以鴨江爲界, 女眞以三關爲界, 故平安之州縣, 不載於遼志, 咸鏡之沿革, 見漏於麗史, 則其新疆所定之號,【如浿西十三鎭女眞九城.】皆非渤海句麗之舊號也. 其州治邑號, 從何而求之乎.

흥료국(興遼國)【거란의 동경장군(東京將軍) 대연림(大延琳)은 곧 발해 고왕(高王)의 7대손이다. 거란을 배반하고 국호를 흥료(興遼)라고 하였고, 연호를 세워 천흥(天興)이라 하였다. 고려에 사신을 보내 건국을 알리고 겸하여 구원을 청하였는데, 고려는 허락하지 않았다. [흥료의] 태사(太師) 대연정(大延定)이 동북의 여진을 이끌고 거란과 서로 공격하였다. 현종(顯宗) 21년(1030)에 다시 사신을 보내 표문을 올려 군사를 애걸하였다. 다시 사신을 보내 구원을 애걸하였으나 이윽고 망하였다.】

살피건대, 함경과 평안 2도(道)의 땅은 발해의 남쪽 경계가 되었다. 그리고 주와 현은 전해지지 않는데, 발해의 역사가 수찬(修撰)되지 않았기 때문이다. 승국(勝國)[40] 시기에 거란은 압록강으로 경계를 삼았고 여진은 삼관(三關)을 경계로 삼았기 때문에, 평안의 주와 현은 『요사』 지리지에 기재되어 있지 않았다. 함경도의 연혁은 고려사에 누락되었고, 곧 새 강역에 붙인 이름【패서 13진, 여진의 9성(城)과 같다.】은 모두 발해와 [고]구려의 옛 이름이 아니다. 그 주·치·읍의 호칭은 어디에서부터 찾을 수 있을 것인가.

---

40) 勝國은 자기 나라가 이겨 멸망시킨 나라를 뜻하는 것으로, 여기에서는 발해를 뜻한다.

발해사 자료총서 – 한국사료 편 권2

41. 『발해고(渤海考)』

『발해고』는 유득공(柳得恭, 1748~1807)이 1784년에 완성하고 그 후 수차에 걸쳐 내용을 보완·수정한 책이다. 국립중앙도서관에 소장되어 있는 초간본과 수정본의 차이를 간단히 정리하면 아래와 같다.

구분	초간본	수정본	비고
본문	발해국(渤海國)		발해 왕계(王系) 표시
	서문[序]		박제가와 유득공의 서문이 있음
		오경표(五京表)	
		오경도(五京圖)	
	목차[目錄]	발해고 목차[渤海考目錄]	
	인용책 목록[引用書目]		
	군고(君考) 신고(臣考) 지리고(地理考) 직관고(職官考) 의장고(儀章考) 물산고(物產考) 국어고(國語考) 국서고(國書考) 속국고(屬國考)	군고(君考, 권1) 신고(臣考, 권2) 지리고(地理考, 권3) 직관고(職官考, 권4) 국서고(國書考, 권4)	

1784년의 『발해고』는 9개 고찰을 한 권에 담았으나, 그 후의 수정본은 5개 고찰을 네 권에 나누어 담았다. 『발해고』는 제목에서도 알 수 있듯이 발해의 역사를 고찰한 것이고, 초간본이

나 수정본의 본문도 공통적으로 '고(考)'에 따라 분류하고 있다.

유득공은 『발해고』를 군고(君考)·신고(臣考)·지리고(地理考)·직관고(職官考)·의장고(儀章考)·물산고(物産考)·국어고(國語考)·국서고(國書考)·속국고(屬國考)의 순으로 나누어 고찰[考]하였다. 세가(世家), 전(傳), 지(志)라 하지 않은 것은 '역사[史]'가 되지 않아서라고 하였다. 일반적으로 역사서는 세가, 전, 지로 편차하는데 '고(考)'라고 한 것은 '사(史)'가 되지 않기 때문에 제목도 '발해사'라 짓지 않고 스스로 낮춰 '발해고'라고 하였다는 것이다.

『발해고』「지리고」가 오류가 많은 『요사(遼史)』를 답습하고 있어 서문에서 제시한 혁신적인 남북국론까지 과소평가되기도 했으나, 수정된 『발해고』 5고본에서는 『요사』의 잘못을 비판하고 합리적인 지리 비정을 하였다.

유득공은 서문에서 『발해고』를 저술하게 된 이유를 설명하였다. 서문의 첫머리에서 "고려가 발해사를 편찬하지 않은 것에서 고려의 부진을 알 수 있다."라고 하며, 고려가 부진하게 된 원인이 발해사를 편찬하지 않았기 때문이라고 하였다. 『발해고』를 저술한 의도가 바로 여기에 있었다. 『발해고』가 발해를 신라와 함께 남북국시대로 설정한 점에서 사학사적으로 매우 큰 의미를 갖고 있음은 주지의 사실이다. 9고본 『발해고』에는 2개의 서문이 있다. 박제가(朴齊家)가 작성한 서문이 앞에 있고, 유득공의 서문이 뒤에 있다.

본 역주에서는 『발해사 자료집』에 없는 부분을 보충하기도 하였다. 가령 본문 앞의 「발해국 왕위 계승」은 국립중앙도서관 소장본의 표지와 서문 사이에 있었던 것을 추가한 것이다. 발해의 영역과 존속 기간을 소개하고, 이어서 발해왕 14명의 계승관계를 표시하고 있다. 13대 왕 현석까지는 세대 표시를 하였는데, 왕 인선은 세대 표시가 없다. 이것은 기록 부족으로 정확한 세대를 알 수 없기 때문이다. 뒤에 홍료주를 붙임하였고, 주로 염부왕을 언급하였다.

유득공은 『발해고』를 작성하며 한국, 중국, 일본의 기록을 참조하였다. 인용서 목록에 있는 22개 책은 『구당서(舊唐書)』·『신당서(新唐書)』·『오대사(五代史)』·『송사(宋史)』·『요사(遼史)』·『자치통감(資治通鑑)』·『삼국사(三國史)』·『고려사(高麗史)』·『동국통감(東國通鑑)』·『속일본기(續日本紀)』·『일본일사(日本逸史)』·『통전(通典)』·『통지(通志)』·『문헌통고(文獻通考)』·『문헌비고(文獻備考)』·『대명일통지(大明一統志)』·『대청일통지(大淸一統志)』·『성경통지(盛京通志)』·『만성통보(萬姓統譜)』·『영순태씨족보(永順太氏族譜)』·『여지승람(輿地勝覽)』·『전당시(全唐詩)』이다.

아래의 원문은 국립중앙도서관 소장 9고본인 〈古2824-19〉를 저본으로 하였다.

○ 발해국(渤海國) 왕위 계승(王位繼承)[1]

渤海國【遼界全地及併東北諸夷. ○起于唐玄宗癸丑, 亡于後唐莊宗丙戌, 傳世十三王. 以後無攷. 歷年二百十四年.】

震國公【乞乞】—【一世】高王 祚榮【靺鞨人姓大氏.】—【二世】武王 武藝—【三世】文王 欽茂—【四世】廢王 元義【文王族弟】—宏臨【早卒.】—【五世】成王 華璵—【六世】康王 嵩璘【文王少子】—【七世】定王 元瑜【康王子】—【八世】僖王 言義—【九世】簡王 明忠—【十世】宣王 仁秀【簡王從父. 高王弟 野勃 四世孫】—新德【早卒.】—【十一世】王 彛震【宣王孫新德子】—【十二世】王 虔晃—【十三世】王 玄錫【世系史闕.】王 諲譔【亡入契丹.】附興遼主【高王七代孫. 又有烏舍城浮渝府琰府王.】

발해국【요하 전 지역 및 동북의 여러 오랑캐를 병합하였다. ○ 당 현종 계축(713년)으로부터 일어나 후당(後唐) 장종(莊宗) 병술(926년)에 망하였고, 13명의 왕에게 전해졌다. 이후는 검토할 수 없다. 나라가 존속한 기간이 214년이다.】

진국공【걸걸】—【1세】고왕 조영【말갈인, 성은 대씨이다.】—【2세】무왕 무예—【3세】문왕 흠무—【4세】폐왕 원의【문왕의 족제】—굉림【일찍 사망하였다.】—【5세】성왕 화여—【6세】강왕 숭린【문왕의 소자】—【7세】정왕 원유【강왕의 아들】—【8세】희왕 언의—【9세】간왕 명충—【10세】선왕 인수【간왕의 종부. 고왕의 동생인 야발의 4세손】—신덕【일찍 사망하였다.】—【11세】왕 이진【선왕의 손자이고, 신덕의 아들】—【12세】왕 건황—【13세】왕 현석【왕의 계통이 역사에 누락되었다.】왕 인선【멸망하고 거란에 편입되었다.】 붙임 홍료주【고왕의 7대손. 또한 오사성 투유부 염부왕이 있었다.】

---

1) 원래 국립중앙도서관 소장본의 표지 뒤, 서문 앞에 있었는데, 지금은 확인되지 않는다. 이것은 유득공 지음·송기호 옮김, 『발해고』 부록(영인), 2쪽에서 확인할 수 있다.

○ 서문[序][2)]

> 余嘗西踰鴨綠道. 靉陽至遼陽, 其間五六百里, 大抵皆大山深谷. 出狼子山, 始見平原無際. 混混茫茫, 日月飛鳥升沈于野氣之中. 而回視東北, 諸山環天塞地, 亘若畫一. 向所稱大山深谷, 皆遼東千里之外障也. 乃喟然而歎曰, 此天限也. 夫遼東天下之一隅也. 然而英雄帝王之興, 莫盛於此. 蓋其地接燕齊, 易覘中國之勢. 故渤海大氏, 以區區散亡之餘, 劃山外而棄之, 猶足以雄視一方, 抗衡天下. 高麗王氏統合三韓, 終其世不敢出鴨綠一步. 則山川割據得失之跡, 槩可以見矣. 夫婦人之見, 不踰屋脊, 孩提之遊, 僅及門闔. 則固不足語垣墻之外矣. 士生新羅九州之內, 錮其目而廢其耳, 且不知漢唐宋明興亡戰伐之事, 而況於渤海之故哉. 吾友柳君惠風, 博學工詩, 嫻於掌故. 旣撰廿一都詩註, 以詳域內之觀. 又推之爲渤海考一卷, 人物郡縣世次沿革, 組縷纖悉, 錯綜可喜. 而其言也, 歎王氏之不能復句驪舊疆也, 王氏之不復舊疆, 而鷄林樂浪之墟, 遂貿貿焉自絶於天下矣. 吾於是有以知前見之相符, 而歎柳君之才能審天下之勢閱王霸之略. 又豈特備一國之文獻, 與胡恢馬令之書, 挈其長短而已哉. 故序而論之如此. 上之九年秋.

나는 일찍이 서쪽으로 압록도(鴨綠道)를 건넜다. 애양(靉陽)에서 요양(遼陽)까지의 5, 6백 리는 대체로 큰 산과 깊은 골짜기였다. 낭자산(狼子山)을 나오면 비로소 끝이 없는 평원이 보인다. 아득히 먼데 해와 달과 새들이 그 들판에서 오르고 내린다. 그러나 동북쪽을 돌아보면 산들이 하늘을 빙 둘러서 땅을 막았는데 한일자를 그은 것처럼 뻗었다. 앞서 큰 산과 깊은 골짜기라고 한 것은 모두가 요동(遼東) 1천 리의 바깥 울타리다. 이에 이것은 하늘이 막은 것이라고 하면서 탄식하였다.

무릇 요동은 천하의 한 모퉁이다. 그러나 영웅과 제왕이 일어남은 여기보다 더한 곳이 없다. 대개 그 땅이 연나라와 제나라와 맞닿았으므로 중국의 형세를 엿보기가 쉽다. 그러므로 발해 대씨(大氏)는 올망졸망 흩어진 나머지 산 밖의 땅을 떼어버렸는데도 오히려 한쪽을 응시하면서 천하를 상대하기에 충분하였다. 고려 왕씨(王氏)가 삼한을 통합했는데도 망할

---

2) 朴齊家, 『貞蕤閣文集』 권1, 序, 渤海考序.

때까지 압록강 밖으로 한 걸음도 감히 내딛지 못하였다. 그런즉 산천을 할거함으로써 나타나는 득실을 대개 볼 수 있다.

무릇 부녀자들의 식견은 대들보를 넘지 못하고, 어린이들이 가지고 노는 것은 겨우 문지방에 미친다. 그래서 그들은 정말로 담장 밖의 일들을 말할 수가 없다. 선비가 신라의 9주 안에 태어나 그 눈을 감고 귀를 막아서 한(漢)·당(唐)·송(宋)·명(明)이 흥기하고 패망하며 전쟁한 일을 모르는데 하물며 발해의 옛 일을 알겠는가?

내 친구 혜풍(惠風) 유득공(柳得恭)은 박학하고 시를 잘 지으며 장고(掌故)에 능숙하다. 이미 그는 『이십일도시주(二十一都詩註)』3)를 지어서 국내의 일을 자세히 하였다. 그리고 이를 계속 추진해서 『발해고(渤海考)』 1권을 썼는데, 인물·군현·세차 연혁을 다 상세하게 읽어서 여러 가지를 모았으니 반갑다.

그 말이 왕씨가 고구려의 옛 영토를 수복하지 못하여 계림과 낙랑의 터가 모호하게 되어 세상으로부터 저절로 단절되었다고 한탄하였다. 나는 이 점에서 이전의 견해와 서로 부합됨을 알고, 유(柳) 군의 재주가 천하의 형세를 살피고 왕도(王道)와 패도(霸道)의 방략을 엿볼 수 있음을 칭찬하였다. 또한 특별히 한 나라의 문헌을 갖췄는데 어째서 호회(胡恢)나 마령(馬令)4)의 글과 그 장단점을 견주겠는가? 그러므로 서문에 이처럼 논한다.

주상 전하 9년(1785) 가을.

---

3) 유득공이 단군의 王儉城으로부터 고려 松都에 이르는 조선 역대 왕조의 21개 수도를 43수의 칠언절구 한시로 읊은 것이다. 대상은 단군조선의 왕검성, 기자조선의 평양, 위만조선의 평양, 韓의 金馬, 濊의 강릉, 貊의 춘천, 고구려의 평양, 報德의 金馬渚, 沸流의 成川, 백제의 부여, 彌鄒忽의 인천, 신라의 경주, 溟州의 강릉, 金官의 김해, 대가야의 고령, 甘文의 開寧, 于山의 울릉도, 탐라의 제주, 후백제의 완산, 태봉의 철원, 고려의 개성이다. 박제가는 『二十一都詩註』가 조선 국내의 일을 자세히 언급한 것이라 하였다. 1778년 朴齊家와 李德懋에 의하여 북경에 소개되었고, 1785년에 自註를 달아 문집인 『泠齋集』에 붙여 간행되었다.

4) 胡恢는 北宋 金陵(지금의 강소성 南京) 사람으로 蘇軾(1037~1101)과 같은 시기에 활동하였으며 書法에 정통하였고, 馬令은 그 祖가 金陵에 세거하였다. 五代 南唐의 역사를 기록한 《南唐書》 3부 중에서 호회의 것은 明末淸初에 없어지고, 마령의 것(北宋 徽宗 숭녕 4년, 1105년에 완성)과 陸游(1125~1210)가 찬술한 것이 현존한다.

○ 발해고 서문[渤海考序][5]

高麗不修渤海史, 知高麗之不振也. 昔者高氏居于北, 曰高句麗, 扶餘氏居于西南, 曰百濟, 朴昔金氏居于東南, 曰新羅, 是爲三國, 宜其有三國史, 而高麗修之是矣. 及扶餘氏亡, 高氏亡, 金氏有其南, 大氏有其北, 曰渤海, 是謂南北國, 宜其有南北國史, 而高麗不修之非矣. 夫大氏者何人也, 乃高句麗之人也. 其所有之地何地也, 乃高句麗之地也. 而斥其東斥其西斥其北而大之耳. 及夫金氏亡大氏亡, 王氏統而有之, 曰高麗, 其南有金氏之地則全, 而其北有大氏之地則不全. 或入於女眞, 或入於契丹, 當是時爲高麗計者, 宜急修渤海史. 執而責諸女眞曰, 何不歸我渤海之地, 渤海之地乃高句麗之地也. 使一將軍往收之, 土門以北可有也. 執而責諸契丹曰, 何不歸我渤海之地, 渤海之地乃高句麗之地也. 使一將軍往收之, 鴨綠以西可有也. 竟不修渤海史, 使土門以北鴨綠以西, 不知爲誰氏之地. 欲責女眞, 而無其辭, 欲責契丹, 而無其辭. 高麗遂爲弱國者, 未得渤海之地故也. 可勝歎哉. 或曰, 渤海爲遼所滅, 高麗何從而修其史乎. 此有不然者. 渤海憲象中國, 必立史官. 其忽汗城之破也, 世子以下奔高麗者十餘萬人, 無其官則必有其書矣. 無其官無其書, 而問於世子, 則其世可知也. 問於隱繼宗, 則其禮可知也. 問於十餘萬人, 則無不可知也. 張建章唐人也, 尙著渤海國記. 以高麗之人, 而獨不可修渤海之史乎. 嗚呼文獻散亡, 幾百年之後, 雖欲修之, 不可得矣. 余以內閣屬官, 頗讀秘書, 撰次渤海事, 爲君·臣·地理·職官·儀章·物産·國語·國書·屬國九考. 不曰世家傳志, 而曰考者, 未成史也, 亦不敢以史自居云. 甲辰閏三月二十五日.

고려가 발해사를 편찬하지 않은 것에서 고려가 부진했음을 알 수 있다. 옛날에 고씨(高氏)가 북쪽에 있었으니 곧 고구려요, 부여씨(扶餘氏)가 서남쪽에 있었으니 백제요, 박씨·석씨·김씨가 동남쪽에 살았으니 곧 신라다. 이것이 삼국이다. 삼국사가 있어야 마땅한데 고려가 이것을 지은 것은 옳다. 부여씨가 망하고 고씨가 망하자 김씨는 남쪽을 차지하고 대씨(大氏)

---

[5] 본 역주의 저본인 국립중앙도서관 소장 9고본(청구기호 古2824-19)에는 유득공의 발해고 서문의 본문만 있고 제목은 없다. 유득공의 문집인 『泠齋集』 권7의 「序」에 '渤海考序'라는 제목과 함께 본문이 수록되어 있어 제목을 보충하였다.

는 그 북쪽을 차지하고서 발해라고 했는데, 이것이 남북국이다. 그러니 마땅히 남북국사가 있어야 하는데도 고려가 이를 쓰지 않았으니 잘못이다.

무릇 대씨는 어떤 사람인가? 바로 고구려 사람이다. 그들이 가졌던 땅은 어떤 땅인가? 곧 고구려 땅으로 그 동쪽, 서쪽, 북쪽을 물리쳐서 크게 했을 뿐이다. 무릇 김씨와 대씨가 망하게 되자 왕씨(王氏)가 이를 통합해서 소유했으니 이것이 고려다. 그 남쪽으로는 김씨의 땅을 모두 다 가졌다. 그러나 그 북쪽으로는 대씨의 땅을 차지했지만 다 가지지 못하였다. 어떤 곳은 여진에, 또 어떤 곳은 거란에 들어갔다.

이때에 고려를 위한 계책은 마땅히 빨리 발해사를 지어 이를 가지고 가서 여진을 꾸짖어 "어째서 우리에게 발해 땅을 안 돌려주는가? 발해의 땅은 고구려 땅이다."라고 말하고는 장군 한 사람을 보내서 거두어 들였으면 토문(土門) 북쪽을 가질 수 있었다. 또한 이것을 가지고 가서 거란을 꾸짖어 "왜 우리한테 발해 땅을 돌려주지 않는가? 발해 땅은 곧 고구려 땅이다."라고 말하고는 장군 한 명을 시켜서 이를 거두었으면 압록강 서쪽을 차지할 수 있었다. 끝끝내 발해사를 짓지 않아서 토문 북쪽과 압록강 서쪽이 누구의 땅이 되었는지 몰랐다. 여진을 꾸짖고자 했으나 할 말이 없었고, 거란을 혼내려고 했지만 할 말이 없었다. 고려가 끝내 약소국이 된 것은 발해의 땅을 갖지 못했기 때문이다. 참으로 한탄스럽구나!

어떤 사람은 "발해가 요나라한테 멸망되었는데 고려가 무엇으로 그 역사를 짓겠는가?"라고 한다. 이것은 그렇지 않다. 발해는 중국을 본받았으니 반드시 사관을 두었을 것이다. 홀한성(忽汗城)이 함락되어 세자 이하 고려로 도망쳐 온 사람이 10여만 명이었다. 사관(史官)이 없었더라도 반드시 그 글이 있었을 것이다. 사관도 없고 글도 없었다면 세자에게 물어 그 세계(世系)를 알 수 있었고, 은계종(隱繼宗)에게 물어봤으면 예(禮)를 알 수 있었으며, 그 10여만 명에게 물었다면 [발해에 대해서는] 다 알 수가 있었을 것이다. 장건장(張建章)은 당나라 사람인데도 『발해국기(渤海國記)』6)를 지었는데, 유독 고려 사람으로서 발해사를 지을 수가 없었던가?

아, 문헌이 흩어져 없어져서 몇백 년 뒤에 비록 [발해사를] 짓고자 하나 그럴 수 없을 것이다. 나는 내각(內閣)의 속관으로 그곳에 비장된 도서들을 자못 읽어서 발해의 사실들을 찬술하되

---

6) 『新唐書』 권58, 藝文志48 을부 사록 지리류; 『宋史』 권204, 藝文志157, 藝文3 地理類; 『宋史』 권249, 列傳제8 王薄 등에 『渤海國記』라고 있으나, 「張建章墓誌銘」에는 『渤海記』로 표기되어 있다.

군고(君考)·신고(臣考)·지리고(地理考)·직관고(職官考)·의장고(儀章考)·물산고(物產考)·국서고(國書考)·국어고(國語考)·속국고(屬國考)의 모두 아홉 개의 고(考)로 하였다. '세가(世家)'와 '전(傳)' 그리고 '지(志)'라 하지 않고 '고'라고 한 것은, 사서로서 체계를 못 이루었고 또 감히 '사(史)'라고 자처하지 못하기 때문이다.

갑진년(1784, 정조 8년) 윤3월 25일에 쓴다.

○ 군고(君考), 진국공(震國公)

> 震國公姓大氏, 名乞乞仲象, 粟末靺鞨人也. 粟末靺鞨者, 臣於高句麗者也. 或言大氏, 出自大庭氏, 東夷之有大氏, 自大連始也. 唐高宗總章元年, 高句麗滅, 仲象與子祚榮, 率家屬徙居營州, 稱舍利. 舍利者, 契丹語帳官也. 武后萬歲通天二年, 契丹松漠都督李盡忠·歸誠州刺史孫萬榮, 叛唐陷營州, 殺都督趙文翽. 仲象懼, 與靺鞨酋乞四比羽及高句麗破部, 東走度遼水, 保太白山之東北, 阻奧婁河, 樹壁自固. 武后封仲象爲震國公, 比羽爲許國公. 比羽不受命, 武后詔玉鈐衛大將軍李楷固, 中郞將索仇, 擊斬比羽. 是時仲象已卒.

진국공의 성은 대씨(大氏), 이름은 걸걸중상(乞乞仲象)이니[7] 속말말갈인(粟末靺鞨人)이다.[8] 속말말갈은 고구려에 신하 노릇을 하였다. 혹은 말하기를, 대씨는 대정씨(大庭氏)[9]에서 나왔는데 동이(東夷)에 대씨가 있는 것은 대련(大連)으로부터 시작되었다고 한다. 당 고종 총장(總章) 원년(668)에 고구려가 멸망하자, 중상과 아들 조영이 가속을 거느리고 영주(營州)로 옮겨가서 살았고, 사리(舍利)라 칭하였다. 사리는 거란어로 장관(帳官)이다. [측천]무후

---

7) 『新唐書』 발해전에는 乞四比羽와 함께 營州를 탈출한 인물이 乞乞仲象이고 그 아들이 大祚榮으로 되어 있으나, 『舊唐書』 발해말갈전에는 걸걸중상은 보이지 않고 대조영이 발해 건국에 주도적 역할을 한 것으로 기록되어 있다.

8) 발해의 계통에 대해서는 기본 사료인 『舊唐書』 발해말갈전에서는 "본래 고려의 별종(本高麗別種)"이라 하였고, 『新唐書』 渤海傳에서는 "본래 속말말갈로 고[구]려에 붙은 자(本粟末靺鞨, 附高麗者)"라고 달리 기록하였다. 大祚榮의 출신이나 발해의 구성원에 대해서 『구당서』를 중시하는 고구려인설, 『신당서』를 중시하는 속말말갈설, 그리고 두 기록을 절충한 말갈계 고구려인설 등이 있다.

9) 大庭氏는 중국 고대 씨족 수령으로, 대정씨가 炎帝라는 주장과 대정씨와 염제가 다르다는 주장이 있다.

만세통천(萬歲通天) 2년(697)에 거란의 송막도독(松漠都督) 이진충(李盡忠)와 귀성주자사(歸誠州刺史) 손만영(孫萬榮)이 당나라에 반기를 들어 영주를 함락하고, 도독 조문훼(趙文翽)를 죽였다. 중상이 두려워서 말갈의 추장인 걸사비우(乞四比羽)와 고구려의 패배한 무리와 동쪽으로 달아나, 요수(遼水)를 건너고, 태백산(太白山) 동북쪽을 지켰는데, 오루하(奧婁河)를 사이에 두고 성벽을 쌓고 스스로 굳게 지켰다. 무후가 중상을 진국공(震國公)으로 봉하고 비우는 허국공(許國公)으로 삼았다. 비우가 명을 받아들이지 않자, 무후는 옥검위대장군 이해고(李楷固)와 중랑장(中郎將) 색구(索仇)에게 조서를 내려 비우를 공격해서 죽였다. 이때에 중상은 이미 죽었다.

○ 군고(君考), 고왕(高王)

> 高王諱祚榮, 震國公子也. 嘗爲高句麗將, 驍勇善騎射. 及震國公卒, 乞四比羽敗死, 祚榮遁. 李楷固窮躡度天門嶺, 祚榮引高句麗靺鞨兵大破之. 楷固僅以身免. 祚榮卽幷比羽之衆, 據挹婁之東牟山, 靺鞨及高句麗舊人悉歸之. 遂遣使交突厥. 略有扶餘沃沮朝鮮弁韓海北十餘國. 東窮海西契丹, 南接新羅, 以泥河爲界. 地方五千里, 戶十餘萬, 勝兵數萬. 學習書契, 俗與高句麗契丹略同. 聖曆中國號震【新唐書作振, 文獻備考曰震朝.】 自立爲震國王. 築忽汗城以居, 直營州東二千里. 時奚契丹皆叛唐, 道路阻絶, 武后不能致討焉. 中宗卽位, 遣侍御史張行岌, 慰撫之. 王亦遣子入侍. 玄宗先天二年, 遣郎將崔訢, 冊王左驍衛大將軍渤海郡王, 以所統爲忽汗州, 領忽汗州都督. 始去靺鞨號, 專稱渤海. 自是以後, 世朝獻唐, 與幽州節度府相聘問. 屯勁兵於扶餘府, 以備契丹. 玄宗開元七年, 王薨. 三月丙辰, 赴唐.

고왕(재위 698~719)의 이름은 조영으로 진국공의 아들이다. 일찍이 고구려의 장수가 되었는데 용감하고 말타기와 활쏘기를 잘하였다. 진국공이 죽고 걸사비우가 싸움에 지고 죽자 조영이 달아났다. 이해고가 천문령(天門嶺)을 넘어 끝까지 쫓아오자 조영이 고구려와 말갈의 병사들을 이끌고 이를 크게 격파하였다. 이해고는 간신히 모면하였다. 조영은 곧 걸사비우의 무리를 아울러서 읍루(挹婁)의 동모산(東牟山)에 웅거하니, 말갈과 고구려의 옛 사람들이 모두 다 그에게 돌아왔다. 드디어 사신을 보내 돌궐과 통교하였다. 부여, 옥저, 조선, 변한 그리고 바다 북쪽의 십여 국을 공략하여 차지하였다. 동쪽 끝은 바다이고, 서쪽은 거란이고, 남쪽은 신라와 닿았는데 니하(泥河)를 경계로 삼았다. 지방이 5천 리이고, 호구는 십여 만이며, 뛰어난 병사가 수만 명이었다. 글을 배우고 익혔고 습속은 고구려·거란과 대략 같았다. 성력(聖曆, 698~700) 중에 국호를 진(震)[『신당서』에는 진(振)이라 하였고, 『문헌통고』는 진조(震朝)라 하였다.]이라 하고, 스스로 즉위해 진국왕이 되었다. 홀한성을 쌓고 살았는데 영주(營州)에서 동쪽 2천 리 거리였다. 그때 해(奚)와 거란이 모두 당에 반란을 일으키자 길이 막혀서 무후는 이들을 토벌할 수가 없었다. 중종(中宗, 재위 684~690·705~710)이 즉위하자, 시어사(侍御史) 장행급(張行岌)을 보내서 위무하였다. 왕도 또한 아들을 보내 입시하게 하였다. 현종(玄宗) 선천 2년(713)에 낭장(郎將) 최흔(崔訢)을 보내 왕을 좌효위대장군(左驍衛大將軍) 발해군왕(渤海郡王)으로 책봉하고, 통솔하는 곳을 홀한주(忽汗州)라 하고, 홀한주를 다스리고 도독하게 하였다. 비로소 말갈이라는 호칭을 없애고 오로지 발해라 칭하였다. 이때부터 대대로 당에 조공하고, 유주절도부(幽州節都府)와 서로 방문하였다. 부여부(扶餘府)에 강한 군사를 주둔시켜 거란에 대비하였다. 현종 개원(開元) 7년(719)에 왕이 죽으니, 3월 병진에 당에 알렸다.

○ 군고(君考), 무왕(武王)

武王諱武藝, 高王子也. 初封桂婁郡王. 開元七年六月丁卯, 唐以左監門率吳思謙攝鴻臚卿, 充使吊祭, 冊王左驍衛大將軍忽汗州都督渤海郡王. 王遂改元仁安. 開斥土宇. 因其俗不立館驛, 處處置村落. 以靺鞨爲民. 大村置都督, 次曰制史,[10] 其下曰首領. 東北諸夷皆畏而臣之. 開元十四年, 黑水靺鞨使者入朝, 唐玄宗以其地建黑水州, 置長史臨總. 王召羣臣謀曰, 黑水始假道於我, 與唐通, 異時請吐屯於突厥, 皆先告我, 與我使偕行. 今請唐官不吾告, 是必與唐謀, 腹背攻我也. 乃遣弟門藝及舅雅雅相,[11] 發兵擊黑水. 門藝諫不從, 奔唐. 由是貳於唐. 開元二十年, 遣大將張文休, 率海賊越海攻登州, 殺刺史韋俊. 謂之雪先王之恥, 其實限[12]門藝事也. 玄宗大怒, 命

---

10) '制' → '刺'.
11) '雅雅相' → '任雅相'.
12) '限' → '恨'.

右領軍將軍葛福順, 發兵討之. 二十一年, 又遣門藝, 發幽州兵擊之. 又遣內史高品何行成·太僕員外郎金思蘭, 使新羅, 授新羅王金興光開府儀同三司持節充寧海軍使鷄林州大都督. 諭曰, 渤海外稱藩翰, 內懷狡猾. 今欲出兵問罪, 卿亦發兵擊其南鄙. 又勅新羅名將金庾信孫允中爲將, 賜金帛. 新羅王遣允中等四將, 率兵會唐師來伐. 會大雪丈餘, 山路阻隘, 士卒凍死過半, 皆罷歸. 明年, 新羅人金忠信上書於唐, 請奉旨歸國討渤海, 玄宗許之, 竟無功. 而黑水之地皆服於渤海矣. 王遣使聘日本, 日本使朝臣蟲麻呂來. 開元二十六年,【舊唐書作二十五年.】王薨. 八月辛巳, 赴唐.

　　무왕(719~737)의 이름은 무예(武藝)이고 고왕의 아들이다. 처음에는 계루군왕(桂婁郡王)으로 봉해졌다. 개원 7년(719) 6월 정묘일, 당이 좌감문솔(左監門率) 오사겸(吳思謙)을 섭홍려경(攝鴻臚卿)을 겸하게 해서 사신으로 임명해 조문하고 왕을 좌효위대장군 홀한주도독 발해군왕으로 책봉하였다. 왕이 드디어 인안(仁安)으로 연호를 고쳤다. 나라를 크게 개척하였다. 그 습속이 관역을 설치하지 않았고, 곳곳에 촌락을 두고, 말갈을 주민으로 삼았다. 큰 마을에는 도독을 설치하고, 다음은 자사라 하고, 그 아래는 수령이라 불렀다. 동북의 여러 오랑캐들이 모두 두려워하며 신하가 되었다. 개원 14년(726), 흑수말갈(黑水靺鞨)의 사신이 들어와 조회하니, 당의 현종은 그 땅에 흑수주(黑水州)를 설치하고 장사를 두어 총괄하게 하였다. 왕이 여러 신하를 불러 모의하여 말하기를 "흑수가 처음 우리에게 길을 빌려 당과 통하였고, 다른 때에는 돌궐에게 토둔(吐屯)을 청하며 모두 우리에게 먼저 알리고 우리의 사신과 함께 갔다. 지금 당의 관리를 청하면서 나에게 알리지 않은 것은 반드시 당과 모의하여 배반하여 나를 공격하려는 것이다."라고 하였다. 이에 아우 대문예(大門藝)와 장인 임아상(任雅相)을 보내 군대를 내어 흑수를 공격하게 하였다. 문예가 간언했지만 따르지 않자 당으로 달아났다. 이로부터 당에 어긋났다. 개원 20년(732), 대장 장문휴(張文休)를 보내 해적을 이끌고 바다를 건너 등주(登州)를 공격하여, 자사 위준(韋俊)을 죽였다. 이것을 선왕의 치욕을 씻었다 이르지만, 그 실상은 문예를 원망한 일이다. 현종이 크게 화를 내어, 우령군장군(右領軍將軍) 갈복순(葛福順)에게 명하여 군사를 내어 이를 토벌하게 하였다. 개원 21년(733), 또 문예를 보내 유주병(幽州兵)을 내어 이를 공격하게 하였다. 또한 내사(內史)의 고품(高品) 하행성(何行成), 태복원외랑(太僕員外郎) 김사란(金思蘭)을 신라에 사신으로 보내고, 신라왕

김흥광(金興光: 성덕왕, 재위 702~737)에게 개부의동삼사(開府儀同三司) 지절충영해군사(持節充寧海軍使) 계림주대도독(鷄林州大都督)을 제수하며, 깨우쳐 이르기를 "발해는 겉으로 번한(藩翰)이라고 칭하면서 속으로는 교활함을 품었다. 지금 병사를 보내서 죄를 묻고자 하니, 경도 병사를 내어 그 남쪽 변방을 공격하라."라고 하였다. 또한 신라의 명장 김유신의 손자인 윤중(允中)을 장수로 삼고 금(金)과 비단[帛]을 주었다. 신라왕은 윤중 등 4명의 장군을 보내 병사를 이끌고 가서 당나라 군대를 만나 [발해를] 공격하도록 하였다. 마침 큰 눈이 한 길이 되어 산길이 막혔고 얼어 죽은 병사들이 반을 넘어서 모두 그만두고 돌아왔다. 다음 해, 신라인 김충신(金忠臣)이 당나라에 글을 올려 뜻을 받들어 귀국해 발해를 토벌하길 청하였다. 현종이 허락했으나 끝내 공이 없었다. 그리고 흑수의 땅은 모두 발해에게 복속되었다. 왕은 사신을 보내 일본을 방문하였고, 일본은 조신충마려(朝臣蟲麻呂)로 하여금 와서 방문하도록 하였다. 개원 26년(738),[『구당서』는 25년이라 한다.] 왕이 죽으니, 8월 신사에 당에 알렸다.

○ 군고(君考), 문왕(文王)

文王諱欽茂, 武王子也. 改元大興. 開元二十六年, 唐遣內侍段守簡, 冊王左驍衛大將軍忽汗州都督渤海郡王, 王承詔赦境內. 遣使隨守簡入朝, 玄宗授王左金吾大將軍. 天寶中累加特進太子詹事賓客. 天寶末, 徙上京. 訖玄宗之世, 凡二十九朝唐. 肅宗至德元載, 平盧留後徐歸道, 遣果毅都尉行柳城縣四府經略判官張元澗來聘曰, 今載十月當擊安祿山, 王須發兵四萬來援平賊. 王疑其有異留之. 十二月丙午, 歸道果鴆劉正臣于北平, 潛與祿山幽州節度使史思明 通謀擊唐. 安東都護王志玄[13]知其謀, 率精兵六千餘人, 攻破柳城斬歸道, 自稱平盧節度, 進屯北平. 四載四月, 志玄遣將軍王進義來聘曰, 天子已歸西京, 迎太上皇于蜀, 居別宮, 勦滅賊徒, 故遣下臣來告. 王爲其事難信, 留進義, 別遣使詳問. 肅宗賜王勅書一卷. 寶應元年, 詔以渤海爲國, 進封渤海國王, 授檢校太尉. 代宗大曆二年至十年, 或間歲或歲內, 二三遣使朝唐. 十二年正月, 王獻日本舞女十一人, 及方物于唐. 四月十二月又遣使朝唐. 累加司空太尉. 德宗建中三年五月, 貞元七年正月八月, 十年正月, 皆遣使朝唐. 貞元中復徙

---

13) '王志玄' → '王玄志'.

> 東京. 王十遣使聘日本, 日本使朝臣田守來, 忌村全成來, 陽侯史玲璆來, 連益麻呂來, 武生烏守來, 朝臣殿繼來. 大興五十七年三月四日, 王薨, 卽貞元十年.

문왕(재위 737~793)[14]의 이름은 흠무(欽茂)이고, 무왕의 아들이다. '대흥(大興)'으로 개원하였다. 개원 26년(738), 당이 내시 단수간(段守簡)을 보내어 왕을 좌효위대장군 홀한주도독 발해군왕으로 책봉하니, 왕이 조서를 받들어 경내에 사면령을 내렸다. 사신을 보내 [단]수간을 따라 들어가 조회하였고, 현종이 왕에게 좌금오대장군(左金吾大將軍)을 제수하였다. 천보(天寶, 742~756) 중에 특진(特進), 태자첨사빈객(太子詹事賓客)을 누차 더하였다. 천보 말, 상경으로 옮겼다. 현종의 치세를 마칠 동안 모두 스물아홉 번 당에 조회하였다. 숙종 지덕(至德) 원년(756), 평로유후(平盧留後) 서귀도(徐歸道)가 과의도위(果毅都尉) 행(行) 유성현(柳城縣) 사부경략판관(四府經略判官) 장원간(張元澗)을 보내 와서 빙문하여 "올해 10월 안녹산(安祿山, 703~757)을 공격할 때 왕은 모름지기 기병 4만을 내어 와서 도와달라."라고 하였다. 왕은 다른 뜻이 있나 의심해서 머물러 있게 하였다. 12월 병오일, 서귀도가 과연 유정신(劉正臣)을 북평(北平)에서 독살하고, 은밀히 [안]녹산과 유주절도사 사사명(史思明, 703~761)과 통하여 당을 공격할 것을 모의하였다. 안동도호(安東都護) 왕현지(王玄志)가 그 음모를 알고, 정예 병사 6천여 인을 거느리고 유성(柳城)을 공격하여 무찌르고 서귀도를 죽였다. 스스로 평로절도라 칭하고 나아가 북평에 주둔하였다. [지덕] 4년(759) 4월, 지현이 장군 왕진의(王進義)를 보내 빙문하며 말하기를 "천자께서 이미 서경(西京)으로 돌아와, 촉에서 태상황을 맞이하여 별궁에 거처케 하고, 적의 무리를 섬멸하셨습니다. 그러므로 아래 신하를 보내 알리게 하셨습니다."라고 하였다. 왕은 그 일을 믿기 어렵다고 여겨서 진의를 머물게 하고, 따로 사신을 보내어 자세히 물었다.

숙종이 왕에게 칙서 1권을 내렸다. 보응 원년(762), 조서를 내려 발해를 국(國)으로 삼고, 발해국왕으로 올려서 책봉하고, 검교태위(檢校太尉)를 주었다. 대종(代宗) 대력(大曆) 2년

---

14) 2004년에서 2005년 사이, 중국 길림성 화룡시 龍頭山에서 문왕의 황후인 孝懿皇后의 묘(M12)가 발굴되었다. 墓誌가 발굴되었지만, 아직까지 황후 이름만 발표되고 전문이 공개되지 않고 있다. 효의황후 묘의 오른쪽에 있는 M11묘에 문왕이 묻혔을 가능성이 제기되고 있다(吉林省文物考古研究所·延邊朝鮮族自治州文物管理委員會辦公室, 2009).

(767)에서 10년(775)까지 격년이나 1년에 두세 번 사신을 보내 당에 조회하였다. 12년(777) 정월, 왕이 일본의 무녀(舞女) 11인과 방물을 당에 바쳤다. 4월과 12월에 또 사신을 보내 당에 조회하였다. 거듭 사공태위의 직이 더해졌다. 덕종(德宗) 건중 3년(782) 5월, 정원 7년(791) 정월과 8월, 10년(794) 정월에 모두 사신을 보내 당에 조회하였다. 정원(貞元, 785~805) 중, 다시 동경으로 옮겼다. 왕은 10번 사신을 보내 일본을 방문하였고, 일본은 조신전수(朝臣田守), 기촌전성(忌村全成), 양후사영구(陽侯史玲璆), 연익마려(連益麻呂), 조신전계(朝臣殿繼)를 사신으로 보내 왔다. 대흥 57년 3월 4일, 왕이 죽으니, 곧 정원 10년(794)이다.

○ 군고(君考), 폐위된 왕[廢王]

廢王諱元義, 文王族弟也. 文王子宏臨早卒. 元義立一歲猜虐, 國人弑之.

폐위된 왕의 이름은 원의(元義, 재위 793년)이고, 문왕의 족제(族弟)이다. 문왕의 아들 [대]굉림([大]宏臨)이 일찍 죽었다. [대]원의가 즉위하고, 1년 만에 시기하고 포악해서 국인(國人)이 그를 죽였다.

○ 군고(君考), 성왕(成王)

成王諱華璵, 宏臨子也. 國人弑元義推立王. 改元中興, 還上京.

성왕(재위 793~794)의 이름은 화여(華璵)이고, [대]굉림의 아들이다. 국인이 [대]원의를 시해하고 [화여를] 왕으로 추대하였다. 중흥(中興)으로 개원하고, 상경으로 돌아갔다.

○ 군고(君考), 강왕(康王)

康王諱嵩璘, 文王少子也. 改元正曆. 貞元十一年二月乙巳, 唐遣內常侍殷志瞻, 冊王右驍衛大將軍忽汗州都督渤海國王.[15] 十四年, 王遣使以父王故事叙理, 唐加王銀

---

15) 『구당서』 발해말갈전에는 '國王' → '郡王'.

> 青光祿大夫檢校司空, 進封國王. 二十一年, 遣使朝唐. 貞元中凡四朝唐. 順宗加王
> 金紫光祿大夫. 憲宗元和元年十月, 加王檢校太尉. 十二月, 遣使朝唐. 王二遣使聘
> 日本, 日本使眞人廣岳來, 宿彌賀茂來, 宿彌船白來. 元和四年, 王薨. 正月, 赴唐.

강왕(재위 794~809)의 이름은 숭린(崇璘)이고, 문왕의 손자이다. 정력(正曆)으로 개원하였다. 정원 11년(795) 2월 을사일, 당나라가 내상시(內常侍) 은지첨을 보내 왕을 우효위대장군 홀한주도독 발해군왕으로 책봉하였다. 14년(798), 왕이 사신을 보내 아버지 왕의 옛 일로서 이치를 펴자, 당이 왕에게 은청광록대부(銀靑光祿大夫) 검교사공(檢校司空)을 더하고 국왕으로 올려 책봉하였다. 21년(805), 사신을 보내 당에 조회하였다. 정원 중, 모두 네 번 당에 조회하였다. 순종(順宗)이 왕에게 금자광록대부(金紫光祿大夫)를 더하였다. 헌종(憲宗) 원화(元和) 원년(806) 10월, 왕에게 검교태위를 더하였다. 12월, 사신을 보내 당에 조회하였다. 왕은 두 번 사신을 보내 일본을 방문하였고, 일본은 진인광악(眞人廣岳), 숙미하무(宿彌賀茂), 숙미선백(宿彌船白)으로 하여금 방문토록 하였다. 원화 4년(809), 왕이 죽으니, 정월에 당에 알렸다.

○ 군고(君考), 정왕(定王)

> 定王諱元瑜, 康子16)子也. 改元永德. 元和四年, 唐冊王銀靑光祿大夫檢校秘書監忽
> 汗州都督渤海國王. 五年, 二遣使朝唐. 七年.17)

정왕(재위 809~812)의 이름은 원유(元瑜)이고, 강왕의 아들이다. 영덕(永德)으로 개원하였다. 원화 4년(809), 당이 왕을 은청광록대부 검교비서감(檢校秘書監) 홀한주도독 발해국왕으로 책봉하였다. 5년, 두 번 사신을 보내 당에 조회하였다. 7년(812), [또 사신을 보내 조회하였다].

---

16) '子' → '王'.

17) 『舊唐書』 渤海靺鞨전을 참조하면 '七年' 다음에 '亦遣使來朝'라는 구절이 누락되었다("元和元年十月, 加檢校太尉. 十二月, 遣使朝貢. 四年, 以嵩璘男元瑜爲銀靑光祿大夫・檢校秘書監・忽汗州都督, 依前渤海國王. 五年, 遣使朝貢者二. 七年, 亦遣使來朝.").

○ 군고(君考), 희왕(僖王)

> 僖王諱言義. 定王弟也. 改元朱雀. 定王卒, 王權知國務. 元和八年正月庚子, 唐遣內侍李重旻, 冊王銀靑光祿大夫檢校秘書監忽汗州都督渤海國王.

희왕(재위 812~817)의 이름은 언의(言義)이고, 정왕의 아우이다. 주작(朱雀)으로 개원하였다. 정왕이 죽으니 왕이 임시로 국무를 맡았다. 원화 8년(813) 정월 경자일, 당이 내시 이중민(李重旻)을 보내 왕을 은청광록대부 검교비서감 홀한주도독 발해국왕으로 책봉하였다.

○ 군고(君考), 간왕(簡王)

> 簡王諱明忠, 僖王弟也. 改元太始. 立一歲薨.

간왕(재위 817~818)의 이름은 명충(明忠)이고, 희왕의 아우이다. 태시(太始)로 개원하였다. 즉위해서 1년 만에 사망하였다.[18]

○ 군고(君考), 선왕(宣王)

> 宣王諱仁秀. 簡王從父, 高王弟野勃四世孫也. 改元建興. 簡王薨, 王權知國務. 元和十三年正月乙巳, 遣使告喪于唐. 五月, 唐冊王銀靑光祿大夫檢校秘書監忽汗州都督渤海國王. 王南定新羅, 北略諸部, 開大境宇. 十五年閏正月, 遣使朝唐, 唐加王金紫光祿大夫檢校司空. 十二月, 又遣使朝唐. 元和中凡十六朝唐. 穆宗長慶二年正月, 四年二月, 皆遣使朝唐. 長慶中凡四朝唐. 敬宗寶曆中二朝唐. 文宗太和元年遣使朝唐. 四年又遣使朝唐. 是年【舊唐書作五年.】王薨.

---

18) 2004년에서 2005년 사이, 중국 길림성 화룡시 龍頭山에서 간왕의 황후인 順穆皇后의 묘(M3)가 발굴되었다. 발견된 墓誌에 의하면, 순목황후는 泰氏이고, 건흥 12년(829년) 7월 15일에 '□陵'(능의 명칭 불명확)에 안장되었다. 또한 황후묘 동쪽 2.6m 거리에 있는 M2묘의 주인공이 발해 9대 왕 간왕일 것으로 추정하고 있다(吉林省文物考古硏究所·延邊朝鮮族自治州文物管理委員會辦公室, 2009).

선왕(재위 818~830)의 이름은 인수(仁秀)이다. 간왕의 종부(從父)이고, 고왕의 동생인 [대]야발([大]野勃)의 4세손이다. 건흥(建興)으로 개원하였다. 간왕이 죽자 왕이 임시로 국무를 맡았다. 원화 13년(818) 정월 을사일, 사신을 보내서 당에 상을 알렸다. 5월, 당이 왕을 은청광록대부 검교비서감 홀한주도독 발해국왕으로 책봉하였다. 왕은 남쪽으로 신라를 평정하고 북쪽으로 여러 부족을 경략해서 영토를 크게 넓혔다. 15년(820) 윤정월, 사신을 보내 당에 조회하니, 당이 왕에게 금자광록대부 검교사공을 더해 주었다. 12월에 또 사신을 보내 당에 조회하였다. 원화 중에 모두 열여섯 번 당에 조회하였다. 목종(穆宗) 장경(長慶) 2년(822) 정월과 4년 2월에 모두 사신을 보내 당에 조회하였다. 장경 중에 모두 네 번 당에 조회하였다. 경종(敬宗) 보력(寶曆, 825~827) 중에 두 번 당에 조회하였다. 문종(文宗) 태화(太和) 원년(827) 사신을 보내 당에 조회하였다. 4년에 또 사신을 보내 당에 조회하였다. 이해【『구당서』에는 5년이라 하였다.】에 왕이 죽었다.

○ 군고(君考), 왕 이진(王彝震)

> 宣孫王也. 父新德早卒. 王立, 改元咸和. 大和五年, 唐冊王銀靑光祿大夫檢校秘書監忽汗州都督渤海國王. 六年遣使朝唐. 七年正月二月, 皆遣使朝唐. 訖文宗之世, 凡十二朝唐. 武宗會昌中四朝唐. 宣宗大中十二年王薨. 二月, 赴唐.

[왕 이진(재위 830~857)은] 선왕의 손자이다. 아버지 신덕(新德)이 일찍 죽었다. 왕이 즉위하여 함화(咸和)로 개원하였다. 태화 5년(831), 당이 왕을 은청광록대부 검교비서감 홀한주도독 발해국왕으로 책봉하였다. 6년, 사신을 보내 당에 조회하였다. 7년(833) 정월과 2월에 모두 사신을 보내 당에 조회하였다. 문종의 치세가 끝날 때까지 모두 열두 번 당에 조회하였다. 무종(武宗) 회창(會昌, 841~846) 중에 네 번 당에 조회하였다. 선종(宣宗) 대중 12년(858)에 왕이 죽으니, 2월에 당에 알렸다.

○ 군고(君考), 왕 건황(王虔晃)

> 彝震弟也. 大中十二年二月癸未, 唐詔襲王.

[왕 건황(재위 857~871)은] [대]이진의 아우다. 대중 12년(858) 2월 계미일, 당이 조칙을 내려 왕위를 잇도록 하였다.

○ 군고(君考), 왕 현석(王玄錫)

虔晃子也. 懿宗咸通中, 三遣使朝唐.

[왕 현석(재위 871~894 ?)은] [대]건황의 아들이다. 의종(懿宗) 함통(咸通, 860~873) 중에 세 번 당에 사신을 보내 조회하였다.[19]

○ 군고(君考), 왕 인선(王諲譔)

史失系. 梁太祖朱全忠開平元年, 王遣王子朝梁, 獻方物. 二年三年及乾和二年, 又遣使朝梁. 後唐莊宗同光二年, 遣王子朝唐, 又遣王姪. 明宗天成元年, 遣使朝唐, 進兒口女口. 渤海自唐世, 數遣諸生詣京師太學, 習識古今制度, 稱爲海東盛國. 及至朱梁後唐三十年間, 貢士登科者十數人, 學士彬彬焉. 遼太祖耶律阿保機, 神冊二年, 王遣使聘遼. 四年, 遼修遼陽故城, 掠渤海戶實之. 天贊三年, 王遣兵攻遼, 殺遼州刺史張秀實, 掠其民而歸. 四年十二月乙亥, 遼主詔其國中曰, 所謂二事, 一事已畢. 惟渤海世讐未雪, 豈宜安住. 遂擧兵來寇. 皇后及太子倍大元帥堯骨從. 閏十二月壬辰, 遼主祠木葉山. 壬寅, 以青牛白馬祭天地. 己酉, 次撒葛山射鬼箭. 丁巳, 次高嶺, 是夜遼兵圍扶餘府. 天顯元年正月己未, 白氣貫日. 庚申, 扶餘城陷, 守將死之. 遼又別攻東平府破之. 丙寅, 老相兵敗. 是夜, 遼太子倍·大元帥堯骨·南部宰相蘇·以[20]院夷离菫斜涅赤·南院夷离菫迭里等, 圍忽汗城. 己巳, 王請降. 庚午, 遼主駐軍忽汗城

---

19) 『신당서』에는 대현석 다음의 대인선 때 발해가 멸망했다고 했으나, 두 왕 사이에 대위해라는 발해왕이 있음이 김육불에 의해 규명되었다. 『唐會要』 권57, 翰林院 항목의 "乾寧二年十月, 賜渤海王大瑋瑎敕書. 翰林稱加官合是中書撰書意, 諮報中書."라는 설명에서 乾寧 2년(895) 10월 발해왕 대위해의 존재를 찾아내고, 건녕 원년(894) 대현석에 이어 즉위하였을 것으로 추정하였다(金毓黻, 『渤海國志長編』 권19, 叢考; 발해사연구회 역, 『신편 발해국지장편』 하, 신서원, 2009, 215~217쪽).

20) '以' → '北'.

> 南. 辛未, 王素服藁索, 牽羊, 率臣僚三百餘人出降. 遼主禮以遣之. 丙子, 遼主使其
> 近侍康末怛等十三人, 入城, 索兵器, 爲邏卒所殺. 丁丑, 王復城守, 斜涅赤等復攻破
> 之. 遼主入城, 王[21]請罪馬前. 遼主以兵衛王及王族以出. 二月丙午, 遼改渤海國爲
> 東丹, 忽汗城爲天福, 封其太子倍, 爲人皇王以主之. 乙酉, 遼主以王及王族歸, 築城
> 于臨潢之西, 使王居之. 賜王名曰烏魯古, 王后名曰阿里只. 烏魯古阿里只者, 遼主
> 及皇后受王降時, 所乘二馬名也, 因以其馬賜王及后.

[왕 인선(재위 906?~926)은] 역사가 계통을 빠뜨렸다. 양나라 태조 주전충(朱全忠) 개평(開平) 원년(907), 왕이 왕자를 보내 양나라에 조회하고 방물을 바쳤다. 2년과 3년 그리고 건화(乾和) 2년(912)에 또 사신을 보내어 양나라에 조회하였다. 후당(後唐) 장종(莊宗) 동광(同光) 2년(924), 왕자를 보내 와 후당에 조회하였고, 또 왕의 조카를 보냈다. 명종 천성 원년(926), 사신을 보내 와 후당에 조회하고 아이와 여자를 바쳤다. 발해는 당나라 시기부터 여러 차례 학생들을 경사의 태학에 보내 고금의 제도를 배우고 익혀 해동성국이라 칭해졌다. 양나라와 후당 30년간 빈공과에 합격한 자가 십수 명으로 학사가 빛났다. 요 태조 야율아보기 신책 2년(917), 왕이 사신을 보내 요를 방문하였다. 4년, 요가 요동 고성을 수리하고, 발해의 호(戶)를 약탈해 그곳을 채웠다. 천찬 3년(924), 왕이 병사를 보내 요를 공격하여 요주자사 장수실(張秀實)을 죽이고 그 백성을 약탈하여 돌아왔다. 4년(925) 12월 을해일, 요 임금이 그 나라에 조서를 내려 이르기를 "이른바 두 가지 일 중 하나의 일은 이미 마쳤으나 오직 발해는 대대로의 원수로 아직 갚지 못했는데 어찌 안주하리오."라고 하였다. 드디어 병사를 일으켜 침입함에 황후와 태자 배(倍), 대원수 요골이 따랐다. 윤12월 임진, 요 임금이 목엽산에서 제사를 지냈다. 임인, 푸른 소와 흰 말로 천지에 제사를 지냈다. 기유, 철갈산에 나아가 귀전을 쏘았다. 정사, 고령에 나아갔다. 이날 밤, 요나라 병사가 부여부를 포위하였다. 천현 원년(926) 정월 기미, 흰 기운이 해를 관통하였다. 경신, 부여성이 함락되고 성을 지키던 장수를 죽였다. 요가 또 따로 동평부를 공격해 격파하였다. 병인, 노상의 병사가 패하였다. 이날 밤, 요 태자 배와 대원수 요골, 남부재상 소, 북원이리근 사열적, 남원이리근 질리 등이

---

21) 9고본의 '城, 索兵器, 爲邏卒所殺. 丁丑, 王復城守, 斜涅赤等復攻破之. 遼主入城, 王' 부분이 『발해사 자료집』에 누락되었다.

홀한성을 포위하였다. 기사, 왕이 항복을 청하였다. 경오, 요 임금이 홀한성 남쪽에 주둔하였다. 신미, 왕이 흰 옷에 새끼로 몸을 묶고 양을 끌고, 신하 3백여 인을 거느리고 나와 항복하니, 요 임금이 예로써 그를 보냈다. 병자, 요 임금이 근시 강말달 등 13인으로 하여금 성에 들어가 병기를 색출하게 했는데 나졸에게 죽음을 당하였다. 정축, 왕이 다시 성을 지키자, 사열적 등이 다시 공격하여 격파하였다. 요 임금이 성에 들어가니 왕이 말 앞에서 죄를 청하였다. 요 임금이 왕과 왕족을 병사로 호위하여 나오게 했다. 2월 병오, 요가 발해국을 고쳐 동단으로, 홀한성을 천복으로 고치고, 그 태자 배를 책봉하여 인황왕으로 삼아 그곳을 책임지게 했다. 을유, 요 임금이 왕과 왕족으로 하여금 돌아가 성을 임황의 서쪽에 쌓고 그곳에 살도록 하였다. 왕에게 이름을 내리기를 '오로고'라고 하고, 왕후의 이름은 '아리지'라 하였다. 오로고와 아리지는 요 임금과 황후가 왕의 항복을 받을 때 탔던 두 마리의 말 이름인데, 이로써 그 말의 이름을 왕과 왕후에게 준 것이다.

○ 군고(君考), 흥료왕[興遼主]

名延琳, 高王七代孫也. 仕遼爲東京舍利軍詳穩. 初, 東遼之地, 自神冊中附. 遼末, 有榷沽鹽麴之法, 關市之征, 亦寬弛. 及馮延休韓紹勳等, 相繼爲戶部使, 以燕山平地之法繩之, 民不堪命. 燕又仍歲大饑, 副使王嘉獻計造舡, 使其民諳海事者, 漕粟以賑燕, 水路艱險多覆沒. 雖言不信鞭楚榜掠, 民怨思亂. 遼聖宗太平九年八月丁丑, 延琳殺紹勳及嘉, 以快其衆. 復殺四捷軍都指揮使蕭頗得, 囚留守駙馬都尉蕭孝先. 國號興遼, 擧位號, 改元天慶【高麗史曰, 天興.】 選智勇之士置左右. 於是諸部響應, 南北女眞皆附, 而高麗與遼絶. 先是, 延琳與副留守王道平謀擧事, 又召黃翩於黃龍府, 道平夜踰城, 走與黃翩俱上變. 遼主徵諸道兵攻之. 渤海太保夏行美渤海人也. 時主兵戍保州, 延琳馳書, 使嚚統帥耶律蒲古. 行美以實告蒲古, 殺渤海兵八百人, 而斷其東路. 黃龍保州旣皆不附. 國舅詳穩蕭匹敵, 又率兵斷西路. 延琳遂分兵攻瀋州, 節度副使張傑聲言欲降, 故不急攻. 知其詐而已有備, 攻之不克而還. 遼兵大集. 十月, 遼以南京留守燕王蕭孝穆爲都統, 蕭匹敵爲副部署, 六部大王蕭蒲奴爲都監, 與戰蒲水中, 遼兵郤. 匹敵蒲奴張左右翼擊之, 延琳兵潰. 又戰于手山敗走, 入城固守. 孝穆築重城起樓櫓, 內外不相通, 城中撤屋以爨. 蒲奴先據高麗女眞要衝, 故無救兵.

十年八月丙午, 延琳將楊詳世, 密送款於遼, 夜, 開門納遼師, 延琳被執. 是時, 諸部豪傑吼山等兵蜂起, 尋皆敗滅. 獨南海城守堅守經年始降.

[흥료왕의] 이름은 연림(延琳)이고 고왕의 7대손이다. 요나라에 벼슬하여 동경사리군상온(東京舍利軍詳穩)이 되었다. 처음 요동의 땅은 신책 중부터 [요에] 부속되었다. 요나라 말에는 술과 소금의 전매법, 관시(關市)의 징수도 있었으나 또한 느슨하였다. 풍연휴(馮延休), 한소훈(韓紹勳) 등이 차례로 호부사(戶部使)가 되어 연나라 땅 평산(平山)의 법으로 구속하자, 백성이 그 명을 감당하지 못하였다. 연 지역 또한 여러 해 큰 기근이 들자, 부사(副使) 왕가(王嘉)가 계책을 올려 배를 만들어 백성 가운데 바다를 아는 사람으로 하여금 곡식을 운반해서 연 지방을 진휼하려고 했는데 물길이 험해서 배가 뒤집혀 빠져 죽은 사람들이 많았다. 비록 [이러한 상황을] 말해도 믿지 않고 채찍으로 치며 침탈하니 백성이 원망하며 반란을 생각하였다. 요나라 성종(聖宗) 태평 9년(1029) 8월 정축일, [대]연림이 [한]소훈과 왕가를 죽여서 그 무리를 통쾌하게 해주었다. 다시 사첩군도지휘사(四捷軍都指揮使) 소파득을 죽이고 유수(留守)인 부마도위(駙馬都尉) 소효선(蕭孝先)을 가두었다. 나라 이름을 흥료(興遼)라 부르고 작위와 명호를 세웠고 천경(天慶)[『고려사』에서는 천흥(天興)이라 한다.]으로 개원하였다. 지혜와 용기를 가진 사람들을 뽑아 좌우에 두었다. 이에 여러 부(部)가 호응했는데 남·북여진이 모두 귀부했으며 고려는 요와 단교하였다. 이에 앞서서 [대]연림이 부유수(副留守) 왕도평(王道平)과 더불어 거사를 꾀하고 또 황편(黃翩)을 황룡부(黃龍府)로 불렀으나, 도평이 밤에 성을 넘어서 달아나 황편과 함께 변고를 아뢰었다. 요의 임금이 여러 도의 병사를 불러 모아서 공격하였다. 발해태보 하행미(夏行美)는 발해인이다. 그때에 병사를 지휘하며 보주(保州)를 지키고 있었는데 [대]연림이 급히 글을 보내 통수(統帥) 야율포고(耶律蒲古)를 도모하게끔 하였다. 하행미가 사실을 알려 포고가 발해 병사 8백 인을 죽이고 그 동쪽 길을 끊었다. 황룡부와 보주가 이미 모두 따르지 않았다. 국구상온 소필적(蕭匹敵)이 또 병사들을 이끌고 서쪽 길을 끊었다. 대연림이 드디어 병사를 나누어 심주(瀋州)를 공격하였는데, 절도부사 장걸(張傑)이 항복하려 한다고 말하므로 서둘러 공격하지 않았다. 그것이 거짓임을 알게 되었으나 이미 준비가 되어 있어 공격하여 이기지 못하고 돌아왔다. 요나라 병사들이 크게 모였다. 10월, 요나라가 남경유수 연왕(燕王) 소효목(蕭孝穆)을 도통으로 삼고 소필적을 부부

서로 삼고, 육부대왕(六部大王) 소포노(蕭蒲奴)를 도감(都監)으로 삼아서 포수(蒲水)에서 싸우던 중 요나라 군대가 물러났다. [소]필적과 [소]포노가 좌익과 우익으로 펼쳐서 공격하니, 연림의 병사들이 궤멸되었다. 또 수산(手山)에서 싸웠으나 패하여 도망쳐 성으로 들어가 굳게 지켰다. [소]효목이 중성(重城)을 쌓아서 누로(樓櫓)를 세우니 성의 안과 밖이 서로 통하지 못하였고, 성안에서는 집을 헐어서 불을 때었다. [소]포노가 먼저 고려와 여진의 요충을 차지하였으므로 구원병이 없었다. [태평] 10년(1030) 8월 병오일, [대]연림의 장수 양상세(楊詳世)가 몰래 요나라에 투항하고 밤에 성문을 열어서 요나라의 군대를 받아들여서 [대]연림이 사로잡혔다. 이때에 여러 부의 호걸과 후산(吼山) 등의 병사들이 봉기했으나 얼마 뒤 모두 패하여 멸망하였다. 오직 남해성의 장수가 굳게 지키다가 해를 넘겨서 비로소 항복하였다.

○ 군고(君考), 오사성(烏舍城) 부유부(浮渝府) 염부왕(琰府王)

史失名. 宋太宗太平興國六年, 賜王詔曰, 朕纂紹丕基, 奄有四海, 普天之下罔有率俾. 矧太原封域, 國之保障. 頃因竊據, 遂相承襲, 倚遼爲援, 歷世逋誅. 朕前歲親提銳旅, 盡護諸將 拔并門之孤壘, 斷凶奴之右臂. 眷言吊伐, 以蘓黔黎. 蠢玆北戎, 非理搆怨, 輒肆荐食, 犯我封界. 日昨出師逆擊, 斬獲甚衆. 今欲鼓行深入, 席卷長驅, 焚其龍庭, 大殲醜類. 素聞爾國密邇寇讐, 迫於呑并, 力不能制, 因而服屬, 困於率割. 當靈旗破賊之際. 是隣邦雪憤之日. 所宜盡出族帳, 佐予兵鋒. 俟其剪滅, 沛然封賞. 幽薊土宇, 復歸中朝, 朔漠之外, 悉以相與. 勗乃協乃. 朕不食言. 是時宋欲大擧伐遼, 故有是詔.[22]

---

22) 宋 太宗의 글은 『宋史』에 있는 발해국 내용의 일부이다("太平興國四年, 太宗平晉陽, 移兵幽州, 其酋帥大鸞河率小校李勛等十六人, 部族三百騎來降, 以鸞河爲渤海都指揮使. 六年, 賜烏舍城浮渝府渤海琰府王詔曰, 朕纂紹丕構, 奄有四海, 普天之下, 罔不率俾. 矧太原封域, 國之保障, 頃因竊據, 遂相承襲, 倚遼爲援, 歷世逋誅, 朕前歲親提銳旅, 盡護諸將, 拔并門之孤壘, 斷匈奴之右臂, 眷言吊伐, 以蘇黔黎. 蠢玆北戎, 非理搆怨, 輒肆荐食, 犯我封略. 一昨出師逆擊, 斬獲甚衆. 今欲鼓行深入, 席捲長驅, 焚其龍庭, 大殲醜類. 素聞爾國密邇寇讎, 迫於呑幷, 力不能制. 因而服屬, 困於率割. 當靈旗破敵之際, 是鄰邦雪憤之日, 所宜盡出族帳, 佐予兵鋒. 俟其翦滅, 沛然封賞, 幽・薊土宇, 復歸中原, 朔漠之外, 悉以相與. 勗乃協力, 朕不食言. 時將大擧征契丹, 故降是詔諭旨." 『宋史』 권491, 列傳제250, 渤海國).

[오사성 부유부 염부왕은] 역사가 이름을 빠뜨렸다. 송나라 태종 태평흥국 6년(981), 왕에게 조서를 내려 이르기를 "짐이 큰 사업을 이어서 사해를 어루만지니 온 천하에 따르지 않음이 없다. 하물며 태원봉역(太原封域)은 나라의 보장(保障)이다. 요사이 도적이 웅거해서 마침내 서로 봉작을 이어받으며 요나라의 원조에 의지하여 대대로 달아나고 죽음을 당하였다. 짐이 전해에 친히 정예의 군사를 거느리고 여러 장수를 보호하여 나란히 서 있는 보루를 공략하여 흉노의 오른팔을 끊었다. 돌아보건대 위로와 징벌로 백성들을 소생시키려 한다. 준동하는 저 북쪽 오랑캐는 이치에 맞지 않게 원한을 맺고 갑자기 방자하게 잠식하며 내 나라의 경계를 침범하였다. 얼마 전에 군대를 내어 역습하여 베고 사로잡은 무리가 매우 많았다. 지금 북을 울리며 깊이 쳐들어가 승승장구하며 그 궁정을 불사르고 추악한 무리를 크게 섬멸하려고 한다. 본디 듣건대 너희 나라는 원수들과 가까워서 병탄에 압박을 받으나 제어할 힘이 없어 복속되었고, 분할에 곤욕을 치르고 있다. 신령스러운 깃발이 적을 격파하는 즈음이 바로 이웃이 원수를 갚는 날이다. 마땅히 족장(族帳)들을 다 내어 나의 병사의 예봉을 도우라. 그들이 섬멸됨을 기다려 성대히 책봉하고 상을 줄 것이다. 유주, 계주 지역은 다시 중조(中朝)에 돌아오고 사막 밖은 모두 너에게 줄 것이다. 힘써 협력하면 짐은 식언하지 않는다."라고 하였다. 이때 송나라가 대거 요나라를 정벌하려 했으므로, 이 조서가 있었다.

> 按忽汗城之破, 在遼太祖天顯元年, 後唐明宗天成元年. 人謂是時渤海已亡. 然而遼史稱太祖有君人之德, 以其不滅渤海族帳也. 聖宗統和十四年, 蕭韓家奴奏曰, 渤海高麗女眞, 合從連衡. 二十一年, 渤海來貢. 開泰中, 南部宰相大康乂言, 蒲蘆毛朶界多渤海人, 乞取之. 詔從之, 領兵至大石河馳準城, 掠數百戶而歸. 又親征渤海黃皮室軍. 五代史云, 訖周世宗顯德, 渤海使常來. 宋史宋琪傳, 琪論邊事曰, 渤海兵馬土地, 盛於奚帳. 雖勉事契丹, 俱懷殺主破國之怨. 文獻通考云, 阿保機攻扶餘下之, 爲東丹府. 阿保機死, 諲譔命其弟, 率兵攻扶餘城, 不克而還. 天成四年, 長興二年三年四年, 淸泰二年三年, 俱遣使貢方物. 宋太宗淳化二年冬, 以渤海不通朝貢, 詔女眞攻之. 胡三省云, 渤海更五代至於宋, 耶律雖數加兵, 不能服也. 以此觀之, 渤海未嘗亡也. 其浮渝府琰府王, 雖不言姓名, 見太宗詔, 可知其爲大氏之裔也. 然則渤海之亡在何時, 未可考.

살펴 보건대, 홀한성의 함락은 요나라 태조 천현 원년(926), 후당 명종 천성 원년에 있었다. 사람들이 이때에 발해가 이미 멸망했다고 한다. 그러나 『요사』는 태조가 군자의 덕이 있어서 발해의 족장(族帳)을 없애지 않았다고 칭찬하였다. 성종 통화 14년(996), 소한가노가 상주하기를 "발해, 고려, 여진이 합종연횡을 합니다."라고 하였다. 21년(1003), 발해가 와서 조공하였다. 개태 중, 남부재상(南部宰相) 대강예(大康乂)가 말하기를 포로모타(蒲盧毛朶)의 경계에 발해인이 많으니 그들을 취하기를 청하니, 조서를 내려 이를 따랐다. 병사들을 거느리고서 대석하의 치준성에 이르러 수백 호를 약탈하여 돌아왔다. 또 친히 발해의 황피실군을 정벌하였다. 『오대사』에 말하기를 "주 세종 현덕(954~959) 연간이 마칠 때까지 발해 사신이 늘 왔다."라고 하였다. 『송사』 「송기전(宋琪傳)」에, 송기가 변방의 일을 논하기를 "발해의 병마와 토지가 해의 족장[奚帳]보다도 더 성대합니다. 비록 거란을 힘써 섬기지만 모두가 그 왕을 죽이고 나라를 깨뜨린 데 대한 원한을 품고 있습니다."라고 하였다. 『문헌통고』에는 말하기를, "아보기가 부여성을 공격하여 함락시키고 동단부로 삼았다. 아보기가 죽자 [내]인선이 그 동생에게 명하여 병사를 거느리고 부여성을 공격하게 했는데 이기지 못하고 돌아갔다."라고 하였다. 천성 4년(929), 장흥 2년(931)과 3년·4년, 청태 2년(935)·3년에 모두 사신을 보내서 방물을 바쳤다. 송의 태종 순화 2년(991) 겨울, 발해의 조공이 통하지 않자 여진에 조서를 내려 그를 공격하였다. 호삼성(胡三省)이 말하기를 "발해는 오대에서 송에 이르도록 야율이 비록 여러 번 군대를 보냈으나 굴복시킬 수 없었다."라고 하였다. 이로 보건대 발해는 일찍이 멸망한 것이 아니다. 그 부유부 염부왕이 비록 성명을 말하지 않았지만 태종의 조서를 보면 그가 대씨의 후예임을 알 수 있다. 그러나 발해가 멸망한 것이 어느 때인지는 고찰할 수 없다.

○ 신고(臣考), 대문예(大門藝)·대일하(大壹夏)·마문궤(馬文軌)·총물아(蔥勿雅)

> 門藝武王弟也. 武王使門藝擊黑水靺鞨. 門藝嘗質於唐, 知利害. 謂王曰, 黑水請吏而我擊之, 是背唐也. 唐大國, 兵萬倍我. 與之産怨, 我且亡. 昔高句麗盛時, 士三十萬, 抗唐爲敵, 可謂雄强, 唐兵一臨, 掃地盡矣. 今我衆比高句麗三之一, 王將違之不可. 王不從强遣之. 兵至黑水境, 又以固謙.[23] 王怒遣從兄壹夏代將, 將召門藝而殺

---

23) '謙' → '諫'.

> 之. 門藝懼, 棄其衆儳路奔唐. 玄宗拜爲右驍衛將軍. 王遣馬文軌葱勿雅, 上書極言
> 門藝罪狀, 請殺之. 唐處門藝安西, 好報曰, 門藝窮來歸我, 誼不可殺, 已投之嶺南
> 矣. 幷留文軌勿雅, 別遣鴻臚少卿李道邃源復諭旨. 王知之. 上書言, 大國示人以信,
> 豈有欺誑之理. 今聞門藝不向嶺南, 伏請依前殺却. 玄宗怒道邃復. 不能督察官屬,
> 致有漏泄, 左除道邃曹州刺史, 復同州刺史. 暫遣門藝詣嶺南以報之. 王望門藝不已,
> 密遣使入東都, 募客刺門藝於天津橋南, 門藝格之, 得不死. 玄宗勅河南, 捕刺客悉
> 殺之.

대문예는 무왕(재위 719~737)의 동생이다. 무왕이 [대]문예로 하여금 흑수말갈을 공격하게 했다. 문예는 일찍이 당에 볼모로 있었으므로 이롭고 해로움을 알았다. 왕에게 이르기를 "흑수가 관리를 청하는데 우리가 공격하면 이것은 당나라를 배반하는 것입니다. 당은 큰 나라이고, 병사가 우리의 만 배인데, 그와 원한을 맺으면 우리는 또 망합니다. 옛날 고구려가 번성했을 때 병사가 30만 명으로 당나라에 대적했으니 강력하다고 할 수 있었으나, 당나라 군대가 한번 들어오니 땅을 쓸어낸 듯이 모두 없어졌습니다. 지금 우리 무리가 고구려와 비교하여 3분의 1인데 왕께서 당나라에 거스르려 하는 것은 잘못입니다."라고 하였다. 왕이 따르지 않고 억지로 보냈다. 군대가 흑수 경계에 이르러 또 완고하게 간하였다. 왕이 노하여 종형 [대]일하를 보내 장수를 대신하게 하고, 문예를 불러 죽이려고 하였다. 문예가 두려워 그 무리를 버리고 지름길로 당나라로 달아났다. 현종(재위 712~756)이 우효위장군의 직을 제수하였다. 왕이 마문궤와 총물아를 보내 글을 올려 문예의 죄상을 극단적으로 말하고 죽여주기를 청하였다. 당나라는 문예를 안서(安西)에 있게 하고 좋게 답하여 말하기를 "문예가 곤궁해서 나한테 왔으니 마땅히 죽일 수가 없어서 이미 그를 영남에 보냈다."라고 하였다. 아울러 문궤와 물아를 머무르게 하고 따로 홍려소경(鴻臚少卿) 이도수(李道邃)와 원복(源復)을 보내 칙지를 밝혔다. 왕이 이를 알고서 글을 올려 말하기를 "큰 나라는 사람들에게 믿음을 보여야 하는데 어찌 속이는 이치가 있습니까? 지금 듣건대 문예는 영남으로 가지 않았다 하니, 엎드려 청하건대 전과 같이 죽여주기 바랍니다."라고 하였다. 현종이 이도수와 원복이 관속들을 잘 감독하지 못해서 누설에 이르렀다며 화를 내고, 도수를 조주자사로 그리고 복을 동주자사로 좌천시켰다. 잠시 문예를 보내 영남에 이르게 하고 이를 알렸다. 왕이 문예에 대한 원망을 그치지 않고 몰래 사람을 동도(東都)로 보내, 자객을 모집하여 천진교의 남쪽에서 문예를 찔렀다. 문예가 맞서서 죽지 않았다. 현종이 하남에 칙서를 내려 자객을 잡아서 다 죽이도록 하였다.

○ 신고(臣考), 대야발(大野勃)·대굉림(大宏臨)·대신덕(大新德)

野勃, 高王弟也. 宏臨, 文王世子也. 新德, 宣王世子也.

야발은 고왕(재위 698~719)의 아우이고, 굉림은 문왕(재위 737~793)의 세자이고, 신덕은 선왕(재위 818~830)의 세자이다.

○ 신고(臣考), 임아상(任雅相)·장문휴(張文休)

雅相, 武王舅也. 文休, 武王大將也.

아상은 무왕의 장인이고, 문휴는 무왕 때의 대장이다.

○ 신고(臣考), 대상청(大常淸)·대정한(大貞翰)·대청윤(大淸允)

貞元七年正月, 文王使常淸朝唐. 唐授衛尉卿同正, 還國. 貞翰·淸允, 皆文王時王子也. 貞翰, 貞元七年八月, 朝唐, 請備宿衛. 淸允, 貞元十年正月, 朝唐, 唐授右衛將軍同正, 其下三十餘人拜官有差.

정원(貞元) 7년(791) 정월, 문왕이 상청으로 하여금 당에 조회하도록 하였다. 당이 위위경동정(衛尉卿同正)을 제수하고 나라로 돌아가게 하였다. 정한과 청윤은 모두 문왕 때의 왕자이다. 정한은 정원 7년 8월, 당에 조회하고 숙위할 것을 청하였다. 청윤은 정원 10년(794) 정월, 당에 조회하니, 당나라가 우위장군동정을 제수하고, 그 아래 30여 명에게도 관직을 차등 있게 주었다.

○ 신고(臣考), 대능신(大能信) · 여부구(茹富仇)

> 能信, 康王姪也. 富仇官, 虞侯婁蕃長都督. 貞元十四年, 康王遣使朝唐. 是年十一月, 唐授能信左驍衛中郎將, 授富仇右武衛將軍, 放還國.

능신은 강왕(재위 794~809)의 조카이고, 부구의 관직은 우후누번장 도독이다. 정원 14년(798), 강왕이 사신을 보내 당에 조회하였다. 이해 11월, 당나라가 능신에게 좌효위중랑장을, 부구에게는 우무위장군을 제수하고 나라로 돌아가게 하였다.

○ 신고(臣考), 대예(大叡)

> 長慶四年二月, 宣王遣叡等五人朝唐, 請備宿衛.

장경(長慶) 4년(824) 2월, 선왕이 [대]예 등 다섯 명을 보내 당에 조회하게 하고, 숙위할 것을 청하였다.

○ 신고(臣考), 대명준(大明俊) · 고보영(高寶英) · 대선성(大先晟)

> 明俊, 彝震時王子也. 大和六年, 王遣明俊等朝唐. 寶英, 官同中書右平章事. 大和七年正月, 王遣朝唐, 謝冊命. 因遣學生三人, 請赴上都學問, 先遣學生三人, 事業稍成請歸本國, 唐許之. 先晟亦彝震時王子也. 是年二月, 王遣先晟等六人朝唐. 唐詩人溫庭筠送渤海王子歸本國詩曰, 疆理雖重海, 車書本一家. 盛勳歸舊國, 佳句在中華. 定界分秋漲, 開帆到曙霞. 九門風月好, 回首是天涯.

명준은 [대]이진(재위 830~857) 때의 왕자다. 태화 6년(832), 왕이 명준 등을 보내 당에 조회하였다. 보영의 관직은 동중서(同中書) 우평장사(右平章事)인데, 태화 7년 정월에 왕이 [보영을] 보내 당에 조회하고 책명에 감사하였다. 이로 인하여 학생 세 사람을 보내 상도에 가 학문할 수 있기를 청하고, 먼저 보낸 학생 세 사람은 학업이 이미 이루어져 본국으로 돌려보내 줄 것을 청하니 당이 허락하였다. 선성도 또한 이진 때의 왕자이다. 이해 2월, 왕이

선성 등 여섯 명을 당에 보내 조회하게 하였다.

당나라 시인 온정균(溫庭筠)의 '발해 왕자가 본국으로 돌아가는 것을 환송하는 시'에서 "강역 사이에 비록 바다 겹겹이 있어도 / 수레와 글은 본래 한집안이네. / 빛나는 공훈 세우고 고국으로 돌아가니 / 아름다운 시구만 중화에 남았네. / 경계에는 가을 물결이 나뉘고 / 돛을 펴면 새벽 노을에 다다르네. / 궁궐 바람은 달로 좋은데 / 머리 돌리니 하늘가로다."라고 하였다.

○ 신고(臣考), 고원고(高元固)

> 元固, 訪唐進士徐夤於閩中爲道. 本國人以金書, 寅斬蛇劒御溝水人生幾何三賦, 列爲屛障. 寅喜而贈詩, 稱爲渤海賓貢高元固先輩. 其詩曰, 折桂何年下月中, 閩山來問我雕蟲, 肯銷金翠書屛上, 誰把蒭蕘過日東. 剡子昔時遭孔聖, 由余往代諷秦宮. 嗟嗟大國金門士, 幾箇人能振素風. 其曰先輩, 曰折桂者, 已成進士之稱也. 徐寅中軋寧[24]進士, 時依王審知. 元固當諲譔時人.

원고가 당나라 진사 서인(徐寅, 849~938)을 민중(閩中)으로 방문하여 말하기를, 본국인이 금으로 써서 인의「참사검(斬蛇劒)」,「어구수(御溝水)」,「인생기하(人生幾何)」세 편의 부(賦)를 벌려 병풍을 만들었다고 하였다. 인이 기뻐서 시를 주고, 발해빈공 고원고 선배라고 하였다. 그 시에 이르기를, "계수나무 가지 꺾어 어느 해 달에서 내려오던 중 / 민산에 와 나의 부족한 시를 묻네. / 기꺼이 금물로 병풍 위에 썼다고 하니 / 누가 형편없는 내 글 가지고 해 뜨는 곳으로 갔나. / 담자는 옛날 공자님을 만났고 / 유여는 지난 시기 진나라 궁궐을 풍자했네. / 아! 큰 나라의 금문(궁궐 문) 선비들 / 몇 사람이나 순박한 바람 떨칠 수 있나."라고 하였다.

그 '선배'라고 하고, '계수나무 가지 꺾어'라고 한 것은 이미 진사가 된 것을 가리킨다. 서인은 건령(乾寧, 894~898) 때의 진사이고, 그때에 왕심지(王審知)에 의지하였다. 원고는 [대]인선(재위 906?~926) 때의 사람에 해당된다.

---

24) '中軋寧'은 '乾寧中'의 오기.

○ 신고(臣考), 대원겸(大元兼)

諲譔侄[25]也. 官學堂親衛. 後唐同光二年, 王遣朝唐, 試國子監丞.

[대원겸은] [대]인선의 조카이다. 관직은 학당친위(學堂親衛)이다. 후당 동광 2년(924), 왕이 보내서 당나라에 조회하니 시국자감승(試國子監丞)에 임용되었다.

○ 신고(臣考), 고인의(高仁義)·덕주(德周)·사나루(舍那婁)·고제덕(高齋德)

仁義官寧遠將軍郎將. 德周游將軍果毅都尉. 舍那婁別將. 齋德首領. 武王時同使日本, 着蝦夷境. 仁義以下十六人被殺害, 齋德與八人走出羽國菫免, 致國書. 與其使朝臣蟲麻呂俱來, 獻綵帛一十疋·綾一十疋·絁二十疋·絲一百絇·綿一百屯.

인의의 관직은 영원장군 낭장이고, 덕주는 유장군 과의도위이고, 사나루는 별장이다. 제덕은 수령이다. 무왕(재위 719~737) 때, 함께 일본에 사신으로 갔는데 하이(蝦夷)의 지역에 도착하였다. 인의 이하 16명은 살해되었고, 제덕과 8명은 출우국(出羽國)으로 달아나서 겨우 면하고, 국서를 올렸다. 그 사신인 소신충마려(朝臣蟲麻呂)와 함께 돌아와, 채백(綵帛) 10필, 능(綾) 10필, 시(絁) 20필, 사(絲) 100구(絇), 솜 100둔을 바쳤다.

○ 신고(臣考), 서요덕(胥要德)·이진몽(已珍蒙)·이알기몽(已閼棄蒙)

要德官若忽州都督忠武大將軍. 珍蒙雲麾將軍. 棄蒙首領. 文王時同使日本. 要德舡覆, 與棄蒙等四十人俱死. 倭皇御太極殿, 觀珍蒙射. 又御中宮, 使珍蒙奏本國樂聽之. 附獻美濃絁三十疋絹十疋絲一百五十絇調綿二百屯. 初, 日本入朝臣廣成等朝唐回, 從蘇州入海, 漂着昆崙國, 多被殺執. 廣成與八人, 僅免復歸唐. 從登州入海, 到渤海界. 王令隨要德等歸國.

---

25) 5고본에서는 '侄'을 '族'이라 하였다. 『五代會要』 권30, 渤海조에서는 "後唐同光二年, … 八月又遣學堂親衛大元謙, 試國子監丞."이라 하고, 『文獻通考』 권326, 四裔考3, 渤海조에서는 "後唐同光二年, 遣王子來朝, 又遣姪學堂親衛大元謙, 試國子監丞."이라 하였다.

요덕의 관직은 약홀주도독 충무대장군이고, 진몽은 운휘장군이고, 기몽은 수령이다. 문왕 (재위 737~793) 때, 함께 일본에 사신으로 갔다. 요덕은 배가 뒤집혀서 기몽 등 40명과 함께 죽었다. 왜황이 태극전에서 진몽의 활쏘기를 관람하였다. 또 중궁에서 진몽에게 본국의 음악을 연주시키고 이것을 들었다. 미농의 시(絁) 30필, 견(絹) 10필, 사(絲) 150구(絇), 조면(調綿) 200둔을 주었다. 처음에 일본의 조신광성(朝臣廣成) 등이 당에 조회하고 돌아오며 소주에서 바다로 들어갔는데, 곤륜국(崑崙國)에 표착하여 대부분 피살되거나 잡혔다. 광성과 8명은 겨우 모면하고 당나라로 돌아왔다. 등주에서 바다로 들어가 발해의 경계에 도착하였다. 왕이 요덕 등을 따라 귀국하도록 명하였다.

○ 신고(臣考), 모시몽(慕施蒙)

> 官輔國大將軍. 文王時, 率七十五人使日本. 以王旨問十餘年無使之故. 倭皇答書援高句麗舊記, 責國書違例.

[모시몽의] 관직은 보국대장군이다. 문왕 때 75명을 거느리고 일본에 사신으로 가서, 왕의 교지로 10여 년 동안 사신이 없는 이유를 물었다. 왜황은 답서에서 고구려의 구기(舊記)를 인용하며 국서가 관례에 어긋난다고 책망하였다.

○ 신고(臣考), 양승경(楊承慶)·양태사(楊泰師)·풍방례(馮方禮)

> 承慶官輔國將軍. 泰師歸德將軍. 方禮判官. 文王時同使日本. 初日本使朝臣田守等, 來問大唐消息. 歸言於倭皇曰, 天寶十四載歲次乙未十一月九日, 御史大夫兼范陽節度使安祿山, 擧兵作亂. 自稱大燕聖武皇帝, 改范陽爲靈武郡, 其宅爲潛龍宮, 年號聖武, 留其子安慶緖, 知范陽郡事. 自將精騎二十餘萬南下, 直入洛陽, 署置百官. 天子遣安西節度使哥舒翰, 將三十萬衆, 守潼津關, 使大將封常淸, 將十五萬衆, 別圍洛陽. 天寶十五載, 祿山遣將軍孫孝哲等, 率二萬騎攻潼津關. 哥舒翰壞潼津岸墜黃河, 絶其通路而歸. 孝哲鑿山開路引兵入至新豐. 六月六日, 天子遊于劍南. 七月甲子, 皇太子璵, 卽皇帝位于靈武都督府, 改元至德矣. 並言安東都護王志玄聘渤海,

> 天子賜渤海勅書事. 倭皇下令于太宰府曰, 安祿山者是狂胡狡竪也. 違天起逆, 事必不利. 疑其不能西, 必還掠海東. 大貳吉備朝臣眞備,[26] 俱是碩學, 委以重任. 宜知此狀, 預設奇謀. 縱使不來, 儲備無悔. 其所謀上策及應備雜事, 一一俱錄報來. 至是承慶等至日本, 倭皇授承慶正三位, 泰師從三位, 方禮從五位, 下賜錄事以下十九人. 仍使忌村全成, 隨承慶來, 欲自渤海迎其入唐大使朝臣河淸. 獻絹三十疋·美濃絁三十疋·絲二百絇·綿三百屯·錦四疋·兩面二疋·纈羅四疋·白羅十疋·綵帛十疋·白錦一百帖.

승경의 관직은 보국장군이고, 태사는 귀덕장군, 방례는 판관이었다. 문왕 때 함께 일본에 사신으로 갔다. 처음에 일본의 사신 조신전수(朝臣田守) 등이 [발해에] 와서 대당(大唐)의 소식을 물었다. 돌아가 왜황에게 말하기를 "천보 14년(755) 을미 11월 9일, 어사대부 겸 범양절도사 안녹산이 병사를 들어 난을 일으켰습니다. 스스로 대연 성무황제라 하고, 범양을 영무군으로 고치고, 그 집을 잠룡궁이라 하고, 연호는 성무라 하였습니다. 그의 아들 안경서를 남겨서 범양군의 일을 맡도록 했습니다. 스스로 정예 기병 2십여 만 명을 거느리고 남하해서 곧바로 낙양으로 들어가, 백관을 임명했습니다. 천자는 안서절도사 가서한(哥舒翰)을 보내 3십만의 무리를 거느리고 동진관(潼津關)을 지키게 했고, 대장 봉상청(封常淸)으로 하여금 15만의 무리를 거느리고 따로 낙양을 포위하게 했습니다. 천보 15년, 녹산이 장수 손효철(孫孝哲) 등을 보내 2만 기병을 거느리고 동진관을 공격했습니다. 가서한은 동진의 언덕을 헐어서 황하에 떨어지게 해서 그 통로를 끊고서 돌아가고, 효철은 산을 뚫어 길을 열어 병사를 끌어들여 신풍(新豐)에 이르렀습니다. 6월 6일, 천자는 검남(劍南)에서 떠돌았습니다. 7월 갑자일, 황태자 여(璵)가 영무도독부에서 황제로 즉위하고 지덕(至德)으로 개원했습니다."라고 하였다. 아울러 안동도호 왕지현이 발해를 방문해서 천자가 발해에게 칙서를 내려 준 일도 말하였다. 왜황이 태재부(太宰府)에 명령을 내려 이르기를 "안녹산은 미친 오랑캐로 교활한 자이다. 하늘을 어기고 반역을 했으니 일이 반드시 이롭지 않을 것이다. 아마도 서쪽을

---

[26] 『續日本紀』에 의하면, '大貳吉備朝臣眞備' 앞에 '其府帥船王'이 누락되었다("其府帥船王, 及大貳吉備朝臣眞備, 俱是碩學, 名顯當代, 簡在朕心, 委以重任." 『續日本紀』 권21, 淳仁天皇 天平寶字2년(758) 12월 戊申).

능히 할 수 없으면 반드시 돌아와 해동을 약탈할 것이다. [선왕(船王)과] 대이(大貳) 길비조신 진비(吉備朝臣眞備)는 모두 석학이니, 중임을 맡긴다. 이 상황을 알아서 미리 계책을 마련하는 것이 마땅하다. 비록 오지 않더라도 준비해 두면 후회가 없을 것이다. 그 꾀한 바의 상책 및 따르는 준비의 모든 일을 하나하나 다 기록해 보고하라."라고 하였다. [양]승경 등이 일본에 이르자, 왜황이 승경에게 정3위를, 태사에게는 종3위 그리고 방례에게는 종5위를 제수하고, 녹사 이하 19명에게 녹(祿)을 하사하였다. 그리고 기촌전성(忌村全成)으로 하여금 [양]승경을 따라가, 발해에서 그 입당대사 조신하청(朝臣河淸)을 맞이하라고 하였다. 견(絹) 30필, 미농의 시(絁) 30필, 사(絲) 200구(絇), 면(綿) 300둔, 금(錦) 4필, 양면(兩面) 2필, 힐라(纈羅) 4필, 백라(白羅) 10필, 채백(綵帛) 30필, 백금(白錦) 100첩을 바쳤다.

○ 신고(臣考), 고남신(高南甲)[27] · 고흥복(高興福) · 이능본(李能本) · 안귀보(安貴寶)

> 南甲官輔國大將軍兼將軍玄菟州刺史兼押衛官開國公. 興福副使. 能本判官. 貴寶解臂. 文王時同使日本. 以中臺牒報曰. 迎藤原河淸使總九十九人. 大唐祿山思明. 前後作亂. 內外騷荒. 恐被害殘. 只遣頭首高元度等十一人. 往迎河淸. 卽差此使同爲發遣. 南甲等與其使陽侯史玲璆俱來. 獻絁三十疋 · 美濃絁三十疋 · 絲一百絇 · 綿三百屯. 能本後爲王新福副. 再使日本.

[고]남신의 관직은 보국대장군 겸 현도주자사 겸 압위관 개국공이고, [고]흥복은 부사이고, [이]능본은 판관이고, [안]귀보는 해비(解臂)이다. 문왕 때 함께 일본에 사신으로 갔다. 중대성의 첩(牒)으로 보고하기를, "등원하청(藤原河淸)을 마중하는 사신은 모두 99명인데, 대당의 [안]녹산과 [사]사명이 잇달아 난을 일으켜 안팎이 소란하고 거칠어 피해를 입을까 두렵다. 다만 두수(頭首) 고원도(高元度) 등 11명을 보내 하청을 맞이하게 하고 곧바로 이 사신을 차출하여 함께 보냈다."라고 하였다. 남신 등이 그 사신 양후사영구(陽侯史玲璆)와 함께 왔다. 비단 30필, 미농 지방의 비단 30필, 실 200구(絇), 솜 300둔을 바쳤다. 능본은 뒤에 왕신복의

---

[27] '高南甲'의 '甲'은 5고본에서 수정한 '申'의 오기이다. 『續日本紀』권제22, 天平寶字3년(759년) 冬10월 辛亥조에는 迎藤原河淸使인 判官 內藏忌寸全成이 발해에서 돌아왔는데, 이때 발해의 輔國大將軍兼將軍 玄菟州刺史兼押衛官開國公 高南申으로 하여금 함께 來朝하였다고 한다.

부사가 되어 다시 일본에 사신으로 갔다.

○ 신고(臣考), 양방경(楊方慶)

> 文王時, 以賀正使朝唐, 日本迎河清使高元度隨往.

[양방경은] 문왕 때 하정사(賀正使)로 당에 조회했는데, 일본의 하청을 맞이하는 사신 고원도가 따라갔다.

○ 신고(臣考), 왕신복(王新福)·양회진(楊懷珍)·달능신(達能信)

> 新福官紫綬大夫行政堂左允開國男. 懷珍判官. 能信品官著緋. 文王時率二十三人, 同使日本.[28] 新福爲倭皇言唐事曰, 李家太上少帝並崩, 廣平王攝政. 年穀不登, 人民相食. 史家朝議稱聖武皇帝, 性有仁恕, 人物多附, 兵鋒甚强, 無敢當者. 鄧州襄陽已屬史家, 李家獨有蘓州, 朝參之路固未易通. 是行也李能本爲副.

[왕]신복의 관직은 자수대부 행 정당좌윤 개국남이고, [양]회진은 판관이며, [달]능신의 품관은 비색을 입는다. 문왕 때 23명을 거느리고 함께 일본에 사신으로 갔다. 신복이 왜황에게 당나라의 일을 말하기를 "이가(李家) 태상(太上)과 소제(少帝)가 함께 죽고, 광평왕(廣平王)이 섭정하고 있습니다. 해마다 곡식이 익지 않아 백성들이 서로 잡아먹습니다. 사가 조의(朝義)가 성무황제를 칭하는데 성품이 어질고 후하여 인물이 많이 따르고 병사들이 매우 강해서 감당할 자가 없습니다. 등주와 양양이 이미 사가에게 속했고 이가는 오직 소주만을 가지고 있어, 조회에 참여하러 가는 길이 참으로 쉽게 통하지 않습니다."라고 하였다. 이번 사행에 이능본은 부사였다.

---

[28] 왕신복 일행은 762년 10월 병오일에 일본의 발해사 伊吉連益麻呂 등이 귀국할 때 함께 일본을 방문하였다(『續日本紀』 권제24, 天平寶字6년(762년) 冬10월 丙午朔).

○ 신고(臣考), 일만복(壹萬福)·모창배(慕昌拜)

> 萬福官靑綬大夫. 昌拜副使. 文王時率三百二十五人, 駕舡七十隻, 同史日本, 着出羽國.[29] 倭皇以國書違例, 並信物不受. 萬福再拜據地而泣曰, 君者彼此一也. 臣等歸國, 必當有罪. 遂改授[30]國書, 代王申謝. 倭皇授萬福從三位. 與王書曰, 今者來書, 頓改文道, 日下不註官品姓名, 書尾虛陳天孫僣號. 且高氏之世, 兵亂無休, 爲假朝威, 彼稱兄弟. 今王曾無事故而稱甥, 於禮失矣. 後歲之使不可更然. 獻美濃絁三十疋·絹三十疋·絲一百絢·調綿二百屯. 昌拜卒於日本. 萬福與其使武生鳥守俱來. 遭風漂着能登國, 客主僅免. 日本遺渤海舡名能登, 以禱于舡神有驗, 授其舡從五位下賜錦冠. 其冠錦表絁裏, 紫組纓.

[일]만복의 관직은 청수대부(靑綬大夫)이고, [모]창배는 부사이다. 문왕 때, 325명을 이끌고 17척의 배를 타고 함께 일본에 사신으로 갔는데, 출우국에 도착하였다. 왜황이 국서가 관례에 어긋나다 하고, 아울러 신물(信物)을 받지 않았다. 만복이 재배하고 땅에 엎드려 울며 말하기를 "왕은 피차 같습니다. 신 등이 귀국하면 반드시 죄를 받게 됩니다."라고 하였다. 드디어 국서를 고쳐주고 왕을 대신하여 사죄하였다. 왜황이 만복에게 종3위를 주었다. 왕에게 준 글에서 이르기를 "지금 온 글은 갑자기 글을 짓는 법식을 고쳐, 날짜 밑에 관품과 성명을 기입하지 않았으며, 글 끝에 천손(天孫)이라는 참호(僣號)를 헛되게 진술하였다. 또한 고씨(高氏) 시대에는 병란이 끊이지 않아 조정의 위엄을 빌려 상대를 형제라 불렀는데, 지금의 왕은 일찍이 이유도 없이 조카라 칭한 것은 예를 잃은 것이다. 다음 해의 사신은 다시 그럴 수 없다."라고 하였다. 미농의 시(絁) 30필, 견(絹) 30필, 사(絲) 200구(絢), 조면(調綿) 솜 200둔을 바쳤다. 창배가 일본에서 죽었다. 만복이 그 사신 무생조수(武生鳥守)와 함께 왔다. 바람을 만나 능등국(能登國)에 표착했는데 객주(客主)만이 겨우 면하였다. 일본은 발해에 보낸 배를 '능등'이라 이름했는데, 선신(船神)에게 기도했더니 효험이 있어, 그 배에 종5위를 제수하고 비단 관을 하사하였다. 그 관은 겉은 비단으로, 속은 가는 비단으로 만들었으며,

---

29) 『續日本紀』권제31, 寶龜2년(771년) 6月 壬午조.
30) '授'는 '修'의 오기이다("渤海使壹萬福等, 改修表文, 代王申謝." 『續日本紀』권제32, 寶龜3년(772년) 春正月 丙午).

붉은 갓끈을 대었다.

○ 신고(臣考), 오수불(烏須弗)

> 文王時使日本, 着能登國. 國司問故, 須弗以書報曰, 渤海日本久來好隣, 往來朝聘, 如兄如弟. 近年日本[31]內雄等, 住渤海國, 學問音聲, 却返本國. 今經十年, 未報安否. 由是差大使壹萬福等, 遣向日本國, 擬於朝參. 稍經四年, 未返本國. 更差大使烏須弗等四十人, 面奉詔旨, 更無餘事. 所附進物及來書, 並在舡內. 大政官以表函違例不受. 又曰渤海使取此道而來, 前有禁斷. 自今以後宜依舊例, 從筑紫道來.

[오수불은] 문왕 때에 일본에 사신으로 갔는데 능동국에 도착하였다. 국사(國司)가 까닭을 물으니, 수불이 글을 써서 보고하기를 "발해와 일본은 오랫동안 좋은 이웃으로 왕래하며 조빙하였으니, 형제와 같습니다. 근년에 일본의 내웅(內雄) 등이 발해에 있으면서 음성(音聲)을 배운 후 본국으로 돌아갔습니다. 지금 10년이 지났는데 안부를 듣지 못하였습니다. 대사 일만복 등을 뽑아 일본국으로 파견해 조회에 참석해 알아보도록 했습니다. 이미 4년이 지났는데도 본국으로 돌아오지 않았기 때문에 다시 대사 오수불 등 40명을 차출해서 직접 조칙을 받들게 한 것이지 다른 일은 없습니다. 부쳐 올릴 물건과 가져온 글은 함께 배 안에 있습니다."라고 하였다. 대정관이 표를 담은 함이 관례에 어긋난다며 접수하지 않았다. 또 말하기를 "발해의 사신이 이 길로 왔는데, 전에 금지했었다. 지금 이후부터는 지난 예에 따라 축자도(築紫道)로 와야 한다."라고 하였다.

○ 신고(臣考), 사도몽(史都蒙) · 고녹사(高祿思) · 고울림(高鬱琳) · 고숙원(高淑源) · 사도선(史道仙) · 고규선(高珪宣)

> 都蒙官獻可大夫司賓少令開國男. 祿思大判官. 鬱琳少判官. 淑源判官. 道仙大錄事. 珪宣少錄事. 文王時率一百八十七人, 同使日本, 赴王妃喪, 兼賀倭皇卽位. 遭風漂沒, 僅存四十六人. 淑源及少錄事一人亦死. 日本人問, 烏須弗歸時, 大政官處分,

---

[31] 원문에는 '日本使'로 나온다("近年日本使內雄等."『續日本紀』권제32, 寶龜4년(773년) 6월 丙辰조).

> 渤海使宜依舊例, 向太宰府. 不得取此路而來. 今違約束, 其事如何. 都蒙等對曰,
> 實承此旨. 故都蒙等發自獒邑南府吐號浦, 西指對馬島竹實之津. 而海中遭風, 着此
> 禁境. 失約之罪更無所避. 日本又欲以十六人別留海岸. 都蒙曰, 此猶割一身而分背,
> 失四體而蒲伏. 日本乃聽同入. 倭皇御重閣,[32] 觀騎射, 都蒙與焉. 與其使朝臣殿繼
> 俱來. 獻絹五十疋絲二百絇綿三百屯. 都蒙請加附, 又獻黃金小一百兩・水銀大一百
> 兩・金漆一缶・海石榴油一缶・水精念珠四貫・檳櫛扇十枚. 賻王后絹二十疋・絁二
> 百疋・綿二百屯.

  [사]도몽의 관직은 헌가대부 사빈소령 개국남이고, [고]녹사는 대판관이고, [고]울림은 소판관이고, [고]숙원은 판관이고, [사]도선은 대녹사이고, [고]규선은 소녹사였다. 문왕 때에 187명을 거느리고 함께 일본에 사신으로 가서, 왕비의 죽음을 알리고 아울러 왜황의 즉위를 축하하였다. 바람을 만나 표류하다 침몰당했는데 겨우 46명만이 살아남았다. 숙원과 소녹사 한 사람도 또한 죽었다. 일본인이 묻기를 "오수불이 돌아갈 때에 대정관이 처분하기를, 발해의 사신은 마땅히 옛 예에 따라 태재부를 향하도록 했다. 이 길을 취하지 않고 와서 지금 약속을 어겼는데, 어찌된 것인가?"라고 하였다. 도몽 등이 대답하기를 "사실 이 뜻을 받들었습니다. 그래서 도몽 등은 우리의 읍인 남해부 토호포(吐號浦)를 출발해서 서쪽으로 대마도 죽실진(竹室津)을 목표로 삼았는데, 바다 가운데서 바람을 만나 이 금지 구역에 도착했으니, 약속을 어긴 죄를 피할 바가 없습니다."라고 하였다. 일본이 또한 16명을 따로 해안에 머무르게 하려고 하였다. 도몽이 말하기를 "이것은 한 몸을 갈라 등을 떼어내고, 팔다리 없이 엎드려 기도록 하는 것과 같습니다."라고 하였다. 일본이 곧 들어주어 함께 들어가도록 하였다. 왜황이 중각문에서 말타고 활쏘는 것을 보았는데, 도몽도 여기에 참여하였다. [도몽과 일본의] 사신인 조신전계(朝臣殿繼)가 함께 와서 견(絹) 50필, 사(絲) 20구(絇), 면(綿) 300둔을 바쳤다. 도몽이 더 요청하니, 또한 황금 소(小) 100냥, 수은(水銀) 대(大) 100냥, 금칠(金漆) 1항아리, 옻 1항아리, 동백기름 1항아리, 수정 염주 4꿰미, 빈랑나무 부채 10자루를 보냈다. 왕후의 상에 견(絹) 20필, 시(絁) 200필, 면(綿) 200둔을 부조하였다.

---

32) '閣' 뒤에 '門'이 생략되었다("丁巳. 天皇御重閣門. 觀射騎. 召渤海使史都蒙等. 亦會射場."『續日本紀』 권제34, 寶龜8년(777) 5월).

○ 신고(臣考), 장선수(張仙壽)

> 官獻可大夫司賓少令. 文王時使日本. 以王旨言朝臣殿繼等失路, 漂着遠夷之境. 船破, 爲造舡二艘領歸.[33] 倭皇內射, 仙壽與焉.[34]

[장선수의] 관직은 헌가대부 사빈소령이다. 문왕 때, 일본으로 사신으로 갔다. 왕의 뜻으로 말하기를 "조신전계 등이 길을 잃어서 멀리 떨어진 오랑캐의 땅에 표착했고, 배가 부서져 배 두 척을 만들어 돌아가게 했다."라고 하였다.[35] 왜황이 내사(內射)하니 [장]선수도 여기에 참여하였다.

○ 신고(臣考), 고반죽(高伴粥)·고설창(高說昌)

> 伴粥押領. 說昌通使. 文王時同使日本. 日本以國書違例不受. 又責不由筑紫道.[36] 銕利官人爭坐說昌之上, 大政官爲異其班位.[37] 伴粥舡破, 日本給舡九隻以歸.

[고]반죽은 압령이고, [고]설창은 통사였다. 문왕 때, 함께 일본에 사신으로 갔다. 일본이 국서가 예를 어겼다며 접수하지 않고, 또한 축자도를 경유하지 않았다고 책망하였다. 철리부의 관인이 설창의 윗자리에 앉고자 다투었는데, 대정관이 그 자리를 달리 하였다. 반죽의

---

33) 원문은 "渤海使張仙壽等獻方物. 奏曰, 渤海國王言, 聖朝之使高麗朝臣殿嗣等失路漂着遠夷之境. 乘船破損, 歸去無由. 是以, 造船二艘. 差仙壽等, 隨殿嗣令入朝. 幷載荷獻物, 拜奉天朝."이다(『續日本紀』 권제35, 寶龜10年(779) 春正月 丙午).
34) 원문은 "己未, 內射. 渤海使亦在射列."이다(『續日本紀』 권제35, 寶龜10年(779) 春正月).
35) 高麗殿嗣(일명 高麗殿繼라고도 함)가 寶龜8年(777년) 일본을 방문한 발해 史都蒙 일행이 귀국할 때, 遣高麗使로 임명되어 발해를 방문했을 때의 상황을 이야기한다. 발해 사신과 일본 사신이 표착한 "遠夷之境"은 발해가 직접 지배하지 않지만 힘이 미치는 동경 용원부 북쪽 해안 지역인 듯하다.
36) 『續日本紀』 권제35, 寶龜10年(779) 11월條에는 "乙亥, 勅檢校渤海人使, 押領高洋粥等, 進表無礼, 宜勿令進. 又不就筑紫. 巧言求便宜, 加勘當勿令更然."이라고 되어 있다.
37) 『續日本紀』 권제35, 寶龜10年(779) 11월條에는 "丙子, 檢校渤海人使言, 鐵利官人爭坐說昌之上, 恒有凌侮之氣者. 太政官處分, 渤海通事從五位下高說昌, 遠涉滄波數廻入朝. 言思忠勤, 授以高班, 次彼鐵利之下, 殊非優寵之意. 宜異其例位以顯品秩."이라고 되어 있다.

배가 부서져서 일본이 아홉 척의 배를 주어 돌아왔다.

○ 신고(臣考), 여정림(呂定琳)

> 官庭諫大夫工部郎中. 康王時率六十[38]人使日本. 漂着夷地志理波村被掠, 人多散亡. 出羽國言狀, 倭皇置越後國供給. 定琳致在唐學問日本僧永忠書於倭皇, 倭皇附答書.

[여정림의] 관직은 정간대부 공부낭중이다. 강왕(재위 794~809) 때에 68명을 거느리고 일본에 사신으로 갔다. 오랑캐 땅의 지리파촌(志理波村)에 표착해 노략질당하였으며 사람들이 많이 흩어지고 죽었다. 출우국에서 상황을 말하니, 왜황이 월후국(越後國)에 안치해 물자를 공급하였다. 정림이 당에 있는 일본의 학문승 영충(永忠, 743~816)의 글[39]을 왜황에게 올리니 왜황이 답신을 주었다.

○ 신고(臣考), 대창태(大昌泰)

> 官慰【疑卽衛.】軍大將軍左熊衛都將上柱國開國子. 康王時使日本. 倭皇御太極殿引見, 爲減四拜爲二拜不拍手. 又構綵殿以享之. 渤海使舶多着能登國, 倭修飾其停宿之處.

[대창태의] 관직은 위(慰)【아마도 위(衛)인 듯하다.】 군대장군 좌웅위도장 상주국 개국자이

---

38) '六十'은 '六十八'의 오기이다. 원문은 "十一月丙申, 出羽國言 渤海國使定琳等六十八人, 漂着夷地志理波村, 因被劫略, 人物散亡. 勅宜遷越後國, 依例供給."이다(『日本後紀』 권제4, 延曆14년(795)).

39) 원문에는 永忠 등의 글을 올렸다는 기록에 이어 발해국의 건국과 수령 등에 대한 유명한 내용이 있으나, 이 내용은 영충의 글이 아니고, 발해 초기의 상황을 전하는 별도의 기록이다("又伝奉在唐学問僧永忠等所附書. 渤海國者, 高麗之故地也. 天命開別天皇七年, 高麗王高氏, 爲唐所滅也. 後以天之眞宗豊祖父天皇二年, 大祚榮始建渤海國, 和銅六年, 受唐冊立其國. 延袤二千里, 無州縣館驛, 處處有村里. 皆靺鞨部落. 其百姓者, 靺鞨多, 土人少. 皆以土人爲村長. 大村曰都督, 次曰刺史. 其下百姓皆曰首領. 土地極寒, 不宜水田. 俗頗知書. 自高氏以來, 朝貢不絶. 庭諫大夫・匡諫大夫(『日本紀略』)戊子. 渤海國遣使獻方物. 其王啓曰. 云云. 渤海國者, 高麗之故地也. 天命開別天皇七年, 高麗王高氏, 爲唐所滅也. 後以天之眞宗豊祖父天皇二年, 始建渤海國, 和銅六年, 受唐冊立其國." 『日本後紀』 권제4, 延曆15년(796) 4월 戊子).

다. 강왕 때에 일본에 사신으로 갔다. 왜황이 태극전에서 접견하는데 네 번 절하기를 두 번 절하는 것으로 줄이고 손뼉을 치지 않게 하였다. 또한 채전(綵殿)을 만들어 향유하게 하였다. 발해 사신의 배가 능등국에 많이 도착하자, 왜가 그들이 머무는 곳을 수선하였다.

○ 신고(臣考), 고남용(高南容) · 고다불(高多佛)[40] 【이 아래 7명은 어느 왕 때인지 모른다(此下七人不知何王時).】

南容再使日本. 其國或宴於鴻臚館, 或宴於朝集院. 與其使宿彌東人俱來. 東人以國書不據, 棄之而去. 多不以酋領[41] 隨南容, 脫留越前國. 倭置之越中國給食, 使習語生等學渤海語.

[고]남용은 일본에 두 번 사신으로 갔는데, 그 나라는 혹은 홍려관에 잔치를 열고, 혹은 조집원에서 잔치를 열었다. 그 사신 숙미동인(宿彌東人)과 함께 [발해에] 왔는데, 동인은 국서가 근거가 없다며 버리고 돌아갔다. [고]다불은 수령으로서 남용을 따라갔으나, [일행에서] 벗어나 월전국(越前國)에 머물렀다. 왜가 그를 월중국(越中國)에 있게 하고 먹을 것을 주고, 습어생 등으로 하여금 발해어를 배우도록 하였다.[42]

○ 신고(臣考), 왕효렴(王孝廉) · 고경수(高景秀) · 고막선(高莫善) · 왕승기(王昇基)

孝廉大使. 景秀副使. 莫善昇基判官. 同使日本. 倭皇授孝廉從三位, 景秀正四位下, 莫善昇基正五位下. 又賜錄事以下祿. 唐越州人周光翰言升則等, 自日本隨使者來.

[왕]효렴은 대사이고, [고]경수는 부사이고, [고]막선과 [왕]승기는 판관이다. 일본에 함께

---

40) 원문에는 '佛'을 '仏'로 표기하였다.
41) '多不以酋領'은 '多仏以首領'의 오기이다. 원문은 "丙寅, 渤海使首領高多仏, 脫身留越前國. 安置越中國, 給食. 即令史生羽栗馬長幷習語生等, 就習渤海語."이다(『日本後紀』 권제19, 大同5년(810) 4월조).
42) 고다불은 대동 5년(810년) 하4월 정축, 고남용이 발해로 귀국할 때 일본에 남았고, 2년 후에는 일본으로부터 '高庭高雄'이라는 성명을 하사받았다("壬辰, 渤海國人高多仏賜姓名高庭高雄." 『日本後紀』 권제22, 弘仁3년(812) 12월).

사신으로 갔다. 왜황이 효렴에게 종3위를, 경수에게는 정4위하를, 막선과 승기에게는 정5위하를 제수하였다. 또한 녹사 이하에게는 녹(祿)을 주었다. 당나라 월주 사람인 주광한(周光翰), 언승칙(言升則) 등이 일본으로부터 사신을 따라 왔다.

○ 신고(臣考), 왕문구(王文矩)

使日本. 倭皇御豊樂殿, 宴五位以上, 文矩爲擊毬. 倭皇賜綿二百屯.[43]

[왕문구는] 일본에 사신으로 갔다. 왜황이 풍락전에서 5위 이상에게 잔치를 열었다. [왕]문구는 격구를 하였다. 왜황이 솜 200둔을 주었다.

○ 신고(臣考), 위균(衛鈞)

官鐵州刺史. 遼天顯元年正月, 忽汗城破. 七月, 鈞城守, 遼大元帥堯骨率師來攻. 乙丑, 城陷.

[위균의] 관직은 철주자사다. 요나라 천현 원년(926) 정월, 홀한성이 함락되었다. 7월, 균이 성을 지키니 요의 대원수 요골이 군사를 이끌고 와서 공격하였다. 을축일에 성이 함락되었다.

○ 신고(臣考), 대소현(大素賢)

官司徒. 忽汗城破, 素賢降遼, 遼拜爲東丹國次相.[44] 太宗會同三年, 東京宰相耶律羽之, 言其貪墨, 見黜.[45]

---

43) 원문은 "癸卯, 任官. 御豊樂殿 宴五位已上及蕃客. 奏踏歌. 渤海國使王文矩等打毬. 賜綿二百屯爲賭. 所司奏樂. 蕃客率舞. 賜祿有差."이다(『日本後紀』 권제30, 弘仁13년(822) 正月).

44) '次相'은 '左次相'의 오기이다. 원문은 "丙午, 改渤海國爲東丹, 忽汗城爲天福. 冊皇太子倍爲人皇王以主之. 以皇弟迭剌爲左大相, 渤海老相爲右大相, 渤海司徒大素賢爲左次相, 耶律羽之爲右次相. 赦其國內殊死以下."이다(『遼史』 권2, 本紀제2, 太祖下, 天顯원년(926) 2월).

45) 원문은 "六月乙未朔, 東京宰相耶律羽之言, 渤海相大素賢不法, 詔僚佐部民擧有才德者代之."이다(『遼史』 권4, 本紀제4, 太宗下, 會同3년).

[대소현의] 벼슬은 사도다. 홀한성이 함락되자 소현이 요나라에 항복하였고, 요는 동단국 차상으로 임명하였다. 태종 회동 3년(940), 동경재상 야율우지(耶律羽之)가 그가 욕심이 많고 교활하다고 말해서 쫓겨났다.

○ 신고(臣考), 고모한(高模翰)

一名松. 有膂力善騎射, 好讀兵. 忽汗城破, 避地高麗. 高麗王妻以女, 因罪亡歸遼. 屢立戰功, 官至中臺省左相, 封悊郡開國公. 遼史自有傳.[46]

[고모한은] 일명 송(松)이라 하며, 힘이 세고 말타기와 활쏘기를 잘하며 병서 읽기를 좋아하였다. 홀한성이 함락되자 고려로 피했다. 고려 왕이 딸을 아내러 삼게 했는데, 죄를 지어서 요나라로 도망해 돌아갔다. 여러 번 전공을 세워서 벼슬이 중대성 좌상에 이르렀고 철군개국공(悊郡開國公)에 봉해졌다. 『요사』에 열전이 있다.

○ 신고(臣考), 대인선의 신하로 역사에 이름이 없는 사람들[諲譔諸臣史失名者][47]

遼天顯元年正月庚申, 扶餘城陷, 守將死之.
遼天顯元年正月丙寅, 王使老相統兵三萬禦遼. 遼先鋒惕隱安端·北部宰相蕭阿古只將萬騎至. 老相戰敗, 降于遼, 遼拜爲東丹國右大相.
遼天顯元年二月庚寅, 安邊鄚頡南海定理四府節度使, 皆降于遼.
遼天顯元年三月, 安邊鄚頡定理三府復城守, 遼惕穩安端帥師來攻. 丁丑, 三府皆敗. 壬午, 安邊將二人死之.
遼天顯元年五月, 南海定理二府復城守, 遼大元帥堯骨帥師來攻. 六月丁酉, 二府皆敗. 長嶺府, 自忽汗城破始時, 城守不下. 遼天顯元年三月戊午, 遼夷离畢康默記·左僕射韓延徽率師來攻. 至七月辛巳, 遼主殂, 述律后決軍國事. 八月辛卯, 城陷.
忽汗城破後, 已降郡縣復城守, 諸部蜂起. 遼阿古只與康默記討之. 有游騎七千自鴨

---

46) 『遼史』 권76, 列傳제6, 高模翰.
47) 「諲譔諸臣史失名者」 부분은 5고본에서 삭제되었다.

> 綠府來, 勢張甚. 阿古只一戰克之, 斬二千餘級. 進軍破回跋城.

요나라 천현 원년(926) 정월 경신일, 부여성이 함락되자 지키던 장수를 죽였다.

요나라 천현 원년 정월 병인일, 왕이 노상(老相)으로 하여금 병사 3만을 거느리고 요나라를 막도록 하였다. 요의 선봉장 척은(惕隱) 안단(安端)과 북부재상 소아고지(蕭阿古只)가 1만 명의 기병을 거느리고 이르렀다. 노상이 싸움에 패하고 요에 항복하니, 요가 동단국 우대상으로 임명하였다.

요나라 천현 원년 2월 경인일, 안변·막힐·남해·정리 4부(府)의 절도사가 모두 요나라에 항복하였다.

요나라 천현 원년 3월, 안변·막힐·정리 3부가 다시 성을 지키니, 요나라 척은 안단이 군사를 이끌고 와서 공격하였다. 정축일, 세 부가 모두 패하였다. 임오일, 안변부의 장군 두 사람을 죽였다.

요나라 천현 원년 5월, 남해와 정리 2부가 다시 성을 지키니, 요나라 대원수 요골이 군사를 이끌고 와서 공격하였다. 6월 정유일, 두 부가 패하였다.

장령부는 홀한성이 함락되었을 때부터 성을 지키고 항복하지 않았다. 요나라 천현 원년 3월 무오일, 요의 이리필 강묵기(康默記)·좌복야 한연휘(韓延徽)가 군사를 이끌고 와서 공격하였다. 7월 신사일에 이르러, 요 임금이 죽고, 술률후(述律后)가 군국(軍國)의 일을 결정하였다. 8월 신묘일, 성이 함락되었다.

홀한성이 함락된 뒤, 이미 항복한 군과 현 들이 다시 성을 지켰고 여러 부(部)가 봉기하였다. 요나라 소아고지와 강묵기가 이를 토벌하였다. 유기 7천이 압록부로부터 왔는데 기세가 매우 강했다. 아고지가 한 번 싸워 이겨서 2천여 명의 목을 베고, 진군하여 회발성(回跋城)을 격파하였다.

○ 신고(臣考), 신덕(申德)

> 官將軍. 高麗太祖八年九月丙申, 與其屬五百人, 奔高麗. 是歲, 遼攻渤海, 明年, 忽汗城破.

[신덕의] 관직은 장군이다. 고려 태조 8년(925) 9월 병신일, 그 족속 5백 명과 함께 고려로 도망쳐 왔다. 이해에 요나라가 발해를 공격했고, 다음 해에 홀한성이 함락되었다.

○ 신고(臣考), 대화균(大和鈞)·대균로(大均老)[48]·대원균(大元鈞)·대복모(大福謩)·대심리(大審理)

> 和鈞 均老 官禮部卿. 元鈞官司政. 福謩官工部卿. 審理官左右衛將軍. 高麗太祖八年九月庚子, 率民一百戶奔麗.[49]

[대]화균과 [대]균로의 관직은 예부경이고, [대]원균의 관직은 사정이고, [대]복모의 관직은 공부경이고, [대]심리의 관직은 좌우위장군이었다. 고려 태조 8년(925) 9월 경자일, 백성 1백 호를 이끌고 고려로 도망쳐 왔다.

○ 신고(臣考), 모두간(冒豆干)·박어(朴漁)

> 冒豆干官左首衛小將. 漁官檢校開國男. 高麗太祖八年十二月戊子, 率民百[50]戶奔高麗.

모두간의 관직은 좌수위소장이고, [박]어의 관직은 검교개국남이다. 고려 태조 8년 12월 무자일, 백성 1백 호를 이끌고 고려로 도망쳐 왔다.

○ 신고(臣考), 오흥(吳興)·승려 재웅(僧載雄)

> 興官工部卿. 高麗太祖十年三月甲寅, 與其屬五十人奔高麗. 戴[51]雄亦與其徒六十人,

---

48) 5고본에서는 '大均老'가 생략되었다.
49) 원문은 "庚子, 渤海禮部卿大和鈞均老司政大元鈞工部卿大福謨左右衛將軍大審理等, 率民一百戶來附."이다(『高麗史』 권1, 世家권제1, 太祖 8년 9월).
50) '百'은 '一千'의 오기이다. 원문은 "十二月 戊子, 渤海左首衛小將冒豆干·檢校開國男朴漁等, 率民一千戶, 來附."이다(『高麗史』 권1, 世家권제1, 太祖 8년).
51) '戴' → '載'.

隨興奔高麗.[52]

[오]흥의 관직은 공부경이다. 고려 태조 10년(927) 3월 갑인일, 그 족속 50명과 고려로 도망쳐 왔다. 재웅도 또한 그 무리 60명과 흥을 따라서 고려로 도망쳐 왔다.

○ 신고(臣考), 김신(金神)

高麗太祖十一年三月戊申, 率六千[53]戶奔高麗.

[김신은] 고려 태조 11년(928) 3월 무신일, 60호를 거느리고 고려로 도망쳐 왔다.

○ 신고(臣考), 대유범(大儒範)

高麗太祖十一年七月辛亥, 率民奔高麗.[54]

[대유범은] 고려 태조 11년 7월 신해일, 백성을 거느리고 고려로 도망쳐 왔다.

○ 신고(臣考), 은계종(隱繼宗)

高麗太祖十一年九月丁酉, 與其屬奔高麗. 太祖引見於天德殿, 繼宗等三拜, 人謂失禮. 大相含弘曰, 失土人三拜, 古之禮也.[55]

[은계종은] 고려 태조 11년 9월 정유일, 그 족속과 함께 고려로 도망쳐 왔다. 태조가 천덕전

---

52) 원문은 "三月甲寅, 渤海工部卿吳興等五十人, 僧載雄等六十人, 來投."이다(『高麗史』권1, 世家권제1, 태조 10년).
53) '千'은 '十'의 오기이다. 원문은 "三月戊申, 渤海人金神等六十戶來投."이다(『高麗史』권1, 世家권제1, 太祖 11년(928) 3월).
54) 원문은 "秋七月辛亥, 渤海人大儒範率民來附."이다(『高麗史』권1, 世家권제1, 太祖 11년).
55) 원문은 "丁酉, 渤海人隱繼宗等來附, 見於天德殿三拜, 人謂失禮. 大相含弘曰, 失土人三拜, 古之禮也."이다(『高麗史』권1, 世家권제1, 太祖 11년 9월).

에서 불러 보는데 계종 등이 세 번 절하니, 사람들이 예를 잃었다고 하였다. 대상 함홍(含弘)이 말하기를 "나라를 잃은 사람이 세 번 절하는 것은 옛날의 예이다."라고 하였다.

○ 신고(臣考), 홍견(洪見)

> 高麗太祖十二年六月庚申, 以船二十艘載人物奔高麗.[56]

[홍견은] 고려 태조 12년(929) 6월 경신일, 배 20척에 사람과 물건을 싣고 고려로 달아나 왔다.

○ 신고(臣考), 대광현(大光顯)

> 大光顯【光顯子道秀, 顯宗時爲大將. 後孫金就, 高宗時爲大將, 伐蒙古有功, 封永順君, 遂爲永順太氏. 其以大爲太, 未知在何時.】
> 諲譔世子也. 高麗太祖十七年七月, 率衆數萬奔高麗. 太祖賜姓名王繼, 附之宗籍. 特授元甫守白州, 以奉其祀. 賜僚佐爵, 軍士田宅有差.[57] 其後遼遣使, 遺高麗太祖橐駝五十匹. 太祖以契丹與渤海嘗連和, 忽生疑貳, 不顧舊盟, 一朝殄滅. 此爲無道之甚. 不足遠結爲隣, 絶其交聘. 流其使三十人于海島. 繫橐駝萬夫橋下, 皆餓死.[58]

대광현【광현의 아들 도수는 현종(재위 1009~1031) 때 대장이었다. 후손인 금취는 고종(재위 1213~1259) 때 대장이었는데, 몽고를 정벌하는 데 공이 있어 영순군에 책봉되었고, 드디어 영순 태씨가 되었다. 그 대(大)를 태(太)라 한 것은 어느 때인지 알 수 없다.】
인선의 세자이다. 고려 태조 17년(934) 7월, 무리 수만을 거느리고 고려로 달아나 왔다.

---

56) 원문은 "庚申, 渤海人洪見等, 以船二十艘, 載人物來附."이다(『高麗史』 권1, 世家권제1, 太祖 12년 6월).

57) 원문은 "秋七月, 渤海國世子大光顯率衆數萬來投, 賜姓名王繼, 附之宗籍. 特授元甫, 守白州, 以奉其祀. 賜僚佐爵, 軍士田宅, 有差."이다(『高麗史』 권2, 世家권제2, 太祖 17년(934) 7월).

58) 원문은 "二十五年冬十月, 契丹遣使, 來遺橐駝五十匹. 王以契丹嘗與渤海連和, 忽生疑貳, 背盟殄滅. 此甚無道. 不足遠結爲隣. 遂絶交聘, 流其使三十人于海島, 繫橐駝萬夫橋下, 皆餓死."이다(『高麗史』 권2, 世家권제2, 太祖 25년(942)).

태조가 [광현에게] 왕계(王繼)라는 성명을 내려주고, 왕실의 종적에 덧붙이고, 특별히 원보(元甫)의 직을 주고, 백주(白州)를 지키며 그 제사를 받들게 하였다. 따르는 측근들에게는 관직을 주고 군사들에게는 밭과 집을 차등 있게 주었다. 그 뒤에 요나라에서 사신을 보내 고려 태조에게 낙타 50필을 보냈다. 태조가, 거란이 발해와 일찍이 화친했다가 갑자기 의심하여 옛 맹서를 생각지 않고 하루아침에 멸망시켰는데, 이것은 매우 무도함이 심한 것이니 멀리서 결원하여 이웃을 삼기에 부족하다고 하고 교빙을 끊었다. 그 사신 30명을 섬에 유배시키고, 낙타는 만부교 아래에 매어두니 모두 굶어 죽었다.

○ 신고(臣考), 진림(陳林)

高麗太祖十七年十二月, 與其其屬一百六十人奔高麗.[59]

[진림은] 고려 태조 17년(934) 12월, 그 족속 160명과 고려로 달아나 왔다.

○ 신고(臣考), 박승(朴昇)

高麗太祖二十一年, 率三千餘戶奔高麗.[60]

[박승은] 고려 태조 21년(938), 3천여 호를 거느리고 고려로 달아나 왔다.

○ 신고(臣考), 최오사(崔烏斯)【『문헌통고』에는 오사라라고 하였다(文獻通考日, 烏斯羅).】

周世宗顯德初, 烏斯與其屬三十人歸周, 蓋其酋豪也.

주 세종 현덕(954~959) 초, [최]오사가 그 족속 30명과 주나라에 귀부했는데, 대개 그 무리의 우두머리이다.

---

59) 원문은 "冬十二月, 渤海陳林等一百六十人來附."이다(『高麗史』 권2, 世家권제2, 太祖 17년).
60) 원문은 "是歲, 渤海人朴昇, 以三千餘戶來投."이다(『高麗史』 권2, 世家권제2, 太祖 21년 12월).

○ 신고(臣考), 대난하(大鸞河)·이훈(李勛)

> 宋太宗太平興國四年, 平晉陽, 移兵幽州. 鸞河率小校李勛等十六人部族三百騎投降. 太宗以爲渤海都指揮使. 九年春, 太宗宴大明殿, 召鸞河慰撫久之. 謂殿前都校劉延翰曰, 鸞河渤海豪帥, 束身歸我, 嘉其忠順. 夫夷落之俗, 以馳騁爲樂. 俟高秋戒候, 當與駿馬數十足, 令出郊遊獵, 以遂其性. 因以緡錢十萬並酒賜之.

송 태종 태평홍국 4년(979), 진양(晉陽)을 평정하고 유주(幽州)로 병사를 옮겼다. [대]난하가 소교(小校) 이훈 등 16명과 부족의 3백 기병을 거느리고 투항하였다. 태종이 발해도지휘사(渤海都指揮使)로 삼았다. 9년(984) 봄, 태종이 대명전에서 잔치를 열며, 난하를 불러 오랫동안 위로하였다. 전전도교 유연한(劉延翰)에게 이르기를 "난하는 발해의 우두머리인데 나에게 귀부했으니 그 충성되고 공순함이 아름답다. 저 오랑캐의 습속은 말달리기를 즐거움으로 삼는다. 한가을을 기다려서 날랜 말 수십 필을 주어서 교외로 나가 사냥하게 하여 그 성질을 따르게 하는 것이 좋겠다."라고 하고, 돈 10만 꾸러미와 술을 주었다.

○ 지리고(地理考),[61] 5경 15부 62주(五京十五府六十二州)[62]

五京

---

61) 9고본과 수정본인 5고본이 가장 많이 차이가 나는 부분이 「지리고」이다. 9고본에서는 『新唐書』 발해전의 5京 15府 62州 각각의 명칭을 소개하고, 『遼史』를 참조하여 각 경, 부, 주, 현의 위치를 소개하였다. 그런데 5고본에서는 지리고의 편차를 5경 15부 설치, 건치연혁, 산천고금지명, 15부 고증, 발해신라경계로 나누었는데, 이것은 『요사』의 잘못을 인식한 데에서 비롯된 것으로 보인다. 유득공이 「渤海新羅分界」에서 "살피건대, 渤海 지리는 唐書가 비록 소략하지만 그 某地를 某府와 5京이라 서술하고 位置가 매우 자세하였다. 그런데 『요사』가 [위치를] 어지럽혔다. 遼가 발해를 병합하고 백성과 邑을 옮기며 대부분 옛 명칭을 가져 갔는데, 志를 편찬한 자가 다시 區別하지 않았다."라고 하였다. 『요사』의 내용을 무비판적으로 게재한 초고본의 한계를 수정본에서 전적으로 수정할 수 있었던 것은 바로 이와 같은 『요사』에 대한 새로운 사료 비판 때문이었다.

62) 앞 부분에 『신당서』 발해전의 발해 지리 내용을 소개하고, 후반부에 발해전의 지리 기록에 대해 고찰하였다. 유득공은 발해전에 5경 15부 62주라 했으나 실제는 60주만 보인다 하고, 5경의 위치를 비정하였다. 서경 압록부가 압록강 근처라고 할 때, 『遼史』 등에서 동경 용원부를 봉황성에 비정하는 것은 방위상 맞지 않는다는 의문이 제기된다. 또한 압록도와 신라도가 바닷길이었을 것이라고 한 점도 주목된다.

上京【龍泉府】・中京【顯德府】・東京【龍原府】・南京【南海府】・西京【鴨綠府】

5경(京)

상경【용천부】,63) 중경【현덕부】,64) 동경【용원부】,65) 남경【남해부】,66) 서경【압록부】.67)

十五府
龍泉府【肅愼古地.】
顯德府【肅愼古地, 在龍泉府南.】
龍原府【濊貊古地, 亦曰柵城府, 爲日本道.】
南海府【沃沮古地, 爲新羅道.】
鴨綠府【高句麗古地, 爲朝貢道.】
長嶺府【高句麗古地, 爲營州道.】
扶餘府【扶餘古地, 爲契丹府.68)】
鄭頡府【扶餘古地】
定理府【挹婁古地】
安邊府【挹婁古地】
率賓府【率賓古地】

---

63) 오늘날의 중국 흑룡강성 영안현 東京城鎭에 있는 城이다.
64) 중국 길림성 和龍 인근 용두산고분군에서 文王의 넷째 딸 貞孝公主의 무덤이 발굴되고 주변에서 발해 유적들이 함께 발견되면서, 인근에 있는 西古城을 발해 현덕부의 치소로 보게 되었다.
65) 발해 文王 시기에 한때 수도였고, 발해에서 일본을 왕래하는 통로[日本道]이기도 했으며, 일명 '柵城府' 라고도 하였다. 오늘날 중국 길림성 琿春의 半拉城(현재 八連城)으로 비정되고 있다.
66) 남해부와 관련하여『新唐書』발해전에는 이곳이 신라로 가는 길[新羅道]이고 특산물로 다시마(곤포)가 난다고 했으며,『續日本紀』에는 776년 남해부 '吐號浦'에서 발해 사신단이 일본으로 출발했다는 기록이 있다. 조선시대 실학자인 정약용이 곤포의 주요 산지인 함흥을 남해부로 보았으나, 현재는 해방 이후 북한에서 발굴 성과를 토대로 비정한 북청군의 청해토성(북청토성)이 유력한 남해부 치소로 받아들여지고 있다.
67) 유득공은, 서경 압록부가 압록강 일대에 있었을 것이며 압록부를 지나는 朝貢道가 바닷길일 것으로 생각하였다. 현재는 중국 길림성 白山市 臨江 지역으로 비정하고 있다.
68) '府' → '道'.

東平府【拂涅古地】
鐵利府【鐵利古地】
懷遠府【越喜古地】
安遠府【越喜古地】

15부(府)

용천부【숙신고지이다.】
현덕부【숙신고지이다. 용천부 남쪽에 있다.】
용원부【예맥고지이다. 또한 책성부는 일본도가 된다.】
남해부【옥저고지이다. 신라도가 된다.】
압록부【고구려고지이다. 조공도가 된다.】
장령부【고구려고지이다. 영주도가 된다.】
부여부【부여고지이다. 거란도가 된다.】
막힐부【부여고지이다.】
정리부【읍루고지이다.】
안변부【읍루고지이다.】
솔빈부【솔빈고지이다.】
동평부【불열고지이다.】
철리부【철리고지이다.】
회원부【월희고지이다.】
안원부【월희고지이다.】

六十二州

龍泉府三州

龍州·湖州·渤州

顯德府六州

盧州·顯州·鐵州·湯州·榮州·興州

龍原府四州

慶州·鹽州·穆州·賀州

南海府三州

沃州·睛州[69]·椒州

鴨綠府四州

神州·桓州·豐州·正州

長嶺府二州

瑕州·河州

扶餘府二州

扶州·仙州

鄚頡府二州

鄚州·高州

定理府二州

定州·潘州

安邊府二州

安州·瑤州

---

69) '睛州'→'晴州'.

率賓府三州
華州·蓋州·建州

東平府五州
伊州·蒙州·沱州·黑州·比州

鐵利府六州
廣州·汾州·蒲州·海州·義州·歸州

懷遠府九州
達州·越州·懷州·紀州·富州·美州·福州·邪州·芝州

安遠府四州
寧州·郿州·慕州·常州

三獨奏州
郢州·銅州·涑州

62주(州)

용천부 3주
용주, 호주, 발주.

현덕부 6주
노주, 현주, 철주, 탕주, 영주, 흥주.

용원부 4주

경주, 염주, 목주, 하주.

남해부 3주
옥주, 정주, 초주.

압록부 4주
신주, 환주, 풍주, 정주.

장령부 2주
하주(瑕州), 하주(河州).

부여부 2주
부주, 선주.

막힐부 2주
막주, 고주.

정리부 2주
정주, 심주.

안변부 2주
안주, 경주.

솔빈부 3주
화주, 개주, 건주.

동평부 5주
이주, 몽주, 타주, 흑주, 비주.

철리부 6주

광주, 분주, 포주, 해주, 의주, 귀주.

회원부 9주

달주, 월주, 회주, 기주, 부주, 미주, 복주, 사주, 지주.

안원부 4주

영주, 미주, 모주, 상주.

3독주주

영주, 동주, 속주.

> 右見新唐書稱六十二州, 而只列六十州. 清一統志有郭州, 而今不載, 知唐書之有遺也. 其五京之制, 上京龍泉府者, 今之寧古塔也. 中京顯德府者, 今之吉林也. 東京龍原府者, 今之鳳凰城也. 南京南海府者, 今之海城縣也. 西京鴨綠府者, 今未可考而當在鴨綠江近處. 然則以龍原爲東京, 以鴨綠爲西京者可疑. 豈鳳凰城以西, 復有一鴨綠江, 如遼陽之浿水歟. 置朝貢道於鴨綠者, 以海路通唐也. 考諸日本逸史, 鄧州襄陽爲朝奏之路良然. 南海府之爲新羅道, 亦以海路通新羅也. 文獻通考及清一統志, 以鴨綠爲朝鮮道, 是時無朝鮮, 當從新唐書.

이상은 『신당서』에 보이는 것으로 62주라고 하였으나, 다만 60주만 나열되어 있다. 『청일통지』[70]에 곽주(郭州)가 있으나 지금 실려 있지 않은 것으로 보아, 당나라 사서에 빠진 것이 있음을 알 수 있다.

---

70) 『대청일통지』는 청나라 시기 전국을 포함하는 종합적인 지리서로, 전후 3차례의 칙찬이 행해졌다. 강희제의 칙령으로 편찬을 시작하여 건륭 8년(1743) 356권으로 완성되고, 건륭 29년 칙명을 받아 증정작업을 시작하여 건륭 49년(1784)에 작업이 끝나 건륭 55년(1790)에 424권으로 출판되었으며, 가경에 시작한 증정본은 도광 22년(1842)에 전 560권, 범례 2권으로 완성되었다(박인호, 2003, 63~65쪽).

그 오경 제도에서 상경 용천부는 지금의 영고탑(寧古塔)이다. 중경 현덕부는 지금의 길림(吉林)이다. 동경 용원부는 지금의 봉황성(鳳凰城)이다. 남경 남해부는 지금의 해성현(海城縣)이다. 서경 압록부는 현재 고증할 수 없지만 압록강 근처에 있어야 마땅하다. 그렇다면 용원으로 동경을 삼고 압록으로 서경으로 했다는 것은 의심스럽다. 어찌 봉황성 서쪽에 다시 하나의 압록강이 있다면 요양의 패수(浿水)와 같다는 것인가? 조공도를 압록에 두었다는 것은 바닷길로 당과 통교한 것이다. 『일본일사(日本逸史)』를 고찰하니 등주(鄧州)와 양양(襄陽)이 조참(朝參)의 길임이 옳다. 남해부가 신라도였다는 것은 또한 바닷길로 신라로 통한 것이다. 『문헌비고』와 『청일통지』에는 압록을 조선도(朝鮮道)라고 했는데, 이때(발해 시기) 조선이 없었으니 마땅히 『신당서』를 따른다.

> 顯德府[71]【本朝鮮之地, 卽平壤城. 周武王以封箕子. 漢末爲公孫度所據. 晉時陷於高句麗. 唐置安東都護, 爲大氏所有. 中宗賜名忽汗州.】[72]

현덕부【본래 조선의 땅이니 곧 평양성이다. 주나라 무왕(武王)이 기자(箕子)를 봉하였다. 한나라 말기에 공손도(公孫度)가 점거했고, 진나라 때 고구려에 함락되었으며, 당나라가 안동도호(安東都護)를 설치하였으나, 대씨의 소유가 되었다. 중종이 홀한주라는 이름을 내렸다.】

---

71) '顯德府'에서부터 『요사』 지리지에 있는 발해 지명을 府, 州, 郡, 縣으로 나누어 소개하고, 후반부에서 요나라 태조가 발해를 병합해서 얻은 성읍이 103개라고 했으나 군과 현의 이름이 113개로 차이가 난다는 점을 지적하였다.

72) 『遼史』 권38, 志제8, 地理志2, 東京道, 東京遼陽府條의 내용을 축약한 것이다("東京遼陽府, 本朝鮮之地. 周武王釋箕子囚, 去之朝鮮, 因以封之. 作八條之教, 尙禮義, 富農桑, 外戶不閉, 人不爲盜. 傳四十餘世. 燕屬眞番朝鮮, 始置吏築障. 秦屬遼東外徼. 漢初, 燕人滿王故空地. 武帝元封三年, 定朝鮮爲眞番臨屯樂浪玄菟四郡. 後漢出入靑幽二州, 遼東玄菟二郡, 沿革不常. 漢末爲公孫度所據, 傳子康孫淵, 自稱燕王, 建元紹漢, 魏滅之. 晉陷高麗, 後歸慕容垂子寶, 以勾麗王安爲平州牧居之. 元魏太武遣使至其所居平壤城, 遼東京本此. 唐高宗平高麗, 於此置安東都護府, 後爲渤海大氏所有. 大氏始保挹婁之東牟山. 武后萬歲通天中, 爲契丹盡忠所逼, 有乞乞仲象者, 度遼水自固, 武后封爲震國公. 傳子祚榮, 建都邑, 自稱震王, 倂吞海北, 地方五千里, 兵數十萬. 中宗賜所都曰忽汗州.").

龍原府【東南濱海. 高句麗慶州疊石爲城, 周圍二十里. 唐薛仁貴伐高句麗, 擒善射於石城, 卽此.】[73]

용원부【동남쪽이 바닷가이다. 고구려 경주(慶州)는 돌을 쌓아 성을 만들었는데, 둘레가 20리이다. 당나라 설인귀(薛仁貴)가 고구려를 칠 때 석성에서 활 잘 쏘는 사람을 잡았다고 했으니 곧 이곳이다.】

鴨綠府【高句麗故國城. 高三丈, 廣輪二十里.】[74]

압록부【고구려의 옛 국성(國城, 도성)이다. 높이가 3장이고 동서와 남북의 길이가 20리다.】

東平府【唐李世勣征高句麗拔遼城, 程明振蘓正方大破高句麗兵於新城, 皆此地. 有遼河羊腸河錐子河蛇山狼山黑山巾子山.】[75]

동평부【당나라 이세적(李世勣)이 고구려를 정벌할 때 요성(遼城)을 점령하고, 정명진(程名振)·소정방(蘇定方)이 고구려 병사를 신성(新城)에서 격파했는데, 모두 이곳이다. 요하·양장하·추자하·사산·낭산·흑산·건자산이 있다.】

鐵州【漢安市縣, 高句麗安市城. 唐太宗攻之不下, 薛仁貴白衣登城, 卽此.】[76]
湯州【漢襄平縣.】
興州【漢海平縣.】

---

[73] 『遼史』 권38, 志제8, 地理志2, 東京道, 東京遼陽府, 開州條 참조.
[74] 『遼史』 권38, 志제8, 地理志2, 東京道, 東京遼陽府, 淥州條 참조.
[75] 『遼史』 권38, 志제8, 地理志2, 東京道, 東京遼陽府, 遼州條 참조.
[76] 『遼史』 권38, 志제8, 地理志2, 東京道, 東京遼陽府, 鐵州條 참조.

慶州【太保山黑河之地.】
桓州【高句麗中都城. 剙立宮闕, 謂之新國. 王釗爲慕容皝所敗, 宮室焚蕩, 卽此.】[77]
蓋州【後改辰州, 以辰韓得名. 井邑騈列, 最爲衝會, 卽高句麗蓋牟城. 唐太宗會李世勣, 攻破之是也.】[78]
涷州【有涷沫江, 卽曰涷沫水. 涷沫靺鞨所居.】

철주【한나라의 안시현(安市縣)이고, 고구려의 안시성(安市城)이다. 당 태종이 이를 공격했으나 함락시키지 못했다. 설인귀가 흰 옷을 입고 성에 올랐다고 한 곳이 이곳이다.】

탕주【한나라의 양평현(襄平縣)이다.】

홍주【한나라의 해평현(海平縣)이다.】

경주【태보산(太保山)과 흑하(黑河)의 땅이다.】

환주【고구려 시기 도성(都城)이다. 궁궐을 창립하고 이를 신국(新國)이라 했다. 왕 쇠(釗)가 모용황(慕容皝)에게 패하며, 궁실이 불탔는데, 이곳이다.】

개주【뒤에 진주(辰州)로 고쳤는데, 진한(辰韓)에서 이름을 얻었다. 마을이 늘어서 있고 가장 요충지이며, 곧 고구려 개모성(蓋牟城)이다. 당 태종 때 이세적이 쳐부순 곳이 이곳이다.】

속주【속말강이 있으니, 즉 속말수(粟末水)라고 한다. 속말말갈이 거주하는 곳이다.】

顯德府【郡一.】
杉盧【或稱縣. 隸盧州.】[79]

---

77) 『遼史』 권38, 志제8, 地理志2, 東京道, 東京遼陽府, 桓州條 참조.
78) 『遼史』 권38, 志제8, 地理志2, 東京道, 東京遼陽府, 辰州條 참조.
79) 『요사』 지리지를 이해할 때 중요한 점은 遼의 府, 州, 縣에 보이는 발해의 주와 현은 그곳이 발해 주와 현이었다는 의미가 아니고, 그 명칭을 가졌던 발해 주와 현의 주민이 그곳에 끌려와 거주하고 있다는 의미이다. 일찍이 김육불은 『요사』 지리지의 발해 州와 縣은 첫째, 京과 府의 首州는 그 首州를 적지 않고 오로지 경과 부만을 표시하고, 둘째, 이름을 바꾸지 않은 州는 치소가 자리 잡고 있는 首縣을 '○○郡'이라고 칭하고, 셋째, 이름을 바꾼 州는 '본래 어떤 州'라고 하고, 넷째, '故縣'이라고 한 것은 州를 옮기면서 폐지된 발해의 縣이라고 설명한 바 있다(金毓黻 지음·동북아역사재단 번역, 2007, 664~666쪽).

龍原府【郡三.】
龍河【或稱縣. 隸鹽州.】・會農【或稱縣. 隸穆州.】・吉理【或稱縣. 隸賀州.】

鴨綠府【郡二.】
盤安【隸豐州.】・沸流【隸正州. 沸流王古地, 有沸流水, 爲公孫康小[80]並.】

銕利府【郡一.】
銕利【隸州未詳. 漢裏平地, 高句麗當山縣.】[81]

府州未詳【郡三.】
安定・銅山【高句麗東山縣. 在龍泉府南, 漢侯城縣, 北多山險.】・安寧【藁離國古地.】

현덕부【군(郡)이 하나다.】
삼로(杉盧)【혹은 현(縣)이라고도 한다. 노주(盧州)에 속하였다.】

용원부【군이 세 개다.】
용하(龍河)【혹은 현이라고도 한다. 염주에 속하였다.】, 회농(會農)【혹은 현이라고도 한다. 목주에 속하였다.】, 길리(吉理)【혹은 현이라고도 한다. 하주(賀州)에 속하였다.】.

압록부【군이 두 개다.】
반안(盤安)【풍주(豐州)에 속하였다.】, 비류(沸流)【정주(正州)에 속하였다. 비류왕(沸流王)의 고지였으며, 비류수(沸流水)가 있다. 공손강(公孫康)에게 병합되었다.】.

철리부【군이 하나다.】

---

80) '小'는 '所'의 오기이다. 원문은 "正州, 本沸流王故地, 國爲公孫康所併. 渤海置沸流郡. 有沸流水. 戶五百. 隸淥州. 在西北三百八十里. 統縣一."이다(『遼史』 권38, 志제8, 地理志2, 東京道).
81) 『遼史』 권38, 志제8, 地理志2, 東京道, 東京遼陽府, 廣州條.

철리【속했던 주(州)가 미상이다. 한나라 때 양평(襄平) 땅이었고, 고구려 때의 당산현(當山縣)이었다.】

부와 주 미상【군이 세 개다.】
안정(安定), 동산(銅山)【고구려의 동산현이다. 용천부의 남쪽에 있다. 한나라 때의 후성현(侯城縣)이다. 북쪽은 대부분 산이 험하다.】, 안녕(安寧)【고리국의 옛 땅이다.】.

龍泉府【縣五】
富利·長平【並隸龍州.】·貢珍【隸渤州.】·肅愼·佐慕【並隸州未詳.】

용천부【현(縣)이 다섯 개다.】
부리(富利), 장평(長平)【모두 용주에 속하였다.】, 공진(貢珍)【발주(渤州)에 속하였다.】, 숙신(肅愼), 좌모(佐慕)【모두 속하였던 주(州)가 미상이다.】.

顯德府【縣二十六.】
山陽·漢陽·白巖·霜巖【古陴離郡地. 漢屬險瀆縣. 並隸盧州.】·永豐【隸顯州. 神仙傳, 仙人白仲理能鍊神丹, 點黃金以救百姓, 卽此地. 漢遼隊縣.】·位城·河瑞·蒼山·龍珍【並隸鐵州.】·靈巖·常豐·白石·均谷·嘉利【並隸湯州.】·盛吉·蒜山·鐵山【並隸興州.】·金德【或稱常樂. 漢浿水縣, 高句麗縣.】·雞山【漢居就縣. 昔丁令威家此, 去家千年, 化鶴來歸, 集於華表柱, 以味畫表云, 有鳥有鳥丁令威, 去家千年今來歸, 城郭雖是人民非, 何不學仙冢纍纍.】·花山【漢望平縣.】·紫蒙【漢鏤芳縣. 拂涅國置東平府於此.】·崇山·潙水·綠城·奉集【並隸州未詳.】·長寧

현덕부【현이 스물 여섯 개다.】
산양(山陽), 한양(漢陽), 백암(白巖), 상암(霜巖)【옛 비리군(陴離郡) 땅이다. 한나라 때 험독현(險瀆縣)에 속하였다. 모두 노주(盧州)에 속하였다.】, 영풍(永豐)【현주(顯州)에 속하였다. 신선전(神仙傳)에 이르기를 "선인(仙人) 백중리(白仲理)는 신단(神丹)을 만들고 철을 가리켜 황금을 잘 만들어 백성을 구하였다."라고 한 곳이 이곳이다. 한나라 때의 요대현(遼隊縣)이다.],82) 위성(位城), 하단(河端), 창산(蒼山), 용진(龍珍)【모두가 철주(鐵州)에 속하였다.】, 영암(靈巖), 상풍(常豊), 백석(白石), 균곡(均谷), 가리(嘉利)【모두 탕주(湯州)에 속하였다.】, 성길(盛吉), 산산(蒜山), 철산(鐵山)【모두 홍주(興州)에 속하였다.】, 금덕(金德)【혹은 상락(常樂)이라고 한다. 한나라 때의 패수현(浿水縣)이었다. [고구려 때의] 고구려현(高句麗縣)이다.】,83) 계산(鷄山)【한(漢)나라 때 거취현(居就縣)이다. 옛날 정령위(丁令威)84)의 집이 이곳에 있었다. 집을 떠난 뒤 천년 만에 학(鶴)이 되어 돌아와, 화표주(華表柱)에 모여서 부리로 표(表)에 그리며 말하기를 "새구나, 새구나. 정령위 집을 떠난 지 천년 만에 지금 돌아왔네. 성곽(城郭)이 비록 사람이 아니지만 어째 신선의 무덤이 연이어 있는 것을 배우지 않는가."라고 하였다.】,85) 화산(花山)【한나라 때 망평현(望平縣)이다.】, 자몽(紫蒙)【한나라 때 누방현(鏤芳縣)이다. 불열국이 동평부를 여기에 설치하였다.】, 숭산(崇山), 위수(瀉水), 녹성(綠城), 봉집(奉集)【모두 속하였던 주가 미상이다.】, 장녕(長寧).86)

龍原府【縣十五.】
龍原・永安・烏山・壁谷・熊山【薛仁貴征高句麗, 與其將溫沙門, 戰熊山卽此.】・白

---

82) 永豐縣은 遼의 東京遼陽府에 속한 9개 현 가운데 하나인 仙鄉縣이다("仙鄉縣, 本漢遼隊縣, 渤海爲永豐縣. 神仙傳云, 仙人白仲理能煉神丹, 點黃金, 以救百姓. 戶一千五百."『遼史』권38, 志제8, 地理志2, 東京道, 東京遼陽府).

83) 金德縣 혹은 常樂縣은 遼의 東京遼陽府에 속한 9개 현 가운데 하나인 遼陽縣이다("遼陽縣, 本渤海國金德縣地. 漢浿水縣, 高麗改爲勾麗縣, 渤海爲常樂縣. 戶一千五百."『遼史』권38, 志 제8, 地理志2, 東京道, 東京遼陽府).

84) 丁令威는 西漢 때 요동군 鶴野 사람으로, 이름난 仙人이다. 도를 배워 신선이 된 후 다시 鶴이 되었다고 하며, 본문의 시는 東晉 陶潛(陶淵明, 365~427)이 편찬한『搜神後記』에 있다.

85) 계산현은 遼의 東京遼陽府에 속한 9개 현 가운데 하나인 鶴野縣이다("鶴野縣, 本漢居就縣地, 渤海爲鷄山縣. 昔丁令威家此, 去家千年, 化鶴來歸, 集於華表柱, 以味畫表云, 有鳥有鳥丁令威, 去家千年今來歸. 城郭雖是人民非, 何不學仙塚纍纍. 戶一千二百."『遼史』권38, 志제8, 地理志2, 東京道, 東京遼陽府條).

86) 長寧縣은 遼의 東京遼陽府에 속한 9개 현 가운데 하나인 興遼縣이다("興遼縣, 本漢平郭縣地, 渤海改爲長寧縣. 唐元和中, 渤海王大仁秀南定新羅, 北略諸部, 開置郡邑, 遂定今名. 戶一千."『遼史』권38, 志제8, 地理志2, 東京道, 東京遼陽府).

楊【並隸慶州.】・海陽・接海・格川【並隸鹽州.】・水岐・順化・美縣【並隸穆州.】・洪賀・送誠・石山【並隸賀州.】

용원부【현이 열다섯 개다.】

용원(龍原), 영안(永安), 오산(烏山), 벽곡(壁谷), 웅산(熊山)【설인귀가 고구려를 정벌할 때, 그 장수 온사문(溫沙門)과 웅산(熊山)에서 싸웠다는 곳이 이곳이다.】, 백양(白楊)【모두 경주(慶州)에 속하였다.】, 해양(海陽), 접해(接海), 격천(格川)【모두 염주(鹽州)에 속하였다.】, 수기(水岐), 순화(順化), 미현(美縣)【모두 목주(穆州)에 속하였다.】, 홍하(洪賀), 송성(送誠), 석산(石山)【모두 하주(賀州)에 속하였다.】.

南海府【縣十六.】
天晴・神陽・蓮池・狼山・仙巖【並隸晴州.87)】・椒山・貂嶺・澌泉・尖山・巖淵【並隸椒州. 東界新羅, 西北故平壤城, 東北至海州一百二十里.】・沃沮・鷲嶺88)・龍山・濱海・昇平・靈泉【並隸州未詳.】

남해부【현은 열여섯 개다.】

천청(天晴), 신양(神陽), 연지(蓮池), 낭산(狼山), 선암(仙巖)【모두 정주(晴州)에 속하였다.】,89) 초산(椒山), 초령(貂嶺), 시천(澌泉), 첨산(尖山), 암연(巖淵)【모두 초주(椒州)에 속하였다. 동쪽 경계는 신라이고, 서북쪽은 옛 평양성이며, 동북쪽은 해주(海州)까지 120리다.】,90)

---

87) '晴州' → '睛州'.

88) '嶺' → '巖'.

89) 발해 晴州에 속했던 天晴・神陽・蓮池・狼山・仙巖 5개 현은 요대에는 海州의 속주인 嬪州에 편입되었다("嬪州, 柔遠軍刺史. 本渤海晴州, 故縣五, 天晴神陽蓮池狼山仙巖, 皆廢. 戶五百. 隸海州. 東南至海州一百二十里."『遼史』권38, 志제8, 地理志2, 東京道, 海州).

90) 발해 椒州에 속했던 椒山・貂嶺・澌泉・尖山・巖淵 5개 현은 요대에는 海州의 속주인 耀州에 편입되었다. 그리고 "東界新羅. 西北故平壤城. 東北至海州一百二十里" 부분은 耀州의 통솔을 받던 현인 巖淵縣에 대한 설명이다("耀州 刺史. 本渤海椒州, 故縣五 椒山貂嶺澌泉尖山巖淵, 皆廢. 戶七百. 隸海州. 東北至

옥저(沃沮), 취암(鷲巖), 용산(龍山), 빈해(濱海), 승평(昇平), 영천(靈泉)【모두 속하였던 주가 미상이다.】.[91]

鴨綠府【縣十.】
桓都·神鄉·浿水[92]【並隸桓州.】·神鹿·神化·劍門·安豐·渤恪·隰壤·硤石【並隸州未詳.】

압록부【현은 열 개다.】
환도(桓都), 신향(神鄉), 패수(浿水)【모두 환주(桓州)에 속하였다.】, 신록(神鹿), 신화(神化), 검문(劍門), 안풍(安豐), 발각(渤恪), 습양(隰壤), 협석(硤石)【모두 속하였던 주가 미상이다.】.[93]

海州二百里. 統縣一, 巖淵縣. 東界新羅, 故平壤城在縣西南. 東北至海州一百二十里."『遼史』권38, 志제8, 地理志2, 東京道, 海州).

91) 발해의 沃沮·鷲巖·龍山·濱海·昇平·靈泉 6개 현이 속한 주가 미상이라고 했으나, 이들 현이 수록된 『요사』의 기록을 검토하면 발해 남경 남해부에 속하는 3개 주(沃州, 晴州, 椒州)의 하나인 沃州이다. 天晴·神陽·蓮池·狼山·仙巖 5개 현은 발해 晴州에 속했고, 椒山·貂嶺·澌泉·尖山·巖淵 5개 현은 椒州 소속이고, 沃沮·鷲巖·龍山·濱海·昇平·靈泉 6개 현은 바로 남경 남해부의 첫 번째 주인 옥주에 속하였다고 할 수 있다("海州, 南海軍節度. 本沃沮國地. 高麗爲沙卑城, 唐李世勣嘗攻焉. 渤海號南京南海府. 疊石爲城, 幅員九里, 都督沃晴椒三州. 故縣六, 沃沮鷲巖龍山濱海昇平靈泉, 皆廢. 太平中, 大延琳叛, 南海城堅守, 經歲不下, 別部酋長皆被擒, 乃降. 因盡徙其人於上京, 置遷遼縣, 移澤州民來實之. 戶一千五百. 統州二, 縣一."『遼史』권38, 志제8, 地理志2, 東京道, 海州).

92) '浿水'는 『요사』에 "淇水"라 되어 있다. 유득공은 아마도 『元一統志』 2권의 "浿水"라 한 것을 참조한 듯하다.

93) 유득공은 神鹿 등 7개 현이 속했던 주가 미상이라고 했지만, 이들 현이 게재된 『요사』에서 그 소속을 알 수 있다. 즉 神鹿, 神化, 劍門은 서경 압록부의 首州였던 발해 神州 소속이었다("淥州, 鴨淥軍節度. 本高麗故國, 渤海號西京鴨淥府. 城高三丈, 廣輪二十里, 都督神桓豐正四州事. 故縣三, 神鹿神化劍門, 皆廢. 大延琳叛, 遷餘黨於上京, 置易俗縣居之. 在者戶二千. 隸東京留守司. 統州四縣二."『遼史』권38, 志제8, 地理志2, 東京道, 東京遼陽府, 淥州). 그리고 安豐, 渤恪, 隰壤, 硤石은 발해 豐州 소속의 현이었다("豐州. 渤海置盤安郡, 故縣四, 安豐渤恪隰壤硤石, 皆廢. 戶三百. 隸淥州. 在東北二百一十里."『遼史』권38, 志제8, 地理志2, 東京道, 東京遼陽府, 淥州).

扶餘府【縣十一.】

布多·扶餘·顯義·鵲川·强師[94]·新安·漁谷·永寧·豐水·扶羅·永平【並隸州未詳.】

부여부【현이 열한 개다.】

포다(布多), 부여(扶餘), 현의(顯義), 작천(鵲川), 강수(强帥), 신안(新安), 어곡(漁谷), 영녕(永寧), 풍수(豐水), 부라(扶羅), 영평(永平).【모두 속하였던 주가 미상이다.】[95]

懷遠府【縣九.】

富壽·優富【並隸富州.】·山河·黑川·麓川【並隸美州.】·越喜·懷福·豹山·乳水【並隸州未詳.】

회원부【현이 아홉 개다.】

부수(富壽), 우부(優富),【모두 부주(富州)에 속하였다.】[96] 산하(山河), 흑천(黑川), 녹천(麓川),【모두 미주(美州)에 속하였다.】[97] 월희(越喜), 회복(懷福), 표산(豹山), 유수(乳水).【모두

---

94) '師'→'帥'.

95) 유득공은 布多 등 발해 부여부 11개 현이 어떤 州에 속했는지 미상이라고 했지만, 이들 현이 게재된 『요사』에서 그 소속을 알 수 있다. 즉 布多, 扶餘, 顯義, 鵲川, 强帥, 新安, 漁谷은 부여부의 首州였던 발해 扶州 소속이었던 것 같다("通州, 安遠軍節度. 本扶餘國王城, 渤海號扶餘城. 太祖改龍州, 聖宗更今名. 保寧七年, 以黃龍府叛人燕頗餘黨千餘戶置, 升節度. 統縣四, 通遠縣, 本渤海扶餘縣, 併布多縣置. 安遠縣, 本渤海顯義縣, 併鵲川縣置. 歸仁縣, 本渤海强帥縣, 併新安縣置. 漁谷縣, 本渤海縣." 『遼史』권38, 志제8, 지리지2, 東京道, 通州條). 그리고 永寧, 豐水, 扶羅, 永平은 부여부의 나머지 한 주인 仙州의 소속 현이었을 것이다("龍州, 黃龍府. 本渤海扶餘府. 太祖平渤海還, 至此崩, 有黃龍見, 更名. 保寧七年, 軍將燕頗叛, 府廢. 開泰九年, 遷城于東北, 以宗州檀州漢戶一千復置. 統州五, 縣三. 黃龍縣, 本渤海長平縣, 併富利佐慕肅慎置. 遷民縣, 本渤海永寧縣, 併豐水扶羅置. 永平縣, 渤海置." 『遼史』권38, 志제8, 지리지2, 東京道, 龍州條).

96) "銀州, 富國軍下刺史. 本渤海富州, 太祖以銀冶更名. 隸弘義宮, 兵事屬北女直兵馬司. 統縣三. 延津縣, 本渤海富壽縣, 境有延津故城, 更名. 新興縣, 本故越喜國地, 渤海置銀冶, 嘗置銀州. 永平縣, 本渤海優富縣地, 太祖以俘戶置, 舊有永平寨." 『遼史』권38, 志제8, 지리지2, 東京道, 銀州.

속하였던 주가 미상이다.】98)

安遠府【縣二.】
慕化·崇平【並隷慕州.】

안원부【현이 두 개다.】
모화(慕化), 숭평(崇平).【모두 모주(慕州)에 속하였다.】

府州未詳【縣九.】
長泰·豐永·熊山·靈峯·麓郡·麓波·雲川·安夷·萬安

부와 주 미상【현이 아홉 개다.】
장태(長泰), 풍영(豐永),99) 웅산(熊山),100) 영봉(靈峯), 녹군(麓郡), 녹파(麓波), 운천(雲川),101) 안이(安夷),102) 만안(萬安).103)

---

97) "遂州 刺史. 本渤海美州地, 採訪使耶律頗德以部下漢民置. 穆宗時, 頗德嗣絶, 沒入焉. 隷延昌宮. 統縣一. 山河縣, 本渤海縣, 併黑川麓川二縣置." 『遼史』 권38, 志제8, 地理志2, 東京道, 遂州.

98) 회원부의 소속 州를 알 수 없는 懷福, 豹山, 乳水의 현명은 『요사』 지리지 信州條에 보인다("信州, 彰聖軍下 節度. 本越喜故城. 渤海置懷遠府, 今廢. 聖宗以地鄰高麗, 開泰初置州, 以所俘漢民實之. 兵事屬黃龍府都部署司. 統州三未詳. 縣二. 武昌縣, 本渤海懷福縣地, 析平州提轄司及豹山縣一千戶隷之. 定武縣, 本渤海豹山縣地, 析平州提轄司併乳水縣人戶置, 初名定功縣." 『遼史』 권38, 志제8, 地理志2, 東京道, 信州).

99) 풍영현의 주민은 요 상경도 饒州의 속현인 임하현으로 끌려왔다. 발해 풍영현은 요 태종에 의해 함락된 듯하다("臨河縣. 本豐永縣人, 太宗分兵伐渤海, 遷於潢水之曲. 戶一千." 『遼史』 권37, 志제7, 地理志1, 上京道, 饒州).

100) 웅산현의 주민은 요 동경도 宗州로 끌려왔다("宗州 下 刺史. 在遼東石熊山, 耶律隆運以所俘漢民置. 聖宗立爲州, 隷文忠王府. 王薨, 屬提轄司. 統縣一. 熊山縣, 本渤海縣地." 『遼史』 권38, 志제8, 地理志2, 東京道, 宗州).

101) 靈峯, 麓郡, 麓波, 雲川 4개 현의 주민은 요 동경도 乾州로 끌려와서 영봉현민은 靈山縣에, 나머지 3개 발해 현민은 司農縣에 거주하였다("靈山縣, 本渤海靈峯縣地. 司農縣, 本渤海麓郡縣 併麓波雲川二縣入焉." 『遼史』 권38, 志제8, 地理志2, 東京道, 乾州).

> 右見遼史. 太祖東並渤海, 得城邑之居百有三云, 而郡縣名可考者, 今爲百十三, 可疑.

이상은 『요사』에 보인다. [요나라] 태조가 동으로 발해를 병합해서 얻은 성읍이 103개라고 하였다. 그런데 지금 살펴볼 수 있는 군과 현의 이름이 113개니 의문이다.

> 五京十五府六十二州[104]【多在今吉林烏喇寧古塔及朝鮮界. 其遼東古地, 雖入渤海, 建置無聞. 地理志賈耽所記可考, 遼時東京州縣多襲其名號, 非復古地. 遼史謂皆渤海之舊, 其實未盡然也.】

5경 15부 62주【대부분 지금의 길림, 오라, 영고탑과 조선(朝鮮)의 경계에 있었다. 요동의 옛 땅은 비록 발해에 편입되었으나 설치와 관련해서는 들은 바가 없다. [『신당서』의]「지리지」의 가탐(賈耽)이 기록한 것[105]을 고찰하면, 요나라 때 동경의 주와 현은 대부분 그 이름을 이어받은 것이고 옛 땅을 수복한 것은 아니다. 『요사』가 모두 발해의 옛 것이라 한 것은 그 실상이 모두 그렇지 않다.】

> 龍泉府【漢三國晉地,[106] 挹婁國地. 後魏齊周時, 勿吉國地. 隋時靺鞨國地. 唐時入渤海爲龍泉府. 金時上京會寧府地. 元時合蘭府水達達等路. 明時建州毛憐衛等地. 今寧古塔.】

---

102) 발해 안이현 주민은 요 동경도 雙州의 속현인 雙城縣에 끌려와서 거주하였다("雙城縣 本渤海安夷縣地." 『遼史』 권38, 志제8, 地理志2, 東京道, 雙州).
103) 발해 만안현 주민은 요 동경도 韓州의 속현인 柳河縣에 끌려와서 거주하였다("柳河縣 本渤海粤喜縣地 併萬安縣置." 『遼史』 권38, 志제8, 地理志2, 東京道, 韓州).
104) '五京十五府六十二州'부터 『청일통지』의 발해 지명을 소개하며, 5경 15부 62주는 대부분 길림, 오라, 영고탑과 朝鮮의 경계에 있었다고 보았다. 특히 『遼史』의 요나라 때 東京의 州와 縣은 대부분 그 이름을 이어받은 것이고 옛 땅을 수복한 것이 아니라고 하였다.
105) 아래 '顯德府'의 細註 기사 참조.
106) '地'는 '時'의 오기인 듯하다.

용천부(龍泉府)【한나라, 삼국시대, 진나라 때 읍루국의 땅이다. 후위(後魏), 제나라, 주나라 때 물길국(勿吉國)의 땅이다. 수나라 때 말갈국의 땅이다. 당나라 때 발해에 편입되어 용천부가 되었다. 금나라 때 상경 회령부(會寧府)의 땅이다. 원나라 때 합란부(合蘭府) 수달달(水達達) 등의 길[路]이었다. 명나라 때 건주(建州) 모린위(毛隣衛) 등의 땅이다. 지금의 영고탑이다.】

顯德府【今在吉林烏喇城東南. 地理志自鴨綠江口舟行百餘里, 乃小舫溯流東北三十里, 至泊汋口, 得渤海之境. 又溯流五百里, 至九[107]都縣城, 故高麗王都. 又東北溯流二百里, 至神州. 又陸行四百里, 至顯州, 爲天寶[108]中王所都. 按顯州卽顯德府, 唐先天二年, 賜名忽汗州是也. 遼史謂卽平壤城, 又以遼所置東京之顯州, 爲本顯德府地 皆誤也.】

현덕부(顯德府)【지금 길림 오라성의 동남쪽이다. [『신당서』]「지리지」에 "압록강 어귀에서 배로 백여 리 가고 작은 배로 동북쪽으로 3십 리를 거슬러 올라가 박작구(泊汋口)에 도달하면 발해의 경내에 들어갈 수 있다. 또 거슬러 5백 리를 오르면 환도현성(丸都縣城)에 이르니, 옛 고구려의 왕도이다. 또 동북으로 2백 리를 거슬러 오르면 신주(神州)에 도착한다. 또 육로로 4백 리를 가면 현주(顯州)에 이르는데, 천보(天寶) 중 [발해] 왕이 도읍했던 곳이다."[109]라고 하였다. 살펴 보건대, 현주는 곧 현덕부다. 당나라 선천 2년(713), 홀한주라는 이름을 내렸다고 한 것이 바로 이곳이다. 『요사』가 곧 평양성이라 하고 또 요나라가 설치한 동경의 현주가

---

107) '九' → '丸'.
108) '天寶'의 '天'은 원문에 없으나, 『舊唐書』 및 『新唐書』 발해전에 의해 보충하였다.
109) 『신당서』에 있는 가탐의 기록을 인용한 것이다("登州東北海行, 過大謝島·龜歆島·末島·烏湖島三百里. 北渡烏湖海, 至馬石山東之都里鎭二百里. 東傍海壖, 過青泥浦·桃花浦·杏花浦·石人汪·橐駝灣·烏骨江八百里. 乃南傍海壖, 過烏牧島·貝江口·椒島, 得新羅西北之長口鎭. 又過秦王石橋·麻田島·古寺島·得物島, 千里至鴨淥江唐恩浦口. 乃東南陸行, 七百里至新羅王城. 自鴨淥江口舟行百餘里, 乃小舫泝流東北三十里至泊汋口, 得渤海之境. 又泝流五百里, 至丸都縣城, 故高麗王都. 又東北泝流二百里, 至神州. 又陸行四百里, 至顯州, 天寶中王所都. 又正北如東六百里, 至渤海王城." 『新唐書』 권43下, 志제33下, 地理7下).

본래 현덕부의 땅이라고 한 것은 모두 잘못이다.】

龍原府【漢時玄菟郡地. 晉時屬平州. 隋時高句麗慶州地. 唐時屬安東都護府. 入渤海爲龍原府. 遼時開州鎭國軍. 金時石城縣. 元時屬東寧路鳳凰城. 今鳳凰城.】

용원부(龍原府)【한나라 때 현도군의 땅이다. 진나라 때 평주(平州)에 속하였다. 수나라 때 고구려의 경주(慶州) 땅이었다. 당나라 때 안동도호부에 속하였다. 발해에 편입되어 용원부가 되었다. 요나라 때 개주(開州) 진국군(鎭國軍)이었다. 금나라 때 석성현(石城縣)이었다. 원나라 때 동녕로(東寧路)에 속한 봉황성(鳳凰城)이었다. 지금의 봉황성이다.】

南海府【漢時玄菟郡地. 後屬樂浪都尉 東漢時封沃沮. 三國時平州地. 晉以後高句麗沙卑城. 唐置蓋州. 入渤海爲南海府. 遼時海州南海軍. 金時澄州南海郡. 元時省入遼陽路. 明時海州衛. 今海城縣.】

남해부(南海府)【한나라 때 현도군의 땅이다. 뒤에 낙랑도위(樂浪都尉)에 속하였다. 동한(東漢) 때 옥저(沃沮)로 책봉하였다.[110] 삼국 때 평주 땅이다. 진나라 이후 고구려의 사비성(沙卑城)이다. 당나라가 개주(蓋州)를 설치하였다. 발해에 편입되어 남해부가 되었다. 요나라 때 해주 남해군이다. 금나라 때 징주 남해군이었다. 원나라 때 [주현(州縣)이] 폐지되며 요양로(遼陽路)에 편입되었다. 명나라 때 해주위(海州衛)였다. 지금의 해성현(海城縣)이다.】

扶餘府【漢時扶餘國地. 唐置黑水都督府. 入渤海爲扶餘府, 又爲龍泉府. 遼隸東京. 金時會寧府陞上上京. 元時開元路. 明時三萬衛. 今開元縣.】

---

110) 한나라 때의 일은 『後漢書』 東沃沮의 기록을 참조한 듯하다("武帝滅朝鮮, 以沃沮地爲玄菟郡. 後爲夷貊所侵, 徙郡於高句驪西北, 更以沃沮爲縣, 屬樂浪東部都尉. 至光武罷都尉官, 後皆以封其渠帥, 爲沃沮侯. 其土迫小, 介於大國之間, 遂臣屬句驪. 句驪復置其中大人爲使者, 以相監領, 責其租稅, 貊布魚鹽, 海中食物, 發美女爲婢妾焉." 『後漢書』 권85, 東夷列傳제75, 東沃沮).

부여부(扶餘府)【한나라 때 부여국의 땅이다. 당나라가 흑수도독부를 설치하였다. 발해에 편입되어 부여부가 되었고, 또한 용천부(龍泉府)가 되었다.[111] 요나라 때 동경에 속하였다. 금나라 때 회녕부가 상경(上京)으로 승격되었다. 원나라 때 개원로(開元路)였다. 명나라 때 삼만위(三萬衛)였다. 지금의 개원현이다.】

瀋州【漢時挹婁扶餘沃沮朝鮮等地. 三國晉時平州地. 後魏時營州地. 齊周時高句麗地. 隋時營州地. 唐時入渤海爲瀋陽, 屬定理府. 遼時瀋州昭德軍. 金時瀋州顯德軍. 元時瀋陽路. 明時瀋陽中衛. 今奉天府. 通志云, 有奧婁河, 注曰奧婁卽挹婁.】

심주(瀋州)【한나라 때 읍루, 부여, 옥저, 조선 등의 땅이다. 삼국과 진나라 때 평주 땅이다. 후위 때 영주(營州) 땅이다. 제나라, 주나라 때 고구려 땅이다. 수나라 때 영주 땅이다. 당나라 때 발해에 편입되어 심양(瀋陽)이 되고, 정리부에 속하였다. 요나라 때 심주 소덕군이다. 금나라 때 심주 현덕군이다. 원나라 때 심양로(瀋陽路)였다. 명나라 때 심양중위(瀋陽中衛)였다. 지금의 봉천부(奉天府)이다.『통지(通志)』에 말하기를 오루하(奧婁河)가 있다고 하고, 그 주석에 오루는 곧 읍루라 하였다.】

蓋州【漢時西蓋馬縣. 三國時平州地. 晉以後高句麗地. 唐時高句麗蓋牟城, 太宗取其地置蓋州. 入渤海仍置蓋州, 後改辰州. 遼時辰州奉國軍. 金時蓋州奉國軍. 元時蓋州. 明時蓋州衛. 今革平縣.】

개주(蓋州)【한나라 때 서개마현(西蓋馬縣)이다. 삼국 때 평주 땅이다. 진나라 이후 고구려 땅이다. 당나라 때 고구려 개모성(蓋牟城)이고, [당] 태종(재위 627~649)이 그 땅을 취하여 개주(蓋州)를 설치하였다. 발해에 편입되어 계속해서 개주를 설치하였고, 뒤에 진주(辰州)로 고쳤다. 요나라 때 진주 봉국군(奉國軍)이다. 금나라 때 개주 봉국군이다. 원나라 때 개주이다.

---

111) 부여부를 용천부라 한 것은『요사』懷州의 속현인 扶餘縣 설명에 보인다("扶餘縣, 本龍泉府. 太祖遷渤海扶餘縣降戶於此, 世宗置縣. 戶一千五百."『遼史』권37, 志제7, 地理志1, 上京道, 懷州).

명나라 때 개주위였다. 지금의 혁평현(革平縣)이다.]

富州【漢時挹婁國地. 隋時越喜國地. 唐時入渤海爲富州, 屬懷遠府. 遼時銀州富國軍. 金時新興縣. 元時省. 明時鐵嶺衛. 今鐵嶺縣.】

부주(富州)【한나라 때 읍루국 땅이다. 수나라 때 월희국 땅이다. 당나라 때 발해에 편입되어 부주가 되고, 회원부에 속하였다. 요나라 때 은주(銀州) 부국군(富國軍)이다. 금나라 때 신흥현(新興縣)이다. 원나라 때 폐지되었다. 명나라 때 철령위이다. 지금의 철령현(鐵嶺縣)이다.]

杉盧郡【漢時玄菟郡地. 晉以後高句麗地. 唐時置金州, 入渤海爲杉盧郡. 遼時化成縣. 金時穌州安復郡. 元時屬盖州路. 明時金州衛. 今寧海縣.】

삼로군(杉盧郡)【한나라 때 현도군 땅이다. 진나라 이후 고구려 땅이다. 당나라 때 금주(金州)를 설치하였다. 발해에 편입되어 삼로군이 되었다.[112] 요나라 때 화성현(化成縣)이다. 금나라 때 소주 안복군(安復郡)이다. 원나라 때 개주로(蓋州路)에 속하였다. 명나라 때 금주위(金州衛)이다. 지금의 영해현(寧海縣)이다.]

忽汗河【今名虎爾哈河. 源出吉林烏喇界, 東北流經古會寧城北, 又九十餘里, 繞寧古塔城南, 復折而北流七百餘里, 入混同江. 唐時謂之忽汗河, 大氏置忽汗州. 新唐志云, 渤海王城臨忽汗海. 金時名金水. 俗謂金爲按出虝,[113] 亦稱按出虝水. 是爲金源. 明一統志忽兒海河, 北流入松花江, 是也.】

---

112) 발해 杉盧郡은 뒤에 杉盧縣이 되었고, 중경 현덕부의 首州인 盧州에 속하였다. 노주의 首縣은 『요사』에서는 山陽縣이고, 杉盧縣은 그 다음의 현이었다("盧州, 玄德軍刺史. 本渤海杉盧郡, 故縣五. 山陽杉盧漢陽白巖霜巖, 皆廢. 戶三百. 在京東一百三十里. 兵事屬南女直湯河司. 統縣一. 熊岳縣, 西至海一十五里, 傍海有熊岳山."『遼史』권38, 志제8, 地理志2, 東京道, 盧州).

113) '虝'는 '虎'와 동자.

홀한하(忽汗河)【지금의 이름은 호이합하(虎爾哈河)이다. 길림(吉林)·오라(烏喇) 경계에서 발원하여 동북쪽으로 흐르다가 옛 회녕성(會寧城)의 북쪽을 지난다. 또 9십여 리에서 영고탑성 남쪽을 휘돌아 다시 꺾여 북쪽으로 7백여 리를 흘러 혼동강(混同江)에 들어간다. 당나라 때 그것을 홀한하라 하였고 대씨(大氏)가 홀한주(忽汗州)를 설치하였다. 『신당서』 지리지에 말하기를 발해왕성이 홀한해에 닿아 있다고 하였다. 금나라 때 금수(金水)라 이름하였다. 민간에서는 금(金)을 안출호(按出虎)라 하였고 또한 안출호수라 불렀으니, 이것이 금원(金源)이 된다. 『명일통지(明一統志)』114)가 홀아해하(忽兒海河)가 북쪽으로 흘러 송화강으로 들어간다고 했으니 이것이다.】

上京城【在今寧古塔城西南. 唐書曰, 天寶末大武藝,115) 徙上京, 直舊國三百里, 忽汗河之東. 賈耽曰, 自安東都護府東北, 經古蓋牟新城, 又經渤海之長嶺府千五百里, 至渤海王城. 以此考之, 當在寧古塔西南境, 與上京相近. 明一統志, 金滅遼, 設都於渤海上京, 是也.】

상경성(上京城)【지금의 영고탑성 서남쪽에 있다. 『당서』에 말하기를 "천보 말에 대흠무가 상경으로 옮겼는데 구국에서 곧바로 3백 리이고, 홀한하의 동쪽이다."116)라고 하였다. 가탐이 말하기를 "안동도호부 동북쪽으로부터 옛 개모(蓋牟)·신성(新城)을 거치고 또 발해의 장령부를 지나 1,500리를 가서 발해의 왕성에 이른다."117)고 하였다. 이것으로 고찰하면, 마땅히 영고탑 서남쪽의 경계가 상경과 서로 가까운 곳에 있어야 한다. 『명일통지』에 금나라가 요나라를 멸망시키고 발해의 상경(上京)에 도읍을 설치했다고 했는데 이것이다.】

---

114) 『대명일통지』는 『천하일통지』, 『명일통지』라고도 한다. 景帝 때 『環宇通志』를 완성하였으며, 天順帝는 그것을 개편하여 천순 5년(1461) 4월에 『대명일통지』라고 하였다. 총 90권 중 권89은 外夷라 하고, 朝鮮國을 시작으로 女直, 日本國, 琉球國 등이 기술되어 있다. 이후 여러 번 출판되거나 필사되어 원본과 후대의 간본 사이에는 약간의 차이가 있다. 조선에서 가정 43년(1564)에 판각하여 간행하였다(박인호, 2003, 47~53쪽).

115) '武藝' → '欽茂'.

116) 『신당서』 발해전.

117) 『신당서』 지리지.

平壤【漢樂浪郡. 後爲高句麗王所都, 亦曰長安城, 一名王儉城. 唐平高句麗, 置安東都護府於此. 後沒於渤海. 在今朝鮮界內.】

평양(平壤)【한나라의 낙랑군(樂浪郡)이다. 뒤에 고구려왕이 도읍한 곳이며, 또한 장안성(長安城)이라고 하는데 일명 왕검성(王儉城)이다. 당나라가 고구려를 평정하고 이곳에 안동도호부를 설치하였다. 뒤에 발해에 들어갔다. 지금의 조선 경계 안에 있다.】

郭州【唐置郭州. 渤海因之, 後屬於遼. 載記遼以鴨綠江北與高麗. 高麗築興銕通龍龜郭六城. 今在朝鮮界內.】

곽주(郭州)【당나라가 곽주를 설치하였다. 발해가 이것을 이어 받았다. 뒤에 요나라에 속하였다. 재기(載記)에는 "요나라가 압록강 북쪽을 고려에 주니 고려는 흥주(興州), 철주(鐵州), 통주(通州), 용주(龍州), 귀주(龜州), 곽주(郭州) 여섯 개의 성을 쌓았다."라고 하였다. 지금은 조선의 경계 안에 있다.】

慕州城【本渤海安遠府. 在淥州西二百里. 淥州卽鴨綠府. 在今朝鮮界內.】

모주성(慕州城)【본래 발해의 안원부이다. 녹주 서쪽 2백 리에 있다. 녹주는 곧 압록부이다.118) 지금의 조선 경계 안에 있다.】

---

118) 『遼史』는 녹주가 본래 고구려 옛 나라이고, 발해의 서경 압록부라 하였다. 녹주의 속현의 하나가 慕州이다("淥州 鴨淥軍節度. 本高麗故國 渤海號西京鴨淥府. 城高三丈 廣輪二十里 都督神桓豊正四州事. 故縣三. 神鹿神化劍門 皆廢. 大延琳叛 遷餘黨於上京 置易俗縣居之. 在者戶二千. 隸東京留守司. 統州四縣二. 弘聞縣 神鄕縣. 桓州 高麗中都城 故縣三. 桓都神鄕淇水 皆廢. 高麗王於此創立宮闕 國人謂之新國. 五世孫釗 晉康帝建元初爲慕容皝所敗 宮室焚蕩. 戶七百. 隸淥州. 在西南二百里. 豐州 渤海置盤安郡 故縣四. 安豊渤恪隰壞硤石 皆廢. 戶三百. 隸淥州. 在東北二百一十里. 正州 本沸流王故地 國爲公孫康所幷. 渤海置沸流郡. 有沸流水. 戶五百. 隸淥州. 在西北三百八十里. 統縣一. 東那縣 本漢東耐縣地. 在州西七十里. 慕州 本渤海安遠府地 故縣二. 慕化崇平 久廢. 戶二百. 隸淥州. 在西北二百里." 『遼史』 권38, 志제8,

> 右見淸一統志. 得渤海之地於我國境內者三, 曰平壤, 曰郭州, 曰慕州. 而謂郭州在鴨綠之北, 慕州在鴨綠之西, 則亦可疑也.

이상은 『청일통지(淸一統志)』에 보인다. 우리 나라 경내에서 발해 땅이 3곳인데, 평양, 곽주, 모주라 한다. 그런데 곽주가 압록강의 북쪽에 있고 모주가 압록강의 서쪽에 있다고 하는 것은 또한 의심스럽다.

> 按[119]新羅統合後, 東北以泉井郡爲界, 今德源郡也. 西北以唐岳縣爲界, 今中和府也. 自中和以東, 祥原遂安谷山, 以抵于德源, 皆其邊塞也. 以外咸鏡平安二道之地, 皆爲渤海有矣. 及新羅之衰, 弓裔始定浿西十三鎭, 平壤城主黔用及甑城赤衣黃衣賊明貴等皆降. 是時, 渤海與契丹, 未及交兵, 而已失其南鄙於弓裔也. 及契丹破渤海, 所經理者只鴨綠以北, 故鴨綠以南, 渤海郡縣沿革, 遼史闕焉, 無以考也. 唐書云, 渤海南接新羅, 以泥河爲界. 文獻備考曰, 泥河, 當在德源界內者, 非也. 以遼史考之, 浿水一名泥河, 生靳芋草, 故亦稱靳芋濼水, 此指遼東京之水也. 遼東京者, 卽今遼陽縣也. 遼史以東京, 謂卽渤海中京顯德府, 本箕子所封平壤城也. 淸一統志辨之甚詳. 盖遼史以東京爲平壤, 故又載浿水焉. 其所謂一名泥河之浿水, 乃我國平壤之浿水, 今大同江也. 新羅渤海分界處, 正在大同一帶耳.

살펴 보건대, 신라의 통합 후 동북은 천정군(泉井郡)으로 경계를 삼았으니 지금의 덕원군(德源郡)이다. 서북은 당악현(唐岳縣)으로 경계를 삼았으니 지금의 중화부(中和府)이다. 중화의 동쪽인 상원(祥原), 수안(遂安), 곡산(谷山)으로부터 덕원에 이르기까지는 모두 변경의 요새이다. 그 밖의 함경, 평안 2도의 땅은 모두 발해의 소유가 되었다. 신라가 쇠약해지고, 궁예가 비로소 패서(浿西)에 13개의 진(鎭)을 정함에 이르러, 평양성 성주 검용(黔用)과 증성(甑城)의 적의적(赤衣賊), 황의적(黃衣賊), 명귀(明貴) 등이 모두 항복하였다. 이때 발해와

地理志2, 東京道, 淥州).
119) 이하는 발해와 신라의 경계에 대한 유득공의 생각이다.

거란이 서로 싸움에 이르지도 않았는데 이미 그 남쪽 변방을 궁예에게 잃었다. 거란이 발해를 멸망시키고 관리한 곳은 겨우 압록강 이북뿐으로, 압록강 이남의 발해 군현(郡縣)의 연혁이 『요사』에 빠져서 고찰할 수 없게 되었다. 『당서』에 말하기를 "발해의 남쪽이 신라와 접했는데, 니하(泥河)로 경계로 삼았다."라고 하였다. 『문헌비고』가 "니하는 마땅히 덕원의 경내에 있다."라고 말한 것은 잘못이다. 『요사』로 그것을 고찰하면, "패수는 일명 니하이고, 한우초(蓒芋草)가 자라므로 또한 한우난수(蓒芋濼水)라 칭한다."라고 한 것은 요나라 동경의 수(水)를 가리키는 것이다. 요나라 동경은 바로 지금의 요양현(遼陽縣)이다. 『요사』는 동경을 "발해의 중경 현덕부인데 원래 기자가 책봉된 평양성이다."라고 하였다. 『청일통지』가 그것을 판별함이 매우 자세하다. 대개 『요사』가 동경을 평양으로 삼았으므로 또한 패수를 실은 것이다. 그 이른바 일명 니하(泥河)가 패수라는 것은 곧 우리나라 평양의 패수, 지금의 대동강이다. 신라와 발해의 경계가 나뉘는 곳은 바로 대동강 일대에 있었을 뿐이다.

○ 직관고(職官考),[120] 문직(文職)

宣詔省, 左相·左平章事·侍中·左常侍·諫議.
中臺省, 右相·右平章事·內史·詔誥舍人.
政臺[121]省, 內閣相[122]【居左右相上.】· 左司政·右司政【比僕射, 居左右平章事之下.】·
左允·右允.【比二丞.】
忠部, 卿.【居司政下.】

---

120) 유득공의 「직관고」는 『신당서』 발해전의 내용을 정리한 것이다. 본문에서 발해전과 다른 표기는 모두 원본인 발해전의 기록으로 수정하였다. 발해전의 직관 관련 원문은 다음과 같다. "官有宣詔省, 左相·中臺省, 右相·右平章事·內史·詔誥舍人居之. 政堂省, 大內相一人, 居左右相上; 左·右司政各一, 居左右平章事之下, 以比僕射; 左·右允比二丞. 左六司, 忠·仁·義部各一卿, 居司政下, 支司爵·倉·膳部, 部有郎中·員外; 右六司, 智·禮·信部, 支司戎·計·水部, 卿·郎準左: 以比六官. 中正臺, 大中正一, 比御史大夫, 居司政下; 少正一. 又有殿中寺·宗屬寺, 有大令. 文籍院有監. 令·監皆有少. 太常·司賓·大農寺, 寺有卿. 司藏·司膳寺, 寺有令·丞. 胄子監有監長. 巷伯局有常侍等官. 其武員有左右猛賁·熊衛·羆衛, 南左右衛, 北左右衛, 各大將軍一·將軍一." 『新唐書』 권219, 列傳제144, 北狄, 渤海.
121) '臺' → '堂'.
122) '內閣相' → '大內相'.

仁部, 卿.

義部, 卿.【忠仁義部, 謂之左六司.】

爵倉,[123] 郎中・員外.

膳部, 郎中・員外.【並左史[124]之支司.】

智部, 卿.

禮部, 卿.

信部, 卿.【智禮信部, 謂之右六司.】

戎部, 郎中・員外.[125]

水部, 郎中・員外.【並右司之支司.】

中正臺, 大中正【比御史大夫, 居司政下.】・小正.

殿中寺, 大令.[126]

宗屬寺, 大令.[127]

文籍院, 監・少監・令.[128]

大[129]常寺, 卿.

司賓寺, 卿.

大農寺, 卿.

司藏寺, 令・丞.

司膳寺, 令・丞.

冑子監, 監・長.[130]

巷伯局, □侍.[131]

---

123) 爵倉은 爵部와 倉部의 2개 부서이므로, 분리해야 한다.

124) '史'→'司'.

125) 戎部와 水部 사이에 '計部, 郎中・員外'가 누락되어 보충함.

126) '大令' 뒤에 '小令'이 누락되어 보충함.

127) '大令' 뒤에 '小令'이 누락되어 보충함.

128) '令'은 삭제함.

129) '大'→'太'.

130) '監', '長'은 별개의 관직이라기보다 '監長'이라는 하나의 관직인 듯하다.

선조성에는 좌상, 좌평장사, 시중, 좌상시, 간의가 있다.

중대성에는 우상, 우평장사, 내사, 조고사인이 있다.

정당성에는 내각상,【좌상, 우상의 위에 있다.】 좌사정, 우사정,【복야에 비교되며, 좌·우평장사의 아래에 있다.】 좌윤, 우윤【2승(丞)에 비교된다.】이 있다.

충부에는 경【사정(司政)의 아래에 있다.】이 있다.

인부에는 경이 있다.

의부에는 경【충·인·의부를 좌6사라 한다.】이 있다.

작[부]·창[부]에는 낭중과 원외가 있다.

선부에는 낭중과 원외【모두 좌사의 지사(支司)이다.】가 있다.

지부에는 경이 있다.

예부에는 경이 있다.

신부에는 경【지·예·신부를 우6사라고 한다.】이 있다.

융부에는 낭중과 원외가 있다.

수부에는 낭중과 원외【모두 우사의 지사이다.】가 있다.

중정대에는 대중정,【어사대부에 비교되며, 사정 아래에 있다.】 소정이 있다.

전중시에는 대령이 있다.

종속시에는 대령이 있다.

문적원에는 감과 소감이 있다.

태상시에는 경이 있다.

사빈시에는 경이 있다.

대농시에는 경이 있다.

사장시에는 영과 승이 있다.

사선시에는 영과 승이 있다.

주자감에는 감장(監長)이 있다.

항백국에는 상시(常侍)가 있다.

---

131) '□侍' → '常侍'.

○ 직관고(職官考), 무직(武職)[132]

> 左猛賁衛, 大將軍·將軍.
> 右猛賁衛, 大將軍·將軍.
> 左熊衛, 大將軍·將軍. 右熊衛, 大將軍·將軍.
> 左羆衛, 大將軍·將軍. 右羆衛, 大將軍·將軍.
> 南左衛, 大將軍·將軍. 南右衛, 大將軍·將軍.
> 北左衛, 大將軍·將軍. 北右衛, 大將軍·將軍.

좌맹분위에는 대장군(大將軍)과 장군(將軍)이 있다.
우맹분위에는 대장군과 장군이 있다.
좌웅위에는 대장군과 장군이 있고, 우웅위에는 대장군과 장군이 있다.
좌비위에는 대장군과 장군이 있고, 우비위에는 대장군과 장군이 있다.
남좌위에는 대장군과 장군이 있고, 남우위에는 대장군과 장군이 있다.
북좌위에는 대장군과 장군이 있고, 북우위에는 대장군과 장군이 있다.

> 按, 寧遠將軍·忠武將軍·雲麾將軍·輔國將軍·歸德將軍·紫綬大夫·青綬大夫·獻可大夫·庭諫大夫·上柱國開國公開國子開國男之稱, 見於續日本記.[133] 日本逸史·高麗史諸史, 而其制並未可考.

---

[132] 『新唐書』 발해전에는 발해의 武員, 즉 군사 부서에 대해 "左右猛賁熊衛羆衛南左右衛北左右衛"가 있고 각 부서에 大將軍과 將軍 1명이 있다고 하였다(『新唐書』 권219, 列傳제144, 北狄, 渤海). "左右猛賁熊衛羆衛南左右衛北左右衛"를 어떻게 해석하느냐에 따라 발해의 군사 부서의 명칭과 숫자가 달라진다. 문장에서 중요한 단어는 군사적 의미를 지닌 '衛'이고, 또한 앞의 발해 관직에서 左와 右를 구별하고 있는 점을 고려하여 해석하면 무리가 없을 듯하다. 이에 따른다면, 발해의 군사 부서는 左猛賁熊衛, 右猛賁熊衛, 左羆衛, 右羆衛, 南左衛, 南右衛, 北左衛, 北右衛가 되고, 이 8개 衛에 大將軍과 將軍이 각각 1명씩 배치되었다고 할 수 있다.

[133] '記' → '紀'.

살펴보건대, 영원장군, 충무장군, 운휘장군, 보국장군, 귀덕장군, 자수대부, 청수대부, 헌가대부, 정간대부, 상주국 개국공·개국자·개국남의 칭호가 『속일본기(續日本紀)』, 『일본일사(日本逸史)』, 『고려사(高麗史)』 등 여러 역사에 보이지만, 그 제도는 모두 고찰할 수가 없다.

○ 의장고(儀章考)

> 三秩以上, 紫衣·牙笏·金魚.
> 五秩以上, 緋衣·牙笏·銀魚.
> 六秩七秩, 淺緋衣·木笏.
> 八秩, 綠衣·木笏.[134]

3질 이상은 자의(紫衣)에 아홀(牙笏), 그리고 금어(金魚)를 한다.
5질 이상은 비의(緋衣)에 아홀, 그리고 은어(銀魚)를 한다.
6질과 7질은 옅은 비의에 목홀을 한다.
8질은 녹의(綠衣)에 목홀을 한다.

> 遼天顯四年, 太宗幸遼陽, 使人皇王, 備乘輿羽衛以迎. 乾亨五年, 聖宗巡東京, 留守具儀衛迎車駕. 盖故渤海儀衛云.[135]

요나라 천현 4년(929), 태종이 요양에 행차하여 인황왕에게 타는 가마를 깃털로 장식하여 맞이하게 하였다. 건형 5년(983), 성종이 동경을 순행할 때에 유수가 의위(儀衛)를 갖추어 수레와 가마를 맞이하였다. 대개 옛 발해의 의장이라고 하였다.[136]

---

134) "以品爲秩, 三秩以上服紫, 牙笏·金魚. 五秩以上服緋, 牙笏·銀魚. 六秩·七秩淺緋衣, 八秩綠衣, 皆木笏." 『新唐書』 권219, 列傳제144, 北狄, 渤海.
135) 『요사』의 관련 원문은 "渤海仗. 天顯四年, 太宗幸遼陽府, 人皇王備乘輿羽衛以迎. 乾亨五年, 聖宗東巡, 東京留守具儀衛迎車駕. 此故渤海儀衛也."이다(『遼史』 권58, 志제27, 儀衛志4).
136) 유득공이 "遼天顯四年 … 渤海儀衛云" 부분을 발해 의장으로 간주한 것은 관련 내용의 제목이 '渤海仗'

按宋史, 太祖問趙普, 拜禮何以男子跪, 以婦人不跪. 普問禮官不能對, 王溥孫[137]貽孫以練達稱曰, 自唐太后朝, 婦人始拜而不跪. 大和中幽州從事張建章, 著渤海國記, 備言其事. 普大稱之. 意其書多載渤海儀文, 而東國不傳. 唐藝文志, 張建章渤海國記三卷.

『송사(宋史)』를 살펴 보건대, 태조가 조보(趙普)에게 "절을 하는데 어째서 남자는 무릎을 꿇고, 부인은 꿇지 않느냐?"라고 물었다. 조보가 예부의 관리에게 물으니 대답하지 못했다. 왕부(王溥)의 손자인 이손(貽孫)이 통달하여 말하기를, "당나라 태후(측천무후) 시기부터 부인이 비로소 절을 하되 무릎을 꿇지 않았습니다. 대화 중, 유주종사 장건장이 『발해국기(渤海國記)』를 저술했는데, 그 일을 갖추어 말했습니다."라고 하였다. 조보가 크게 칭찬하였다.[138] 생각건대, 그 책에는 발해의 의식이나 글이 많이 실려 있었을 터인데, 동국(東國)에는 전하지 않는다. 『당서』 예문지에 장건장의 『발해국기』 3권이 있다.[139]

○ 물산고(物産考)[140]

太白山菟·南海昆布·柵城豉·扶餘鹿·鄚頡豕·率賓馬·顯州布·沃州綿·龍州紬·位城鐵·盧城稻·湄沱湖鯽·九都李·樂游梨·富州銀.[141]

이고, 또한 동단국을 발해와 연관시켜 이해한 것으로도 볼 수 있다.
137) '孫'보다 의미상으로는 '子'가 적합하다.
138) 관련 내용의 원문은 "太祖嘗問趙普, 拜禮何以男子跪而婦人否, 普問禮官, 不能對. 貽孫曰, 古詩云, 長跪問故夫, 是婦人亦跪也. 唐太后朝婦人始拜而不跪. 普問所出, 對云, 大和中, 有幽州從事張建章著渤海國記, 備言其事. 普大稱賞之."이다(『宋史』 권249, 列傳제8, 王溥 子 貽孫).
139) "張建章 渤海國記 三卷."『新唐書』 권58, 志제48, 藝文2.
140) 유득공의 물산고는 마지막 "富州銀" 이외에는 『신당서』 발해전의 내용을 정리한 것이다. 본문에서 발해전과 다른 표기는 모두 원본인 발해전의 기록으로 수정하였다. 발해전의 물산 관련 원문은 다음과 같다. "俗所貴者, 曰太白山之菟, 南海之昆布, 柵城之豉, 扶餘之鹿, 鄚頡之豕, 率賓之馬, 顯州之布, 沃州之綿, 龍州之紬, 位城之鐵, 盧城之稻, 湄沱湖之鯽. 果有九都之李, 樂游之梨."『新唐書』 권219, 列傳제144, 北狄, 渤海.
141) 富州의 銀은 유득공이 새로이 추가한 물산이다. 부주는 발해 懷遠府에 속했던 주의 하나이며, 은을

[발해의 물산에는] 태백산의 토끼,[142] 남해의 다시마, 책성의 메주, 부여의 사슴, 막힐의 돼지, 솔빈의 말, 현주의 포, 옥주의 면, 용주의 주, 위성의 철, 노성의 벼, 미타호의 붕어, 구도의 오얏, 낙유의 배, 부주의 은이 있다.

○ 국어고(國語考)[143]

> 王曰可毒夫, 曰聖上,[144] 曰基下,[145] 命曰敎.
> 王之父曰老王, 母曰太妃, 妻曰貴妃.[146]
> 長子曰副王, 諸子曰王子.
> 官品曰秩.

왕을 가독부라 하고, 성상이라 하고, 기하라 하고, 명을 교라 한다.
왕의 아버지를 노왕이라 하고, 어머니를 태비라 하고, 아내를 귀비라 한다.
[왕의] 큰 아들을 부왕이라 하고, 여러 아들을 왕자라 한다.
관품을 질이라고 한다.

제련하는 곳(銀冶)이 있어 발해가 銀州라고도 하였다("銀州, 富國軍下 刺史. 本渤海富州, 太祖以銀冶更名. 隸弘義宮, 兵事屬北女直兵馬司. 統縣三. 延津縣, 本渤海富壽縣, 境有延津故城 更名. 新興縣, 本故越喜國地, 渤海置銀冶, 嘗置銀州. 永平縣, 本渤海優富縣地, 太祖以俘戶置, 舊有永平寨." 『遼史』 권38, 志제8, 地理志2, 東京道, 銀州).

142) '菟'를 일반적으로 '토끼'로 해석하지만, 이와 다른 주장도 있다. '토'를 한약재의 일종인 菟絲子의 뿌리인 茯苓(茯菟라고도 함)이라고 하는 의견, 혹은 '동북 지방의 호랑이[虎]'라는 견해 등이 제기된 바 있다(姚玉成, 2008 참조).

143) 유득공의 국어고는 『신당서』 발해전에서 발췌한 것이다(『新唐書』 권219, 列傳제144, 北狄, 渤海).

144) '上' → '王'.

145) 발해 3대 문왕의 공주인 정효공주묘지와 정혜공주묘지에 의하면, 문왕은 '皇上' 혹은 '大興寶曆金輪聖法大王'이라 한다.

146) 발해의 문왕과 간왕의 황후묘지에 의하면, '皇后'라고 한다(吉林省文物考古研究所·延邊朝鮮族自治州文物管理委員会办公室, 2009).

○ 국서고(國書考), 무왕여일본국성무천황서(武王與日本國聖武天皇書)

> 武王啓. 山河異域, 國土不同, 延聽風猷,[147] 但增頃仰. 伏惟大王, 天朝受命, 日本開基, 奕葉重光, 本支百世. 武藝忝當列國, 濫總諸蕃, 復高麗之舊居, 有扶餘之遺俗. 但以天涯路阻, 海漢悠悠, 音耗未通, 吉凶絶聞. 親仁結援, 庶叶前經, 通使聘隣, 始于今日. 謹遣寧遠將軍郎將高仁義·遊將軍果毅都尉德周·別將舍那婁二十四人, 賫狀, 幷付貂皮三百張奉送. 土宜雖賤, 用表獻芹之誠. 皮幣非珍, 還慙掩口之誚. 主理有限, 披膳未期. 時嗣音徽, 永敦隣好.[148]

무예(武藝)는 아룁니다. 산천과 국토가 다르지만, 멀리 풍화와 정책을 듣고 더욱 우러러봅니다. 엎드려 생각하건대, 대왕은 하늘로부터 명을 받아 일본의 터를 잡고, 대대로 빛을 내고 백세토록 이어 왔습니다. 무예는 황송하게도 여러 나라를 담당하고 외람되어 제번을 총괄하여 고구려의 옛 거처를 회복하고 부여의 습속을 지녔습니다. 다만 멀리 하늘 끝에 있어 길이 막히고 바닷물이 넘실대서 소식이 아직 통하지 않아 길흉을 듣지 못했습니다. 친절하고 어진 마음으로 서로 돕기를 옛 법도에 맞추고자 사신을 보내어 이웃끼리 오고 가는 것을 오늘부터 시작합니다. 삼가 영원장군 낭장 고인의(高仁義)와 유장군(游將軍) 과의도위(果毅都尉) 덕주(德周) 그리고 별장 사나루(舍那婁) 등 스물네 명더러 글을 가져가게 했습니다. 아울러 담비가죽 300장을 보냅니다. 토산품이 비록 천박하나 작은 정성을 표합니다. 가죽은 보배가 아니라 오히려 창피하여 조롱거리나 안 되었으면 합니다. 다스리는 것은 경계가 있고, 식사를 대접하자니 기약할 수가 없습니다. 때때로 소식을 주고받아 좋은 관계를 영원히 지속합시다.

○ 국서고(國書考), 문왕여일본국성무천황서(文王與日本國聖武天皇書)

> 欽茂啓. 山河杳絶, 國土敻遙, 仰望風猷, 惟增傾仰. 伏惟天皇聖殿, 至德遐暢, 奕葉重光, 澤流萬姓. 欽茂忝係朝業, 濫總如始, 義洽情深, 每修隣好. 今彼國使朝臣廣業等, 風潮失便, 漂蕩投此. 每加優賞, 欲待來春放廻. 使等貪前苦請乃年歸去, 祈辭至

---

147) '遒' → '猷'.
148) 『續日本紀』 권제10, 聖武天皇 神龜5년(728) 春正月 甲寅조.

重, 隣義非輕, 因備行資, 卽爲發遣. 仍差若忽州都督胥要德等, 充使領廣業等, 令送彼國. 並附大蟲皮羆皮各七張·貂皮六張·人蔘三十斤·蜜三斛, 進上. 至彼請檢領.149)

흠무(欽茂)는 아룁니다. 산천이 까마득히 멀고 국토가 멀리 떨어져서 풍화와 정책을 듣고 오직 더욱 우러러봅니다. 엎드려 생각하건대, 천황의 큰 덕은 멀리까지 퍼져 대대로 빛났으며 만백성에게 두루 은혜를 미쳤습니다. 흠무는 황송하게도 왕업을 이어받아 외람되이 처음과 같이 총괄하였고 의리와 정리가 깊어 매번 이웃과 좋은 관계를 닦고자 합니다. 지금 귀국의 사신인 조신광업(朝臣廣業) 등이 바람에 뱃길을 잃어 이곳에 표착하였습니다. 매양 후하게 상을 더해주고 오는 봄에 돌려보내고자 하였습니다. 그런데 사신 등이 앞서의 고통으로 인해 올해 안에 돌아가고자 요청하였습니다. 그 말이 매우 신중하고 이웃의 의리가 가볍지 않아서 행장을 갖추어 곧 출발하도록 하였습니다. 또한 약홀주(若忽州)도독인 서요덕(胥要德) 등을 차출하여 조신광업 등을 거느리고서 지금 귀국으로 보냅니다. 아울러 범가죽과 큰곰가죽 각각 7장, 담비가죽 6장, 인삼 30근 그리고 꿀 3말을 들려 진상합니다. 그곳에 이르거든 잘 살펴서 받아주십시오.

○ 국서고(國書考), 강왕여일본국환무천황서(康王與日本國桓武天皇書) 1

哀緒已具別啓. 伏惟天皇陛下, 動止萬福, 寢膳勝常. 崇璘, 視息苟延, 奄及祥制. 官僚感義, 奪志抑情, 起續洪基, 祇統先烈. 朝維依舊, 封域如初. 顧自思惟, 實荷殊眷. 而滄溟括地, 浪浪湧天, 奉膳無由, 徒贈傾仰. 謹差庭諫大夫工部郎中呂定琳等, 濟海起居, 兼修舊好. 其少土物, 具在別狀. 荒迷不次.150)
上天降禍, 祖大行大王, 以大興五十七年三月四日, 薨背. 善隣之義, 必聞吉凶, 限以滄溟, 所以緩告. 崇璘無狀招禍, 不自滅亡, 不孝罪苦, 酷罰罪苦. 謹狀力奉啓. 荒迷不次. 孤孫大崇璘頓首.151)

---

149) 『續日本紀』 권제13, 聖武天皇, 天平11년(739) 12월 戊辰조.
150) 『日本後紀』 권제4, 延曆15년 4월 戊子조. '哀緒' 앞에 '其王啓曰'이 있음.

슬픈 마음은 이미 다른 글에 모두 썼습니다. 엎드려 생각하건대, 천황 폐하께서는 하는 일마다 만복하시고 주무시고 잡수시는 일이 다 잘되기를 빕니다. 숭린(崇璘)은 눈으로 보고 숨을 쉬면서 구차하게 살아 있는데, 갑자기 초상을 당했습니다. 관료들의 의리에 감응하여 애통함을 진정하고서 왕위를 계승하여 조상들의 뒤를 이었습니다. 조정의 법도는 옛날과 같고 국토도 처음과 같습니다. 스스로 돌아보니 참으로 특별한 은택을 받았습니다. 그러나 푸른 바다가 아득한데 파도가 우뚝 하늘로 용솟음치니 선물을 드릴 길이 없어서 다만 더욱 우러러 봅니다. 삼가 정간대부(庭諫大夫) 공부낭중(工部郞中) 여정림(呂定琳) 등을 차출하여 바다를 건너가서 옛 우호를 닦게 하였습니다. 적은 토산물은 별도의 장문에 갖추었습니다만 거칠고 혼미해서 두서가 없습니다.

하늘에서 재앙을 내려서 할아버지 대행대왕께서 대흥(大興) 57년(793) 3월 4일에 돌아가셨습니다. 선린의 의리로 반드시 길흉을 알려야 도리이나, 바다로 가로막혀서 늦게야 아룁니다. 숭린은 무도하여 재앙을 불러들이고도 스스로 죽지 못하여 불효한 죄가 괴로워 벌을 달게 받습니다. 삼가 장문을 애써 올립니다. 거칠고 어지러워 두서가 없습니다. 할아버지를 여읜 대숭린이 고개 숙여 올립니다.

○ 국서고(國書考), 강왕여일본국환무천황서(康王與日本國桓武天皇書) 2

崇璘啓. 差使奔波, 貴申情禮, 佇承殊眷, 瞻望徒勞. 天皇頓降敦私, 貺之使命, 佳問盈耳, 珍奇溢目, 俯仰自欣, 伏增慰悅. 其定琳等, 不料邊虞, 被陷賊場, 俯垂怜存, 生還本國. 奉惟大造, 去留同賴. 崇璘, 猥以冥德, 幸屬時來, 官承先爵, 土統舊封. 制命策書, 冬中錫及, 金印紫綬. 遼外光耀, 思欲修禮勝邦, 結交貴國. 歲時朝覲, 桅帆相望, 而去木掄材, 土之難長. 小舡泛海, 不波則危, 每或引海不謹, 遭罹夷害, 雖慕盛化, 如艱阻何. 倘長尋舊好, 幸許來往, 則送使雖不過二年, 以茲爲限. 式作永規, 其隔年多少, 任廳被裁. 裁定之使, 望於來秋許以往期, 則德隣常在. 事與望則異, 足表不依. 其所寄絹二十疋·絁二十疋·絲二百絇·綿二百屯, 依數領足. 今廣岳等使事略畢, 情求追時便欲差人, 送使奉諭新命之恩. 使等辭以未奉本朝之旨, 故致

---
151) 『日本後紀』 권제4, 延曆15년 4월 戊子조. '上天' 앞에 '又告喪啓曰'이 있음.

> 淹滯隨意依心. 謹因回次, 奉附土物, 具在別狀, 自知鄙薄, 不勝羞愧.[152]

숭린(崇璘)이 아룁니다. 사신을 뽑아 바다를 건너보냄에 정례(情禮)를 펴는 것이 귀한 법이기에, 특별한 은혜가 내려지기를 기다리며 근심만 했는데, 천황께서 문득 도타운 은혜를 내려 사신이 왔습니다. 아름다운 소식이 귀에 가득 차고 진귀한 물품이 눈에 넘쳐, 굽어보고 우러르면서 스스로 기뻐하노라니 위안되고 기쁜 마음이 더욱 더합니다. 정림(定琳) 등이 뜻하지 않은 변경의 근심으로 적진에 빠졌으나, 잘 돌보아주어 본국으로 살아 돌아왔습니다. 큰 은혜를 받음은 본국을 떠나가거나 본국에 머물거나 간에 똑같습니다. 숭린은 외람스럽게도 덕이 밝지 못하나 다행스럽게도 거룩한 시기를 만나 벼슬은 선대의 작위를 이어받고 국토는 옛날의 강토를 다스리게 되었습니다. 제명(制命)과 책서(策書)가 겨울에 내려졌고, 금인(金印)과 자수(紫綬)가 요동 밖에까지 빛났습니다. 승방(勝邦)에 대해 예를 닦고 귀국과 우호를 맺어, 세시마다 조근(朝覲)하러 가는 사신을 이어 보내고자 하였습니다. 그런데 재목으로 쓸 만한 큰 나무는 자라지 않고, 작은 배로 바다를 건너는 것은 파도가 치지 않아도 위태로워, 매번 바다로 나갔다가 조심하지 못해 화를 당하였습니다. 비록 성대한 덕화를 흠모하지만, 가는 길이 막힌 데에야 어쩌겠습니까. 예전의 우호관계를 다시 회복해 내왕하는 것을 허락한다면, 사신을 보내는 해가 2년이 되지 않더라도, 이것으로 제한하여 영원한 규정으로 만들 것입니다. 그 격년(隔年)의 길고 짧음은 재정(裁定)하는 데에 따를 것이니, 재정할 사신들을 오는 가을에 보내주기 바랍니다. 왕래의 기간을 허락한다면, 덕스러운 이웃 나라가 항상 있을 것입니다. [처분한] 일과 [저의] 바람이 다르다면, 충분히 말씀해주기 바랍니다. 보내준 견(絹) 20필, 시(絁) 20필, 사(絲) 100구(絇), 면(綿) 200둔(屯)은 숫자대로 잘 받았습니다. 지금 광악(廣岳) 등이 사신의 일을 대략 마쳤습니다. 마음속으로는 이때 사람을 뽑아 사신으로 보내 신명(新命)의 은혜를 받들고자 하였으나, 사신들이 귀국 조정의 전지(傳旨)를 받들지 못하였다고 사양하였으므로 머물도록 하였다가 그들의 뜻에 따라 돌려보냅니다. 삼가 돌아가는 편에 토산물을 별장과 같이 갖추어 올립니다. 스스로 하찮은 것인 줄 알기에 부끄러움을 금치 못하겠습니다.

---

152) 『日本後紀』 권제5, 延曆15년 冬10월 己未조.

○ 국서고(國書考), 강왕여일본국환무천황서(康王與日本國桓武天皇書) 3

> 崇璘啓. 使賀萬【卽賀茂也.】等至. 所貺之書及信物, 絹絁各三十疋·絲二百絢·綿三百屯, 依數領足, 慰悅實深. 雖復巨海漫天, 滄波浴日, 路無倪限, 望斷雲霞, 而巽氣送帆, 指期舊浦. 軋涯斥候, 無闕糇糧. 豈非彼此契齊, 暗符人道, 南北義感, 特叶天心者哉. 崇璘, 莅有舊封, 續承先業. 遠蒙善奬, 聿修如常. 天皇遙降德音, 重貺使命, 恩從懷抱, 慰諭殷勤. 況復俯記片書, 眷依前請, 不遺信物, 許以年期, 書疏之間, 喜免瑕纇, 庇廕之顧識異他時. 而一葦難航, 奉知實諭. 六年爲限, 竊憚其遲, 請更貺嘉圖. 並廻通鑑, 從其期限, 傍合素懷. 然則向風之趣, 自不倦於寡情, 慕化之勤, 可尋蹤於高氏. 又書中所許, 雖不限多少, 聊依使者之情, 省給行人之數. 謹差衛軍大將軍左熊衛都將上柱國開國子大昌泰等, 充使送國. 兼封附信物如別狀, 土無奇異, 自知羞惡.[153]

숭린은 아룁니다. 사신 하만(賀萬)【즉 하무(賀茂)이다.】 등이 이르러 내려준 국서와 신물(信物)로 보낸 견(絹)과 시(絁) 각각 30필, 사(絲) 200구(絢), 면(綿) 300둔을 숫자대로 잘 받았습니다. 위로됨과 기쁨이 실로 깊습니다. 비록 다시 큰 바다가 하늘에 넘실거리고 푸른 파도가 해에 닿도록 솟구치며 길이 멀어서 끝이 없고 바라보면 구름만 보였지만, 동남에서 부는 바람에 배를 띄워 옛날에 갔던 포구를 향해 가도록 하고, 서북 해안까지를 헤아려서 양식이 부족하지 않도록 해주었습니다. 어찌 피차간에 서로 마음이 통하여 은연중에 인도(人道)에 부합되고 남북 간에 의리에 감동되어 특별히 천심(天心)에 합치된 것이 아니겠습니까. 숭린은 옛날의 강역을 차지하고 선대의 왕업을 계승하여 멀리서 장려해주는 은혜를 입어 조상들의 덕을 이어받아 닦았습니다. 천황께서 멀리서 덕음(德音)을 내리면서 후한 물품까지 보내주니, 은혜가 마음에서 나와 위로하고 깨우침이 은근합니다. 더구나 글을 올린 것에 대해 전에 요청한 대로 들어주었으며 신물까지 빠뜨리지 않고 보내주면서 연한(年限)을 정해준 경우이겠습니까. 글을 올리는 사이에 하자를 면한 것이 기쁘고, 편을 들어 돌보아줌이 다른 때보다 특별함을 알았습니다. 작은 배로는 건너가기 어렵다는 것은 깨우쳐준 바를 받들어 알겠지만,

---

153) 『日本後紀』 권제7 逸文, 延曆17년 5월 壬寅조.

6년을 기한으로 정한 것은 그 더딤이 몹시 아쉽습니다. 다시금 좋은 계책을 내려주고 아울러 거울처럼 환한 마음을 돌리어, 사신을 보내는 기한을 앞당겨서 저의 뜻에 따라주기 바랍니다. 그렇게 해준다면 우러러 사모하는 마음을 스스로 마음속에서 거둘 수가 없을 것이며, 교화를 흠모하는 정은 고씨(高氏)의 뒤를 이을 것입니다. 또한 국서에서 허락한 바는 비록 다소를 정하지는 않았지만, 사신의 뜻에 따라 사행의 숫자를 줄이겠습니다. 삼가 위군대장군 좌웅위도장(左熊衛都將) 상주국(上柱國) 개국자(開國子) 대창태(大昌泰) 등을 사신으로 귀국에 보내고, 아울러 신물을 별장(別狀)에 쓴 대로 갖추어 올립니다. 토산물이라 진기하고 기이한 것이 없기에 제 스스로도 부끄러울 뿐입니다.

○ 국서고(國書考), 강왕여일본국환무천황서(康王與日本國桓武天皇書) 4

> 嵩璘啓. 使舡白等至, 枉辱休問. 兼信物絁絹各三十疋·絲二百絇·綿三百屯,【缺.】數領足. 懷愧實深, 嘉貺厚情, 伏知稠疊. 前年附啟, 請許裁量往還. 去歲承書, 遂以半紀爲限. 崇璘情勤馳係, 求縮程期. 天皇舍己從人, 便依所請. 筐筐攸行, 雖無珍奇, 特見允依, 荷欣何極. 比者天書降漁,【當作海.】制使莅朝, 嘉命優加, 寵章總萃, 班沾燮理, 列等端揆. 惟念寡菲, 殊蒙庇廕. 其使昌泰等, 愁專對, 將命非能, 而承貺優容, 倍增嘉慰. 而今秋暉將暮, 序惟涼風, 遠客思歸指勞望日, 崇迨時節, 無滯廻帆. 既許隨心, 正宜相送, 未及駒限, 不敢同行. 謹自廻使, 奉附輕尠, 具如別狀.[154]

숭린은 아룁니다. 사신 선백(船白) 등이 이르러 외람되이 안부를 묻고, 겸하여 신물(信物)로 견(絹)과 시(絁) 각각 30필, 사(絲) 200구, 면(綿) 300둔【일부 빠졌다.】을 보내주니 숫자대로 다 받았습니다. 부끄러운 마음 실로 깊으며 아름다운 하사품과 두터운 정이 거듭되었음을 알았습니다. 지난해에 첨부하여 아뢴바 적당히 재량하여 오가도록 허락하였는데, 지난해에 받은 국서에서는 6년으로 기한을 정하였습니다. 숭린이 온 마음으로 일정을 줄여주기를 요청하였는데, 천황께서는 자신을 굽히고 저를 따라주어 청한 대로 하도록 하였습니다. 예물로 보낸 물품이 진귀하고 기이한 것이 아니었는데, 특별히 그대로 하도록 허락하였으니 기쁜

---

154) 『日本後紀』 권제8, 延曆18년 9월 辛酉조.

마음이 어찌 끝이 있겠습니까. 지난번에 천서(天書)를 바다(발해)에 내려주고,【마땅히 바다로 쓴다.】 사신을 보내 조정에 임하게 하여 아름다운 명이 더욱 더하고 총애하는 장복(章服)이 내려졌습니다. 이에 반열(班列)은 섭리(燮理)하는 데에 오르게 되었고, 등급은 국정을 총람(總覽)하는 자리에 오르게 되었으니, 이는 못나고 재주 없는 저를 생각하여 특별히 비호해준 것입니다. 사신으로 보낸 창태(昌泰) 등은 그 임무를 맡기에 부족하여 맡은 바의 사신 임무를 제대로 수행하지 못하였습니다. 그런데도 너그러이 포용의 은혜를 입었으니, 위로되는 마음이 배는 깊습니다. 이제 가을날의 햇살은 저물어가서 절서에 따라 시원한 바람이 붑니다. 멀리서 온 손님이 돌아가고자 해를 바라보면서 손가락을 꼽고 있으니, 때가 되면 지체하지 않고 돌아갈 것입니다. 이미 형편대로 하도록 허락을 받았으니 사신을 보내는 것이 마땅하나, 아직 기일이 되지 않았기에 감히 함께 보내지는 못합니다. 삼가 사신이 돌아가는 편에 사소한 물품을 별장(別狀)에 쓴 대로 갖추어서 보냅니다.

○ 속국고(屬國考), 정안국(定安國)

定安國本馬韓之種. 爲契丹所破, 保其西鄙. 宋太祖開寶三年, 其王烈萬華, 因女眞使上表獻裘. 太宗太平興國六年, 又因女眞使上表云, 定安國王【臣】烏玄明言, 伏遇聖主, 洽天地之恩, 撫夷貊之俗.【臣】玄明誠喜誠忭, 頓首頓首.【臣】本以高麗舊壤, 渤海遺黎, 保據方隅, 涉歷星紀, 仰覆露鴻鈞之德, 被浸漬無外之澤. 各得其所, 以遂本性. 而頃歲契丹恃其强暴, 入寇境上, 攻破城砦, 俘略人民.【臣】祖考, 守節不降, 與衆避地, 僅存生聚, 以迄于今. 而又扶餘府 昨背契丹並歸本國. 災禍將至, 無大於此. 所宜受天朝之密書, 率勝兵而助討, 必欲報敵不敢違命.【臣】玄明, 誠懇誠願, 頓首頓首. 元興六年十月日, 定安國王【臣】玄明, 表上聖皇帝前, 太宗優詔答之. 是時, 宋欲討契丹故也. 端拱二年, 其王子因女眞使, 獻馬雕羽鳴鏑. 淳化二年, 其王子太元, 因女眞使上表. 其後不至.[155] 高麗顯宗九年, 定安國人骨須來奔.[156]

---

155) "定安國 … 其後不至"의 내용의 원문은 "定安國 本馬韓之種, 爲契丹所攻破, 其酋帥糾合餘衆, 保于西鄙, 建國改元, 自稱 定安. 開寶三年, 其國王烈萬華因女眞遣使入貢, 乃附表貢獻方物. 太平興國中, 太宗方經營遠略, 討擊契丹, 因降詔其國, 令張掎角之勢, 其國亦怨寇讎侵侮不已, 聞中國用兵北討, 欲依王師攄宿憤, 得詔大喜. 六年冬, 會女眞遣使來貢, 路由本國, 乃托其使附表來上云, 定安國王臣烏玄明言, 伏遇聖主

정안국은 본래 마한(馬韓)의 종족이다. 거란에게 격파되어, 그 서쪽 변경을 지켰다. 송 태조 개보(開寶) 3년(970), 그 왕 열만화(烈萬華)가 여진의 사신을 통하여 표(表)를 올리고 갖옷을 바쳤다. 태종 태평흥국(太平興國) 6년(981)에 또 여진의 사신을 통하여 표를 올려 말하기를, "정안국왕 【신】 오현명(烏玄明)은 말씀드립니다. 성왕(聖王)의 하늘과 땅에 두루 미친 은혜를 입어 오랑캐의 풍속을 단속하고 있습니다. 【신】 현명은 정말 기뻐서 손뼉을 치고 머리를 조아리고 조아립니다. 【신은】 본래 고[구]려의 옛 땅의 발해 남은 후예로 한쪽 귀퉁이에 웅거하여 여러 해를 지내오는 동안 고르게 감싸준 은덕을 우러러보고 한량없이 적셔준 덕택을 입어 저마다 살 곳을 얻어 본성대로 살고 있습니다. 그런데 지난 해 거란이 그 강포(强暴)함을 믿고 국토를 침입하여 성채를 쳐부수고 인민들을 사로잡아 갔습니다. 【신의】 조고(祖考)가 지절을 지켜 항복하지 않고, 무리와 함께 피하여 다른 지역으로 가서 가까스로 보전하여 백성을 길러 부강해짐이 지금에 이르렀습니다. 그런데 또 부여부(扶餘府)가 일전에 거란을 배반하고 모두 본국으로 귀속하였으니 앞으로 닥칠 재화가 이보다 큰 것이 없을 것입니다. 마땅히 천조(天朝)의 은밀한 계획을 받아 승병(勝兵)을 거느리고 가서 토벌을 도와 기필코 원수를 갚을 것이며, 감히 명을 어기지 않겠습니다. 【신】 현명은 정성을 다하여 기원하면서 머리 조아리고 조아립니다. 원흥(元興) 6년(981) 10월 일에 정안국왕 【신】 현명은 성스런 황제 앞에 표(表)를 올립니다."라고 하였다. 태종(太宗)이 도타운 조서로 답하였다. 이때 송이 거란을 토벌하려 했기 때문이다. 단공(端拱) 2년(989), 그 왕자가 여진의 사신을 통하여 말과

治天地之恩, 撫夷貊之俗, 臣玄明誠喜誠抃, 頓首頓首. 臣本以高麗舊壤, 渤海遺黎, 保據方隅, 涉歷星紀, 仰覆露鴻鈞之德, 被浸漬無外之澤, 各得其所, 以遂本性. 而頃歲契丹恃其强暴, 入寇境土, 攻破城砦, 俘略人民, 臣祖考守節不降, 與衆避地, 僅存生聚, 以迄于今. 而又扶餘府昨背契丹, 並歸本國, 災禍將至, 無大於此. 所宜受天朝之密畫, 率勝兵而助討, 必欲報敵, 不敢違命. 臣玄明誠懇誠願, 頓首頓首. 其末題云, 元興六年十月日, 定安國 王臣玄明表上聖皇帝前. 上答以詔書曰, 勅定安國王烏玄明. 女眞使至, 得所上表, 以朕嘗賜手詔諭旨, 且陳感激. 卿遠國豪帥, 名王茂緒, 奄有馬韓之地, 介于鯨海之表, 疆敵吞倂, 失其故土, 沉冤未報, 積憤奚伸. 矧彼獯戎, 尙搖蠆毒, 出師以薄伐, 乘夫天災之流行, 敗衂相尋, 滅亡可待. 今國家已于邊郡廣屯重兵, 只俟嚴冬, 卽申天討. 卿若能追念累世之耻, 宿戒擧國之師, 當予伐罪之秋, 展爾復仇之志, 朔漠底定, 爵賞有加, 宜思永圖, 無失良便, 而況渤海願歸於朝化, 扶餘已背於賊庭, 勵乃宿心, 紏其協力, 克期同擧, 必集大勳. 尙阻重溟, 未遑遣使, 倚注之切, 鑒寐寧忘. 以詔付女眞使, 令齎以賜之. 端拱二年, 其王子因女眞使附獻馬·雕羽鳴鏑. 淳化二年, 其王子太元因女眞使上表, 其後不復至."이다(『宋史』 권491, 列傳제250, 外國7, 定安國).

156) "定安國人骨須來犇." 『高麗史』 권4, 世家권제4, 顯宗9년(1018) 1월 丙申조.

깃털을 조각한 명적(鳴鏑)을 바쳤다. 순화(淳化) 2년(991), 그 왕자 태원(太元)이 여진 사신을 통하여 표를 올렸다. 그 뒤에는 이르지 않았다. 고려 현종(顯宗) 9년(1018), 정안국 사람 골수(骨須)가 달아나 왔다.

발해사 자료총서 – 한국사료 편 권2

42. 『조선왕조실록(朝鮮王朝實錄)』

『조선왕조실록』에는 발해에 대한 언급이 네 번밖에 나타나지 않는다. 실록의 방대한 기록에 비하면 발해에 대한 관심이 아주 적었던 것을 알 수 있다. 첫 번째는 세종 18년 윤6월(『세종실록(世宗實錄)』 권73), 두 번째는 세조 2년 3월(『세조실록(世祖實錄)』 권3), 세 번째는 세조 3년 3월(『세조실록』 권7), 네 번째는 고종 광무(光武) 7년 7월(『고종실록(高宗實錄)』 권43)에 등장한다. 다만 고종 광무 7년(1903)의 기록은 우리나라의 서쪽과 북쪽 연변(沿邊) 지역이 부여(扶餘), 예맥(濊貊), 발해(渤海), 거란(契丹), 말갈(靺鞨), 여진(女眞) 등의 땅이었다는 연혁을 언급하는 정도에 그치고 있기 때문에 발해에 대한 본격적인 언급은 이루어지고 있지 않다. 따라서 이를 제외하면 발해에 관한 관심이 조선 초기에 몰려 있는 것을 알 수 있다.

세종 18년(1436)의 기록은 북방의 이만주(李滿住) 집단을 정벌하기보다는 회유하자는 견해를 밝히는 대목에서 과거에 고려가 여진, 거란, 발해 사람들을 받아들인 사실을 예로 들고 있다. 따라서 이 기록도 발해 자체에 대한 관심과는 거리가 있다. 이에 비해서 세조 2년(1456)의 기록은 주목된다. 양성지(梁誠之)가 왕에게 건의한 정책의 하나로서 조선에도 5경(京)을 더 설치하자는 내용인데, 요(遼)와 금(金) 그리고 발해가 5경을 두었고 고려도 4경을 두었는데 조선에서는 한성(漢城)과 개성(開城)의 2경만 둠으로써 문제가 있다고 지적하고, 한성부(漢城府)를 상경(上京), 개성부(開城府)를 중경(中京), 경주(慶州)를 동경(東京), 전주(全州)를 남경(南京), 평양(平壤)을 서경(西京), 함흥(咸興)을 북경(北京)으로 삼자고 제안하였다. 한성을 포함하여 개성, 경주, 전주, 평양, 함흥을 경으로 삼으면 6경이 되지만, 수도를 상경이라 한 점에서 발해, 요, 금으로 이어지던 5경 제도의 전통을 따르려 한 사실이 엿보인다.

세조가 그의 건의를 받아들였지만, 실행에는 옮겨지지 못하였다. 그러나 발해의 5경 제도가 조선에까지 영향을 미치고 있었던 사실을 발견할 수 있어 주목된다.

세조 3년(1457)의 기록도 역시 양성지의 상서문 일부인데, 『신당서(新唐書)』를 인용하여 발해가 따로 일컬을 만한 것이 없는 나라였는데도 예악(禮樂)과 문물(文物)이 번성한 나라로 '삼한(三韓)'을 제쳐두고 발해를 지칭하였으니 부끄러운 일이라고 지적하였다. 이를 보면 양성지가 발해를 우리 역사와 무관한 것으로 인식하고 있었던 사실이 확인되는데, 이것은 조선 전기의 일반적 인식이기도 하다. 앞서 언급한 고종 광무 7년(1903)의 기록에도 발해 등 북방 민족들이 대대로 변경을 침입하여 우환거리가 되었다고 하여, 역시 발해를 우리 역사가 아닌 북방 야인(野人)의 역사 속에 넣고 있다.

이상의 기록을 보건대, 『조선왕조실록』에서는 발해에 대한 관심이 아주 미미했을 뿐만 아니라 우리 역사로 포함하지도 않았음을 알 수 있다. 아래의 원문은 국사편찬위원회 한국사데이터베이스 『조선왕조실록』을 저본으로 삼았다.

○ 『세종실록(世宗實錄)』 권제73, 세종(世宗) 18년(1436) 윤6월 계미(癸未)

> 以前日四品以上所上制寇之策, 抄寫二秩, 送于平安道都節制使李蕆, 仍諭曰, … 自古制禦有二策, 曰征討撫綏而已. … 昔高麗之盛時, 東西女眞之俗, 契丹渤海之民, 絡繹降附, 皆威德之致也. 歷世之君, 推誠納之, 故能擴兩界之地, 以復肅愼之封. 彼婆猪小種, 雖帶中朝爵號, 密邇我境, 於此於彼, 背向無常, 實中國羈縻之人, 非與契丹渤海之民比也. …

전일(前日)에 4품 이상이 올린 외구(外寇)의 제어책(制禦策) 두 질(秩)을 초출(抄出)[1]하고 등사(謄寫)하여 평안도 도절제사(都節制使) 이천(李蕆)에게 보내며, 유시(諭示)하기를 "… 예로부터 제어(制禦)에는 두 가지 계책이 있으니, 정벌과 어루만져 편히 하는 것이다. … 옛날 고려 전성기에 동서 여진의 무리와 거란·발해의 백성이 끊이지 않고 투항하여 귀부한 것은 모두가 위덕(威德)의 소치였다. 역대의 군왕은 그 성의를 권장해 받아들였기 때문에, 능히

---

1) 사서 등 경전이나 문서 등에서 필요한 부분만을 골라서 뽑아 쓰는 것을 말한다.

양계(兩界)의 땅을 확장시키고 나아가서는 옛날 숙신(肅愼)의 봉강(封疆)까지 회복할 수 있었던 것이다. 저 파저(婆猪)의 작은 종자들은 비록 중국의 작호(爵號)를 두르고 있으나, 우리의 지경과 몹시 가까워서 이렇게 하든지 저렇게 하든지 향배(向背)가 무상하다. 실상 중국의 기미(羈縻)를 받는 사람들로, 거란·발해의 백성과 더불어 비교할 바가 아니다.

○『세조실록(世祖實錄)』권제3, 세조(世祖) 2년(1456) 3월 정유(丁酉)

> 集賢殿直提學梁誠之上疏曰, 臣伏觀, … 一, 增置五京. 盖遼金渤海, 並建五京, 前朝又建四京, 而本朝則只有漢城開城兩京而已. 以大東山海之險州府之盛, 而只置兩京, 豈不欠哉. 况元世祖許我以儀從本俗, 高皇帝使我以自爲聲教, 是東郊之地, 固非腹裏比也. 乞以京都漢城府爲上京, 開城府爲中京, 慶州爲東京, 全州爲南京, 平壤爲西京, 咸興爲北京, 各設土官, 加定軍兵. 如是則庶幾得形勢之勝, 而緩急亦足以賴矣.

집현전직제학(集賢殿直提學) 양성지(梁誠之)가 상소하여 아뢰기를, "신이 엎드려 보건대 … 하나는 5경(京)을 증치(增置)하는 것입니다. 대개 요·금·발해도 아울러 5경을 세웠고, 전조(前朝: 고려)도 4경을 세웠는데, 본조에는 단지 한성(漢城)·개성(開城)의 양경(兩京)만이 있을 뿐입니다. 대동의 산과 바다의 험함과 주(州)·부(府)의 융성함을 가지고서도 단지 양경만을 두었으니 어찌 흠결(欠缺)이 아니라고 하겠습니까? 더구나 원나라 세조(世祖)는 우리에게 의(儀)는 본속(本俗)을 따를 것을 허락하였고, 고황제(高皇帝)도 우리로 하여금 스스로 성교(聲敎)를 삼으라고 하였으니, 이것은 동교(東郊)의 땅은 진실로 복리(腹裏)에 비할 것이 아닌 때문입니다. 바라옵건대, 경도(京都)인 한성부(漢城府)를 상경(上京)으로 삼고, 개성부(開城府)를 중경(中京)으로 삼고, 경주(慶州)를 동경(東京)으로 삼고, 전주(全州)를 남경(南京)으로 삼고, 평양(平壤)을 서경(西京)으로 삼고, 함흥(咸興)을 북경(北京)으로 삼아, 각각 토관(土官)을 설치하고 군병(軍兵)을 더하여 정하게 하소서. 이와 같이 하면 아마도 형세의 승(勝)함을 얻어 위급할 때에도 또한 족히 의지할 수 있을 것입니다."라고 하였다.

○ 『세조실록(世祖實錄)』 권제7, 세조(世祖) 3년(1457) 3월 무인(戊寅)

> 判書雲觀事梁誠之上言, … 一, 生辰稱節, 臣聞古之帝王, 皆稱節日, 所以重親恩宣孝治也. 東方則高麗成宗, 始以生日爲千秋節, 自後歷代, 皆有名稱, 至忠烈王, 稱壽元節. 考之前史, 遼金氏爲遣使价, 來賀生辰, 甚盛事也. 及我本朝, 只稱誕日, 禮甚簡約, 固無不可. 然臣觀唐史, 渤海大祚榮, 前麗舊將也, 暴起而亡, 無足可稱, 而東國禮樂文物之盛, 只稱渤海, 而三韓不與焉, 臣竊恥之. 我東方與堯並興, 幅員萬里, 生齒之煩, 士馬之强, 百官制度之盛, 雖未能別建年號, 獨不可襲麗舊而稱節日乎. 乞令大臣, 擬議施行. 御書曰未可.

판서운관사(判書雲觀事) 양성지(梁誠之)가 상언(上言)하기를, "… 하나는 생신(生辰)을 절(節)이라고 하는 것입니다. 신이 듣건대, 옛날의 제왕들이 모두 [생신을] 절일(節日)로 일컬은 것은 어버이의 은혜를 소중히 여기고, 효도로써 [세상을] 다스림을 널리 펼치는 것입니다. 동방에서는 고려의 성종(成宗)이 처음으로 생일을 천추절(千秋節)로 삼았는데, 이로부터 이후 역대(歷代)로 모두 명칭(名稱)이 있었습니다. 충렬왕(忠烈王)에 이르러서는 수원절(壽元節)이라 불렀습니다. 전대(前代)의 역사를 상고해 본다면, 요나라와 금나라에서 사개(使价: 사신)를 보내어 와서 생신을 축하하였으니, 매우 성대한 일이었습니다. 우리 본조에 이르러서는 다만 탄일(誕日)이라 일컬어 예가 매우 간소한데, 굳이 불가(不可)하다고 할 수는 없었습니다. 그러나 신(臣)이 『당사(唐史)』를 살펴보건대, 발해(渤海)의 대조영(大祚榮)은 고구려[前麗]의 옛 장수인데 갑자기 일어났다가 망했으므로 일컬을 만한 것이 없었습니다. 그런대도 동국(東國)에서 예악과 문물이 융성한 것으로는 다만 발해를 일컬었을 뿐이고, 삼한은 참여시키지 않았으니, 신은 가만히 이를 부끄럽게 여겼습니다. 우리 동방은 요(堯) 임금과 더불어 일어나서 [땅의] 넓이가 만 리나 되고, 생치(生齒)가 번성(煩盛)하고 군사와 마필(馬匹)이 강성하며 백관(百官)제도가 성대합니다. 비록 별도로 연호(年號)를 세우지 못하지만, 다만 고려의 옛것을 계승하여 절일로 일컬을 수는 없겠습니까? 원컨대 대신(大臣)들로 하여금 서로 의논하여 시행하도록 하소서."라고 하니, 어서(御書)로 이르기를, "그리할 수 없다."라고 하였다.

○ 『고종실록(高宗實錄)』 권제43, 고종(高宗) 광무(光武) 7년(1903) 7월

二十二日, 前議官康洪大疏略, … 至若異日無窮之患者, 乃西北沿邊森林一款也. 蓋俄人之經略滿洲, 固非一朝一夕之故, 而其樹權殖力, 去益滋蔓, 尤其關係之密切者, 卽我西北兩沿之地也. 西北兩沿, 自扶餘濊貊渤海契丹靺鞨女眞蒙古哈丹野人以來, 世爲邊患, 侵軼疆土, 無代無之矣.

22일, 전(前) 의관(議官) 강홍대(康洪大)가 올린 상소의 대략에, "… 훗날의 끝없는 우환거리라고 한다면 바로 서북쪽 연변의 삼림(森林) 문제입니다. 대체로 러시아 사람들이 만주(滿洲)를 경략한 것이 물론 하루아침의 일은 아니지만, 그들이 권력을 세우고 세력을 늘리는 것이 갈수록 불어나고 있습니다. 특히 관계가 밀접한 곳이 바로 우리의 서북쪽 연변의 땅입니다. 서북쪽 연변의 땅은 부여, 예맥, 발해, 거란, 말갈, 여진, 몽고, 합단의 야인들이 대대로 변경의 우환거리를 만들면서 강토를 침략하지 않은 시대가 없었습니다."라고 하였다.

참고문헌

사료

『契丹國志』 『東京雜記』 『三國史節要』 『五代會要』
『高麗史』 『東國史略』 『星湖僿說類選』 『資治通鑑』
『高麗史節要』 『東國地理志』 『世宗實錄地理志』 『帝王韻紀』
『孤雲集』 『東國通鑑』 『謏聞瑣錄』 『增補文獻備考』
『舊唐書』 『東文選』 『新唐書』 『冊府元龜』
『舊五代史』 『遼史』 『新五代史』 『太平寰宇記』
『金史』 『渤海考』 『新增東國輿地勝覽』 『楓巖輯話』
『紀年兒覽』 『三國史記』 『與猶堂全書』

단행본

김육불 저, 발해사연구회 역, 2009, 『신편 발해국지장편』 하, 신서원

金渭顯, 1985, 『遼金史硏究』, 裕豐出版社

김종복, 2009, 『발해정치외교사』, 일지사

김진광, 2012, 『발해 문왕대의 지배체제 연구』, 박문사

동북아역사재단 한국고중세사연구소 편, 2020, 『譯註 中國正史 東夷傳2 晉書~新五代史 高句麗·渤海』, 동북아역사재단

리지린·강인숙, 1976, 『고구려사연구』, 사회과학출판사

박시형, 1979, 『발해사』, 김일성종합대학출판사: 1989, 이론과실천

朴玉杰, 1996, 『高麗時代의 歸化人 硏究』, 국학자료원

방학봉, 2000, 『발해의 주요교통로 연구』, 연변인민출판사

宋基豪, 1995, 『渤海政治史硏究』, 一潮閣

송기호, 2020, 『발해 사학사 연구』, 서울대학교출판문화원

에.베.샤브꾸노프 엮음, 송기호·정석배 옮김, 1996, 『러시아 연해주와 발해역사』, 민음사

여호규, 1999, 『高句麗城Ⅱ』, 국방군사연구소

王承禮 저, 宋基豪 역, 1987, 『발해의 역사』, 翰林大學아시아文化硏究所

유득공 지음, 김종복 옮김, 2018, 『정본 발해고』, 책과함께

이병건, 2003, 『발해 건축의 이해』, 백산자료원

李丙燾, 1977, 『國譯 三國史記』, 乙酉文化社

이병도 역주, 1983, 『삼국사기』, 을유문화사

이효형, 2007, 『발해 유민사 연구』, 혜안

임상선, 1999, 『발해의 지배세력연구』, 신서원

임상선 편, 2019, 『한국고대사 계승 인식 I-전근대 편』, 동북아역사재단

정구복 외, 2012, 『개정증보 역주 삼국사기』, 한국학중앙연구원출판부

趙二玉, 2001, 『統一新羅의 北方進出 硏究』, 서경문화사

채태형, 1998, 『발해사 7-역사지리3』, 사회과학출판사

한규철, 1994, 『발해의 대외관계사』, 신서원

한규철·김종복·박진숙·이병건·양정석, 2007, 『발해 5경과 영역 변천』, 동북아역사재단

金毓黻, 1934, 『渤海國志長編』, 千華山館

孫進己, 1987, 『東北民族源流』, 黑龍江人民出版社

孫進己·孫海 主編, 1997, 『高句麗渤海研究集成』 4, 哈爾濱出版社

新妻利久, 1969, 『渤海國史及び日本との國交史の研究』, 學術出版會

楊保隆, 1988, 『渤海史入門』, 中國社會科學院 民族研究所

王綿厚·李健才, 1990, 『東北古代交通』, 瀋陽出版社

王承禮, 1984, 『渤海簡史』, 黑龍江人民出版社

王承禮, 2000, 『中國東北的渤海國與東北亞』, 吉林文史出版社

王承禮·劉振華 主編, 1991, 『渤海的歷史與文化』, 延邊人民出版社

魏國忠·楊雨舒, 2019, 『渤海史』, 北京社會科學出版社

魏存成, 2008, 『渤海考古』, 文物出版社

日野開三郎, 1984. 『東洋史學論集』 第8卷, 三一書房

鳥山喜一, 1915, 『渤海史考』, 奉公會

朱國忱·魏國忠 共著, 濱田耕策 譯, 1996, 『渤海史』, 東方書店

▌논문

강성봉, 2011, 「발해 8위제에 관한 검토」, 『군사』 79

강성산, 2018, 「8세기 60년대 초반 당·발해·신라를 잇는 교통로에 대한 고찰」, 『高句麗渤海研究』 60

高橋學而, 1989, 「渤海山城理解のために-その基礎的檢討」, 『百濟硏究』 20
구난희, 2012, 「北方故土 의식의 추이에 관한 고찰 I - 발해멸망~조선후기」, 『高句麗渤海硏究』 42
구난희, 2017, 「渤海 東京 地域의 歷史的 淵源과 地域性」, 『高句麗渤海硏究』 58
權五重, 1980, 「靺鞨의 種族系統에 관한 試論」, 『震檀學報』 49
권은주, 2008, 「말갈 연구와 유적 현황」, 『중국학계의 북방민족·국가연구』, 동북아역사재단
권은주, 2010, 「7세기 후반 북방민족의 反唐활동과 발해 건국」, 『백산학보』 86
권은주, 2011, 「발해와 유목민족 관계」, 『중국의 발해대외관계사 연구』, 동북아역사재단
권은주, 2013, 「발해의 등주공격을 통해 본 국제동맹과 외교」, 『역사와 세계』 44
권은주, 2016, 「渤海와 契丹 境界의 시론적 검토」, 『高句麗渤海硏究』 54
김강훈, 2017, 「책성 권역의 고구려 부흥운동과 高定問」, 『歷史敎育論集』 65
金光錫, 1983, 「高麗太祖의 歷史認識 I - 그의 渤海觀을 中心으로」, 『白山學報』 27
金東宇, 1996, 「발해의 지방통치체제와 首領」, 『韓國史學報』 창간호
金炳坤, 2005, 「崔致遠의 三韓觀에 대한 認識과 評價」, 『韓國古代史硏究』 40
김수민, 2012, 「웅진도독부의 요동 이치(移置)와 폐치(廢置)」, 『역사학연구』 45권, 호남사학회
金恩國, 1999, 「渤海滅亡의 原因」, 『高句麗渤海硏究』 6
김은국, 2006, 「8~10세기 동아시아 속의 발해 교통로」, 『韓國史學報』 24
김장겸, 1986, 「고려의 고구려옛땅 남부지역 통합」, 『역사과학』 1986-1
김종복, 1997, 「新羅 聖德王代의 浿江지역 진출 배경」, 『成大史林』 12·13
김종복, 2005, 「渤海 國號의 성립 배경과 의미」, 『韓國史硏究』 128
김종복, 2006, 「남북국(南北國)의 책봉호(册封號)에 대한 기초적 검토」, 『역사와 현실』 61
김종복, 2014, 「당 장안성에서의 외국 의례와 외국 사신 간의 외교적 갈등-신라·일본, 신라·발해 사신 간의 쟁장(爭長) 사건에 대한 재검토-」, 『역사와 현실』 94
김진광, 2016, 「이승휴『제왕운기』의 고구려·발해 인식」, 『民族文化論叢』 64
김진한, 2007, 「6세기 전반 고구려의 정국동향과 대외관계」, 『軍史』 64
김창현, 1999, 「고려 開京의 궁궐」, 『사학연구』 57
김현숙, 2000, 「延邊地域의 長城을 통해 본 高句麗의 東扶餘支配」, 『국사관논총』 88
노태돈, 1989, 「고대사산책-대조영, 고구려인인가 말갈인인가」, 『역사비평』, 역사비평사
노태돈, 2003, 「발해국의 주민구성에 대한 연구 현황과 과제-'高麗別種'과 '渤海族'을 둘러싼 논의를 중심으로-」, 『韓國史硏究』 122
노태돈, 2003, 「삼국사기에 등장하는 말갈의 실체」, 『한반도와 만주의 역사와 문화』, 서울대학교출판부
노태돈, 2008, 「고려로 넘어온 발해 박씨에 대하여-신라와 발해 간의 교섭의 한 사례 연구-」, 『韓國史硏

究』 141
리대희, 1991, 「발해의 력참로」, 『역사과학』 1991-3
박성진, 2016, 「개성 고려궁성 남북공동발굴조사의 최신 조사 성과」, 『서울학연구』 63
방학봉, 1990, 「발해멸망의 원인에 대하여」, 『발해사연구』 1, 연변대학출판사
배종도, 1989, 「신라 하대의 지방 제도 개편에 대한 연구」, 『學林』 11
徐炳國, 1981a, 「渤海와 新羅의 國境線 問題硏究」, 『關東大論文集』 9
徐炳國, 1981b, 「新唐書渤海傳所載 泥河의 再檢討」, 『東國史學』 15·16
송기호, 1987, 「발해 멸망기의 대외관계」, 『한국사론』 17
宋基豪, 1989, 「동아시아 국제관계 속의 발해와 신라」, 『韓國史市民講座』 5, 일조각
宋基豪, 1991, 「渤海의 歷史와 思想」, 『韓國思想史大系』 2, 한국정신문화연구원
宋基豪, 1992, 「渤海佛敎의 展開過程과 몇 가지 特徵」, 『伽山 李智冠스님 華甲紀念論叢-韓國佛敎文化思想
　　　史』(卷上), 伽山李智冠스님華甲紀念論叢刊行委員會
宋基豪, 1992, 「張建章墓誌」, 『譯註韓國古代金石文 Ⅲ-신라2·발해편』, 韓國古代社會硏究所
송기호, 1996, 「渤海의 盛衰와 疆域」, 『白山學報』 47
李康來, 1985, 「『三國史記』에 보이는 靺鞨의 軍事活動」, 『領土問題硏究』 2
李基東, 1984, 「新羅 下代의 浿江鎭」, 『新羅骨品制社會와 花郞徒』, 一潮閣
이동휘, 2000, 「북한 경내의 발해유적 발굴조사성과와 그 의의-부거리와 북청 일대」, 『역사와 세계』 57
이영호, 2010, 「역사 인물: 김사란(金思蘭), 당(唐)을 선택한 망명자」, 『복현사림』 28, 경북사학회
李龍範, 1981, 「高麗와 渤海」, 『韓國史』 4, 국사편찬위원회
윤재운, 2011, 「발해의 5京과 교통로의 기능」, 『한국고대사연구』 63
이효형, 2002, 「『高麗史』 소재 渤海關係 기사의 검토」, 『지역과 역사』 11
이효형, 2006, 「발해 부흥국가와 고려의 발해 계승의식」, 『역사와 경계』 60
이효형, 2013, 「渤海遺裔 大集成의 出自와 정치·군사적 활동」, 『高句麗渤海硏究』 45
임기환, 2006, 「5~6세기 고구려 정복지의 범위와 성격」, 『경기도의 고구려 문화유산』, 경기도박물관
임상선, 2007, 「발해 관련 중국 자료」, 『발해의 역사와 문화』, 동북아역사재단
임상선, 2011, 「『帝王韻紀』에 보이는 北方王朝 인식」, 『사학연구』 103
임상선, 2019, 「8세기 신라의 渤海·唐 전쟁 참전과 浿江 보루 설치」, 『신라사학보』 45
장국종, 1991, 「발해본토안 말갈인의 분포상태」, 『역사과학』 4
장국종, 1991, 「발해본토의 주민구성」, 『역사과학』 2
장국종, 1997, 「발해의 정치제도」, 『발해사연구론문집』 2, 과학백과사전종합출판사
장상렬, 1987, 「동선관문의 건축년대와 형식」, 『역사과학』 1987-4

장지연, 2006, 「고려 후기 개경 궁궐 건설 및 운용방식」, 『역사와 현실』 60
張彰恩, 2004, 「新羅 慈悲~炤知王代 築城·交戰地域의 검토와 의미」, 『新羅史學報』 2
전덕재, 2013, 「新羅 下代 浿江鎭의 設置와 그 性格」, 『大丘史學』 113
정구복, 1978, 「한백겸의 「동국지리지」에 대한 일고」, 『전북사학』 2
鄭雲龍, 1989, 「5世紀 高句麗勢力圈의 南限」, 『史叢』 35
趙二玉, 1999, 「新羅와 渤海의 國境問題」, 『白山學報』 52
조이옥, 2000, 「8世紀 前半 新羅의 對渤海攻擊과 浿江」, 『東洋古典研究』 14
조이옥, 2009, 「8~9世紀 新羅의 北方經營과 築城事業」, 『신라문화』 34
채태형, 1991, 「발해 남경남해부의 위치에 대하여」, 『역사과학』 1991-3
韓圭哲, 1984, 「高麗來投·來往契丹人-渤海遺民과 관련하여」, 『韓國史研究』 47
한규철, 1985, 「後三國時代 高麗와 契丹關係」, 『富山史叢』 1, 부산산업대학교사학회
한규철, 1988, 「高句麗時代의 靺鞨 研究」, 『釜山史學』 14·15
한규철, 1996, 「渤海國의 住民構成」, 『韓國史學報』 1
한규철, 1997, 「渤海遺民의 高麗投化-後渤海史를 중심으로-」, 『역사와 경계』 33
한규철, 2007, 「발해인이 된 고구려 말갈」, 『高句麗渤海研究』 26
한규철, 2008, 「고구려 발해의 상관성 연구와 과제」, 『高句麗渤海研究』 31
홍영호, 2010, 「『三國史記』 所載 泥河의 위치비정」, 『韓國史研究』 150

金香, 1990, 「渤海國曾經稱過'震國'嗎」, 『渤海史學術討論會論文集』, 黑龍江省渤海上京遺址博物館
內藤虎次郎, 1907, 「日本滿洲交通略說」, 『叡山講演集』
大隅晃弘, 1984, 「渤海の首領制-渤海國家と東アジア世界」, 『新潟史學』 17
藤田亮策, 1963, 「新羅九州五京攷」, 『朝鮮學論考』 11
劉振華, 1981, 「渤海大氏王室族屬新證」, 『社會科學戰線』 1981-3
劉曉東, 1987, 「"海東盛國"始稱年代考辨」, 『北方文物』 1987-3
末松保和, 1975, 「新羅の郡縣制特にその完成期の二三の問題」, 『學習院大學文學部研究年報』 21
白鳥庫吉, 1933, 「渤海國に就いて」, 『史學雜誌』 44-12
白鳥庫吉, 1935, 「滿洲の地理を論じて渤海の五京に及ぶ」, 『史學雜誌』 46-12
北村秀人, 1985, 「高麗時代の渤海系民大氏について」, 『三上次男博士喜壽紀念論文集』, 平凡社
三上次男, 1939, 「新羅東北境外に於ける黑水鐵勒·達姑等の諸族に就いて」, 『史學雜誌』 50-7
三上次南, 1940, 「高麗と定安國」, 『東方學報』 11-1
孫秀仁·干志耿, 1982, 「論渤海族的形成與歸向」, 『學習與探索』 4

孫玉良, 1983, 「渤海遷都淺議」, 『北方論叢』 3

孫進己・艾生武・莊嚴, 1982, 「渤海的族源」, 『學習與探索』 5

松井等, 1913, 「渤海國の疆域」, 『滿洲歷史地理』 1卷

王綿厚・李建才, 1990, 「唐代渤海的水陸交通」, 『東北古代交通』, 瀋陽出版社

王禹浪, 1997, 「靺鞨黑水部地理分布初探」, 『北方文物』』 1997-1

姚玉成, 2008, 「渤海俗所貴者"太白山之菟"考辨」, 『史學集刊』 2008-2

袁輝, 1993, 「泊汋口位置考」, 『北方文物』 2

魏國忠・郝慶雲・楊雨舒, 2014, 「渤海"靺鞨說"又添新證」, 『社會科學戰線』 2014-3

李健才, 2000, 「唐代渤海王國的創建者大祚榮是白山靺鞨人」, 『民族研究』 2000-6

日野開三郎, 1948, 「靺鞨七部の前身とその屬種」, 『史淵』 38・39合

日野開三郎, 1951, 「定安國考(2)」, 『東洋史學』 2

鳥山喜一, 1915, 『渤海史考』: 1935, 『北滿の二大古都址−東京城と白城−』, 京城帝國大學 滿蒙文化硏究會 報告 2

曹汛, 1980, 「靉河尖古城和漢安平瓦當」, 『考古』 6

酒寄雅志, 1976, 「渤海の國號に關する一考察」, 『朝鮮史研究會會報』 44

酒井改藏, 1970, 「三國史記の地名考」, 『朝鮮學報』 54, 朝鮮學會

池內宏, 1916, 「鐵利考」, 『滿鮮地理歷史研究報告』 3(『滿鮮史研究』 中世篇 第1冊, 1933, 吉川弘文館)

池內宏, 1929, 「眞興王の戊子巡境碑と新羅の東北境」, 『朝鮮古蹟調査特別報告』 第6冊

池內宏, 1937, 「蒲盧毛朶部について」, 『滿鮮史研究』(中世篇) 第2冊

津田左右吉, 1915, 「渤海考」, 『滿鮮地理歷史研究報告』 1

津田左右吉, 1964, 「新羅北境考」, 『朝鮮歷史地理』 卷1

崔紹熹, 1979, 「渤海族的興起與消亡」, 『遼寧師院學報』 4, 遼寧師範大學

河上洋, 1983, 「渤海の地方統治體制−一つの試論として」, 『東洋史研究』 42-1

和田淸, 1916, 「定安國に就いて」, 『東洋學報』 6

和田淸, 1955, 「渤海國地理考」, 『東亞史研究』(滿洲篇)

기타

국립중앙도서관, 자료검색, 온라인보기

국사편찬위원회, 한국사데이터베이스

바이두백과

송기호, 2004, 『규장각소장 발해사자료』, 서울대학교 규장각: 한국의 지식콘텐츠 서비스

이종묵, 「규장각 소장 귀중본 유서 및 총서 해제 연구」: 규장각 원문검색서비스 해설 및 해제
한국고전번역원, 한국고전종합DB
한국사사전편찬회, 2007, 『한국고중세사사전』
한국학중앙연구원, 『한국민족문화대백과사전』

❖ 찾아보기 ❖

【ㄱ】

가독부(可毒夫)　91, 121, 156, 452
가야(伽倻)　18
가이민주돈(歌爾民朱敦)　47
가탐(賈耽)　19, 266, 268, 275, 281, 285, 373, 438
간왕(簡王)　33, 87, 120, 154, 211, 336, 357, 390
간의(諫議)　89
갑산(甲山)　130, 182, 345
강계부(江界府)　213, 283, 285, 322
강릉(江陵)　52, 62, 354
강말달(康末怛)　98, 162
강묵기(康默記)　99, 101, 416
강사현(强師縣)　324, 326
『강역고(疆域考)』　20
강왕(康王)　33, 85, 86, 120, 153, 336, 357, 388
강왕여일본국환무천황서(康王與日本國桓武天皇書)　454, 455, 457, 458
개국공(開國公)　244
개국남(開國男)　245, 248
개국자(開國子)　225, 250, 412, 458
개마(蓋馬)　18
개마대산(蓋馬大山)　65, 258, 311
개마산(蓋馬山)　259
개모(蓋牟)　45, 64, 311, 443
개모성(蓋牟城)　64, 259, 265, 277, 285, 323, 430, 441
개복순(蓋福順)　81, 146

개원(開原)　28, 52, 77, 98, 298, 299
개원로(開元路)　296, 297, 298, 365, 441
개원성(開元城)　60, 287, 297
개원현(開原縣)　49, 177, 274, 286, 298, 321
개주(蓋州)　59, 64, 266, 311, 323, 346, 360, 364, 367, 371, 440, 441
개주(開州)　61, 62, 269, 306, 308, 359, 363, 440
거란(契丹)　21, 27, 32, 44, 59, 71, 76, 92, 95, 97, 101, 107, 109, 111, 115, 121, 127, 129, 138, 161, 172, 175, 187, 213, 230, 253, 271, 286, 297, 303, 346, 373, 462
거란도(契丹道)　49, 286, 314, 365, 423
건주(建州)　53, 60, 131, 289, 316, 346, 367, 439
건주위(建州衛)　51, 278, 314
건황(虔晃)　90, 91, 92, 122, 156, 358
건흥(建興)　87, 120, 154, 211, 336, 357, 391
걸걸중상(乞乞仲象)　26, 27, 76, 117, 140, 272, 273, 331, 337, 340, 355, 382
걸례미여진군민부(乞例迷女眞軍民府)　297
걸사비우(乞四比羽)　27, 75, 117, 139, 140, 337, 383
검교비서감(檢校祕書監)　86, 153, 390, 391
검교사공(檢校司空)　85, 121, 152, 154, 336, 389
검교사도(檢校司徒)　85, 153
검교태위(檢校太尉)　83, 85, 119, 153, 335, 387
검용(黔用)　46, 73, 133, 271, 445
격구　252, 414

찾아보기 | 475

견권(堅權)　71
견훤(甄萱)　104
겸압위관(兼押衛官)　244
경덕왕(景德王)　19, 30, 335
경명왕(景明王)　71, 346
경박호(鏡泊湖)　35, 38
경사(京師)　33, 48, 80, 91, 118, 121, 349
경성부(鏡城府)　150, 253, 281, 360
경주(慶州)　22, 40, 61, 212, 269, 280, 306, 313, 341, 359, 363, 434, 440, 464
경주(瓊州)　51, 288, 367
계루군왕(桂婁郡王)　79, 142, 235, 292, 385
계부(計部)　89
계산현(鷄山縣)　64, 301, 303
계주(薊州)　32, 94, 158
고간(高衎)　238
고경수(高景秀)　251, 413
고구려　18, 20, 25, 28, 34, 40, 47, 281, 345, 366, 381, 441
고구려 고국(故國)　44
고구려소통제국(高句麗所統諸國)　331
고구려의 구기(舊記)　404
고구려의 별종(別種)　75, 93, 116
고규선(高珪宣)　248, 409
「고금강역도(古今疆域圖)」　254, 255, 256
고길덕(高吉德)　108
고남신(高南申)　244
고남용(高南容)　251, 413
고녹사(高祿思)　248, 409
고다불(高多弗)　251
고다불(高多佛)　413
고덕기(高德基)　238
고덕무(高德武)　202
고려　19

고려 의종　24, 76
고려 태조　19
『고려도경(高麗圖經)』　308
『고려사(高麗史)』　23, 30, 47, 56, 71, 102, 108, 113, 125, 167, 181, 376, 395, 450
『고려사』 지리지　23, 30, 47
고로눌와집(庫魯訥窩集)　47
고막선(高莫善)　251, 413
고모한(高模翰)　415
고반죽(高伴粥)　411
고반필(高伴弼)　249
고보영(高寶英)　89, 155, 401
고상영(高賞英)　204
고선수(高仙壽)　109, 175
고설창(高說昌)　411
고송(高松)　114, 176
고수해(高壽海)　179
고숙만(高宿滿)　201
고숙원(高淑源)　248, 409
고열창(高說昌)　249
고영창(高永昌)　72, 113, 168, 169, 175
고예진(高禮進)　200
고왕(高王)　31, 34, 75, 77, 79, 87, 102, 118, 120, 125, 143, 154, 188, 206, 240, 335, 336, 355, 359, 373, 383, 391, 395, 400
고욕(古欲)　113, 167
고울림(高鬱琳)　248, 409
고원고(高元固)　179, 181, 214, 237, 402
고원도(高元度)　244, 406
고인의(高仁義)　219, 220, 241, 403, 453
고재남(高才南)　200
고재덕(高齋德)　241
고정(高禎)　170, 238
고정사(高正詞)　209

고정태(高貞泰)　253
고제덕(高齋德)　403
고존복(高存福)　239
고주(高州)　48, 286, 366
고죽국(孤竹國)　29
고청명(高淸明)　109, 175
고표(高彪)　238
고품(高品)　32
고흥복(高興福)　244, 406
곤룡포(袞龍袍)　83
곤포(昆布)　66
골수(骨須)　110, 177, 332, 461
공백계(公伯計)　193
공부경(工部卿)　102, 103, 338
공부낭중(工部郎中)　222, 250
과의(果毅)　190
과의도위(果毅都尉)　83, 148, 220, 241, 387, 403, 453
곽박(郭璞)　36
곽언위(霍彦威)　101, 164
곽인우(郭仁遇)　71
곽주(郭州)　370, 371, 372, 427, 444
관압동경로발해만호(管押東京路渤海萬戶)　114, 176
『괄지지(括地志)』　36
광주(廣州)　55, 68, 269, 290, 319, 348, 368, 369
광찬(光贊)　181
굉림(宏臨)　85, 120, 151, 336, 338, 357, 377, 388, 400
교(教)　91, 121, 156
구국(舊國)　35, 38, 83, 120, 277, 279, 284
『구당서(舊唐書)』　75, 77, 80, 86, 88, 139, 141, 149, 150, 154, 188, 193, 202, 206, 214, 215, 234, 273, 291, 329, 341, 376, 386, 391
구성연연도독(九姓燕然都督)　79, 143
9한(韓)　19
국어고(國語考)　376, 382, 452
『국어해(國語解)』　97
국인(國人)　336, 357, 388
『군국지(郡國志)』　19
궁모성(窮牟城)　45
궁예(弓裔)　46, 132, 271, 372, 373, 446
권동경통군사(權東京統軍使)　109
권지국무　87, 88, 155
권지발해국무(權知渤海國務)　86, 154
귀덕장군(歸德將軍)　244, 405, 450
귀비(貴妃)　91, 122, 156
귀주(歸州)　56, 290, 348, 368
규장각　21, 134
금덕(金德)　301, 304, 433
금락현(金樂縣)　301
금어(金魚)　89, 450
금어대(金魚袋)　189
금어부(金魚符)　109, 175
금자광록대부(金紫光祿大夫)　85, 153, 154, 389
금취(金就)　419
금포(錦袍)　189
기미(羈縻)　73
기알기몽(己閼棄蒙)　242
기자(箕子)　125, 269, 373, 428
기전체(紀傳體)　134
기주(紀州)　56, 291, 369
기진몽(己珍蒙)　242
기하(基下)　91, 121, 156
길리군(吉理郡)　307, 308, 363
길림봉(吉林峯)　47
김부식(金富軾)　24, 28, 47, 74, 78, 281, 341

김사란(金思蘭)　31, 32, 81, 146, 385
김신(金神)　103, 418
「김유신전」　32
김정호(金正浩)　343

【ㄴ】

나한(羅漢)　109, 175
낙랑도위(樂浪都尉)　65, 440
낙유(樂游)의 배　44, 185
남경(南京)　22, 40, 41, 71, 128, 259, 296, 338, 350, 462, 464
남경 남해부(南海府)　62, 64, 130, 258, 282, 310, 344, 360, 428
남북 좌우위(左右衛) 대장군　89
남북국(南北國)　344, 355, 381
남북국사　381
남송(南宋) 고종(高宗)　24
남옥저국(南沃沮國)　65
남우위　449
남좌위　449
남해(南海)　98, 99, 125, 162, 185, 373, 416
남해부(南海府)　22, 41, 99, 248, 280, 314, 364, 434, 440
남해부 토호포(吐號浦)　410
납록와집(納綠窩集)　47, 285
낭장(郎將)　77, 142, 220, 241, 403, 453
낭중(郎中)　89
내사(內史)　32, 89, 146, 385
내상시(內常侍)　85, 389
내웅(內雄)　247, 409
내원성(來遠城)　114
노사정(老司政)　102
노상(老相)　393, 416

노상병(老相兵)　97, 162
노성(盧城)의 벼　38, 125, 184
노왕(老王)　91, 122, 156, 452
노주(盧州)　37, 64, 279, 302, 361, 362, 431, 432
녹성현(綠城縣)　323
녹주(淥州)　44, 264, 265, 284, 321, 360, 364, 369
녹주성(淥州城)　284, 322
농우(隴右)　115, 116, 136, 337
능등(能登)　246, 253, 281, 408
능성강(能成江)　133, 353
능신(能信)　199, 245
니하(泥河)　22, 29, 32, 41, 118, 128, 271, 274, 335, 344, 353, 354, 373, 384, 446

【ㄷ】

다몽고(多蒙固)　193, 229
다시마[昆布]　185, 194
단군(檀君)　18, 125
단단대령(單單大嶺)　41, 47
단수간(段守簡)　82, 147, 193, 387
달고(達姑)　71, 104
달능신(達能信)　407
달불야(撻不野)　170
달주(達州)　56, 291, 369
담비가죽[貂鼠皮]　55, 111, 145, 192, 193, 194, 207, 209, 220, 241, 348, 453, 454
『당례(唐禮)』　82, 147
『당서(唐書)』　26, 28, 35, 74, 259, 260, 261, 263, 273, 313, 318, 327, 341, 365, 373, 443, 446, 451
『당서』 지리지　44, 261, 273

당악현(唐岳縣)　353, 373, 445
당항(党項)　163
당항(黨項)　98
당현종칙신라왕서(唐玄宗勅新羅王書)　271
대간지(大簡之)　237
대강예(大康乂)　398
대건황(大虔晃)　156, 391, 392
대공정(大公鼎)　238
대광찬(大光贊)　208
대광현(大光顯)　104, 174, 337, 358, 419
대굉림(大宏臨)　400
대균로(大均老)　417
대난하(大鸞河)　105, 124, 237, 338, 421
대내상(大內相)　88
대녹사(大錄事)　248, 410
대농(大農)　89
대농시(大農寺)　448
대능신(大能信)　236, 401
대도리행(大都利行)　79, 143, 190, 235
대동강(大同江)　28, 133, 212, 271, 274, 346, 353, 373, 374, 446
『대동장고(大東掌攷)』　331
대랑아(大郞雅)　191, 229
대림(大琳)　191
대명준(大明俊)　204, 205, 401
대명충(大明忠)　154
대무예(大武藝)　79, 142, 190, 191, 219, 235, 241
대무의(大武毅)　235
대문예(大門藝)　80, 144, 146, 227, 232, 292, 338, 385, 398, 399
대방(帶方)　18
대보방(大寶方)　190
대복(大福)　338

대복모(大福謨)　102
대복모(大福䚻)　417
대불열(大拂涅)　55
대사영(大社榮)　240
대상청(大常淸)　400
대선성(大先晟)　401
대성신(大誠愼)　202
대성악(大誠諤)　207
대성취진(大姓取珍)　192
대소순(大昭順)　207
대소좌(大昭佐)　209
대소현(大素賢)　99, 123, 163, 414
대수령(大首領)　189, 190, 193
대숭린(大嵩璘)　85, 153, 199, 222, 236, 455
대신덕(大新德)　338, 400
대심리(大審理)　102, 338, 417
대씨(大氏)　24, 26, 36, 58, 61, 76, 91, 93, 113, 116, 188, 230, 259, 262, 269, 272, 299, 301, 310, 327, 335, 378, 380, 382, 443
대아찬(大阿飡)　115, 116, 137
대아찬(大阿飡)　78
대야발(大野勃)　357, 391, 400
대언의(大言義)　153
대여경(大呂慶)　201
대연광(大延廣)　205
대연림(大延琳)　72, 108, 113, 166, 175, 374, 395, 396
대연정(大延定)　108, 374
대연진(大延眞)　200
대영준(大英俊)　197
대예(大叡)　401
대우모(大禹謨)　208
대욱진(大勗進)　193
대원(大元)　114, 178

대원겸(大元謙)	179, 208	대화균(大和勻)	338
대원겸(大元兼)	403	대효진(大孝眞)	201
대원균(大元鈞)	102, 417	대흠무(大欽茂)	147, 151, 214, 242, 443
대원유(大元瑜)	33, 86, 120, 153, 336, 357, 389	대흥(大興)	82, 119, 147, 211, 222, 335, 357, 387, 455
대원의(大元義)	85, 120, 151, 336, 357, 388	덕리진(德理鎭)	277
대유범(大儒範)	103, 418	덕원군(德源郡)	271, 274, 281, 445
대이진(大彝震)	88, 90, 121, 155, 336, 357, 391	덕주(德周)	220, 241, 403, 453
대인선(大諲譔)	93, 104, 111, 122, 157, 159, 162, 172, 207, 301, 325, 331, 337, 358, 392, 415	도독	385
		도련포(都連浦)	128, 282
대인수(大仁秀)	33, 59, 87, 92, 120, 154, 155, 202, 302, 336, 357, 391	도리진(都里鎭)	212
		도린포(都鱗浦)	128
대일하(大壹夏)	80, 144, 233, 398	도수(道秀)	358, 419
대정관(大政官)	247	도지계(度地稽)	340
대정씨(大庭氏)	188, 382	독주(獨奏)	58, 292
대정준(大庭俊)	201	독주주(獨奏州)	57, 291, 370
대정한(大貞翰)	400	돌궐(突厥)	27, 44, 76, 80, 117, 136, 144, 230, 262, 335, 349, 355, 385
대조영(大祚榮)	19, 22, 38, 73, 75, 102, 108, 115, 136, 151, 188, 272, 340, 355, 465	돌욕(突欲)	49, 101, 123
		동경(東京)	22, 35, 39, 57, 71, 84, 113, 120, 167, 169, 239, 276, 279, 294, 297, 303, 335, 338, 359, 361, 365, 373, 462, 464
대중정(大中正)	89		
대지악(大之萼)	206		
대진림(大陳林)	209		
대창발가(大昌勃價)	80, 145, 190, 234, 235	동경 요양부(遼陽府)	301
대창태(大昌泰)	224, 225, 250, 412, 458	동경 용원부(龍原府)	61, 130, 253, 269, 280, 307, 308, 428
대청윤(大淸允)	400		
대총예(大聰叡)	203	동경도(東京道)	287, 292, 296, 306, 310, 312, 315, 317, 318
대판관(大判官)	248, 410		
대행대왕(大行大王)	222	동경로발해만호(東京路渤海萬戶)	176
대현석(大玄錫)	156, 336, 392	동경발해승봉관(東京渤海承奉官)	175
대현소(大賢素)	237	동경사리군상온(東京舍利軍詳穩)	166, 395
대형(大兄)	45	동경유수(東京留守)	108
대호아(大胡雅)	191	동경장군(東京將軍)	108, 374
대호천(大昊天)	239	동관진(潼關鎭)	40
대화균(大和鈞)	102, 417	동국(東國)	30, 231, 239, 451, 465

동국인(東國人) 125
동단(東丹) 49, 99, 163, 394
동단국(東丹國) 123, 304, 337
동단부(東丹府) 49, 96, 398
동단왕국(東丹王國) 301
동모산(東牟山) 22, 29, 35, 38, 66, 76, 116, 120, 139, 273, 274, 326, 331, 337, 355, 383
동번(東蕃) 103, 127
『동사(東史)』 78, 115, 127, 136, 177, 337
동사변의(東史辨疑) 339
동산(銅山) 432
동산군(銅山郡) 269, 324, 371
동여진(東女眞) 71, 103, 127
동옥저(東沃沮) 52, 126
동이(東夷) 47, 76, 382
동주(銅州) 57, 291, 370
동중서(同中書) 89, 401
동중서우평장사(同中書右平章事) 204
동평군(東平郡) 50, 94, 158, 304, 366
동평부(東平府) 54, 67, 80, 290, 317, 347, 362, 368, 393, 429
동평채(東平寨) 318, 370
동해(東海) 125
두막루(豆莫婁) 49
두만강(豆滿江) 36, 56
두만하(豆滿河) 126
등주(登州) 31, 44, 81, 92, 101, 115, 145, 172, 212, 242, 245, 285, 335, 385, 407, 428

【ㅁ】

마류궤(瑪瑠樻) 206
마문궤(馬文軌) 233, 398
마천령(磨天嶺) 41
마한(馬韓) 18, 111, 177, 254, 332
마효신(馬孝愼) 252
막주(鄚州) 48, 50, 269, 286, 366
막힐(鄚頡) 98, 99, 125, 162, 185, 416
막힐부(鄚頡府) 48, 50, 54, 269, 286, 324, 366
만부교(萬夫橋) 71
만세교(萬歲橋) 128
말갈(靺鞨) 21, 24, 27, 29, 47, 52, 54, 115, 126, 136, 140, 255, 261, 272, 330, 337, 354, 359, 383, 462, 466
「말갈고(靺鞨考)」 20
말라(襪羅) 71
명귀(明貴) 46, 73, 133, 445
『명일통지(明一統志)』 443
명충(明忠) 33, 87, 120, 336, 357, 390
모극(謀克) 114, 171, 175
모두간(冒豆干) 417
모란 115, 172
모시몽(慕施蒙) 242, 404
모용황(慕容皝) 284, 430
모주(慕州) 56, 291, 321, 322, 369, 370, 437
모주성(慕州城) 322, 444
모창배(慕昌拜) 246, 408
목엽산(木葉山) 96, 159
목주(穆州) 23, 40, 61, 280, 306, 363, 434
목지몽(木智蒙) 191, 193
목홀(木笏) 89
몽주(蒙州) 54, 68, 290, 317, 318, 368
묘정수(卯貞壽) 201
무예(武藝) 31, 33, 79, 80, 118, 142, 144, 151, 211, 220, 227, 232, 233, 235, 335, 357, 377, 385, 453
무왕(武王) 20, 31, 78, 82, 119, 147, 211, 219, 240, 335, 357, 384, 428

무왕여일본국성무천황서(武王與日本國聖武天皇
　　書)　453
묵두간(墨豆干)　338
문성각(文成角)　210
문예(門藝)　31, 80, 118, 144, 227, 232, 385,
　　399, 400
문왕(文王)　33, 82, 85, 120, 197, 211, 220,
　　243, 246, 249, 335, 357, 359, 386, 400, 404,
　　406, 408, 411
문왕여일본국성무천황서(文王與日本國聖武天皇
　　書)　453
문적원(文籍院)　89, 448
『문헌비고(文獻備考)』　271, 337, 373, 376,
　　428, 446
『문헌통고』　49, 56, 71, 72, 126, 384, 398
물길(勿吉)　60, 114, 127, 135, 176, 213, 261,
　　297, 314, 329, 349, 359
물산고(物産考)　376, 382, 451
미발계(味渤計)　189
미주(美州)　56, 291, 320, 324, 369, 436
미주(郿州)　56, 291, 369
미타호(湄沱湖)　35, 125, 186, 328

【ㅂ】

박승(朴昇)　104, 420
박어(朴漁)　103, 338, 417
박작구(泊灼口)　279, 283, 285
박작구(泊汋口)　38, 213, 439
박작성(泊灼城)　265
박제가(朴齊家)　376
반안(盤安)　431
반안군(盤安郡)　284, 365
발리주자사(勃利州刺史)　80, 143

발주(渤州)　35, 36, 277, 325, 361, 432
발해(渤海)　19, 384
발해경부도(渤海京府圖)　254, 256
『발해고(渤海考)』　21, 23, 25, 134, 255, 344,
　　360, 375, 379
『발해고』 서문　380
발해 구국(舊國)　113
『발해국기(渤海國記)』　215, 216,, 381, 451
발해국왕(渤海國王)　85, 152, 153, 154, 179,
　　236, 340, 387, 391
발해군(渤海軍)　72, 109, 114, 175, 241
발해군도지휘사사(渤海軍都指揮使司)　109, 175
발해군상온(渤海軍詳穩)　109, 175
발해군왕(渤海郡王)　27, 77, 79, 82, 85, 117,
　　119, 142, 147, 152, 188, 235, 241, 272, 335,
　　355, 385, 387, 389
발해근시(渤海近侍)　109
발해근시상온사(渤海近侍詳穩司)　175
발해달마(渤海撻馬)　109, 175
발해대가노(渤海大家奴)　114, 176
발해도지휘사(渤海都指揮使)　105, 124, 338,
　　421
발해만호(渤海萬戶)　114
발해말갈(渤海靺鞨)　32, 75, 138, 188, 190, 234
『발해세가(渤海世家)』　21, 116
「발해속고(渤海續考)」　20, 116
발해승봉관(渤海承奉官)　109
발해어　413
발해왕(渤海王)　73, 93, 101, 109, 164, 190,
　　204, 207, 214, 232, 241, 279, 302, 335, 376
발해장사(渤海帳司)　109, 175
발해재상(渤海宰相)　109, 175
발해추밀원(渤海樞密院)　109, 175
발해태보(渤海太保)　109, 175

『발해행년기』　215
발화혁노자(髮靴革奴子)　209
「방여총지(方輿總志)」　343
배구(裴矩)　96, 159
배정(裵頲)　252
배천(白川)　104, 123
백돌부(伯咄部)　54
백두산(白頭山)　27, 261
백산(白山)　27, 36, 54
백산부(白山部)　55, 262
백암현(白巖縣)　62, 302
120사(司)　88, 155, 215
백주(白州)　104, 123, 420
백중리(白仲理)　432
번(蕃)　80, 104, 189, 192, 194, 230
번한(蕃翰)　32, 254
별장(別狀)　220, 241, 403, 453, 456, 458, 459
별종(別種)　111
보국대장군(輔國大將軍)　242, 244
보국장군(輔國將軍)　244, 405, 450
보로국(寶露國)　350
보주(保州)　19, 72, 395
보화현(保化縣)　296
복이호하(福爾虎河)　38
복주(福州)　56, 291, 369
봉국군(奉國軍)　65, 266, 323, 367, 441
봉집현(奉集縣)　67, 324
봉황성(鳳凰城)　28, 53, 61, 131, 177, 306, 307, 315, 316, 346, 359, 428, 440
부령부(富寧府)　263, 268, 281
부여(夫餘)　18
부여부(扶餘府)　48, 275, 280, 286, 297, 314, 325, 358, 365, 384, 441, 460
부여부(夫餘府)　49, 54, 96, 101, 111, 160, 164, 177, 218, 260, 276, 298, 393, 436
부여성(夫餘城)　49, 97, 101, 123, 161, 287, 298, 304, 314, 324, 365, 393, 398, 416
부여현(扶餘縣)　287, 324
부왕(副王)　91, 122, 157, 452
부유부(浮渝府)　105, 124, 165, 396
부주(扶州)　48, 115, 172, 286, 365
부주(富州)　56, 69, 291, 320, 348, 369, 436, 442
북국(北國)　344, 354
북로(北虜)　76
「북로연혁속(北路沿革續)」　20
북면초토사(北面招討使)　97
북부여(北夫餘)　60, 96
북부재상(北府宰相)　97
『북사(北史)』　54, 68
북옥저(北沃沮)　36, 40, 126, 129
북우위　449
북좌위　449
분주(汾州)　55, 290, 348, 368
불나국(弗奈國)　110
불내예(不耐濊)　24
불내예인(不耐濊人)　25
불열(拂涅)　54, 67, 115, 136, 274, 290, 368
불열국(拂涅國)　317, 318, 347, 362
불열부(拂涅部)　55, 110, 262, 290, 318
불이(不而)　59
불함산(不咸山)　36, 52, 261, 330
비류(沸流)　431
비류군(沸流郡)　284, 365
비위(羆衛)　89
비주(比州)　54, 68, 290, 317, 368
비호하(飛虎河)　38
빈공과(賓貢科)　180, 337, 393

【ㅅ】

사공(司空)　152
사공태위(司空太尉)　85
4군(郡)　18
사나루(舍那婁)　220, 241, 403, 453
사도몽(史都蒙)　248, 281, 409
사도선(史道仙)　248, 409
사리(舍利)　27, 76, 117, 140, 337, 382
사리군상온(舍利軍詳穩)　108
사비성(沙卑城)　64, 65, 259, 310, 350, 360, 440
사빈(司賓)　89
사빈시(司賓寺)　448
사빈소령(司賓少令)　248, 249, 410, 411
사사명(史思明)　83, 149, 387
사선시(司膳寺)　89, 448
사승찬(沙丞贊)　180, 181
사자금어대(賜紫金魚袋)　96, 209
사장(司藏)　89
사장시(司藏寺)　448
사주(邪州)　56, 291, 369
사타(沙陀)　98, 163
삭정군(朔庭郡)　30
산해관(山海關)　68
살수(薩水)　28, 47, 73, 103, 127, 133, 346
『삼국지(三國志)』　82, 147
삼로군(杉盧郡)　64, 302, 303, 362, 442
삼만위(三萬衛)　49, 60, 67, 96, 288, 296, 299, 365, 441
삼성(三城)　80
삼수(三水)　130, 182, 345
삼수군(三水郡)　72
39개 역(驛)　19
『삼십육국춘추(三十六國春秋)』　82

삼차하(三汊河)　52
삼한(三韓)　18
상경(上京)　35, 36, 39, 45, 51, 57, 69, 78, 83, 100, 103, 113, 120, 130, 277, 280, 293, 296, 326, 335, 338, 441, 443, 462, 464
상경성(上京城)　277, 299, 443
상경 용천부(龍泉府)　60, 97, 83, 147, 277, 278, 296, 297, 299, 359, 428
상경 임황부(臨潢府)　100
상경 회령부(會寧府)　278, 365
상락(常樂)　301, 304, 371, 433
상락현(常樂縣)　269, 301, 304
상령(商嶺)　96, 160
상온사(詳穩司)　109
상주(常州)　56, 291, 370
상주국(上柱國)　225, 234, 250, 458
상태사시중장(上太師侍中狀)　32
색구(索仇)　27, 76, 140, 383
생여진(生女眞)　127
서경(西京)　43, 44, 62, 83, 274, 283, 294, 338, 387, 462, 464
서경 압록부(鴨綠府)　44, 62, 73, 81, 92, 127, 213, 264, 284, 360, 428
서귀도(徐歸道)　83, 148, 387
서기(書記)　141
서번(西蕃)　103, 127
「서북로연혁속(西北路沿革續)」　20
서여진(西女眞)　103, 127
서요덕(胥要德)　220, 221, 242, 403, 454
서인(徐寅)　402
석경당(石敬瑭)　71
석목현(析木縣)　64, 302, 362
선가(仙哥)　170
선대비부(仙臺秘府)　187

선명력(宣明曆)　252
선부(膳部)　89, 448
선비(鮮卑)　49
선왕(宣王)　20, 33, 59, 87, 88, 92, 121, 155, 211, 336, 357, 377, 390
선조성(宣詔省)　89, 448
선주(仙州)　48, 286, 365
설인귀(薛仁貴)　302, 306, 359, 361, 363, 429
성경(盛京)　28, 52, 59, 98, 124, 299, 313
성경 봉천부(奉天府)　366
성경성(盛京城)　66, 68
『성경지(盛京志)』　20, 36, 59, 346
성덕왕(聖德王)　32, 73, 335, 353, 386
성왕(成王)　33, 35, 85, 120, 151, 211, 336, 357, 359, 377, 388
성주(聖主)　91, 121, 156, 218
『세조실록(世祖實錄)』　462, 464, 465
『세종실록(世宗實錄)』　462, 463
소녹사(少錄事)　248, 410
소보선(蕭保先)　114, 168
소빈(蘇濱)　131
소아고지(蕭阿古只)　97, 162, 416
소정(小正)　89
소정방(蘇定方)　317, 347, 368, 429
소중화　19
소판관(少判官)　248, 410
소한가노(蕭韓家奴)　114, 168, 174
소효선(蕭孝先)　108, 166, 395
속말강(涑沫江)　57, 292, 329, 370
속말말갈(粟末靺鞨)　26, 76, 140, 272, 318, 326, 355, 370, 430
속말부(粟末部)　54, 115, 135, 255, 262, 349
속말수(粟末水)　57, 262, 292, 328, 349, 430
속말하(粟末河)　292

속빈(速賓)　131
속빈절도부(速賓節度府)　131
『속일본기(續日本紀)』　135, 376, 450
속주(涑州)　57, 291, 292, 329, 370, 430
솔빈(率賓)의 말　53, 125
솔빈부(率賓府)　53, 54, 68, 130, 131, 182, 264, 289, 315, 346, 367, 423, 426
솔빈현(率賓縣)　316
「송기전(宋琪傳)」　398
『송막기문(松漠紀聞)』　92, 113, 135, 172, 237
『송사(宋史)』　101, 135, 376, 451
수령(首領)　80, 161, 240, 385
수복자(受福子)　194
수부(水部)　89, 448
『수서(隋書)』　55
수화부소경(守和部少卿)　159, 209
숙가(淑哥)　238
숙신(肅愼)　18
숙신국(肅愼國)　36, 329, 344
숙신성(肅愼城)　261, 277
숙신씨(肅愼氏)　55, 60, 126, 135, 148, 261, 296, 298, 313, 320
숙여진(熟女眞)　127
숙위(宿衛)　80
술률후(述律后)　100, 163, 416
숭린(嵩隣)　33, 120
숭린(崇璘)　389, 455, 456
숭린(嵩璘)　85, 86, 151, 152, 222, 357
숭산현(崇山縣)　323
습어생(習語生)　251
승덕현(承德縣)　67, 262, 312, 313, 314, 318, 328
시국자감승(試國子監丞)　122, 179, 208, 403
시중(侍中)　89

신경준(申景濬)　331
『신당서(新唐書)』　22, 76, 79, 82, 89, 135, 141, 144, 147, 149, 153, 182, 187, 211, 213, 215, 253, 262, 265, 272, 273, 275, 279, 280, 282, 283, 289, 290, 292, 303, 326, 338, 346, 347, 349, 350, 376, 384, 428, 439, 443, 463
신덕(申德)　102, 338, 416
신덕(新德)　88, 121, 155, 336, 357, 391
신라(新羅)　19, 28, 29, 40, 71, 78, 81, 98, 115, 123, 132, 137, 163, 180, 197, 205, 212, 240, 254, 271, 281, 302, 329, 335, 342, 350, 373, 379, 386, 391, 434, 445
신라도(新羅道)　41, 99, 282, 360, 428
신문덕(辛文德)　200
신부(信部)　89, 448
신선전(神仙傳)　432
신성(新城)　45, 46, 267, 277, 285, 317, 318, 347, 368, 429, 443
신주(神州)　38, 43, 44, 47, 73, 264, 279, 283, 364, 439
실건하(室建河)　329
실아리(失阿利)　194
실위(室韋)　55, 98, 163, 262, 274, 290, 349
심양로(瀋陽路)　51, 313, 366, 441
심양위(瀋陽衛)　51, 66, 67, 327
심양중위(瀋陽中衛)　313, 366, 441
심주(瀋州)　28, 51, 59, 66, 67, 72, 95, 114, 168, 170, 262, 288, 312, 350, 366, 395, 441
15부(府)　33, 58, 423
10자매　171

【ㅇ】

아골타(阿骨打)　72, 114, 129
아극살산(牙克薩山)　60, 299
아리지(阿里只)　100, 163, 394
『아방강역고(我邦疆域考)』　17
아어간(阿於間)　104
아홀(牙忽)　89, 450
안거골부(安車骨部)　55
안귀보(安貴寶)　244, 406
안녕군(安寧郡)　326
안녹산(安祿山)　47, 83, 148, 243, 387, 405
안단(安端)　97, 99, 162, 416
안동도호(安東都護)　46, 80, 83, 143, 149, 269, 346, 387, 428, 405
안동도호부(安東都護府)　44, 46, 133, 255, 257, 267, 271, 277, 359, 440, 443, 444
안변(安邊)　30, 98, 99, 162, 163, 416
안변부(安邊府)　51, 54, 182, 288, 315, 367
안시(安市)　18
안원부(安遠府)　291, 321, 348, 369
안원부(安元府)　56, 437
안이현(安夷縣)　314
안정군(安定郡)　314, 315
안주(安州)　46, 51, 288, 367
안출호수(按出虎水)　36
알가아련천호(斡可阿憐千戶)　131
알답자(斡答剌)　114
알덕(謁德)　190
암연현(巖淵縣)　64, 310, 364
압령(押領)　249
압록강(鴨綠江)　19, 28, 47, 72, 212, 259, 285, 309, 355, 360, 370, 379, 428, 439, 445, 446
압록군(鴨淥軍)　284, 321, 360
압록부(鴨淥府)　43, 54, 265, 271, 280, 283, 316, 364, 416, 429, 431, 435
압록수(鴨淥水)　130, 161

압록하(鴨綠河)　127
압수(鴨水)　71, 103, 133
애단성(艾丹城)　77, 83, 100
애하(靉河)　28, 54
액돈산(額敦山)　27, 29, 38
야발(野勃)　33, 87, 120, 154, 336
야율씨(耶律氏)　109
야율아보기(耶律阿保機)　49, 93, 95, 97, 100, 101, 123, 127, 158, 393
야율우지(耶律羽之)　99, 123, 415
약곽사(藥郭師)　238
약수(弱水)　329
약홀주도독(若忽州都督)　221, 242, 292, 404, 454
양광신(楊光信)　199
양방경(楊方慶)　244, 407
양복(梁福)　114
양승경(楊承慶)　244, 404
양태사(楊泰師)　244, 404
양평성(襄平城)　44, 277
양평현개국남(襄平縣開國男)　235
양회진(楊懷珍)　245, 407
어곡현(漁谷縣)　324
어부수계(菸夫須計)　190
어사(御史)　89
언승칙(言升則)　251, 414
언의(言義)　33, 86, 120, 153, 357, 390
여부구(茹富仇)　199, 233, 236, 401
『여유당전서(與猶堂全書)』　17, 21
여정림(呂定琳)　222, 223, 250, 412, 455
『여지승람(輿地勝覽)』　128, 376
여진(女眞)　21, 23, 71, 91, 93, 106, 108, 110, 123, 129, 130, 166, 168, 170, 174, 178, 293, 296, 331, 335, 344, 355, 372, 381, 395, 462, 466
「여진고(女眞考)」　70
「역대고(歷代攷)」　331
역속(役屬)　55, 95, 129, 290, 293, 296, 349
연남(燕南)　115
연림(延琳)　167, 395
연잠(年岑)　45
연주(燕州)　36, 51, 55, 60, 121, 314
열만화(烈萬華)　111, 124, 178, 332, 460
열조의(列朝義)　210
염부왕(琰府王)　105, 124, 165, 396
염주(鹽州)　23, 40, 61, 280, 306, 363, 434
영고탑(寧古塔)　35, 55, 69, 78, 124, 131, 136, 148, 258, 261, 272, 277, 288, 292, 299, 314, 327, 338, 373, 428
영고탑성(寧古塔城)　273
영녕현(永寧縣)　325
영덕(永德)　86, 120, 153, 211, 336, 357, 389
영동(嶺東)　29, 309
영봉현(靈峯縣)　303, 371
영순군(永順君)　419
영원장군(寧遠將軍)　220, 241, 403, 450, 453
영주(營州)　27, 29, 32, 57, 67, 75, 91, 116, 157, 273, 274, 277, 324, 366, 373, 382, 384, 441
영주(榮州)　37, 279, 362
영주(寧州)　56, 291, 369
영주(郢州)　57, 291, 292
영주도(營州道)　44, 47, 285, 365
영주도독(營州都督)　27, 76, 140
영충(永忠)　250, 412
영평현(永平縣)　49, 324, 325
영풍현(永豐縣)　64, 301, 303, 362
예맥(濊貊)　18, 22, 39, 40, 49, 52, 62, 254, 306, 339, 359, 363, 462

예부(禮部)　89, 448
예부경(禮部卿)　102, 338
예속리계(倪屬利稽)　79, 143
예인(濊人)　24
5경(京)　22, 33, 293, 422, 462, 464
5경(京) 15부(府) 62주(州)　91, 121, 156, 275, 338, 421, 438
오고(烏古)　98, 163
오고타(烏古打)　293
오골강(烏骨江)　212
오광찬(烏光贊)　181
오나달리(烏那達利)　191
『오대사(五代史)』　71, 93, 157, 174, 179, 207, 210, 302, 376, 398
오라(烏喇)　36, 53, 55, 57, 60, 124, 131, 261, 263, 276, 278, 285, 287, 299, 327, 338, 373, 443
오라 영고탑(寧古塔)　36, 57
오로고(烏魯古)　100, 163, 337, 394
오루하(奧婁河)　27, 38, 76, 117, 140, 272, 313, 328, 355, 383, 441
오사겸(吳思謙)　79, 142, 385
오사성(烏舍城)　105, 124, 165, 396
오산(烏山)　61, 62, 96, 160, 363, 434
오소도(烏炤度)　181
오수불(烏須弗)　247, 248, 409
오연총(吳延寵)　23
오차지몽(烏借芝蒙)　190
오현명(烏玄明)　111, 124, 178, 218, 332, 460
오흥(吳興)　103, 338, 417
옥리활수(沃里活水)　170
옥저(沃沮)　18, 27, 65, 77, 117, 254, 257, 259, 274, 281, 339, 360, 364, 373, 435, 440
「옥저고(沃沮考)」　21, 30

옥주(沃州)　22, 41, 65, 125, 183, 282, 310, 364
온사문(溫沙門)　306, 363, 434
온정균(溫庭筠)　216, 402
온조왕(溫祚王)　28
올눌제(膃肭臍)　56
올욕(兀欲)　101
완수(完水)　329
완안아골타(完顔阿骨打)　36
왕건(王建)　71, 161
왕계(王繼)　104, 337, 420
왕문구(王文矩)　252, 414
왕승기(王昇基)　251, 413
왕신복(王新福)　245, 407
왕정(王政)　238
왕종우(王宗禹)　88, 89, 155, 215
왕진의(王進義)　83, 149, 387
왕현지(王玄志)　83, 149, 387
왕효렴(王孝廉)　251, 413
요골(堯骨)　96, 97, 99, 101, 159, 162
요동(遼東)　24, 95, 266, 378
요동고성(遼東故城)　46
요동도사(遼東都司)」　59
요동도지휘사(遼東都指揮司)　313
요동성(遼東城)　347
요동의 패주(霸主)　58
요련(遙輦)　109
요빈현(遼濱縣)　67
『요사(遼史)』　20, 135, 275, 284, 287, 289, 292, 296, 301, 306, 310, 314, 318, 321, 323, 344, 446
『요사』 지리지　20, 254, 258, 262, 269, 289, 303
요서고군(遼西故郡)　46
요수현(遼隧縣)　64

요양(遼陽)　28, 32, 46, 94, 115, 127, 176, 359, 360, 378
요양고성(遼陽故城)　94, 95, 157, 296, 303, 304
요양군왕(遼陽郡王)　234
요양로(遼陽路)　109, 266, 360, 367, 440
요양성(遼陽城)　62, 108, 326
요양주(遼陽州)　45, 62, 114, 267, 273, 285, 301, 303
요하(遼河)　29, 65, 68, 317, 347
용원부(龍原府)　22, 39, 84, 309, 345, 359, 363, 429, 431, 434, 440
용원현(龍原縣)　62, 269, 306, 307, 363
용정부(龍井府)　35
용주(龍州)　35, 184, 277, 287, 296, 297, 325, 361, 370, 372, 444
용천(龍川)　44, 81, 92
용천부(龍泉府)　36, 69, 83, 277, 324, 361, 439, 441, 432
용하군(龍河郡)　307, 363
우내상(右大相)　99, 163, 416
우루(虞婁)　33, 55, 115, 136, 274, 349
우림위대장군(羽林衛大將軍)　234
우맹분위　449
우무위장군(右武衛將軍)　236
우복자(優福子)　194
우부현(優富縣)　324
우비위　449
우사정(右司政)　89, 448
우상(右相)　89
우성(右姓)　91
우예강(虞芮江)　54
우예자성(虞芮慈城)　44, 73
우웅위　449
우위장군동정(右衛將軍同正)　198

우육사(右六司)　89
우윤(右允)　89
우찬선대부(右贊善大夫)　209
우평장사(右平章事)　89, 401, 448
우효위대장군(右驍衛大將軍)　85, 120, 152, 389
우후누번장도독(虞侯婁蕃長都督)　199, 236
운휘장군(雲麾將軍)　80, 144, 242
웅악현(熊岳縣)　64
웅위(熊衛)　89
원보(元甫)　104, 420
원복(源復)　233, 399
원양(元讓)　208
원외(員外)　89
원요범(袁了凡)　129
월주(越州)　56, 291, 369
월희(越喜)　33, 34, 55, 56, 69, 115, 136, 274, 349, 369, 436
월희국(越喜國)　320, 348
월희말갈(越喜靺鞨)　76, 141, 274, 291, 329
월희현(粤喜縣)　324
위군대장군(衛軍大將軍)　225, 250, 458
위균(衛均)　100, 163
위균(衛鈞)　414
위만씨(衛滿氏)　125
위말갈(僞靺鞨)　21
위성(位城)　125, 183, 362, 433
위원보(威遠堡)　299
위위경동정(衛尉卿同正)　198, 400
위준(韋俊)　32, 145, 385
유격장군(游擊將軍)　189, 191, 220
유금필(庾黔弼)　104
유득공(柳得恭)　134, 344, 375, 379
유보준(劉寶俊)　179
유성(柳城)　83, 387

유성현(柳城縣) 29, 67, 83, 387	이계상(李繼常) 202
유장군(游將軍) 241, 403, 453	이능본(李能本) 244, 245, 406
유정신(劉正臣) 83, 387	이다조(李多祚) 234
유주(幽州) 31, 81, 95, 119, 121, 158, 233, 302, 421	이도수(李道邃) 233, 399
유주도독(幽州都督) 80	이리근(夷离菫) 97
유주절도부(幽州節度府) 48, 91, 157	이만운(李萬運) 331
유하현(柳河縣) 50, 69, 269, 287, 324	이맥(夷貊) 52
6관(官) 89	이세적(李世勣) 266, 310, 317, 323, 347, 368
62주(州) 33, 425	이소진(李紹眞) 97
윤관(尹瓘) 23, 30	이손(貽孫) 216, 451
윤중(允中) 81, 386	『이십일도시주(二十一都詩註)』 379
융기(隆基) 114, 168, 170	이알기몽(已閼棄蒙) 403
융부(戎部) 89, 448	이적(李勣) 46, 241
은계종(隱繼宗) 103, 381, 418	이주(伊州) 54, 68, 290, 317, 368
은승노(恩勝奴) 170	이중민(李重旻) 86, 154, 390
은어(銀魚) 89, 450	이진몽(已珍蒙) 403
은지첨(殷志瞻) 85, 152	이진영(李盡榮) 139
은청광록대부(銀青光祿大夫) 85, 86, 87, 88, 152, 153, 154, 155, 389, 390, 391	이진충(李盡忠) 27, 47, 75, 337, 383
	이천수(泥川水) 29
읍루(挹婁) 22, 29, 35, 36, 49, 51, 60, 69, 76, 116, 135, 139, 142, 254, 258, 260, 263, 272, 278, 297, 313, 321, 330, 349, 355, 366, 367, 383	이해고(李楷固) 27, 44, 75, 117, 139, 272, 327, 383
	이회광(李懷光) 233
	이훈(李勛) 421
읍루고성(挹婁故城) 313	익주(益州) 53, 131, 289, 316
읍루현(挹婁縣) 51, 313	익주성(益州城) 53, 316
의로(懿路) 51, 67	인부(仁部) 89, 448
의로성(懿路城) 51	인안(仁安) 79, 118, 143, 151, 211, 335, 357, 385
의부(義部) 89, 448	
의신(義信) 190	인황왕(人皇王) 49, 99, 101, 123, 163, 301, 337, 394
의장고(儀章考) 376, 382, 450	
의주(義州) 56, 72, 73, 265, 290, 316, 319, 348, 368, 372	일만록(壹萬祿) 246, 247
	일만복(壹萬福) 408, 409
	일본도(日本道) 40, 253, 280, 308, 359, 423
이거정(李居正) 179	일본의 무녀(舞女) 40, 119, 335, 388

『일본일사(日本逸史)』　135, 253, 281, 376, 428, 450
『일통지(一統志)』　20, 35, 355
일하(壹夏)　338
임명현(臨溟縣)　64, 310
임아상(任雅相)　80, 118, 144, 232, 338, 385, 400
임황(臨潢)　174
입근사(入覲使)　252

【ㅈ】

자비왕(慈悲王)　29, 354
자수대부(紫綬大夫)　245
자자분(紫瓷盆)　187, 206
작부(爵部)　89, 448
장건장(張建章)　381
장녕현(長寧縣)　302
장령(長嶺)　47, 71, 126
장령부(長嶺府)　43, 45, 54, 99, 101, 163, 263, 267, 276, 277, 285, 365
장림(張琳)　114, 168
장문휴(張文休)　31, 81, 119, 145, 338, 385, 400
장백산(長白山)　27, 36, 45, 65, 126, 129, 285, 329
장선(璋璿)　253
장선수(張仙壽)　249, 411
장송도(長松島)　170
장수실(張秀實)　95, 158, 393
장원간(張元簡)　83, 148, 387
장의참(章義站)　68
장평현(長平縣)　325
장행급(張行岌)　77, 117, 141, 384

장호(張浩)　238
재웅(載雄)　103, 417
전중(殿中)　89
전중소령(殿中少令)　207
전중시　448
점제(黏蟬)　18
정간대부(庭諫大夫)　222, 250, 412, 455
정근(正近)　103
정당성(政堂省)　88, 96, 159, 209, 448
정당성 수화부 소경(政堂省守和部少卿)　96
정력(正曆)　85, 120, 151, 211, 336, 357, 389
정령위(丁令威)　302, 433
정리(定理)　98, 99, 162, 163, 416
정리부(定理府)　51, 54, 66, 95, 262, 263, 288, 312, 366
정명진(程名振)　310, 317, 347, 368, 429
정안국(定安國)　110, 111, 124, 134, 176, 178, 331, 332, 459, 460
정안국왕　218, 219, 460
정약용(丁若鏞)　17, 20, 24, 27, 29, 33, 36, 40, 46, 53, 59, 62, 71, 129, 255, 331, 344, 360
정왕(定王)　33, 86, 120, 153, 211, 336, 357, 377, 389
정인지(鄭麟趾)　23, 47, 127
정주(定州)　19, 51, 67, 95, 263, 288, 313, 314, 366
정주(晴州)　22, 41, 65, 282, 310
정주(正州)　43, 47, 73, 283, 326, 364, 431
조고사인(詔誥舍人)　89
조공도(朝貢道)　44, 92, 213, 283, 285, 360, 423, 428
조선(朝鮮)　18
조선도(朝鮮道)　428
『조선왕조실록(朝鮮王朝實錄)』　462

조신충마려(朝臣蟲麻呂)	241, 386, 403	좌효위대장군(左驍衛大將軍)	79, 82, 117, 142, 147, 335, 384, 385, 387
조신하청(朝臣河淸)	244, 406	좌효위원외대장군(左驍衞員外大將軍)	77, 142
조어대(釣魚臺)	62	좌효위장군(左驍衛將軍)	118, 233, 338
조홰(趙翽)	27, 76, 140	주광한(周光翰)	251, 414
조효명(趙孝明)	179	주로다혼(朱魯多渾)	78
졸본(卒本)	74, 131, 289, 347	주승조(朱承朝)	179
졸본천(卒本川)	47, 264	주자감(冑子監)	89, 448
종성부(鍾城府)	40, 84	주작(朱雀)	86, 120, 153, 211, 336, 357, 390
종속(宗屬)	89	중경(中京)	35, 39, 44, 62, 77, 83, 294, 338, 462, 464
종속시	448	중경 현덕부(顯德府)	278, 301, 359, 373, 428
좌감문솔(左監門率)	79, 142, 385	중대성(中臺省)	89, 448
좌금오대장군(左金吾大將軍)	85, 152, 387	중대첩(中臺牒)	244
좌맹분위	449	중랑장(中郞將)	27, 76, 191, 383
좌무위대장군원외치(左武衛大將軍員外置)	190, 235	중정대(中正臺)	89, 448
좌무위대장군원외치동정(左武衛大將軍員外置同正)	193	중화부(中和府)	373, 445
좌무위장군(左武衛將軍)	193	중흥(中興)	85, 120, 151, 211, 336, 357, 388
좌비위	449	『증보문헌비고(增補文獻備考)』	331
좌사정(左司政)	89, 448	증성(甑城)	46, 73, 133, 445
좌상(左相)	89	지국무(知國務)	87, 154, 202
좌상시(左常侍)	89	지부(智部)	89, 448
좌우 맹분(猛賁)	89	지사(支司)	89, 448
좌우삼군(左右三軍)	88, 155, 215	지주(芝州)	56, 291, 369
좌우신책군(左右神策軍)	155, 215	진(振)	384
좌우위장군(左右衛將軍)	102	진(震)	384
좌응위	449	진간(眞幹)	198
좌응위도장(左熊衛都將)	225, 250, 458	진국(震國)	335
좌위위원외장군(左威衛員外將軍)	190, 235	진국공(震國公)	27, 76, 78, 117, 140, 335, 337, 340, 355, 373, 383
좌육사(左六司)	89	진국왕(震國王)	27, 75, 117, 141, 272, 273, 335, 355, 384
좌윤(左允)	89		
좌차상(左次相)	99, 163		
좌평장사(左平章事)	89	진림(陳林)	104, 420
좌효기위중랑장	236	진말갈(眞靺鞨)	21

진봉단오사(進奉端午使)　199
『진서(晉書)』　36, 40, 82, 147, 330
진조(震朝)　117, 337, 384
진종(眞宗)　23, 106, 110, 332
진한(辰韓)　64, 65, 254, 266, 308, 323, 341, 430
진흥왕　19
질(秩)　78, 89, 115, 137, 463

【ㅊ】

착비달(着緋達)　245
찬선대부(贊善大夫)　96, 159
창부(倉部)　89, 448
책명(冊命)　89, 155
『책부원귀(册府元龜)』　79, 271
책성(柵城)　19, 125, 184, 267, 269, 307, 363, 373
책성부(柵城府)　39, 268, 280, 281, 308, 359
척은(惕隱)　97, 416
천경(天慶)　72, 108, 109, 113, 167, 395
천남생(泉南生)　341
천덕전(天德殿)　103
천문령(天門嶺)　27, 76, 77, 117, 139, 140, 272, 326, 327, 383
천보(天寶)　30, 39, 46, 83, 120, 147, 152, 277, 279, 324, 439
천복(天福)　49, 99, 163, 394
천복성(天福城)　99, 163, 337
천손(天孫)　246, 408
천정(泉井)　19
천정군(泉井郡)　30, 40, 271, 275, 281, 282, 373, 445
천조(天祚)의 난리　113, 115
천주산(天柱山)　67, 327
천흥(天興)　108, 167, 374, 395
철관(鐵關)　30, 41
철군개국공(惁郡開國公)　237, 415
철령성(鐵嶺城)　315, 320, 362
철령현(鐵嶺縣)　51, 69, 262, 313, 320, 348, 369, 442
철륵(鐵勒)　104
철리(鐵利)　34, 55, 115, 136, 249, 274, 290, 349
철리국(鐵利國)　56, 319, 348
철리국주(鐵利國主)　110
철리국 수령　110
철리군(鐵利郡)　68, 269, 319, 368
철리부(鐵利府)　55, 68, 290, 319, 368, 431
철리주(鐵利州)　68, 319
철리 왕자　56, 110
철주(鐵州)　37, 64, 279, 302, 303, 361, 362, 370, 372, 433, 430, 444
철주자사(鐵州刺史)　100, 163, 414
청수대부(青綏大夫)　246, 408
『청일통지(淸一統志)』　131, 427, 428, 445, 446
청주(晴州)　364
청천(淸川)　133
청화군(淸化軍)　296, 325
초주(椒州)　22, 41, 64, 65, 282, 310, 364, 434
총물아(葱勿雅)　233
총물아(蔥勿雅)　398
『총사(叢史)』　339
최예광(崔禮光)　207
최오사(崔吳斯)　105
최오사(崔烏斯)　164, 420
최치원(崔致遠)　28, 32, 181, 341
최흔(崔訢)　77, 142, 384

축자도(築紫道) 409
춘주(春州) 168, 175
춘천(春川) 28, 71, 341
충무대장군(忠武大將軍) 242
충부(忠部) 89, 448
측천무후(則天武后) 23, 26, 139, 140, 272, 273, 327, 337, 355, 382, 451

【ㅌ】

타주(沱州) 54, 68, 290, 368
탐라(耽羅) 19
탕주(湯州) 37, 279, 303, 361, 362, 430, 433
태강예(太康乂) 238
태백산(太白山) 27, 59, 76, 78, 115, 117, 125, 137, 140, 184, 261, 272, 328, 331, 337, 349, 355, 383, 452
태복원외경(太僕員外卿) 81, 146
태비(太妃) 91, 122, 156
태상(太常) 89
태상시 448
태상정(太常靖) 198
태시(太始) 87, 120, 154, 211, 336, 357, 390
태씨(太氏) 124
태위(太尉) 152, 234
태자사인원외(太子舍人員外) 192
태자세마(太子洗馬) 209
태자첨사빈객(太子詹事賓客) 85, 152, 387
태자하(太子河) 28
태재부(太宰府) 248, 281, 405
태정간(太貞幹) 198
태청윤(太淸允) 198
태학(太學) 33, 121, 336
토둔(吐屯) 80, 144, 385

토문(土門) 381
토문강(土門江) 282
토번(吐蕃) 98, 163
토호포(吐号浦) 248
통사 249, 411
『통전(通典)』 29, 46, 57, 74, 257, 376
통주(通州) 49, 287, 324, 365, 370, 444
특진(特進) 152, 387
특진겸홍려경(特進兼鴻臚卿) 235

【ㅍ】

판관 244, 245, 248, 251, 405, 410, 413
팔맹안(八猛安) 114
패강(浿江) 45, 73, 271, 275, 346, 353
패강도(浿江道) 46
패강구(貝江口) 212
패서(浿西) 73, 132, 271, 373, 445
패서도(浿西道) 46
패서 13진(鎭) 46, 73
패수(浿水) 18, 373
패하(浿河) 28
평로유후(平盧留後) 83, 387
평로절도사(平盧節度使) 83, 149
평양(平壤) 444
평양성(平壤城) 45, 262, 279, 301, 364, 373
평주(平州) 32, 46, 48, 91, 157, 307, 324, 359, 360, 367, 440
폐휼품로(廢恤品路) 289
포로모타(蒲盧毛朶) 398
포선만노(蒲鮮萬奴) 296, 297
포주(蒲州) 55, 290, 348, 368
표산현(豹山縣) 57, 325, 326
표합(杓合) 170

품관(品官)　245
풍방례(馮方禮)　244, 404
풍주(豐州)　43, 47, 73, 283, 431
필아한산(必兒漢山)　55
필아한참(必兒漢站)　55
필아한하(必兒漢河)　55

【ㅎ】

하남(河南)　115, 116, 119, 126, 137, 337
하만(賀萬)　225, 457
하슬라(何瑟羅)　29
하이(蝦夷)　40, 241, 403
하정사(賀正使)　198, 407
하조경(賀祚慶)　189
하주(賀州)　23, 40, 61, 280, 306, 363, 431, 434
하주(瑕州)　43, 285, 365, 426
하주(河州)　44, 285, 426
하행미(夏行美)　72, 109, 175, 238, 395
하행성(何行成)　32, 385
학당친위(學堂親衛)　122, 179, 208, 403
학야현(鶴野縣)　64, 301, 362
한산(漢山)　45
한수(漢水)　28
한연휘(韓延徽)　99, 163, 416
한주(韓州)　50, 98, 269, 287, 324, 326, 366
한진서(韓鎭書)　134, 254, 331, 344
한치윤(韓致奫)　134, 254, 331, 344
함홍(含弘)　103, 419
함화(咸和)　88, 121, 155, 211, 336, 357, 391
함흥(咸興)　30, 41, 59, 71, 76, 103, 128, 130, 360, 462, 464

합란로(合蘭路)　36
항백국(巷伯局)　89, 448
해(奚)　76, 97, 98, 139, 161, 384
해동성국(海東盛國)　33, 91, 116, 122, 138, 156, 179, 393
『해동역사(海東繹史)』　134, 254, 255
『해동역사속(海東繹史續)』　254
『해동역사지리고(海東繹史地理考)』　254
해릉(海陵)　36, 293
해비(解臂)　244, 406
해성현(海城縣)　23, 64, 258, 310, 360, 362, 428, 440
해왕(奚王) 회리보(回离保)　109, 175
해주(海州)　56, 64, 258, 290, 310, 348, 360, 364, 368, 434
해주위(海州衛)　64, 360, 368, 440
해주자사(海州刺史)　109, 175
해초경(解楚卿)　179
행재소　101, 164
행정당좌윤(行政堂左允)　245
허국공(許國公)　27, 76, 117, 140, 337, 383
헌가대부(獻可大夫)　248, 249, 410, 411, 450
헌덕왕　45
헌성(獻誠)　80, 144
험독현(險瀆縣)　67, 270, 324, 362, 432
현덕부(顯德府)　37, 303, 345, 361, 428, 431, 432, 439
현도(玄菟)　49, 52, 59, 259
「현도고(玄菟考)」　59
현도주자사(玄菟州刺史)　244, 292, 406
현석(玄錫)　90, 91, 92, 122, 336, 358
현종(顯宗)　72, 110, 332, 348, 374, 461
현종(玄宗)　19, 30, 47, 73, 77, 79, 118, 119, 271, 275, 335, 346, 353, 355, 384, 385

현주(顯州)	37, 38, 44, 125, 183, 279, 284, 301, 303, 304, 315, 316, 359, 361, 362, 432, 439	화려(華麗)	59
현주(顯州)의 베	38, 125	화산현(花山縣)	64, 302
호돌고(胡突古)	170	화여(華璵)	33, 85, 120, 151, 357, 388
호리개강(胡里改江)	35	화주(華州)	53, 131, 289, 316, 346, 367
호리개로(呼里改路)	36, 299	환도(丸都)	44, 125, 185
호삼성(胡三省)	76, 174, 398	환도(丸都)의 오얏	44, 125
호실답(胡失答)	238	환도성(丸都城)	44, 264, 279
호실부(號室部)	55	환도현성(丸都縣城)	38, 284, 439
호아하(虎兒河)	35, 36, 38	환주(桓州)	43, 47, 73, 264, 283, 362, 364, 430, 435
호아합하(虎兒哈河)	36, 45, 261	황두여진(黃頭女眞)	70
호이합하(虎爾哈河)	277, 278, 296, 327, 355, 443	황룡부(黃龍府)	49, 60, 96, 287, 296, 297, 298, 325, 395
호주(湖州)	35, 36, 277, 361	황명세포(黃明細布)	183, 209
혼동강(混同江)	27, 35, 51, 58, 80, 126, 129, 161, 261, 263, 292, 296, 299, 325, 327, 329, 443	회골(回鶻)	98, 163
		회농군(會農郡)	307, 308, 363
홀한성(忽汗城)	49, 91, 98, 97, 99, 103, 109, 113, 115, 123, 162, 163, 174, 301, 304, 314, 337, 355, 372, 381, 384, 394, 398, 414, 415, 416, 417	회령부(會寧府)	36, 57, 60, 293, 296, 297, 359, 439
		회발성(回跋城)	416
		회복현(懷福縣)	57, 325, 326, 369
홀한주(忽汗州)	77, 78, 142, 272, 279, 292, 301, 327, 355, 359, 384, 443	회원부(懷遠府)	56, 69, 291, 320, 348, 369, 436
홀한주도독(忽汗州都督)	77, 79, 82, 85, 86, 87, 88, 117, 142, 143, 147, 152, 155, 272, 335, 385, 389, 391	회주(懷州)	56, 291, 307, 319, 324, 369
		효공왕	46, 132
		후주(厚州)	130
홀한하(忽汗河)	35, 78, 83, 120, 148, 277, 327, 335, 355, 443	휼품로(恤品路)	36, 53, 130, 264, 289, 299, 316, 345
		흑룡강(黑龍江)	76, 80, 129, 136, 274, 318, 329
홀한해(忽汗海)	261, 278, 327	흑수(黑水)	104, 329
홍견(洪見)	103, 419	흑수경략사(黑水經略使)	80
홍경모(洪敬謨)	331, 339	흑수말갈(黑水靺鞨)	31, 60, 76, 79, 111, 118, 129, 135, 141, 143, 232, 274, 275, 278, 290, 291, 293, 296, 329, 349, 350, 385, 399
홍려경(鴻臚卿)	79		
홍석주(洪奭周)	21	흑수부(黑水府)	36, 37, 60, 80, 144, 297, 299

흑수부(黑水部)　55, 80, 262, 274, 291
흑수인(黑水人)　110
흑수주(黑水州)　31, 118, 232, 385
흑수주도독부(黑水州都督府)　298
흑아소변문(黑兒蘇邊門)　47, 51
흑주(黑州)　54, 68, 80, 290, 317, 368
흘승골성(紇升骨城)　47, 131, 263, 264
흠무(欽茂)　33, 40, 82, 119, 357, 387, 454
흥개호(興開湖)　56

흥료(興遼)　108, 395
흥료국(興遼國)　166, 374
흥료국 태사(太師)　108
흥료왕　394
흥리군(興利軍)　296
흥주(興州)　37, 51, 279, 303, 313, 362, 370, 430, 433, 444
희왕(僖王)　33, 86, 87, 153, 120, 154, 211, 336, 357, 377, 390

동북아역사재단 자료총서 62

발해사 자료총서
– 한국사료 편 권2

초판 1쇄 인쇄 2021년 12월 20일
초판 1쇄 발행 2021년 12월 31일

엮은이　동북아역사재단 한국고중세사연구소
지은이　권은주, 강성봉, 김진광, 임상선
펴낸이　이영호
펴낸곳　동북아역사재단

등 록　제 312-2004-050호(2004년 10월 18일)
주 소　서울시 서대문구 통일로 81 NH농협생명빌딩
전 화　02-2012-6065
팩 스　02-2012-6189
홈페이지　www.nahf.or.kr
제작·인쇄　역사공간

ISBN　978-89-6187-681-0　94910
　　　　978-89-6187-639-1 （세트）

* 이 책은 저작권법으로 보호를 받는 저작물이므로 어떤 형태나 어떤 방법으로도 무단전재와 무단복제를 금합니다.
* 책값은 뒤표지에 있습니다. 잘못된 책은 바꾸어 드립니다.